상장회사법

상장회사법

초판 1쇄 펴낸날 | 2021년 4월 30일

지은이 | 이상훈·채이배·김선웅·전영준·김도희·전우석·이총희
펴낸이 | 류수노
펴낸곳 | 한국방송통신대학교출판문화원
(03088) 서울시 종로구 이화장길 54
전화 (02) 3668-4764
팩스 (02) 741-4570
홈페이지 http://press.knou.ac.kr
출판등록 1982년 6월 7일 제1-491호

출판위원장 | 이기재
책임편집 | 이두희
편집 디자인 | (주)성지이디피
표지 디자인 | 김민정

ISBN 978-89-20-03922-5 93360

값 44,000원

상장회사법

이상훈 · 채이배 · 김선웅 · 전영준 · 김도희 · 전우석 · 이총희 공저

에피스테메
EPISTEME

머리말

2020년 12월, 국회에서 공정경제 3법(「상법」 개정안, 「공정거래법」 전면 개정안, 「금융복합기업집단의 감독에 관한 법률」 제정안)을 의결하였다. 「상법」과 「공정거래법」은 각각 기업 내부 및 외부의 의사결정 과정을 다루고, 여기에 기업 경영에 필수적인 금융 관련 법률도 추가되어 위 3개 법률이 기업 경영에서 세트처럼 유기적으로 움직인다. 공정경제 3법도 이런 측면에서 관련 법률들이 한꺼번에 통과되었고, 이 책도 이를 반영하여 「상법」, 「자본시장법」, 「공정거래법」, 「외부감사법」, 그 밖의 「형법」 등 법률의 주요 내용을 하나의 원고로 통합적으로 기술했다.

여기에 다른 책에서는 찾아보기 힘든 삼성그룹의 경영권 승계를 둘러싼 다양한 법적 분쟁들과 최근 삼성그룹 이재용 부회장의 국정농단 형사판결까지 정리하여 기술했다. 위 사건들은 사회적으로는 안타까운 일이지만, 사문화되었던 여러 법적 쟁점들을 수면 위로 끌어올려 치열한 논쟁의 계기가 되었다는 점에서 아이러니하지만 학문적으로는 연구의 중요한 소재거리다.

이 책은 이론적인 다툼이나 저자의 개인적인 의견보다는 최대한 실무적인 관점에서 판례 위주로 견해를 정리하고, 실무에서 바로 인용할 수 있도록 판결문 내용을 그대로 소개하는 형식을 취했다. 이 책에서 다루는 대상은 먼저 상장회사로 하였다. 비상장회사의 수요가 더 많지만, 상대적으로 풍부한 판례가 나온 상장회사를 중심으로 사례 연구와 법리 해석을 하는 것이 효율적이다. 기회가 된다면 비상장회사를 대상으로 한 책도 집필하겠지만, 그 전에 이 책에서 소개한 여러 판례들이 비상장회사 임직원들의 업무처리에 도움이 될 것이라고 확신한다.

이 책에는 투명한 기업지배구조를 추구하는 다양한 전문가들이 저자로 참여했다. 20대 국회에서 초선의원임에도 재벌개혁 전문가로 활약한 채이배 전 의원을 비롯해서, 학교 강의를 병행하면서 이론 탐구를 계속하는 김선웅 변호사와 이총희 회계사, 굵직한 국내 분쟁들을 처리한 백전노장 전영준 변호사, 젊은 아이디어가 샘솟는 김도희, 전우석 변호사가 그들이다. 다양한 전문가들이 참여하면서 원고를 꼼꼼하게 보완하였고, 다음 개정판에서 훨씬 다양한 주제들을 다룰 수 있는 계기를 마련하였다. 현장에서 부딪히는 기업 분쟁은 살아 있는 생명체와 같아서 해당 분쟁의 성패만으로 문제가 해결되지 않는 경우가 많기 때문에 이들 건전한 전문가들이 다양하게 시장의 플레이어로 참여하면서 준법 경영의 흐름을 다지기를 희망한다.

출판 과정의 사정으로 인해 한국방송통신대학교출판문화원의 이두희 선생님이 실무를 뒷받침하지 않았으면 출판이 차일피일 미루어지다가 흐지부지될 수 있었다. 부족한 원고를 제때 세상에 선보일 수 있게 도와주셔서 마지막으로 감사의 말씀을 드린다.

2021년 4월

저자를 대표해서 **이상훈**

차례

머리말 4

제1편 회사의 지배구조

제1장 회사의 의사결정구조

제1절 주주총회 22

1. 주주권 22

가. 개요 • 22 / 나. 주주권 행사 • 23 / 다. 주주의 의결권 • 25
라. 주주권의 상실 • 26

2. 주주총회의 지위 26

가. 주식회사의 최고기관 • 26 / 나. 결의 요건 • 28

3. 주주총회의 소집 29

가. 주주총회 소집의 결정과 통지 • 29 / 나. 주요 소집 절차 • 30
다. 소집 장소 • 31 / 라. 종류주주총회 • 31

4. 주주제안 32

가. 의미 • 32 / 나. 주주제안권자 • 32 / 다. 주주제안의 절차 • 32
라. 주주제안 사항 • 33 / 마. 주주제안을 무시한 경우 • 34 / 바. 활용례 • 35

5. 의결권의 행사 방법(1): 대리행사 35

가. 원칙적으로 대리행사가 가능하다 • 35 / 나. 대리인의 자격과 수 • 36
다. 위임장의 양식 • 37 / 라. 위임장 첨부 서류 • 38 / 마. 위임장의 행사 절차 • 39

6. 의결권의 행사 방법(2): 전자투표 40

가. 도입 배경 • 40 / 나. 절차 • 41
다. 전자투표의 행사 기간 • 42 / 라. 전자투표의 철회 및 변경 • 42

7. 의결권의 행사 방법(3): 서면투표 42

가. 도입 배경 • 42 / 나. 절차 • 42

8. 의결권의 행사 방법(4): 한국예탁결제원에 의한 의결권 행사 43

가. 한국예탁결제원이란 • 43 / 나. 한국예탁결제원의 의결권 행사 절차 • 44

9. 의결권의 제한 44

가. 상호주 • 44 / 나. 통지 의무 위반 주식 • 45 / 다. 특별이해관계인 • 46
라. 자기주식 • 47 / 마. 기타 법률에 의한 의결권 제한 • 47

10. 주주총회의 운영 과정에서의 개별적인 쟁점들 49

가. 소집 통지 절차 • 49 / 나. 장소·시간의 변경 한계 • 50
다. 소집 통지 후 철회 및 연기 • 51 / 라. 접수 단계 • 51
마. 개회 후 주주총회의 연기 또는 폐회의 한계 • 52 / 바. 주주총회의 의사 진행 • 53
사. 주주의 질문권과 이사의 설명 의무 • 55 / 아. 결의 절차 • 55

11. 주주총회 결의의 하자의 소 57

가. 소의 종류 • 57 / 나. 주주총회 결의취소의 소 • 58
다. 결의 무효확인·부존재확인의 소 • 61 / 라. 기타 부수적인 절차 • 62

제2절 이사 64

1. 이사의 선임 64

가. 주주총회의 보통결의 • 64 / 나. 집중투표제 • 64
다. 이사와의 임용 계약 • 67 / 라. 임기 • 68

2. 사외이사 68

가. 개요 • 68 / 나. 사외이사 추천위원회 • 70

3. 이사의 의무 72

가. 선관의무와 충실 의무 • 72 / 나. 감시 의무 • 73 / 다. 비밀 유지 의무 • 74
라. 보고 의무 • 75 / 마. 경업금지 의무 • 76 / 바. 자기거래 금지 의무 • 79
사. 회사의 사업 기회 유용 금지 • 84
아. 주요 주주 등 이해관계자와의 거래 금지 의무 • 85
자. 최대 주주 등과의 거래에 대한 이사회 승인 및 주주총회에의 보고 의무 • 86

4. 이사의 형사책임: 배임, 횡령, 사기를 중심으로 87

가. 업무상 배임죄 • 87 / 나. 업무상 횡령 • 106 / 다. 사기 • 113

5. 이사의 민사책임(1): 회사에 대한 손해배상책임 115

가. 책임의 내용 • 115 / 나. 업무집행지시자 등의 책임 • 115
다. 어느 경우에 책임을 지는가 • 116 / 라. 경영 판단 원칙과의 관계 • 118
마. 문제되는 경우 • 120 / 바. 책임의 해제 • 123 / 사. 책임의 감면 • 124

6. 이사의 민사책임(2): 제3자에 대하여 125

가. 규정 • 125 / 나. 취지 • 125 / 다. 어느 경우에 책임을 지는가 • 126
라. 주주의 간접 손해와의 문제 • 128 / 마. 소멸시효 • 129

7. 이사의 권리 130
가. 보수청구권 • 130 / 나. 임기 만료 전 해임에 대한 손해배상청구 • 132
다. 정보접근권 • 135 / 라. 이사회 소집권 • 136
8. 이사의 종결 136
가. 사임 • 136 / 나. 해임 • 136
제3절 이사회와 대표이사 137
1. 이사회 137
가. 이사회의 권한 • 137 / 나. 이사회의 결의 • 140 / 다. 이사회 내 위원회 • 142
2. 대표이사 144
가. 선임 • 144 / 나. 해임 • 144 / 다. 대표이사의 대표권 • 144
라. 대표이사의 연대책임 • 146 / 마. 표현대표이사 • 147
제2장 의사결정구조에 대한 감시
제1절 감사 149
1. 감사제도의 의의 149
가. 감사제도의 중요성 • 149 / 나. 감사위원회제도의 도입 • 150
2. 감사와 감사위원회의 설치 150
가. 감사 • 150 / 나. 감사위원회 • 152
3. 감사와 감사위원의 선임 153
가. 선임 절차 • 153 / 나. 감사와 감사위원의 자격 요건 • 156 / 다. 임기 • 157
4. 감사와 감사위원회의 권한 157
가. 직무집행 감사권과 보고 요구·조사권한 • 157 / 나. 주총 소집청구권 • 158
다. 자회사에 대한 조사권 • 158 / 라. 이사회 출석·의견진술 및 소집청구권 • 158
마. 이사와 회사 간의 소송에서 회사대표권 • 159 / 바. 기타 권한 • 160
5. 감사의 의무 160
가. 선관의무 • 160 / 나. 이사회에의 보고 의무 • 160
다. 주총에의 의견 진술 의무 • 161 / 라. 감사보고서의 작성·제출 의무 • 161
마. 기타 이사에 관한 규정의 준용 • 161
6. 감사의 책임 162
가. 회사에 대한 책임 • 162 / 나. 제3자에 대한 책임 • 164

제2절 주주에 의한 경영감시 165

1. 소수 주주권의 행사 165

가. 소수 주주권이란 • 165 / 나. 「상법」 특칙에 따른 보유 기간 요건의 적용 • 165
다. 실질주주증명서 • 166

2. 대표소송 167

가. 대표소송이란 • 167 / 나. 누가 원고가 될 수 있는가 • 168
다. 누가 피고가 되는가 • 170 / 라. 어떤 절차로 소송을 제기하는가 • 171
마. 어느 경우에 책임을 지는가: 삼성전자 사건을 중심으로 • 172
바. 기본적인 소송 절차 • 178 / 사. 소송의 종결 • 181
아. 소송비용 문제 • 181 / 자. 재심의 특례 • 182 / 차. 대표소송 절차의 준용 • 183

3. 회계장부열람청구 183

가. 회계장부열람청구권이란 • 183 / 나. 누가 청구할 수 있는가 • 184
다. 어떻게 청구해야 하는가 • 185 / 라. 어떤 문서를 볼 수 있는가 • 185
마. 회사가 부당하게 거부하는 경우: 열람등사가처분 신청 • 189
바. 간접강제 신청 • 190 / 사. 열람 · 등사의 방법 • 191
아. 자회사의 문서에 대한 열람 · 등사 여부 • 192

4. 임시주총 소집 청구 194

가. 배경 • 194 / 나. 청구인 • 195 / 다. 임시주총 소집 청구의 방법 • 196
라. 이사회가 임시주총 소집을 거부하면 • 196 / 마. 임시주총의 운용 • 198

5. 위법행위유지청구 198

가. 취지 • 198 / 나. 유지청구의 당사자 • 199
다. 어느 경우에 유지청구를 할 수 있는가 • 199
라. 어떻게 유지청구를 하는가 • 201 / 마. 유지청구의 효력 • 202

6. 이사 해임의 소 203

가. 주주가 이사를 해임시키는 방법 • 203 / 나. 이사 해임의 소의 당사자 • 204
다. 이사 해임의 사유 • 205 / 라. 해임청구소송의 절차 • 206
마. 해임청구 판결의 효력 • 207

7. 직무집행정지 및 직무대행자 선임청구 207

가. 개요 • 207 / 나. 청구인 • 208 / 다. 기본 절차 • 209
라. 직무집행정지가처분의 요건 • 209 / 마. 직무집행정지가처분의 효력 • 211
바. 직무대행자의 선임청구 • 212

8. 업무 · 재산 상태 검사를 위한 검사인 선임청구권 215

가. 규정 • 215 / 나. 절차 • 215 / 다. 검사인의 권한 • 216

9. 이사회 의사록 열람 및 등사신청 217

가. 개요 • 217 / 나. 어떻게 법원에 허가를 신청하는가 • 217
다. 법원의 허가 결정 • 218

10. 주주명부 열람 및 등사 청구 218

가. 규정 • 218 / 나. 실질주주명부의 포함 여부 • 219
다. 주주명부의 열람청구의 범위 • 219 / 라. 청구의 부당성 • 220
마. 회사가 거부하는 경우 • 221

제2편 회사의 소유구조

제1장 회사의 소유구조에 관한 법률문제

제1절 소유구조에 관한 주요한 규제 ········· 224

1. 대기업 기업집단의 경제력 집중 억제 224

가. 개요 • 224 / 나. 상호출자제한기업집단의 규제사항 • 224
다. 공시대상기업집단의 규제사항 • 227

2. 지주회사 228

가. 개요 • 228 / 나. 「공정거래법」상 지주회사 규제 내용 • 228
다. 「공정거래법」상 기업형벤처캐피탈(CVC) 규제 내용 • 230

3. 기업결합 231

가. 기업결합이란 • 231 / 나. 기업결합의 분류와 규제 • 231
다. 경쟁을 실질적으로 제한하는 기업결합 • 232 / 라. 제재 수단 • 237

4. 특정 산업에 대한 소유규제 238

가. 「은행법」 및 「금융지주회사법」 • 238
나. 「금융산업의 구조개선에 관한 법률」 • 239
다. 「전기통신사업법」 • 239 / 라. 「방송법」 • 239

5. 외국인에 대한 소유규제 240

가. 외국인의 상장주식 취득 한도 • 240 / 나. 외국인의 투자 등록 • 241
다. 외국인의 상장증권거래 • 241

제2절 소유구조에서 특이한 위치에 있는 것들 ······ 241

1. 우리사주조합 241

가. 우리사주제도의 취지와 활용 • 241 / 나. 제도의 변천 • 243
다. 개정 「근로복지기본법」 • 244 / 라. 운영 주체 • 246
마. 현행법상 우리사주조합의 특칙 • 247
바. 우리사주조합의 기본 운영구조 • 249
사. 우리사주조합의 의결권 행사 방법 • 250
아. 우리사주조합과 관련한 기타 문제 • 251

2. 자기주식 254

가. 자기주식 취득의 허용 여부 • 254
나. 배당가능이익으로 하는 자기주식의 취득 • 255
다. 특정 목적에 의한 자기주식의 취득 • 257 / 라. 자기주식의 처분 • 257

3. 주식매수선택권 258

가. 주식매수선택권 • 258 / 나. 법적 성질 • 258 / 다. 부여 대상자 • 258
라. 부여 절차 • 259 / 마. 주식매수선택권의 부여 방법 • 261
바. 행사 요건(의무 재임, 재직 기간) • 262 / 사. 주식매수선택권의 취소 • 262

제2장 소유구조에 변동을 주는 자본조달

제1절 신주의 발행 ······ 263

1. 신주발행의 의미 263

가. 신주발행의 종류 • 263 / 나. 신주발행의 중요성 • 264
다. 신주발행 과정에서 주의할 점 • 264 / 라. 발행 가능한 신주의 종류 • 266

2. 유상증자 방식 269

가. 주주배정 방식 • 269 / 나. 주주우선공모 방식 • 270
다. 제3자 배정 방식 • 270 / 라. 일반 공모 증자 • 271

3. 기본적인 유상증자 절차 273

가. 이사회 결의 • 273 / 나. 배정 기준일 및 명의개서 정지의 공고 • 273
다. 청약일의 지정 · 공고 • 273 / 라. 신주인수권증서의 발행 • 274
마. 납입 및 실권주의 처리 • 274

4. 「자본시장법」에서의 특수한 유상증자 절차(1): 증권신고서 제도 275

가. 증권신고서란 • 275
나. 증권신고서의 제출 의무 요건(1): '공모'인 경우 • 276
다. 증권신고서의 제출 의무 요건(2): '공모 금액이 10억 원' 이상인 경우 • 279

라. 증권신고서의 내용 • 281
마. 증권신고서를 제출하면 바로 권유행위를 할 수 있는가 • 282
바. 제도의 실효성 확보 장치 • 285

5.「자본시장법」상 특수한 유상증자 절차(2): 투자설명서 제출 286

가. 투자설명서란 • 286 / 나. 투자설명서의 종류 • 287
다. 투자설명서의 제출 시기 • 288 / 라. 투자설명서 제도의 실효성 확보 장치 • 288

제2절 부당한 자금 조달에 대한 대응 ······ 289

1. 주주의 신주인수권 침해 289

2. 주주의 신주인수권의 배제 요건 290

가. 절차상 요건: 정관의 규정 • 290
나. 목적상 요건: 실질적 정당화 사유가 있어야 함 • 291
다. 현물출자에서의 신주인수권 • 293

3. 신주의 부당한 발행에 대한 대응 방법 293

가. 신주발행유지청구권 • 294 / 나. 신주발행무효 • 297
다. 통모 인수인의 책임 • 303

4. 주식 관련 사채의 부당한 발행에 대한 대응 방법 304

가. 주식 관련 사채의 종류 • 305
나. 전환사채(또는 신주인수권부사채)발행유지청구 • 308
다. 전환사채-신주인수권부사채발행무효의 소 • 310
라. 통모 인수인의 책임 • 312
마. 삼성그룹 경영권 승계와 전환사채 및 신주인수권부사채 • 313

제3장 소유구조의 변동

제1절 우호적 M&A ······ 323

1. 우호적 M&A의 모습 323

2. 합병 324

가. 합병이란 • 324 / 나. 합병의 일반적 절차 • 324 / 다. 합병 비율 • 326
라. 외부 평가기관의 평가 의무 • 330 / 마. 공시 의무 • 332
바. 채권자 이의 절차 • 333 / 사. 효과 • 335
아. 소규모 합병과 간이 합병 • 338
자. 합병 대가의 유연화: 교부금 합병과 삼각 합병의 도입 • 340
차. 2015년 개정 「상법」에 따른 새로운 형태의 합병 제도의 도입 • 341

3. 영업 양도 342

가. 영업 양도란 • 342
나. 어느 경우를 영업 양도로 볼 것인가: 자산 인수와 관련하여 • 344
다. 「상법」에서 절차상 특징: 주주총회의 특별결의 • 345
라. 「자본시장법」에 따른 공시 의무 • 348 / 마. 「공정거래법」의 절차상 특칙 • 350
바. 영업 양도의 효과(1): 근로관계 • 350
사. 영업 양도의 효과(2): 채무관계 • 353
아. 영업 양도의 효과(3): 양도인의 경업금지 의무 • 355

4. 주식의 포괄적 교환 · 이전 356

가. 주식의 포괄적 교환 · 이전이란 • 356 / 나. 주요 절차 • 355 / 다. 효력 • 360
라. 주식의 교환 · 이전 비율 • 361 / 마. 간이 주식교환과 소규모 주식교환 • 362
바. 삼각주식교환의 도입 • 363

5. 기업분할 363

가. 개념 • 363 / 나. 형태 • 364 / 다. 주요 절차 • 365 / 라. 회사 분할의 효과 • 367
마. 종전 채무관계 • 367 / 바. 반대 주주의 주식매수청구권 • 373
사. 분할무효의 소송 • 373

6. 지배주식의 매수 373

가. 개념 • 373 / 나. 절차 • 374 / 다. 고려 대상 • 374

제2절 M&A에서의 투자자 보호 ········ 375

1. 주식매수청구권 376

가. 취지 • 376 / 나. 인정되는 범위 • 376 / 다. 절차 • 377
라. 간이 주식교환과 간이 합병에서의 특칙 • 378
마. 매수 가액의 결정 • 378 / 바. 효과 • 383 / 사. 운영 형태 • 385

2. 공시 의무 387

가. 공시의 형태 • 387 / 나. 공시 의무에 대한 제재 • 387

3. 우회상장에서의 투자자 보호 388

가. 우회상장이란 • 388 / 나. 우회상장의 긍정적인 측면과 부정적인 측면 • 389
다. 우회상장의 유형 • 389 / 라. 우회상장에서의 규제 • 391
마. 우회상장 유형별 규제 • 392

제3절 적대적 M&A ········ 395

1. 적대적 M&A의 모습 395

가. 현황 • 395 / 나. 전체적인 진행 모습 • 395

다. 기존 경영진은 적대적 M&A를 어떻게 보아야 하나 • 396
라. 적대적 M&A를 시도하는 측의 자세 • 400

2. 장내 매집: 5%룰과 관련하여 400

가. 기본적이면서 공통적인 수단 • 400 / 나. 5%룰과 적대적 M&A에서의 활용 • 401
다. 보고의 종류 • 402 / 라. 신규 보고 의무가 있는 경우 • 404
마. 보고 절차 • 413 / 바. 냉각기간 • 416 / 사. 위반 시 제재 • 418
아. 임원, 주요 주주의 주식 소유 상황 보고 • 424

3. 장외 주식 매집: 공개매수 425

가. 장외에서 주식 매집을 할 때 조심해야 할 절차 • 425 / 나. 취지 • 425
다. 공개매수의 적용 대상 • 427 / 라. 공개매수의 절차 • 429
마. 공개매수의 방법 • 431 / 바. 공개매수의 규제 • 433
사. 주주의 취소와 공개매수자의 철회 • 434 / 아. 위반 시 제재 • 435

4. 위임장 대결 437

가. 위임장 대결이란 • 437 / 나. 「자본시장법」에서 정한 규제 절차 • 438
다. 의결권 대리행사의 권유 절차 • 439
라. 정정명령 및 의결권 권유 내용의 정정 • 443 / 마. 권유행위 • 444
바. 의결권 행사 • 446 / 사. 위법한 권유에 대한 제재 • 446
아. 위임장 대결의 어려움 • 446

5. 신주발행 447

가. 신주발행의 구도 • 447 / 나. 제3자 배정 방식의 유상증자 • 448
다. 주주배정 방식의 유상증자의 경우 • 451
라. 시간적 한계에 따른 변형된 가처분 • 452

6. 자사주의 활용 453

가. 배경 • 453 / 나. 자사주 매각의 한계 • 453

7. 「공정거래법」 위반 신고 455

가. 기업결합의 제한 규정 • 455 / 나. 적용 사례 • 456

8. 백기사의 활용 457

가. 백기사란 • 457 / 나. 사례 • 458

9. 직원들과의 결합 459

가. 배경 • 459 / 나. 직원들의 지분 증가 • 459 / 다. 노조와의 단체협상 • 460

10. 주주 간 협약서 체결 461

11. 기타 논의되는 방안들 463

가. 여론 조성 • 463 / 나. 상호주 보유 • 464 / 다. 황금낙하산 • 464

라. 초다수 결의제 • 464 / 마. 그 밖의 방안 • 465
바. 최근의 경영권 방어 장치에 대한 공방 • 465

제3편 시장에서의 투명성과 투자자에 대한 책임

제1장 공시규제

제1절 공시의 종류 468

1. 개요 468
2. 「자본시장법」의 공시 종류 469
3. 거래소 공시 470
   가. 수시공시 • 470 / 나. 공정공시 • 470 / 다. 조회공시 • 470
4. 2개의 공시시스템: 금감원 공시와 거래소 공시 471

제2절 발행시장에서의 책임 472

1. 취지 472
2. 손해배상청구권자 473
3. 손해배상책임자 474
4. 허위의 기재 또는 표시가 있거나 중요한 사항이 기재 또는 표시되지 아니한 경우 477
   가. 중요한 사항의 적용 범위 • 477 / 나. 중요한 사항 • 477
   다. 증권신고서 등을 제출하지 않은 경우 • 482
5. 거래인과 관계 482
   가. 원칙적으로 입증 필요 없음 • 482 / 나. 피고의 악의 항변 • 484
6. 고의와 과실 484
   가. 원칙적으로 입증 필요 없음 • 484 / 나. 피고의 무과실 항변 • 484
7. 손해배상액 485
   가. 배상액의 추정 • 485 / 나. 추정 규정 배제 • 486
   다. 과실상계 또는 책임제한 가능 • 487 / 라. 「민법」상 손해배상청구의 경우 • 488
   마. 지연이자의 발생 • 488

8. 제척 기간 489

9. 예측 정보의 특칙 489

가. 책임의 완화 • 489 / 나. 특칙의 배제 • 489

제3절 유통시장에서의 책임 490

1. 유통시장에서의 공시 종류 490

가. 개요 • 490 / 나. 정기공시(사업보고서, 분·반기보고서) • 490
다. 주요사항보고서(종전 수시공시) • 491

2. 부실공시에 대한 책임 493

가. 민사책임 • 493 / 나. 형사책임 • 497 / 다. 행정 제재 • 497

제2장 회계의 투명성

제1절 재무제표 공시 관련 제도 499

1. 재무제표 499

가. 재무제표의 작성 및 검토 • 499 / 나. 재무제표의 작성 기준 • 499
다. 재무제표의 종류 • 500 / 라. 재무제표의 승인 • 500

2. 외부감사 501

가. 외부감사제도의 도입 취지 • 501 / 나. 대상 기업 • 502
다. 외부감사의 방법 • 504 / 라. 외부감사인의 권한 • 505
마. 외부감사인의 의무 • 505

3. 감리 506

제2절 회계부정 507

1. 회계부정이란 507

2. 회계부정에 대한 책임 508

가. 회계부정에 대한 형사 처벌 • 508 / 나. 손해배상책임 • 508 / 다. 과징금 • 509

3. 외부감사인의 부실감사 책임 509

가. 형사책임 • 509 / 나. 손해배상책임 • 509 / 다. 과징금 • 513

4. 손해배상책임 514

가. 누가 청구할 수 있는가 • 514 / 나. 손해배상의무자 • 516
다. 원고가 주장 · 입증해야 하는 것 • 518
라. 피고가 주장 · 입증해야 하는 것 • 522 / 마. 손해배상의 범위 • 524

바. 과실상계 • 526 / 사. 책임의 제한 • 527 / 아. 행사 기간 • 527

5. 손해배상청구의 담보 528

가. 현황 • 528 / 나. 손해배상공동기금과 손해배상적립금 • 529

제3장 불공정거래행위 규제

제1절 내부자 거래 530

1. 규제의 취지 530

2. '내부자'란 532

가. '제1호 내지 제5호'의 내부자 • 532

나. 위 자로부터 정보를 받은 자: 정보수령자 • 533

3. '내부 정보'란 535

가. '내부 정보'의 요소 • 535 / 나. 상장법인의 업무 등과 관련한 정보 • 535

다. 투자자의 투자 판단에 중대한 영향을 미칠 수 있는 정보 • 536

라. 정보의 성립 시기 • 537

마. 대통령령이 정하는 방법에 따라 불특정 다수인이 알 수 있도록 공개하기 전인 정보 • 541

4. 직무관련성 542

5. 이용하는 행위 543

6. 공개매수의 특칙 544

7. 대량 취득·처분 정보 이용행위 금지의 특칙 545

8. 위반의 효과 547

가. 민사상 손해배상책임 • 547 / 나. 형사 처벌 • 549

제2절 단기매매차익 반환 550

1. 규정 550

2. 적용 대상 550

가. 임원·직원 또는 주요 주주 • 550 / 나. 6월 이내의 기간에 • 551

다. 특정 증권 등을 매매하여 • 552 / 라. 차익이 발생한 경우 • 553

마. 적용 배제 • 553

3. 미공개 내부 정보의 이용 유무 554

가. 「자본시장법」 제172조 자체는 합헌 • 554

나. '내부 정보를 이용할 가능성조차 없는 유형의 주식 거래'는 해석상 적용 배제 • 555

4. 반환 절차 557
가. 반환청구권자 • 557 / 나. 청구 기간 • 558
5. 반환 금액 559
가. 선입선출법 • 559 / 나. 가격 및 수량의 환산 • 559
다. 손해액은 고려하지 않음 • 560

제3절 시세조종행위 561

1. 개요 561
2. 유형 562
가. 가장, 통정 등 위장 거래에 의한 시세조종 • 562
나. 현실 거래 또는 표시에 의한 시세조종 • 565
다. 불법한 시세고정이나 안정행위 • 571 / 라. 현선연계 시세조종 • 573
3. 위반의 효과 575
가. 형사책임 • 575 / 나. 손해배상책임 • 578

제4절 부정거래행위 581

1. 규정 581
2. 유형 583
가. 부정한 수단, 계획 또는 기교를 사용하는 행위 • 583
나. 중요 사항에 관한 허위 표시의 사용 행위 • 585
다. 거짓의 시세를 이용하는 행위 • 587
라. 풍문의 유포, 위계의 사용 등의 행위 • 588

제5절 시장질서 교란행위 589

1. 규정 589
2. 규정의 취지 590
3. 적용 대상 590
가. 정보 이용 교란행위 • 591 / 나. 시세 관여 교란행위 • 591
4. 제재 592
5. 공매도 제한 위반에 대한 제재 592
가. 공매도 제한 규정 • 592 / 나. 공매도 제한 위반에 대한 벌칙 • 592

제4장 상장회사의 특수한 제도

제1절 증권집단소송 ········ 593

1. 증권집단소송의 개관 593

가. 집단소송이란 • 593 / 나. 「증권관련 집단소송법」의 적용 범위 • 593
다. 증권관련 집단소송의 사례 및 현황 • 594

2. 소의 제기 절차 594

가. 소장 및 소송허가신청서 제출 • 594 / 나. 소장의 작성 • 594
다. 소송허가신청서의 작성 • 595 / 라. 법원의 조치 • 595

3. 소송허가 절차 596

가. 대표당사자와 소송대리인의 선임 결정 • 596 / 나. 소송의 허가 결정 • 597
다. 구성원들의 제외신고 • 600

4. 소송 절차에서의 특칙 600

가. 직권증거조사 • 600 / 나. 문서제출명령 • 600 / 다. 증거보전 • 600
라. 손해배상액의 산정 • 601 / 마. 소 취하 등 • 601

5. 분배 절차 601

가. 법원의 분배관리인의 선임 • 601 / 나. 분배관리인의 분배계획안 작성 • 602
다. 법원의 분배계획안 인가 및 고지 • 602 / 라. 구성원의 권리신고 • 602
마. 분배 및 잔여금 처분 • 602

제2절 상장폐지 ········ 603

1. 개요 603

가. 상장폐지의 의미 • 603 / 나. 상장폐지를 규율하는 규정의 형태 • 603

2. 신청에 의한 상장폐지(자진상장폐지) 604

가. 자진상장폐지의 개관 • 604 / 나. 신청에 의한 상장폐지의 요건과 절차 • 605
다. 자진상장폐지에 있어서 소액주주의 보호 문제 • 606

3. 신청에 의하지 아니한 상장폐지(직권상장폐지) 610

가. 유가증권상장기업의 상장폐지 • 610 / 나. 코스닥상장기업의 상장폐지 • 615

■ 찾아보기 ········ 619

상 장 회 사 법

1

회사의 지배구조

제1장 회사의 의사결정구조

제1절 주주총회 / 제2절 이사 / 제3절 이사회와 대표이사

제2장 의사결정구조에 대한 감시

제1절 감사 / 제2절 주주에 의한 경영감시

제 1 장

회사의 의사결정구조

제1절 주주총회

1. 주주권

가. 개요

(1) 분류

주주권은 권리행사의 목적에 따라 회사의 운영에 참가하거나 이에 관련한 권리인 '공익권'과 회사로부터의 경제적 이익이나 편익을 목적으로 하는 권리인 '자익권'으로 나눌 수 있다. 공익권의 예로는 주주총회에서의 의결권, 각종 소 제기권 등이 있고, 자익권의 예로는 이익배당청구권, 신주인수권 등이 있다.

(2) 주주권의 성질

주주권의 성질이 각각의 법률관계에서 문제된다. 예를 들어 주주총회에서 회사 직원들을 동원, 실력을 행사해 개인 주주들의 발언권과 의결권을 방해한 혐의로 대표이사가 업무방해죄로 기소된 사건에서 법원은 "「형법」상 업무방해죄의 보호대상이 되는 '업무'란 '직업 기타 사회생활상의 지위에 기해 계속적으로 종사하는 사무 또는 사업'을 말하는데, 주주로서 주주총회에서 의결권 등을 행사하는 것은 주식의 보유자로서 그 자격에서 권리를 행사하는 것에 불과할 뿐 '업무'에 해당한다고 할 수 없으므로 주주들의 업무를 방해했다고는 볼 수 없다"[1]고 판시하였다. 반면 의장의 주주총회 개최 업무는 「형법」에서 보호하는 '업무'에 해당하므로, 만일 주주가 고성과 욕설 등을 사용하

1) 대법원 2004. 10. 28. 선고 2004도1256 판결.

여 대표이사의 주주총회의 개최, 진행을 포기하게 만들었다면 「형법」상 업무방해죄가 성립한다.[2)]

나. 주주권 행사

(1) 주주평등의 원칙

주주평등의 원칙이란 형식적으로는 회사와 주주 사이의 법률관계에 있어서 주주를 그 지위에 따라 평등하게 취급해야 하고, 실질적으로는 각 주주의 회사에 대한 권리 의무가 그 보유 주식의 수에 비례하여 정해져야 한다는 원칙이다. 「상법」에서는 주주평등의 원칙에 대한 예외규정(「상법」 제344조, 제345조 등)을 엄격하게 한정적으로 규정하고 있다. 따라서 주주평등의 원칙은 「주식회사법」의 기본원칙이고 강행법규의 성질을 가지고, 「상법」에서 인정하는 예외 경우 이외에는 정관의 규정, 주주총회나 이사회의 결의 또는 대표이사의 업무집행이 주주평등의 원칙에 위반하는 때에는 회사의 선의·악의를 불문하고 무효이다.

(2) 재산상의 이익공여 금지

회사는 누구에게든지 주주의 권리행사와 관련하여 재산상의 이익을 공여할 수 없다(「상법」 제467조의2 제1항). '주주의 권리행사'란 주총에서의 의결권이나 질문권, 대표소송 제기권, 주총결의취소청구권 등을 말한다. 위 조항은 주총에서 '총회꾼'의 횡포를 막고 주총의 정상적인 운영을 담보하기 위하여 1984년 개정 「상법」에 도입된 제도이다.

만일 회사가 특정 주주에 대하여 무상으로 재산상의 이익을 공여하거나 유상으로 재산상의 이익을 공여한 경우에 있어서 회사가 얻은 이익이 공여한 이익에 비하여 현저하게 적은 경우에는, 주주의 권리행사와 관련하여 이를 공여한 것을 추정한다(동조 제2항). 회사가 위 규정에 위반하여 재산상의 이익을 제공한 때에는 그 이익을 공여받은 자는 이를 회사에 반환해야 하고, 이 경우 회사에 대하여 대가를 지급한 것이 있으면 그 반환을 받을 수 있다. 만일 회사가 그 반환을 청구하지 않는 경우에는 소수 주주권자가 대표소송에 의하여 이익공여의 반환을 청구할 수 있다(동조 제4항, 제403조 내지 제406조).

---

2) 대법원 2001. 9. 7. 선고 2001도2917 판결.

(3) 행사의 범위

주주는 회사의 경영에 이해관계를 가지고 있지만 회사의 재산관계에 대하여는 단순히 사실상, 경제상 또는 일반적, 추상적인 이해관계만을 가질 뿐, 구체적 또는 법률상의 이해관계를 가진다고는 할 수 없고, 직접 회사의 경영에 참여하지 못하고 주주총회의 결의를 통해서 또는 주주의 감독권에 의하여 회사의 영업에 영향을 미칠 수 있을 뿐이다. 따라서 주주는 일정한 요건에 따라 이사를 상대로 그 이사의 행위에 대하여 유지청구권을 행사하여 그 행위를 유지시키거나, 또는 대표소송에 의하여 그 책임을 추궁하는 소를 제기할 수 있을 뿐 직접 제3자와의 거래관계에 개입하여 회사가 체결한 계약의 무효를 주장할 수는 없다.[3)]

다만 하급심 법원은 만일 회사가 그 보유의 자기주식을 처분하는 행위로 인하여 주주의 지위에 중대한 영향을 초래하게 되는데도 회사가 이를 다툴 것을 기대할 수 없고 달리 주주의 지위를 보전할 구제방법이 없는 경우에는 주주도 그 처분행위에 관하여 직접적이고 구체적인 법률상 이해관계를 가진다고 보아 그 취소를 구할 수 있다[4)]고 보았다.

(4) 행사의 한계: 연합철강 사건

주주권 행사의 한계와 관련하여 사회적으로 관심을 끈 사건은 연합철강 사건이다. 1985년 연합철강은 동국제강으로 인수되었는데, 2대 주주이면서 38%의 지분을 가진 권○○ 씨는 회사의 계속된 증자 계획에 반대 의사를 표명하였다. 이에 회사는 주주총회에서 자본금을 늘리기 위한 정관 개정안을 통과시키지 못하였고, 결국 1998년에는 위 권○○ 씨를 상대로 주주권 남용을 이유로 의결권행사금지가처분을 신청하였다. 위 가처분 신청은 기각되었지만, 판결에서 주주권 행사의 한계에 대한 일정한 기준을 제시하고 있다.

---

3) 대법원 2001. 2. 28. 선고 2000마7839 결정.

4) 서울서부지법 2006. 6. 29. 선고 2005가합8262 판결.

서울고법 1999. 5. 19. 선고 99라103 결정

주주의 의결권은 회사의 자본 형성에 기여한 주주가 회사 경영에 참여하는 가장 주요한 수단으로서 원칙적으로 주주 개인의 자유로운 의사에 기한 행사가 보장되어야 할 것이나, 주주의 의결권 역시 권리의 일종인 이상 신의에 따라 성실하게 행사되어야 할 것이고, 또한 그 의결권은 주식회사라고 하는 단체의 구성원인 주주에 대하여 그 구성원인 자격에 기하여 인정되는 것이기 때문에 그 행사에는 단체의 구성원에게 인정되는 일정한 단체적 제약이 내재하여 있다고 할 것이다. 더구나 중요한 의안에 관하여 반대하여 의안을 부결시킬 수 있는, 이른바 거부권을 가진 3분의 1 주주권을 행사하는 경우에는 그러한 의안에 관한 의사결정에 있어 지배주주와 유사한 지위에 있다 할 것이므로 그에 따라 의결권을 회사의 이익을 위하여 행사해야 할 높은 충실 의무를 부담한다고 해야 할 것이다. 그러나 그와 같은 신의칙상 의무 내지 충실 의무에 기하여 의결권을 박탈하거나 제한하는 경우가 있다 하더라도 주주의 권한을 중대하게 제한하는 것임에 비추어 그 의결권 행사 금지의 요건은 엄격하게 해석되어야 할 것이다.

따라서 주주의 의결권이 회사의 구성원인 주주로서의 이해관계에 관계없이 오로지 개인적인 이익추구만을 위하여 행사되고, 그러한 의결권 행사로 인하여 회사 및 다른 주주들에게 손해가 발생할 것이 명백한 경우에만 그러한 의결권 행사는 권리남용에 해당하는 것으로서 사후에 그 효력이 부인될 수 있고, 그러한 의결권의 행사가 명백히 예견되는 경우에는 미리 그 행사를 금지할 수도 있다 할 것이다.

다. 주주의 의결권

「상법」에서는 주식회사의 주주는 1주마다 1개의 의결권을 가진다는 1주 1의결권의 원칙을 규정하고 있다(제369조 제1항). 위 규정은 강행규정으로서 법률에서 위 원칙에 대한 예외를 인정하는 경우를 제외하고, 정관의 규정이나 주주총회의 결의 등으로 위 원칙에 반하여 의결권을 제한하더라도 효력이 없다.[5] 1주 1의결권 원칙의 예외규정으로는 이사 선임 시의 집중투표제가 있다.

5) 대법원 2009. 11. 26. 선고 2009다51820 판결.

라. 주주권의 상실

주주권은 주식 양도, 주식의 소각 또는 주금 체납에 의한 실권절차 등 법정 사유에 의하여만 상실되고, 단순히 당사자 간의 특약이나 주식 포기의 의사표시만으로 주식이 소멸되거나 주주의 지위가 상실되지 아니한다. 판례는 대주주가 "향후 7년간 주주권 및 경영권을 포기하고 주식의 매매와 양도 등을 하지 아니하며 다른 주주에게 주주로서의 의결권 행사 권한을 위임"하기로 한 약정만으로는 대주주가 주주로서의 의결권을 직접 행사할 수 없게 되었다고 볼 수 없다[6]고 하였다. 그리고 임시주주총회에서 주주인 원고를 제적하는 결의 또한 「상법」에 위배되어 무효라고 판시하였다.[7] 다만 주주권은 자유롭게 처분할 수 있는 것이고 공익권이라 하여 그 처분이 제한되는 것도 아니다. 판례는 주식 양도대금을 받으면서 진행되는 주주총회 취소소송을 취하하고 부제소를 약정한 것에 대하여, 주주권은 자유롭게 처분 가능하다고 하여 위 약정의 효력을 인정하였다.[8]

2. 주주총회의 지위

가. 주식회사의 최고기관

(1) 기본적 중요 사항 결정

주주총회란 주주 전원의 구성에 의하여 회사의 기본적 중요 사항에 관하여 회사의 의사를 결정하는 주식회사의 최고기관이다. 주주총회는 필수적 기관으로서 회사의 운영을 담당하는 이사를 선임하고 회사의 헌법에 해당하는 정관을 개정하며 기타 회사의 중요한 사항을 결정한다.

(2) 이사회 의결 사항과의 관계

① 주주총회가 주식회사의 최고기관에 해당한다면, 주주총회에서 모든 사항을 결의

---

6) 대법원 2002. 12. 24. 선고 2002다54691 판결.
7) 광주고법 1979. 7. 26. 선고 78나497 판결(확정).
8) 대법원 1985. 12. 10. 선고 84다카319 판결.

할 수 있을 것으로 생각할 수 있다. 실제로 종전 의용 「상법」에서는 주주총회가 주식회사의 최고기관이므로 법률이 정한 권한 사항 이외에 회사에 관한 모든 사항을 결의할 수 있도록 하였다. 그러나 현행 「상법」에서는 소유와 경영을 분리한다는 원칙하에, 회사의 기본적 중요 사항은 주주총회의 결의를 거치되, 기타 나머지 사항에 대하여는 이사회의 결의 사항으로 하여 이사회의 권한을 확대하고 있다. 즉 「상법」 제361조에서는, "주주총회는 본법 또는 정관에 정하는 사항에 한하여 결의할 수 있다"라고 규정함으로써 주주총회를 축소하고 이사회의 권한을 강화하고 있다. 다만 주주총회의 결의를 요하는 사항은 「상법」과 정관에 규정된 사항에 국한되지 않고, 다른 법률에서 주주총회의 결의를 요하는 경우도 포함된다.

「상법」에서 주주총회의 결의 사항으로 정하고 있는 사항

	보통 결의 사항	특별 결의 사항
「상법」상 전속사항	이사, 감사, 청산인의 선임. 이사, 감사, 청산인의 보수 결정. 재무제표의 승인. 이익배당과 배당금 지급 시기의 결정. 주식배당 결정. 청산의 승인. 검사인의 선임. 주주총회의 연기 또는 속행의 결정 등.	주식의 분할, 주식의 포괄적 교환·포괄적 이전. 정관의 변경. 자본의 감소. 회사의 해산·합병·분할·계속. 회사의 영업의 전부 또는 중요한 일부의 양도. 영업 전부의 임대 또는 경영 위임, 타인과 영업의 손익 전부를 같이하는 계약, 기타 이에 준할 계약의 체결이나 변경 또는 해약. 회사의 영업에 중대한 영향을 미치는 다른 회사의 영업 전부 또는 일부의 양수. 사후 설립. 이사·감사의 해임. 주주 이외의 자에 대한 전환사채·신주인수권부사채의 발행의 경우 중요한 사항. 주식의 할인 발행 등.
「상법」에서 정관의 규정으로 유보한 사항	대표이사의 선임. 신주, 전환사채나 신주인수권부사채의 발행. 준비금의 자본 전입. 스톡옵션의 부여 등.	

② 법률에서 정관에 주주총회의 결의 사항으로 유보하고 있지 않음에도 불구하고, 정관에서 주주총회의 결의 사항으로 이를 규정할 수 있는가가 문제된다. 이에 대하여 통설은 주식회사의 본질 또는 강행법규에 위반되지 않는 한 법률에서 정관으로 유보하지 않는 사항도 정관의 규정에 의하여 주주총회의 결의 사항으로 할 수 있다고 보고 있다. 그러나 법률과 정관에서 주총 결의 사항으로 정하고 있지 않는 사항은 설사 주주총회의 결의가 있더라도 「상법」 제361조에 따라 원칙적으로 효력이 발생하지 않는다.

나. 결의 요건

(1) 종전 「상법」에서는 "주주총회의 의결은 발행주식 총수의 과반수에 해당하는 주식을 가진 주주의 출석과 출석 주주의 의결권의 과반수로써 해야 한다"라고 규정하여, 성립 정족수(의사정족수, 일정수 주주의 출석)와 의결정족수(출석한 구성원의 일정 수 이상의 찬성)를 구분하였다. 그러나 주식이 폭넓게 분산된 주식회사에서 주주총회의 성립을 위한 성립 정족수(의사정족수)를 확보하기 어려운 현실을 감안하여, 1995년 개정 「상법」은 주주총회의 결의 요건 중에서 성립 정족수의 요건을 폐지하고 의결정족수의 요건만을 규정하였다. 즉 현행법은 출석의결권의 과반수(보통결의) 또는 3분의 2 이상(특별결의)을 결의 요건으로 하되, 다만 그 가결에 가담한 의결권이 발행주식 총수의 4분의 1 이상(보통결의) 또는 3분의 1 이상(특별결의)일 것을 요구하고 있다.

주주총회 결의 요건

보통결의	발행주식 총수의 4분의 1 이상과 출석한 주주의 의결권의 과반수.
특별결의	발행주식 총수의 3분의 1 이상과 출석한 주주의 의결권의 3분의 2 이상.
특수결의	총주주의 동의, 모집 설립 또는 신설 합병에서의 창립총회 결의.

(2) 의결정족수를 계산함에 있어서 '발행주식 총수'에는 의결권 없는 주주가 가진 주식은 포함되지 않는다(「상법」 제371조 제1항). 의결권 없는 주주가 가진 주식이란, 무의결권 주식, 회사의 자기주식, 자회사가 가지는 모회사 주식, 상호 보유 주식, 감사를 선

임할 경우 특정 주주가 가진 발행주식 총수의 100분의 3을 초과하는 주식을 말한다. 그리고 '출석한 주주의 의결권의 수'를 계산함에 있어서는 '특별한 이해관계가 있어서 의결권을 행사할 수 없는 자의 주식수'는 포함되지 않는다(동조 제2항). 만일 표결 결과 가부동수이면 의안은 부결된다. 그리고 참석 주식 중 기권 또는 무효인 주식수는 반대에 산입해야 한다.

3. 주주총회의 소집

가. 주주총회 소집의 결정과 통지

(1) 주주총회 소집의 결정

주주총회는 매년 1회 일정한 시기에 개최되는 정기주총과 필요한 경우 수시로 소집하는 임시주총으로 나뉜다. 주주총회는 원칙적으로 이사회에서 총회의 개최 및 그 일시·장소·의안 등을 결의하고(「상법」 제362조), 이 결의에 따라 대표이사가 총회를 소집한다. 다만 예외적으로 일정 지분을 가진 주주 또는 감사도 임시주총의 소집을 청구할 수 있고, 만일 이사회가 총회 소집 절차를 밟지 아니한 때에는 법원의 허가를 얻어 직접 총회를 소집할 수 있다(제1편 제2장 제2절 '4. 임시주총 소집 청구' 참조). 또한 일정 지분을 가진 주주는 법원에 검사인의 선임을 청구할 수 있는데, 위 검사인의 검사 결과 보고에 의하여 필요하다고 인정한 때에는 법원은 대표이사에게 주주총회의 소집을 명할 수 있다(「상법」 제467조 제3항).

(2) 주주총회 소집의 통지

① 이사회는 주주에게 출석의 기회와 준비의 시간을 주기 위해 회의일 2주 전에 각 주주에 대하여 서면으로 통지를 발송하거나 각 주주의 동의를 받아 전자문서로 통지를 발송해야 한다(「상법」 제363조 제1항). 다만 상장법인의 경우, 의결권 있는 발행주식 총수의 1% 이하의 주식을 소유하는 주주에 대하여는 정관으로 정하는 바에 따라서 회의일 2주 전에 총회를 소집하는 뜻과 회의의 목적 사항을 둘 이상의 일간신문에 각각 2회 이상 공고하거나 금융감독원 또는 거래소 전자공시시스템에 공시함으로써 소집 통지

에 갈음할 수 있다(「상법」 제542조의4 제1항).

② 상장회사의 경우에는 주주총회를 소집함에 있어 사외이사 등의 활동 내역, 보수에 관한 사항, 최대 주주 등과의 거래 내역, 영업 현황 등 사업개요와 함께 주주총회 목적 사항별 의안의 주요 내용도 함께 포함하여 통지하여야 한다(「상법」 제542조의4 제3항, 「동 시행령」 제31조 제4항). 다만, 이럴 경우 소집 통지 시에 기재될 내용이 너무 많아 어려움이 예상되므로 예외적으로 회사의 인터넷 홈페이지에 게재하고 회사의 본·지점, 명의개서대행회사, 금융위원회 및 거래소를 통하여 일반인이 열람할 수 있도록 함으로써 소집 통지 시에 의안에 대한 주요 내용의 기재를 생략할 수 있도록 하고 있다(「상법」 제542조의4 제3항 단서 및 「동 시행령」 제31조 제5항).

③ 연회 또는 계속회는 당초의 주총과 하나를 이루는 것이므로 다시 총회의 소집 절차를 거치지 않아도 된다(「상법」 제372조 제2항). '연회'란 주주들이 총회를 열어 의사에 들어가기 전 또는 의사에 들어갔으나 이를 철회하고 별도의 날을 정하여 총회를 열기로 결의한 경우에 뒤에 열리는 총회를 말하고, '계속회'란 주주들이 총회를 열어 의안의 심의를 하다가 의사를 중지하고 다른 날을 정하여 총회를 계속하기로 결의한 경우에 뒤에 열리는 총회를 말한다.

나. 주요 소집 절차

정기주주총회와 임시주주총회의 절차는 기본적으로 동일하다. 중요한 차이점으로는 대부분의 상장회사들은 정관에 기준일과 주주명부 폐쇄 기간을 규정하고 있기 때문에 정기주주총회의 경우에는 별도로 기준일 공고를 하지 않아도 된다는 것이다. 반면 임시주주총회의 경우에는 기준일과 주주명부 폐쇄 기간을 정하기 위해 별도로 기준일 2주 전에 공고를 해야 하기 때문에 그만큼 시간이 더 길어진다.

정기주주총회와 임시주주총회에 대한 실무적인 자료들은 한국예탁결제원 사이트에서 자세히 얻을 수 있다. 정기주주총회의 경우 주주총회 개최를 위한 이사회를 언제 개최하느냐에 따라 총기간이 계산되는데, 통상 예정 정기주주총회일로부터 30일 전에 이사회를 개최하면 적당하다.

다. 소집 장소

총회는 정관에 다른 정함이 없으면 본점 소재지 또는 이에 인접한 장소에 소집하여야 한다(「상법」 제364조). 주주총회란 참석한 주주들이 지난 회계연도의 경영 성과와 재무 상황을 이사들로부터 직접 듣고 상호 간에 토의하는 자리이기 때문에, 주주총회 중이라도 언제든지 회사의 자료를 살펴볼 수 있도록 「상법」에서는 주주총회의 장소를 '본점 소재지 또는 이에 인접한 장소'로 강제하고 있다. 따라서 만일 이러한 지역을 벗어나 원거리에 있는 장소에서 주총을 소집하거나, 본점 소재지 또는 이에 인접한 장소이더라도 특별한 이유 없이 주주의 출석이 어려운 장소를 선정한다면 결의취소의 원인이 될 수 있다.

라. 종류주주총회

수종의 주식을 발행한 회사의 경우 정관 변경으로 어느 종류의 주주에게 손해를 미치게 될 때에는 주주총회 결의 외에 그 종류주식 주주의 총회의 결의를 거쳐야 한다(「상법」 제435조 제1항). 이때 '손해'를 어떻게 해석해야 하는지가 문제되는데, 대법원은 "'어느 종류의 주주에게 손해를 미치게 될 때'라 함에는, 어느 종류의 주주에게 직접적으로 불이익을 가져오는 경우는 물론이고, 외견상 형식적으로는 평등한 것이라고 하더라도 실질적으로는 불이익한 결과를 가져오는 경우도 포함되며, 나아가 어느 종류의 주주의 지위가 정관의 변경에 따라 유리한 면이 있으면서 불이익한 면을 수반하는 경우도 이에 해당된다"[9]고 판시하였다. 위 사건은 2006년 삼성전자가 무의결권 배당우선주에 대해 일정 기간이 경과하면 보통주로 전환되도록 하는 정관 규정을 종류주주총회 없이 삭제하려던 사건이었는데, 대법원은 보통주로의 전환에 의한 의결권의 취득을 바라고 있던 우선주주에게는 해당 정관 변경이 불리한 반면, 의결권보다는 이익배당에 더 관심이 있는 우선주주에게는 고율의 배당이 계속적으로 보장되는 해당 정관 변경이 유리하다고 본 다음, 정관을 변경함으로써 종류주주 각자의 입장에 따라 유리한 점과 불리한 점이 공존하는 경우에는 종류주주총회의 결의가 필요하다고 판단하였다.

---

9) 대법원 2006. 1. 27. 선고 2004다44575 판결.

4. 주주제안

가. 의미

주주총회의 의안은 원칙적으로 이사회가 정하지만, 주주의 적극적인 경영참여와 경영감시를 강화하기 위하여 법에서는 일정한 경우 주주가 직접 주주총회의 의안을 제안할 수 있도록 하고 있다(「상법」 제542조의6, 제363조의2). 이를 '주주제안권'이라고 한다. 주주제안권의 도입으로 현행법상 주주가 주주총회의 의안을 제안할 수 있는 방안은 크게 임시주총을 소집하는 방안과 주주제안을 하는 방안이 있다. 두 가지 방안 중 주주제안을 하는 방안이 임시주총을 소집하는 것보다 필요 지분율이 낮고 절차가 간편하다는 장점이 있으나, 이사 해임의 의안 등 특정 안건은 주주제안의 대상에서 제외된다는 한계가 있다.

주주제안에는 일정 사항을 회의의 목적 사항으로 정할 것을 청구할 수 있는 의제제안(「상법」 제363조의2 제1항)과 의안의 요령, 즉 구체적인 결의안을 제안하는 의안제안(동조 제2항)이 모두 포함된다.

나. 주주제안권자

의결권 있는 발행주식 총수의 100분의 3(상장회사의 경우 6개월 전부터 계속하여 의결권 있는 발행주식 총수의 1,000분의 10, 최근 사업연도 말 자본금이 1,000억 원 이상인 상장회사는 1,000분의 5) 이상에 해당하는 주식을 소유(수인의 주주가 합쳐서 충족하여도 무방함)한 자가 주주제안을 할 수 있다.

다. 주주제안의 절차

(1) 주주제안을 하고자 하는 자는 정기주총의 경우 직전연도의 정기주총일에 해당하는 당해연도의 해당일 6주 전까지 주주총회의 목적 사항으로 할 내용을 이사에게 서면 또는 전자문서로 제안해야 한다. 예를 들어 작년도 주총이 3월 17일에 개최되었다면 금년에는 3월 17일의 6주 전인 2월 3일까지 주주제안서를 제출해야 한다.

(2) 주주제안서에는 주주제안의 필요성에 대한 소명이 원칙적으로 필요하지 않으나,

실무상 여론의 호응과 다른 주주들로부터의 동조를 유도하기 위하여 주주제안의 필요성을 상술한다.

(3) 주주제안을 하는 자는 주주총회의 목적으로 할 사항에 추가하여 그가 제출하는 의안의 요령, 즉 결의할 사항의 주된 내용을 주주들에 대한 통지와 공고에 기재할 것을 이사에게 청구할 수 있다(「상법」 제363조의2 제2항). 적법한 주주제안이 있는 경우 이사회는 이를 주주총회의 목적 사항으로 상정해야 하며, 주주제안한 자의 요청이 있는 경우 주주총회에서 당해 의안을 설명할 수 있는 기회를 주어야 한다(동조 제3항).

라. 주주제안 사항

주주제안을 할 수 있는 사항은 주주제안의 내용이 법령이나 정관에 위반되거나, 그 밖에 대통령령이 정하는 경우를 제외한 전체이다. 대통령령에서 주주제안을 허용하지 않은 사항은 아래와 같은데, 제안 거부 사유들이 추상적이어서 분쟁이 발생할 소지가 있다.

주주제안 대상에서 제외한 경우(「상법 시행령」 제12조)

1. 주주총회에서 의결권의 100분의 10 미만의 찬성밖에 얻지 못하여 부결된 내용과 같은 내용의 의안을 부결된 날부터 3년 내에 다시 제안하는 경우.
2. 주주 개인의 고충에 관한 사항인 경우.
3. 「상법」상 소수 주주권에 관한 사항인 경우.
4. 상장회사의 임기 중에 있는 임원의 해임에 관한 사항인 경우.
5. 회사가 실현할 수 없는 사항 또는 제안 이유가 명백히 거짓이거나 특정인의 명예를 훼손하는 사항인 경우.

서울북부지법 2007. 2. 28. 선고 2007카합215 결정 의안상정 등 가처분(동아제약 사건)

• 제안 거부 사유들은 주주제안권의 명백한 남용을 방지하기 위한 예외적 규정으로서 마련된 것이므로, 그 남용의 위험이 명백하지 않은 한, 소수 주주의 주주제안권의 폭넓은 실현을 위하여 그 사유들은 엄격하게 해석되어야 하고, 특히 추상적인 일반규정이라고 할 수 있

는 '주주총회의 의안으로 상정할 실익이 없거나 부적합한 사항'에 대하여는 이사회의 재량 판단의 남용을 막기 위해 더욱 엄격한 해석이 요청된다.

• '주주총회의 의안으로 상정할 실익이 없거나 부적합한 사항'이라 함은 이미 이익이 실현되었거나 회사 이익과 아무런 관련이 없는 사항 등으로서 형식적 판단에 의해 주주총회의 의결 사항이 되기에 적당하지 아니한 것을 말한다.

마. 주주제안을 무시한 경우

회사는 주주제안의 내용이 법령이나 정관에 위배되는 등의 사유에 해당하지 않는 한 주주제안을 거부할 수 없다. 만일 회사가 정당한 이유 없이 주주제안을 무시하여 이를 의제로 상정하지 아니한 경우, 주주제안을 한 주주는 의안상정을 요구하는 가처분을 제기할 수 있다.

의안상정가처분 신청례

1. 피신청인은 신청인들이 제안한 별지 1 기재 각 의안을 피신청인의 2021년 ○월 ○일 또는 그 이후에 적법하게 개최될 2021년 정기주주총회에서 의안으로 상정해야 한다.
2. 피신청인은 위 정기주주총회 2주 전에 주주에게 위 의안 및 그 취지를 별지 2 기재 사항을 참고하여 기재한 후 2021년도 정기주주총회 소집 통지·공고를 해야 한다.

주주가 제안한 의제를 주주총회의 목적 사항으로 상정하지 않을 경우, 주주는 주주제안이 부당하게 거절되어 주주총회의 목적 사항에 포함되지 않았음을 이유로 이사를 상대로 민사상 손해배상을 청구하거나, 이사에게 「상법」에 따른 과태료의 제재를 신청할 수는 있지만, 주주제안과 상충되는 어떤 결의도 없었으므로 주총결의의 취소를 구할 수는 없다고 보는 것이 다수설이다.[10)]

반면 주주가 제안한 내용(의안의 요령)을 소집 통지나 공고에 기재하지 않고 이에 대응하는 회사 측 의안이 가결된 경우, 예컨대 주주가 제안한 자를 이사 후보자에 포함하지 않은 채 다른 후보자를 이사로 선임한 경우 그 결의는 소집 절차 또는 결의방법에 하

10) 서울중앙지법 2015. 4. 9. 선고 2014가합529247 판결.

자가 있는 것으로 보아 결의취소 사유가 된다고 본다.[11)]

주주는 해당 이사들에게 손해배상을 청구할 수 있고, 해당 이사들은 과태료의 대상(「상법」 제635조 제3항)도 된다.

바. 활용례

한국에서는 주로 소액주주에 의한 경영감시(사외이사 선임, 감사위원 선임, 정관 개정 등), 주주이익증대(이익배당, 액면분할 등), 적대적 M&A(이사 교체)를 위한 주주제안이 있었다.

미국의 경우 주주제안은 실제로 표결을 얻는 수단뿐만 아니라 여론의 향방을 유도하기 위하여 이용되기도 한다. 예컨대 "회사는 나미비아에서 직접 또는 자회사를 통하여 영업하거나 활동에 참여하여서는 아니 된다"라는 내용으로 정관을 변경하자고 주주제안을 하기도 한다. 즉 실제 표결에서는 득표율이 10% 미만이더라도 그 제안이 신문의 주요 기사로 다루어지고 공중의 여론을 환기시키는 순간 주주제안이 실질적인 성과를 거두었다고 평가하기도 한다. 다만 주주총회에서 부결될 경우 자칫 3년 내에 동일한 의안으로 주주제안을 못할 수 있기 때문에 이를 감안하여 주주제안 사항을 판단해야 한다.

5. 의결권의 행사 방법(1): 대리행사

가. 원칙적으로 대리행사가 가능하다

주주는 자신이 직접 주총에 참석하여 의결권을 행사하거나 대리인에게 그 의결권을 행사하게 할 수도 있다. 이 경우 그 대리인은 대리권을 증명하는 서면을 총회에 제출해야 한다(「상법」 제368조 제2항). 이 규정의 취지는 대리권의 증명을 반드시 서면으로 하게 함으로써 정족수의 산정, 참석자들의 발언권 행사 및 표결 참가의 가부 등을 명확히 확정하여 주주총회가 원활히 진행되고 표결 결과가 명백히 산출될 수 있도록 하는 반면, 주주의 의결권 행사를 될 수 있는 대로 용이하게 하기 위하여 그 대리행사의 가능성

11) 한국상장회사협의회, 《실무상담사례》, 2005년 1월호, 11쪽.

을 강행법적으로 확인한 것이다. 따라서 예를 들어 정관에서 의결권은 반드시 주주가 직접 행사해야 한다고 규정하거나 위임장에 공증을 받아야 한다는 식으로 그 요건을 강화하거나 가중할 수 없다.

나. 대리인의 자격과 수

(1) 대리인의 자격을 주주로 제한하는 규정

① 일부 공개기업(SK텔레콤 등)에서는 정관에서 대리인의 자격을 주주로 한정하고 있다. 종전에 대리인의 자격을 제한하는 정관의 효력에 대하여 논란이 있었으나, 법원은 "주식회사의 정관 규정은 주주총회가 주주 이외의 제3자에 의하여 교란되는 것을 방지하여 회사 이익을 보호하는 취지에서 마련된 것으로 합리적인 이유에 의해 상당한 정도의 제한이라고 볼 수 있으므로 이를 무효라고 볼 수 없다"[12]고 판시하였다.

② 대리인 자격을 주주로 한정하는 경우 법인 주주의 직원이 그 법인의 대리인으로 참석하는 경우 정관에 부합하는 대리인이 될 수 있는지 여부가 문제된다. 위 판결에서 법원은 "주주인 국가, 지방공공단체 또는 주식회사 등이 그 소속의 공무원, 직원 또는 피용자 등에게 의결권을 대리행사하도록 하는 때에는 … 이들의 의결권 행사를 거부할 경우 사실상 국가, 지방공공단체 또는 주식회사 등의 의결권 행사의 기회를 박탈하는 것과 같은 부당한 결과를 초래할 수 있으므로, 주주인 국가, 지방공공단체 또는 주식회사 소속의 공무원, 직원 또는 피용자 등이 그 주주를 위한 대리인으로서 의결권을 대리행사하는 것은 허용되어야 한다"고 판시하였다.

(2) 대리인의 수

대리인의 수에 관해서는 「상법」에 명문의 규정이 없다. 그러나 1명의 주주가 복수의 대리인을 선임하고자 하는 경우에는 의결권이 통일적으로 행사되지 않을 수 있으므로 미리 회사에 대하여 의결권의 불통일 행사를 통지해야 한다. 「상법」에서는 주주가 2 이상의 의결권을 통일하지 아니하고 행사할 때에는 주총 3일 전에 회사에 대하여 서면으로 그 뜻과 이유를 통지하도록 규정하고 있기 때문이다(「상법」 제368조의2 제1항). 이 경

12) 대법원 2009. 4. 23. 선고 2005다22701, 22718 판결.

우 회사는 주주가 주식의 신탁을 인수하였거나 기타 타인을 위하여 주식을 가지고 있는 경우 외에는 주주의 의결권 불통일행사를 거부할 수 있는데(동조 제2항), 판례는 주주가 의결권 불통일행사를 위하여 수인의 대리인을 선임하고자 하는 경우에도 회사가 이를 거부할 수 있다[13]고 판시한다.

반면 1명의 대리인이 의결권을 위임받을 수 있는 주주의 수에는 제한이 없다. 다만 공개기업의 경우 회사가 아닌 제3자가 10인 이상에게 위임장을 받기 위해서는 관련 법령에 따른 절차에 의해야 한다(제2편 제3장 제3절 '4. 위임장 대결' 참조).

다. 위임장의 양식

(1) 위임장의 양식은 따로 법에서 정하고 있지 않으므로, 위임 주주의 이름과 주소, 대리인의 이름과 주소, 위임 대상 주주총회의 일시와 장소, 위임 대상 주식수와 함께 의결권 행사를 위임한다는 취지의 내용이 기재되면 된다. 판례는 하나의 총회에서 구체적이고 개별적인 사항에 국한하지 않고 포괄적으로 주주권의 행사를 위임할 수 있다[14]고 판시하고 있다. 다만 「자본시장법」 제152조에 근거하여 의결권 대리행사를 권유할 경우에는, 위임장에 주주총회의 목적 사항 각 항목별로 위임 주주가 찬부를 명기할 수 있게 해야 한다.

(2) 대리권을 증명하는 위임장은 위조나 변조 여부를 쉽게 식별할 수 있는 원본이어야 하고 특별한 사정이 없는 한 사본은 이에 해당하지 않는다. 다만 예외적으로 법원은 "위임장이 사본이라 하더라도 실질적인 주주가 그 의결권을 위임하였다는 사실이 충분히 증명된 경우에는 그 의결권 대리행사를 제한하여서는 아니 된다"라고 판시하고 있다.

대법원 1995. 2. 28. 선고 94다34579 판결

회사의 주주는 갑과 그 회사의 대표이사들인 을, 병의 3인뿐이었고, 을, 병은 갑이 그 소유주식 전부를 정과 무에게 명의신탁하여 그들이 갑의 단순한 명의수탁자에 불과하다는 사실을 잘 알면서 오랜 기간 동안 회사를 공동으로 경영하여 왔는데, 갑이 주주총회 개최 사실

---

13) 대법원 2001. 9. 7. 선고 2001도2917 판결.

14) 대법원 1969. 7. 8. 선고 69다688 판결.

을 통보받고 미리 의결권을 변호사에게 대리행사하게 하겠다는 의사를 총회 개최 전에 회사에 통보까지 하였고 그 변호사가 주주총회에 참석하여 갑의 위임장 원본을 제출하였다면, 그 변호사가 지참한 정과 무의 위임장 및 인감증명서가 모두 사본이라 하더라도 갑이 그 소유 주식 전부에 대한 의결권을 그 변호사에게 위임하였다는 사실은 충분히 소명되었다고 할 것이다.

라. 위임장 첨부 서류

「상법」에서는 대리권의 증명은 서면으로 해야 한다고 규정할 뿐, 그 서면의 양식이나 첨부 서류에 관해서는 아무런 추가적인 요건을 규정하고 있지 않다. 따라서 회사에 위임장만 제출하면 되는 것인지, 아니면 위임장에 다른 서류를 첨부해야 하는지가 논란이 된다. 통상 안건에 대한 대립이 없는 경우에는 문제되지 않지만, 안건에 대하여 경영진과 주주 또는 주주들 간에 대립되어 위임장 쟁탈을 벌이는 경우에는 중요한 법적 문제가 발생한다. 기존 대주주 및 경영진으로서는 기본적인 우호 지분을 확보한 상황이기 때문에 위임장에 과도한 첨부 서류를 요구함으로써 대립되는 상대방의 의결권 위임 절차를 어렵게 하기 때문이다.

법원은 "회사가 위임장과 함께 인감증명서, 참석장 등을 제출하도록 요구하는 것은 대리인의 자격을 보다 확실하게 확인하기 위하여 요구하는 것일 뿐, 이러한 서류 등을 지참하지 아니하였다 하더라도 주주 또는 대리인이 다른 방법으로 위임장의 진정성 내지 위임의 사실을 증명할 수 있다면 회사는 그 대리권을 부정할 수 없다고 할 것이고, 한편 회사가 주주 본인에 대하여 주주총회 참석장을 지참할 것을 요구하는 것 역시 주주 본인임을 보다 확실하게 확인하기 위한 방편에 불과하므로, 다른 방법으로 주주 본인임을 확인할 수 있는 경우에는 회사는 주주 본인의 의결권 행사를 거부할 수 없다"고 판시하고 있다.[15)]

---

15) 대법원 2009. 5. 28. 선고 2008다85147 판결.

마. 위임장의 행사 절차

(1) 위임장의 제출 시기

의결권의 수권은 서면으로 증명해야 하기 때문에 구두나 전화, 전보에 의한 대리권의 수여는 인정되지 않고, 또한 주주총회에서의 표결 전까지 위임장을 제출하지 못한 경우에는 대리하여 적법하게 의결권을 행사할 수 없다. 다만 위임장은 설사 정관에서 주총 개회 전에 제출하도록 규정하더라도 의결권의 행사, 즉 표결 전까지 위임장을 제출하기만 하면 회사는 의결권 행사의 결과를 표결 결과에 산입시켜야 한다.

(2) 동일한 주주로부터 중복 위임장이 접수된 경우

위임계약은 각 당사자가 언제든지 해지할 수 있기 때문에(「민법」 제689조 제1항) 대리인에 의한 의결권 행사가 있기 전에는 언제든지 주주인 피권유자가 단독으로 위임장을 철회할 수 있다(「민법」 제128조). 철회의 의사표시는 권유자에게 통지하거나 주주 자신이 직접 주총 회의장에 출석하여 투표하는 방법이 있지만, 다른 사람에게 다시 위임장을 교부하는 방식도 가능하다. 동일한 주주로부터 중복 위임장이 접수된 경우에는 나중의 위임에 의하여 앞의 위임이 철회된 것이므로 위임의 날짜를 확인하여 나중의 위임에 대하여 의결권을 인정해야 한다. 그러나 위임의 선후가 불명확하고 쌍방 어느 쪽도 그 선후의 입증을 하지 못한다면, 회사는 위임자의 의사가 불명확하다고 보아 쌍방의 대리행사를 거부해야 할 것 이다.

(3) 외국인 주주의 경우

① 외국인이 상장증권을 매매하려는 경우에는 금융위원회가 정하여 고시하는 경우를 제외하고는 증권시장을 통하여 거래하여야 한다(「자본시장법 시행령」 제188조 제2항 제1호 가목). 이에 따라 외국인의 상장증권에 대한 매매 현황은 외국인 투자관리시스템을 통해 실시간으로 모니터링된다.

외국인은 반드시 보관기관을 선임하여 유가증권을 전자등록하여야 하며, 보관기관은 이를 다시 예탁결제원에 재예탁하여야 한다. 보관기관이 될 수 있는 자는 예탁결제원, 외국환은행, 증권회사, 위탁회사, 선물업자, 국제적으로 인정된 외국보관기관이다

(「금융투자업규정」 제6-21조). 외국인이 주주권 행사, 명의개서, 매수 주문 등의 권리행사를 하기 위하여는 위 보관회사 중에서 선임한 상임대리인을 통해서만 할 수 있다(「금융투자업규정」 제6-22조). 보관기관과 상임대리인이 별개의 기관이 될 수 있지만, 통상 보관기관과 상임대리인은 동일하다.

② 따라서 외국인 주주가 의결권을 행사하는 경우에는 외국인이 직접 총회에 참석하지 않는 이상 반드시 상임대리인을 통하여 의결권을 행사해야 한다. 주주총회 소집 통지도 상임대리인의 주소로 소집 통지서가 발송되고, 이를 수령한 상임대리인이 외국인 주주에게 주주총회 소집 내역을 알리게 된다. 반면 외국인 주주가 상임대리인이 아닌 다른 자에게 의결권 행사를 위임하는 것이 아니라 외국인 주주로부터 의결권 행사를 위임받은 상임대리인이 그 의결권 행사를 재위임하는 것은 가능하다.

6. 의결권의 행사 방법(2): 전자투표

가. 도입 배경

전자투표란, 회사가 전자투표시스템에 주주명부, 주주총회 의안 등을 등록하면, 주주가 주주총회에 직접 참석하지 아니하고 전자적인 방법으로 의결권을 행사하는 제도이다. 지금까지 상장회사의 경우 정기주주총회의 개최일이 특정일에 집중되어 있어 주주들의 참석이 어려울 뿐 아니라 주주총회가 지배주주와 경영진에 의해 형식적으로 운영되고 있었다. 이에 주주들의 의결권 행사를 보장하기 위해 2009년 「상법」 개정을 통해 전자적 방법에 의한 의결권 행사제도, 즉 전자투표제도를 도입하였다(「상법」 제368조의4, 「동 시행령」 제13조).[16)]

---

16) 2019년 사업연도 기준으로 전체 상장회사 중 서면투표를 도입한 회사는 226개사(약 11.2%)인데 반해 전자투표를 도입한 회사는 650개사(약 32.3%)라고 한다.(《2019년 4월 24일 김병욱 의원실 세미나》[2019 주주총회 결산 연속 토론회 2차])

2019-2020년 전자투표(K-eVote) 이용 현황[17)]

구분	유가증권	코스닥	코넥스	기타	총계
'19년	180개사	375개사	3개사	5개사	563개사
'20년	245개사	392개사	4개사	18개사	659개사

나. 절차

(1) 이사회의 결의

회사는 이사회의 결의로 주주가 총회에 출석하지 아니하고 전자적 방법으로 의결권을 행사할 수 있도록 할 수 있다(「상법」 제368조의4 제1항). 서면투표는 정관에 규정을 두도록 하고 있는 것에 비해, 전자투표는 정관의 규정이 없더라도 이사회의 결의로 할 수 있다.

(2) 전자투표에 대한 사전 통지 및 공고

회사는 주주총회 소집 통지나 공고할 때 전자투표를 할 인터넷 주소, 전자투표를 할 기간, 그 밖에 주주의 전자투표에 필요한 기술적 사항 등을 포함시켜야 한다(「상법」 제368조의4 제3항, 「동 시행령」 제13조 제2항).

(3) 전자투표 기간 중 통지

전자투표의 참여를 제고하고자 2020년 1월 개정 「상법 시행령」은 회사 또는 전자투표 관리기관이 사전 통지한 사항을 전자투표 종료일 3일 전까지 한 번 더 통지할 수 있도록 하였다. 기간 중 통지는 전자문서로 하되, 주주가 동의할 경우에는 전화번호 등을 이용하여 통지할 수 있다(「상법 시행령」 제13조 제6항).

(4) 주주 확인 절차

전자투표를 하고자 하는 주주는 본인 여부 확인 절차를 거쳐야 하는데, 2020년 1월 개정 「상법 시행령」은 「전자서명법」에 따른 전자서명인증사업자 또는 「정보통신망 이용촉진 및 정보보호 등에 관한 법률」에 따른 본인확인기관으로부터 본인확인을 받은 후 「전자서명법」에 따른 전자서명으로써 투표를 하도록 하고 있다(「상법 시행령」 제13조

17) 한국예탁결제원(2020년 4월 2일) 보도자료.

제1항).

다. 전자투표의 행사 기간

주주 확인 절차를 거친 자는 회사가 통지한 인터넷 주소로 주주총회 전날까지 전자투표를 해야 한다(「상법 시행령」 제13조 제2항 제2호).

라. 전자투표의 철회 및 변경

전자투표를 한 주주는 그 의결권의 행사를 철회 및 변경할 수 없었으나, 2020년 1월 개정 「상법 시행령」에서는 전자투표 기간 중 의결권 행사의 철회 및 변경이 가능하도록 위 금지 규정을 삭제하였다(「상법 시행령」제13조 제3항 삭제).

7. 의결권의 행사 방법(3): 서면투표

가. 도입 배경

주주총회는 주식회사의 최고의사결정기구이지만 시간적, 장소적 제약으로 현실적으로 주주들이 주주총회에 참석하기가 쉽지 않다. 이에 1999년 개정 「상법」에서는 주주의 경영참여를 적극적으로 유도하기 위하여 서면에 의한 의결권 행사, 즉 서면투표 제도를 도입하였다. 이에 따라 정관에서 서면투표제를 도입한 경우에는 주주는 총회에 출석하지 아니하고 서면에 의하여 의결권을 행사할 수 있다(「상법」 제368조의3 제1항). 만일 정관에 서면투표제도에 관한 근거가 있는 경우 회사는 주주총회의 개최 시 반드시 서면투표를 실시해야 한다.

나. 절차

(1) 정관의 규정

우선 정관에 주주가 주주총회에 참석하지 않더라도 서면으로 의결권을 행사할 수 있다는 규정을 두어야 한다.

(2) 서면결의서와 참고 서류의 첨부

만일 정관에서 서면투표제를 도입하였으면, 회사는 총회의 소집 통지서에 주주가 위 서면 의결권을 행사하는 데 필요한 서면(서면투표용지)과 참고자료를 첨부하여야 한다(「상법」 제368조의3 제2항). 상장회사라도 소수 주주에 대한 공고(공시)로써 이를 대체할 수 없다. 서면에 의하여 의결권을 행사한 경우는 주주가 직접 주총에 출석하여 의결권을 행사한 것과 같은 효력이 있다.

서면결의서 양식 예

구분	안건명		찬성	반대
제1호 의안	대차대조표, 손익계산서 및 이익잉여금처분계산서 승인의 건			
제2호 의안	이사 선임의 건	손○○		
제2호 의안	이사 선임의 건	신○○		
제2호 의안	이사 선임의 건	이○○		
제3호 의안	이사보수한도 승인의 건			

8. 의결권의 행사 방법(4): 한국예탁결제원에 의한 의결권 행사

가. 한국예탁결제원이란

원칙적으로 주식 등의 유가증권은 현실적인 주식 등의 교부에 의해야 하지만, 증권거래가 빈번한 자본시장에서 주식 등을 일일이 교부하다가는 유통에 따른 분실의 위험이 있다. 이에 「자본시장법」에서는 '한국예탁결제제도'를 실시하여, 유가증권을 대량으로 보유하는 증권회사나 기관투자자 등(예탁자)이 중앙예탁기관(한국예탁결제원)에 계좌를 개설하고 동 기관에 보유 유가증권을 예탁한 후, 현실적으로 유가증권을 인도하는 대신 계좌부상 대체 기재에 의하여 권리이전 등의 효력을 인정하고 있다(「자본시장법」 제311조).

한국예탁결제제도의 핵심은 증권을 중앙예탁기관에 예탁하는 '예탁제도'와 예탁증권을 장부기재의 변경으로 결제하는 '대체결제제도'이다. '예탁제도'란 일반 투자자가 증권을 증권회사에 예탁하면 증권회사가 이 증권을 자신의 증권과 함께 다시 중앙예탁기구에 예탁하는 것이다. '대체결제제도'란 증권회사는 고객 계좌부를 작성하고 중앙 예탁기구는 다시 예탁자계좌부를 작성하여 이후의 권리이전은 증권의 실물을 이동함이 없이 계좌부상의 대체기재만으로 이루어지는 것이다.

이러한 증권예탁결제제도를 실시하기 위하여 주식 등의 유통에 따른 제반 사무 처리를 주식 등의 이동 없이 안전하고 신속하게 처리할 수 있도록 주식 등을 집중 예탁하는 기관을 설립하였는데, 이 기관이 바로 '한국예탁결제원'이다.

나. 한국예탁결제원의 의결권 행사 절차

실질주주제도하에서는 실질주주가 직접 의결권 등 주주로서의 권리를 행사할 수 있지만, 투자자들이 주주총회에 대한 무관심으로 주주총회의 의결정족수에 곤란을 겪을 수 있다. 이에 「자본시장법」에서는 발행 회사의 주총 개최를 원활히 하기 위하여 발행 회사가 요청하는 경우 2차적으로 한국예탁결제원이 실질주주를 대신하여 의결권을 행사할 수 있도록 특칙을 규정하고 있었다(그림자투표, Shadow Voting).

그러나 2013년 개정 「자본시장법」은 Shadow Voting 제도가 경영진 등에 의해 남용되어 주주총회 활성화의 장애요인으로 지적되어온 점, 2010년부터 전자투표제가 시행된 점 등을 감안하여 이 제도를 폐지하였다(「자본시장법」 제314조 제4항, 제5항 삭제).

9. 의결권의 제한

가. 상호주

회사, 모회사 및 자회사가 다른 회사의 발행주식 총수의 10분의 1을 초과하는 주식을 가지고 있는 경우 그 다른 회사가 가지고 있는 회사 또는 모회사의 주식은 의결권이 없다(「상법」 제369조 제3항). 이와 같이 의결권을 제한하는 목적은 상호 보유 주식을 통해 직접적인 출자를 피하면서 순환구조를 통해 지배관계를 유지할 수 있다는 문제점을 해소하기 위한 것이다.

예컨대 A회사가 B회사의 발행주식 총수의 10분의 1을 초과하여 소유하는 경우에 A회사가 가지는 B회사의 주식은 의결권을 행사할 수 있지만, B회사가 가지는 A회사의 주식은 의결권을 행사할 수 없다. 만일 A, B회사가 각각 상대방 회사의 발행주식 총수의 10분의 1을 초과하여 주식을 보유하고 있는 경우에는 양 회사가 다같이 상대방 회사의 주식에 관하여 의결권이 없다.

나. 통지 의무 위반 주식

회사(A)가 다른 회사(B)의 발행주식 총수의 10%를 초과하여 취득한 때에는 그 다른 회사(B)에 대하여 지체 없이 이를 통지하여야 한다(「상법」 제342조의3). 이는 경영권의 위협을 받게 되는 B회사가 역으로 상대방 A회사의 발행주식의 10분의 1 이상을 취득함으로써 이른바 상호보유 주식의 의결권 제한 규정(「상법」 제369조 제3항)에 따라 서로 상대 회사에 대하여 의결권을 행사할 수 없도록 방어조치를 취하고 경영권의 안정을 도모하기 위한 것이다.

이러한 통지 의무를 위반한 경우의 효력에 대하여는 법에서 아무런 규정을 두고 있지 않으나, 당초의 입법목적이 기습적인 의결권 행사를 방지하는 데 있는 만큼 이러한 통지 의무에 위반하여 통지 의무를 게을리한 경우에는 해당 주식의 의결권을 행사할 수 없다고 해야 할 것이다. 다만 공개법인의 경우에는 별도로 대량 보유(변동)신고 제도가 있어서 위 규정이 크게 활용되지는 않을 것으로 보인다. 한편 특정 주주총회에 한정하여 각 주주들로부터 개별 안건에 대한 의견을 표시하게 하여 의결권을 위임받아 의결권을 대리행사하는 경우에는 위 규정이 적용되지 않는다.

대법원 2001 5. 15. 선고 2001다12973 판결

사건의 배경

S창업투자(주)가 D공업(주)에 대한 적대적 M&A를 시도하면서 111명의 주주로부터 의결권 대리행사를 위임받음. 이때 S창업투자가 111명의 주주로부터 의결권 대리행사를 위임받은 주식의 수가 D공업(주)의 발행주식 총수의 10%를 넘었을 때 S창업투자가 D공업(주)에 대하여 「상법」 제342조의3에 따른 통지를 해야 하는지 여부가 문제됨.

판결

개별 안건에 대한 의견을 명시하여 의결권 대리행사를 위임한 주주의 의결권을 통지의

무 위반을 이유로 박탈해야 할 합리적인 이유도 없으므로, 설사 A회사가 B회사의 발행주식 총수의 10분의 1 이상을 초과하였더라도 위 통지 의무는 적용되지 않는다.

다. 특별이해관계인

주주총회의 결의에 관하여 특별한 이해관계가 있는 자는 의결권을 행사하지 못한다(「상법」 제368조 제3항). 여기서 '특별한 이해관계'라 함은 특정한 주주가 주주의 입장을 떠나서 개인적으로 이해관계를 가지는 경우를 의미하는 것으로, 당해 결의와 특별한 이해관계가 있는 자가 의결권을 행사한 때에는 결의취소 사유가 된다. 예컨대 이사 등의 책임을 면제하는 결의에서 그 이사 등인 주주, 영업 양수·도 등의 결의에서 그 상대방인 주주, 임원의 보수 또는 퇴직금을 정하는 결의에서 그 임원인 주주는 특별한 이해관계가 있다[18]고 보지만, 이사 선임 결의 시의 후보자인 주주나 이사 해임결의 시의 해임의 대상인 이사는 위 규정이 적용되지 않는다고 본다. 특별이해관계인이 행사할 수 없는 의결권의 수는 발행주식 총수에는 포함되지만, 출석한 주주의 의결권의 수에는 산입하지 않는다(「상법」 제371조 제2항).

서울지법 2001가합37458 판결(항소 취하, 확정): 현대건설 주총 사건

사실관계

현대건설이 유동성 악화에 직면하자 2001년 5월 18일 현대건설은 주주총회를 개최하여 현대건설의 채권은행인 한국외환은행과 한국산업은행을 포함한 채권금융기관에 전환사채 액면 미달 발행 건과 신주 액면 미달 발행 건을 결의함.

판결

위 전환사채를 배정받거나 또는 신주를 인수할 지위에 있는 위 은행들은 위 각 의안에 대하여 주주로서의 지위를 떠나 특별한 이해관계가 있다고 봄이 상당하다. … 다만 현대건설이 처해 있는 상황과 위 의결권을 제외하더라도 결의에 영향을 미치지 아니하였을 것이어서 재량기각 판결을 선고한다.

---

18) 송옥렬, 《상법강의(제3판)》, 홍문사, 897쪽.

부산고법 2004. 1. 16. 선고 2003나12328 판결(확정): 주식회사 로템 사건

회사와 주주 사이에 영업 양도를 할 경우 그 주주는 특별한 이해관계인에 해당한다고 볼 수 있으나, 사업의 양도인이 … 대주주의 계열회사에 해당한다는 것만으로 그 대주주를 위 규정 소정의 특별한 이해관계인에 해당한다고 할 수는 없다.

또한 합작회사의 대주주인 주식회사가 자신의 계열회사들을 구조조정하면서 합작회사로 하여금 일시 적자 상태인 계열회사의 일부 영업을 양수하도록 하는 주주총회 결의를 한 경우, 그것만으로 불공정거래행위에 해당하거나 다수결 남용 등 신의칙에 반하여 무효로 되는 것은 아니다.

라. 자기주식

회사가 가진 자기주식은 의결권이 없다(「상법」 제369조 제2항). 회사 자신이 자기의 의사를 결정하는 주주총회에 참가할 수 없기 때문이다.

마. 기타 법률에 의한 의결권 제한

(1) 순환출자에 대한 의결권 제한(개정 「공정거래법」 제23조)

「공정거래법」은 상호출자제한기업집단에 속한 회사의 신규 순환출자를 금지하고 있었으나, 상호출자제한기업으로 지정되기 이전에 이미 순환출자를 한 경우를 대처하는 데 있어 미비한 부분이 있었다. 이에 2020. 12. 29. 개정 「공정거래법」에서는 상호출자제한기업집단으로 지정이 예상되는 기업이 순환출자 금지 규정을 회피하지 못하도록 상호출자제한기업집단으로 지정될 당시 보유한 기존의 순환출자 주식에 대해서도 의결권을 제한하는 규정을 신설하였다.

(2) 계열금융회사 의결권 제한(개정 「공정거래법」 제25조 제1항)

상호출자제한기업집단 소속 금융·보험회사는 국내계열회사 주식에 대하여 의결권 행사가 제한된다. 다만 금융업 또는 보험업을 영위하기 위한 경우 및 「보험업법」에 의한 승인을 얻은 경우에는 자유롭게 의결권 행사가 가능하며, 상장 계열회사의 임원 임면, 정관 변경, 합병·영업 양도에 대한 결의 시에는 다른 특수관계인 지분과 합하여

15%까지만 의결권 행사가 가능하다.

대규모 기업집단 소속 금융회사의 계열회사에 대한 의결권 제한은 "금융기관의 공공성이 대규모 기업집단에 의해 훼손되는 것을 막고 금융기관이 기업집단의 지배력 확장에 이용되는 것을 차단하는 데 취지가 있다. 또한 금융회사는 불특정 다수의 고객으로부터 자금을 조성 운영하는 기관으로 이들이 계열회사 주식 취득 등으로 계열 확장 등에 동원되는 경우 심각한 경제력 집중의 폐해를 야기할 수 있다. 따라서 금융회사의 과다한 계열회사 주식 취득에 대한 규제의 필요는 있으나, 주식 취득이 금융회사의 주요한 자산운용 수단임 등을 감안하여 취득은 제한하지 않고 다만 의결권만을 제한하는 최소의 방식으로 규제"하기 위해 도입된 제도[19]이다.

2020. 12. 29. 개정 「공정거래법」은 위 제도의 적용 대상이 상호출자제한기업집단에 속하는 국내회사임을 명시하였고, 해당 금융회사가 계열회사와 합병·영업 양도를 하는 경우에 의결권을 행사할 수 없도록 예외사유를 축소하였다(「공정거래법」 제25조 제1항).

(3) 공익법인 의결권 제한(개정 「공정거래법」 제25조 제2항)

공시대상기업집단 소속 공익법인은 특별한 규제가 없는 탓에 공익법인으로서 세금 혜택을 받으면서 기업집단에 대한 지배력 확대 및 사익 편취 수단으로 이용될 여지가 있었다.

이를 차단하기 위하여 개정 「공정거래법」은 상호출자제한기업집단 소속 공익법인의 국내 계열회사 주식에 대한 의결권 행사를 제한하였다(2020. 12. 29. 개정 「공정거래법」 제25조 제2항). 다만, 공익법인이 국내 계열회사의 발행주식 총수를 소유한 경우에는 의결권의 행사가 가능하며, 상장 계열회사의 임원 임면, 정관 변경, 합병·영업 양도(그 대상회사가 계열회사인 경우는 제외)에 대한 결의 시에는 다른 특수관계인 지분과 합하여 15%까지만 의결권을 행사할 수 있다.

(4) 계열금융기관 의결권 제한(「자본시장법」 제87조 제3항)

상호출자제한기업에 속하는 집합투자업자는 집합투자재산으로 그와 계열회사의 관

---

19) 《공정거래위원회 30년사》, 공정거래위원회(2011년 3월 13일), 257~258쪽.

계에 있는 주권상장법인이 발행한 주식을 소유하고 있는 경우에는 다음 각 호의 요건을 모두 충족하는 방법으로만 의결권을 행사할 수 있다.

① 주권상장법인의 특수관계인이 의결권을 행사할 수 있는 주식의 수를 합하여 그 법인의 발행주식 총수의 100분의 15를 초과하지 아니하도록 의결권을 행사할 것.

② 집합투자업자가 「자본시장법」상의 자산운용 투자한도를 초과하여 취득한 주식은 그 주식을 발행한 법인의 주주총회에 참석한 주주가 소유한 주식수에서 집합투자재산인 주식수를 뺀 주식수의 결의 내용에 영향을 미치지 아니하도록 의결권을 행사할 것.

10. 주주총회의 운영 과정에서의 개별적인 쟁점들

가. 소집 통지 절차

주주총회의 소집은 이사회의 소집결의에 따라 정당한 소집권한이 있는 자가 적법한 절차에 따른 소집 통지를 해야 한다. 만약 이러한 요건 중에 어느 하나라도 하자가 있으면 일단 소집 절차에 하자가 있는 것이 된다.

대법원 1993. 10. 12. 선고 92다21692 판결

정당한 소집권자에 의하여 소집된 주주총회에서 정족수가 넘는 주주의 출석으로 출석 주주 전원의 찬성에 의하여 이루어진 결의라면, 설사 일부 주주에게 소집 통지를 하지 아니하였거나 법정기간을 준수하지 않은 서면 통지에 의하여 주주총회가 소집되었다 하더라도 그와 같은 주주총회 소집 절차상의 하자는 주주총회 결의의 부존재 또는 무효사유가 아니라 단순한 취소 사유에 불과하다.

대법원 1987. 9. 8. 선고 86다카2971판결(취소 사유 인정)

사실관계

주주들의 반대로 인하여 정관 변경에 필요한 의결정족수를 채우기 어렵게 되자 회사가 속행결의를 하여 이틀 내지 한 달의 간격으로 29회에 걸쳐 주주총회를 속행하다가 정족수 계산에 유리한 시점에 정관 변경 결의를 함.

판결

이러한 속행결의는 정관 변경에 반대하는 원고 주주들의 주주권 행사를 부당하게 침해하기 위한 것이므로 위 속행결의에 의하여 개최된 계속회에서의 정관 변경 결의는 결의방법이 현저하게 불공정하여 취소 사유가 있다.

나. 장소·시간의 변경 한계

총회 장소와 시간의 변경은 부득이한 사유가 있고 그에 따른 적절한 주지 방법의 유무에 따라 효력이 인정된다.

대법원 2003. 7. 11. 선고 2001다45584 판결: 국민은행 주총

사실관계

당초 소집 통지한 주주총회가 회사 노조의 방해 행위로 인하여 소집 통지된 시각에 그 소집 장소에서 주주총회를 개회할 수 없는 사정이 발생. 그로부터 12시간이 경과한 22시 15분경에 주총 장소를 그때까지 회의실에서 기다리던 주주들에게 제대로 알리지 않고 14층 회의실에서 6층 은행장 직무대행실로 변경하여 피고 은행장 직무대행과 총무부장만 참석한 자리에서 별다른 토론 없이 이 사건 결의를 함.

판결

주주총회의 개회시각이 부득이한 사정으로 당초 소집 통지된 시각보다 지연되는 경우에도 사회통념에 비추어볼 때 정각에 출석한 주주들의 입장에서 변경된 개회시각까지 기다려 참석하는 것이 곤란하지 않을 정도라면 절차상의 하자가 되지 아니할 것이나, 그 정도를 넘어 개회시각을 사실상 부정확하게 만들고 소집 통지된 시각에 출석한 주주들의 참석을 기대하기 어려워 그들의 참석권을 침해하기에 이르렀다면 주주총회의 소집 절차가 현저히 불공정하다고 하지 않을 수 없다.

소집 통지 및 공고가 적법하게 이루어진 이후 당초의 소집 장소에서 개회를 하여 소집 장소를 변경하기로 하는 결의조차 할 수 없는 부득이한 사정이 발생한 경우, 소집권자가 대체 장소를 정한 다음 당초의 소집 장소에 출석한 주주들로 하여금 변경된 장소에 모일 수 있도록 상당한 방법으로 알리고 이동에 필요한 조치를 다한 때에 한하여 적법하게 소집 장소가 변경되었다고 볼 수 있을 것이다.

다. 소집 통지 후 철회 및 연기

주주총회 소집 통지(공고) 후 이사회 결의로 그 소집을 철회하거나 연기하는 것은 가능하다. 그러나 주주총회 소집의 통지(공고)가 행하여진 후 소집을 철회하거나 연기하기 위해서는 소집의 경우에 준하여 이사회의 결의를 거쳐 대표이사가 그 뜻을 그 소집에서와 같은 방법으로 통지(공고)해야 한다.[20]

라. 접수 단계

주주총회를 진행하는 경영진과 일부 주주 간에 의견이 대립될 경우 주주총회장 입구에서 참석주주 접수 단계부터 치열하게 대립된다. 경영진은 자신들과 의견을 달리하는 주주들에 대해서는 접수창구에서부터 이런저런 트집을 잡아 주주총회의 참석을 방해하려고 하는데, 이러한 다툼이 소송까지 갔던 대표적인 사건이 2000년 대우전자 주주총회 사건이었다.

서울지법 2001. 12. 24. 선고 2000카합991 판결: 대우전자 정기주총 사건

사실관계

대우전자는 2000년 3월 23일 정기주주총회를 개최할 예정이었다. 위 정기주총의 안건은 '기업개선작업'의 일환으로 채권금융기관에 대한 부채의 출자전환을 위하여 발행할 주식의 총수를 늘리고 회사의 경영상 필요에 의하여 금융기관 등 제3자에게 신주를 발행할 수있도록 하는 정관 변경의 건과 출자전환 방식에 의한 채권금융기관에 대한 신주발행 가액을 액면 미달 가액으로 하는 액면 미달 발행 승인의 건 등이었다.

소액주주들은 위 의안에 반대하여 다른 주주들을 상대로 의결권 대리행사 권유에 나서는 한편, 주총 전에 주주총회장 입장과 표결권 보장을 요구하면서 의결권 및 표결 결과 집계의

---

20) 대법원 2009. 3. 26. 선고 2007도8195 판결; 대법원 2011. 6. 24. 선고 2009다35033 판결.

편의를 위해 위임장 등 관련 서류를 미리 제출하겠다는 의사를 밝혔으나 회사가 이를 거부하였다. 소액주주들은 주총 당일 6시에 회의장 입구에 도착하였으나 이미 회사직원 등 수백 명이 회의장 입구를 점거하였고, 8시 20분부터 등록이 시작되었으나 회사직원들을 우선 등록을 시키는 바람에 소액주주들의 등록이 지연되었다.

일부 소액주주들만이 등록을 마친 상태에서 9시 40분경 사회자의 성원보고 및 의장의 총회성립 선언이 있었고, 곧바로 상정 안건에 대한 토론이나 표결 절차도 거치지 않은 채, 9시 58분경 상정된 의안의 가결과 폐회를 선언하였다.

판결

상정된 안건의 가결 여부가 소액주주들의 이해와도 직접적인 관계가 있고, 소액주주들의 보유 주식이 모두 참석하여 반대할 경우 상정된 안건의 가결을 장담할 수 없는 상황이었으므로, 회사로서는 소액주주들이 주주총회에 참석하는 데 지장이 없도록 충분한 시간을 두고 그들이 가져온 위임장 등 관련 서류를 검토하여 정당하게 의결권 행사를 위임받은 주식수를 확인하고 등록 절차를 마칠 수 있도록 하여야 하고, 주주총회가 개회되었는데도 소액주주들이 회의장에 미처 입장하지 못하였으면 먼저 소액주주들의 이해와 무관한 안건들에 대한 심의·표결을 진행했어야 한다.

그럼에도 회사가 사전에 위임장 등 관련 서류를 제출하겠으니, 확인·집계해달라는 소액주주들의 요청을 거부하고 회의장에 주총 개최 예정 시각보다 훨씬 일찍 도착하여 회의장 입장을 요구하는 소액주주들의 등록·입장을 지체시켰는가 하면, 아직 회의장에 입장하지 않은 소액주주들이 있음을 알면서도 서둘러 폐회함으로써 소액주주들의 의결권 행사의 기회를 봉쇄하였으므로 이는 주주총회 취소의 하자가 있다.

마. 개회 후 주주총회의 연기 또는 폐회의 한계

만일 경영진에게 불리한 의결이 진행될 경우, 의장인 대표이사로서는 일단 당해 주총을 연기 또는 속행하려는 유혹에 빠지지만, 회의를 연기 또는 속행하기 위해서는 총회의 결의를 거쳐야 한다. 법률상으로나 사실상으로 의사를 진행할 수 있는 상태에서 주주총회의 결의 없이 의장이 일방적으로 주주총회의 연기 결정이나 속행 결정을 할 수는 없다. 만일 총회의 결의가 있다면, 이는 동일한 총회가 계속하는 것으로 볼 수 있으므로 소집 절차를 별도로 다시 진행시킬 필요가 없다(「상법」 제372조 제1항, 제2항).

대법원 2001. 5. 15. 선고 2001다12973 판결

사실관계

일부 주주가 D공업(주)에 대하여 이사 5인과 감사 1인의 선임을 회의 목적 사항으로 하는 주주제안을 하였다. 의장인 대표이사 A는 정기주주총회에서 '그것은 적대적 M&A에 해당한다'면서 의안 처리를 계속 미루다가 '적대적 M&A문제가 해결될 때까지 회의를 연기하겠다'면서 일방적으로 선언하고 퇴장하였다. 이에 남아 있는 주주들이 속회를 결의하여 회의를 진행하여 새로운 이사들을 선임하였고, 이후 전 대표이사이자 주주인 A가 D공업(주)를 상대로 위 주주총회의 취소를 구하는 소송을 제기하였다.

판결

개회 선언된 주주총회에서 의안에 대한 심사를 마치지 아니한 채 법률상으로나 사실상으로 의사를 진행할 수 있는 상태에서 주주들의 의사에 반하여 의장이 자진하여 퇴장한 경우 주주총회가 폐회되었다거나 종결되었다고 할 수는 없으며, 이 경우 의장은 적절한 의사운영을 하여 의사일정의 전부를 종료케 하는 등의 직책을 포기하고 그의 권한 및 권리행사를 하지 아니하였다고 볼 것이므로, 퇴장 당시 회의장에 남아 있던 주주들이 임시의장을 선출하여 진행한 주주총회의 결의는 적법하다.

바. 주주총회의 의사 진행

(1) 총회의 의장은 총회의 질서를 유지하고 의사를 정리할 권한을 가지고, 고의로 의사 진행을 방해하기 위한 발언·행동을 하는 등 현저히 질서를 문란하게 하는 자에 대하여는 그 발언의 정지 또는 퇴장을 명할 수 있다(「상법」 제366조의2 제2항, 제3항). 이러한 의장의 총회질서유지권은, 종전에는 「자본시장법」에 의하여 주권상장법인과 코스닥상장법인의 경우에만 적용되었다. 즉 구 「자본시장법」에서는 고의로 의사 진행을 방해하기 위한 언동을 하거나 질서를 문란하게 하는 자에 대하여 발언의 취소권을 가지고, 또 의사 진행을 원활하게 하기 위하여 필요하다고 인정할 때에는 주주의 발언 시간 및 발언 횟수를 제한할 수 있다고 규정하였다(구 「자본시장법」 제191조의9 제1항, 제2항). 그 후 「자본시장법」에서의 특칙은 삭제되고 대신 「상법」에서 이를 일반화하였다. 다만 현 「상법」에서는 구 「자본시장법」과 달리 의장의 질서유지권의 요건을 '현저히' 질서를

문란하게 하는 경우로 제한하고, 권한의 내용에 있어서도 발언의 취소와 발언 시간 및 발언 횟수의 제한을 규정하고 있지 않다.

日本 最高裁 平成 8年 11月 12日 判決 平成5(オ) 1747: 손해배상청구

동일한 주주총회에 출석한 주주에 대해서는 합리적인 이유가 없는 한, 동일한 취급을 해야 한다. … 회사가 종업원 주주들을 다른 주주보다도 먼저 회의장에 입장시키고 주주석의 앞쪽에 착석시키는 조치를 취한 것에 합리적인 이유가 있다고 해석할 수 없다.

그러나 원고는 주주총회장 중앙 부근에 착석을 하였고, 실제로 의장으로부터 지명을 받아 동의를 제출하여 구체적으로 주주의 권리행사에 방해되었다고 할 수 없으므로, 피고 회사가 불법행위의 책임을 지지 않는다고 한 원심의 판단은 타당하다.

---

(2) 총회의 모든 주주는 회의의 진행 중에 자유롭게 토론할 수 있고, 토론에는 제출된 의안에 대한 질의, 찬성 또는 반대의 의견발표, 동의의 제출 등이 포함된다. 주주가 토론에 참가하려면 의장에게 발언신청을 하여 그 허가를 얻어야 하고, 발언신청을 하는 주주는 그 성명과 주주번호를 밝혀야 한다. 의장은 토론의 공정을 위하여 회의의 일반원칙에 따라 다음의 순서로 발언권을 주어야 한다.

① 동의의 제출자에게 그 동의에 대한 설명의 기회를 먼저 주고, 토론 과정에서 나온 문제들에 대하여 마지막에 추가로 설명할 수 있는 기회를 주어야 한다.

② 공평하게 찬성자와 반대자가 교차로 발언할 수 있도록 해야 한다.

③ 특정 의안에 대하여 이미 발언을 한 주주와 그렇지 아니한 주주가 있는 경우에는, 발언을 하지 아니한 주주에게 먼저 발언권을 주어야 한다.

④ 위의 사정이 모두 같다면 발언권을 요청한 순서에 따라 기회를 주어야 한다.

(3) 의장은 합리적으로 공정하게 의사를 정리해야 하고, 만일 찬반을 유도하거나 주주 발언을 봉쇄하는 등 편파적으로 의사를 진행하면 '결의방법이 현저하게 불공정한 때'에 해당하여 결의의 취소 사유가 된다.

사. 주주의 질문권과 이사의 설명 의무

「상법」에는 명문의 규정이 없지만, 통설은 주주가 의결권을 합리적으로 행사하기 위해서는 회사의 업무에 관한 정보를 필요로 하므로 주주권의 내재적 권리로서 주주는 회사에 대하여 설명청구권을 보유하고 이에 대응하여 이사나 감사는 설명 의무가 있다고 본다.

하급심 판례 중에도 (1) 주주는 투자자로서 당연히 회사에 대하여 상당한 범위 내에서 회사의 경영 실적, 자산 상태 등에 대하여 질문할 권리를 보유할 뿐만 아니라 (2) 주주 질문권은 주주총회에 참석한 주주가 보고 사항을 명확히 이해하고, 결의 사항에 관하여 의결권을 합리적으로 행사하기 위한 필요조건으로서 (3) 주주의 총회참석권에 당연히 수반되는 권리라는 점 등을 고려할 때, 현행 「상법」에 명문의 규정이 없다고 하더라도 주주권에 내재하는 권리로서 당연히 인정된다고 판시하였다.[21] 이 사건에서 법원은 삼성전자 주주총회에서 주주의 질문권을 봉쇄하였음을 인정하여 의장과 회사에 손해배상책임을 인정하였다.

다만 주주의 질문권은 무한정 행사할 수 있는 것이 아니라 회의 목적 사항을 적절하게 판단하는 데 필요한 범위라는 내재적인 한계를 가지고 있고, 회사는 이러한 범위를 넘는 질문에 대하여는 답변을 거절할 수 있으며, 의안을 판단하는 데 필요한 정도인지는 합리적인 평균적 주주를 기준으로 한다.[22]

아. 결의 절차

(1) 주주총회의 결의방법에 관하여 회사의 정관에 특별한 규정을 두고 있지 않다면 법령 및 정관에 의하여 결의방법에 특별한 제한을 두지 않았다고 할 것이다. 따라서 의결정족수가 의안에 찬성한다는 점을 분명히 할 수 있다면, 투표뿐만 아니라 거수, 기립, 기타의 방법도 가능하다. 결의에 필요한 표결수는 각 의제에 관하여 각각의 결의 시에 충족되어야 한다.

(2) 그러나 의결정족수가 의안에 찬성한다는 점이 분명하지 않거나 표결방법 또는

21) 서울중앙지법 2006. 8. 16. 선고 2004가단65211 판결.
22) 서울고법 2005. 12. 16. 판결 2005나6534.

의안에 대하여 주주들로부터 이의가 제출된 경우 의장이 일방적으로 결의절차를 진행하면 하자가 인정될 수 있다. 즉 이러한 경우라면 의장은 참석자들에게 의안을 더욱 상세히 설명한 후 이에 대한 이의 유무를 묻고, 다시 의견 개진을 위한 충분한 시간을 줌으로써 의결권자들의 의사를 정확히 파악할 수 있는 여건을 조성하고, 경우에 따라서는 표결방법을 먼저 표결에 회부해야 한다. 주주가 의사 진행 발언을 통해 투표용지에 의한 투표로써 의안을 처리할 것을 제안하고 이에 대한 주주의 재청이 있을 경우에는 해당 안건의 표결에 앞서 표결방법에 대한 결의가 먼저 있어야 한다는 견해[23]도 있다.

서울고법 2001. 7. 3. 선고 2001나5809 판결(상고기각)

(주총 의장이 의안에 대한 표결에서 반대하는 주주 외에는 모두 찬성하는 것으로 간주하겠다고 일방적으로 선언한 다음 반대하는 주주만 거수하게 하여 반대하는 주식수만을 확인한 사건)

기권의 의사표시도 의결권 행사의 한 방법이고, 이는 의안에 대한 찬성의 의사표시가 아니므로, 의장이 임의로 주주로부터 당해 의안에 대하여 기권할 자유를 박탈하거나 기권의 의사표시를 찬성의 의사표시로 간주한다면 이는 주주총회에서 나타난 주주의 의사를 왜곡하는 것으로서 허용될 수 없는 표결방식이라고 할 것이다.

수원지법 1999. 12. 29. 선고 99가합9571 판결: 삼성전자 주총

의장이 정한 심의 및 표결방법에 대하여 주주들이 부적합하다는 지적과 함께 다른 방법으로 하자는 동의가 제출되고, 그 동의가 성립하면 의장은 총회에 물어 그 결의로서 심의 및 표결방법을 정해야 한다. 이 사건 정관 개정안에 대하여 소액주주들이 각 조항별로 주주들의 의견이 다를 수 있기 때문에 조항별 심의 및 표결을 하자고 동의 및 제청이 있었으므로, 의장은 조항별 축조심의 및 표결방식에 대하여 총회에 그 가부를 물어 그 결의로서 심의 및 표결방법을 정해야 함에도 불구하고 장○○의 위 동의를 무시한 채 일괄 표결방식으로 정관 개정 안건을 표결하여 가결 처리하였는바, 그렇다면 이 사건 결의는 그 의사 진행 방식 내지 결의방법이 신의칙에 반하여 현저하게 불공정하다고 봄이 상당하다고 판시(다만 여러 사정

23) 김교창, 《표준회의진행법》, 법률신문사, 275쪽.

에 비추어 이를 취소하는 것은 부적당하다고 하여 「상법」 제379조에 의하여 재량기각 판결을 하였고, 원고는 항소를 하지 않아 확정됨).

서울지법 2000. 8. 22. 선고 2000가합22831 판결

의장이 의안을 상정하면서 충분한 설명을 하였다고 보기 어렵고, 의안이 처음 상정되었을 때 '반대한다', '표결에 부치자'라고 말하는 참석자들도 있었으며, 가결을 선언하기까지 소수 주주들에게 이의를 제기할 만한 충분한 시간이 주어졌는지 의심스럽고, 의안에 대하여 동의한다고 말한 참석자들 가운데에는 주주가 아닌 회사 직원들도 상당수 포함되어 있었을 것으로 추단된다는 점 등을 종합할 때, 출석 의결권의 과반수가 의안에 찬성하는지의 여부를 확인하기 어려웠을 것으로 판단되므로, 의장이 표결을 거치지 아니한 채 의안의 가결을 선포한 것은 취소 사유가 있다(다만 이 사건 결의를 취소하는 것은 적당하지 않다고 하여 「상법」 제379조에 따라 재량기각을 선고).

11. 주주총회 결의의 하자의 소

가. 소의 종류

「상법」에서는 주주총회의 결의의 하자를 다툴 수 있는 소의 방법으로서 하자의 내용에 따라 결의취소의 소, 결의무효확인의 소, 결의부존재확인의 소, 부당결의취소·변경의 소를 규정하고 있고, 그중 마지막 소는 특수한 경우에 관한 것이므로 앞의 세 가지의 소가 주로 문제가 된다.

종류	하자의 원인	제소권자	제소 기간
결의취소의 소 (「상법」 제376조)	총회의 소집 절차 또는 결의방법이 법령 또는 정관에 위반하거나 현저하게 불공정한 때 또는 그 결의의 내용이 정관에 위반한 때	주주 이사 또는 감사	결의일로부터 2월 이내
결의무효의 소 (「상법」 제380조)	총회의 결의 내용이 법령에 위반한 경우	제한 없음	제한 없음
결의부존재 확인의 소 (「상법」 제380조)	총회의 소집 절차 또는 결의방법의 하자가 결의취소의 경우보다 현저하여 총회 결의의 존재를 인정할 수 없는 경우	제한 없음	제한 없음

대법원 2003. 7. 11. 선고 2001다45584 판결

주주총회 결의취소의 소는 「상법」 제376조에 따라 결의의 날로부터 2월 내에 제기해야 할 것이나, 동일한 결의에 관하여 부존재확인의 소가 「상법」 제376조 소정의 제소 기간 내에 제기되어 있다면, 동일한 하자를 원인으로 하여 결의의 날로부터 2월이 경과한 후 취소소송으로 소를 변경하거나 추가한 경우에도 부존재확인의 소 제기 시에 제기된 것과 동일하게 취급하여 제소 기간을 준수한 것으로 보아야 한다.

나. 주주총회 결의취소의 소

(1) 소 제기권자

총회의 소집 절차 또는 결의방법에 하자가 있거나 결의의 내용이 정관에 위반한 경우에 주주총회 결의의 취소를 구하는 소송은 주주, 이사 또는 감사가 제기할 수 있다. 이 소송은 주주총회 소집 절차와 관련된 법규의 엄격한 준수를 요구함으로써 주주, 특히 소액주주의 주주총회 참석권을 보장하기 위한 것이므로, 주주는 1주의 주식을 보유하더라도 이 소송을 제기할 수 있다. 주주는 그 결의 당시에 주주였을 필요는 없지만, 소를 제기한 때로부터 그 소의 판결이 확정될 때까지 주주의 지위를 유지해야 한다.

(2) 취소의 원인

결의취소의 원인 여부는 크게 두 가지 점에서 문제가 된다. 첫째는 주주총회 결의에 하자가 있는가가 문제이고, 둘째는 만일 하자가 있더라도 그 하자가 취소의 원인에 그치는 것인지 아니면 무효 또는 부존재의 원인까지 되는 것인지가 문제이다. 실무상 두 번째 점이 문제되는 이유는 결의취소의 소송은 결의일로부터 2월 내에 제기해야 하는데, 이 기간이 너무 짧기 때문에 자칫 제소 기간을 놓치기 쉽기 때문이다. 따라서 주주총회의 하자가 있더라도 부존재의 원인까지는 아니고 취소의 원인에 그치고 반면 결의일로부터 2월이 지나 소송을 제기하였다는 이유로 원고의 청구가 기각되는 사례가 간혹 발생한다.

문제가 된 취소의 원인

- 이사회의 소집결의 없이 소집권자에 의하여 소집된 총회의 경우는 결의취소 사유에 불과하다(대법원 1989. 5. 23. 선고 88다카16690 판결).
- 이사회의 소집결의는 적법하게 있었으나, 대표이사 또는 정관상의 소집권자가 아닌 자가 소집한 경우에는 결의취소 사유에 해당한다(대법원 1993. 9. 10. 선고93도698 판결).
- 주주총회가 적법하게 소집되어 개회된 이상 의결권 없는 자가 의결권을 행사하였으며 위 사람이 의결권을 행사한 주식수를 제외하면 의결정족수에 미달하여 총회 결의에 하자가 있다는 주장은, 결의취소의 사유에 불과(대법원 1983. 8. 23. 선고 83도748 판결).

대법원 1979. 3. 27. 선고 79다19 판결(주총 결의취소)

「상법」 제363조 제1항, 제2항의 규정에 의하면 주주총회를 소집함에 있어서는 회의의 목적사항을 기재하여 서면으로 그 통지를 발송하게 되어 있으므로 주주총회에 있어서는 원칙적으로 주주총회 소집을 함에 있어서 회의의 목적 사항으로 한 것 이외에는 결의할 수 없으며, 이에 위배된 결의는 특별한 사정이 없는 한 「상법」 제376조 소정의 총회의 소집 절차 또는 결의방법이 법령에 위반하는 것으로 보아야 한다.

(3) 회사의 담보 제공 신청

주주(이사나 감사는 제외)가 결의취소의 소를 제기한 때에는 법원은 회사의 청구에 의하여 상당한 담보를 제공할 것을 명할 수 있고, 이 경우 회사는 주주의 청구가 악의임을 소명해야 한다(「상법」 제377조). 회사의 신청이 있는 경우에 한하여 가능하고, 「민사소송법」 제118조가 동법 제127조에서 준용되지 않기 때문에 소송의 어느 단계에서도 신청이 가능하다. 악의라 함은 주주의 정당한 이익을 위한 것이 아니고 회사를 곤란하게 할 의도를 가진 경우를 말한다. 담보는 결의취소의 소를 제기함으로써 회사가 받고 또 장차 받게 될 모든 불이익을 담보하기 위한 목적이므로, 담보액은 회사가 받게 될 모든 불이익을 표준으로 하여 법원의 자유재량에 의하여 정할 수 있다.

(4) 취소 판결의 효력

① 대세효

주주총회의 하자를 다투는 소송에 대하여 「상법」 제376조 제2항과 제380조에서는 제190조 본문을 준용한다고 규정하고, 제190조 본문에서는 "설립무효의 판결 또는 설립취소의 판결은 제3자에 대하여도 그 효력이 있다"라고 하여 판결의 대세효를 정하고 있다. 이는 회사에 관한 법률관계를 획일적으로 확정하기 위함이다.

② 소급효

「상법」 제376조 제1항과 제380조의 규정에서 판결의 불소급효를 규정한 제190조 단서, 즉 "그러나 판결확정전에 생긴 회사와 사원 및 제3자간의 권리의무에 영향을 미치지 아니한다"라는 규정을 준용하고 있지 않기 때문에 만일 주주총회의 하자를 인정하는 판결이 확정된다면 판결이 확정되기 이전에 이루어진 법률행위의 효력이 문제가 된다.

이에 대하여 판례는 하자 있는 주주총회의 결의에 의하여 이사로 선임된 이사들에 의하여 구성된 이사회에서 선정된 대표이사는 소급하여 그 자격을 상실하고, 그 대표이사가 취소 판결이 확정되기 전에 한 행위는 대표권이 없는 자가 한 행위로서 무효가 된다고 하며, 다만 선의의 제3자에 대하여는 거래의 안전을 위하여 그 효력을 인정하고 있다.

대법원 2004. 2. 27. 선고 2002다19797 판결

이사 선임의 주주총회 결의에 대한 취소 판결이 확정되어 그 결의가 소급하여 무효가 된다고 하더라도 그 선임 결의가 취소되는 대표이사와 거래한 상대방은 「상법」 제39조의 적용 내지 유추 적용에 의하여 보호된다(따라서 회사는 부실 등기에 대하여 선의인 제3자에 대하여 거래의 효력을 부인하지 못한다).

(5) 재량기각의 문제

결의취소의 소가 제기된 경우에 결의의 내용, 회사의 현황과 제반 사정을 참작하여 그 취소가 부적당하다고 인정한 때에는 법원은 그 청구를 기각할 수 있다(「상법」 제379조). 이러한 법원의 재량기각은 경미한 하자를 이유로 주주가 결의취소의 소를 남용하는 것을 방지하여 주주 또는 회사의 이익과 거래의 안전을 보호하기 위한 것이다. 따라서 결의에 중대하지 아니한 하자가 있어 결의의 결과에 영향을 미치지 않았음이 명백하고, 결의를 취소하여도 회사 또는 주주의 이익이 되지 않는 등 제반 사정에 비추어볼 때 결의의 취소가 부적당하다고 인정될 경우에 허용된다. 만일 위와 같은 사정이 인정되는 경우에는 당사자의 주장이 없더라도 법원이 직권으로 재량에 의하여 취소청구를 기각할 수 있다.[24] 다만 주주총회 결의의 부존재확인이나 무효확인을 구하는 사건에서는 「상법」 제379조에 따라 재량기각을 할 수 없다.

다. 결의 무효확인·부존재확인의 소

(1) 결의 무효확인·부존재확인의 소에 관하여는 제소권자와 제소 기간에 관하여 아무런 제한이 없으므로, 누구든지, 언제든지 소의 이익이 있는 한, 소를 제기할 수 있다. 회사의 채권자도 '확인의 이익'이 있는 이상 결의 부존재확인의 소를 제기할 수 있다. 이때 '확인의 이익'이라 함은 그 주주총회의 결의가 회사 채권자의 권리 또는 법적 지위를 구체적으로 침해하고 직접적으로 이에 영향을 미치는 경우를 말한다.

(2) 결의 무효확인·부존재확인의 소가 형성의 소인지, 확인의 소인지 다툼이 있는

---

24) 대법원 2009. 1. 30. 선고 2006다31269 판결.

데, 대법원은 "주주총회 결의효력이 회사 아닌 제3자 사이의 소송에서 선결문제로 된 경우에 당사자는 언제든지 당해 소송에서 주주총회 결의가 처음부터 무효 또는 부존재한다고 주장하면서 다툴 수 있고, 반드시 먼저 회사를 상대로 주주총회의 효력을 직접 다투는 소송을 제기해야 하는 것은 아니다"[25)]라고 하여 확인의 소의 입장을 취하고 있다.

관할 법원, 소 제기의 공고, 소의 병합심리, 처분권주의의 제한, 제소주주의 담보 제공의무, 판결의 효력, 등기 등은 모두 결의취소의 소의 경우와 같다(「상법」 제380조, 제186조, 제187조, 제188조, 제190조 본문, 제191조, 제377조, 제378조).

라. 기타 부수적인 절차

(1) 주주총회 결의 효력정지 가처분

일단 주주총회의 결의가 있으면 그 결의에 기초한 법률관계가 진행될 수 있으므로, 원고 주주로서는 그 효력 발생을 결의취소 또는 무효의 소 본안 판결 확정 시까지 정지시킬 필요가 있다. 특히 주주총회 결의취소소송의 경우에는 법원에서 기존 법률관계의 안정을 위하여 재량기각의 판결을 내릴 가능성이 있으므로, 원고 주주로서는 본안 소송뿐만 아니라 그 효력을 정지시키는 가처분을 제기할 필요성이 있다.

(2) 증거보전신청

① 주주총회 진행 과정에서의 위임장 등 관련 자료는 주주총회 결의의 하자를 다투는 소송에서 증거자료로 제출되어야 하는데 주주총회 결의 후 회사가 위 관련 서류를 은폐하거나 조작할 우려가 있다. 따라서 원고 주주로서는 주주총회와 관련한 증거조사를 미리하지 아니하면 그 증거를 사용하기 곤란한 사정을 소명하여 「민사소송법」에 따른 증거보전신청을 제기할 필요가 있다. '증거보전'이란 본안 소송에서 정상적인 증거조사를 할 때까지 기다리면 그 증거조사가 불가능하거나 곤란하게 될 염려가 있는 경우, 미리 그 증거를 조사하여 결과를 보전하여 두려는 절차이다.

② 증거보전신청서에서는 상대방의 표시, 증명할 사실, 보전하고자 하는 증거, 증거보전의 사유를 밝혀야 한다(「민사소송법」 제377조 제1항). 증거보전의 신청에 대하여 법

---

25) 대법원 2011. 6. 24. 선고 2009다35033 판결.

원은 변론 없이 그 허부의 결정을 한다. 증거보전으로서의 증거조사도 본안 소송에 있어서의 증거조사와 동일한 방법으로 시행되며, 증거보전 절차에서의 증거조사에 관하여도 「민사소송법」과 「민사소송규칙」 중 증거에 관한 규정이 적용된다. 소 제기 전에 증거보전 절차가 시행된 경우 증거보전 법원은 본안 소송의 기록이 있는 법원으로 증거보전 기록을 보내야 한다.

신청례

보전하고자 하는 증거: 서증조사

이 건 주주총회와 관련한 증거보전을 하기 위하여 아래 서류들에 대한 귀 원의 서증조사를 신청합니다.

- 주주 및 대리인의 출석 현황 자료.
- 주주의 위임장 및 첨부 서류.
- 주주의 서면에 의한 의결권 행사통지서 및 부속 서류.
- 투표용지, 출석 투표 개표 및 집계에 관하여 작성된 서류 일체.
- 출석 투표 개표 및 집계에 관하여 작성된 전산 출력 자료.
- 주주총회 의사록.
- 기타 주주총회 관련 자료.

제2절 이사

1. 이사의 선임

가. 주주총회의 보통결의

이사는 주주총회에서 보통결의에 의하여 선임된다(「상법」 제382조 제1항). 이사의 선임권은 주주총회의 전속적 권한이므로, 정관의 규정이나 주주총회의 결의로써도 이사의 선임을 의장, 또는 제3자에게 위임할 수 없다. 이사 선임의 효력을 제3자, 예컨대 모회사 또는 노동조합의 동의가 있어야 발생하는 것으로 할 수도 없다. 선임절차를 거치지 아니한 채 다만 회사로부터 이사라는 직함을 형식적·명목적으로 부여받은 것에 불과한 자는 「상법」상 이사로서의 직무권한을 행사할 수 없다.

상장회사가 주주총회에서 이사를 선임하려는 경우에는 사전에 소집 통지하거나 공고한 후보자 중에서 선임해야 한다(제542조의5).

나. 집중투표제

(1) 집중투표제란

집중투표(cumulative voting)란 이사 선임 결의에 관하여 각 주주가 1주마다 선임하고자 하는 이사수(이사 후보자의 수가 아님)와 동일한 의결권을 가지는 방법이다. 예컨대 주총에서 이사 3인의 선임을 목적으로 할 경우, 주주는 1주당 3주의 의결권을 가지고 위 의결권을 특정 이사 후보자에게 집중적으로 행사하거나 수인의 후보에게 분산하여 행사한 후 최다수 득표자부터 순차적으로 이사를 선임하는 방법이다.

(2) 집중투표제의 행사 요건

① 정관에서의 배제 규정 부존재

집중투표제를 실시하기 위해서는 정관에 집중투표제를 허용하지 않는다는 규정이 없어야 한다. 아직 집중투표제는 의무 사항이 아니기 때문에 만일 정관에 집중투표제를 배제하는 규정이 있으면 집중투표제를 실시할 수 없다.

② 2인 이상의 이사 선임

집중투표제는 2인 이상의 이사를 선임할 때에 한해 채택할 수 있다. 따라서 집중투표제를 실시할 수 있는 기업의 경우도 만일 이사들의 임기 만료가 각각 다른 경우에는 집중투표제를 실시할 수 없다.

③ 일정 지분 이상 주주의 청구

집중투표제의 실시를 청구할 수 있는 주주는 원칙적으로 의결권 없는 주식을 제외한 발행주식 총수의 3% 이상을 보유한 주주이고(「상법」 제382조의2), 다만 최근 사업연도 말 현재 자산총액이 2조 원 이상인 대규모 상장법인의 경우에는 의결권 없는 주식을 제외한 발행주식 총수의 1% 이상을 가진 주주이다(제542조의7 제2항).

④ 주주총회 7일 전 서면 청구

일정 지분 이상의 주주가 이사 선임을 위한 주주총회의 7일 전까지 집중투표에 의할 것을 서면으로 청구해야 한다(「상법」 제383조의2 제2항). 집중투표의 청구가 있는 경우 의장은 의결에 앞서 그러한 청구가 있다는 취지를 알려야 하고(제382조의2 제5항), 총회가 종결될 때까지 위 서면을 본점에 비치하고 주주로 하여금 영업시간 내에 열람할 수 있게 해야 한다(동조 제6항). 집중투표의 적법한 청구가 있는 경우에는 주주총회에서 집중투표를 배제하는 결의를 할 수 없다.

(3) 집중투표제의 행사 절차

① 집중투표로 이사 선임 안건을 결의할 경우 회사는 주주총회의 통지와 공고에 "이사 ○인 선임의 건"과 같이 선임할 이사의 원수를 반드시 기재해야 한다.[26)]

② 이때 대규모 상장법인이 정관으로 집중투표를 배제하거나 그 배제된 정관을 변경하려는 경우에는 의결권 없는 주식을 제외한 발행주식 총수의 100분의 3을 초과하는 수의 주식을 가진 주주는 그 초과하는 주식에 관하여 의결권을 행사하지 못한다(제542조의7 제3항). 그리고 대규모 상장회사가 주주총회의 목적 사항으로 집중투표 배제에 관한 정관 변경에 관한 의안을 상정하려는 경우에는 그 밖의 사항의 정관 변경에 관한 의안과 별도로 상정하여 의결해야 한다(동조 제4항).

26) 서울고법 2010. 11. 15. 선고 2010라 1065 결정.

(4) 집중투표제의 적용

집중투표의 방법으로 이사를 선임하는 경우에는 투표의 최다수를 얻은 자부터 순차적으로 이사에 선임되는 것으로 한다(제382조의2 제4항). 집중투표의 방법으로 이사를 선임하는 경우 특정 주주가 자신이 희망하는 수의 후보를 이사로 선임시키기 위해서는 아래의 산식에 의한 주식을 직접 또는 우호 지분의 형식으로 확보해야 한다.

집중투표 적용 시 이사 선임을 위해 필요한 주식수 산식

$$X = \frac{Y \times N1}{(N+1)+1}$$

X: 희망하는 원수의 이사 선임을 위해 보유해야 할 최소한의 주식수
Y: 이사 선임 결의에 출석한 주주의 주식 총수
N1: 이사로 선임되기를 희망하는 후보의 수
N: 금번 주주총회에서 선임할 이사의 총수

출석주식수가 100주인 경우 이사 1명을 선임하기 위해 필요한 주식수

선임할 이사수	필요 주식수
1	51.00
2	34.33
3	26.00
4	21.00
5	17.67

※집중투표제의 사례

의결권수 = 소유 주식수 × 선임 예정 이사수(예컨대 소유 주식수가 100주이고 선임 예정 이사수가 3인이면 총 300주의 의결권을 가짐)

이사 후보	A( )	B( )	C( )	D( )

위 찬성 표시한 후보에게 총의결권을 균분하게 행사합니까?
예( ) 아니요( )
※ '아니요'를 선택한 경우 아래의 표에 투표수를 직접 기입하시기 바랍니다.

투표수				

(5) 집중투표제와 3%룰의 충돌: 일반 사외이사와 감사위원인 사외이사의 선임 방법을 둘러싼 KT&G 사건

감사위원인 사외이사를 포함하여 이사 후보 전체를 대상으로 이사 선임 결의를 하고 나서 선임된 이사 중에 대주주 의결권 제한 규정을 적용하여 감사위원을 뽑을 경우(이른바 '일괄선출 방식'), 대주주의 의결권 제한 없이 선임된 이사들 가운데서 감사위원인 사외이사가 선임될 것이므로 감사 선임에서의 3%룰의 입법 취지가 몰각될 염려가 있지만 한꺼번에 선임하는 이사 수가 늘어나므로 집중투표제의 효과는 극대화된다.

반면 일반 사외이사와 감사위원인 사외이사를 분리하여 뽑을 경우(이른바 '분리선출 방식'), 이사 선임 단계부터 3% 제한 룰이 적용되어 그 효과가 극대화되지만, 안건당 선임하는 이사 수가 줄어드므로 집중투표제의 효과는 미약해진다. 집중투표제와 3%룰의 충돌 문제가 발생하는데, 종래 상장법인들의 주주총회에서는 두 가지 방식을 모두 사용하였다. 이 사건에서 아이칸 등은 분리선출 방식이 집중투표제의 방법에 의한 이사 선임청구권을 침해하는 것이라면서 일괄선출 방식을 주장하며 소송을 제기하였다.

이에 대하여 법원은 "현행 「상법」과 「자본시장법」의 해석상 위 두 가지 방식이 주주총회의 결의방법으로 모두 가능하다"고 한 후, "소수 주주들이 사외이사의 선임방법에 관하여 일괄선출 방식을 택하도록 제안하지 않은 이상 어느 방식을 취할 것인지에 대한 결정 권한은 이사회에 있으므로 회사가 분리선출 방식을 선택한 것이 위법하지 않다"[27]고 판시하였다.

다. 이사와의 임용 계약

주주총회에서 이사 선임 결의가 있었다고 하여 바로 피선임자가 이사의 지위를 취득하게 되는 것인지가 문제된다. 종전 대법원은 주주총회에서 결의를 했더라도 대표이사와 별도의 임용계약을 체결해야 한다고 판결했지만, 2017년에 "주주총회에서 이사나 감사를 선임하는 경우, 선임 결의와 피선임자의 승낙만 있으면, 피선임자는 대표이사와 별도의 임용계약을 체결하였는지와 관계없이 이사나 감사의 지위를 취득한다"고 판례를 변경했다.[28]

---

27) 대전지법 2006. 3. 14. 선고 2006카합242 결정.

라. 임기

① 이사의 임기는 3년을 초과하지 못한다(「상법」 제383조 제2항). 그러나 정관으로 그 '임기 중의 최종의 결산기에 관한 정기주주총회의 종결에 이르기까지' 정년을 연장할 수 있다(동조 제3항). 이는 이사의 임기가 '결산기말 이후 정기주주총회 전'에 만료된 경우 정기주주총회를 목전에 두고 이사 선임을 위한 임시주주총회를 개최해야 하는 회사의 번거로움을 더는 한편 해당 이사가 임기 중의 결산에 대해 책임을 지도록 하기 위함이다.

② 법률 또는 정관에 정한 이사의 원수를 결한 경우에는 임기의 만료 또는 사임으로 인하여 퇴임한 이사는 새로 선임된 이사가 취임할 때까지 이사의 권리 의무가 있다(제386조 제1항). 만일 수인의 이사가 동시에 임기의 만료나 사임에 의하여 퇴임함으로 말미암아 법률 또는 정관에 정한 이사의 원수를 채우지 못하게 되는 결과가 일어나는 경우 특별한 사정이 없는 한, 그 퇴임한 이사 전원은 새로 선임된 이사가 취임할 때까지 이사로서의 권리 의무가 있다.

2. 사외이사

가. 개요

(1) 회사의 선임 의무

사외이사제도는 회사 경영의 투명성 제고와 지배구조 선진화를 위하여 IMF 경제체제하인 1998년 주주총회부터 전격적으로 도입되었다. 현재 공개기업은 원칙적으로 사외이사를 이사총수의 4분의 1 이상 되도록 선임해야 하고, 그중 자산총액 2조 원 이상 주권상장법인 또는 코스닥상장법인은 3인 이상으로 하되 이사 총수의 과반수가 되어야 한다(「상법」 제542조의8 제1항). 다만 새로이 공개기업이 된 회사는 공개 후 최초로 소집되는 정기주주총회일 전일까지는 위 요건의 적용을 받지 않는다.

---

28) 대법원 2017. 3. 23. 선고 2016다251215 전원합의체 판결.

(2) 사외이사의 자격 요건

상장법인의 경우 다음에 해당하는 자는 사외이사를 할 수 없고(제542조의8 제2항), 사외이사가 된 후에 이에 해당하게 된 때에는 그 직을 상실하게 된다. 개정 「상법」에 의하면 사외이사의 결격 요건이 상당히 넓기 때문에 주의해야 한다.

사외이사의 결격 요건

- 미성년자, 금치산자 또는 한정치산자.
- 파산자로서 복권되지 아니한 자.
- 금고 이상의 형을 받고 그 집행이 종료되거나 집행을 받지 아니하기로 확정된 후 2년이 경과하지 아니한 자.
- 이 법에 의하여 해임되거나 면직된 후 2년을 지나지 아니한 자.
- 최대 주주 및 특수관계인.
- 주요 주주[30] 및 그의 배우자와 직계존비속.
- 해당 상장회사의 계열회사의 상무에 종사하는 이사·집행임원·감사 및 피용자이거나 최근 2년 이내에 계열회사의 상무에 종사하는 이사·집행임원·감사 및 피용자였던 자.
- 다음 각 목의 법인 등의 이사·집행임원·감사 및 피용자[사목에 따른 법무법인, 법무법인(유한), 법무조합, 변호사 2명 이상이 사건의 수임·처리나 그 밖의 변호사 업무 수행시 통일된 형태를 갖추고 수익을 분배하거나 비용을 분담하는 형태로 운영되는 법률사무소, 외국법 자문 법률사무소의 경우에는 해당 법무법인 등에 소속된 변호사, 외국법 자문사를 말한다]이거나 최근 2년 이내에 이사·집행임원·감사 및 피용자였던 자.
  - 가. 최근 3개 사업연도 중 해당 상장회사와의 거래실적의 합계액이 자산총액(해당 상장회사의 최근 사업연도 말 현재의 대차대조표상의 자산총액을 말한다) 또는 매출총액(해당 상장회사의 최근 사업연도 말 현재의 손익계산서상의 매출총액을 말한다. 이하 이 조에서 같다)의 100분의 10 이상인 법인.
  - 나. 최근 사업연도 중에 해당 상장회사와 매출총액의 100분의 10 이상의 금액에 상당하는 단일의 거래 계약을 체결한 법인.

---

29) 누구의 명의로 하든지 자기의 계산으로 의결권 없는 주식을 제외한 발행주식 총수의 100분의 10 이상의 주식을 소유하거나 이사·집행임원·감사의 선임과 해임 등 상장회사의 주요 경영 사항에 대하여 사실상의 영향력을 행사하는 주주.

다. 최근 사업연도 중에 해당 상장회사가 금전, 유가증권, 그 밖의 증권 또는 증서를 대여하거나 차입한 금액과 담보 제공 등 채무보증을 한 금액의 합계액이 자본금(해당 상장회사의 최근 사업연도 말 현재의 대차대조표상의 자본금을 말한다)의 100분의 10 이상인 법인.

라. 해당 상장회사의 정기주주총회일 현재 그 회사가 자본금(해당 상장회사가 출자한 법인의 자본금을 말한다)의 100분의 5 이상을 출자한 법인.

마. 해당 상장회사와 기술 제휴 계약을 체결하고 있는 법인.

바. 해당 상장회사의 감사인으로 선임된 회계법인.

사. 해당 상장회사와 주된 법률 자문·경영 자문 등의 자문 계약을 체결하고 있는 법무법인, 법무법인(유한), 법무조합, 변호사 2명 이상이 사건의 수임·처리나 그 밖의 변호사 업무 수행 시 통일된 형태를 갖추고 수익을 분배하거나 비용을 분담하는 형태로 운영되는 법률사무소, 외국법 자문 법률사무소, 회계법인, 세무법인, 그 밖에 자문 용역을 제공하고 있는 법인.

- 해당 상장회사 외의 2개 이상의 다른 회사의 이사·집행임원·감사로 재임 중인 자.
- 해당 상장회사에 대한 회계감사 또는 세무대리를 하거나 그 상장회사와 법률 자문·경영 자문 등의 자문 계약을 체결하고 있는 변호사(소속 외국법 자문사를 포함한다), 공인회계사, 세무사, 그 밖에 자문 용역을 제공하고 있는 자.
- 해당 상장회사의 발행주식 총수의 100분의 1 이상에 해당하는 주식을 보유(「자본시장법」 제133조 제3항에 따른 보유를 말한다)하고 있는 자.
- 해당 상장회사와의 거래(「약관의 규제에 관한 법률」 제2조 제1호의 약관에 따라 이루어지는 해당 상장회사와의 정형화된 거래는 제외한다) 잔액이 1억 원 이상인 자.

나. 사외이사 추천위원회

(1) 규정

자산총액 2조 원 이상인 상장법인이 주주총회에서 사외이사를 선임하고자 하는 때에는 사외이사후보 추천위원회의 추천을 받은 자 중에서 사외이사를 선임하도록 한다. 이때 사외이사후보 추천위원회는 사외이사가 총위원의 2분의 1이상이 되도록 구성해야 한다(「상법」 제542조의8 제4항). 상장회사의 사외이사후보 추천위원회제도는 2000년 개정 「자본시장법」에서 주권상장법인의 사외이사의 독립성을 확보할 목적으로 도입된 것으로서 이사회에 비하여 보다 중립적인 사외이사후보 추천위원회가 추천한 후보 중에서 사외이사를 선임하자는 취지다.

(2) 의무적 추천

사외이사후보 추천위원회가 사외이사후보를 추천함에 있어서는 6월 전부터 계속하여 자본금이 1천억 원 이상인 주권상장법인의 의결권 있는 발행주식 총수의 0.5%이상에 해당하는 주식을 보유한 주주가 사외이사를 추천하는 경우에는 그 후보를 추천해야 한다(제542조의8 제5항). 2001년 개정 「자본시장법」에서 주주제안권의 행사 요건을 갖춘 주주가 사외이사를 추천한 경우에는 사외이사후보 추천위원회는 그 후보를 반드시 포함시키도록 하였다.

(3) 「상법」상 주주제안권과의 관계

「상법」에서는 주주제안권을 행사할 수 있는 주주를 의결권 없는 주식을 제외한 발행주식 총수의 3% 이상에 해당하는 주주라고 규정하고 있다. 따라서 자본금이 1천억 원 이상인 주권상장법인의 경우 「상법」에 따른 발행주식 총수의 3%의 요건을 충족하였지만 「자본시장법」에 따라 6개월 전부터 계속 보유해야 하는 요건을 충족하지 못한 주주가 사외이사후보 추천을 위한 주주제안을 할 수 있는지가 문제된다. 즉 소수 주주가 「자본시장법」에 규정된 요건을 갖추지 못한 이상 「상법」에서의 주주제안권에 근거하여 사외이사후보를 추천할 수 있는가의 문제이다. 이에 대하여 법원은 「상법」 및 「자본시장법」상 주주제안권, 사외이사후보 추천위원회제도의 입법 경위 및 그 취지 등에 비추어 볼 때, 「상법」상 주주제안권과 「자본시장법」상 주주의 사외이사후보 추천권은 그 행사요건과 내용을 달리 하고 있으므로, 소수 주주들로서는 주권상장법인의 사외이사후보 추천을 총회의 의제 또는 의안으로 삼고자 하는 경우에 「상법」상의 주주제안권 또는 「자본시장법」상의 사외이사 후보 추천권을 선택적으로 행사할 수 있다고 보고 있다.[30)]

30) 대전지법 2006. 3. 14. 선고 2006카합242 결정.

3. 이사의 의무

가. 선관의무와 충실 의무

(1) 선관의무

「상법」은 이사와 회사와의 관계에 대하여 민법의 위임에 관한 규정을 준용하고 있으므로, 이사는 회사에 대하여 선량한 관리자의 주의의무를 진다(「상법」 제382조 제2항, 「민법」 제681조). 선량한 관리자로서의 주의의무란 그자의 직업, 그자가 속하는 사회적·경제적 지위에서 일반적으로 요구되는 정도의 주의를 말하고, 상근·비상근을 가리지 않고 보수 유무에 관계없이 모든 이사에게 주어지는 의무이다.

(2) 충실 의무

1998년 개정 「상법」에서는 선관의무에 더하여 "이사는 법령과 정관의 규정에 따라 회사를 위하여 그 직무를 충실하게 수행하여야 한다"라는 이른바 '충실 의무' 조항을 신설하였다(「상법」 제382조의3). 이는 이사의 책임 강화를 통한 건전한 기업 경영을 촉진하기 위하여 이사에게 회사의 이익을 위하여 성실히 그 직무를 수행하도록 그 의무를 명확히 규정한 것이다.

이사의 충실 의무는 "수임자(fiduciary)로서의 이사가 성실하고(in good faith) 정직하게(honestly) 회사의 최상의 이익(in the best interest of corporation)을 위하여 전심전력을 기울여야 하는 충성(undivided loyalty) 의무"로 정의할 수 있다. 따라서 이사는 회사의 업무를 수행함에 있어서 그에게 부여된 권한을 회사에 가장 유리하다고 믿는 바에 따라 성실하고 정당한 목적을 위하여 행사해야 하고, 회사의 이익과 이사 개인의 이익이 충돌하는 경우에는 자기의 개인적 이익을 희생하면서 의사결정을 해야 하며, 회사의 이익과 이사의 개인적 이익이 충돌하는 계약을 체결해서는 안 된다. 예컨대 이사가 자신의 이익을 위해서 회사의 사업 기회를 가로챘다든지, 자신이 보유하고 있는 자산을 회사에 비싸게 팔아서 이득을 챙겼다면 이는 자신의 이익을 회사의 이익에 우선한 경우이므로 충실 의무 위반이 된다.

이사의 충실 의무의 구체적인 범위에 대하여는 영미 보통법에서의 이사의 신인의무

(信認義務, fiduciary duty)가 중요하게 참고할 기준이 된다. 영미 보통법에서는 이사의 신인의무의 내용으로 회사와의 경쟁 금지, 회사의 기회 이용 금지, 불법적인 목적을 가진 상대방에 대한 지배주식 매각금지 등을 들고 있다. 다만 영미 보통법에서는 이사의 충실 의무가 소수 주주에 대한 공정 의무를 포함한다고 보고 있지만 우리 「상법」에서는 '회사를 위하여' 그 직무를 충실하게 수행하도록 규정하였으므로 이사의 충실 의무에 소수 주주에 대한 공정 의무가 포함되지 않는다고 본다.[31] 이에 대하여 이사의 충실 의무의 내용에 이사들이 모든 주주들을 공정·평등하게 취급할 의무를 포함시키자는 의견이 제시되고 있다.

한편 이사의 충실 의무와 선관의무와의 관계에 대하여는 이사의 충실 의무가 선관의무에 포함된다는 견해와 선관의무와는 다른 본래의 충실 의무를 규정한 것이라는 견해 등 여러 해석이 제기되고 있다.

나. 감시 의무

(1) 「상법」 제393조 제2항에서는 "이사회는 이사의 직무의 집행을 감독한다"라고 규정하고 있다. 이에 따라 이사회의 구성원인 각 이사들은 자신의 담당 업무가 아니거나 업무집행을 담당하지 않는 평이사의 경우에도 업무 담당 이사들의 업무에 대한 적법성과 타당성 여부를 감시할 의무를 진다. 이 경우 이사회에 상정된 사항뿐만 아니라 이사회에 상정되지 않은 사항에 대하여도 감시 의무가 있는지 문제가 되는데, 이사는 다른 이사 또는 피용자의 업무에 관하여 이사회에 보고할 것을 대표이사에게 요구할 수 있고 필요한 경우 이사회의 소집도 요청할 수 있기 때문에 이사회에 상정되지 않은 회사 업무 전반에 대하여 능동적 감시 의무를 진다고 본다.

(2) 다만 업무를 담당하지 않은 이사나 평이사에게 대표이사 또는 업무 담당 이사의 모든 업무에 대한 전반적인 감시 의무를 요구하는 것은 회사의 업무집행 체계에 비추어 불가능하거나 비현실적일 수 있기 때문에 다른 이사의 업무집행이 위법함을 알았거나 위법하다고 의심할 만한 사유가 있었을 때에 한하여 감시 의무가 있다고 보고 있다. 나아가 일정한 업무 분장하에 회사의 일상적인 업무를 집행하는 업무집행 이사가 회사

---

31) 손주찬·정동윤, 《주석 상법(회사법3)》, 한국사법행정학회, 200쪽.

의 업무집행을 전혀 담당하지 아니하는 평이사에 비하여 보다 높은 주의의무를 부담한다고 보고 있다.[32)]

(3) 이사의 감시 의무의 구체적인 내용은 회사의 규모나 조직, 업종, 법령의 규제, 영업 상황 및 재무 상태에 따라 크게 다를 수 있는데, 대규모 회사의 경우에는 현실적으로 다른 이사의 업무를 감시하는 것이 쉽지 않은 측면이 있다. 그렇지만 대법원은 2008년 대우그룹의 분식회계 사건과 관련된 이사의 책임 문제를 다루면서 최초로 내부 통제라는 개념을 통해 이사들에게는 합리적인 정보 및 보고 시스템과 내부 통제 시스템을 구축하고 그것이 제대로 작동하도록 배려할 의무가 있다고 판시하였다.

대법원 2008. 9. 11. 선고 2006다68636 판결: 대우 분식회계 사건

이사의 감시 의무의 구체적인 내용은 회사의 규모나 조직, 업종, 법령의 규제, 영업 상황 및 재무 상태에 따라 크게 다를 수 있는바, 고도로 분업화되고 전문화된 대규모의 회사에서 공동 대표이사와 업무 담당 이사들이 내부적인 사무 분장에 따라 각자의 전문 분야를 전담하여 처리하는 것이 불가피한 경우라 할지라도 그러한 사정만으로 다른 이사들의 업무집행에 관한 감시 의무를 면할 수는 없고, 그러한 경우 무엇보다 합리적인 정보 및 보고 시스템과 내부 통제 시스템을 구축하고 그것이 제대로 작동하도록 배려할 의무가 이사회를 구성하는 개개의 이사들에게 주어진다는 점에 비추어볼 때, 그러한 노력을 전혀 하지 아니하거나, 위와 같은 시스템이 구축되었다 하더라도 이를 이용한 회사 운영의 감시·감독을 의도적으로 외면한 결과 다른 이사의 위법하거나 부적절한 업무집행 등 이사들의 주의를 요하는 위험이나 문제점을 알지 못한 경우라면, 다른 이사의 위법하거나 부적절한 업무집행을 구체적으로 알지 못하였다는 이유만으로 책임을 면할 수는 없고, 위와 같은 지속적이거나 조직적인 감시 소홀의 결과로 발생한 다른 이사나 직원의 위법한 업무집행으로 인한 손해를 배상할 책임이 있다.

다. 비밀 유지 의무

이사는 재임 중뿐만 아니라 퇴임 후에도 직무상 알게 된 회사의 영업상 비밀을 누설

32) 대법원 2008. 9. 11. 선고 2007다31518 판결.

하여서는 아니된다(「상법」 제382조의4). '영업비밀' 여부는 「부정경쟁방지법」에서 주로 문제되는데, 「상법」상 이사의 영업비밀 유지 의무의 대상이 되는 영업비밀은 「부정경쟁방지법」에 규정된 영업비밀보다는 광범위하게 해석해야 하지만 「부정경쟁방지법」에서의 영업비밀 요건은 「상법」상의 '영업상 비밀'을 판정하는 데 일응의 기준이 된다고 본다. 「부정경쟁방지법」에서는 영업비밀을 "공연히 알려져 있지 아니하고 독립된 경제적 가치를 가지는 것으로서, 비밀로 관리된 생산방법, 판매방법, 그 밖에 영업활동에 유용한 기술상 또는 경영상의 정보"로 규정하여, '경제성', '비공지성(非公知性)', '관리 가능성'을 그 요건으로 하고 있다. 한편 이사의 재임 중뿐만 아니라 퇴임 후에도 비밀 유지 의무를 부담하도록 한 점에서도 의미가 있다.

라. 보고 의무

(1) 이사는 3월에 1회 이상 업무의 집행 상황을 이사회에 보고하여야 한다(「상법」 제393조 제4항). 이사회에의 보고 의무는 2001년 개정 「상법」에서 신설된 조항으로서 이사회가 업무 담당 이사의 직무집행에 대한 감독을 철저히 하고 이사회가 형해화되는 것을 막기 위한 것이다. 이 규정에 따라 회사는 적어도 매 4분기에 한 번씩 이사회를 열어야 한다.

(2) 이사는 회사에 현저하게 손해를 미칠 염려가 있는 사실을 발견할 때에는 즉시 감사 또는 감사위원회에게 보고해야 한다(제412조의2, 제415조의2 제6항). 종전에는 감사가 언제든지 이사에게 영업에 관한 보고를 요구할 수 있다고만 규정하였으나(제412조 제2항) 회사의 손해를 예방하거나 피해를 최소한으로 줄일 수 있도록 1995년 개정 「상법」에서 이사의 적극적인 보고 의무를 별도로 규정하였다. 예컨대 만일 이사가 대표이사의 횡령 등의 위법행위를 인식하면서도 감사 또는 감사위원회에 대한 보고 의무를 게을리하고, 이로 말미암아 회사가 대표이사에 대하여 가지는 손해배상청구권의 행사가 위태롭게 되든가 혹은 그 청구권의 집행 가능성이 없어지게 되는 경우에는 위 이사에 대해 책임을 물을 수도 있다.

마. 경업금지 의무

(1) 규정

이사가 자기 또는 제3자의 계산으로 회사의 영업 부류에 속한 거래를 하거나 동종 영업을 목적으로 하는 다른 회사의 무한책임 사원이나 이사가 되기 위해서는 이사회의 승인이 있어야 한다(「상법」 제397조 제1항). 이 규정의 취지는 이사가 그 직위를 이용하여 회사의 비용으로 얻어진 영업 기회를 유용하는 것을 제한하여 이사가 선량한 관리자의 주의로써 회사를 유효 적절하게 운영하여 그 직무를 충실하게 수행해야 할 의무를 다하도록 하려는 것이다.

(2) 경업금지의 범위

① 자기 또는 제3자의 계산으로

'자기 또는 제3자'의 계산이란 이사 또는 제3자가 경제적 이익의 주체가 된다는 것으로서 거래 형식상의 명의 당사자나 그 행위로 인한 권리 의무가 누구에게 귀속되는지는 문제되지 않는다. 만일 이사가 별도의 회사를 설립하여 영업을 수행하게 한 경우에도 본조의 적용 대상이 된다.

② 회사의 영업 부류에 속하는 거래

'회사의 영업 부류에 속하는 거래'란 회사가 실제로 경영하는 사업과 경합함으로써 회사와 이사 간의 이익의 충돌을 가져올 가능성이 있는 거래를 말한다. 이사의 경업금지의 취지가 이사가 그 지위에 기하여 얻은 지식이나 정보를 회사 외의 이익을 위하여 유용하는 것을 예방하는 것이므로, '회사의 영업 부류'란 정관에 기재되지 않았어도 회사가 실제로 영위하는 사업이 있다면 여기에 포함된다고 본다. 회사의 영업에 대해 대체재 또는 회사 분할의 효과를 가져오는 영업도 회사의 이익 실현을 방해할 염려가 있으므로 '회사의 영업 부류에 속하는 거래'의 범주에 넣어야 할 것이다.

③ 동종 영업의 이사 겸직

이사의 겸직이 금지되는 '동종 영업'이란 '회사의 영업 부류에 속하는 거래'와 마찬가지로, 회사가 실제로 경영하는 사업과 경합함으로써 회사와 이사 간의 이익의 충돌을 가져올 가능성이 있는 영업을 말한다. 다만 '회사의 영업 부류에 속하는 거래'의 경우와 달리 실제로 거래를 수행하지 않는 경우에도, 예컨대 이사가 아직 개업을 준비하는 단계에 있는 회사의 이사를 겸한 단계에 불과하더라도 이사의 겸직금지 의무를 위반한 것에 해당한다.

대법원 1993. 4. 9. 선고 92다53585 판결

회사의 이사가 회사와 동종 영업을 목적으로 하는 다른 회사를 설립하고 다른 회사의 이사 겸 대표이사가 되어 공장의 부지를 매수하는 등 영업의 준비 작업을 하여오다가 영업 활동을 개시하기 전에 위 회사의 이사 및 대표이사직을 사임하였더라도 「상법」 제397조의 경업금지 의무를 위반한 행위이고, 「상법」 제385조 제2항 소정의 해임청구 사유이다.

(3) 이사회의 승인

① 이사회 승인의 절차

경업을 하고자 하는 이사는 특별한 이해관계가 있는 자이므로 이사회에서 의결권을 행사하지 못한다(「상법」 제368조 제3항).

② 사후의 추인

이사회의 승인은 원칙적으로 사전의 승인만 가능하다. 사후에 이사회의 추인이 가능한지 여부에 대하여는 긍정설과 부정설이 나뉜다. 긍정설은 이사회의 결의는 법률행위 하자를 치유할 뿐 손해배상책임이 면제되지 않음을 근거로 하고, 부정설은 사후의 추인은 사실상 일종의 책임면제와 같은 효과를 가져오므로 「상법」 제400조에서 이사의 책임면제에 총주주의 동의를 요하는 것과 비교해 균형이 맞지 않다는 것을 근거로 한다.

③ 이사회 승인의 의미

이사회의 승인은 경업의 위법성을 조각하는 효과만 있을 뿐, 경업 겸직으로 인해 생긴 회사의 손해에 대해 이사의 책임을 면제해주는 것은 아니다. 따라서 만일 이사회의 승인이 있더라도 회사의 손해가 발생한다면, 당해 이사는 「상법」 제399조에 따라 손해배상책임을 지고 경우에 따라 「상법」상의 특별배임죄를 구성할 수 있다.

④ **이사회의 승인을 얻지 않은 경우**

만일 이사가 「상법」 제397조 제1항을 위반하여 회사에 손해가 발생한 경우 이사는 회사에 대해 손해를 배상해야 한다(「상법」 제399조). 이와 별도로 법령을 위반한 중대한 사실이므로 이사를 해임할 수 있는 사유가 되고(제385조 제1항), 소수 주주에 의한 해임의 소의 대상이 된다(동조 제2항).

(4) 개입권

① **규정**

만일 이사가 「상법」 제397조 제1항의 경업금지 의무를 위반한 경우 회사는 이사회의 결의로, 그 이사의 거래가 자기의 계산으로 한 것일 때에는 이를 회사의 계산으로 한 것으로 볼 수 있고, 제3자의 계산으로 한 것인 때에는 그 이사에 대하여 이로 인한 이득의 양도를 청구할 수 있다(동조 제2항). 이를 개입권이라고 하는데, 개입권은 이사의 경업금지와 겸직금지를 규정한 「상법」 제397조 제1항 중 이사의 경업금지에 대해서만 적용된다.

② **취지**

만일 이사가 「상법」 제397조 제1항을 위반하여 회사에 손해가 발생할 경우 회사는 이사를 상대로 손해배상을 청구할 수 있다. 그러나 이사의 경업으로 인한 회사의 손해 대부분은 얻을 수 있었던 이익의 상실이라고 하는 소극적인 것이어서 손해액의 입증이 극히 곤란하고, 또한 이사의 경업으로 인한 회사 거래처의 이탈을 방지할 필요성도 있기 때문에 「상법」에서는 손해배상책임과 별도로 개입권을 규정하였다.

③ **개입권 행사의 절차**

개입권은 일종의 형성권으로서 이사회의 결의에 의한 회사의 일방적 의사표시에 의하여 효력이 발생한다. 개입권은 회사에 손해가 발생하였음을 요하지 않는다. 다만 개입권은 거래가 있은 날로부터 1년 이내에 행사해야 하고, 이 기간을 경과하면 소멸한다(제397조 제3항).

④ 개입권 행사의 효과

만일 이사의 거래가 자기의 계산으로 한 것인 때에는 이를 회사의 계산으로 한 것으로 볼 수 있다. '회사의 계산으로 한 것으로 볼 수 있다'는 것은, 이사가 회사에 대해 거래의 경제적 효과를 귀속시켜야 한다는 뜻이고 회사가 직접 계산의 주체가 되는 것은 아니다. 즉 개입권의 효력은 채권적 효력일 뿐, 제3자에 대하여 물권적 효력을 발생하지는 않는다. 이에 따라 이사의 거래는 상대방의 선의·악의 여부를 불문하고 유효하고, 이사는 취득한 금전 기타 물건을 회사에 인도하거나 권리를 회사에 이전해야 한다. 만일 이사의 거래가 제3자의 계산으로 한 것인 때에는 그 이사에 대하여 이로 인한 이득의 양도를 청구할 수 있다.

바. 자기거래 금지 의무

(1) 규정

이사, 주요 주주 등 일정 범위의 사람들이 자기 또는 제3자의 계산으로 회사와 거래를 하기 위해서는 미리 이사회에서 해당 거래에 관한 중요 사실을 밝히고 이사회의 승인을 받아야 한다(「상법」 제398조). 이사나 주요 주주 등이 회사와 거래하는 경우 회사의 사정을 잘 알고 회사의 의사결정에 영향을 끼칠 수 있는 자신의 지위를 악용하여 회사에는 불리하고 자신에게는 유리한 조건으로 거래를 체결할 우려가 크다. 따라서 회사의 이익을 희생시키고 자기 또는 제3자의 이익을 도모하면서 불공정한 거래를 할 우려가 더욱 높기 때문에 각국 「상법」에서는 이러한 거래의 공정성을 확보하는 규정을 두고 있다.

(2) 자기거래 승인 대상의 적용 범위

① 종전 「상법」에서는 자기거래 승인 대상을 '이사'로 한정하면서 거래 당시 이사의 직위를 떠난 사람은 여기에 포함되지 않는다고 해석하였다. 그러나 종전 규정만으로는 이사가 자신이 직접 회사와 거래하는 것이 아니라 가족 등 제3자 명의로 회사와 거래를 하면서 회사 재산을 빼돌리는 관행(㉠ 이사가 회사 소유의 부동산을 이사 아들에게 저가로 매각)을 막는 데는 한계가 있었다.

② 이에 2011년 개정 「상법」에서는 자기거래 승인 대상의 적용 범위를 종전의 이사에서 주요 주주, 배우자, 직계존비속 등 일정 범위의 사람들로 확대하였다.

1. 이사 또는 주요 주주(의결권 없는 주식을 제외한 발행주식 총수의 100분의 10 이상의 주식을 소유하거나 이사·집행임원·감사의 선임과 해임 등 상장회사의 주요 경영 사항에 대하여 사실상의 영향력을 행사하는 주주).
2. 제1호의 자의 배우자 및 직계존비속.
3. 제1호의 자의 배우자의 직계존비속.
4. 제1호부터 제3호까지의 자가 단독 또는 공동으로 의결권 있는 발행주식 총수의 100분의 50 이상을 가진 회사 및 그 자회사.
5. 제1호부터 제3호까지의 자가 제4호의 회사와 합하여 의결권 있는 발행주식 총수의 100분의 50 이상을 가진 회사.

(3) 이사회 승인 의무 대상인 '거래'

① 이사회 승인 의무 대상인 '거래'는 이사, 주요 주주 자신이나 친인척 또는 자신들이 지배하는 회사이기 때문에 다른 경우보다 더 유리한 조건으로 거래할 가능성이 있는 것이다. 위 '거래'는 채권계약 등 모든 재산상의 행위를 뜻한다. 예컨대 이사의 회사에 대한 금전 대여 행위, 회사가 이사에게 금전의 지급을 약속하는 채무 부담 행위[33] 등이 있다.

② 따라서 만일 이사 등과 회사 간의 이해가 상반되지 않고 회사에 불이익을 초래할 우려가 없는 것에 대하여는 위 규정이 적용되지 않는다. 예컨대, 이사가 회사에 대하여 담보 약정이나 이자 약정 없이 금전을 대여하는 행위,[34] 회사에 대한 부담 없는 증여, 상계, 약관·상관행으로 정형적으로 체결되는 거래, 빈번한 소액 거래, 회사에 대하여 개인적인 채권을 가지고 있는 대표이사가 회사를 위하여 보관하고 있는 회사 소유의 금전으로 자신의 채권변제에 충당하는 행위 등은 이사회의 승인이 필요하지 않은 거래로 보고 있다.

---

33) 대구지법 2014. 5. 30. 선고 2013가단37484 판결.
34) 대법원 2010. 1. 14. 선고 2009다 55808 판결.

③ 「상법」 제398조의 '거래'에는 이사와 회사 사이에 직접 성립하는 이해 상반되는 거래뿐만 아니라 회사의 거래로 인한 결과적인 이득이 이사에 귀속하는 간접 거래도 포함된다. 예컨대, 회사가 이사의 채권자와 이사의 채무에 대한 보증 또는 담보 설정 계약을 체결하거나, A·B 두 회사의 대표이사를 겸하는 C가 A사를 대표하여 B사의 채무를 보증한 경우에도 C와 A사 간에는 자기거래가 성립한다.

(4) 이사회의 승인

① 해당 거래에 관한 중요 사실의 이사회에의 개시

이익 상반 거래가 비밀리에 행해지는 것을 방지하고 그 거래의 공정성을 확보함과 아울러 이사회에 의한 적정한 직무감독권을 보장하기 위해서 거래에 관련한 이사는 이사회의 승인을 받기에 앞서 이사회에 그 거래에 관한 자기의 이해관계 및 그 거래에 관한 중요한 사실들을 개시해야 한다.

종래에도 법원은 "거래와 관련된 이사는 이사회의 승인을 받기에 앞서 이사회에 그 거래에 관한 자기의 이해관계 및 그 거래에 관한 중요한 사실들을 개시해야 할 의무가 있고, 그렇지 않은 경우에는 이사회의 승인이 있다고 할 수 없다"[35]고 판시하였는데, 2011년 개정 「상법」에서는 이러한 사전 증거 개시 의무를 명문으로 규정하였다.

이사회에 개시해야 할 중요 사실은 이사 등의 지위이기 때문에 영향을 받을 수 있는 거래조건으로서 가격, 물량, 거래 기간 등이 대표적인데 구체적으로는 산업별로 다양할 수밖에 없다. 예컨대, 철광석, 원유 등 국제 시세에 따라 변동하는 원자재의 경우는 '가격은 기준이 되는 국제 시세의 몇 %'라는 내용을 개시해야 하고, 백화점 입점 계약의 경우에는 단가나 물량 이외에 임대료, 마진율을 개시해야 한다.

만일 이러한 사항들이 이사회에 개시되지 아니한 채 그 거래가 이익상반거래로서 공정한 것인지 여부가 심의된 것이 아니라 단순히 통상의 거래로서 이를 허용하는 이사회의 결의가 이루어진 것에 불과한 경우는 「상법」 제398조의 이사회 승인에 해당하지 않는다.

---

35) 대법원 2007. 5. 10. 선고 2005다4284 판결.

대법원 2007. 5. 10. 선고 2005다4284 판결

사실관계

원고 회사의 대표이사와 피고 법인의 이사장을 겸하고 있던 C가 원고 회사의 대표이사로서 피고 법인에게 기부행위를 한 후, C가 원고 회사를 포함한 그룹의 경영권을 상실하자 원고 회사가 피고 법인을 상대로 위 기부행위가 이사회의 승인 없이 행해진 것으로서 무효이므로, 피고 법인은 위 기부금을 원고 회사에 반환해야 한다고 주장하며 부당이득반환청구의 소를 제기하였다.

판결

(이 사건 기부행위는 자기거래에 해당하고 나아가) 원고 회사의 이사회가 그 승인 여부를 구체적인 안건으로 상정하여 이 사건 기부행위가 이익상반거래로서 공정성을 갖고 있는지 여부를 심의·의결한 것이 아니라 단순히 원고 회사의 이사회에서 재무제표 및 영업보고서의 승인을 위한 주주총회의 개최를 앞두고 이 사건 기부행위의 지출 내역이 포함된 기부금 명세서 등 결산 관련 서류를 심의·의결한 사정만으로 원고 회사의 이사회가 이 사건 기부행위를 사후적으로 승인하였다고 볼 수 없다.

② 이사회의 승인 요건

이사회에서는 이사 3분의 2 이상이 승인해야 한다. 거래 당사자인 이사는 특별한 이해관계가 있는 자이므로 거래를 승인하는 이사회에서 의결권을 행사하지 못한다.

이사회의 승인은 사전에 해야 한다. 먼저 거래를 해놓고 형식적으로 사후 승인하는 것을 막기 위하여 개정 「상법」에서는 이사회의 사후 승인을 명문으로 금지하였다. 법무부는 이사의 자기거래 통제의 핵심은 사전 승인 원칙에 있다고 보아, '미리' 이사회 승인을 받아야 한다고 규정하여 사후 추인을 허용하지 않는다는 점을 명시하였다고 밝히고 있다.[36] 다만 실무상 모든 거래 조건을 사전에 승인받을 수는 없기 때문에 '거래'의 내용에 따라 사전 승인의 범위는 달라지게 된다.

---

36) 법무부, 《상법 회사편 해설》, 2012, 233쪽.

(5) 거래의 내용과 절차의 공정

이사회의 승인 이외에 거래의 내용과 절차도 공정해야 한다. 미국에서도 이사회 등의 승인 외에 거래가 회사에 대하여 공정하고 합리적(fair, just and reasonable)일 것을 별도의 유효 요건으로 하고 있다.

(6) 이사회의 승인을 거치지 않은 경우

① 거래의 효력

이사회의 승인 없는 거래의 효력에 대한 별도의 규정은 없다. 만일 이사회의 승인을 얻지 않고 회사와 거래한 경우 일종의 무권대리인의 행위로 볼 수 있기 때문에 회사는 거래 상대방인 이사 등에 대하여 그 행위의 무효를 주장할 수 있다.[37]

그러나 회사와 제3자 사이의 효력에 관하여는 법원은 일응 유효한 것으로 보고, 거래의 안전과 선의의 제3자의 보호의 필요성을 고려하여 회사가 제3자의 악의 또는 중과실을 입증해야 무효를 주장할 수 있다고 판시한다(이른바 '상대적 무효설'). 즉 판례는 거래 상대방이 이사회 결의가 없음을 알았거나 알 수 있었던 사정은 이를 주장하는 회사가 주장·입증해야 할 사항에 속하고, 특별한 사정이 없는 한, 거래 상대방으로서는 회사의 대표자가 거래에 필요한 회사의 내부 절차는 마쳤을 것으로 신뢰하였다고 보는 것이 일반 경험칙에 부합한다고 본다.[38]

반면 회사가 아닌 제3자가 그 무효를 주장할 수 있는가에 관하여, 법원은 "회사가 그 거래의 상대방인 이사에 대하여 무효를 주장할 수 있을지언정 특별한 사정이 없는 한, 그 회사가 아닌 제3자가 그 무효를 주장할 수 없다"[39]라고 판시하였다.

대법원 2004. 3. 25. 선고 2003다64688 판결

어음할인 등 여신을 전문적으로 취급하는 은행이 대표이사의 개인적인 연대보증채무를 담보하기 위하여 대표이사 본인 앞으로 발행된 회사 명의의 약속어음을 취득함에 있어서

---

37) 대법원 2007. 5. 10. 선고 2005다4284 판결.

38) 대법원 2005. 5. 27. 선고 2005다480 판결.

39) 광주고법 1984. 5. 18. 선고 83나292 판결(확정).

원고인 은행이 위 어음의 발행에 관하여 이사회의 승인이 없음을 알았거나 이를 알지 못한 데 대하여 중대한 과실이 있다.

---

② 손해배상청구

이사가 이사회의 승인을 받지 않고 회사와 자기거래를 한 경우, 그 이사는 법령 위반의 행위를 한 것이므로 회사에 대하여 손해배상책임을 부담한다(「상법」 제399조 제1항).

사. 회사의 사업 기회 유용 금지

(1) 규정

2011년 개정 「상법」은 이사가 회사가 안정적으로 수익을 낼 수 있는 사업 기회를 개인적으로 유용하는 것을 금지하는 조항을 신설하였다(「상법」 제397조의2). 예컨대, 부동산회사의 건물임대업, 백화점의 택배업 등은 업무의 연관성 때문에 매우 안정적인 사업 기회임에도 불구하고, 이사가 이러한 회사의 사업 기회를 자신 또는 제3자에게 유용하는 경우가 많아서 사회적으로 대기업의 일감 몰아주기와 관련하여 문제되었다. 이에 이사가 현재 또는 장래에 회사의 이익이 될 수 있는 회사의 사업 기회를 제3자에게 이용하게 하려면 이사 3분의 2 이상의 승인을 받도록 하고, 만일 이를 위반할 경우에는 제3자의 이익을 회사의 손해로 추정하도록 하였다.

(2) 회사의 사업 기회

「상법」에서 정하는 사업 기회란 현재 또는 장래에 회사의 이익이 될 수 있는 회사의 사업 기회로서 크게 ① 직무관련성 사업 기회(직무를 수행하는 과정에서 알게 되거나 회사의 정보를 이용한 사업 기회)와 ② 사업 관련성 사업 기회(회사가 수행하고 있거나 수행할 사업과 밀접한 관계가 있는 사업 기회)를 말한다.

(3) 이사회의 승인

① 이사회에서는 이사 3분의 2 이상이 승인해야 한다. 관련 정보를 충분히 이사회에 공개한 후 이사회의 승인이 있고 신의성실에 따라 심사하였다면, 이사들은 아무런 책임이 없다.

② 만일 이사회의 승인이 없거나 엉터리로 승인을 하였다면, 손해를 발생시킨 이사 및 승인한 이사는 연대하여 손해를 배상할 책임이 있으며 이로 인하여 이사 또는 제3자가 얻은 이익은 손해로 추정한다.

아. 주요 주주 등 이해관계자와의 거래 금지 의무

(1) 규정의 내용

상장회사는 주요 주주(특수관계인 포함), 이사(사실상의 업무집행지시자 포함), 감사, 집행 임원을 상대방으로 하거나 그를 위하여 다음의 신용공여 등 행위를 할 수 없다(「상법」 제542조의9).

① 대주주에 대한 금전·증권 등 경제적 가치가 있는 재산의 대여.

② 채무이행의 보증.

③ 자금 지원적 성격의 증권 매입.

④ 담보를 제공하는 거래.

⑤ 어음을 배서(담보적 효력이 없는 배서는 제외)하는 거래.

⑥ 출자의 이행을 약정하는 거래.

⑦ 이상의 거래의 제한을 회피할 목적으로 하는 거래로서 다음의 어느 하나에 해당하는 거래.

- 제3자와의 계약 또는 담합 등에 의하여 서로 교차하는 방법으로 하는 거래.
- 장외파생상품거래, 신탁계약, 연계거래 등을 이용하는 거래.
- 그 밖에 채무인수 등 신용위험을 수반하는 거래로서 금융위원회가 정하여 고시하는 거래.

다만 다음의 경우에는 예외적으로 신용공여가 허용된다.

① 학자금, 주택자금 또는 의료비 등 복리후생을 위하여 회사가 정하는 바에 따라 3억 원의 범위에서 금전을 대여하는 행위.

② 회사의 경영상 목적을 달성하기 위하여 필요한 경우로서 법인인 주요 주주(특수관

계인을 포함)를 상대로 하거나 그를 위하여 적법한 절차에 따라 이행하는 신용공여.

③ 다른 법령에서 허용하는 신용공여.

만일 이를 위반하여 신용공여를 한 자는 5년 이하의 징역 또는 2억 원 이하의 벌금에 처한다(「상법」 제624조의2).

(2) 규정의 취지

본 규정의 주요 내용은 미국이 엔론, 월드콤 등 일련의 회계부정 사건으로 초래된 신뢰 위기를 극복하기 위해 도입한 2002년 회계개혁법(Sarbanes-Oxley Act of 2002)에 포함되어 있던 내용이다. 우리나라는 SK글로벌 사태 등이 발생하면서 회계경영 관련 투명성을 높여 투자자 보호 및 기업에 대한 대내외 신뢰 제고를 목적으로 2003년 6월 정부 발의에 따라 구 「증권거래법」 제191조의19 제1항에 신용공여 등을 금지하는 규정을 신설하게 되었다. 사베인스-옥슬리 법이 이러한 내용을 도입한 것은 형식적으로 연결재무제표에 들어오지는 않지만 사실상 특수관계에 속하는 자에 대한 신용공여 형식을 통해 회사의 실제 재무 상태를 왜곡하는 것을 막자는 것이 주된 취지이다. 동시에 추가적으로 회사의 임원들이 회사로부터 저리나 무이자로 대출을 받거나 채무를 면제받는 등 대부분의 종업원에게는 지급되지 않는 종류의 보수를 얻는 것을 제한하려는 취지도 있었다. 우리나라의 경우는 이러한 회계경영 관련 투명성 이외에도 상장법인의 재산이 부당하게 주요 주주 등에게 유출되어 기타 주주의 이익이 침해되는 경우가 많다는 점을 감안하여 상장회사가 소액주주에 반하는 지배주주의 사익을 위한 신용공여를 제한하는 취지도 동시에 담고 있었다.

자. 최대 주주 등과의 거래에 대한 이사회 승인 및 주주총회에의 보고 의무

대규모 상장회사(최근 사업연도 말 현재 자산총액 2조 원 이상)는 최대 주주(특수관계인 포함) 및 그 상장회사의 특수관계인으로서 대통령령으로 정하는 자를 상대방으로 하거나 그를 위하여 다음의 거래(위에서 금지되는 거래는 제외한다)를 하려는 경우에는 이사회의 승인을 받아야 하고 이사회의 승인결의 후 처음으로 소집되는 정기주주총회에 해당 거래의 목적, 상대방, 그 밖에 대통령령으로 정하는 사항을 보고해야 한다(「상법」 제542조의9 제4항).

(1) 단일 거래 규모 기준

① 「금융위원회의 설치 등에 관한 법률」 제38조에 따른 검사 대상 기관인 경우: 해당 회사의 최근 사업연도 말 현재의 자산총액의 100분의 1 이상인 거래.

② 「금융위원회의 설치 등에 관한 법률」 제38조에 따른 검사 대상 기관이 아닌 경우: 해당 회사의 최근 사업연도 말 현재의 자산총액 또는 매출총액의 100분의 1 이상인 거래.

(2) 해당 사업연도 중에 특정인과의 해당 거래를 포함한 거래총액

① 「금융위원회의 설치 등에 관한 법률」 제38조에 따른 검사 대상 기관인 경우: 해당 회사의 최근 사업연도 말 현재의 자산총액의 100분의 5 이상인 거래.

② 「금융위원회의 설치 등에 관한 법률」 제38조에 따른 검사 대상 기관이 아닌 경우: 해당 회사의 최근 사업연도 말 현재의 자산총액 또는 매출총액의 100분의 5 이상인 거래.

다만, 상장회사가 경영하는 업종에 따른 일상적인 거래로서 약관에 따라 정형화된 거래는 이사회의 승인을 받지 아니하고 할 수 있으며, 이사회에서 승인한 거래총액의 범위 안에서 이행하는 거래에 대하여는 그 거래 내용을 주주총회에 보고하지 아니할 수 있다.

4. 이사의 형사책임: 배임, 횡령, 사기를 중심으로

가. 업무상 배임죄

(1) 업무상 배임죄란

업무상 배임죄란 업무상 타인의 사무를 처리하는 자가 그 임무에 위배하는 행위로써 재산상 이익을 취득하거나 제3자로 하여금 이를 취득하게 하여 본인에게 손해를 가하는 경우에 성립하는 죄이다(「형법」 제356조). 이사는 회사의 사무를 '업무'로 처리하는 자이기 때문에 업무상 배임죄 여부가 문제된다.

(2) 「상법」상 특별배임죄, 「특정경제범죄법」 위반(배임)죄와의 관계

① 회사의 이사, 감사위원회 위원, 감사 등이 그 임무에 위배한 행위로써 재산상의 이익을 취득하거나 제3자로 하여금 이를 취득하게 하여 회사에 손해를 가한 때에는 '특별배임죄'에 해당한다(「상법」 제622조 제1항). 「상법」에서 업무상 배임죄와 별도로 특별배임죄를 규정한 취지는, 주식회사의 임직원이 그 권한을 남용하여 자기 또는 제3자의 이익을 꾀하고 이로 인하여 회사에 재산상의 손해를 가하는 행위를 중하게 처벌하기 위해서다. 따라서 「상법」상 특별배임죄를 「형법」상 업무상 배임죄의 특별구성요건으로 볼 수 있지만, 「상법」상 특별배임죄는 「형법」상 업무상 배임죄와 법정형이 동일하고 처벌 대상도 동일하며 다만 그 주체를 회사의 이사 등으로 명시함으로써 죄의 성립 주체를 분명히 하고 있을 뿐이어서 이를 구별할 실익은 크지 않다.

② 「특정경제범죄 가중처벌 등에 관한 법률」에서는 배임의 죄를 범한 자가 그 범죄행위로 인하여 취득하거나 제3자로 하여금 취득하게 한 재물 또는 재산상 이익의 가액이 5억 원 이상인 경우에는 다음의 구분에 따라 가중처벌하고 있다(「특정경제범죄법」 제3조 제1항).

- 이득액이 50억 원 이상: 무기 또는 5년 이상의 징역.
- 이득액이 5억 원 이상: 3년 이상의 유기징역.

「형법」상 업무상 배임죄는 위태범이므로 재산상의 손해액을 확정할 수 없거나 구체적으로 명확하게 확정할 것을 필요로 하지 않는다. 그렇지만 「특정경제범죄법」 위반(배임)죄는 재산상 이익의 가액을 기준으로 법정형이 달라지므로 판결문상 이를 명시하지 않으면 안 된다. 따라서 만일 재판 과정에서 재산상 이익의 가액을 확정할 수 없다면, 설사 「특정경제범죄법」 위반(배임)죄로 기소되었다고 하더라도 업무상 배임죄로만 처벌이 가능하다.

(3) 요건

배임죄가 성립하려면 객관적 구성요건으로 ① 타인의 사무를 처리하는 자일 것, ② 임무위배행위가 있을 것, ③ 재산상의 손해가 발생할 것이 필요하고, 주관적 구성요건으로 임무위배의 인식과 배임의 고의가 있어야 한다.

① 타인의 사무를 처리하는 자

'타인의 사무를 처리하는 자'란 타인과의 대내관계에서 신의성실의 원칙에 비추어 그 사무를 처리할 신임관계가 존재한다고 인정되는 자를 의미하고 반드시 제3자에 대한 대외관계에서 그 사무에 관한 권한이 존재할 것을 요하지 않으며, 또 그 사무가 포괄적 위탁사무일 것을 요하는 것도 아니고, 사무 처리의 근거는 법령의 규정, 법률행위, 관습 또는 사무관리에 의하여도 발생할 수 있다. 판례는 "신주발행과 관련한 대표이사의 업무는 회사의 사무일 뿐이므로, 신주발행에서 대표이사가 일반 주주들에 대하여 그들의 신주인수권과 기존 주식의 가치를 보존하는 임무를 대행한다거나 주주의 재산보전행위에 협력하는 자로서 타인의 사무를 처리하는 자의 지위에 있다고는 볼 수 없다"고 판시하였다.[40]

② 임무위배행위

'임무에 위배하는 행위'란 사무의 내용, 성질 등 구체적 상황에 비추어 법령의 규정, 계약의 내용 또는 신의칙상 당연히 해야 할 것으로 기대되는 행위를 하지 않거나 당연히 하지 않아야 할 것으로 기대되는 행위를 함으로써 본인과의 신임관계를 저버리는 일체의 행위를 말하는 것으로, 당해 행위가 통상적인 업무집행으로서 허용되는 범위 내인가에 의해 실질적으로 판단하고 있다.

③ 재산상의 손해

재산상의 손해를 어떻게 볼지는 배임죄를 침해범으로 볼지 아니면 위태범으로 볼지와 밀접하게 관련된다. 우리나라 법원은 배임죄를 재산상 손해 발생의 위험이 있는 경우에 성립하는 위태범으로 분류하고, 이에 따라 '재산상의 손해'란 현실적인 재산상의 손해가 아니라 재산상 손해 발생의 위험이 초래된 경우도 포함한다. 예컨대, 은행 지점

---

40) 대법원 2010. 10. 14. 선고 2010도387 판결(외환은행 매각 사건).

장이 위법한 대출행위를 하였을 때는 그 대출금 전액이 손해액이고, 나중에 일부가 상환되었다거나 회수 가능성이 생긴 것 등은 범죄 성립 후에 생긴 사정에 불과하다.

'재산상의 손해'란 본인의 총체적인 재산 상태를 고려해야 하고, '재산상 손해'의 유무에 대한 판단은 법률적 판단이 아닌 경제적 관점에서 파악한다. 따라서 법률적 판단에 의하여 당해 배임행위가 무효라 하더라도 경제적 관점에서 파악하여 배임행위로 인하여 본인에게 현실적인 손해를 가하였거나 재산상 손해 발생의 위험을 초래한 경우에는 재산상의 손해를 가한 때에 해당하여 배임죄를 구성한다. 손해액이 구체적으로 명백하게 산정되지 않았더라도 업무상 배임죄의 성립에는 영향이 없다.[41)]

반면 새로운 담보 제공으로 회사의 위험이 증가하지 않는 경우 등과 같이 실질적으로 재산상 손해가 없는 경우에는 배임죄 성립을 부정한다.[42)]

그런데 지난 2015년 대법원 전원합의체 판결에서는 배임죄가 위태범의 성격을 갖더라도 '재산상 손해 발생의 위험성'을 엄격히 제한하는 취지로 판결하여 '재산상의 손해'의 해석을 둘러싼 다툼이 예상된다. 즉 대법원은 이재현 CJ그룹 회장 사건에서 "연대보증 행위가 배임행위에 해당한다고 하더라도 연대보증 당시 주 채무자가 채무를 자력으로 변제할 상당한 자력을 갖추고 있었던 경우에는 배임행위로 인하여 주 채무자가 취득한 이득액은 산정할 수 없는 경우에 해당하는 것으로 보아야 하므로 「특정경제범죄 가중처벌 등에 관한 법률」 제3조(배임)를 적용할 수 없다"[43)]고 판시하였고, 은행 지점장이 특정 업체에 비정상적인 지급보증을 해준 사건에서는 "배임죄에서 재산상 손해 발생의 위험은 손해가 발생할 막연한 위험이 있다는 것만으로는 부족하고 경제적 관점에서 보아 본인에게 손해가 발생한 것과 같은 정도로 구체적·현실적인 위험이 야기된 정도에 이르러야 한다"[44)]고 판결하였다.

④ 행위자 또는 제3자의 이익

업무상 배임죄는 본인에게 재산상의 손해를 가하는 외에 배임행위로 인하여 행위자 스스로 재산상의 이익을 취득하거나 제3자에게 재산상의 이익을 취득시킬 것을 요건

41) 대법원 2009. 10. 29. 선고 2007도6772 판결.
42) 대법원 2008. 5. 8. 선고 2008도484 판결.
43) 대법원 2015. 9. 10. 선고 2014도12619 판결.
44) 대법원 2015. 9. 10. 선고 2015도6745 판결.

으로 한다. 따라서 본인에게 손해를 가하였다고 할지라도 행위자 또는 제3자가 재산상 이익을 취득한 사실이 없으면 배임죄가 성립할 수 없다. 이때 행위자 또는 제3자가 재산상 이익을 취득하였는지의 여부는 전체적 재산 가치의 증가를 가져왔는지의 여부를 의미한다.

⑤ 배임의 고의

'배임의 고의'는 배임행위의 결과 본인에게 재산상의 손해가 발생하거나 발생할 염려가 있다는 인식과 자기 또는 제3자가 재산상의 이득을 얻는다는 인식이 있으면 충분하고, 본인에게 재산상의 손해를 가한다는 의사나 자기 또는 제3자에게 재산상의 이득을 얻게 하려는 목적을 요하지 않는다. 만일 주식회사의 임원이 공적 업무 수행을 위하여서만 사용이 가능한 법인카드를 개인 용도로 계속적, 반복적으로 사용한 경우 특별한 사정이 없는 한 임원에게는 임무위배의 인식과 그로 인하여 자신이 이익을 취득하고 주식회사에 손해를 가한다는 인식이 있었다고 볼 수 있으므로, 이러한 행위는 업무상 배임죄를 구성한다.[45)]

실무상 어느 경우에 배임의 고의를 인정할지가 쟁점이다. 행위자가 본인의 이익을 위하여 문제가 된 행위를 하였다고 주장하면서 배임의 고의를 부정하는 경우가 많은데, 이때는 고의와 상당한 관련성이 있는 간접 사실을 증명하는 방법에 의하여 입증하는 수밖에 없다. 만일 행위자가 본인의 이익을 위한다는 의사도 가지고 있었다 하더라도 위 간접 사실에 의하여 본인의 이익을 위한다는 의사는 부수적일 뿐이고 이득 또는 가해의 의사가 주된 것임이 판명되면 배임의 고의가 있다고 본다.[46)]

그리고 대표이사는 이사회 또는 주주총회의 결의가 있더라도 그 결의 내용이 불법한 목적이 있는 경우에는 이에 맹종할 것이 아니라 회사를 위하여 성실한 직무 수행을 할 의무가 있으므로 그 회사의 이사회 또는 주주총회의 결의가 있더라도 배임행위가 정당화되지는 않는다.

---

45) 대법원 2014. 2. 21. 선고 2011도8870 판결.

46) 대법원 2008. 5. 8. 선고 2008도484 판결.

(4) 경영 판단의 원칙과 관계

'경영 판단의 원칙'이란 미국 판례법에 등장하는 것으로서 이사가 권한 내의 경영 사항에 관하여 합리적인 근거에 의하여 성실하게 회사에 최상의 이익이 되는 것으로 신뢰하는 바에 따라서 독자적인 판단을 하였다면 법원은 그 판단의 잘못을 탓할 수 없다는 이론이다. 경영 판단의 원칙의 계기가 된 사건은 1872년 Spreing's Appeal 사건이었는데, 그 후 약간의 수정을 보이면서 현재는 경영 판단의 원칙의 전제조건으로 다음을 들고 있다.

① 충분한 정보를 가지고 이루어진 경영 판단이어야 하고 이를 위해 이사는 끊임없이 필요한 정보의 수집을 위한 시스템을 갖추고 있어야 한다. 따라서 단순히 감에 의한 결정이 아닌 합리적 근거에 의한 판단이어야 한다.

② 회사의 이익을 위해 최선을 다해야 한다. 따라서 충실 의무 위반 사례, 즉 회사의 이익보다 자신이나 제3자의 이익을 도모하는 경영 판단에는 적용되지 않는다.

③ 법령에 위반한 경영 판단, 사회적 책임과 관련되는 부분, 임무의 포기 등 부작위에는 적용되지 않는다.

우리나라에서 이러한 경영 판단의 원칙을 그대로 적용할 수 있는가에 대하여는 학설이 나뉜다. "회사의 이사는 단순히 그것이 경영상의 판단이라는 이유만으로 배임죄의 죄책을 면할 수 없다"라는 판례를 두고 아직까지 우리나라의 법원에서는 경영 판단의 원칙을 받아들이지 않는다고 해석하기도 하고, 대한보증보험의 전직 대표이사들에 대하여 업무상 배임을 인정한 원심을 무죄 취지로 파기 환송한 사건을 두고 경영 판단의 원칙을 확인한 것이라고 해석하기도 한다.

그러나 우리나라에서는 미국의 경영 판단의 원칙을 독립적인 이론으로 받아들이기보다 배임의 고의 여부를 고려함에 있어 미국의 경영 판단의 원칙을 참작하고 있는 것으로 보인다. 즉 대법원은 "경영자에게 배임의 고의가 있었는지 여부를 판단함에 있어서는 문제된 경영상의 판단에 이르게 된 경위와 동기, 판단 대상인 업무의 내용, 금융기관이 처한 경제적 상황, 손실 발생의 개연성 등 여러 사정에 비추어 자기 또는 제3자가 재산상 이득을 취득한다는 인식과 본인에게 손해를 가한다는 인식하의 의도적 행위임이 인정되는 경우에 한하여 배임죄의 고의를 인정해야[47] 하고, 그러한 인식이 없는 데 단순히 본인에게 손해가 발생하였다는 결과만으로 책임을 묻거나 주의의무를 소홀히 한 과실이 있다는 이유로 책임을 물을 수는 없다"[48]고 판시하고 있다.

배임의 고의 판단에서의 중요한 고려 요소

① 경영상의 판단에 이르게 된 경위와 동기.
② 판단 대상인 사업의 내용.
④ 기업이 처한 경제적 상황.
⑤ 손해 발생의 개연성과 이익 획득의 개연성.

대법원 2007. 3. 15. 선고 2004도5742 판결: 유상부 전 포스코 회장 사건

사실관계

유상부 전 포스코 회장은 정부 고위 관계자와 광주 전남 지역 국회의원 등에게서 당시 해태그룹의 도산으로 인하여 해체 위기에 처한 해태타이거스 프로야구단을 포스코에서 인수해달라는 부탁을 받고 있었는데, 야구단을 인수할 경우에 발생할 막대한 경영상의 부담 때문에 이를 수용할 수 없는 것으로 판단하였으나 인수를 부탁한 사람들의 정치적인 영향력을 고려할 때 쉽게 거절하기도 어려워 고심하고 있었음. 때마침 TPI(타이거풀스인터내셔널)가 구단 인수를 검토 중이라는 소식을 들은 후, TPI의 해태타이거스 야구단 인수를 성사시키기 위해 TPI 측에 인수 자금을 지원하기로 함.

유 회장은 복표사업을 하는 TPI의 주식을 포스코에서 직접 매입하면 기업 이미지를 해 칠 것이라고 판단해 자회사 등에 TPI 주식 20만 주를 당시 시세 주당 2만 원보다 비싼 주당 3만 5천 원에 매입하도록 지시함.

판결

기업의 경영에는 원천적으로 위험이 내재하여 있어서 경영자가 아무런 개인적인 이익을 취할 의도 없이 선의에 기하여 가능한 범위 내에서 수집된 정보를 바탕으로 기업의 이익에 합치된다는 믿음을 가지고 신중하게 결정을 내렸다 하더라도 그 예측이 빗나가 기업에 손해가 발생하는 경우가 있을 수 있는바, 이러한 경우에까지 고의에 관한 해석 기준을 완화하

47) 대법원 2011. 7. 28. 선고 2010도7546 판결.
48) 대법원 2004. 7. 22. 선고 2002도4229 판결.

여 업무상 배임죄의 형사책임을 물을 수는 없다고 할 것이다.

그러나 기업의 경영자가 문제된 행위를 함에 있어 합리적으로 가능한 범위 내에서 수집한 정보를 근거로 하여 당해 기업이 처한 경제적 상황이나 그 행위로 인한 손해 발생과 이익 획득의 개연성 등의 제반 사정을 신중하게 검토하지 아니한 채, 당해 기업이나 경영자 개인이 정치적인 이유 등으로 곤란함을 겪고 있는 상황에서 벗어나기 위해서는 비록 경제적인 관점에서 기업에 재산상 손해를 가하는 결과가 초래되더라도 이를 용인할 수밖에 없다는 의도하에 의도적으로 그와 같은 행위를 하였다면 업무상 배임죄의 고의는 있었다고 봄이 상당하다.

대기업 또는 대기업의 회장 등 개인이 정치적으로 난처한 상황에서 벗어나기 위하여 자회사 및 협력 회사 등에게 특정 회사의 주식을 매입 수량, 가격 및 매입 시기를 미리 정하여 매입하게 한 행위는 업무상 배임행위에 해당한다.

---

(5) 문제되는 사례들

최근 이사의 업무상 배임과 관련하여 문제된 경우는 자산의 저가 매도 또는 고가 매수의 경우, 특정한 제3자에게 유리한 조건으로 신주나 CB, BW를 발행하는 경우, 계열사 등에 대한 부당한 자금대여 또는 보증을 하는 경우, 부정한 청탁을 받고 상대방에 대하여 유리한 조건으로 거래를 하는 경우 등이다. 이에 대한 원칙적인 기준은, 만일 거래의 목적, 계약 체결의 경위 및 내용, 거래 대금의 규모 및 회사의 재정 상태 등 제반 사정에 비추어 그것이 회사의 입장에서 볼 때 경영상의 필요에 의한 정상적인 거래로서 허용될 수 있는 한계라면 문제되지 않지만, 만일 그 한계를 넘어 주로 대주주나 경영진의 이익을 위한 것에 불과하다면 업무상 배임죄가 인정된다.

① 자산의 저가 매도 또는 고가 매수의 경우

이와 관련하여 많이 문제가 되는 것은 실거래가 많지 않은 비상장기업의 적정 가액이다.

종래 실무상 비상장기업의 가액을 「상속세 및 증여세법 시행령」 제54조 소정의 비상장주식의 평가 방법으로 처리하는 경우가 많았으나 이를 악용하는 경우가 늘면서 법원은 「상속세 및 증여세법 시행령」 제54조 소정의 비상장주식의 평가 방법은 보충적 평가 방법에 불과하다는 점을 분명히 하였다.

대신 비상장기업 주식의 경우에도 만일 그에 관한 객관적 교환 가치가 적정하게 반영된 정상적인 거래의 실례가 있는 경우에는 그 거래 가격을 시가로 보아 주식의 가액을 평가해야 하고, 정상적인 거래의 실례가 없는 경우에도 보편적으로 인정되는 여러 가지 평가 방법들을 고려하되 어느 한 가지 평가 방법이 항상 적용되어야 한다고 단정할 수는 없고, 거래 당시 당해 비상장법인 및 거래 당사자의 상황, 당해 업종의 특성 등을 종합적으로 고려하여 합리적으로 판단해야 한다.[49)]

이때 고려해야 할 것은 비상장주식은 시장에서 거래가 힘들어 유동성이 떨어진다는 점이다. 따라서 만일 회사가 매입한 비상장주식의 실거래 가격이 시가에 근접하거나 적정한 가격으로 볼 수 있는 범위 내에 속하는 경우라면, 과연 이 경우에 매도인에게는 현금 유동성 증가라는 재산상의 이익을 취득하게 하고, 매수인에게는 현금 유동성의 상실이라는 재산상 위험을 발생하게 하였다고 보아 배임죄를 인정할 수 있을지가 문제된다.

판례는 "회사가 매입한 비상장주식의 실거래 가격이 시가에 근접하거나 적정한 가격으로 볼 수 있는 범위 내에 속하여 실거래 가격과의 차이가 명백하지 않은 경우라고 하더라도 그 거래의 주된 목적이 비상장주식을 매도하려는 매도인의 자금 조달에 있고 회사는 그 목적 달성에 이용된 것에 불과하다고 보이는 등의 특별한 사정이 있다면, 비상장주식을 현금화함으로써 매도인에게 유동성을 증가시키는 재산상의 이익을 취득하게 하고 반대로 회사에 그에 상응하는 재산상의 손해로서 그 가액을 산정할 수 없는 손해를 가한 것으로 볼 수 있다. 다만, 기업의 경영과 자금운영에 구체적 위험을 초래하지 않았음에도 단지 현금 유동성의 상실만을 이유로 배임죄의 성립 요건인 재산상 위험이 발생하였다고 인정하는 것은 신중을 기해야 한다"고 보고 있다.[50)]

대법원 2005. 4. 29. 선고 2005도856 판결: 회사가 대주주가 소유한 다른 회사의 주식을 고가 매입한 사건, 한국아이앤비 사건

회사의 대표이사 등이 그 임무에 위배하여 회사로 하여금 다른 회사의 주식을 고가로 매

49) 대법원 2010. 12. 9. 선고 2009도6411 판결.

50) 대법원 2008. 5. 29. 선고 2005도4640 판결.

수하게 한 경우 회사에 가한 손해액은 통상 그 주식의 매매 대금과 적정 가액으로서의 시가 사이의 차액 상당이라고 봄이 상당하다. 만일 비상장주식을 거래한 경우에 있어서 그 시가는 그에 관한 객관적 교환 가치가 적정하게 반영된 정상적인 거래의 실례가 있는 경우에는 그 거래 가격을 시가로 보아 주식의 가액을 평가해야 할 것이나, 만약 그러한 거래 사례가 없는 경우에는 보편적으로 인정되는 여러 가지 평가 방법들을 고려하되 그러한 평가 방법을 규정한 관련 법규들은 각 그 제정 목적에 따라 서로 상이한 기준을 적용하고 있음을 감안할 때 어느 한 가지 평가 방법(예컨대 「상속세 및 증여세법 시행령」 제54조의 평가 방법)이 항상 적용되어야 한다고 단정할 수는 없고, 거래 당시 당해 비상장법인 및 거래 당사자의 상황, 당해 업종의 특성 등을 종합적으로 고려하여 합리적으로 판단해야 할 것이다.

한편 비상장주식의 실거래 가격이 시가와 근사하거나 적정한 가격으로 볼 수 있는 범위 내에 속하는 것으로 보여 실거래 가격과의 차액 상당의 손해가 있다고 할 수 없는 경우에 있어서도 그 거래의 주된 목적이 비상장주식을 매도하려는 매도인의 자금 조달에 있고 회사가 그 규모 및 재정 상태에 비추어 과도한 대출을 일으켜 그 목적 달성에 이용된 것에 불과하다고 보이는 등의 특별한 사정이 있는 경우라면 그와 같이 비상장주식을 현금화함으로써 매도인에게 유동성을 증가시키는 재산상의 이익을 취득하게 하고 반대로 회사에 그에 상응하는 재산상의 손해로서 그 가액을 산정할 수 없는 손해를 가한 것으로 볼 수 있다고 할 것이다.

대법원 2009. 10. 29. 선고 2008도11036 판결: 회사의 경영권을 넘기는 경우에는 원칙적으로 경영권 프리미엄을 반영하여 적정 가액을 산정해야.

회사의 대표이사 등이 그 임무에 위배하여 회사가 보유하는 주식을 적정 가액 이하로 매도함으로 인하여 회사에 가한 손해액은 통상 그 주식의 실제 매매 대금과 그 주식의 적정 가액 사이의 차액 상당이라고 봄이 타당하고, 그 주식이 회사의 경영권을 행사할 수 있는 이른바 경영권 프리미엄을 지니고 있는 경우에는 그 가치를 평가하여 주식의 적정 가액 산정에 가산해야 한다. 이때 경영권 프리미엄의 가치는 통상 회사의 현재 및 미래 가치, 경영권 획득으로 인한 파급효과, 경영권 확보에 필요한 주식을 공개시장에서 매수할 경우의 필요 비용 등을 고려하여 결정되는 것이지만 궁극적으로는 거래 상대방과의 교섭 조건, 교섭 능력 등에 따라 구체화될 수밖에 없는 것이므로, 이를 과세 관청이 과세 표준을 산정하기 위하여 사용하는 「상속세 및 증여세법」 제63조 제3항의 규정에 따라 일정 비율을 할증하는 방법으로 일률적으로 산정할 수는 없다고 보아야 한다.

대법원 2008. 5. 29. 선고 2005도4640 판결: 최태원 사건(비상장주식인 워커힐 주식과 상장주식인 SK(주) 주식의 교환 계약 사건)

사실관계

「공정거래법」상 출자총액 제한 규정에 따라 최태원이 대주주로 있는 SKC&C는 순자산의 25%를 초과하여 갖고 있는 SK주식에 대하여 의결권을 행사하지 못할 수 있게 됨으로써 SKC&C가 SK를 지배하고, SK가 계열사를 지배하던 종전 SK그룹의 지배구조가 위험해짐.

최태원과 구조조정본부는 SKC&C의 대표이사에게 최태원 소유의 워커힐 주식과 SKC&C 소유의 SK주식을 교환하라고 지시 내지 요청을 함. 이에 SKC&C 대표이사는 워커힐 주식의 적정 거래 가격에 관하여 회계법인에 평가를 의뢰하는 등 적정한 거래 가격을 찾는 노력을 하지 않고, 최태원과의 사이에 교환 가격과 교환 비율에 대한 실질적인 흥정 과정도 거치지 않고, 이사회도 거치지 않은 채 임의로 의사록을 작성한 후, 교환 계약을 성사.

워커힐 주식에 관하여는 「상속세 및 증여세법」(「상증법」)의 규정을 원용하되 장부 가격에 근거하여 임의로 순자산 가치를 3만 1150원으로 산정한 후 「상증법」의 규정에 따라 30%를 할증한 4만 495원으로, SK주식에 관하여는 최근 거래일 증권거래소 종가에 20%를 할증한 주당 2만 400원으로 함.

판결

워커힐 주식 및 SK주식의 평가에 관하여 보건대, 워커힐 주식의 가치를 장부상 순자산 가치로 평가한 것이 과대평가되었다고 단정하기는 어려우나, 교환 당시 SK주식의 평가 기준이 된 교환 전날 증권거래소 종가는 SK의 순자산 가치의 절반에도 미치지 못하는 점, 교환된 SK주식은 총 주식의 5.09%로 SK계열 기업의 지주회사인 SK의 지배구조에 상당한 영향을 미칠 수 있는 규모여서 그에 대한 지배를 유지하고자 하는 피고인 최태원에게는 그 취득이 절실하였던 반면, 피고인 최태원 및 그와 특수관계에 있는 주주들을 제외한 SKC&C의 나머지 주주들의 입장에서는 회사가 보유하던 SK주식을 시급하게 처분할 이유나 경제적 이익이 전혀 없으며, SKC&C로서는 영위하던 업종과 무관하며 처분도 용이하지 아니할 뿐 아니라 출자총액 제한 때문에 의결권을 행사할 수도 없는 워커힐 주식의 40.7%를 취득할 경영상의 필요성이 있다고 보기 어려운 점 등에 비추어볼 때, 30%의 경영권 프리미엄을 가산한 것은 과대평가되었다고 보기에 충분하며, 한편 「상속세 및 증여세법 시행령」 제54조 소정의 비상장주식의 평가 방법은 보충적 평가 방법에 불과하므로 그에 의하여 산정한 평가액이 곧바로 주식의 가액에 해당한다고 볼 수 없으므로, 피고인들이 워커힐의 주식에 대하여 30%를 할증한 것이 「상속세 및 증여세법」의 예에 따른 것이라 하더라도 이 사건 주식교환으로 인하여 SKC&C에 재산상 손해가 발생한 것으로 볼 수가 있다.

대법원 1990. 6. 8. 선고 89도1417 판결: 보유 부동산의 저가 매도

학교법인의 이사장이 학교법인 소유의 토지를 매도함에 있어서 그 매수인이 그 매매 목적물인 부동산을 매수 즉시 그 매매 가격보다 월등하게 높은 가격으로 전매할 것임을 알면서도 이를 확실하게 예측되는 전매 가격보다 현저한 저가로 매도하였다면, 이는 그 임무에 위배되는 배임행위로서 본인인 학교법인에게 손해를 가하였다고 보지 아니할 수 없고 위의 저가 매도에 관하여 재산 처분에 관한 결정권을 가진 학교법인의 이사회의 결의가 있었다거나 그것이 감독청의 허가 조건에 위배되지 아니한다는 사유만으로는 그 배임행위를 정당화할 수 없다.

---

② 제3자에게 유리한 조건으로 신주나 CB, BW를 발행하는 경우

제3자 배정의 방법으로 전환사채나 신주인수권부사채를 현저하게 낮은 가액으로 발행함으로 인하여 회사가 입은 손해는 회사법상 공정한 발행 가액과 실제 발행 가액과의 차액에 발행주식수를 곱하여 산출된 액수에 의하여 산정하고, 이 경우 공정한 발행 가액이라 함은 기존 주식의 시가 또는 주식의 실질 가액을 반영하는 적정 가격과 더불어 회사의 재무구조, 영업 전망과 그에 대한 시장의 평가, 금융시장의 상황, 신주의 인수 가능성 등 여러 사정을 종합적으로 고려하여 합리적으로 인정되는 가격을 의미한다.[51]

대법원 2001. 9. 28. 선고 2001도3191 판결: 맥소프트뱅크 사건, CB 저가 발행

사실관계

비상장법인인 맥소프트뱅크는 부산의 대표적인 벤처기업이었다. 그런데 대표이사인 정○○는 2000년 1월경부터 주당 3~4만 원에 일반 공모를 하기로 내부적으로 계획하였고, 별도로 긴급한 자금 조달의 필요성이 없었음에도 불구하고, 2월 15일 전환사채 20만 주를 당

51) 대법원 2009. 5. 29. 선고 2007도4949 전원합의체 판결.

시 적정 거래 가액인 1만 원의 3.3분의 1인 전환 가격 3천 원에 발행하고 자신의 전처의 이름을 빌려 이를 인수한 후 주식으로 전환, 매각하였다.

판결

• 전환사채발행 당시의 맥소프트뱅크 주식의 거래 실태와 거래 가격, 맥소프트뱅크가 발행한 신주의 일반 공모가 및 공모 결정 당시의 유가증권 분석 내용인 1주당 본질 가치의 거래 가액에 대한 근접성의 정도, 맥소프트뱅크 주식에 대한 인터넷상의 시세 내역 등을 종합하여 보면, 이 사건 전환사채발행 무렵에 이루어진 맥소프트뱅크 주식의 매매 사례 중 적어도 1주당 금 1만 원은 그 객관적 교환 가치를 적정하게 반영한 것으로 보이므로, 이 사건 전환사채발행 당시 맥소프트뱅크 주식의 적정한 시가는 적어도 금 1만 원으로 인정함이 상당하다.

• 그럼에도 불구하고 피고인이 맥소프트뱅크에 긴급한 자금 조달의 필요성이 없었음에도 단지 주식 전환으로 인한 시세 차익을 얻을 의도로 전환 가격을 당시 맥소프트뱅크 주식의 적정한 시가인 1주당 금 1만 원보다 현저히 낮은 금 3천 원으로 하여 이 사건 전환사채를 발행한 후 피고인의 전처의 이름을 빌려 이를 인수함으로써 1주당 적정 시가와 전환 가격의 차액인 금 7천 원씩의 전환 주식수 20만 주에 상당하는 합계금 14억 원 상당의 재산상의 이익을 얻고 맥소프트뱅크에 동액 상당의 손해를 가한 것은 업무상 배임에 해당한다.

서울지법 2001. 8. 30. 선고 2000고합1263 판결: 유일반도체 사건, 상고기각(확정), BW 저가 발행

사실관계

유일반도체의 대표이사인 장○○는 유일반도체의 신주인수권부사채를 발행하는 과정에서 행사 가격(신주인수권행사 시의 신주의 발행 가액)을 적정한 가격보다 현저히 저가로 발행한 다음 자신이 이를 전부 인수하여 주식 시세 차익을 얻는 한편 대주주로서의 지위를 더욱 확고히 하여 회사에 대한 경영권을 강화하기로 결의하였다. 그리고 1999년 6월경 장○○는 이사회의 사전 결의도 거치지 않은 채 적정 가격이라 할 수 있는 직전 1개월, 직전 1주일, 최근일 종가의 산술평균 가액인 7만 원의 3.5분의 1가량에 불과한 2만 원을 행사 가액으로 정하여 신주인수권부사채를 발행한 후 이를 전부 인수하여, 그 결과 두 가격과의 차액인 합계 약 75여 억 원 상당의 재산상 이익을 취하였다.

판결

신주인수권부사채를 발행하는 과정에서 행사 가격(신주인수권행사 시의 신주의 발행 가액)을 적정한 가격보다 현저히 저가로 발행함으로써, 두 가격 간의 차액 상당의 재산상 이익을 취득하고, 위 회사에 동액 상당의 재산상 손해를 가하였으므로 배임에 해당.

③ 계열사 등에 대한 자금대여 또는 보증

부실계열사에 대한 지원은 채권 회수 가능성이 떨어지기 때문에 기본적으로 배임의 성격을 지니고, 다만 기업 경영에 내재하는 불확실성 등을 고려하여 회사의 더 큰 손실을 막기 위한 불가피한 선택이라고 볼 합리성과 객관성을 가진 경우라면 배임죄에 해당하지 않는다. 예컨대 이미 채무변제 능력을 상실하여 그를 위하여 자금을 대여하거나 지급보증할 경우 회사에 손해가 발생하리라는 점을 충분히 알면서 이에 나아갔거나, 충분한 담보를 제공받는 등 상당하고도 합리적인 채권 회수 조치를 취하지 아니한 채 만연히 대여해주었다면, 그 타인이 자금 지원 회사의 계열회사라고 하더라도 배임행위가 되고,[52] 이 경우 자금 제공 행위나 지급보증 행위 자체가 당해 회사에 손해의 위험성을 발생시킨 행위이기 때문에 제공된 자금액 또는 지급보증 금액 전체가 배임죄에 있어서 손해 및 이득액이 된다.[53]

다만 이미 타인의 채무에 대하여 보증을 하였는데, 피보증인이 변제 자력이 없어 결국 보증인이 보증 채무를 이행하게 될 우려가 있고, 보증인이 피보증인에게 신규로 자금을 제공하거나 피보증인이 신규로 자금을 차용하는데 담보를 제공하면서 그 신규 자금이 이미 보증을 한 채무의 변제에 사용되도록 한 경우라면, 보증인으로서는 기 보증채무와 별도로 새로 손해를 발생시킬 위험을 초래한 것이라고 볼 수 없다.[54]

이때 부실계열사에 대한 지원의 합리성과 객관성의 기준과 관련해서 대법원은 원칙적으로 ① 부실계열사의 지원회사 영업에 대한 기여도, ② 부실계열사의 회생에 필요한 적정 지원자금의 액수, ③ 부실계열사의 지원이 지원회사에 미치는 재정부담의 정도, ④ 부실계열사를 지원할 경우 부실계열사의 회생가능성 내지 도산가능성, ⑤ 그로

52) 대법원 2012. 6. 14. 선고 2012도1283 판결.
53) 대법원 2007. 9. 7. 선고 2007도3373 판결.
54) 대법원 2013. 9. 26. 선고 2013도5214 판결

인하여 지원회사에 미칠 것으로 예상되는 이익 및 불이익의 정도를 주로 고려했다.

그러나 그 후 2017년 이낙영 SPP그룹 회장사건에서 대법원은 계열사에 대한 지원행위가 합리적인 경영 판단의 재량 범위 내에서 행해진 것인지는 신중하게 판단해야 한다면서 이에 대한 구체적인 기준을 제시했다.

대법원 2008. 5. 29. 선고 2005도4640 판결: 최태원, JP모건과의 이면계약 사건

해외 법인의 대표이사들이 피고인들(최태원 등)의 지시 내지 요청에 따라 구조본이 정해 준 내용과 조건에 맞추어 해외 법인들로 하여금 자신들의 업무와 무관한 이 사건 옵션 계약의 당사자가 되도록 한 사정, 해외 법인들이 이 사건 옵션 계약을 체결함에 있어 이사회 등 제반 절차를 거쳤다는 사정이 소명되지 않는 점, 당시 과다한 부실 자산의 존재, 상당한 채무부담 등으로 경영 상태가 매우 어려웠고, 옵션 계약을 이행할 경우 「외국환거래법」 위반 문제 등이 제기되는 상황이었음에도 불구하고 무리하게 통상의 업무집행 범위에서 벗어나 이 사건 옵션 계약을 체결하게 된 사정, 해외 법인들이 콜옵션을 행사할 수 있도록 되어 있으나 변화무쌍한 주가의 성질 및 달러 가치의 변동, 그리고 옵션 계약이 장기인 점 등에 비추어 현실적 손해 발생 가능성을 충분히 예상할 수 있었던 사정, 해외 법인들이 당시 SK증권으로부터 아무런 손해보전약정이나 손해담보를 취득하지 못한 사정, 이 사건 옵션 계약이 해외 법인들 자신의 경영적 판단에 기초하여 이루어지지 않았고 SK증권을 도와줄 목적으로 체결되었지 해외 법인들의 투자 이익 창출을 위한 목적으로 체결되지는 않은 사정 등을 종합할 때, 해외 법인들의 대표이사들은 본인인 해외 법인들과의 신임관계를 저버린 행위를 하였고 피고인들(최태원 등)은 이에 가담하였다 할 것이므로 이 사건 옵션 계약 체결은 배임죄에서 말하는 임무위배행위에 해당한다.

대법원 1999. 6. 25. 선고 99도1141 판결: 기아자동차 사건

피고인이 이미 채무변제 능력을 상실하여 한계 상황에 도달한 기아특수강 주식회사와 주식회사 기산, 아시아자동차 주식회사, 주식회사 기아인터트레이드 등 계열사를 위하여 자금대여나 지급보증을 해줄 경우 이를 회수하지 못하거나 보증책임을 지게 되어 기아자동차에 손해가 발생하리라는 점을 충분히 인식하면서도 별다른 채권 보전 조치도 없이 이 사건 지급보증 또는 자금대여에 이르렀으니 이는 회사에 대하여 배임행위가 된다.

대법원 2017. 11. 9. 선고 2016도12633 판결: 이낙영 SPP그룹 사건

동일한 기업집단에 속한 계열회사 사이의 지원행위가 합리적인 경영 판단의 재량 범위 내에서 행하여진 것인지 여부를 판단하기 위해서는 앞서 본 여러 사정들과 아울러, 지원을 주고받는 계열회사들이 자본과 영업 등 실체적인 측면에서 결합되어 공동이익과 시너지 효과를 추구하는 관계에 있는지 여부, 이러한 계열회사들 사이의 지원행위가 지원하는 계열회사를 포함하여 기업집단에 속한 계열회사들의 공동이익을 도모하기 위한 것으로서 특정인 또는 특정회사만의 이익을 위한 것은 아닌지 여부, 지원 계열회사의 선정 및 지원 규모 등이 당해 계열회사의 의사나 지원 능력 등을 충분히 고려하여 객관적이고 합리적으로 결정된 것인지 여부, 구체적인 지원행위가 정상적이고 합법적인 방법으로 시행된 것인지 여부, 지원을 하는 계열회사에 지원행위로 인한 부담이나 위험에 상응하는 적절한 보상을 객관적으로 기대할 수 있는 상황이었는지 여부 등까지 충분히 고려하여야 한다. 위와 같은 사정들을 종합하여 볼 때 문제된 계열회사 사이의 지원행위가 합리적인 경영 판단의 재량 범위 내에서 행하여진 것이라고 인정된다면 이러한 행위는 본인에게 손해를 가한다는 인식하의 의도적 행위라고 인정하기 어려울 것이다.

④ 특정 상대방에 대하여 유리한 조건으로 거래를 하는 경우

대법원 2000. 12. 8. 선고 99도3338 판결: 재단법인 불교방송 사건

재단법인 불교방송의 이사장 직무 대리인이 후원회 기부금을 정상적으로 회계처리하지 않고 자신과 친분 관계에 있는 신도에게 확실한 담보도 제공받지 아니한 채 대여한 경우, 그 신도가 자금을 제때에 불입하고 나중에 원금을 변제하였다 하더라도 배임죄가 성립한다.

대법원 2000. 10. 11. 선고 99도5463 판결: 장은증권 사건

장은증권의 부채 규모, 고객들의 예탁금 인출 사태, 장기간의 적자 상황, 대주주인 장기신용은행의 태도 등에 비추어, 장은증권의 대표이사인 피고인 A가 노동조합 조합장인 피고인 B와 전 직원을 명예퇴직의 대상으로 하여 12개월 임금 상당의 퇴직위로금을 지급하기로 단체협약을 체결한 후 그에 따라 퇴직위로금으로 합계 160억 4510만 5393원을 전 직원에게 지급한 행위는 합리적인 이유 없이 특정인들의 이익만을 우선적으로 고려한 것으로서 사회 상규에 어긋나고, 회사의 재무 상태, 회사의 고객, 주주 및 채권자의 이익, 명예퇴직에 따른 비용 절감 효과 등을 면밀히 검토, 분석하여 명예퇴직제의 시행 여부와 그 범위, 퇴직위로금의 액수 등을 결정해야 할 대표이사로서의 직무상 의무를 저버려 그에 따라 장은증권의 직원들에게 위 퇴직금 160억 4510만 5393원 상당의 재산상 이익을 취득하게 하고 장은증권에게 같은 금액 상당의 손해를 입게 한 위법한 배임행위이다.

---

⑤ LBO

차입매수 또는 LBO(Leveraged Buy-Out의 약어)란 법적 개념이 아니라 일반적으로 기업인수를 위한 자금의 상당 부분에 관하여 피인수회사의 자산을 담보로 제공하거나 그 상당 부분을 피인수회사의 자산으로 변제하기로 하여 차입한 자금으로 충당하는 방식 등의 기업인수 기법을 일괄하여 부르는 경영학상의 용어이고, 거래 현실에서 그 구체적인 태양은 매우 다양하다.

아직까지 우리나라는 LBO를 따로 규율하는 법률이 없다. 미국에서는 LBO를 민사법적인 문제로 통제하고 있는 반면 우리나라는 지금까지 이사들을 형사법적인 업무상 배임죄로 처벌할지 여부의 문제로 논의되었으며 개별적인 사정들을 종합하여 배임죄 여부를 판단한다.[55] LBO 방식에 대한 배임죄를 적용한 판례의 입장을 크게 신한형 사건과 한일합성형 사건으로 분류하기도 한다.

한편 판례는 사채 자금을 동원하여 회사의 경영권을 인수한 뒤 회사 자금을 이용하여 그 사채를 변제하는 이른바 '무자본 M&A'의 경우에 회사가 자금의 출처인 사채업자들에게 공동불법행위책임을 물을 수 있다고 판시하였다.[56]

대법원 2006. 11. 9. 선고 2004도7027 판결: 신한 사건, 이른바 '담보 차입형 LBO'

기업인수에 필요한 자금을 마련하기 위하여 그 인수자가 금융기관으로부터 대출을 받고 나중에 피인수회사의 자산을 담보로 제공하는 방식을 사용하는 경우 피인수회사로서는 주 채무가 변제되지 아니할 경우에는 담보로 제공되는 자산을 잃게 되는 위험을 부담하게

55) 대법원 2013. 6. 13. 선고 2011도524 판결.

56) 대법원 2013. 4. 11. 선고 2012다44969 판결.

되므로 인수자만을 위한 담보 제공이 무제한 허용된다고 볼 수 없고, 인수자가 피인수회사의 위와 같은 담보 제공으로 인한 위험 부담에 상응하는 대가를 지급하는 등의 반대급부를 제공하는 경우에 한하여 허용될 수 있다. 만일 인수자가 피인수회사에 아무런 반대급부를 제공하지 않고 임의로 피인수회사의 재산을 담보로 제공하게 하였다면, 인수자 또는 제3자에게 담보 가치에 상응한 재산상 이익을 취득하게 하고 피인수회사에게 그 재산상 손해를 가하였다고 봄이 상당하다.

대법원 2010. 4. 15. 선고 2009도6634 판결: 한일합성 사건, 이른바 '합병형 LBO'

피인수회사의 자산을 직접 담보로 제공하고 기업을 인수하는 방식과 달리 「상법」상 회사에게 특별히 허용되는 합병 절차를 이용하는 경우에는 합병의 실질이나 절차에 하자가 없어 합병으로 인하여 피인수회사가 손해를 입었다고 볼 수 없다.

대법원 2015. 12. 10. 선고 2012도235 판결(실질적인 인수대금의 납입 없이 전환사채를 발행한 행위)

전환사채의 발행업무를 담당하는 사람은 회사에 대하여 전환사채 인수대금이 모두 납입되어 실질적으로 회사에 귀속되도록 조치할 업무상의 임무를 위반하여, 전환사채 인수인으로 하여금 인수대금을 납입하지 않고서도 전환사채를 취득하게 하여 인수대금 상당의 이득을 얻게 하고, 회사로 하여금 사채상환 의무를 부담하면서도 그에 상응하여 취득하여야 할 인수대금 상당의 금전을 취득하지 못하게 하여 같은 금액 상당의 손해를 입게 하였으므로, 이로써 업무상 배임죄의 죄책을 진다.

부산고법 2010. 12. 29. 선고 2010노669 판결[57] : 푸르밀 신준호 회장 사건

비록 주식회사의 이사가 회사 채권자나 주주에 대한 관계에서 배임죄의 성립에 필요한 신임관계를 직접 가지지는 않는다 하더라도 위와 같은 회사제도의 취지를 몰각할 정도로

57) 본 사건은 대법원에서 상고 기각되어 확정되었다(대법원 2013. 6. 13. 선고 2011도524 판결).

법령에 위반하는 업무의 수행을 할 경우, 특히 그 위법성의 정도가 심각하여 업무행위가 무효에까지 이른 경우에는 위법하고도 원인 없는 행위로 인하여 회사의 재산이 주주 등에게 유출됨으로써 회사에 손해를 입히는 결과가 발생하므로, 이러한 경우에는 이사의 주주 또는 회사 채권자에 대한 보호 의무 위반이 회사에 대한 신임관계를 저버리는 것이 되어 배임죄가 성립할 수 있다.

(유상감자를 통한 외부 차입금 상환의 경우) 유상감자를 통하여 회사 재산이 감소한다고 하더라도 동시에 주주의 회사에 대한 지분의 가치 내지 주주에 대한 회사의 투하 자본 환급 의무도 함께 감소하게 되므로, 이로 인해 주주가 부당한 이익을 얻고 회사가 손해를 입었다고 하기 위해서는 단순히 회사의 재무구조상의 필요가 없음에도 이를 하였다는 점만으로는 부족하고, 유상 소각되는 주식의 가치를 실질상의 그것보다 높게 평가하여 감자 환급금을 지급하는 등으로 주주에게 부당한 이익을 취득하게 함으로써 결국 회사에도 손해를 입히는 등의 특별한 사정이 인정되어야 한다.

(이익배당을 통한 외부 차입금 상환의 경우) 주주가 법령과 정관에서 정한 바에 따라 이익배당, 중간배당을 받는 것은 주식회사에서 주주가 투하 자본을 회수할 수 있는 정당한 권리이므로, 이로 인해 주주가 부당한 이익을 얻고 회사가 손해를 입었다고 하기 위해서는 전례나 영업이익의 규모, 현금 자산 등에 비추어 이익배당이나 중간배당이 과다하다는 점만으로는 부족하고, 이익배당이나 중간배당이 법령과 정관에 위반하여 이루어지는 위법 배당에 해당하여 주주에게 부당한 이익을 취득하게 함으로써 결국 회사에도 손해를 입히는 등의 특별한 사정이 인정되어야 한다.

⑥ 기부행위

기부행위의 경우 주식회사가 그 재산을 대가 없이 타에 기부, 증여하는 것은 주주에 대한 배당의 감소를 가져오게 되어 결과적으로 주주에게 어느 정도의 손해를 가하는 것이 되기 때문에 일정한 경우 배임죄가 성립된다. 다만 그것이 배임행위가 되려면 그 회사의 설립 목적, 기부금의 성격, 그 기부금이 사회에 끼치는 이익, 그로 인한 주주의 불이익 등을 합목적적으로 판단하여, 그 기부행위가 실질적으로 주주권을 침해한 것이라고 인정되는 정도에 이를 것을 요한다.[58]

58) 대법원 2010. 5. 13. 선고 2010도568 판결.

나. 업무상 횡령

(1) 규정

횡령죄란 타인의 재물을 보관하는 자가 그 재물을 횡령하거나 그 반환을 거부한 경우에 성립하고(「형법」 제355조 제1항). 그중 타인의 재물을 '업무상의 임무'로 보관하는 경우에는 업무상 횡령죄가 성립한다(제356조).

이사는 회사의 재물을 '업무상의 임무'로 보관하는 자이므로 업무상 횡령죄 여부가 문제되는데, 「특정경제범죄의 가중처벌에 관한 법률」에서는 업무상 배임죄와 마찬가지로 횡령의 금액에 따라 형을 가중처벌한다.

(2) 요건

① 횡령죄는 객관적 구성요건으로서 (a) 타인의 재물을 보관하는 자가 (b) 타인의 재물을 (c) 횡령하거나 반환을 거부할 것을 요구하고, 주관적 구성요건으로서 (a) 횡령에 대한 고의와 (b) 불법 영득의 의사를 요구한다.

② '불법 영득의 의사'란 타인의 재물을 보관하는 자가 자기 또는 제3자의 이익을 꾀할 목적으로 업무상의 임무에 위배하거나 위탁의 취지에 반하여 보관하는 타인의 재물을 자기의 소유인 경우와 같이 사실상 또는 법률상 처분하는 의사를 말한다. 반드시 자기 스스로 영득해야만 하는 것은 아니고, 사후에 이를 반환하거나 변상, 보전하는 의사가 있다 하더라도 불법 영득의 의사는 인정된다.

③ 회사 소유 재산을 주주나 대표이사가 제3자의 자금 조달을 위하여 담보로 제공하는 등 사적인 용도로 임의 처분하였다면 그 처분에 관하여 주주총회나 이사회의 결의가 있었는지 여부와 관계없이 횡령죄가 성립한다. 만일 주식회사의 대표이사가 회사의 금원을 인출하여 사용하였는데 그 사용처에 관한 증빙 자료를 제시하지 못하고 그 인출 사유와 금원의 사용처에 관하여 납득할 만한 합리적인 설명을 하지 못하고 있다면, 이러한 금원은 대표이사가 불법 영득의 의사로 회사의 금원을 인출하여 개인적 용도로 사용한 것이라고 추단할 수 있다.[59]

④ 회사의 대표이사 혹은 그에 준하여 회사 자금의 보관이나 운용에 관한 사실상의

---

59) 부산지법 2009. 2. 10. 선고 2008고합482 판결.

사무를 처리하여온 자가 회사를 위한 지출 이외의 용도로 거액의 회사 자금을 가지급금 또는 주주임원 단기 대여금 등의 명목으로 인출·사용하면서 이자나 변제기의 약정이 없음은 물론 이사회 결의 등 적법한 절차도 거치지 아니하는 것은 대표이사 등의 지위를 이용하여 회사 자금을 사적인 용도로 임의로 대여, 처분하는 것과 다름없어 횡령죄를 구성한다.[60)]

(3) 배임죄와의 관계

횡령죄와 배임죄의 관계는 배임죄의 본질을 어떻게 보느냐에 따라 결론이 달라진다. 우리나라의 통설과 판례는 배임죄의 본질을 특별한 신임관계의 위배, 이른바 '배신설'로 보고 있다. '배신설'에 의하면 횡령죄는 배임죄와 같은 성질을 가지고, 다만 횡령죄의 객체는 특정 재물인 데 반해 배임죄의 객체는 특정 재물 이외의 재산상 이익이라는 점에서 차이가 있다. 이러한 의미에서 횡령죄와 배임죄는 특별법과 일반법의 관계에 있고, 법원은 횡령죄로 기소된 공소 사실에 대하여 공소장 변경 없이도 배임죄를 적용하여 처벌할 수 있다. 실무상 배임죄보다는 「형법」 적용이 상대적으로 용이한 횡령죄로 처벌되는 경우가 많다.

(4) 문제되는 경우

① 비자금 조성 행위

경제계의 현실에서 회사의 비자금이 모든 경우에 회사의 이익에 반하여 대표이사 등의 사적인 용도로만 사용되는 것은 아니고, 어떤 경우는 회사의 자금으로 별도 관리하기 위한 경우도 있다. 판례는 비자금 조성 행위 자체를 횡령으로 보지는 않고, 비자금 조성 행위가 회사를 위한 목적이 아니고 행위자가 회사의 자금을 빼내 착복할 목적으로 행하여졌음이 명백히 밝혀진 경우라면 비자금 조성 행위 자체로써 불법 영득의 의사가 실현된 것으로 보고 횡령죄를 인정한다. 만일 비자금 조성 행위를 불법 영득 의사의 실행이라고 합리적인 의심을 할 여지가 없을 정도로 입증되었다고 보기 부족하다면 조성된 비자금 중 일정 부분을 후에 개인적으로 사용함으로써 불법 영득 의사가 명백

60) 대법원 2012. 5. 24. 선고 2010도8614 판결.

히 표현되었다고 볼 수 있는 경우에 한하여 그 구체적인 사용 시에 비로소 횡령행위가 기수에 이르렀다고 보고 있다.

대법원 2011. 12. 22. 선고 2011도12041 판결

피고인들이 회사의 비자금을 사용한 사실은 인정하면서도 그 비자금을 회사를 위하여 인출·사용하였다고 주장하면서 불법 영득 의사의 존재를 부인하는 경우, 피고인들이 주장하는 비자금의 사용이 회사의 운영 과정에서 통상적으로 발생하는 비용에 대한 지출(부담)로서 회사가 그 비용을 부담하는 것이 상당하다고 볼 수 있는지 여부, 비자금 사용의 구체적인 시기·대상·범위·금액 등에 대한 결정이 객관적·합리적으로 적정하게 이루어졌는지 여부(다만 일반적인 비자금의 조성 과정이나 비자금의 성격 등에 비추어볼 때, 비자금 사용에 관하여 회사 내부 규정이 존재하지 않거나 이사회 결의 등을 거치지 아니하였다고 하더라도, 그러한 사정만으로 바로 피고인들의 불법 영득 의사의 존재가 인정된다고 할 것은 아니다) 등을 비롯하여 그 비자금을 사용하게 된 시기, 경위, 결과 등을 종합적으로 고려하여, 해당 비자금 사용의 주된 목적이 피고인들의 개인적인 용도에 사용하기 위한 것이라고 볼 수 있는지 여부 내지 불법 영득 의사의 존재를 인정할 수 있는지 여부에 대하여 판단해야 할 것이다.

다만 비자금이 조성되는 과정에서 대표이사 등이 회사 자산을 은밀하게 처분하여 현금 등을 마련하는 과정에서 회사 자산을 의도적으로 정당한 가격에 못 미치는 가격으로 처분한다든지 또는 비용을 허위·과다 계상하는 방법으로 비자금을 조성하면서 위장 거래 업체에 수수료, 부가가치세 등을 지급함으로써 만일 비자금을 조성하지 않았다면 회사가 입지 않았을 경제적 손해를 회사에 입혔다면 그 손해에 대하여 배임죄가 성립한다.[61]

---

② 뇌물과 정치헌금 행위

뇌물과 정치헌금 행위의 구별이 모호한 측면이 있는데, 일단 판례는 뇌물에 대하여는 엄격한 입장을 취하고 있다. 판례는 회사 자금으로 뇌물을 제공한 경우에는 뇌물죄와 별도로 업무상 횡령죄를 구성하고, 경우에 따라 부정한 청탁이 개입된 경우에는 원칙적으로 배임증재죄도 성립한다고 보고 있다. 정치헌금의 경우 만일 (a) 그 지출이 회사의 자금 계획이나 사업 계획의 수행을 어렵게 할 정도로 고액이거나, (b) 경영이 악화되고 있음에도 정치헌금의 규모는 오히려 증가하고 있는 경우, (c) 정치헌금을 내는 목

---

61) 서울중앙지법 2006. 12. 29. 선고 2006고합386 (분리)판결.

적이 전문 경영인이나 낙하산 인사가 자신의 자리를 보전하거나 정치적 입지를 구축하려는 의도에서 이루어진 경우, (d) 회사의 실적 향상과 관련 없이 자신의 야망을 실현하기 위한 자신의 선거자금으로 사용하는 경우 등이라면 회사 재산을 위태롭게 하는 행위로 볼 것이다.

대법원 2013. 4. 25. 선고 2011도9238 판결

회사가 기업 활동을 하면서 형사상의 범죄를 수단으로 하여서는 안 되므로 뇌물공여를 금지하는 법률 규정은 회사가 기업 활동을 할 때 준수해야 하고, 따라서 회사의 이사 등이 업무상의 임무에 위배하여 보관 중인 회사의 자금으로 뇌물을 공여하였다면 이는 오로지 회사의 이익을 도모할 목적이라기보다는 뇌물공여 상대방의 이익을 도모할 목적이나 기타 다른 목적으로 행하여진 것이라고 보아야 하므로, 그 이사 등은 회사에 대하여 업무상 횡령죄의 죄책을 면하지 못한다. 그리고 특별한 사정이 없는 한 이러한 법리는 회사의 이사 등이 회사의 자금으로 부정한 청탁을 하고 배임 증재를 한 경우에도 마찬가지로 적용된다.

대법원 1999. 6. 25. 선고 99도1141: 기아자동차 정치헌금 사건

• 회사의 이사가 보관 중인 회사 재산을 처분하여 그 대금을 공직선거에 입후보한 타인의 선거자금으로 지원한 경우 그것이 회사의 이익을 도모할 목적으로 합리적인 범위 내에서 이루어졌다면 그 이사에게 횡령죄에 있어서 요구되는 불법 영득의 의사가 있다고 할 수 없을 것이나, 그것이 회사의 이익을 도모할 목적보다는 그 후보자 개인의 이익을 도모할 목적이나 기타 다른 목적으로 행하여졌다면 그 이사는 회사에 대하여 횡령죄의 죄책을 면하지 못한다.

• 피고인이 제15대 국회의원 선거 전인 1996년 초경 당시의 국가안전기획부 차장이 피고인을 불러 "지금 각 기업마다 의원들이 할당되어 있는데 이○○ 후보는 기아 사람이니 기아에서 지원하라"는 취지로 말하여 이를 거절하지 못하고 이 사건 선거자금의 지원에 이르게 되었다고 진술하고 있는바, 사정이 그러하다면, 이 사건 선거자금의 지원은 그 주된 목적이 국회의원 입후보자인 이○○ 개인의 이익이나, 국가안전기획부 차장에 의하여 대변되는 정권의 이익을 도모함에 있었던 것으로 보여질 뿐, 전적으로 회사 자체의 이익을 도모함에 있었던 것으로는 보이지 않는다.

③ 이사의 변호사 보수 대납 행위

(a) 형사 사건에서의 변호인 선임료 지급

형사 사건의 경우 법원은, 대표자는 적법한 방법으로 업무를 수행해야 하므로 만일 업무 수행에 있어 관계 법령을 위반함으로써 형사재판을 받게 되었다면, 대표이사 등에 대한 형사 사건에서 법인 비용으로 변호인 선임료를 지출하는 경우에는 원칙적으로 횡령에 해당한다는 입장을 취하고 있다.

대법원 1990. 2. 23. 선고 89도2466 판결: 대표이사의 형사재판과 변호사 보수 대납

대표이사가 회사를 위한 탈세 행위로 인하여 형사재판을 받는 경우 그 변호사 비용과 벌금을 회사에서 부담하는 것이 관례라 하여도 그러한 행위가 사회상규에 어긋나지 아니한다고 할 만큼 사회적으로 용인되어 보편화된 관례라고 할 수 없다.

그러나 예외적으로 ⓐ 분쟁에 대한 실질적인 이해관계는 단체에게 있으나 법적인 이유로 그 대표자의 지위에 있는 개인이 소송 기타 법적 절차의 당사자가 되었다거나 ⓑ 대표자로서 단체를 위해 적법하게 행한 직무행위 또는 대표자의 지위에 있음으로 말미암아 의무적으로 행한 행위 등과 관련하여 분쟁이 발생한 경우와 같이 당해 법적 분쟁이 단체와 업무적인 관련이 깊고 당시의 여러 사정에 비추어 단체의 이익을 위하여 소송을 수행하거나 고소에 대응해야 할 특별한 필요성이 있는 경우에는 단체의 비용으로 변호사 선임료를 지출할 수 있다고 보아야 할 것이다.

법원도 「근로기준법」 위반 형사 사건으로 기소된 대표이사를 위해 변호사 선임료를 지출한 행위의 적법성을 따지는 사건에서 "대표이사의 형사 사건 결과로 협회가 임금을 지급할 의무가 있는지 여부가 달라질 수 있는 등 형사 사건의 결과에 대해서 협회가 실질적인 이해관계가 있다고 볼 수 있을 뿐만 아니라 대표이사가 무혐의 처분까지 받은 사정이 있으므로 적법한 지출"이라고 판시하였다.[62]

62) 대법원 2009. 2. 12. 선고 2008다74895 판결.

(b) 민사 사건에서의 변호사 비용 지급

민사 사건에서의 변호사 비용 지출행위의 적법성의 한계와 관련해서는 법원은 당사자가 대표이사 또는 이사 개인인 경우와 당사자가 주식회사인 경우로 나누어 보고 있다.

법인의 대표자 개인이 당사자가 된 경우에는 원칙적으로 법인의 비용으로 변호사 비용을 지출할 수 없다. 다만 예외적으로 당해 법적 분쟁이 단체와 업무적인 관련이 깊고 당시의 제반 사정에 비추어 단체의 이익을 위하여 소송을 수행하거나 고소에 대응해야 할 특별한 필요성이 있는 경우에는 법인의 비용으로 변호사 비용을 지출할 수 있다. 대표적으로는 ⓐ 분쟁에 대한 실질적인 이해관계는 단체에게 있으나 법적인 이유로 그 대표자의 지위에 있는 개인이 소송 기타 법적 절차의 당사자가 된 경우 또는 ⓑ 대표자로서 단체를 위해 적법하게 행한 직무행위 또는 대표자의 지위에 있음으로 말미암아 의무적으로 행한 행위 등과 관련하여 분쟁이 발생한 경우가 있다.

법인이 소송당사자가 된 경우, 원칙적으로 소송의 수행이 법인의 업무 수행이라고 볼 수 있으므로 법인의 비용으로 지출할 수 있다. 다만 예외적으로 법인이 형식적으로 소송당사자가 되어 있을 뿐 실질적인 당사자가 따로 있고 법인으로서는 그 소송의 결과에 있어서 별다른 이해관계가 없다고 볼 특수한 사정이 있는 경우에는 법인의 비용으로 변호사 비용을 지출할 수 없다.

④ 가장납입 행위

(a) 의의

가장납입이란 회사를 설립함에 있어서 주금이 납입되지 않았음에도 불구하고 마치 납입이 있는 것처럼 가장하여 발기인이 설립등기를 하는 행위를 말한다. 그중 발기인이 보관 은행 외의 제3자로부터 금전을 차입하여 주금액을 납입하고, 설립등기를 마친 후 이를 즉시 인출하여 차입금을 변제하는 행위를 위장납입 또는 '견금'이라고 부른다. 이러한 견금 등의 행위가 벌어지면 크게 「상법」 제628조의 납입가장죄가 성립하는지와 위장납입한 돈을 인출하여 회사의 업무가 아닌 위장납입 시의 채무변제를 위해 사용한 경우 업무상 횡령죄가 성립하는지가 문제된다.

(b) 납입가장죄 여부

판례는 "실제로 회사를 위해 사용했다는 특별한 사정이 없는 한 회사의 자금이 늘어난 것이 아니어서 원칙적으로 「상법」 제628조의 납입가장죄가 성립한다"는 입장이다. 예컨대 납입된 주금을 인출하여 회사의 영업 양수 대금 명목으로 영업 양도인에게 지급하였다고 하더라도 그 영업 양수가 가장된 것이고 실제로는 주금의 제공자에게 주금을 반환한 것에 불과하다면 이는 회사를 위하여 사용되었다고 할 수 없어 납입가장죄가 성립한다고 본다.[63]

그러나 이러한 형사법상 판례의 입장은 "위장납입은 금원의 이동에 따른 현실의 불입이 있는 것이고, 주금납입의 가장 수단으로 이용된 것이라고 하더라도 이는 주관적 의도에 불과하고, 이러한 내심의 사정은 회사의 설립이나 증자와 같은 집단적 절차의 일환을 이루는 주금납입의 효력을 좌우할 수 없다"[64]는 상사법상 납입유효설의 입장과 논리적 일관성이 떨어진다. 따라서 이에 대하여 상사법적으로 유효한 행위를 형사법적으로 통제한다는 것은 법질서의 통일성과 「형법」의 보충성의 원칙에 비추어볼 때 타당하지 않다는 비판이 있다.

(c) 업무상 횡령죄 여부

종전 대법원은 타인으로부터 금원을 차용하여 주금을 가장납입한 직후 이를 인출하여 차용금 변제에 사용한 경우 「상법」상의 납입가장죄와 별도로 회사 재산의 불법 영득 행위로서 업무상 횡령죄가 성립한다는 취지로 판시하였다. 그러나 2004년 대법원은 "「상법」상 납입가장죄의 성립을 인정하는 이상 회사 자본이 실질적으로 증가됨을 전제로 한 업무상 횡령죄가 성립한다고 할 수 없다"고 하여 종전 판례를 변경하였다.

⑤ 친족을 회사의 고문으로 위촉하고 급여를 지급하는 행위

지배주주의 친족 등을 경영진이나 고문으로 위촉하고 급여를 지급하는 경우가 많이 있다. 법원은 이러한 행위가 과연 회사를 위한 최선의 행위로서 적절한지에 대하여 기업윤리적인 측면에서 의문이 제기될 수 있고 그 판단에 신중을 기해야 한다는 입장을 표명하면서도 "고문 등으로 위촉된 자의 업무 수행 능력, 고문 등의 위촉 경위와 동기,

---

63) 대법원 2006. 6. 9. 선고 2005도8498 판결.
64) 대법원 2004. 3. 26. 선고 2002다29138 판결.

고문 등으로 위촉된 자와 회사 사이의 관계, 그가 회사 발전에 기여한 내용 및 정도, 고문 등으로 위촉되어 담당하기로 한 업무의 내용 및 중요성, 회사 규모와 당시의 경제적 상황, 고문 등의 위촉으로 인하여 회사가 얻을 것으로 예상되는 유·무형의 이익, 관련 업계의 관행 등을 종합적으로 고려하여 고문 등을 위촉할 필요성이나 정당성이 명백히 결여되거나 그 지급되는 급여가 합리적인 수준을 현저히 벗어나서 외형상 급여 명목으로 지급된 것에 불과하고 실질적으로는 피고인이 그 급여 명목의 돈을 자신의 소유인 것처럼 개인적인 용도로 사용·처분한 것이나 마찬가지인 경우에 업무상 횡령죄로 인정된다"[65]고 제한적으로 해석하고 있다.

다. 사기

사기죄는 상대방을 기망하여 하자 있는 상대방의 의사에 의하여 재물의 교부를 받거나 재산상의 이익을 취득한 때 성립한다(「형법」 제347조 제1항). 사기죄의 객관적 구성요건으로는 (1) 기망행위, (2) 피기망자의 착오, (3) 이로 인한 피기망자의 처분행위, (4) 재산상의 손해, (5) 재물의 교부 또는 재산상의 이득의 취득이 필요하고, 주관적 구성요건으로는 이에 대한 고의와 불법 이득의 의사가 필요하다. 배임죄와 횡령죄와 마찬가지로 「특정경제범죄 가중처벌 등에 관한 법률」에서는 취득한 이익의 가액에 따라 가중처벌하고 있다.

이사들의 사기죄와 관련하여 근래 많이 문제되는 것은 분식회계에 의한 재무제표 등으로 금융기관을 기망하여 대출을 받거나 회사채 지급보증을 받은 경우이다. 즉 이사가 분식회계를 한 경우 「주식회사 등의 외부감사에 관한 법률」 위반죄로 처벌되고 더 나아가 이사가 이를 기초로 금융기관을 기망하여 대출을 받거나 회사채 지급보증을 받은 경우에는 이와 별도로 사기죄로 처벌된다. 사기죄의 성립 여부와 관련해서는 당해 이사가 분식회계를 지시하였거나 이를 용인하였는지, 당해 이사가 분식회계에 기초한 대출 등의 범행에 관여하였는지, 분식회계와 대출 등과의 사이에 인과관계가 있는지 여부가 문제되고, 반면 변제의사와 변제능력의 유무, 사후에 대출금 등이 상환되었는지 여부는 사기죄의 성립에 영향이 없다.

65) 대법원 2013. 6. 27 선고 2012도4848 판결.

판례는 "금융기관들이 그 대출금 등의 회수 가능성 및 여신한도 등을 판단하기 위해서는 기업의 신용도평가가 필수적이라 할 것인데 이를 위해서는 진정하게 작성된 재무제표를 통한 재무 상황의 분석이 불가결한 요소이고, 따라서 금융기관들이 해당 기업이 손실이 난 회사라는 사정을 알았다면 대출 및 지급보증을 하지 않았거나 여신한도를 축소하여 대출하였을 것으로 보이므로 … 회계분식 및 그 분식된 재무제표의 제출행위와 금융기관의 대출 및 지급보증 행위 사이에 사기죄에서 요구하는 상당 인과관계가 인정된다"라고 하여 원칙적으로 분식회계와 대출 등과의 사이에 인과관계를 긍정하고 있다.[66)]

대법원 1997. 2. 14. 선고 96도2904 판결: 덕산그룹 사건

• 특별한 자금 공급 없이는 도산이 불가피한 상황에서 신용 과대 조작(가장납입에 의한 사세의 위장 과시 및 금융차입금의 결산서 감사보고서상의 기재 누락), 변태적 지급보증 및 재력 과시 등의 방법으로 변제 자력을 가장하여 대출 및 지급보증을 받았거나 어음할인을 받았다면 사기죄에 해당한다.

• 또한 위와 같은 대출 등을 받을 당시 다른 주식회사로부터 연대보증을 받았다고 하더라도, 위 주식회사 또한 재무구조가 부실하여 보증채무를 변제할 수 없는 상황이었다면 사기죄의 성립에 장애가 될 수 없다.

• 대환이라 함은 현실적인 자금의 수수 없이 형식적으로만 신규 대출을 하여 기존 채무를 변제하는 것으로서 특별한 사정이 없는 이상 대환은 형식적으로는 별도의 대출에 해당하나 실질적으로는 기존 채무에 대한 변제기의 연장에 해당하는 것이므로, 기망에 의하여 채무의 변제기를 연장받은 경우에도 사기죄가 성립한다.

66) 대법원 2007. 6. 28. 선고 2006다52259 판결.

5. 이사의 민사책임(1): 회사에 대한 손해배상책임

가. 책임의 내용

(1) 이사가 법령 또는 정관에 위반한 행위를 하거나 그 임무를 게을리한 경우에는 그 이사는 회사에 대하여 연대하여 손해를 배상할 책임이 있다(「상법」 제399조 제1항). 그리고 위 행위가 이사회의 결의에 의한 것인 때에는 이사회 결의에 찬성한 이사도 그 책임을 지고(동조 제2항), 그 결의에 참가한 이사로서 이의를 한 기재가 의사록에 없는 자는 그 결의에 찬성한 것으로 추정한다(동조 제3항).

(2) 이사의 회사에 대한 임무 해태로 인한 손해배상책임은 「민법」의 불법행위책임과는 다른 것으로서 「상법」이 인정한 일종의 특수한 계약 책임이다. 따라서 그 소멸시효기간은 「민법」의 불법행위에 관한 시효의 규정이 적용될 것이 아니고 일반 채무의 경우와 같이 10년이라고 본다.

(3) 회사가 이사를 상대로 소송을 제기하는 경우에는 양자 간에 이해의 충돌이 있기 쉬우므로 공정한 소송 수행을 확보하기 위하여 대표이사가 아닌 감사 또는 감사위원회가 회사를 대표한다(「상법」 제394조 제1항). 다만 소송의 목적이 되는 권리관계가 이사의 재직 중에 일어난 사유로 인한 것이라 할지라도 이미 이사의 자리를 떠난 경우에는 특별한 사정이 없는 한 위 「상법」 제394조 제1항은 적용되지 않고 다시 대표이사가 회사를 대표한다.

나. 업무집행지시자 등의 책임

(1) 이사의 회사에 대한 「상법」 제399조에 따른 책임은 원칙적으로 등기이사에게 적용된다. 설사 등기이사가 아니더라도 다음 각 호의 1에 해당하는 자는 '업무집행지시자'라고 하여 자신이 지시하거나 집행한 업무에 관하여 등기이사와 연대하여 그 책임을 진다(「상법」 제401조의2).

- 회사에 대한 자신의 영향력을 이용하여 이사에게 업무집행을 지시한 자.
- 이사의 이름으로 직접 업무를 집행한 자.
- 이사가 아니면서 명예회장·회장·사장·전무·상무·이사 기타 업무를 집행할 권한

이 있는 것으로 인정될 만한 명칭을 사용하여 회사의 업무를 집행한 자.

(2) 회사의 지배주주 등이 실제적으로는 회사 경영에 직간접으로 관여하면서도 등기이사로 선임되지 않았다는 이유만으로 책임을 회피하는 것을 방지하기 위하여, 1998년 개정 「상법」에서 위 조항을 새로이 신설하였다. 이는 독일 「주식법」상의 영향력 행사자(제117조)나 영국 「회사법」상의 배후이사(제741조)와 흡사한 제도이다.

(3) 업무집행 지시자 등의 위 책임 조항은 이사의 제3자에 대한 책임(「상법」 제401조), 주주의 대표소송(제403조)에도 적용된다. 다만 「상법」 부칙에서 "이 법은 특별한 정함이 있는 경우를 제외하고는 이 법 시행 전에 생긴 사항에 대하여도 이를 적용한다. 다만 종전의 규정에 의하여 생긴 효력에는 영향을 미치지 아니한다"라고 규정하고 있으므로, 위 규정이 시행된 1998년 12월 28일 이전에 발생한 사건에는 위 개정 「상법」 제401조의2 규정이 적용되지 않는다.

다. 어느 경우에 책임을 지는가

(1) 법령 또는 정관에 위반한 행위

'법령에 위반한 행위'에서 '법령'이 횡령이나 배임과 같은 회사의 이익을 보호하는 법령만을 의미하는지 아니면 회사가 기업 활동을 할 때 준수해야 할 모든 법령을 의미하는지가 문제된다. 대법원은 '법령에 위반한 행위'란 "이사로서 임무를 수행함에 있어서 준수해야 할 의무를 개별적으로 규정하고 있는 「상법」 등의 제규정과 회사가 기업 활동을 함에 있어서 준수해야 할 제규정을 위반한 경우"[67]라고 하여 법령의 범위를 특별히 제한하지 않았다. 다만 대법원은 법령을 위반한 행위라고 할 때 "'법령'은 일반적인 의미에서의 법령, 즉 법률과 그 밖의 법규명령으로서의 대통령령, 총리령, 부령 등을 의미하는 것이고, 종합금융회사 업무 운용 지침, 외화자금 거래 취급 요령, 외국환업무·외국환은행 신설 및 대외환거래 계약 체결 인가 공문, 외국환관리규정, 종합금융회사 내부의 심사 관리 규정 등은 이에 해당하지 않는다"[68]고 판시하여 법률과 법규명

67) 대법원 2005. 10. 28. 선고 2003다69638 판결.

68) 대법원 2006. 11. 9. 선고 2004다41651,41668 판결. 본 사건은 영남종금의 이사들이 개별 대출 및 외화 채권 매입 과정에서 각종 금융 규정을 위반한 사건이다.

령 이외의 규정 위반은 원칙적으로 법령 위반 행위에서 제외하였다.

이사가 임무를 수행함에 있어서 위와 같이 법령에 위반한 행위를 한 때에는 그 행위 자체가 회사에 대하여 채무불이행에 해당하므로, 그로 인하여 회사에 손해가 발생한 이상 특별한 사정이 없는 한 손해배상책임을 면할 수 없고, 법령에 위반한 행위에 대하여는 원칙적으로 경영 판단의 원칙이 적용되지 않는다.[69]

(2) 임무를 해태한 경우

이사가 '임무를 해태'한 경우란 이사가 그 임무를 수행함에 있어서 선관주의의무 등 이사의 의무를 게을리함으로써 회사에 손해를 발생시킨 경우를 말한다. 선관주의의무를 위반하였는지 여부는, 그의 기초가 되는 사실 인정 및 의사결정에서 통상의 기업인으로서 간과할 수 없는 과오를 범하고, 그것이 자신에게 부여된 재량권의 범위를 일탈한 것인지 여부에 의하여 판단된다. 이때 재량권의 일탈 여부를 판단함에 있어서는 그 업무집행의 목적, 판단에 이르게 된 경위, 사적인 이해관계가 개입되어 있었는지 여부, 판단의 기초가 된 자료나 정보의 취득 경위, 그 업무집행의 결과 등을 종합적으로 고려하여 당해 이사 개인에게 손해배상책임을 지우는 것이 합당한지 여부를 결정한다.[70]

임무 해태의 판단에서 중요한 고려 요소

① 업무집행의 목적.
② 판단에 이르게 된 경위.
③ 사적인 이해관계가 개입되어 있었는지 여부.
④ 판단의 기초가 된 자료나 정보의 취득 경위.
⑤ 그 업무집행의 결과 등.

(3) 인과관계

설사 이사의 법령·정관 위반 행위가 있다고 하더라도 그 자체만으로 이사가 「상법」 제399조의 손해배상책임을 진다고 보지 않는다. 즉 「상법」 제399조의 손해배상책임은

69) 대법원 2008. 4. 10. 선고 2004다68519 판결.
70) 서울고법 2003. 11. 20. 선고 2002나6595 판결.

이사의 법령·정관 위반 행위로 인하여 회사가 상당 인과관계 있는 손해를 입은 경우에 한하여 인정된다. 그리하여 만일 설사 이사의 법령·정관 위반 행위가 있다고 하더라도 그 결과로써 회사에 발생한 손해와의 사이에 상당 인과관계가 인정되지 아니하는 경우에는 이사의 손해배상책임이 성립하지 않는다.[71)]

예컨대, 회사 자금의 횡령행위가 이루어진 이후에 그로 인한 회사 자금의 부족을 은폐하기 위하여 허위로 회계처리하도록 업무를 집행한 이사는 회계처리에 대한 법령 위반 사실이 있더라도 회계처리 당시에는 횡령행위에 관여한 자들로부터 횡령 금액 또는 횡령으로 인한 손해배상채권을 회수할 수 있었으나 허위로 회계처리함으로써 횡령행위를 적발하고 회수할 수 있는 기회를 놓쳤고 그 사이 그들의 자금 사정이 악화되어 이를 회수할 수 없게 되었다는 등의 사정이 없는 한, 손해배상책임을 부담하지 않는다.[72)]

라. 경영 판단 원칙과의 관계

(1) 경영 판단 원칙의 의미

'경영 판단 원칙'이란, 이사가 성실하게 그리고 자신의 독자적이고 합리적인 판단에 의해 회사의 최선의 이익이라고 생각되는 방법으로 임무를 수행하였다면 나중에 사법적으로 그 판단의 잘못을 탓할 수 없다는 주장이다. 미국에서 판례를 통하여 정립된 원칙이다. 미국의 경우 경영 판단 원칙을 적용하기 위해서는 우선 충분한 사전 조사와 정보에 근거한 경영 판단일 것을 요구한다. 즉 절차적 측면을 강조한다. 그리고 이사와 회사의 이익이 충돌하는 경우에는 경영 판단 원칙의 적용을 배제한다. 즉 이사의 경영 활동에 대한 보호도 회사의 이익을 한계로 하는 것이다.

만일 우리나라에서 '경영 판단 원칙'을 본격적으로 적용한다면, 이러한 부분을 충분히 고려해야 한다. 즉 이사의 주의의무를 판단함에 있어 의사결정 과정에서의 절차를 중시해야 하고, 회사의 이익의 개념과 역할에 대한 심도 깊은 논의가 필요하다.

한편 이사가 「상법」 제399조 제1항에 정한 '법령에 위반한 행위'로 회사에 손해를 끼친 경우에는 경영 판단의 원칙이 적용되지 않는다.

71) 대법원 2007. 7. 26. 선고 2006다33609 판결.
72) 대법원 2007. 9. 20. 선고 2007다25865 판결.

대법원 2005. 10. 28. 선고 2003다69638 판결: 삼성전자 대표소송

「상법」 제399조는 이사가 법령에 위반한 행위를 한 경우에 회사에 대하여 손해배상책임을 지도록 규정하고 있는바, … 이사가 임무를 수행함에 있어서 위와 같은 법령에 위반한 행위를 한 때에는 그 행위 자체가 회사에 대하여 채무불이행에 해당되므로 이로 인하여 회사에 손해가 발생한 이상 특별한 사정이 없는 한 손해배상책임을 면할 수 없다 할 것이며, 위와 같은 법령에 위반한 행위에 대하여는 이사가 임무를 수행함에 있어서 선관주의의무를 위반하여 임무 해태로 인한 손해배상책임이 문제되는 경우에 고려될 수 있는 경영 판단의 원칙은 적용될 여지가 없다고 할 것이다.

(2) 경영 판단 원칙의 현실적인 응용

대구지법 2000. 5. 30. 선고 99가합13533 판결(대법원 2002. 11. 22. 선고 2001다16265 판결로 확정)

사실관계

대구무역센터의 대표이사가 건물 설계 공모와 관련, 당선자를 탈락시키고 차점자와 계약을 맺어 선급금의 일부를 반환받지 못하게 하는 등 회사에 손해를 끼쳤다. 이에 대구무역센터의 주주인 대구시가 대표이사인 채모 씨를 상대로 주주대표소송을 제기하였다.

판결

대표이사의 행위가 회사의 경영에 관한 것인 경우에는 대표이사가 법령이나 정관의 규정에 위배되지 아니하는 범위 안에서 회사의 경영에 대한 판단 재량권을 가지고 있고, 또한 회사의 경영이란 것은 그 성질상 다소의 모험을 수반하기 마련이므로, 대표이사가 업무를 집행함에 있어 경영자로서 요구되는 합리적 선택의 범위 안에서 판단하고 이에 따라 업무를 집행하였다면 사후 그의 행위로 인하여 회사가 손해를 입었다고 할지라도 대표이사에게 선량한 관리자로서의 주의의무를 위반하였다고 하여 책임을 물을 수는 없다 할 것이나, 대표이사가 경영에 관한 판단을 함에 있어 판단의 자료가 될 정보를 용이하게 수집할 수 있었음에도 불구하고 이용 가능한 정보를 수집하기 위한 노력을 태만히 하거나 이용 가능한 정보를 얻을 때까지 판단을 유보하지 아니한 채 무모하거나 경솔한 판단을 내린 경우는 경영 판단에 관하여 허용된 재량권의 범위를 일탈한 것으로서 선량한 관리자로서의 주의의무에 위반한다.

위 판례에서는 경영진이 판단의 자료가 될 정보를 수집하기 위한 최대한의 노력을 해야 하고, 이를 위반한 경우에는 주식회사의 대표이사로서 선량한 관리자의 주의의무에 위반한다고 하였다. 경영 판단 법칙이 이사의 주의의무를 판단함에 있어 그 절차를 중시하자는 것이라면, 위 판례는 우리나라에서 경영 판단의 원칙을 적용함에 있어 중요한 기준이 될 것이다. 즉 위 사건에서는 당시 대표이사가 법률적인 분쟁이 분명히 예상되는 상황임에도 불구하고, 그 위험성이나 향후의 전망 등에 대하여 법률 전문가에 의한 전문 의견을 전혀 듣지 않고 일방적으로 판단한 것을 주의의무 위반의 근거로 들고 있는데, 앞으로 우리나라도 외국과 같이 대표이사의 경영 판단과 이사회의 기초 자료로 법률 전문가의 의견을 사전에 첨부하게 하는 것이 장래의 법률 분쟁 리스크를 줄이는 길이다.

마. 문제되는 경우

(1) 자산의 매각과 매수

이사는 회사의 중요한 재산을 매도함에 있어서 회사의 이익을 위하여 시가에 따라 매도해야 할 책임이 있고, 이에 반하여 시가 또는 적정 가액보다 훨씬 낮게 양도함으로써 회사에 손해를 끼쳤다면 이사로서의 임무를 해태한 것이다. 회사 재산의 염가 매도가 특히 문제되는 경우는 비상장기업의 주식을 매도한 경우이다. 많은 기업의 경우 「상속세 및 증여세법」에 따른 평가가액으로 비상장주식의 매도 가격을 정하지만, 「상속세 및 증여세법」에 따른 목적물 가액의 평가는 조세 처분권자의 입장에서 조세 부과를 위한 목적의 특성상 보수적이고 엄격한 기준에 설 수밖에 없는 반면, 영리를 목적으로 하는 법인은 적어도 자신에게 손해가 발생하지 않을 정도의 시가 또는 적정 가액에 따라 처분해야 할 사정이 있는 등 시가 산정 기준에 관한 목적당사자의 관점이 서로 상이할 수밖에 없다. 따라서 만일 비상장주식의 객관적 교환 가치를 적정하게 반영하였다고 인정되는 실거래 사례가 있다면 그 가격대로, 만일 그러한 사례가 존재하지 않으면 비상장주식의 취득 경위, 취득 당시의 가액, 매도 당시의 당해 비상장기업의 기업 가치를 고려하여 객관적 교환 가치를 적정하게 반영한 가액으로 매도해야 한다.

서울남부지법 2006. 8. 17. 선고 2003가합1176 판결(확정): LG대표소송

사실관계

1999년 6월 29일 구 LG화학(현 LG)의 이사들은 회사가 100% 보유하고 있던 LG석유화학 지분 중 70%를 경영진 자신과 그 일가친척들에게 저가로 매각하였다. 이에 구 LG화학의 주주들은 당시 이사회 결의에 참여했던 8명의 이사들에게 대표소송을 제기하였다.

판결

이사가 회사 소유의 비상장주식을 매도하면서 구 「상속세법」과 「증여세법」의 평가 방법만을 선택하여 주식에 대한 가치평가를 함으로써 당해 비상장법인 및 관련 기업 등의 현황을 고려한 적정 거래 가액 산정을 위하여 합리적인 평가 방법을 선택하지 않고, 당해 비상장법인의 자산 가치를 실사하여 그 실제 가치를 반영하여 매도 가격을 정해야 함에도 불구하고 그러한 평가 과정을 거치지 않은 채 장부가만을 기준으로 자산 가치를 고려하여 적정 거래 가액에 비하여 현저히 낮은 매각 가격을 결정한 것은 이사의 임무 해태에 해당한다.

회사 소유의 비상장주식을 매도함에 있어 이사의 임무 해태로 인한 회사의 손해액은 위 주식의 적정 거래 가액과 실제 거래액의 차액인데, 비상장주식의 거래에 있어서 거래의 실례가 없는 경우에는 다양한 관점에서 비상장주식의 가치를 판단하는 여러 평가 방법 중 어떤 평가 방법이 절대적으로 객관적이라고 할 수 없으나, 기업 현황 및 그 기업이 속한 산업의 태양에 따른 일응의 적합한 평가 방법을 선정하여 그 평가 방법에 의한 결과와 다른 방식으로 평가한 가치들을 종합적으로 검토한 후 당시 해당 기업 및 시장경제 사정도 함께 고려함으로써 최소한의 적정 거래 가액을 정할 수 있다. 또한 실제 거래를 함에 있어서 거래 당사자들은 사후에 검증할 수 있는 객관적인 요소들이 아니라 그 당시의 시점에서 수집할 수 있거나 예측할 수 있는 요소들만을 이용하여 여러 평가 방법으로 가치를 산정한 뒤 이들을 참고하여 가격을 정할 것이라는 점을 고려하면, 이사의 임무 해태로 인한 회사의 손해액 산정을 목적으로 비상장주식의 가치를 평가함에 있어서도 당시 임무 해태가 없었다면 취했어야 할 조치를 한 것으로 가정하되 그 밖의 자료들은 위 주식을 매각한 당시의 입수 가능한 기준을 이용하여 평가해야 한다.

(2) 관계회사에 대한 자금대여나 유상증자 참여

회사 운영 과정에서 관계회사에 대해 자금대여나 유상증자에의 참여 여부를 결정해야 할 때가 있다. 이 경우 법령상 절차를 위반하지 않으면서 ① 관계회사의 회사 영업에 대한 기여도, ② 관계회사의 회생에 필요한 적정 지원 자금의 액수 및 관계회사의 지원이 회사에 미치는 재정적 부담의 정도, ③ 관계회사를 지원할 경우와 지원하지 아니할 경우 관계회사의 회생 가능성 내지 도산 가능성과 그로 인하여 회사에 미칠 것으로 예상되는 이익 및 불이익의 정도 등에 관하여 합리적으로 이용 가능한 범위 내에서 필요한 정보를 충분히 수집·조사하고 검토하는 절차를 거친 다음, 이를 근거로 회사의 최대 이익에 부합한다고 합리적으로 신뢰하고 신의성실에 따라 경영상의 판단을 내렸고, 그 내용이 현저히 불합리하지 않은 것으로서 통상의 이사를 기준으로 할 때 합리적으로 선택할 수 있는 범위 안에 있는 것이라면, 비록 사후에 회사가 손해를 입게 되는 결과가 발생하였다 하더라도 그 이사의 행위는 허용되는 경영 판단의 재량 범위 내에 있는 것이어서 회사에 대하여 손해배상책임을 부담한다고 할 수 없다.

그러나 회사의 이사가 이러한 과정을 거쳐 이사회 결의를 통하여 자금 지원을 의결한 것이 아니라 단순히 회사의 경영상의 부담에도 불구하고 관계회사의 부도 등을 방지하는 것이 회사의 신인도를 유지하고 회사의 영업에 이익이 될 것이라는 일반적·추상적인 기대하에 일방적으로 관계회사에 자금을 지원하게 하여 회사에 손해를 입게 한 경우 등에는 그와 같은 이사의 행위는 허용되는 경영 판단의 재량 범위 내에 있는 것이라고 할 수 없다.[73]

대법원 2010. 1. 14. 선고 2007다35787 판결: 동아건설 vs 최원석

① 주식 인수대금 900억 원은 원고 회사(동아건설)의 기존 동아생명 주식의 취득가액 및 액면가액의 3배를 넘는 거액으로 당시 이미 객관적으로 드러나 있던 동아생명의 재정 상태 및 경영 상황에 비추어 원고 회사가 그 인수 금액 상당의 손해를 입을 가능성은 충분히 예상하거나 예상할 수 있었다는 점, ② 원고 회사가 위 유상증자에 참여하지 않았다 하여 동아생명이 곧바로 부도 내지 폐업에 이르게 되고, 그 결과 1대 주주인 원고 회사 역시 금융기관으로부터 신규 여신 중단, 당좌 거래 중지, 기존 여신에 대한 채권 보전 및 회수 조치를 당하게 될 상황에 처할 수 있는 위험이 현저하였다고는 단정하기 어려운 점, ③ 동아생명을 비롯한

---

73) 대법원 2010. 1. 14. 선고 2007다35787 판결.

동아그룹 내 고위 경영진에서 당초 이 사건 유상증자에 반대할 때에는 그룹 내 주주 계열사에 의한 증자 참여가 곤란할 경우 해외자본을 끌어들이는 복안을 가지고 있었던 점, ④ 피고들은 재무구조가 상당히 불량한 상태에 있는 동아생명의 재정 상태를 잘 알고 있으면서도 실제 이사회를 소집하여 결의하고 전문가의 자문도 구하는 등 보다 투명하고 신중한 의사결정 절차를 거치지도 아니한 채, 불과 그룹 사장단 4, 5명이 참석한 2차례의 대책 회의에서의 논의 끝에 액면가격으로 동아생명이 발행하는 신주를 인수하기로 결정하였고, 나머지 원고 회사의 임원들은 그대로 위 결정에 찬성한 점 등을 고려하면, 비록 원고 회사의 동아생명 유상증자에 대한 참여의 결과가 일부 원고 회사를 위한 측면이 있고, 원고 회사가 동아생명의 대주주로서 동아생명의 유상증자에 참여하지 아니하여 동아생명이 부도가 남으로써 입을 수 있는 금융상의 제재, 공사 수주에서 입을 수 있는 불이익 등을 회피하고자 하는 의사도 일부 있었다는 점까지 고려하더라도 원고 회사가 동아생명의 유상증자에 참여할 의무가 있다거나 유상증자에 참여하는 것 이외의 다른 선택의 여지가 없는 상황이 아니었으며, 유상증자에 참여함으로써 입을 수 있는 손해의 위험은 구체적이고 확실한 반면 유상증자에 참여하지 않음으로써 발생할 수 있는 손해의 위험 또는 유상증자에 참여함으로써 얻을 수 있는 이익은 불확실하거나 사실적·반사적 이익에 불과하다고 보이므로, 피고들이 이 사건 신주인수 당시 그 상황에서 합당한 정보를 가지고 적합한 절차에 따라 원고 회사의 최대 이익을 위하여 합리적인 선택 범위 내에서 임무를 수행한 것으로 볼 수 없다.

바. 책임의 해제

(1) 정기주주총회에서 재무제표를 승인한 후 2년 내에 다른 결의가 없으면 회사는 이사와 감사의 책임을 해제한 것으로 본다(「상법」 제450조). 그러나 위 책임해제는 재무제표 등에 기재되어 정기총회에서 승인을 얻은 사항에 한정되고, 재무제표 등을 통하여 알 수 있는 사항이 아닌 경우에는 정기총회에서 재무제표 등을 승인한 후 2년 내에 다른 결의가 없었더라도 이사의 손해배상책임이 해제되었다고 볼 수 없다.

책임해제를 주장하는 주식회사의 이사는 회사의 정기총회에 제출되어 승인된 서류에 그 책임 사유가 기재되어 있는 사실을 입증해야 한다. 만일 주주총회에서 재무제표가 승인된 후 2년 이내에 이사의 책임을 추궁하는 주주대표소송이 제기되어 그 소송이 계속 중이라면, 주주총회의 다른 결의 없이 2년의 기간이 도과하였다 하더라도 이사의 책임해제에 관한 위 규정은 배제된다.

(2) 다만 이사 또는 감사의 부정행위에 대하여는 위 「상법」 제450조의 적용이 배제된다 (「상법」 제450조 단서). 이 경우 '부정행위'란 횡령, 배임, 문서위조와 같은 범죄행위와 이해관계인의 신뢰에 반하는 고도의 비윤리적인 행위가 포함되며, 또한 부정행위가 손해배상책임의 직접 원인인 경우 이외에 재무제표의 승인 과정에서 부정한 행위가 더해진 경우도 이에 포함된다.

사. 책임의 감면

(1) 책임의 면제

이사와 감사의 회사에 대한 책임은 총주주의 동의로 면제할 수 있으나(「상법」 제415조, 제400조), 주주의 수가 다수인 공개기업의 경우에는 총주주의 동의를 받는다는 것이 현실적으로 불가능하다.

(2) 책임의 제한

① 책임의 제한에 대한 명문의 규정이 없었던 과거의 경우

종전에는 이사 책임의 제한에 대한 명문의 규정이 없기 때문에 해석상 이사의 손해배상책임을 경감하는 것이 가능한지가 문제되었다. 이에 대하여 대법원은 '손해배상의 공평부담의 원칙'을 근거로 이사의 책임제한이 가능하다는 입장이다.[74)]

② 책임의 제한에 대한 명문의 규정을 둔 현재의 경우

2011년 개정 「상법」에서는 명문으로 이사의 책임감면 제도(제400조)를 도입하여 이사가 그 행위를 한 날 이전 최근 1년간의 보수액(상여금과 주식매수선택권의 행사로 인한 이익 등을 포함한다)의 6배(사외이사의 경우는 3배)를 초과하는 금액에 대하여 이사의 책임을 면제할 수 있도록 규정하였다. 이러한 책임감면 제도를 인정받으려면 정관에 근거 규정이 필요하다. 회사는 정관으로 이러한 보수액의 최소 배수 이상으로 정할 수는 있으나, 최소 배수 미만으로 감액하는 것으로 규정할 수는 없다.

다만 이사 또는 감사가 고의 또는 중대한 과실로 손해를 발생시킨 경우 및 이사가 경

---

74) 대법원 2004. 12. 10. 선고 2002다60467 판결(동방페레그린 사건).

업금지(제397조), 회사기회유용 금지(제397조의2) 및 자기거래 금지(제398조)를 위반한 경우에는 책임이 감면되지 않는다.

6. 이사의 민사책임(2): 제3자에 대하여

가. 규정

이사가 악의 또는 중대한 과실로 인하여 그 임무를 게을리한 때에는 그 이사는 제3자에 대하여 연대하여 손해를 배상할 책임이 있다(「상법」 제401조 제1항). 만일 위 조항에 의한 책임이 성립하는 경우, 이사회 결의에 찬성한 이사들의 책임 및 찬성의 추정, 업무집행지시자 등의 책임은 이사의 회사에 대한 책임의 경우와 같다(동조 제2항, 제401조의2).

나. 취지

원래 이사는 회사의 위임에 따라 회사에 대하여 수임자로서 선량한 관리자의 주의의무를 질 뿐, 제3자와의 관계에 있어서 위 의무에 위반하여 손해를 가하였다고 하더라도 당연히 손해배상의무가 생기는 것은 아니다. 그러나 경제사회에 있어서 중요한 지위에 있는 주식회사의 활동은 그 기관인 이사의 직무집행에 의존하게 된다. 이에 「상법」에서는 제3자를 보호하기 위하여, 이사가 악의 또는 중대한 과실로 직무상 충실 및 선관의무에 위반하여 제3자에게 손해를 입힌 때에는 악의 또는 중과실로 인한 임무 해태 행위와 상당 인과관계가 있는 제3자의 손해에 대하여 손해배상책임을 지도록 규정하였다.

일본에서는 특히 회사의 도산으로 말미암아 채권의 만족을 얻지 못하게 된 채권자가 대신 이사의 책임을 추급하는 수단으로 널리 활용되고 있다. 예컨대 지급 가능성이 없는 수표를 발행하는 등 오인 거래를 유발하는 경우, 부실한 정보를 표시한 경우, 방만한 경영을 하여 회사의 재산 상태를 악화시킨 경우, 회사 재산을 횡령하는 경우, 감시 감독 의무를 소홀히 한 경우 등이 있다. 국내에서는 이사의 분식회계로 인하여 회사 채권자가 손해를 입은 경우에도 「민법」 제401조에 따른 책임을 묻고 있다.

서울고법 2006. 9. 13. 선고 2005나73077 판결: (주)대우 분식회계 사건

사실관계

원고는 금융기관이고, 피고들은 (주)대우의 대표이사, 이사, 감사, 임직원 및 그 해외 법인의 임직원들이다. 원고는 (주)대우의 분식된 1997 회계연도 재무제표를 믿고 회사채를 매수하였다가 손해를 보았다고 하면서 「상법」 제401조 또는 「민법」 제750조에 근거하여 피고들을 상대로 손해배상을 청구하였다.

판결

• 대표이사는 대외적으로는 회사를 대표하고 대내적으로는 업무 전반의 집행을 담당하는 직무권한을 가지고 있는 만큼, 회사 업무의 전반을 총괄하여 다른 이사의 직무집행을 감시 감독해야 할 지위에 있고, 따라서 다른 이사의 업무집행이 위법하다고 의심할 만한 사유가 있었음에도 이를 방치한 때에는 이로 인한 손해배상책임을 진다. 피고 대표이사는 분식회계에 관여하지 않았다고 주장하지만, 피고 대표이사에게 손해배상책임이 인정되는 것은 분식회계에 관여하였기 때문이 아니라 대표이사로서 (주)대우의 다른 임직원들의 분식결산 행위에 대한 감시를 소홀히 하였기 때문이다.

• 감사는 회사의 업무 감사를 주된 직무로 하는 주식회사의 필요적 상설기관으로서 이사의 직무집행을 감사하고, 업무감사를 위하여 언제든지 이사에 대하여 영업에 관한 보고를 요구하거나 회사의 재산 상태를 조사할 수 있다. 그런데 피고 감사는 회계감사 자체를 실시하지 아니하였는바, (주)대우에 대한 내외부 통제 시스템이 미흡한 상태에서 피고 감사가 아무런 감사로서의 직무를 수행하지 않은 것은 그 자체로서 중대한 과실로 인한 임무 해태라고 할 것이다.

• 피고들 중 건설 부문의 영업을 총괄하는 이사의 경우, 비록 재무제표가 승인된 이사회 의사록에 직인을 날인하기는 하였으나, 이것만으로는 위 피고 이사가 분식회계 사실을 알았다고 보기 어렵고, 이를 알지 못한 것이 중대한 과실로 그 임무를 해태한 것이라고 보기도 어렵다.

다. 어느 경우에 책임을 지는가

(1) 악의 또는 중대한 과실

우선 이사의 임무 해태에 '악의 또는 중대한 과실'이 있어야 한다. '악의 또는 중대한 과실'은 회사의 기관으로서 인정되는 직무상 충실 및 선관의무 위반의 행위로서 위법한 사정이 있어야 하므로, 통상의 거래행위로 부담하는 회사의 채무를 이행할 능력이 있었음에도 불구하고 단순히 그 이행을 지체하여 상대방에게 손해를 끼치는 사실만으로는 임무를 해태한 위법한 경우라고 할 수 없다. 그렇지만 예컨대, 회사의 경영 상태로 보아 계약상 채무의 이행기에 이행이 불가능하거나 불가능할 것을 예견할 수 있었음에도 이를 감추고 상대방과 계약을 체결하고 일정한 급부를 미리 받았으나 그 이행 불능이 된 경우에는 '악의 또는 중대한 과실'로 그 임무를 해태한 경우에 해당한다.

대법원 2002. 3. 29. 선고 2000다47316 판결

부동산의 매수인인 주식회사의 대표이사가 매도인과 사이에 매매 잔금의 지급 방법으로 매수 부동산을 금융기관에 담보로 제공하여 그 대출금으로 잔금을 지급하기로 약정하였으나, 대출이 이루어진 후 해당 대출금 중 일부만을 매매 잔금으로 지급하고 나머지는 다른 용도로 사용한 후, 나머지 잔금이 지급되지 않은 상태에서 피담보 채무도 변제하지 아니하여 그 부동산이 경매 절차에서 경락되어 결과적으로 매도인이 손해를 입은 경우, 그 주식회사의 대표이사가 악의 또는 중대한 과실로 인하여 그 임무를 해태한 경우에 해당한다고 볼 여지가 있다(원고 패소인 원심을 파기 환송한 후 원고 승소함).

(2) 임무 해태

이사의 '임무 해태'는 이사가 구체적인 규정을 위반한 경우뿐만 아니라 직무상 충실 및 선관의무를 위반한 행위도 포함한다. 주식회사의 대표이사가 대표이사로서의 업무 일체를 다른 이사 등에게 위임하고 대표이사로서의 직무를 전혀 집행하지 않은 것은 그 자체가 이사의 직무상 충실 및 선관의무를 위반한 행위에 해당하므로, 명의상 대표이사에 불과하더라도 「상법」 제401조 제1항에 의한 손해배상책임이 있다.

대법원 2003. 4. 11. 선고 2002다70044 판결

사실관계

대표이사 A는 실제 대표이사로서의 업무 수행을 하지 아니하고 회사의 모든 일을 자신의 남편인 감사 B에게 맡겨 처리하였다. B는 수출환어음이 결제되지 않을 가능성이 있음을 쉽게 예견할 수 있었음에도 불구하고 무리하게 원고인 한국수출보험공사로부터 수출신용보증서를 발급받아 수출대금을 수령하였다. 그후 수출환어음은 부도나고 원고가 손해를 입었다.

판결

대표이사란 대외적으로 회사를 대표하고 대내적으로 업무집행을 총괄하여 지휘하는 직무와 권한을 가진 기관으로서, 선량한 관리자의 주의로써 회사를 위해 충실하게 그 직무를 수행하고, 회사 업무의 전반에 걸쳐 관심을 기울여야 할 의무를 지는 자라 할 것이므로, 대표이사가 타인에게 회사 업무 일체를 맡긴 채 자신의 업무집행에 아무런 관심도 두지 아니하여 급기야 부정행위 내지 임무 해태를 간과함에 이른 경우에는 (명목상 대표이사인) A는 악의 또는 중대한 과실에 의하여 대표이사로서의 임무를 소홀히 한 것이어서 「상법」 제401조에 따라 원고에게 책임을 진다.

(3) 제3자의 손해

손해배상을 청구할 수 있는 제3자에는 일반 채권자뿐만 아니라 주주도 포함된다. 따라서 주식회사의 주주가 이사의 악의 또는 중대한 과실로 인한 임무 해태 행위로 직접 손해를 입은 경우에는 이사에 대하여 「상법」 제401조에 의하여 손해배상을 청구할 수 있다. 주주가 직접 손해를 입은 경우로는, 명의개서를 위하여 회사에 제공한 주권을 부당하게 반환하지 않은 경우, 주식의 부당한 소각이나 정당한 이유 없이 주식의 상장폐지를 신청한 경우 등을 들고 있다.

라. 주주의 간접 손해와의 문제

손해배상을 청구할 수 있는 제3자에 주주가 포함되지만, 판례는 이사가 회사 재산을 횡령하여 회사 재산이 감소함으로써 회사가 손해를 입고 결과적으로 주주의 경제적 이익이 침해되는 손해의 경우에는, 이를 '간접 손해'라고 보아 「상법」 제401조 제1항에서 말하는 손해의 개념에 포함되지 않는다[75]고 본다. 이러한 간접 손해는 주주의 대표소송을 통해 회사가 이사로부터 배상을 받으면 자연히 간접적으로 전보된다는 점을 근거

75) 대법원 2003. 10. 24. 선고 2003다29661 판결.

로 들고 있다.

그러나 회사가 이사의 행위로 인하여 도산하여 회사에 대한 배상만으로는 주주의 피해가 실질적으로 구제되지 않는 경우도 여전히 이를 주주의 간접 손해로 보아 「상법」 제401조의 적용을 배제할 것인가가 문제된다. 이러한 경우에는 피고 이사들의 회사에 대한 손해배상만으로는 원고 주주들이 계속기업(going concern)에 대하여 가지는 기존 이익을 도저히 회복시킬 수 없기 때문이다.

사례: 만도기계 사건

사실관계

한라그룹의 회장 정몽원은 1997년 우량 계열사인 만도기계로 하여금 한라그룹 부실 계열사인 한라중공업 등에 총 7787억 원을 대출하라고 지시하였다. 이로 인하여 만도기계는 금융비용 부담이 급증하여 그해 12월에 부도 후 이듬해 화의 절차에 들어갔다. 이에 만도기계의 소액주주들이 한라그룹의 회장이었던 정몽원을 상대로 「상법」 제401조를 근거로 손해배상청구소송을 제기하였다.

1심 서울중앙지법 2000가합6051 판결 – 원고 승소

경영진의 명백히 위법한 임무 해태 행위로 손실 규모가 막대하고 이 때문에 회사가 도산하는 등 소멸해 회사 경영진에 대한 회사의 책임 추궁이 실질적으로 불가능한 경우, 주주의 직접적인 손해배상청구권을 인정해야 한다.

2심 서울고법 2002나71155 판결 – 원고 패소[76)]

회사가 도산한 경우도 청산 절차가 종료되기 전까지는 파산관재인 또는 청산인이 이사에게 손해배상을 청구할 수 있어 회사 재산의 회복이 가능하므로, 원고들의 손해는 '간접적인 손해'에 불과하여 「상법」 제401조에 따른 손해배상청구를 할 수 없다.

마. 소멸시효

「상법」 제401조는 고의·과실을 요구하는 「민법」상 불법행위책임과 달리 고의·중과실을 요구하고, 제3자를 보호하기 위하여 「상법」이 인정하는 특수한 책임이다. 따라서

76) 이 사건은 대법원에서 원고가 소 취하하여 확정되었다.

제401조에 따른 제3자의 손해배상청구권에 아무런 소멸시효 기간을 정하고 있지 않으므로, 일반 불법행위책임의 단기 소멸시효를 규정한 「민법」 제766조 제1항은 적용될 여지가 없고, 일반 채권으로서 「민법」 제162조 제1항에 따라 그 소멸시효 기간은 10년이다.

7. 이사의 권리

가. 보수청구권

(1) 원칙

① 이사의 보수는 정관에 그 액을 정하지 아니한 때에는 주주총회의 결의로 정한다(「상법」 제388조). 「상법」에서 이사의 보수를 정관으로 정하거나 주주총회의 결의를 거치도록 한 취지는 회사의 업무를 집행하는 이사들이 자신들의 보수를 과다하게 책정함으로써 주주의 이익이 부당하게 침해되는 것을 방지하기 위해서이다. 실무상 물가 변동 등의 이유로 정관으로 보수를 정하는 경우는 거의 없고 대부분 주주총회의 결의로 정한다.

② 주주총회에서는 개별 이사에 관한 지급액을 개별적으로 정할 필요는 없고, 이사 전원에 대한 보수의 총액 또는 최고 한도액을 정한 후 각 이사에 대한 지급액의 결정을 이사회의 결의로 위임할 수 있다. 그러나 보수액의 결정 및 지급을 전적으로 이사회나 대표이사에게 위임하는 내용의 주주총회의 결의는 무효이다.

서울중앙지법 2008. 7. 24. 선고 2006가합98304 판결

이사의 퇴직금 지급은 이사회 결의로 정하는 임원 퇴직금 지급 규정에 의한다고 정한 회사 정관은 이사회의 이사 퇴직금 결정에 관한 재량권 행사의 범위를 일정한 기준에 의하여 합리적인 범위 내로 제한하지 아니하고, 퇴직금 액수의 결정을 이사회에 무조건적으로 위임함으로써 이사회가 주주로부터 아무런 통제도 받지 않고 이사의 퇴직금 및 퇴직위로금을 지급할 수 있도록 한 것이므로, 강행규정인 「상법」 제388조의 규정에 위반하여 무효이며, 자본충실을 해칠 정도의 퇴직위로금을 지급하는 의결도 무효이다.

(2) 보수의 범위

① 이사의 보수란 봉급, 급여, 공로금 등 명칭에 상관없이 회사로부터 지급받는 금원을 말한다. 회사의 규정에 의하여 이사 등 임원에게 퇴직금을 지급하는 경우에도 그 퇴직금은 「근로기준법」 소정의 퇴직금이 아니라 재직 중의 직무집행에 대한 대가로 지급되는 보수의 일종이다.[77] 이사의 보수는 「근로기준법」에서의 임금이 아니므로 동법 제41조의 임금채권의 시효에 관한 규정이 적용되지 아니하고 일반 채권의 시효 규정이 적용된다.

② 다만 「상법」상 이사·감사라 하더라도 근무의 실질에 따라 일정한 경우 「근로기준법」상의 근로자에 해당하고 그 보수를 「근로기준법」상의 보수로 볼 수 있다. 반면 법적으로는 주식회사 이사·감사의 지위를 갖지만 회사와의 명시적 또는 묵시적 약정에 따라 이사·감사로서의 실질적인 직무를 수행하지 않는 이른바 명목상 이사·감사도 특별한 사정이 없는 한 「상법」 제388조, 제415조의 요건을 갖춘 이상 보수청구권이 있다.[78]

대법원 2003. 9. 26. 선고 2002다64681 판결: 퇴직금

「근로기준법」의 적용을 받는 근로자에 해당하는지 여부는 계약의 형식에 관계없이 그 실질에 있어서 임금을 목적으로 종속적 관계에서 사용자에게 근로를 제공하였는지 여부에 따라 판단해야 할 것이므로, 회사의 이사 또는 감사 등 임원이라고 하더라도 그 지위 또는 명칭이 형식적·명목적인 것이고 실제로는 매일 출근하여 업무집행권을 갖는 대표이사나 사용자의 지휘·감독 아래 일정한 근로를 제공하면서 그 대가로 보수를 받는 관계에 있다거나 또는 회사로부터 위임받은 사무를 처리하는 외에 대표이사 등의 지휘·감독 아래 일정한 노무를 담당하고 그 대가로 일정한 보수를 지급받아왔다면 그러한 임원은 「근로기준법」상의 근로자에 해당한다 할 것이다.

---

(3) 주주총회의 결의 대상

① 이사의 보수 결정에 관한 「상법」 규정은 강행규정이다. 따라서 정관에서 이사의

77) 대법원 2001. 2. 23. 선고 2000다61312 판결.

78) 대법원 2015. 7. 27. 선고 2014다236311 판결.

보수를 주주총회의 결의로 정한다고 하였음에도 이사의 보수 금액·지급 방법·지급 시기 등에 관한 주주총회의 결의가 없는 경우라면, 원칙적으로 이사는 보수나 퇴직금청구권을 행사할 수 없다. 설사 대주주인 대표이사가 이사에 대하여 보수 및 퇴직금에 관하여 약정을 하더라도 주주총회의 결의가 없는 이상 원칙적으로 회사에 효력이 없다.

② 그러나 만일 임원 퇴직금 지급 규정에 대한 주주총회 결의는 없지만 사규에 따른 퇴직금이 주주들의 승인을 거쳐 관행적으로 지급되었거나 다른 퇴임 이사들에 대한 퇴직금 지급 관행이 있는 등 특별한 사정이 있는 경우에는 주주총회의 결의가 있었던 것으로 볼 수 있다.

③ 만일 주주총회의 결의로 이사의 퇴직위로금을 결정하였다면, 나중에 주주총회에서 퇴임한 특정 이사에 대하여 그 퇴직위로금을 박탈하거나 이를 감액하는 결의를 하였더라도 그 효력은 없다.[79] 그리고 정관에서 퇴직 금액의 범위를 구체적으로 정한 다음, 다만 재임 중 공로 등 여러 사정을 고려하여 이사회가 금액을 결정할 수 있도록 하였다면, 이사회로서는 특별한 사정이 없는 한 재임 중 공로의 정도를 고려하여 정관에서 정한 퇴직 금액을 어느 정도 감액할 수 있을 뿐, 퇴직금청구권을 아예 박탈하는 결의를 할 수 없다.

④ 주식회사와 이사 사이의 고용계약에서 보수에 관한 약정과 함께 이사가 그 의사에 반하여 이사직에서 해임될 경우 퇴직위로금과는 별도로 일정한 금액의 해직보상금을 지급하기로 약정한 경우, 이러한 해직보상금은 직무집행과의 대가가 없기 때문에 보수의 일종으로는 볼 수 없다. 그렇지만 이사들의 사익 도모의 폐해를 방지할 필요성 등을 감안하여, 판례는 이러한 해직보상금에 관하여도 이사의 보수에 관한 「상법」 제385조를 준용 또는 유추 적용하여, 정관에서 그 액을 정하지 않는 한 주주총회의 결의가 있어야만 회사에 청구할 수 있다[80]고 보고 있다.

나. 임기 만료 전 해임에 대한 손해배상청구

(1) 주주는 주주총회의 특별결의로 언제든지 이사를 해임할 수 있으나, 다만 '임기가

---

79) 서울고법 1978. 3. 23. 선고 77나2938 판결.

80) 대법원 2006. 11. 23. 선고 2004다49570 판결.

정해진 이사'를 그 임기 만료 전에 '정당한 이유' 없이 해임할 때에는 그 이사는 회사에 대하여 해임으로 인한 손해배상을 청구할 수 있다(「상법」 제385조 제1항). 주주총회에 일방적인 이사해임권을 부여한 취지는 소유와 경영의 분리에 의해 경영을 전담하는 이사가 부적정한 경영을 할 때 주주가 신속히 자신의 출자로 형성된 회사 재산을 방어할 수 있도록 하기 위해서이다.

(2) 손해배상을 청구할 수 있는 이사는 정관에 '이사의 임기를 정한 이사'만이어서 단지 정관에 '이사의 임기는 3년을 초과하지 못한다'고 규정한 경우에는 이사의 임기를 정한 경우에 해당하지 않으므로 손해배상을 청구할 수 없다.[81] '정당한 이유'란 주주와 이사 사이에 불화 등 단순히 주관적인 신뢰관계가 상실된 것만으로는 부족하고, 이사가 법령이나 정관에 위배된 행위를 하였거나 정신적·육체적으로 경영자로서의 직무를 감당하기 현저하게 곤란한 경우, 회사의 중요한 사업 계획 수립이나 그 추진에 실패함으로써 경영 능력에 대한 근본적인 신뢰관계가 상실된 경우 등과 같이 당해 이사가 경영자로서 업무를 집행하는 데 장애가 될 객관적 상황이 발생한 경우를 말한다.[82]

대법원 2004. 10. 15. 선고 2004다25611 판결

원고는 피고 회사의 경영 계획 중 1년 동안 어느 것 하나 제대로 실천된 것이 없을 정도로 투자 유치 능력이나 경영 능력 및 자질이 부족하였다고 보이고, 이로 인하여 대표이사인 원고가 피고 회사를 위하여 수임한 직무를 수행하기 곤란하게 되었을 뿐만 아니라 대표이사와 피고 회사 간의 인적 신뢰관계가 무너져 피고 회사가 대표이사인 원고를 믿고 그에게 피고 회사의 경영을 맡길 수 없는 사정이 생겼다고 봄이 상당하므로, 피고 회사가 원고를 해임한 것은 정당한 이유가 있다.

(3) 위 규정은 주주의 회사에 대한 지배권 확보와 경영자 지위의 안정이라는 주주와 이사의 이익을 조화시키려는 규정이고 이사의 보수청구권을 보장하는 것을 주된 목적으로 하는 규정이 아니다. 따라서 만일 이사회의 결의에 의하여 '정당한 이유 없이' 이

81) 대법원 2001. 6. 15. 선고 2001다23928 판결.
82) 대법원 2013. 9. 26. 선고 2011다42348 판결.

사회가 대표이사를 해임하고 무보수, 비상근의 이사로 변경되었더라도 대표이사는 이사회의 경영 판단 등에 따라 언제든지 해임할 수 있다고 할 것이므로 위 규정을 이사회가 대표이사를 해임한 경우에 유추 적용할 수 없다.[83] 반면 학설은 「상법」 제385조 제1항을 대표이사의 경우에도 유추 적용하자는 견해가 통설이다.

집행임원은 주주총회에서 선임되는 등기이사와는 지위가 다르므로 위 「상법」 제385조 제1항은 적용되지 아니하고, 위임계약의 해지에 관한 「민법」 제689조 제2항만이 적용된다 할 것이므로, 회사가 집행임원을 부득이한 사유로 해임하게 되었다면 손해배상책임을 부담하지 않는다.

(4) 손해배상의 범위는 잔여 임기 동안 재직하여 얻을 수 있는 「상법」 제388조 소정의 보수 상당액인 정기적 급여와 상여금 및 퇴직금이고, 기타 정신적 고통을 받았다고 하더라도 위자료는 청구할 수 없다. 그리고 채무불이행이나 불법행위책임과는 달리 고의, 과실을 요건으로 하지 아니하는 「상법」상의 법정책임이라 할 것이므로, 일반 채무불이행이나 불법행위책임에서와 같은 과실상계의 법리가 적용되지 아니한다.[84]

(5) 이때 해임된 이사가 해임 후 남은 임기 동안 다른 직장에 종사하여 얻은 이익을 손해배상액에서 공제해야 하는지가 문제된다. 대법원은 "공평의 관념상 당해 이사가 그 해임으로 인하여 남은 임기 동안 회사를 위한 위임사무 처리에 들이지 않게 된 자신의 시간과 노력을 다른 직장에 종사하여 사용함으로써 얻은 이익이 해임과의 사이에 상당 인과관계가 인정된다면 해임으로 인한 손해배상액을 산정함에 있어서 공제되어야 한다"고 본다.[85]

서울고법 1990. 7. 6. 선고 89나46297 판결(확정)

• 이사가 주주총회의 결의로 임기 만료 전에 해임된 경우 그로 인하여 입게 되는 손해는 이사로서 잔여 임기 동안 재직하여 얻을 수 있는 「상법」 제388조 소정의 보수 상당액인 정기적 급여와 상여금 및 퇴직금이라 할 것이고, 이사 해임에 관한 「상법」 제385조 제1항의 규정은 주주총회에 대하여 사유 여하를 막론하고 이사를 해임할 수 있는 권한을 부여하는 것으로

83) 대법원 2004. 12. 10. 선고 2004다25123 판결.
84) 서울고법 1990. 7. 6. 선고 89나46297 판결.
85) 대법원 2013. 9. 26. 선고 2011다42348 판결.

서 그에 따른 주주총회의 이사 해임은 불법행위를 구성하지 아니하는 것이므로 임기 만료 전에 해임된 이사가 그로 인하여 정신적 고통을 받았다 하더라도 위자료는 청구할 수 없다.

• 임기가 정하여진 이사를 정당한 이유 없이 임기 만료 전에 해임한 회사의 손해배상책임은 채무불이행이나 불법행위책임과는 달리 고의, 과실을 요건으로 하지 아니하는 「상법」상의 법정책임이라 할 것이므로 여기에는 일반 채무불이행이나 불법행위책임에서와 같은 과실상계의 법리가 적용되지 아니한다.

---

(6) 법원은 공기업 사장의 해임 사유를 정당한 사유가 있는 경우로 제한하고 있는 「공기업의 경영구조개선 및 민영화에 관한 법률」 제4조, 제13조는 그 입법목적이 대주주인 정부의 규제를 축소하고 전문 경영인에 의한 책임경영체제를 도입하여 경영의 효율을 제고하고자 하는 데 있다고 할 것이어서 강행규정이라고 판시한 후, 2005년 정기주주총회에서 오모 사장의 해임을 결의한 것은 정당한 해임 사유에 기인한 것이 아니고, 따라서 "피고 한국가스공사는 원고 오모 사장에게 오모 사장이 임기 동안 지급받을 수 있었던 보수액(특별한 사정이 있는 경우 성과급 포함)을 지급하라"고 판시하였다.[86)]

다. 정보접근권

이사는 대표이사에게 다른 이사 또는 피용자의 업무에 관하여 이사회에 보고할 것을 요구할 수 있고(「상법」 제393조 제3항), 이사는 3월에 1회 이상 업무의 집행 상황을 이사회에 보고하여야 한다(동조 제4항). 통상 회사의 정보는 대표이사와 상근이사에 집중되어 사외이사나 담당 업무가 아닌 사내이사가 정보에 접근하기 어렵기 때문에 이사의 업무 영역과 권한에 대한 분쟁의 소지를 없애고 기업 활동의 투명성을 높이기 위하여 2001년 개정 「상법」에서 새로 도입한 조항이다. 따라서 이사의 정보 요구에 대하여 대표이사는 영업비밀을 이유로 정보제공을 거절할 수 없으며, 이사도 영업비밀을 이유로 이사회에 대한 보고에서 제외할 수 없다. 다만 이로 인하여 회사의 회계장부 등 기밀사항에까지 사외이사의 정보접근이 용이해진다는 점을 방지하기 위하여 2001년 개정 「상법」에서는 동시에 이사의 비밀 유지 의무(제382조의4)를 신설하였다.

86) 대법원 2009. 2. 12. 선고 2006다77265 판결.

라. 이사회 소집권

대부분의 공개기업의 경우 이사회는 대표이사가 소집하도록 규정하고 있다. 이 경우 다른 이사는 소집권자인 대표이사에게 이사회 소집을 요구할 수 있고, 만일 대표이사가 정당한 이유 없이 이사회 소집을 거절하는 경우에는 다른 이사가 이사회를 소집할 수 있다(「상법」 제390조 제1항, 제2항).

8. 이사의 종결

가. 사임

주식회사와 이사의 관계는 위임에 관한 규정이 준용되므로, 이사는 언제든지 회사에 대한 일방적 의사표시로 사임할 수 있다. 이 경우 회사 또는 주주총회의 승낙이 필요하지 않으며 변경등기를 하지 않아도 자격을 상실한다. 사임의 의사표시는 대표이사에게 해야 하고, 사임의 의사표시가 대표이사에게 도달함으로써 효력이 발생한다. 만일 사임의 효력이 발생하였다면, 원칙적으로 나중에 사임의 의사표시를 철회할 수 없다.

다만 사임 의사가 즉각적이라고 볼 수 없는 특별한 사정이 있을 경우에는 별도의 사임서 제출이나 대표자의 수리 행위 등이 있어야 사임의 효력이 발생하고 그 이전에 사임 의사를 철회할 수 있다. 예컨대, 대표이사로부터의 재신임을 묻기 위하여 일괄하여 사표를 제출하고 그 처리를 일임하는 경우에는 사표 제출 시가 아니라 대표이사가 사표를 수리할 때 사임의 효과가 발생한다고 보고, 사임서의 작성 일자를 제출일 이후로 기재하여 제출하였다가 그 작성 일자가 도래하기 이전에 사임 의사를 철회한 경우 또는 사임 의사 수리를 요청하는 내용의 사임원을 제출하였다가 곧바로 사임 의사를 철회하고 사임원을 반환받은 경우에는 사임 의사가 철회되었다고 본다.[87)]

나. 해임

주식회사의 이사는 특별한 사정이 없는 한 「근로기준법」상 근로자에 해당하지 않으

87) 대법원 2006. 6. 15. 선고 2004다10909 판결.

므로, 언제든지 주주총회의 특별결의로 이사를 해임할 수 있다. 만일 이사가 그 직무에 관하여 부정행위 또는 법령이나 정관에 위반한 중대한 사실이 있음에도 불구하고 주주총회에서 그 해임을 부결한 때에는 일정 지분을 가진 소수 주주가 총회의 결의가 있은 날로부터 1월 내에 그 이사의 해임을 법원에 청구할 수 있다(「상법」 제385조 제1항, 제2항).

제3절 이사회와 대표이사

1. 이사회

가. 이사회의 권한

(1)「상법」상 필요적 결의 대상

현행 「상법」에서는 "중요한 자산의 처분 및 양도, 대규모 재산의 차입, 지배인의 선임 또는 해임과 지점의 설치·이전 또는 폐지 등 회사의 업무집행은 이사회의 결의로 한다(제393조 제1항)"고 규정하여 우리나라의 법체제가 이사회 중심의 경영구조임을 분명히 밝히고 있다. 종전에는 "회사의 업무집행, 지배인의 선임 또는 해임과 지점의 설치·이전 또는 폐지는 이사회의 결의로 한다"라고만 규정하였는데, 이사회의 활성화를 위하여 2001년 개정 「상법」에서 이사회 결의 사항의 범위를 구체화하였다.

이에 따라 법률 또는 정관 등의 규정에 의하여 이사회의 결의를 필요로 하는 것으로 되어 있지 아니한 업무이더라도 이사회가 일반적·구체적으로 대표이사에게 위임하지 않는 업무로서 일상 업무에 속하지 아니한 중요한 업무도 이사회에 그 의사결정 권한이 있다.[88)]

그리고 중요한 자산에 해당하면 설사 이사회 규정상 이사회 부의 사항으로 정해져 있지 아니하더라도 반드시 이사회의 결의를 거쳐야 하고, 대표이사에게 그 처분에 관한 사항을 일임할 수 없다.

이때 실무상 '중요한 자산의 처분 및 양도'인지 여부와 '대규모 재산의 차입'인지 여

88) 대법원 1997. 6. 13. 선고 96다48282 판결.

부가 분명하지 않다. 판례는 중요한 자산의 처분에 해당하는가 아닌가는 "당해 재산의 가액, 총자산에서 차지하는 비율, 회사의 규모, 회사의 영업 또는 재산의 상황, 경영 상태, 자산의 보유 목적, 회사의 일상적 업무와의 관련성, 당해 회사에서의 종래의 취급 등에 비추어 대표이사의 결정에 맡기는 것이 상당한지 여부에 따라 판단해야"[89] 하고, 대규모 재산의 차입에 해당하는지 여부는 "당해 차입 재산의 가액, 회사의 규모, 회사의 영업 또는 재산의 상황, 경영 상태, 당해 재산의 차입 목적 및 사용처, 회사의 일상적 업무와 관련성, 당해 회사에서의 종래의 취급 등 여러 사정에 비추어 대표이사의 결정에 맡기는 것이 상당한지 여부에 따라 판단해야"[90] 한다고 일응의 기준을 제시하였다.

대법원 2005. 7. 28. 선고 2005다3649 판결

「상법」 제393조 제1항은 주식회사의 중요한 자산의 처분 및 양도는 이사회의 결의로 한다고 규정하고 있는바, 여기서 말하는 중요한 자산의 처분에 해당하는가 아닌가는 당해 재산의 가액, 총자산에서 차지하는 비율, 회사의 규모, 회사의 영업 또는 재산의 상황, 경영 상태, 자산의 보유 목적, 회사의 일상적 업무와의 관련성, 당해 회사에서의 종래의 취급 등에 비추어 대표이사의 결정에 맡기는 것이 상당한지 여부에 따라 판단해야 할 것이고, 중요한 자산의 처분에 해당하는 경우에는 이사회가 그에 관하여 직접 결의하지 아니한 채 대표이사에게 그 처분에 관한 사항을 일임할 수 없는 것이므로, 이사회 규정상 이사회 부의 사항으로 정해져 있지 아니하더라도 반드시 이사회의 결의를 거쳐야 한다고 할 것이다.

대법원 1997. 6. 13. 선고 96다48282 판결

• 법률 또는 정관 등의 규정에 의하여 주주총회 또는 이사회의 결의를 필요로 하는 것으로 되어 있지 아니한 업무 중 이사회가 일반적·구체적으로 대표이사에게 위임하지 않은 업무로서 일상 업무에 속하지 아니한 중요한 업무에 대하여는 이사회에게 그 의사결정 권한이 있다.

• 약정 내용이 정관 등에 의하여 또는 대표이사의 일상 업무에 속하지 아니한 중요한 업

89) 대법원 2005. 7. 28. 선고 2005다3649 판결.

90) 대법원 2008. 5. 15. 선고 2007다23807 판결.

무에 해당하여 이사회의 결의를 거쳐야 할 사항인데 대표이사가 이를 거치지 아니하고 그와 같은 약정을 한 경우, 약정 당시 약정의 상대방이 이사회의 결의가 없었음을 알았거나 알 수 있었다면 그 약정은 회사에 대하여 효력이 없다.

서울중앙지법 2005. 3. 1. 선고 2003가합9129 판결

현대그룹의 대북 송금 과정에서 그 송금 방법으로 다른 계열회사의 거래계좌를 이용할 것인지의 여부는 이사회 결의 사항이 아닌 대표이사의 일상적인 업무의 범위 내에 속하는 것이라고 할 것이다.

---

(2) 「상법」상 주요 주주 등 이해관계자와의 거래

최근 사업연도 말 현재 자산총액이 2조 원 이상인 상장회사가 최대 주주, 그의 특수관계인 및 그 상장회사의 특수관계인과 아래 규모의 '거래'를 하고자 할 경우 이사회의 승인을 얻고, 이사회의 승인결의 후 처음으로 소집되는 정기주주총회에 관련 사항을 보고해야 한다(「상법」 제542조의9 제3항).

① 「금융위원회의 설치 등에 관한 법률」 제38조에 따른 검사 대상 기관인 경우.

- 단일 거래 규모가 해당 회사의 최근 사업연도 말 현재의 자산총액의 100분의 1 이상인 거래.
- 해당 사업연도 중에 특정인과의 해당 거래를 포함한 거래총액이 해당 회사의 최근 사업연도 말 현재의 자산총액의 100분의 5 이상이 되는 경우의 해당 거래.

② 「금융위원회의 설치 등에 관한 법률」 제38조에 따른 검사 대상 기관이 아닌 경우.

- 단일 거래 규모가 해당 회사의 최근 사업연도 말 현재의 자산총액 또는 매출총액의 100분의 1 이상인 거래.
- 해당 사업연도 중에 특정인과의 해당 거래를 포함한 거래총액이 해당 회사의 최근 사업연도 말 현재의 자산총액 또는 매출총액의 100분의 5 이상이 되는 경우의 해당 거래.

(3) 「공정거래법」상 필요적 결의 대상

상호출자 제한 기업집단 내 계열사들이 특수관계인을 상대방으로 하거나 특수관계인을 위하여 거래 금액이 그 회사의 자본총계 또는 자본금 중 큰 금액의 100분의 5 이상이거나 50억 원 이상의 부동산 또는 무체재산권 등의 자산을 제공 또는 거래하는 대규모 내부거래를 하고자 하는 때에는 미리 이사회의 의결을 거친 후 이를 공시해야 한다(「공정거래법」 제11조의2 제1항).

나. 이사회의 결의

(1) 소집 방법

이사회 소집권자는 이사회의 소집 일시 및 장소와 함께 회의의 의안을 포함시켜 충분히 검토될 수 있도록 통지하는 것이 바람직하다. 그러나 이사회는 회사의 업무집행에 관한 사항을 결정하는 기관으로서 수시로 필요한 사항에 대하여 적절한 결정을 해야 하며, 회사의 당면 업무에 관한 사항이 의제가 됨을 충분히 예측할 수 있으므로 주주총회의 경우와는 달리 소집 통지 시 회의의 목적 사항을 반드시 통지해야 할 필요가 없다.[91]

다만, 정관에서 회의의 목적 사항을 함께 통지하도록 정하거나 목적 사항을 미리 통지하지 아니하면 이사회에서의 심의·의결에 현저한 지장을 초래하는 등의 특별한 사정이 있는 경우에는 회의의 목적 사항도 함께 통지해야 한다.[92]

(2) 결의 요건

이사회의 결의는 이사 과반수의 출석과 출석 이사의 과반수로 해야 하고, 다만 정관으로 그 비율을 높게 정할 수 있다(「상법」 제391조 제1항). 그중 감사위원회의 독립성을 확보하기 위하여 감사위원회 위원의 해임에 관한 이사회의 결의는 이사 총수의 3분의 2 이상의 결의로 해야 한다(제415조의2 제3항). 가부동수인 경우 부결이 되고, 의장 등 특정인에게 결정권을 부여할 수 없다.

91) 송옥렬, 《상법 강의》, 966쪽; 이철송, 《회사법》, 박영사, 667쪽.

92) 대법원 2011. 6. 24. 선고 2009다35033 판결.

(3) 결의방법

① 대리출석금지

이사회는 주주총회의 경우와는 달리 원칙적으로 이사 자신이 직접 출석하여 결의에 참가해야 하며, 대리인에 의한 출석은 인정되지 않는다. 이는 이사회제도의 목적이 이사의 지식과 경험을 통한 협의와 의사 교환에 있기 때문이고, 이러한 이유에서 이사회에서의 일반 전화 또는 서면에 의한 의결권의 행사도 원칙적으로 허용되지 않는다.[93)]따라서 이에 위배된 이사회의 결의는 무효이다.[94)]

② 전자통신매체를 이용한 결의 허용

그러나 여러 이사들이 함께 모여 회의를 하는 것이 현실적으로 어려운 경우가 있기 때문에 「상법」에서는 예외적으로 전자통신매체를 이용하여 이사들 간의 의사 교환이 가능한 이사회를 허용하고 있다. 즉 정관에서 달리 정하는 경우를 제외하고 이사회는 이사의 전부 또는 일부가 직접 회의에 출석하지 아니하고 모든 이사가 음성을 동시에 송수신하는 원격통신수단에 의하여 결의에 참가할 수 있고, 이 경우 당해 이사는 이사회에 직접 출석한 것으로 본다(제391조 제2항). 이러한 전자통신매체에 의한 결의가 유효하려면, (a) 정관에 위 방법에 의한 결의를 금지하는 규정이 없어야 하고, (b) 종전에는 동영상 회의만 허용하였지만 2011년 개정 「상법」에서는 전화회의(conference call)도 허용하였으며, (c) 모든 이사가 참가해야 한다.

③ 특별한 이해관계가 있는 이사의 의결권 행사 금지

의안에 특별한 이해관계가 있는 이사는 의결권을 행사하지 못한다(「상법」 제391조, 제368조 제3항). 특별이해관계인이란 그 결의와 관련하여 개인적, 경제적 이해관계에 있는 경우를 말한다. 예를 들어 경업에 대한 승인을 얻고자 하는 경우(제397조), 사업 기회 이용의 승인(제397조의2), 자기거래(제398조)에 대한 승인을 얻는 의안의 경우 그 이사는 결의에 대하여 특별이해관계를 가지는 것으로 보지만, 대표이사의 선임 또는 해임의 안의 경우 후보자 또는 해임의 대상자인 이사는 특별이해관계를 가지는 것으로 보지

93) 손주찬·정동윤, 《주석 상법(회사3)》, 391쪽.

94) 대법원 1982. 7. 13. 선고 80다2441 판결.

않는다.

특별이해관계가 있는 이사는 이사회에서 의결권을 행사할 수는 없으나, 의사정족수 산정의 기초가 되는 이사의 수에는 포함되고, 다만 결의 성립에 필요한 출석 이사에는 산입되지 않는다. 예를 들어 회사의 3명의 이사 중 대표이사와 특별이해관계가 있는 이사 등 2명이 출석하여 의결을 하였다면 이사 3명 중 2명이 출석하여 과반수 출석의 요건을 구비하였고 특별이해관계가 있는 이사가 행사한 의결권을 제외하더라도 결의에 참여할 수 있는 유일한 출석 이사인 대표이사의 찬성으로 과반수의 찬성이 있는 것으로 되어 그 결의는 적법하다.[95]

(4) 의사록의 작성

이사의 책임 소재를 명확히 하기 위하여 「상법」은 이사회 의사록을 작성할 의무를 지우고 있다. 의사록에는 의사의 안건, 경과 요령 및 그 결과, 반대하는 자와 그 반대 이유를 기재하고 출석한 이사와 감사가 기명날인 또는 서명해야 한다(「상법」 제391조 제3항).

다. 이사회 내 위원회

(1) 설치

이사회 내 위원회는 정관이 정하는 바에 따라 이사회가 설치할 수 있다(「상법」 제393조의2 제1항). 이사회 내 위원회 제도는 이사회의 구성원 중 일부를 지정하여 특정의 중요한 업무를 수행하게 하기 위하여 이사회 내에 설치하는 하위의 전문 회의체이다. 특히 공개기업의 경우 이사회가 결정해야 할 포괄적인 업무집행 사항에 대하여 일일이 전체 이사회를 소집·개최하는 것이 어렵고, 특정한 중요한 문제에 대하여 충분히 전문적·효과적으로 검토할 필요가 있으며, 나아가 이사회의 독립성 확보를 강화하기 위하여 위원회제도가 도입되었다.

(2) 운영

위원회는 2인 이상의 이사로 구성해야 한다(제393조의2 제3항). 위원회의 이사는 이사

95) 대법원 1992. 4. 14. 선고 90다카22698 판결.

회에서 선임해야 하고, 다만 특정 이사를 위원으로 선임하고자 하는 경우에 그 이사는 특별이해관계인으로서 의결권이 없다(제393조의2, 제368조 제3항). 기타 위원회의 소집, 결의방법, 위원인 이사의 결원 보충, 회의의 연기·속행 등은 이사회의 해당 규정을 준용한다(제393조의2 제5항). 「상법」에서는 감사위원회를 제외하고는 이사회 내 위원회의 구체적인 종류를 규정하고 있지 아니하여 기업의 필요에 따라 자율적으로 위원회를 구성할 수 있도록 하고 있다.

(3) 권한위임

이사회는 그 권한을 위원회에 위임할 수 있지만, 다음 각 호의 사항은 위원회에 위임할 수 없다(제393조의2 제2항).

① 주주총회의 승인을 요하는 사항의 제안.

② 대표이사의 선임 및 해임.

③ 위원회의 설치와 그 위원의 선임과 해임.

④ 정관에서 정하는 사항.

(4) 결의의 효력

원칙적으로 위원회의 결의는 이사회의 결의와 동일한 효력이 있다. 이때 위원회는 결의된 사항을 각 이사에게 통지해야 하고, 통지받은 각 이사는 이사회의 소집을 요구할 수 있으며, 이사회는 위원회가 결의한 사항에 대하여 다시 결의할 수 있다(제393조의2 제4항). 다만 감사위원회의 결의에 대해서는 감사의 독립성을 보장하기 위해 이사회 결의로 번복할 수 없다(제415조의2 제6항).

만일 이사회의 재결의가 있는 경우에는 위원회의 결의는 효력을 잃고 이사회의 결의만 이 효력이 있다. 다만 이사회에서 다르게 재결의하였을 경우 이를 다시 공시해야 하는데, 이러한 경우 공시번복이나 공시변경에 해당되어 불성실공시법인 지정 등의 제재를 받을 수도 있다.

2. 대표이사

가. 선임

대표이사는 이사회의 결의로 선임되고, 다만 정관에서 주주총회에서 선임할 것으로 정할 수 있다(「상법」 제389조 제1항). 대표이사는 회사를 대표하여 회사의 업무를 집행하는 주식회사의 필수적 상설기관이다. 대표이사가 수인인 경우 원칙적으로 각자 회사를 대표하지만, 이사회(또는 주주총회)에서 수인의 대표이사가 공동으로 회사를 대표할 것을 정할 수 있다(동조 제2항). 만일 수인의 대표이사가 공동으로 회사를 대표할 것으로 정한 때에는 이를 등기해야 하며(제317조 제2항 제10호), 등기하지 않으면 선의의 제3자에게 대항하지 못한다(제37조 제1항).

나. 해임

대표이사는 정당한 사유가 있거나 없거나 언제든지 이사회의 결의로 해임될 수 있다. 다만 대표이사의 임기를 정한 경우에 회사가 정당한 사유 없이 그 임기 만료 전에 대표이사를 해임한 때에는 그 대표이사는 회사에 대하여 해임으로 인한 손해배상을 청구할 수 있다.

한편 판례는 지배주주가 대표이사와 향후 5년간 경영권을 보장하기로 약정하였음에도 불구하고 도중에 지배주주가 이사회 결의를 통해 대표이사를 해임하고 이를 이유로 해지 통고를 한 사건에서 "위 경영권 보장약정은 계약 자유의 원칙에 비춰 유효하고 주식회사의 본질과 사회질서에 반하지 않는다"고 하여 지배주주는 대표이사가 입은 손해를 배상할 책임이 있다고 판시하였다.[96)]

다. 대표이사의 대표권

(1) 대내적, 대외적 대표권

대표이사는 회사의 영업에 관하여 재판상 또는 재판 외의 모든 행위를 할 권한이 있

96) 대법원 2005. 12. 22. 선고 2005다46448 판결.

고, 위 권한에 대한 제한은 선의의 제3자에게 대항하지 못한다(「상법」 제389조 제3항, 제209조).

(2) 대표권의 남용

대표권의 남용이란 대표이사가 객관적으로는 대표권의 범위 내의 행위이지만, 주관적으로는 회사의 이익이 아니라 자기 또는 제3자의 개인적 이익을 도모할 목적으로 대표 권한을 행사한 경우를 말한다. 대표권 남용 행위 역시 객관적으로는 대표권의 범위 내의 행위이므로 거래의 안전상 대표이사의 주관적 의도와 관계없이 회사에 대하여 효력을 발생한다고 보고, 다만 제3자가 대표권 남용 행위를 알고 있는 등 일정한 경우에만 그 효력을 제한하고 있다.

이때 효력을 제한하는 제3자의 범위와 제한의 근거에 대하여 학설이 나뉘는데, 크게 「민법」 제107조 단서를 유추 적용하자는 심리유보설, 악의의 제3자에 대하여는 권리남용으로서 허용되지 않는다는 권한남용설(신의칙설), 표현대표에 관한 「상법」 규정을 유추 적용하자는 대표권제한설 등으로 분류된다. 판례는 심리유보설의 입장에서 대표권 남용 행위를 상대방이 알았거나 알 수 있었을 때에 이를 무효로 보는 것이 대부분이고, 간혹 권한남용설의 입장에서 회사가 상대방의 악의를 입증해야 그 행위를 부인할 수 있다고 판시한 경우도 있다.

대법원 2004. 3. 26. 선고 2003다34045 판결

대표이사가 대표권의 범위 내에서 한 행위는 설사 대표이사가 회사의 영리 목적과 관계없이 자기 또는 제3자의 이익을 도모할 목적으로 그 권한을 남용한 것이라 할지라도 일단 회사의 행위로서 유효하고, 다만 그 행위의 상대방이 대표이사의 진의를 알았거나 알 수 있었을 때에는 회사에 대하여 무효가 되는 것이다(공제조합 이사장이 자신의 이익을 도모할 목적으로 그 대표 권한을 남용하여 조합 명의로 은행에 예금담보대출을 받은 경우, 여러 정황상 피고 은행이 위 이사장의 대표권 남용 행위를 알 수 있었다고 본 사례).

---

(3) 이사회의 결의 없이 대외적 거래행위를 한 경우

이사의 자기거래 이외에 대표이사가 이사회의 결의를 거쳐야 할 대외적 거래행위에 관하여 이를 거치지 않은 경우, 대법원은 거래의 안전을 위하여 그 거래 상대방이 이사회 결의가 없었음을 알 수 있었을 경우가 아니라면 원칙적으로 그 거래행위는 유효하다고 보고 있다.

대법원 2003. 1. 24.선고 2000다20670 판결

주식회사의 대표이사가 이사회의 결의를 거쳐야 할 대외적 거래행위에 관하여 이를 거치지 아니한 경우라도 이와 같은 이사회 결의 사항은 회사의 내부적 의사결정에 불과하므로, 그 거래 상대방이 이와 같은 '이사회 결의가 없었음을 알았거나 알 수 있었을 경우가 아니라면' 그 거래행위는 '유효'하고, 이 경우 거래의 상대방이 이사회의 결의가 없었음을 알았거나 알 수 있었음은 이를 주장하는 '회사 측'이 주장·입증해야 한다.

---

(4) 거래 상대방 회사의 대표이사도 겸임하고 있는 경우

형식상 전혀 별개의 법인 대표를 겸하고 있는 자가 양쪽 법인을 대표하여 계약을 체결하는 경우는 쌍방대리로서 이익이 충돌할 염려가 있으므로 주의해야 한다. 판례는 두 회사의 대표이사를 겸하고 있던 자에 의한 매매계약을 이사의 자기거래로 분류하고 있다.[97]

라. 대표이사의 연대책임

대표이사가 그 업무집행으로 인하여 타인에게 손해를 가한 때에는 대표이사는 회사와 연대하여 배상할 책임이 있다(「상법」 제389조 제3항, 제210조). '업무집행으로 인하여'란 객관적·외형적으로 보아서 대표이사의 권한 범위 내의 행위로 판단되는 경우를 말하며, 만일 객관적·외형적으로 보아서 대표이사의 권한 범위 내의 행위로 판단되는 경우에는 구체적·현실적으로는 업무상의 행위가 아니더라도 회사와 대표이사가 그 손해

---

97) 대법원 1996. 5. 28. 선고 95다12101 판결.

배상의 책임을 져야 한다. 다만 상대방이 대표이사의 행위가 직무권한에 속하지 아니함을 알았거나 중대한 과실로 알지 못한 때에는 회사는 손해배상책임을 부담하지 아니한다.

대법원 2005. 2. 25. 선고 2003나67007 판결

• 「상법」 제389조 제3항, 제210조에 의하여 주식회사가 그 대표이사의 불법행위로 인하여 손해배상책임을 지는 것은 대표이사가 '업무집행으로 인하여' 타인에게 손해를 가한 경우이어야 하는데, … 행위의 외형상 주식회사의 대표이사의 업무집행이라고 인정할 수 있는 것이라면 설사 그것이 대표이사의 개인적 이익을 도모하기 위한 것이거나 법령의 규정에 위배된 것이라고 하더라도 주식회사의 손해배상책임을 인정해야 하는 것이다. 그러나 대표이사의 행위가 외형상 업무집행 행위에 속한다고 인정되는 경우 그 행위가 그 업무 내지는 직무권한에 속하지 아니함을 상대방이 알았거나 중대한 과실로 알지 못한 때에는 손해배상책임을 부담하지 아니한다고 할 것이다.

• 제3자와 대표이사 사이의 소비대차가 대표이사의 업무집행으로 인한 것이 아니어서 금융기관의 제3자에 대한 불법행위책임이 인정되지 아니한다.

마. 표현대표이사

(1) 사장, 부사장, 전무, 상무 기타 회사를 대표할 권한이 있는 것으로 인정될 만한 명칭을 사용한 이사의 행위에 대하여는 그 이사가 회사를 대표할 권한이 없는 경우에도 회사는 선의의 제3자에 대하여 그 책임을 진다(「상법」 제395조).

(2) 본 규정은 회사의 대표이사가 아닌 이사가 외관상 회사의 대표권이 있는 것으로 인정될 만한 명칭을 사용하여 거래행위를 하고, 이러한 외관이 생겨난 것에 회사에 귀책사유가 있는 경우에 그 외관을 믿은 선의의 제3자를 보호함으로써 상거래의 신뢰와 안전을 도모하기 위한 것이다. 따라서 회사가 이사의 자격이 없는 자에게 표현대표이사의 명칭을 사용하게 허용한 경우는 물론, 이사의 자격이 없는 사람이 임의로 표현대표이사의 명칭을 사용하고 있음을 회사가 알면서도 아무런 조치를 취하지 아니한 채 그대로 방치하여 소극적으로 묵인한 경우에도 위 규정은 유추 적용된다. 그러나 승인

없이 회사의 명칭을 임의로 참칭한 자의 행위에 대하여는 비록 그 명칭 사용을 알지 못하고 제지하지 못한 점에 회사에 과실이 있다고 할지라도 이를 회사의 책임으로 돌려 선의의 제3자에 대하여 책임을 지게 할 수는 없다.

(3) '회사가 그 책임을 진다'는 것은 표현대표이사의 행위도 대표이사의 행위와 같이 회사에 대하여 효력을 발생한다는 의미이다. 본 조항은 표현대표이사의 법률행위에 대하여만 적용되고, 표현대표이사가 직무 수행 과정에서 불법행위를 한 경우에는 적용되지 않는다.

제2장

의사결정구조에 대한 감시

제1절 감사

1. 감사제도의 의의

가. 감사제도의 중요성

감사제도는 출자자인 일반 주주들이 경영자와 공간적으로 떨어져 있고, 기업 경영에 대한 무지 내지는 무경험 등으로 인하여 경영자를 적절하게 감독할 수 없기 때문에 이를 극복하기 위하여 주주들을 대신하여 경영자를 감독할 기구를 설치할 필요에서 발전된 것이다.

이사의 부정·위법행위는 연이어 발각되는 반면 회사 규모의 거대화로 말미암아 이로 인한 해당 기업 및 사회적인 피해가 엄청나기 때문에 세계적으로 감사의 독립성과 중요성은 점점 높아지고 있다. 우리나라의 경우 IMF 외환위기를 극복하는 과정에서 기업 경영 및 회계 투명성 제고 방안으로 1997년에는 상근감사제도를, 1999년에는 감사위원회제도를 도입하는 등 「상법」에서 가장 많은 변화가 있는 분야가 감사제도이다. 미국도 2001년 말 엔론 사태 이후 기업회계 개혁법안인 '사베인스-옥슬리 법'에서는, 뉴욕 증권시장(NYSE)과 나스닥(NASDAQ)에 상장되어 있는 기업은 반드시 감사위원 전원이 독립적인 사외이사로 구성된 감사위원회를 설치해야 하고, 감사위원은 해당 기업으로부터 어떠한 자문비도 받지 아니해야 하며, 회사나 자회사와 관계가 없는 사람이어야 함을 규정하고 있다.

나. 감사위원회제도의 도입

「상법」 제정 이후 감사의 지위와 권한은 계속 강화되었지만, 감사에 의한 감사는 실효성을 거두지 못하였다. 특히 IMF 이후 경영의 투명성을 제고하기 위한 감사제도의 개선 방안이 심각하게 논의되었고, 이에 따라 현행 「상법」에서는 감사와는 별도로 감사위원회제도를 도입하였다. 즉 「상법」에서는 회사가 감사 대신 이사회의 하부 위원회인 감사위원회를 설치할 수 있도록 근거를 마련하였고, 「자본시장법」에서는 대규모 회사의 경우에는 반드시 감사위원회를 설치하도록 의무 규정을 두고 있다.

이에 대하여 감사는 이사회와는 독립적인 구조인 반면 감사위원회는 이사회의 하부구조여서 감사업무에 적합하지 않다는 비판도 제기되고 있다. 그러나 기존 감사는 피감사 대표이사의 부정행위에 대하여 시정을 구하고 해임까지 요청할 수 없지만 감사위원회의 구성원인 사외이사는 대표이사의 해임을 안건으로 하는 이사회 소집을 청구하여 의결권을 행사할 수 있는 권한을 보유하고, 기존 감사는 주로 사후적인 적법성 감사를 수행하지만 감사위원회는 적법성뿐만 아니라 광범위한 타당성 감사까지 할 수 있다는 장점이 있다.

2. 감사와 감사위원회의 설치

가. 감사

(1) 필수 기관

감사는 주식회사의 필수 기관이다.

(2) 상근감사제

감사의 상근 여부는 원칙적으로 필수이지는 않지만, 최근 사업연도 말 현재 자산총액이 1천억 원 이상인 상장기업은 반드시 1인 이상의 상근감사를 두어야 한다(「상법」 제542조의10 제1항).

상근감사란 통상 회사의 업무시간 중에 상시적으로 감사업무에 전념할 수 있는 감사를 말한다. 상근감사제도를 도입한 취지는, 기업 경영의 투명성을 제고하기 위하여 일정 규모 이상 상장기업의 경우 최소한 감사 1인을 상근하도록 함으로써 회사의 통상적인 업무집행에 관한 다양한 정보를 파악하여 충실한 사전감사를 하도록 함이다.

(3) 감사가 여러 명인 경우

감사가 수인인 경우 감사는 회의체 기관이 아니므로 각각 독립하여 감사권을 행사하고 그것에 대하여 독립적인 책임을 지게 된다. 법원은 감사가 2명 이상인 회사에서 감사 1명이 회사를 대표해 이사를 상대로 손해배상청구소송을 낸 사건에서 "감사는 제소 여부의 결정, 소의 제기 및 취하를 포함한 소송 종결에 이르기까지 모든 소송 절차에 관한 권한을 가지는데, 감사가 2인 이상이 있는 경우 감사 전원이 공동으로 회사를 대표하는 것으로 하여 그 권한을 제한할 아무런 규정이 없으므로 각자가 단독으로 회사를 대표해 그 권한을 행사할 수 있다"라고 하여 "소를 제기하지 않은 또 다른 감사가 회사를 대표하여 이 소송을 취하할 수 있다"[1]고 판결하였다.

(4) 준법감시인과 준법지원인

1997년 외환위기 이후 금융회사에 대한 효과적인 감독체계를 구축하고 내부 통제를 강화해야 할 필요성이 대두되면서 금융 관련 법률에 차례로 준법감시인제도가 도입되었다.

이후 금융기관 이외 기업의 경우에도 준법 경영을 위한 법제가 필요하다는 지적에 따라 2011년 개정 「상법」에서 일정 규모 이상의 상장회사는 준법 통제 기준을 마련하고, 법률 전문가가 미리 회사 경영의 적법성을 자체 점검하도록 이 기준의 준수에 관한 업무를 담당하는 준법지원인을 1인 이상 두도록 하는 규정을 신설하였다(「상법」 제542조의13). 대상 회사의 범위에 대해서는 최근 사업연도 말 현재의 자산총액이 5천 억 원 이상인 회사로 규정하였다(「동 시행령」 제39조).

준법지원인의 자격 요건은 변호사, 대학교에서 법률학을 가르치는 조교수 이상의 직에 5년 이상 근무한 사람, 그 밖에 법률적 지식과 경험이 풍부한 사람으로서 대통령령으로 정하는 사람이다(「상법」 제542조의13 제5항). 준법지원인은 감사와 같은 독립기관

---

1) 부산고법 2002. 12. 18. 선고 2002나8957 판결.

은 아니고, 이사회에서 임면하고, 준법 경영을 위한 이사회의 지원조직 성격을 지닌다.

준법지원인은 자료정보제출요구권과 임기 3년을 보장받고, 준법 통제 기준의 준수 여부를 점검하여 그 결과를 이사회에 보고하고, 선량한 관리자로서 직무를 수행해야 한다. 준법지원인은 준법 통제 기준의 준수 여부를 이사회에 보고해야 하는 반면, 「자본시장법」상 준법감시인은 내부 통제 기준의 준수 여부를 감사 또는 감사위원회에 보고해야 한다.

나. 감사위원회

(1) 의무적 설치 여부

회사는 정관이 정한 바에 따라 감사에 갈음하여 이사회 내의 위원회로서 감사위원회를 설치할 수 있고, 감사위원회를 설치하는 경우에는 감사를 둘 수 없다(「상법」 제415조의2 제1항). 다만 최근 사업연도 말을 기준으로 자산총액이 2조 원 이상인 상장법인의 경우에는 감사위원회를 의무적으로 설치해야 한다(제542조의11).

「상법」에 따라 의무적으로 설치해야 하는 감사위원회를 '엄격감사위원회'로, 그렇지 않은 감사위원회를 '일반감사위원회'라고 부르기도 한다.

(2) 자산 규모별 설치 기준

① 「상법」상 일반감사위원회와 엄격감사위원회의 자격 요건과 선출 방법에 차이가 있다.

자산 규모별 회사의 감사조직

자산 규모	감사조직
2조 원 이상	엄격감사위원회
2조 원 미만~1천억 원 이상	엄격감사위원회 또는 상근감사 중 선택
1천억 원 미만	일반감사위원회 또는 감사 중 선택

② 감사위원회는 3인 이상의 이사로 구성하되, 사외이사가 위원의 3분의 2 이상이어야 한다(제415조의2 제2항). 감사위원회 위원의 해임에 관한 이사회의 결의는 이사 총수

의 3분의 2 이상의 결의로 해야 한다(동조 제3항). 감사와 달리 감사위원회는 회의체 기관이므로 위원회의 결의를 통하여 위 권한들을 행사해야 하고, 감사위원회는 회사의 비용으로 전문가의 조력을 구할 수 있다(동조 제5항).

3. 감사와 감사위원의 선임

가. 선임 절차

(1) 주주총회의 의결 사항

① 감사와 감사위원은 주주총회에서 선임한다(「상법」 제409조 제1항). 상근감사를 필수적으로 두어야 할 상장법인의 경우 감사의 상근 여부를 결정하거나 기존 감사를 상근감사로 변경하는 것이 주주총회의 의결 사항인지 또는 이사회의 결의 사항인지가 문제되는데, 판례는 주주총회의 결의 사항으로 보고 있다.

서울고법 2007. 3. 28. 선고 2006나66885 판결: 상장사 감사 상근 여부는 주총 결의 사항

• 상근감사를 필수적으로 두어야 할 주권상장법인이 이사의 상근 여부를 이사회에게 결정하게 한다면 보다 충실한 사전감사를 수행하도록 하기 위해 도입한 「자본시장법」상의 상근감사제도를 유명무실하게 할 위험이 있을 뿐만 아니라 주식회사의 기관 상호 간의 견제와 균형이라는 「상법」상 원칙에도 어긋난다는 등을 고려할 때, 적어도 「자본시장법」의 적용을 받는 주권상장법인에 있어서 해당 회사의 상근감사를 선임하는 것은 물론이고 기존 상근감사를 비상근감사로 변경하는 것도 상근 여부의 면에서 중요성을 가진다는 점에서 주주총회의 결의를 요하는 것이 상당하다.

• 다만 기존 상근감사를 비상근감사로 변경하는 것은 상법이나 정관에서 상근감사 선임 등에 관한 주주총회 결의 요건을 달리 정하고 있지 아니하므로, 주주총회의 보통결의의 요건을 갖추면 족한 것으로 보아야 한다.

---

② 감사위원회 위원을 선임할 때, 종전에는 주주총회에서 우선 이사를 일괄 선임한 후 이 중에서 감사위원회 위원을 선임하는 이른바 '일괄선출방식'으로 운영하였다(「상법」 제542조의12 제2항 본문). 그러나 이러한 경우 감사위원으로 선임되기 위해서는 먼저 이사로 선임되어야 하기 때문에 대주주의 의사에 부합하는 이사만 감사위원으로 선임된다는 문제가 있었다. 이러한 문제점을 해결하기 위해 2020년 개정 「상법」에서는 자산 규모 2조 원 이상의 대규모 상장회사 또는 자산총액 1천억 원 이상의 상장회사 중 감사위원회를 설치한 회사의 경우 감사위원이 되는 이사 1인(정관으로 2인 이상으로 정할 수 있음)은 이사 선출 단계에서부터 다른 이사들과 분리선출하도록 함으로써 대주주로부터 감사위원의 독립성을 확보하였다(이른바 '분리선출방식', 같은 항 단서).

(2) 특칙: 3%룰

감사와 감사위원 선임의 경우 대주주의 영향력을 제한하고 감사의 독립성을 높이기 위하여 「상법」에서는 대주주의 의결권을 제한하고 있다. 즉 의결권 있는 발행주식 총수의 3%를 초과하는 주식을 보유한 주주는 그 초과하는 주식에 관하여 의결권을 행사하지 못하고(3%룰) 회사는 정관으로 위 3%의 비율보다 더 낮은 비율을 정하여 의결권 행사를 제한할 수 있다(제542조의12 제4항).

감사와 감사위원 선임 시에 3%룰이 적용되는 범위가 다르다. 2020년 개정 「상법」에서는 상장기업의 감사와 사외이사가 아닌 감사위원의 선임의 경우 최대 주주는 본인뿐만 아니라 특수관계인의 지분까지 합산하여 3%를 초과하는 주식에 대하여 의결권 행사를 제한하고, 사외이사인 감사위원 선임 시에는 모든 주주가 개별 주주별로 3%에 한정해서 의결권을 행사하도록 했다(제542조의12).

한편 판례는 '최대 주주와 그 특수관계인 등'뿐만 아니라 '최대 주주가 아닌 주주와 그 특수관계인 등'에 대하여도 일정 비율을 초과하여 소유하는 주식에 관하여 감사의 선임 및 해임에 있어서 의결권을 제한하는 내용의 정관 규정이나 주주총회 결의 등은 무효라고 판시하였다.[2)]

---

2) 대법원 2009. 11. 26. 선고 2009다51820 판결.

공개기업에서의 감사 · 감사위원 선임 시 의결권 제한 범위

구분		의결권 제한 범위
감사		• 개별 주주별로 의결권 있는 발행주식 총수의 3% 이상 주주: 3% 초과분 제한 • 개별 주주의 의결권 제한과 별도로 최대 주주와 그 특수관계인·최대 주주 또는 그 특수관계인의 계산으로 주식을 보유하는 자, 최대 주주 또는 그 특수관계인에게 의결권(의결권의 행사를 지시할 수 있는 권한을 포함)을 위임한 자[3]의 소유 주식은 합산하여 의결권 있는 발행주식 총수의 3% 초과분의 의결권 제한
감사위원회	사외이사인 감사위원	• 의결권 있는 발행주식 총수의 3% 이상 주주: 개별 주주별로 3% 초과분 제한 • 즉 최대 주주, 일반 주주 구분 없이 개별 주주를 기준으로 하고 특수관계인은 포함하지 않음.
	사외이사 아닌 감사위원	• 개별 주주별로 의결권 있는 발행주식 총수의 3% 이상 주주: 3% 초과분 제한 • 개별 주주의 의결권 제한과 별도로 최대 주주와 그 특수관계인·최대 주주 또는 그 특수관계인의 계산으로 주식을 보유하는 자, 최대 주주 또는 그 특수관계인에게 의결권(의결권의 행사를 지시할 수 있는 권한을 포함)을 위임한 자의 소유 주식은 합산하여 의결권 있는 발행주식 총수의 3% 초과분의 의결권 제한

(3) 결의절차와 공시

① 감사(또는 감사위원) 선임의 안과 이사 선임의 안의 의결정족수는 서로 다르기 때문에 상장회사의 경우 감사(또는 감사위원) 선임의 안과 이사 선임의 안은 별도로 상정되어 결의되어야 한다(「상법」 제542조의12 제5항). 상장회사가 주주총회에서 감사를 선임하려는 경우에는 사전에 소집 통지하거나 공고한 후보자 중에서 선임해야 한다(제542조의5).

② 3%룰에 따라 의결권이 제한된 주식은 감사(또는 감사위원) 선임 의안 표결 시 '출석

3) '최대 주주에게 의결권을 위임한 자'란 최대 주주의 영향력하에 있는 주주가 최대 주주의 의사에 따라 의결권을 행사할 수 있도록 백지위임장을 수여한 경우를 의미하는 것이지, 「증권거래법」이 정한 의결권 대리행사 권유 절차에 따라 최대 주주에게 의결권을 위임한 주식은 포함되지 않는다(서울중앙지법 2008. 4. 28. 선고 2008카합1306 결정).

한 주주의 의결권의 과반수'는 물론 '발행주식 총수의 4분의 1 이상'의 계산에도 이를 산입하지 않는다고 일반적으로 해석한다.

사례

- 발행주식 총수: 1만 주
- 주주별 보유 주식수: A 6,000주, B 1,000주, C 500주, D 500주, E 500주, F 500주, G 400주, H 300주, I 300주

발행주식 총수의 100분의 3을 초과하는 주식은 의결권이 없는 주식이고, 발행주식 총수에 산입하지 않음. 따라서 감사선임과 관련한 위 회사의 발행주식 총수는

300×9=2,700주.

③ 2020년 개정 「상법」은 감사를 선임하거나 자산총액 2조 원 이상의 상장회사에서 감사위원을 선임할 때 전자투표를 실시한 경우는 발행주식 총수의 1/4 이상을 갖춘 경우도 출석주주의 주식 과반수만으로 의결권 정족수를 충족한 것으로 간주하여 주주총회 결의 요건을 완화하였다(제409조 제3항, 제542조의12 제8항).

나. 감사와 감사위원의 자격 요건

「상법」에서는 감사의 일반적인 자격에 관한 사항은 규정하고 있지 않다. 그러다가 1990년대에 들어와 상장회사의 경영 비리가 자주 발생하자 감사의 지위와 업무의 독립성을 강화하기 위해 자산총액 1천억 원 이상인 상장회사의 상근감사 선임에만 일정한 결격 사유를 규정하였다.

감사위원의 자격에 관하여는 특별한 규정을 두고 있지 않으나 감사위원회의 중립성과 객관성 확보를 위하여 대주주나 경영자의 세력권에 포함될 소지가 있는 일정한 범위에 있는 자가 감사위원의 3분의 1을 넘을 수 없도록 하고 있다. 감사위원회를 의무적으로 두어야 하는 회사의 경우에는 감사위원의 3분의 2 이상이 소정의 자격을 갖춘 사외이사여야 하고, 사외이사가 아닌 감사위원은 상근감사의 자격 요건을 갖추어야 한다. 이와 함께 감사위원회의 전문성을 제고하기 위하여 회계 또는 재무 전문가 1인 이

상을 감사위원회에 포함하도록 하였다.

다. 임기

감사의 임기는 취임 후 3년 내 최종의 결산기에 관한 정기총회의 종결시까지로 한다(「상법」 제410조). 감사의 임기는 3년 내에 도래하는 결산기 말일이 기준이고, 3년 내에 '도래하는' 정기총회일이 기준이 되는 것이 아니다. 따라서 경우에 따라서는 감사의 임기가 3년을 초과할 수도 있고, 3년에 미달할 수도 있다. 그 결과 감사의 임기 만료일은 정관의 규정과 관계없이 언제나 정기주주총회일이 된다. 이러한 감사의 임기는 정관으로 단축하거나 연장할 수 없다.

4. 감사와 감사위원회의 권한

가. 직무집행 감사권과 보고 요구·조사권한

감사 또는 감사위원회는 이사의 직무집행을 감사하고, 언제든지 이사에 대하여 영업에 관한 보고를 요구하거나 회사의 업무와 재산 상태를 조사할 수 있다(「상법」 제412조, 제415조의2 제6항). 당초 「상법」에서는 감사의 '회계감사권'만을 인정하고 필요한 때에 한하여 회사의 업무와 재산 상태를 감사할 수 있도록 규정하였는데, 1984년 개정 「상법」에서 감사의 권한을 확대하여 감사가 언제든지 이사의 직무집행을 감사하고 이사에 대하여 영업에 관한 보고를 요구하거나 회사의 업무와 재산 상태를 조사할 수 있도록 하였다.

다만 직무집행 감사의 범위에 대하여는 학설이 나뉘는데, 이사의 직무집행에 대한 '위법성'의 감사를 원칙으로 하되, 예외적으로 이사의 직무집행이 현저히 부당한 경우에는 그것을 지적하는 한에 있어서는 '타당성'의 감사에도 미친다는 의견이 다수 의견이다. 반면 감사위원회를 구성하는 사내 또는 사외이사들은 대표이사 등 회사의 업무집행기관에 대하여 적법성감사뿐만 아니라 타당성감사를 할 수 있다.

2011년 개정 「상법」에서는 감사가 회사의 비용으로 전문가의 도움을 구할 수 있다는 조항을 신설하였다(제412조 제3항).

나. 주총 소집청구권

감사 또는 감사위원회는 회의의 목적 사항과 소집 이유를 기재한 서면을 이사회에 제출하여 임시주총의 소집을 청구할 수 있고, 만일 이사회가 총회 소집의 절차를 밟지 아니한 때에는 법원의 허가를 얻어 총회를 소집할 수 있다(「상법」 제412조의3, 제366조 제2항, 제415조의2 제6항). 다만 감사 또는 감사위원회는 소수 주주의 주총 소집청구권과 달리, 감사업무와 관련된 긴급한 의견 진술을 위하여만 주주총회 소집을 청구할 수 있다. 감사 또는 감사위원회는 주주총회에서 의결권을 행사할 수 없고 단지 주주들에게 경영에 관한 사항들을 보고함으로써 주주들의 정책적 결정을 유도하는 것에 그치기 때문이다.

다. 자회사에 대한 조사권

모회사의 감사 또는 감사위원회는 그 직무를 수행하기 위하여 필요한 때에는 자회사에 대하여 영업의 보고를 요구할 수 있고, 자회사가 지체 없이 보고를 하지 아니할 때 또는 그 보고의 내용을 확인할 필요가 있는 때에는 자회사의 업무와 재산 상태를 조사할 수 있다. 자회사는 정당한 이유가 없는 한 감사 또는 감사위원회에 대한 보고 또는 감사에 의한 조사를 거부하지 못한다(「상법」 제412조의5, 제415조의2 제6항). 이는 모회사가 자회사를 이용하여 분식결산을 하는 경우 모회사의 철저한 감사가 불가능하여 1995년 개정 「상법」에서 신설한 조항이다.

「상법」에서는 '모회사의 감사가 그 직무를 수행하기 위하여 필요한 때'에 자회사에 대한 업무보고요구권을 인정하고 있으므로, 일반적이고 포괄적인 영업 상태의 보고를 요구할 수는 없고, 예컨대 모회사와 자회사 간의 거래 관계 조사에 필요한 사항, 자회사의 주식 가치 평가에 필요한 범위에서 자회사의 자산 현황 등에 한하여 인정된다.

라. 이사회 출석·의견진술 및 소집청구권

(1) 감사는 이사의 직무집행에 관한 감사권을 가지므로 감사의 실효성을 확보하기 위하여 이사회에 출석하여 의견을 진술할 수 있다(「상법」 제391조의2 제1항). 따라서 이사회를 소집할 때에는 감사에게도 소집 통지를 해야 하고(제390조 제3항) 소집 통지를

생략하고자 할 때에는 사전에 감사의 동의를 얻어야 한다.

(2) 2011년 개정 「상법」에서는 주총 소집청구권에 이어서 감사는 필요하면 회의의 목적 사항과 소집 이유를 서면에 적어 이사에게 제출하여 이사회 소집을 청구할 수 있고, 이사가 지체 없이 이사회를 소집하지 아니하면 그 청구한 감사가 이사회를 소집할 수 있는 조항을 신설하였다(제412조의4).

부산고법 2004. 1. 16. 선고 2003나12328 판결(확정)

감사는 이사회 결의 시 의견을 진술할 권한이 있을 뿐 의결권은 없어 그에 대한 소집 통지가 되지 않아 감사가 출석하지 않은 상황에서 주주총회 소집을 의결하는 이사회 결의가 되었다고 하더라도 그 이사회의 의사 형성에 결정적인 영향을 미쳤다고 보기 어려워, 이사회 결의가 무효라고 볼 수 없고, 그 후 이사회가 다시 소집되어 주주총회 소집을 재의결하면서 비록 정관에서 정한 통지 기일보다 하루가 늦었지만 이사회가 개최되기 6일 전에 감사에 대한 이사회 소집 통지가 되었고, 이에 따라 감사가 서면으로 자신의 의견을 진술하기도 하였다면 최초 이사회 소집 통지의 절차상 하자가 치유되어 주주총회 결의를 취소할 수 없다.

마. 이사와 회사 간의 소송에서 회사대표권

회사가 이사에 대하여 또는 이사가 회사에 대하여 소를 제기하는 경우에 감사 또는 감사위원회는 그 소에 관하여 회사를 대표한다(「상법」 제394조 제1항, 제415조의2 제6항). 이사와 회사 간의 소에 있어서 양자 간에 이해의 충돌이 있기 쉬우므로, 그 충돌을 방지하고 공정한 소송 수행을 확보하기 위하여 비교적 객관적인 지위에 있는 감사 또는 감사위원회로 하여금 그 소에 관하여 회사를 대표하도록 한 것이다. 이사가 이사의 자격으로 소송의 상대방이 되는 경우이든 개인으로서 상대방이 되는 경우이든 불문한다. 감사 또는 감사위원회는 소송 제기 여부의 결정부터 화해, 소의 취하를 포함한 소송 종결에 이르기까지 모든 소송 절차를 결정한다.

만일 감사위원회의 위원이 소의 당사자인 경우에는 감사위원회 또는 이사는 법원에 회사를 대표할 자를 선임하여 줄 것을 신청하여 법원이 선임한 자를 그 소에 관하여 회사의 대표로 정해야 한다(제394조 제2항). 위 신청은 「상법」 제403조의 관할 법원인 회사의 본점 소재지의 지방법원이 전속관할이며(「비송사건절차법」 제72조 제6항, 「상법」 제403조 제7항, 제186조), 신청의 방식은 일반원칙에 따른다(「비송사건절차법」 제8조, 제9조). 이때 법원은 이사 또는 감사위원회의 진술을 들어야 하고(「비송사건절차법」 제84조의2 제1항), 재판은 이유를 붙인 결정으로써 한다(「비송사건절차법」 제84조의2 제2항, 제81조 제1항).

바. 기타 권한

기타 감사 또는 감사위원회는 이사로부터 회사에 현저한 손해를 미칠 염려가 있는 사실을 보고받을 수 있는 권한(「상법」 제412조의2, 제415조의2 제6항), 이사가 위법행위를 하려 하고 이로 인해 회사에 회복할 수 없는 손해가 생길 우려가 있는 경우에 이를 금지할 것을 청구할 수 있는 권한(제402조, 제415조의2 제6항), 주총에서 감사해임에 관한 의견을 진술할 권한(제409조의2), 신주발행무효의 소나 총회 결의취소의 소, 감자무효의 소, 합병무효의 소 등 각종 소를 제기할 수 있는 권한, 임기 만료 전 해임에 대한 손해배상청구권(제385조 제1항 준용)이 있다.

5. 감사의 의무

가. 선관의무

감사 또는 감사위원과 회사와의 관계는 위임관계이므로, 감사 또는 감사위원은 수임인으로서 회사에 대하여 선량한 관리자의 주의로써 위임사무를 처리할 의무를 부담한다. 감사 또는 감사위원의 선관의무는 주로 이사회나 경영진에 대한 감시 의무에 관한 것이다.

나. 이사회에의 보고 의무

감사 또는 감사위원회는 이사가 법령 또는 정관에 위반한 행위를 하거나 그 행위를 할 염려가 있다고 인정한 때에는 이사회에 이를 보고해야 한다(「상법」 제391조의2 제2항, 제415조의2 제6항).

다. 주총에의 의견 진술 의무

감사 또는 감사위원회는 이사가 주주총회에 제출할 의안 및 서류를 조사하여 법령 또는 정관에 위반하거나 현저하게 부당한 사항이 있는지의 여부에 관하여 주주총회에 그 의견을 진술해야 한다(「상법」 제413조, 제415조의2 제6항). 따라서 감사 또는 감사위원은 부득이한 사정이 없는 한 직접 주주총회에 출석하여 주주의 질문에 대하여 답변해야 한다.

라. 감사보고서의 작성·제출 의무

주권상장법인 또는 코스닥상장법인의 감사 또는 감사위원회는 이사로부터 정기주총 6주 전에 재무제표와 영업보고서의 서류를 받은 후 주총 1주일 전까지 이사에게 감사보고서를 제출해야 한다(「상법」 제447조 제1항, 제542조의12 제6항). 위 감사보고서에는 감사 방법의 개요, 회계장부의 부실 기재 및 재무제표와 회계장부 간의 불합치 여부, 재무제표가 회사의 재산 및 손익 상태를 정확하게 표시하고 있다는 뜻 혹은 그렇지 않다는 뜻과 사유, 감사를 하기 위하여 필요한 조사를 할 수 없었던 경우에는 그 뜻과 이유 등을 기재해야 한다(제447조의3, 제447조, 제447조의4).

마. 기타 이사에 관한 규정의 준용

「상법」 제415조에서는 이사에 관한 여러 규정을 준용하고 있다. 즉 재임 중뿐만 아니라 퇴임 후에도 직무상 알게 된 회사의 영업상 비밀을 누설하여서는 아니 되고(제382조의4 준용), 언제든지 주주총회의 특별결의에 의하여 해임될 수 있으며(제385조 제1항 준용), 주주로부터 대표소송을 제기당할 수 있다(제403조 준용).

반면 감사는 이사와는 달리 업무집행권이 없으므로, 이와 관련된 충실 의무, 영업 금지 의무 및 자기거래 금지 의무가 없다.

6. 감사의 책임

가. 회사에 대한 책임

(1) 규정

감사 또는 감사위원회의 위원이 그 임무를 해태한 때에는 그 감사 또는 감사위원회는 회사에 대하여 연대하여 손해를 배상할 책임이 있다(「상법」 제414조 제1항, 제415조의2 제6항). 만일 이사도 그 책임이 있을 때에는 감사 또는 감사위원회의 위원과 이사는 연대하여 배상할 책임이 있다(제414조 제3항, 제415조의2 제6항).

(2) 책임의 근거

주식회사의 감사는 선량한 관리자의 주의의무로 이사의 직무집행을 감시해야 한다. 만일 이사가 법령 또는 정관에 위반한 행위를 하거나 그 행위를 할 염려가 있을 때에는 이사회에 이를 보고해야 하고, 이로 인하여 회사에 회복할 수 없는 손해가 생길 염려가 있는 경우에는 이사의 위법행위를 금지하는 청구를 제기하는 등의 조치를 취해야 한다. 따라서 감사가 이러한 임무를 해태하여 회사가 손해를 입을 경우 감사는 회사에 대해 책임을 부담하게 된다.

(3) 책임의 범위

① 아직까지 많은 기업에서 독립적인 지위에 있는 사람이 아니라 현 경영진과 우호적인 사람을 감사로 선임하고 있기 때문에 현실적으로 실질적인 감사가 이루어지기 힘든 경우가 많다. 그렇지만 법원에서는 "비록 감사로서의 지위가 비상근, 무보수의 명예직으로 전문가가 아니고 형식적이었다고 하더라도 그 사유만으로 법령과 정관상의 주의의무를 면하게 할 수 없다"[4]고 전제한 후 "부당·불법의 정도, 그 노출 정도, 감사로서의 발견 가능성, 감사업무의 실제 수행 여부 등"에 따라 감사로서의 주의의무를 다하였는지를 엄격히 따지고 있다.

나아가 법원은 "감사의 구체적인 주의의무의 내용과 범위는 회사의 종류나 규모, 업

4) 대법원 2008. 7. 10. 선고 2006다39935 판결.

종, 지배구조 및 내부 통제 시스템, 재정 상태, 법령상 규제의 정도, 감사 개개인의 능력과 경력, 근무 여건 등에 따라 다를 수 있다 하더라도 감사가 주식회사의 필요적 상설기관으로서 회계감사를 비롯하여 이사의 업무집행 전반을 감사할 권한을 갖는 등 「상법」 상의 권한 또는 의무와 기타 법령이나 정관에서 정한 권한과 의무를 가지고 있는 점에 비추어볼 때 대규모 상장기업에서 일부 임직원의 전횡이 방치되고 있었다거나 중요한 재무 정보에 대한 감사의 접근이 조직적·지속적으로 차단되고 있는 상황이라면, 감사의 주의의무는 경감되는 것이 아니라 오히려 현격히 가중된다"[5]라고 판시하여 감사의 주의의무를 특히 강조하였다.

대법원 2006. 9. 14. 선고 2005다22879 판결(파기 환송)

피고 감사들이 감사보고서에 형식적으로 날인하였다거나 이사회에 참석도 하지 아니하였다는 사정 등은 오히려 피고들이 감사업무를 소홀히 하였음을 뒷받침할 뿐이고, 그럼에도 불구하고 분식회계의 실체를 심리함이 없이 피고들의 개인적인 사정만을 들어 피고들에게 분식결산에 대하여 업무상 과실이 없었다고 한 원심의 판단은 위법하다.

② 다만 "대표이사 등의 부정행위가 조직적으로 이루어지고 또한 타인의 명의를 빌림으로써 적어도 서류상으로는 위법행위를 알아내기가 어려웠던 점, 실제로 다른 감독기관에서의 감사에서도 적발되지 않았다는 점, 적절한 감사 절차가 이루어지지 않아 사표까지 제출하였으나 수리가 거부되는 등 나름대로 감사로서의 직분을 이행하려고 노력하였다는 점"[6]을 이유로 감사의 책임을 부정하거나 "감사가 이득을 받은 바 없고, 업무 관여 정도도 적었으며, 위법행위가 은밀히 이루어진 점 등"을 이유로 감사의 책임을 신의칙상 상당하다고 인정되는 범위 내로 감축하기도 한다.

(4) 책임의 소멸

감사의 회사에 대한 책임은 위임관계로 인한 채무불이행 책임이므로 소멸시효 기간

5) 대법원 2008. 9. 11. 선고 2007다31518 판결(㈜대우중공업 사건).
6) 대법원 2003. 10. 9. 선고 2001다66727 판결.

은 10년이다. 그리고 위 책임은 총주주의 동의로만 면제되고 이사와 달리 재무제표 승인 후 2년이 지나도 소멸되지 않는다.

나. 제3자에 대한 책임

(1) 감사 또는 감사위원회의 위원이 악의 또는 중대한 과실로 인하여 그 임무를 해태한 때에는 그 감사 또는 감사위원회의 위원은 제3자에 대하여 연대하여 손해를 배상할 책임이 있고(「상법」 제414조 제2항, 제415조의2 제6항), 이사도 그 책임이 있는 때에는 감사 또는 감사위원회의 위원과 이사는 연대하여 배상할 책임이 있다(제414조 제3항). 이는 이사의 제3자에 대한 책임(제401조 제1항)과 동일한 성질의 것으로서 주식회사의 성질상 감사 또는 감사위원회의 직무 수행은 제3자의 이해에 중대한 영향을 미치므로 제3자 보호를 위하여 「상법」상 특칙을 규정한 것이다.

대법원 1988. 10. 25. 선고 87다카1370 판결

회사의 감사가 회사의 사정에 비추어 회계감사 등의 필요성이 있음을 충분히 인식하고 있었고, 또 경리업무 담당자의 부정행위의 수법이 교묘하게 저질러진 것이 아니어서 어음용지의 수량과 발행 매수를 조사하거나 은행의 어음 결제량을 확인하는 정도의 조사만이라도 했다면 위 경리업무 담당자의 부정행위를 쉽게 발견할 수 있었을 것인데도 아무런 조사도 하지 아니하였다면, 이는 감사로서의 중대한 과실로 인하여 그 임무를 해태한 것이 되므로 위 경리업무 담당자의 부정행위로 발행된 어음을 취득함으로써 손해를 입은 어음 소지인들에 대하여 감사는 「상법」 제414조 제2항, 제3항에 의한 손해를 배상할 책임이 있다.

---

(2) 「주식회사 등의 외부감사에 관한 법률」에 따라 우월한 인력과 전문성을 갖춘 외부감사인이 재무제표에 대하여 감사를 실시했어도 적발하지 못한 것을 어떻게 감사가 밝혀낼 수 있냐고 항변할 수 있다. 그러나 회계장부 및 재무제표의 허위 기재 여부에 대한 회계감사는 감사의 업무 중 중요한 부분이고, 또한 외부감사인은 회사의 평상시 경영 상태, 회계장부와 재무제표의 작성 과정을 알지 못한 상태에서 이미 만들어진 재무제표를 대상으로 시간과 예산의 제약을 받으면서 감사를 실시하기 때문에 회사 경영진

이 조직적으로 분식회계를 하는 경우에는 오히려 회사 관계자보다 이를 발견하기 어려운 측면도 있다. 따라서 외부감사인의 감사보고서 작성이 있다고 하더라도 「상법」상 감사의 감사보고서 작성이 면제되는 것이 아니므로 외부감사인의 감사보고서를 이유로 감사의 회계감사 책임이 면책되거나 경감되기는 어렵다.

제2절 주주에 의한 경영감시

1. 소수 주주권의 행사

가. 소수 주주권이란

주주가 회사에 대하여 갖는 권리 의무는 원칙적으로 그가 갖고 있는 주식수에 비례한다. 그러나 이러한 경우 다수결의 남용에 의하여 소수 주주의 일방적인 희생이 예상되고 나아가 현대사회에서 주식회사가 차지하는 중요성 때문에 사회적으로도 대주주와 경영진의 위법행위를 견제할 필요성도 있다. 이러한 이유로 「상법」에서는 주주에게 공익권의 일종으로 경영감시의 권리를 부여하고 있다.

주주의 경영감시권은 1주의 주식을 보유하더라도 권리를 행사할 수 있는 단독 주주권과 일정 지분을 보유해야만 권리를 행사할 수 있는 소수 주주권으로 분류된다. 단독 주주권으로는 설립무효의 소권(「상법」 제328조), 총회 결의취소의 소권(제376조), 총회 결의무효·부존재확인의 소권(제380조), 신주발행 유지청구권(제424조), 감자무효의 소권(제445조), 합병무효의 소권(제529조), 분할무효의 소권(제530조) 등이 있다. 소수 주주권으로는 대표소송권, 회계장부열람청구권, 임시주총 소집청구권, 이사·감사·청산인의 해임청구권, 위법행위유지청구권, 주주명부 등 열람청구권, 검사인 선임청구권 등이 있고, 각 권리마다 보유해야 할 지분 요건이 서로 다르다.

나. 「상법」 특칙에 따른 보유 기간 요건의 적용

「상법」에서는 상장회사의 경우 소수 주주권 행사가 용이하도록 소수 주주권 행사에 필요한 지분 요건을 '소유'에서 '보유'로 규정하였다. '보유'란 자신이 직접 주식을 소유한 것뿐만 아니라 주주권 행사를 위임받거나 2 이상의 주주의 주주권을 공동으로 행사하는 것을 모두 포함한다(제542조의6 제8항).

그런데 상장회사의 경우 소수 주주권 행사가 용이하도록 소수 주주권 행사에 필요한 지분 요건을 완화하면서, 대신 6개월 이상의 보유 요건을 충족한 경우라는 요건을 추가했다. 따라서 6개월 이상의 보유 요건은 충족하지 못하였으나 비상장회사의 소수 주권 행사에 필요한 지분 요건은 충족한 경우 그 주주가 상장회사의 특례규정이 아닌 「상법」의 일반규정에 따라 소수 주주권을 행사할 수 있는지가 문제되었다.

이에 대한 하급심 판결이 엇갈렸지만, 2020년 개정 「상법」은 일반규정에 의해 부여된 권리와 상장회사의 특례규정에 의한 권리를 선택할 수 있음을 명확히 규정했다(동조 제10항).

다. 실질주주증명서

(1) 실질주주증명서란

주주는 주주명부에 자신의 성명과 주소가 기재되지 아니하면 회사에 대항할 수 없다(「상법」 제337조 제1항). 그런데 「상법」상 주주권을 행사하기 위하여 매번 주주가 한국예탁결제원으로부터 주권을 반환받아 발행 회사에 가서 명의개서를 해야 한다면 번거로울 수밖에 없다. 이에 「자본시장법」에서는 한국예탁결제원은 예탁자 또는 그 고객이 주주로서의 권리를 행사하기 위해 유가증권의 예탁을 증명하는 문서(실질주주증명서)의 발행을 신청하는 경우 총리령이 정하는 바에 따라 이를 발행할 수 있도록 규정하고 있다(「자본시장법」 제318조). 실질주주증명서가 회사에 제출된 경우에는 「상법」 제337조 제1항의 규정에도 불구하고 발행 회사에 대항할 수 있다.

(2) 실질주주증명서의 형식

실질주주증명서에는 실질주주의 성명(명칭)과 주소, 소유 주식의 종류와 수, 행사하려는 주주권의 내용, 주주권 행사 기간이 기재되어야 한다(「자본시장법 시행규칙」 제32조 제2항). 이때 '주주권 행사 기간'은 실질주주증명서를 사용하는 기간을 의미하는 것으로 실질주주증명서 발급 시 기재된 기간에는 해당 주식의 처분이 중지된다(「동 시행규칙」 제32조). 따라서 실질주주증명서를 신청하는 사람은 소수 주주권 행사가 끝날 수 있는 시기까지 적절히 판단하는 것이 필요하다.

(3) 실질주주증명서 발급 방법

거래증권사(보유 계좌에 해당 주식이 있는 증권사)에서 실질주주증명서 발급을 신청하면 발급까지 약 1주일 정도 소요된다. 실질주주증명서 발급을 위해서는 발급 목적을 기재해야 하는데, 발급 목적으로는 대표소송 제기권, 임시주주총회청구권, 각종 열람권, 주주제안권 등이 있다.

실질주주증명서 발급절차

① 본인 또는 대리인이 증권회사에 방문해서 신청.
② 증권사가 예탁원에 요청.
③ 예탁원이 증권사에 증명서 발급.
④ 증권사는 신청인에게 우편으로 발송 또는 주주(또는 대리인)가 방문하여 수령.

2. 대표소송

가. 대표소송이란

일정 지분을 가진 소수 주주는 회사에 대하여 이사의 책임을 추궁할 소의 제기를 청구할 수 있다(「상법」 제403조 제1항). 업무의 공정성을 위하여 독립적인 감사 또는 감사위원회가 회사를 대표하여 이사들의 회사에 대한 책임을 추궁하도록 규정하고 있지만, 현실적으로 감사 또는 감사위원회가 이사를 상대로 책임을 추궁하기가 쉽지 않다. 이렇게 회사가 이사에 대한 책임 추궁을 게을리할 경우 주주가 회사를 대신하여 직접 이사의 책임을 추궁할 수 있는 제도를 마련하였는데, 이것이 바로 '대표소송'이다.

대표소송은 제일은행과 삼성전자의 판결로 사회적으로 많은 주목을 받은 바 있다. 그러나 대표소송은 주주가 '회사를 위하여' 소를 제기하는 것이어서 설사 대표소송에서 승소하더라도 이익은 회사에 귀속하고 원고 주주가 얻는 이익은 없다. 따라서 전문성이나 정보가 부족한 소수 주주가 많은 비용을 지출하면서 대표소송을 제기하기란 쉽지 않다. 실제로 대부분의 소수 주주들은 이사들의 임무 해태가 있는 경우 자신이 직접 대표소송을 제기하여 이사들의 책임을 추궁하기보다 자기의 주식을 매도하여 문제를 처리하는 소극적인 자세를 취하는 것이 현실이다.

나. 누가 원고가 될 수 있는가

상장회사의 경우 대표소송을 제기할 당시를 기준으로 일정한 지분을 6월 전부터 계속 보유한 주주가 대표소송을 제기할 수 있고, 다만 소 제기 전 6개월 전부터 지분을 보유하지 아니한 주주도 「상법」상의 1% 이상의 주식을 보유한 경우에는 대표소송을 제기할 수 있다.

행사 가능 지분율/발행주식 총수 기준

일반 상장회사	금융회사[7]	비상장회사
0.01% 이상	0.001% 이상	1%

미국과 달리 동시주식소유원칙(contemporaneous ownership)이 적용되지 않는다고 보고 있어, 제소 당시에 위 지분 요건을 충족하면 되고, 문제가 되는 이사의 위법행위 시에 주주일 필요는 없다.[8] 반드시 1인이 위 지분을 보유해야 하는 것은 아니고, 2인 이상 주주의 지분을 합산하여 공동으로 청구할 수 있다. 장기간 소송을 진행하다 보면 원고들이 주식을 매도하거나 대주주의 회유 등으로 변론 종결 전에 일부 주주가 이탈하여 당사자 적격을 갖추지 못하는 경우가 발생할 수 있다. 이에 「상법」은 대표소송을 제기한 주주의 보유 주식이 제소 후 대표소송 지분 요건 미만으로 감소하더라도 대표소송을 수행할 수 있도록 하였지만, 보유 주식이 1주도 없는 경우에는 당사자 적격이 없으

---

7) 「금융회사의 지배구조에 관한 법률」 제33조 제5항

8) 민형기, 〈주주의 대표소송〉, 《재판자료 38집: 회사법상의 제문제(하)》, 186쪽; 임재연, 〈미국과 한국의 대표소송 비교연구〉, 《인권과 정의》, 116쪽.

므로 부적법 각하된다(「상법」 제403조 제5항).

서울고법 2000. 1. 4. 선고 98나45982 판결: 제일은행 사건

한보철강 등 대기업에 대한 부실 대기업 여신으로 제일은행이 부실화가 되자 1997년 참여연대가 소액주주 52명을 모아 이철수 전 행장 등 당시 경영진들을 상대로 대표소송을 제기하였다. 1심에서는 원고들이 승소하였으나, 2심 진행 도중 「금융산업의 구조개선에 관한 법률」 제10조 및 제12조에 의하여 소액주주들의 주식이 무상 소각되어 원고 주주들이 단 1주도 보유하지 않게 되었고, 2심 법원은 소액주주들의 청구에 대하여 소 각하 판결을 내렸다. 다만 2심에서 제일은행이 추가로 원고로 참가하였고, 법원에서는 각하 판결 이전에 회사가 공동소송참가를 신청한 이상 원고 은행의 참가는 적법하다고 판결하였다.

만일 원고 주주가 사망 또는 합병으로 소멸한 경우에는 상속인, 존속 회사 등 포괄승계인이 대표소송 절차를 수계하게 된다(「민사소송법」 제233조, 제234조). 한편 대표소송을 제기한 원고의 주식을 양수한 자가 승계 참가를 할 수 있는지가 문제되는데, 이에 대하여는 대표소송 제기권은 공익권이므로 원고인 주주가 주식을 양도하더라도 양수인이 소송에 참가 또는 인수(「민사소송법」 제81조, 제82조)하는 것은 아니라는 견해가 있다.[9] 다만 신주발행무효의 소의 경우에는 소송 중 원고 적격의 근거가 되는 주식이 양도된 사안에서 판례는 주식 양수인이 소송에 승계 참가할 수 있다고 보았다.[10]

이사의 불법행위에 적극 가담하거나 인용, 추인한 주주나 이사의 불법행위를 알고도 부당히 오랜 기간 이를 방치한 주주에 대하여 신의성실의 원칙 또는 실효의 원칙에 따라 대표소송을 제기할 수 없다는 견해가 있다.[11] 한편 회사정리 절차 개시 결정 후에는 회사 재산의 관리처분권이 관리인에게, 파산 절차 개시 후에는 파산관재인에게 전속되기 때문에 주주는 주주대표소송을 제기할 수 없다.

---

9) 이철송, 《회사법강의》, 박영사, 640쪽.
10) 대법원 2003. 2. 26. 선고 2000다42786 판결.
11) 민형기, 〈주주의 대표소송〉, 《재판자료 38집: 회사법상의 제문제(하)》, 187~188쪽.

다. 누가 피고가 되는가

원칙적으로 법령 또는 정관에 위반한 행위를 하거나 그 임무를 해태한 등기이사 또는 등기이사였던 자가 피고이다. 만일 법령 또는 정관에 위반한 행위나 그 임무를 해태한 행위가 이사회의 결의에 의한 것인 때에는 그 결의에 찬성한 이사도 피고가 되고, 그 결의에 참가한 이사로서 이의를 한 기재가 이사회 의사록에 없는 자는 그 결의에 찬성한 것으로 추정한다(「상법」 제399조 제3항). 소 제기 시점에 이미 퇴임한 이사에 대하여도 재임 시의 책임을 대표소송에 의해 추궁할 수 있다.

그리고 「상법」에서는 등기이사가 아니더라도 다음에 해당하는 자는 그 지시하거나 집행한 업무에 관하여는 등기이사로 보아 연대하여 그 책임을 진다고 하여 피고의 범위를 확대하였다(제401조의2).[12] 우리 기업 현실에서 1인 주주 또는 지배주주 등이 배후에서 회사의 경영에 영향력을 행사하면서도 법률상 아무런 책임을 지지 않던 실정을 고려해서 1998년 개정 「상법」에서 새로이 도입한 제도이다.

- 회사에 대한 자신의 영향력을 이용하여 이사에게 업무집행을 지시한 자
- 이사의 이름으로 직접 업무를 집행한 자
- 이사가 아니면서 명예회장·회장·사장·전무·상무·이사 기타 업무를 집행할 권한이 있는 것으로 인정될 만한 명칭을 사용하여 회사의 업무를 집행한 자

종전에는 실질적인 의사결정을 하였음에도 이사회에 출석하여 의결을 하지 않은 경우가 있었다. 그러나 설사 이사회에 출석하여 의결하지 않았더라도 만일 실질적인 집행에 관여하였거나 그 집행에 관여하지 않은 것이 다른 이사들의 위법한 업무집행을 알고도 제지하지 않고 승인하거나 묵인한 경우에 해당한다면 이는 이사로서의 임무를 해태한 것으로 볼 수 있다. 감사도 책임이 있는 경우에는 피고가 된다(「상법」 제415조, 제403조).

---

12) 다만 법원은 「상법」 제401조의2가 시행된 1998년 12월 28일 이전에 발생한 사건에 대하여는 「상법」 제401조의2의 규정이 적용되지 않는다고 판시하였다(대법원 2003. 1. 10. 선고 2001다37071 판결).

이중대표소송

이중대표소송이란 자회사가 자회사 이사의 부정행위로 손해를 입었음에도 자회사 이사의 책임을 제대로 추궁하지 않을 경우 모회사의 주주가 자회사를 위하여 자회사의 이사를 상대로 직접 대표소송을 제기하는 것을 말한다. 「상법」 제403조는 대표소송을 제기할 수 있는 자를 "발행주식 총수의 100분의 1 이상에 해당하는 주주"라고 정의하고 있는데, 여기 모회사의 주주까지 포함되는지가 문제되었다.

종전 대법원 판례는 이를 부인하였기 때문에 모회사의 주주는 자회사를 통한 일감 몰아주기 등 대주주의 사익추구 행위를 방지할 수 없었다. 그러나 2020년 개정 「상법」은 모회사 주주도 자회사 이사를 상대로 대표소송을 제기할 수 있도록 했다.

라. 어떤 절차로 소송을 제기하는가

(1) 감사나 감사위원회에 대한 소 제기 청구

소수 주주는 바로 주주대표소송을 제기할 수는 없고, 먼저 회사의 감사(만일 감사위원회를 두는 경우에는 감사위원회)에게 그 이유를 서면에 적어 회사가 이사의 책임을 추궁할 소를 제기할 것을 청구해야 한다(「상법」 제403조, 제394조 제1항 단서). 이 서면에는 상대방 이사의 성명, 책임 발생의 원인이 되는 사실, 소를 제기할 것을 취지로 기재하면 된다. 만일 감사에 대한 책임 추궁이라면 대표이사에게, 이사와 감사를 모두 피고로 하는 경우는 감사와 대표이사 쌍방에게 위 서면을 보내야 한다.

(2) 원칙적으로 30일 이후 법원에 대표소송 제기

① 만일 감사 또는 감사위원회가 소 제기 청구를 받은 날로부터 30일 이내에 소를 제기하지 않으면, 주주들은 즉시 회사를 위하여 대표소송을 제기할 수 있다(「상법」 제403조 제3항). 다만 위 기간의 경과로 인하여 회사에 회복할 수 없는 손해가 생길 염려가 있는 경우 주주는 회사에 대하여 청구하지 아니하고, 또 청구를 했더라도 30일을 기다릴 필요 없이 즉시 소를 제기할 수 있다(동조 제4항). 전체 이사의 과반수가 이사의 문제된 행위에 관련되어 있거나 이사회에서 이미 문제된 행위를 추인한 경우 등과 같이 회사가 이사에 대한 책임 추궁을 위한 소송의 제기를 기대할 수 없을 때에는 쓸데없는 시간

낭비로서 주주와 회사의 이익에 반하므로 곧바로 소를 제기할 수 있다고 보아야 할 것이다.[13]

② 한편 제일은행 사건의 경우 원고들이 이 사건 소 제기일 2개월 전부터 구두로 수차례 피고들에 대한 소를 제기할 것을 청구해오다가 서면으로 소 제기 청구를 한 후 다음 날 대표소송을 제기하였는데, 이에 대하여 법원은 "소 제기 서면 요청 규정은 회사가 이사에게 직접 책임을 추궁할 기회를 사전에 부여하기 위한 것에 불과하므로 소수주주가 비록 제소 바로 전날 서면으로 회사에게 제소 요구를 하였더라도 그 후 30일이 지나도록 회사가 대표소송에 참가하는 등 제소 의사를 표명하지 않았다면 위 사건 불준수의 하자는 치유되었다"고 판시하였다.[14]

마. 어느 경우에 책임을 지는가: 삼성전자 사건을 중심으로

(1) 책임의 범위

여기서 말하는 '책임'의 범위에 관하여는 이사가 회사에 대하여 부담하는 모든 채무, 즉 회사와 이사 간의 거래상 채무이행의 청구까지 대표소송을 제기할 수 있다는 '전채무설'이 우리나라의 통설이고, 대표소송에 의해 추궁당할 수 있는 이사의 책임은 「상법」 제399조의 손해배상책임과 제428조의 자본충실책임에 한정된다는 '한정채무설'이 소수설이다.[15]

이에 대해 하급심 판결은 엇갈리고 있는데, 주식회사 바이오닉스 건에 관한 하급심 판결은 회사와 대표이사 간의 부적법한 자기거래를 통해 대표이사가 회사 주식을 취득한 사안에서 소액주주가 회사를 대표하여 대표이사를 상대로 주식반환청구를 한 것은 주주대표소송의 대상이 아닌 것을 주주대표소송으로 제기한 사안이라고 하여 각하하였다.

반면 우성산업주식회사에 관한 하급심 판결에서는 "대표소송에 관한 「상법」 제403조는 주주는 회사에 대하여 '이사의 책임'을 추궁할 소의 제기를 청구할 수 있고, 회사

13) 사법연수원, 《회사법》, 2000, 229쪽.

14) 서울지법 1998. 7. 24. 선고 97가합39907 판결.

15) 사법연수원, 《회사법》, 2000, 227~228쪽.

가 소를 제기하지 아니한 때에는 주주는 회사를 위하여 소를 제기할 수 있다고 규정하고 있을 뿐이고 대표소송이 인정되는 범위를 제한하고 있지 않은 점, 대표소송이 인정되는 근본 이유인 회사와 이사의 특수관계로 인한 제소 해태 가능성은 일체의 채무에 관하여 존재하는 점, 대표소송이 경영자의 전횡으로부터 주주를 보호하기 위한 방어적 수단인 점, 이사는 회사에 대하여 충실 의무를 부담하고 이에 위반한 행위를 하거나 그 임무를 해태한 때에는 회사에 대하여 손해배상책임을 부담해야 하는데 이사가 회사에 대하여 부담하는 계약상의 채무를 이행하지 않은 것은 충실 의무 위반에 해당된다고 볼 여지가 있는 점 등을 고려하면 전면적 책임설이 타당하다"고 판시하였다.[16]

그러나 대표소송이 문제되는 경우는 주로 「상법」 제399조의 손해배상책임과 관련된 부분인데, 이는 결국 당시의 구체적인 상황을 살펴보아야 한다. 이에 대한 원칙적인 기준으로는 이사가 경영 판단을 함에 있어 절차적으로 요구되는 모든 요건을 거쳤는지, 그 경영 판단과 행위가 통상의 기업인으로서 간과할 수 없는 과오를 범한 것인지, 그것이 부여된 재량권의 범위를 일탈한 것인지가 핵심이다.

(2) 삼성전자 대표소송 사건

시민단체인 참여연대가 삼성전자의 故 이건희 회장을 상대로 대표소송을 제기하면서 대표소송이 사회적으로 큰 주목을 받았다. 이 소송은 이건희 회장을 상대로 했다는 상징적인 면 이외에도 법리적으로도 대표소송과 관련한 중요한 기준을 제시하고 있기 때문에 진행 경위와 결과를 자세히 살펴본다.

① 진행 경과

1998년 10월 20일 참여연대는 원고 적격을 가진 소액주주 22명(15,373주, 발행주식 총수의 0.01034%)을 모아 삼성전자의 이건희 등 11명의 전·현직 이사들을 상대로 총 3,512억 원을 회사에 배상하라는 주주대표소송을 제기하였다. 소송에서 주장한 청구 원인은 (a) 뇌물공여행위, (b) 자회사 주식의 저가매각행위, (c) 부실기업에 대한 출자 및 지급보증행위, (d) 계열사 부당내부거래행위였다.

---

16) 이 판례들은 2012년 법무부 용역인 〈회사소송제도의 개선을 위한 연구〉(노혁준 외 2, 서울대학교 금융법센터)에서 재인용함.

② 청구 원인1: 뇌물공여행위

이건희 이사는 삼성전자에서 업무 일시 가불금 등의 명목으로 인출하였다가 그 후 교제비 등 경비에 사용한 것처럼 회계처리하는 방법 등으로 75억 원을 조성하여 노태우에게 1988년부터 1992년까지 뇌물로 공여하였다.

1심(인용, 75억)[17]	2심(인용, 70억)[18]
이건희 이사가 삼성전자의 자금을 노태우에게 뇌물로 공여한 행위는 범죄행위이므로 「상법」 제399조에서의 법령에 위반한 행위에 해당한다.	뇌물공여와 같은 범죄행위를 기업 활동의 수단으로 하는 것은 허용될 수 없다 할 것이어서 경영 판단으로 보호될 수 없다. 단, 뇌물공여액 중 5억 원은 소멸시효로 제외한다.
3심[19]	
회사가 기업 활동을 함에 있어서 「형법」상의 범죄를 수단으로 하여서는 안 되므로 뇌물공여를 금지하는 「형법」 규정은 회사가 기업 활동을 함에 있어서 준수해야 할 것으로서 이사가 회사의 업무를 집행하면서 회사의 자금으로서 뇌물을 공여하였다면 이는 「상법」 제399조에서 규정하고 있는 법령에 위반한 행위에 해당된다고 할 것이고 이로 인하여 회사가 입은 뇌물액 상당의 손해를 배상할 책임이 있다.	

③ 청구 원인2: 자회사(삼성종합화학) 주식의 저가매각

1994년 4월 25일 삼성전자의 이사들은 비상장법인인 삼성종합화학의 유상증자에 따른 신주 1천만 주를 주당 액면가액 1만 원에 인수하였음에도 그로부터 8개월이 채 경과하기 전인 12월 17일 삼성종합화학 주식 2천만 주를 주당 2,600원에 삼성건설과 삼성항공에 매도하였다.

17) 수원지법 2001. 12. 27. 선고 98가합22553 판결.
18) 서울고법 2003. 11. 20. 선고 2002나6595 판결.
19) 대법원 2005. 10. 28. 선고 2003다69638 판결.

<table>
<tr><th>1심(인용, 626억)</th><th>2심(기각)</th></tr>
<tr><td>(삼성종합화학의 주식을 최초 인수한 부분은 기각) 삼성종합화학 주식의 적정 가격은 5,733원으로서 삼성전자가 1만 원에 매입한 것을 이사의 임무 해태라고 할 수 없다.
(이후 주식을 처분한 부분은 인용)
• 1만 원에 매입한 삼성종합화학 주식을 주식 가치의 하락 원인이 없는데도 순자산 가치(5,733원) 및 타 회사의 매각 가격(6,600원)보다 현저히 낮은 2,600원에 계열사에게 매각한 것은 부당하다.
• 「상속세법」상 비상장주식 평가 기준을, 지배권이 포함되며 참고 가격이 있는 주식 가격 산정에 적용하는 것은 부당하다.
• 회계법인이 「상속세법」에 따라 계산한 주식 가격이라 하더라도 이사들이 다른 자료를 제시받지도 않았으며 사전에 검토하지 않고 1시간 만에 매각을 결정한 것은 임무 해태이다.</td><td>(1심과 마찬가지로 최초 인수 부분은 기각, 이후 주식을 처분한 부분은 인용)
• 매각 가격인 주당 2,600원은 그 시가 또는 적정 가액을 반영하였다고 볼 수 없고, 이를 훨씬 저가로 매도해야 할 특별한 사정도 존재하지 않는다.
• 삼성종합화학이 불과 3년 전에 설립되고 기업 특성상 초기에 상당한 정도의 투자비용 등의 지출이 필요한 상황이라면, 처분 시의 적정 가액은 그 당시의 순자산가액을 발행주식 총수로 나눈 순자산 가치로 보아야 할 것이다.
• 다만, 주식의 처분 필요성이 인정되고 이사들이 반도체 사업 등에서 막대한 이익을 창출한 점 등을 이유로 이사들의 과실을 20%만 인정한다.</td></tr>
<tr><th colspan="2">3심</th></tr>
<tr><td colspan="2">회사가 소유하는 자산을 매각하는 때에는 처분 이익을 극대화하거나 처분 손실을 극소화하는 방향으로 거래 가격을 결정해야 할 것이므로 비상장주식을 매도하는 경우에 있어서 객관적 교환 가치가 적정하게 반영된 정상적인 거래의 사례가 있는 경우에는 그 거래 가격을 시가로 보아 주식의 가액을 평가해야 할 것이나, 그러한 거래 사례가 없는 경우에는 비상장주식의 평가에 관하여 보편적으로 인정되는 방법(순자산 가치 방식, 수익 가치 방식, 유사 업종 비교 방식 등)에 의하여 평가한 가액을 토대로, 당해 거래의 특수성을 고려하여 객관적 교환 가치를 반영한 적정 거래 가액을 결정해야 할 것인바, 회사가 소유하고 있는 비상장주식을 매도하는 업무를 담당하는 이사들이 당해 거래의 목적, 거래 당시 당해 비상장법인의 상황, 당해 업종의 특성 및 보편적으로 인정되는 평가 방법에 의하여 주가를 평가한 결과 당해 거래에 있어서 거래 가액을 결정하였고, 그러한 거래 가액이 당해 거래의 특수성을 고려하더라도 객관적으로 현저히 불합리하지 않을 정도로 상당성이 있다면 선량한 관리자의 주의의무를 다한 것으로 볼 수 있을 것이나 그러한 합리성과 상당성을 결여하여 회사가 소유하던 비상장주식을 적정 가액보다 훨씬 낮은 가액에 매도함으로써 회사에게 손해를 끼쳤다면 그로 인한 회사의 손해를 배상할 책임이 있다.</td></tr>
</table>

④ 청구 원인3: 부실기업(이천전기) 인수 및 지급보증

1997년 4월 2일 삼성전자의 이사회에서는 비상장기업인 이천전기의 주식 400만 주를 200억 원에 인수하기로 결의하였다. 당시 이천전기는 1996년 말 기준으로 433억 원의 자본잠식, 197억 원의 당기순손실인 상황이었다. 그런데 삼성전자가 이천전기를 인수한 후 이천전기의 재무구조는 더욱 악화되었고, 이에 1998년 3월 하순경 삼성전자 이사회는 1,570억 원에 이르는 이천전기의 금융기관에 대한 채무에 대하여 지급보증하기로 결의하였다. 그러나 결국 1998년 6월 12일 이천전기는 한빛은행으로부터 퇴출 대상 기업으로 선정되었다.

1심(276억 원)	2심(기각)
(부실기업을 인수한 부분은 인용) 이천전기는 삼성전자가 인수하기 직전 전액 자본잠식 상태였고 단기 차입금이 없으면 즉시 부도 처리될 수 있는 상황이었다. 이천전기의 인수를 결의한 이사들은 비정상적 재무상황에 대해 관련 자료를 검토하고 회사의 이익을 고려하는 등 인수 위험을 고려해야 하는데도 사전 검토도 없이 이사회 1시간 만에 인수를 결정하여 선량한 관리자로서 주의의무를 다하지 못하였다. (이후 지급보증 부분은 기각) 이후 삼성전자가 지급보증을 한 것은 자칫 삼성전자까지 신용불량이 될 수 있는 상황을 모면하기 위한 어쩔 수 없는 결정으로 보여진다.	(부실기업을 인수한 부분도 기각) 이천전기를 인수하기 1년 전부터 미리 실무자에게 이천전기의 향후 손익 전망 등을 구체적으로 보고를 하게 한 점, 인수 가격 결정을 수차례 협상을 거친 점, 이사회 결의 당시 담당 이사로부터 설명을 들은 다음 인수 결의를 한 점 등을 비추어볼 때, 당시 이사들이 통상 기업인으로서 간과할 수 없는 과오를 저질렀다든지 그 인수 결정이 그 당시의 상황에서 경영 판단의 재량권 범위를 넘는 것으로서 현저히 잘못된 것이라고 보기 어렵다.

3심(기각)
이사가 회사의 자산을 인수함에 있어서 그 인수 여부나 거래 가액을 결정하는 데 필요한 정보를 합리적인 정도로 수집하여 충분히 검토한 다음 회사의 이익에 합당한 상당성 있는 판단을 하였다면 회사에 대하여 선량한 관리자의 주의의무를 다한 것이라고 할 것이다.

⑤ 청구 원인4: 계열사(중앙일보, 삼성물산, 삼성중공업)에 대한 부당내부거래행위

1심은 공정거래위원회가 적발한 계열사와의 부당내부거래에 피고 이사들이 관여하거나 승인한 사실이 입증되지 않는다는 이유로 기각되었고 원고 측은 항소를 포기했다.

제일은행 사건

소 제기의 배경

한보그룹은 외부 차입금에 의존하여 1991년 당진에 대규모 제철소를 건설하는 사업을 추진한 결과, 1996년 11월 말에 외부 차입금이 약 5조 원에 이르렀다. 이러한 외부 차입금에 대한 금융비용 부담으로 한보그룹은 재무구조가 극도로 열악해져 추가 대출이 끊기면서 1997년 1월 23일 최종 부도 처리되었다. 제일은행은 당시 한보철강에 대하여 약 1조 853억 원의 여신을 제공하고 있었는데, 이러한 여신이 제대로 담보도 확보하지 않은 상태에서 비정상적으로 제공된 것임이 판명되면서 참여연대가 제일은행의 소수 주주들을 모아 당시 회사 경영진을 상대로 대표소송을 제기하였다.

서울고법 2000. 1. 4. 선고 98나45982 판결

• 신규 대출에서의 과실

제일은행이 한보철강에 대하여 신규 여신을 제공한 1993년 10월경에는 한보철강이 이미 거액의 외부 차입금에 의존해 투자하고 있어 재무구조가 좋지 않았고, 임원들 역시 자체 신용조사 결과에 따라 이러한 사정을 충분히 알 수 있었으며, 신규 대출 당시의 여신 심사 의견서에도 여신 제공이 원칙적으로 금지되어 있는 E등급 업체였음에도 불구하고, 정태수 회장의 매립 공사 완공 후 담보 제공의 약속만 믿고 아무런 담보 없이 신규 대출을 감행한 것은 여신 운용 원칙에 위반한 행위로서 회사에 대한 선관주의의무 내지 충실 의무에 위반한 것이다.

• 후속 대출에서의 과실

각 대출 시점에서 한보철강의 제철소 사업의 성공 여부가 불투명하고 한보철강의 전반적인 상환 능력이 의심되고 있음에도 이에 대한 검토 없이 대출을 결의한 점, 대출 후에도 사업의 진척 상황 및 사업 변경의 타당성 등을 조사하여 그 여신이 적절한 용도로 사용되고 있는지 감시하고 자원의 지원 규모가 적정한지 여부를 검토하여 만일 상환 능력이 의심된다면 즉시 여신을 축소하고 담보를 확보하는 등 종합적이고 실효성 있는 여신 관리 대책을 강구했어야 함에도 기존의 여신에 대한 관리 대책을 세우지 않은 점, 오히려 한보철강의 사업 규모가 1조 5,000억 원에서 7차례에 걸쳐 5조 7,265억 원으로 수시로 대폭 확대되었음에도 불구하고 이에 대한 철저한 원인 규명 없이 무담보로 거액의 여신을 지속적으로 제공한 점, 은행의 여신 심사 의견서는 대출의 승인 여부를 결정함에 있어서 가장 중요한 자료로서 그 담당 실무자가 각종 자료나 답사를 통하여 신용 상태가 객관적으로 평가되어 작성되어

야 할 것임에도 불구하고 피고 이사들이 미리 여신을 제공할 것을 결정하고 그 담당 실무자에게 여신 적격 의견으로 심사 의견서를 작성할 것을 지시한 점, 전 행장들이 수억 원의 뇌물을 한보철강으로부터 받은 점 등을 종합할 때, 전 행장들은 은행 최고 경영자로서의 임무를 해태한 것이고, 이사들은 전 행장들의 무모하고 독단적인 여신 제공 결정을 저지하지 못하고 이에 찬성하여 은행 이사로서의 임무를 해태한 것이다.

대법원 2002. 3. 15. 선고 2000다9086 판결

금융기관인 은행은 주식회사로 운영되기는 하지만, 이윤 추구만을 목표로 하는 영리법인인 일반의 주식회사와는 달리 예금자의 재산을 보호하고 신용 질서 유지와 자금 중개 기능의 효율성 유지를 통하여 금융시장의 안정 및 국민경제의 발전에 이바지해야 하는 공공적 역할을 담당하는 위치에 있는 것이기에 은행의 그러한 업무의 집행에 임하는 이사는 일반의 주식회사 이사의 선관의무에서 더 나아가 은행의 그 공공적 성격에 걸맞은 내용의 선관의무까지 다할 것이 요구된다 할 것이고, 따라서 금융기관의 이사가 선량한 관리자의 주의의무에 위반하여 자신의 임무를 해태하였는지의 여부는 그 대출 결정에 통상의 대출 담당 임원으로서 간과해서는 안 될 잘못이 있는지의 여부를 금융기관의 공공적 역할의 관점에서 대출의 조건과 내용, 규모, 변제 계획, 담보의 유무와 내용, 채무자의 재산 및 경영 상황, 성장 가능성 등 여러 가지 사항에 비추어 종합적으로 판정해야 할 것이다. 원심이 피고들이 은행 최고경영자 혹은 이사로서 임무를 해태하였다고 판단한 것은 결론에 있어서 정당하다.

바. 기본적인 소송 절차

(1) 관할 및 소가

대표소송은 회사의 본점 소재지 지방법원의 전속관할이고(「상법」 제403조 제7항, 제186조), 합의부 관할이다(「민사 및 가사소송의 사물관할에 관한 규칙」 제2조, 「민사소송 등 인지법」 제2조 제4항). 그리고 대표소송은 소가를 산출할 수 없는 소송으로 보아(「민사소송 등 인지규칙」 제15조 제1항), 청구금액에 관계없이 소가는 1억 원이다(「민사소송 등 인지법」 제2조 제4항, 「민사소송 등 인지규칙」 제18조의2 단서). 원고 승소 판결에 대해 피고 이사 측에서 항소·상고하는 경우에도 그 상소심의 소송 목적의 값은 여전히 1억 원으로 본다.[20] 다만 가압류의 경우 위 1억 원이 아니라 본안 소송에서의 청구금액을 기준으로

20) 대법원 2009. 6. 25. 선고 2008마1930 판결.

보증보험증권 또는 현금을 담보로 제출할 것을 명하는 것이 실무이다.

(2) 소송 고지

대표소송을 제기한 주주는 소를 제기한 후 지체없이 회사에 대하여 그 소송의 고지를 해야 한다(「상법」 제404조 제2항). 소송 고지를 해야 회사가 소송참가 여부를 결정하기 때문에 대표소송의 고지는 주주의 의무이다. 만일 주주가 소송 고지를 하지 않는 경우에는 회사에 대하여 손해배상책임을 부담한다.

(3) 대표소송에의 참가제도

① 주주가 대표소송을 제기한 후 회사가 이사를 상대로 별소를 제기하는 것은 중복소송에 해당하여 허용되지 않고, 대신 회사는 제기된 주주대표소송에 참가할 수 있다(「상법」 제404조 제1항). 이때 「상법」 제404조 제1항의 회사의 참가는 「민사소송법」 제83조의 '공동소송참가'이다.[21] 회사로서는 원고 주주가 제대로 소송 수행을 하지 못하거나 혹은 상대방 이사와 결탁함으로써 회사의 권리 보호에 미흡할 수 있으므로 자신의 권리를 보호하기 위하여 소송 수행권한을 가진 정당한 당사자로서 소송에 참가할 필요가 있고, 또한 소송 경제의 도모와 판결의 모순·저촉도 방지해야 하기 때문이다. 따라서 회사는 원고 주주가 소를 취하하거나 보유 주식을 전부 양도하는 등 원고 적격을 상실한 경우에도 소송을 계속 속행할 수 있다.

② 회사가 소송에 참가할 경우 원칙적으로 감사 또는 감사위원회가 회사를 대표해야 하지만, 피고 이사들이 이미 이사직을 떠난 경우에는 「상법」 제394조 제1항의 적용이 배제되어 감사 또는 감사위원회가 아닌 대표이사가 회사를 대표한다.[22]

③ 회사가 소송에 참가한 후 청구금액을 감축할 수 있는지가 문제된다. 실제로 최초의 대표소송 사건인 제일은행 사건에서는 항소심에서 공동소송에 참가한 제일은행이 원고 주주들의 청구액 400억 원을 10억 원으로 감축하기도 하였다. 그러나 원고인 주주와 공동소송참가인인 회사는 「민사소송법」 제63조의 필요적 공동소송 관계가 되므로 「민사소송법」 제67조 제1항에 따라 원고 주주에게 불이익이 되는 청구 취지의 감축

---

21) 대법원 2002. 3. 15. 선고 2000다9086 판결.

22) 대법원 2002. 3. 15. 선고 2000다9086 판결.

은 원고 주주들의 동의가 있어야 한다고 본다. 다만 제일은행 사건에서는 제일은행의 소송참가 후 나머지 원고 주주들의 주식이 모두 소각되어 소가 부적법하게 되어 제일은행만이 유일한 적법한 당사자로 남게 됨에 따라 제일은행이 감축한 청구 범위 내에서 승소 판결이 선고되었다.[23)]

④ 주주가 대표소송을 제기한 후 다른 주주가 이사를 상대로 별소를 제기하는 것은 중복소송에 해당한다. 현재 「상법」에서는 회사의 참가만을 규정하고 다른 주주들의 참가에 관해서는 규정을 두지 않아 다른 주주들도 대표소송에 참가할 수 있는지가 문제된다. 일본 회사법은 이를 명문화하고 있다. 이를 통하여 원고 주주와 피고 이사 사이의 통모를 방지하고 적절한 소송 수행을 견제할 수 있는 장점이 있으므로 「민사소송법」에 의한 참가제도를 이용할 수 있다고 본다. 실제로 제일은행 사건의 1심 법원은 다른 주주들의 공동소송참가를 인정한 바 있다.

(4) 회사의 담보 제공 신청

소송의 어느 단계에서도 이사가 대표소송을 제기하는 주주의 악의를 소명하여 청구할 때에는, 법원은 당해 주주에게 상당한 담보를 제공할 것을 명할 수 있다(「상법」 제403조 제7항, 제176조 제3항, 제4항). '악의'란 그 청구에 이유가 없으며, 그로 인하여 피고 이사를 부당하게 해할 염려가 있다는 것을 안다는 의미이고, 이는 이사 개인에게 대한 것이지 회사에 대한 것은 아니다.[24)]

담보는 피고 이사가 원고 주주에 대하여 가질 수 있는 손해배상청구권을 담보하기 위한 것이지, 담보 제공을 명령하여 소의 진행을 막자는 데 목적이 있는 것이 아니다.[25)] 구체적인 담보액은 피고의 예상 손해액 외에 부당소송이 될 개연성의 정도, 악의의 양태 정도, 악의가 인정되는 청구가 해당 소 전체에서 차지하는 위치, 책임을 묻고 있는 피고의 수 등 해당 소의 제기에 관한 제반 사정을 종합적으로 고려한 후 법원의 재량에 의해 결정한다. 만일 법원에 의해 담보 제공 명령이 내려졌는데도 담보를 제공해야 할 기간 내에 원고가 담보 제공을 하지 않으면 법원은 원고 주주의 대표소송에 관하여 판

23) 서울고법 2000. 1. 4. 선고 98나45982 판결.

24) 민형기, 〈주주의 대표소송〉, 《재판자료 38집: 회사법상의 제문제(하)》, 195쪽.

25) 김상수, 〈주주대표소송의 소송법적 제문제(상)〉, 《법률신문》(1998년 5월).

결로서 소를 각하해야 한다(「민사소송법」 제127조, 제124조).

사. 소송의 종결

(1) 판결

대표소송에 대하여 판결이 선고되면 그 판결의 효력은 당연히 회사에 미친다(「민사소송법」 제218조 제3항). 이러한 판결의 효력은 주주가 승소한 경우뿐만 아니라 패소한 경우에도 발생한다. 따라서 그 반사적 효과로서 다른 주주도 중복하여 동일한 주장을 할 수 없다.

대표소송에서 주주가 승소한 경우 대표소송의 주주는 집행채권자가 될 수 있다.[26)]

(2) 소의 취하 · 화해 등

주주는 소송물에 관해 처분권이 없으므로 소의 취하, 청구의 포기·인락·화해를 하기 위해서는 법원의 허가를 얻어야 한다(「상법」 제403조 제6항). 법원은 제반 사정을 고려하여 소 취하 등이 원고 주주와 피고 이사 사이의 통모에 의하여 회사의 손해배상채권을 감쇄시키는 등 사해성이 있는지 여부를 심리하여 그 허부를 결정한다. 만일 제1심 소송 도중 원고가 소를 취하한 경우 다른 주주들은 손해배상채권이 시효로 소멸하지 않는 한, 「민사소송법」 제267조 제2항의 제약 없이 별소를 제기할 수 있다고 본다.

아. 소송비용 문제

(1) 주주가 승소한 경우

주주가 승소한 경우 손해배상액은 모두 회사로 귀속되고 대신 그 주주는 회사에 대하여 소송비용 및 그 밖에 소송으로 인하여 지출한 비용 중 상당한 금액의 지급을 청구할 수 있다(「상법」 제405조 제1항 전단). 주주가 승소하면 변호사 비용을 포함한 소송비용은 원칙적으로 피고인 이사나 감사의 부담이 되지만, 이사나 감사의 자력 부족에 대비하여 일단 원고 주주가 회사에 대하여 소송비용 등을 청구할 수 있도록 하였다. 회사는 주주에게 소송비용을 지급한 후 피고였던 이사 또는 감사를 상대로 구상권을 갖는다(동

26) 대법원 2014. 2. 19. 선고 2013마2316 결정.

조 제1항 후단).

그러나 대표소송은 소액주주들에게 이익이 직접 귀속하지 않기 때문에 소액주주가 자신의 비용을 들여 먼저 변호사 수임료를 지급하기가 쉽지 않다. 따라서 소송비용과 관련하여 실무상 가장 쟁점이 되는 것은 변호사 보수청구의 절차와 한도이다. 판례는, 비용상환청구의 경우 선지출, 후상환이 원칙이지만, 이러한 상환 구조를 엄격히 요구한다면 경제적 약자인 소액주주들의 주주대표소송제도를 몰각할 우려가 있다고 하여 소액주주들이 미리 변호사 보수를 지급하지 않아도 변호사 보수청구권이 발생한다고 판시하였다. 또한 적정 변호사 보수는 소액주주와의 구체적인 약정 보수액을 기준으로 하되, 「변호사보수의 소송비용 산입에 관한 규칙」에 따라 제한되지 않고, 그 청구액, 당사자의 수, 절차의 복잡성의 정도(변론 기일의 횟수, 제출한 소송 자료의 내용) 등 제반 사정을 고려해 객관적으로 판단해야 한다고 판시하였다.[27)]

(2) 주주가 패소한 경우

주주가 패소한 경우 원칙적으로 회사에 대해 손해배상책임을 지지 않지만, 주주가 악의인 경우에는 회사에 대해 손해배상책임을 진다(「상법」 제405조 제2항). '악의'란 회사를 해할 것을 알고 부적당한 소송을 수행한 경우나, 회사를 해할 목적으로 이유 없는 소송을 제기하여 그 결과 회사의 자산 상태에 대한 신용이 훼손되고 자금 조달이 곤란하게 되어 회사가 손해를 입은 경우도 포함한다.[28)]

자. 재심의 특례

만일 원고 주주와 피고 이사의 공모로 인하여 소송의 목적인 회사의 권리를 사해할 목적으로써 판결을 하게 한 때에는 회사 또는 주주는 확정한 종국 판결에 대하여 재심의 소를 제기할 수 있다(「상법」 제406조).

27) 서울중앙지법 2008. 6. 20. 선고 2007가합43745 판결.
28) 손주찬·정동윤, 《주석 상법(회사3)》, 315쪽.

차. 대표소송 절차의 준용

(1) 불공정 인수 관련 대표소송

이사와 통모하여 현저하게 불공정한 발행 가액으로 주식을 인수한 자는 회사에 대하여 공정한 발행 가액과의 차액에 상당한 금액을 지급할 의무가 있는데 이러한 공정 가액 납입 청구는 대표소송 절차를 준용한다(「상법」 제424조의2).

(2) 이익공여 관련 대표소송

회사는 누구에게든지 주주의 권리행사와 관련하여 재산상의 이익을 공여할 수 없고, 이를 위반하여 회사가 재산상의 이익을 공여한 때에는 그 이익을 공여받은 자는 이를 회사에 반환해야 한다. 이러한 주주에 대한 공여이익반환청구도 대표소송 절차를 준용한다(제467조의2).

3. 회계장부열람청구

가. 회계장부열람청구권이란

주식회사에 있어서 주주는 회사에 대한 출자자로서 실질적인 소유자의 지위에 있다. 그런데 주주가 주총에서 의결권을 적절하게 행사하거나 회사 경영진에 대한 주주로서의 감시권(대표소송 제기권, 이사에 대한 해임청구권, 신주발행유지청구권 등)을 적절히 행사하기 위해서는 그 전제로서 회사의 경영 상태에 대하여 미리 알아볼 수 있는 수단적 장치가 필요하다. 물론 공시된 자료가 있기는 하지만 제한적이고 간접적인 정보에 불과하다. 따라서 「상법」과 「자본시장법」에서는 주주의 경영감독권을 보장하기 위하여 일정 지분을 보유하고 있는 주주는 이유를 붙인 서면으로 회사에 대하여 '회계의 장부와 서류'의 열람 또는 등사를 청구할 수 있도록 규정하고 있다(「상법」 제466조).

활용례

소수 주주의 회계장부열람청구는 1996년 무학주조, 금복주, 대선주조 등 지방 3개 소주사가 OB맥주를 상대로 서울지법 남부지원에 가처분 신청을 제기하면서 사회적인 주목을 받았다. 당시 지방 3개 소주사는 OB맥주의 경영부실 원인을 파악하여 경영진을 문책하기 위해서라는 명목을 표방하며 가처분을 신청하였고, 1997년 1월 법원은 이 가처분 신청을 인용하였다. 이에 대하여 OB맥주 측은 소수 주주권 남용이라는 이유로 이의신청 계획을 밝혔고, 지방 3개 소주사는 손해배상청구와 간접강제신청으로 응수하였다. 결국 이 사건은 화해로 종결되었다.

나. 누가 청구할 수 있는가

상장법인의 경우에는 6개월 전부터 일정 지분 이상을 보유하고 있는 주주가 청구할 수 있다. 다만 6개월 전부터 지분을 보유하지 아니한 주주도 「상법」상 3% 이상의 주식을 보유한 경우에는 회계장부열람을 청구할 수 있다고 본다.

열람 및 등사를 청구할 때뿐만 아니라 실제로 열람 및 등사를 할 때에도 지분 요건을 충족해야 한다. 다만 열람 및 등사를 청구할 때는 지분 요건을 충족하였는데, 회사가 청구에 응하지 않는 사이에 신주발행 등으로 지주 비율이 저하되는 경우에는 여전히 열람 및 등사할 권리가 있다고 본다. 주식회사의 정리 절차가 개시되면 회사 사업의 경영과 재산의 관리 및 처분권은 정리법원의 감독 아래 관리인에게 전속되므로, 법정관리회사의 주주에게는 회계장부열람등사청구권이 인정되지 않는다.[29]

행사 가능 지분율/발행주식 총수 기준

상장회사	대형 상장회사*	금융회사[30]	대형 금융회사**	비상장회사
0.1% 이상	0.05% 이상	0.05%이상	0.025% 이상	3% 이상

* 자본금 1천억 원 이상

** 최근 사업연도 말 현재 자산 2조 원 이상

29) 서울지법 2001. 1. 12. 선고 2000가합50959 판결.

30) 「금융회사의 지배구조에 관한 법률」 제33조 제6항.

다. 어떻게 청구해야 하는가

(1) 청구의 이유를 특정해야 한다

회계장부와 서류의 열람 또는 등사를 청구하려는 주주는 회사에 청구의 이유를 특정하여 서면으로 청구해야 한다(「상법」 제466조). 이는 회계의 장부와 서류를 열람 또는 등사시키는 것이 회계 운영상 중대한 일이므로 그 절차를 신중하게 하고, 또한 회사가 열람 및 등사에 응해야 할 의무의 존부 또는 열람 및 등사를 허용하지 않으면 안 될 회계의 장부 및 서류의 범위 등의 판단을 손쉽게 하기 위해서이다.[31] 다만 소 제기 전까지의 서면 청구상 이유가 불충분하여도 소장, 준비 서면, 가처분 신청서 등에 의하여 보완되는 경우 위 하자는 치유된다.[32]

(2) 회계장부도 특정해야 한다

회계장부의 열람·등사를 청구하기 위해서는 회계장부를 특정해야 한다. 문제는 주주는 회사 내부인이 아니라서 회사 내부 서류의 명칭을 정확히 특정할 수 없기 때문에 회계장부를 특정하는 데 한계가 있다는 점이다. 판례 중에는 "원고가 열람 대상으로 청구한 대차대조표, 회계장부, 그 부속 서류, 관련 증빙 자료 일체 중 대차대조표를 제외한 나머지 서류들은 그 특정이 불가능하다"고 하여 청구를 기각한 경우도 있지만,[33] "이 사건 장부 및 서류들은 기업회계상 일반적으로 작성되거나 피신청인을 둘러싼 거래의 정황상 그 존재가 예상되는 서류들로써(열람·등사에는 전산망에 대한 접근 복제도 포함된다) 위 장부 및 서류들에 직접 접하지 못한 주주들인 신청인들로서는 충분히 특정되었다고 할 것"이라고 판시한 것도 있다.[34]

라. 어떤 문서를 볼 수 있는가

(1) '회계장부'와 '회계서류'

'회계장부'란 「상법」에서 말하는 상업장부(제29조) 가운데 특히 회계장부를 의미하

---

31) 대법원 1999. 12. 21. 선고 99다137 판결.
32) 대법원 2001. 10. 26. 선고 99다58051 판결.
33) 수원지법 98가합6780 판결.
34) 서울지법 남부지원 2002카합530 판결.

고, 예컨대 일기장, 분개장 및 총계정원장 내지 분개장에 대용하여 전표를 사용하는 경우 그 전표들이다.[35)]

'회계서류'란 일반적으로 회계장부를 작성하는 재료인 서류 및 기타 회계장부를 실질적으로 보충하는 것으로 인정되는 서류를 의미한다고 설명하고 있지만, 「상법」에서 이를 명확히 규정하고 있지 않아서 실무상 구체적인 범위와 관련해서 논란이 많다.

대법원 판례[36)] 중에는 ① 레미콘트럭 등 자산매각에 따른 계약서 및 품의서, 세무조정서, 특별손익장부, 고정자산장부, 영업외비용명세서, 현금출납장, 어음 및 수표발행원장,[37)] ② 외화증권 취득 보고서, 자회사의 재무제표, 품의서, 사옥 신축 입찰 시 공개입찰과 관련한 서류 일체, 주식매매계약에 관한 서류, 주식인수계약서, 주식평가기준 및 근거 서류 일체[38)]의 열람·등사를 인정한 사례가 있고, 하급심 판례 중에는 ① 예금통장 사본, 주요 계약서 및 품의서의 열람·등사를 인정한 사례[39)]와 ② 결산서, 세무조정계산서, 각종 전표, 회사와 대주주 간의 모든 계약서와 상호 간의 일체의 자금입출입 현황, 회사가 대주주를 위하여 제공한 보증 및 담보 내역 관련 서류 일체[40)] ③ 자회사와의 거래 내역을 확인할 수 있는 서류, 특수관계자와 체결한 계약서 일체, 거래 내역 확인서류 일체, 특정 투자 관련 매매계약서, 자문용역계약서, 용역 결과물 등 증빙 자료[41)]의 열람·등사를 인정한 사례와 특정 계약의 추진 내지 성사를 위한 내부 품의서나 계약 과정에서 오고 간 서신 등은 거래 자체를 기재한 것이라기보다는 거래가 발생하게 된 원인 또는 거래의 경과 등을 나타내는 서류들로써 회계 기록 자체를 열람시키고자 하는 장부열람권의 인정 취지에 비추어볼 때 열람·등사의 대상인 회계서류에 포함되지 않는다[42)]는 사례 등이 혼동되어 있다.

회계장부와 회계서류 이외에 널리 회사의 업무와 재산 상황을 조사하기 위해서는

---

35) 서울고법 1999. 9. 3. 선고 99카187 판결.
36) 이하 대법원 판결과 하급심 판결들은 〈회계의 장부와 서류의 범위에 관한 소고〉(강동욱, 안영수)에서 인용된 판결 등을 주로 재인용하였다.
37) 대법원 1999. 12. 21. 선고 99다137 판결.
38) 대법원 2001. 10. 26. 선고 99다58051 판결.
39) 서울중앙지법 2004. 2. 23. 선고 2004카합123 결정.
40) 수원지법 2006. 2. 9. 선고 2005카합932 결정.
41) 서울중앙지법 2007. 5. 15. 선고 2007카합762 결정.
42) 창원지법 2002. 7. 31. 선고 2001카합1021 판결.

「상법」 제467조에 근거한 업무·재산 상태의 검사청구권을 행사할 수밖에 없다.

(2) 열람 · 등사의 이유와 실질적으로 관련이 있는 문서

1항의 회계장부와 회계서류에 해당하는 문서라고 하더라도 1항의 회계장부와 회계서류를 모두 열람·등사할 수는 없다. 법에서는 주주에게 '이유'를 붙인 서면으로 열람·등사를 청구하도록 하고 있기 때문이다. 따라서 설사 주주가 열람한 문서가 1항의 회계장부와 회계서류에 해당한다고 하더라도 열람·등사의 '이유'와 실질적으로 관련이 있는 회계장부와 회계서류에 한하여 열람·등사가 허용된다.[43)]

(3) 구별해야 할 서류

「상법」에서는 각종 서류의 열람·등사에 관한 여러 규정을 두고 있어 해당되는 문서는 「상법」 제466조가 아닌 각 조항의 요건에 따라 열람·등사를 청구해야 한다. 정관, 주주총회의 의사록, 주주명부에 대한 열람 및 등사 청구는 「상법」 제396조 제1항에서 모든 주주에게 이를 제한 없이 허용하고 있고, 대차대조표, 손익계산서, 이익잉여금처분계산서 또는 결손금처분계산서, 영업보고서, 감사보고서는 제448조 제1항에서 모든 주주에게 이를 제한 없이 허용하고 있다. 이사회 의사록의 경우에는 「상법」 제466조가 아닌 제391조의3 제3항에 근거하여 열람 및 등사를 청구할 수 있고, 회사는 이 청구에 대하여 이유를 붙여 거절할 수 있다.

한편 보존 기간 10년(제33조) 경과 후의 상업 장부는 열람 등사의 대상이 아니다.[44)]

(4) 어느 경우에 회사가 거부할 수 있는가

① 회사는 주주의 회계장부와 서류에 대한 열람·등사 청구가 부당함을 증명하지 못하면 이를 거부하지 못한다(「상법」 제466조 제2항). 종전 「자본시장육성에 관한 법률」에서는 상장법인의 경우에는 거꾸로 주주가 청구의 정당성을 증명하도록 하였으나, 이후 이 법률이 폐지되었기 때문에 현재는 상장법인도 주주의 청구가 부당함을 증명해야 한다. 이와 별도로 「은행법」 제43조에서는 금융기관의 주주가 장부열람권을 행사하는 경

---

43) 대법원 2001. 10. 26. 선고 99다58051 판결.

44) 東京地裁 1980. 9. 30. 判例時報 992號 103面.

우 '거래자의 권익을 심히 해칠 염려가 있는 때'에는 그 열람·등사를 거부할 수 있다고 규정하고 있다.

② 주주의 열람·등사권 행사가 부당한 것인지의 여부는 그 행사에 이르게 된 경위, 행사의 목적, 악의성 유무 등 제반 사정을 종합적으로 고려하여 판단해야 하고, 특히 주주의 열람·등사권의 행사가 회사 업무의 운영 또는 주주 공동의 이익을 해치거나 주주가 회사의 경쟁자로서 그 취득한 정보를 경업에 이용할 우려가 있거나 또는 회사에 지나치게 불리한 시기를 택하여 행사하는 경우 등에는 정당한 목적을 결하여 부당한 것이라고 보고 있다.[45] 반면 회사가 업무를 집행함에 있어서 부정한 행위를 하였다고 의심할 만한 구체적인 사유가 발생하였다거나, 회사의 업무집행이 법령이나 정관에 위배된 중대한 사실이 발생하였다거나, 나아가 회사의 경영 상태를 악화시킬 만한 구체적인 사유가 있는 경우 또는 회사의 경영 상태에 대한 파악 또는 감독·시정의 필요가 있다고 볼 만한 구체적인 사유가 있는 경우 등에는 주주의 권리를 보호해야 할 필요성이 크다고 보이므로 열람 및 등사 청구가 인정된다.[46]

열람·등사 청구가 부당한 목적인 경우

대법원 2004. 12. 24. 선고 2003마1575 결정: 무학 vs. 대선주조

두 회사의 오랜 경쟁 관계, 신청인이 상대방의 주식을 취득한 시기 및 경위, 주식 취득 이후 신청인의 행동, 상대방의 현재 상황 등 제반 사정을 고려할 때, 신청인이 주주로서 부실경영에 책임이 있다는 상대방의 현 경영진에 대한 해임청구 내지는 손해배상청구의 대표소송을 위한 사실관계 확인 등 상대방의 경영감독을 위하여 이 사건 서류들에 대한 열람·등사를 구하는 것이 아니라 주주라는 지위를 내세워 상대방을 압박함으로써 궁극적으로는 자신의 목적인 경영권 인수(적대적 M&A)를 용이하게 하기 위하여 열람·등사권을 행사하는 것이라고 보아야 할 것이고, 나아가 두 회사가 경업관계에 있기 때문에 이 사건 열람·등사 청구를 통하여 얻은 상대방의 영업상 비밀이 … 악용될 우려가 있다고 보지 않을 수 없으므로, 신청인 무학의 이 사건 열람·등사 청구는 정당한 목적을 결한 것이다.

45) 대법원 2004. 12. 24. 선고 2003마1575 결정.
46) 서울지법 1998. 4. 1. 선고 97가합68790 판결.

열람·등사 청구가 부당한 목적이 아닌 경우

대법원 1999. 12. 21. 선고 99다1202 결정

대표이사가 자신들의 측근들만으로 임원진을 구성한 채 「상법」과 정관을 위반하여 7~8년간 제대로 주총을 개최하지 않고 있고, 지난 10년간 1차례의 이익배당도 하지 않으며, 회사의 중요 자산을 임의로 처분하는 등 자의적이고 방만한 운영을 하고 있어 회사의 경영 실태를 파악하고 이를 조사, 감독하기 위한 경우.

마. 회사가 부당하게 거부하는 경우: 열람등사가처분 신청

(1) 회사가 정당한 사유 없이 주주의 열람청구에 응하지 않은 경우 회사의 이사는 500만 원 이하의 과태료에 처하고(「상법」 제635조 제1항 제4호), 주주는 회사를 상대로 열람등사청구의 소를 제기할 수 있다. 그러나 소송 기간의 장기화로 말미암아 사실상 본안 소송을 통하여 이를 실현하려 하는 경우 적절한 행사 시기를 놓칠 우려가 있으므로, 회계장부열람등사청구권을 피보전권리로 하여 당해 장부 등의 열람·등사를 명하는 가처분을 신청하는 것이 대부분이다. 이때 토지 관할, 사물 관할, 소가는 신주유지청구가처분의 경우와 동일하다.

신청례

피신청인은 이 결정을 송달받은 날의 3일 후부터 공휴일을 제외한 10일 동안 오전 9시부터 오후 6시까지의 시간 내에 한하여 피신청인의 본점 사무실에서 신청인 및 신청인의 대리인에 대하여 별지 목록 기재 장부의 열람 및 등사(사진 촬영, 비디오 촬영 및 컴퓨터 디스켓의 복사를 포함한다)를 허용해야 한다.

(2) 회계장부열람 등 가처분을 신청하기 위해서는 회계장부를 열람·등사할 '보존의 필요성'이 인정되어야 한다. 보존 필요성의 존부는 신청 주주들의 열람신청의 이유, 목적, 열람 대상 장부 등의 내용, 회계장부 등의 열람에 의하여 예상되는 회사의 불이익(회사의 영업비밀에 속하는 사항을 담고 있다거나, 해당 장부 및 서류들을 신청인들에게 공개함

으로써 추후의 금전 배상으로 회복하기 어려운 손해를 입게 될 것인지 여부), 신청 주주의 보유 주식 비율, 대표이사 등의 회사 운영상 잘못 정도 등을 고려하여 판단한다. 그 소명의 정도에 대하여는 만족적 가처분이기 때문에 엄격히 해석되어야 한다는 견해와 장부열람등사청구권이 다른 권리행사를 위한 수단적 권리이므로 비교적 완화된 기준에 따라 판단해야 한다는 견해가 대립하고 있다.

(3) 이러한 가처분의 경우 회사에 대하여 직접 열람·등사를 허용하는 명령뿐만 아니라, 열람·등사의 대상 장부에 대하여 훼손, 폐기, 은닉, 개조가 행하여질 위험이 있는 때에는 이를 방지하기 위하여 그 장부를 집행관에게 이전 보관시키는 가처분도 허용된다.[47] 다만 집행관 보관을 명하는 가처분은 피신청인 회사에 미치는 영향이 크기 때문에 회사가 회계장부를 변개할 개연성이 소명되어야 한다.

(4) 회계장부열람 등 가처분 신청은 「민사소송법」에서의 임시 지위를 정하는 가처분에 속하므로, 가처분 신청을 인용한 결정에 대하여 회사는 「민사집행법」 제301조, 제283조에 따라 결정 법원에 이의를 신청할 수 있고, 「민사소송법」 제439조에 의한 항고로는 다툴 수 없다.[48] 이와 별도로 채권자들에게 회계장부 등의 열람·등사를 허용하는 것이 본안의 소송물인 열람등사청구권이 이행된 것과 같은 종국적 만족을 얻게 하는 것과 같고 가처분의 집행에 의하여 회사에게 회복할 수 없는 손해가 생기게 할 우려가 있을 때에는 채무자를 위하여 일시적인 응급조치로써 집행을 정지시킬 수 있다.[49]

바. 간접강제 신청

(1) 회계장부와 서류의 열람·등사를 명하는 판결이 확정되거나 가처분 결정이 내려졌음에도 회사가 계속하여 열람·등사를 거부할 경우에는 간접강제 절차에 의하여 그 이행을 강제할 수 있다. 간접강제 결정의 내용은 채무명의상 명하여진 의무 및 이를 이행해야 할 상당한 기간을 명시하고, 회사가 이를 이행하지 아니하면 1일당 얼마 또는 일정 금액의 배상금을 지급할 것을 명하는 내용이 된다.

(2) 이러한 가처분은 특별한 사정이 없는 한, 가처분 결정이 송달된 날로부터 14일

47) 대법원 1999. 12. 21. 선고 99다137 판결.

48) 서울고법 1997. 7. 11. 선고 97라100 결정(확정).

49) 대법원 1997. 3. 19. 선고 97그7 결정.

이내에 간접강제를 신청하는 것이 원칙이고, 다만 채무자의 태도에 비추어 작위의무의 불이행이 일정 기간 계속된다면 이로 인하여 간접강제가 필요한 것으로 인정되는 때에 그 시점부터 위 14일이 기산되는 것으로 본다.

대법원 2001. 1. 29. 선고 99마6107 결정: 연합철강 사건

• 부대체적 작위채무의 이행을 명하는 가처분 결정을 받은 채권자가 간접강제의 방법으로 그 가처분 결정에 대한 집행을 함에 있어서도 「민사소송법」 제715조(2021년 현재 삭제)에 의하여 「민사소송법」 제708조 제2항(2021년 현재 삭제)의 규정이 준용되므로, 특별한 사정이 없는 한, 가처분 결정이 송달된 날로부터 14일 이내에 간접강제를 신청해야 함이 원칙이고, 위 집행 기간이 지난 후의 간접강제 신청은 부적법하다고 할 것이며, 다만 가처분에서 명하는 부대체적 작위의무가 일정 기간 계속되는 경우라면, 채무자가 성실하게 그 작위의무를 이행함으로써 강제집행을 신청할 필요 자체가 없는 동안에는 위 집행 기간이 진행하지 않고, 채무자의 태도에 비추어 작위의무의 불이행으로 인하여 간접강제가 필요한 것으로 인정되는 때에 그 시점부터 위 14일의 집행 기간이 기산되는 것으로 보아야 할 것이다.

• 신청인이 1999년 2월 24일 위 가처분 결정 정본을 송달받은 후 같은 해 3월 2일 회사를 방문하여 서류의 열람 및 등사를 요구하였으나 회사가 첫날부터 일부 장부와 서류만 보여주고 나머지의 열람을 거부하였다면, 신청인들로서는 회사가 작위의무를 성실히 이행하지 않은 태도를 보인 3월 2일부터 14일의 집행 기간 내에 간접강제를 신청했어야 한다.

사. 열람·등사의 방법

(1) 열람·등사는 주주 스스로 하거나 제3자에게 위임하거나 보조자를 사용하여 행사하는 것이 가능하다. 특히 주식회사의 회계제도는 복잡하기 때문에 장부열람권의 실효성을 위해서는 공인회계사, 세무사, 변호사 등 전문가의 이용이 필요하다. 실무적으로는 다툼의 여지를 없애기 위하여 신청 취지에 이와 관련한 조항을 추가하고, 판결의 주문에서도 이를 인정하고 있다(㉑ 채권자들 또는 대리인은 위 열람·등사를 함에 있어서 공인회계사 기타의 보조자를 동반할 수 있다).

(2) 열람·등사청구권은 그 권리행사에 필요한 범위 내에서 허용되고, 열람 및 등사의

횟수가 1회에 국한되는 등 사전에 제한되지는 않는다.[50] 그러나 실무상 열람·등사청구권의 행사를 위한 인원, 장소의 범위와 관련하여 분쟁이 발생하기도 한다. 열람 또는 등사에 필요한 비용은 권리를 행사하는 주주가 부담해야 한다.[51]

사례

2004년 2월 KCC는 현대상선을 상대로 회계장부열람가처분 신청을 제기하여 서울중앙지법으로부터 결정을 받았다. 당시 KCC는 위 가처분 결정에 따라 회계장부열람을 위하여 20명의 인원이 필요하다고 하였지만, 현대상선은 4명까지만 허용할 수 있다는 입장이었고, 또한 KCC는 현대상선이 회계장부의 열람을 위하여 제공한 장소가 지나치게 협소하다고 반발하였다. KCC와 현대상선은 협의를 계속하였으나 협의가 이루어지지 않아, 결국 KCC는 현대상선을 상대로 간접강제신청을 제기하여, 1일 2억 원의 배상금을 지급하라는 결정을 받았다.[52]

아. 자회사의 문서에 대한 열람·등사 여부

(1) 자회사의 경영을 모르면 모회사를 제대로 경영할 수 없기 때문에 모회사 주주의 입장에서는 단순히 모회사의 경영 상태만을 알아서는 자신의 권익을 충분히 보장받을 수 없다. 특히 지주회사의 설립이 늘어나고 구조조정 차원에서 회사 분할을 통해 사업부문을 독립시키거나 별도의 자회사를 설립하여 사업 부문을 포괄적으로 양도하는 경우가 많아짐에 따라 이러한 필요성은 더욱 높아지고 있다. 따라서 모회사의 주주가 자회사의 문서에 대한 열람·등사 청구를 할 수 있는지, 청구를 한다면 모회사를 상대로 해야 하는지, 아니면 자회사를 상대로 해야 하는지가 문제된다.

이에 대하여 대법원은 모회사의 주주가 모회사를 상대로 자회사 명의의 회계장부와 회계서류의 열람 및 등사를 청구한 사건에서 일정한 요건하에 열람청구권이 인정된다고 판시하고 있다.

---

50) 대법원 1999. 12. 21. 선고 99다137 판결. 위 사건에서는 30일 동안 영업시간 내에 열람 및 등사를 할 수 있도록 하였다.

51) 손주찬·정동윤, 《주석 상법(회사4)》, 204쪽.

52) 2004년 3월 16일 《매일경제》 기사.

대법원 2001. 10. 26. 선고 99다58051 판결: 연합철강 사건

회계서류의 작성 명의인이 반드시 열람 등사 제공 의무를 부담하는 회사로 국한되어야 하거나 원본에 국한되는 것은 아니며, 열람 등사 제공 의무를 부담하는 회사의 출자 또는 투자로 성립한 자회사의 회계장부라 할지라도 그것이 모자관계에 있는 모회사에 보관되어 있고 또한 모회사의 회계 상황을 파악하기 위한 근거 자료로서 실질적으로 필요한 경우에는 모회사가 보관하고 있는 자회사의 회계장부와 서류도 열람 청구할 수 있다.

(2) 다만 대법원 판결 중 모회사의 주주가 직접 자회사를 상대로 자회사의 회계장부 및 회계서류의 열람을 청구한 사례는 아직까지 발견되지 않는다. 다만 명문의 규정이 없다는 이유로 이중대표소송을 부정한 사례에 비추어보면 대법원에서 이를 부정적으로 볼 가능성이 높다. 하급심 판례 중에는 모회사가 91.44%의 지분을 소유하고 있는 자회사에 대하여 모회사의 소수 주주가 회계장부 등의 열람·등사를 청구한 사건에서 "신청인들의 주장 자체에 의하더라도 신청인들은 피신청인(자회사)의 주주가 아니라는 것이므로 신청인들은 피신청인들의 회계장부를 열람할 권리를 가지지 못한다"[53]고 자회사에 대한 회계장부열람권을 부정한 사례가 있다.

사례: 경남에너지(주) 사건

자회사의 서류에 대한 열람 청구가 문제된 사례로는 '경남에너지(주) 사건'이 있다. 2001년 12월경 경남에너지 주식회사의 주주인 김○○는 경남에너지를 상대로, 경남에너지가 100%의 주식을 보유하는 자회사 경남테크의 문서에 대한 열람 및 등사 청구가처분 신청을 제기하였다. 1심 법원에서는 "여러 정황 등을 비추어볼 때 자회사인 경남테크의 회계장부 및 서류는 그 모회사인 경남에너지에 보관되어 있다고 할 것이고, 위 장부 및 서류는 그 내용 등에 비추어볼 때 채무자 회사의 회계 상황을 파악하기 위한 근거 자료로서 실질적으로 필요하다"고 하여 신청인의 청구를 인용하였다(창원지법 2002. 7. 31. 선고 2001카합1020 결정). 그러나 경남에너지는 1심 결정에 대하여 항소한 후 자신이 보유

53) 서울지법 1996. 2. 23. 선고 96카합152 결정.

하고 있던 경남테크의 주식을 제3자에게 매각하면서 경남테크는 더 이상 자회사가 아니라고 항변하였고, 이에 신청인은 이 주식 매각은 1심 결정을 회피하기 위한 가장매매라고 항변하였으나 결국 2심은 1심 결정을 취소하였다.

4. 임시주총 소집 청구

가. 배경

주주총회는 원칙적으로 이사회의 결정에 의하여 소집하도록 되어 있으나(「상법」 제362조), 예외적으로 일정 지분을 갖춘 소수 주주와 감사는 법원의 허가를 얻어 주주총회를 소집할 수 있다(제366조 제1항). 이는 소수 주주의 이익 보호, 회사의 건실한 운영, 다수결 원칙에 의한 다수 주주의 횡포 견제를 위해서이다. 1996년 대한펄프 사건을 계기로 소수 주주의 임시주총 소집 청구가 사회적으로 관심을 끌게 되었다. 당시 대한펄프의 소액주주들은 회사 측이 정보통신 분야에 진출한다고 공시했다가 번복하여 큰 손실을 보았다면서 이사들의 해임을 안건으로 하는 임시주총 소집 신청을 법원에 제기한 바 있다. 2004년에는 소버린이 SK(주)에 대하여 임시주총 소집 청구를 하면서 사회적으로 관심을 끌었다.

서울중앙지법 2004. 12. 15. 선고 2004비합347 결정: 소버린 v. SK(주)

사실관계

2004년 11월 외국계 펀드인 소버린은 SK(주)에 대하여 "형사범죄행위로 기소되거나 유죄 판결을 받은 인사의 이사직무 수행을 금지"하는 정관 개정을 안건으로 하여 법원에 임시주총 소집허가신청서를 제출하였다.

판단

• 비송사건에 있어 법원은 신청인의 주장 또는 신청인의 권리남용 내지는 신청권의 남용에 해당하는지 여부뿐 아니라 총회 소집 안건의 내용과 결의의 시급성에 따른 임시주총 소집의 필요성, 허가 여부가 신청인과 사건 본인 회사에 미치는 영향, 이사회에 대한 소집

청구 및 법원에 대한 소집허가신청에 이르기까지의 당사자의 태도, 분쟁교섭 과정, 안건의 통과 가능성, 신청인과 사건 본인 회사의 성격 및 업무의 내용, 신청인과 현 경영진 측의 지분 비율과 우호 주주의 구성, 국가경제에 미치는 영향 등 제반 사정을 종합적으로 고려한 후 후견적인 입장에서 그 허용 여부를 신중하게 결정해야 한다.

• 신청인이 주장하는 분식회계에 관한 대표이사에 대한 책임 추궁은 전년도 정기주주총회에서 어느 정도 이루어진 점, 신청인이 주주총회에 상정하고자 하는 안건은 전년도 정기주총에서 이미 상정되어 부결된 바 있는데 그 후 주요 주주들의 지분 변동이나 태도 변화 등의 사정 변경에 관한 별다른 소명이 없어 총회 소집을 허가한다 하더라도 가결 가능성이 그리 높지 않은 것으로 보이는 점, 신청인의 최종 목적은 현 경영진의 퇴진으로 보이는데 이는 이사 해임의 소 및 직무집행정지가처분 등을 통해서도 충분히 달성 가능한 점, 신청인에 의한 지속적인 경영권 위협으로 인해 사건 본인 회사의 투자자 이탈 및 투자 가치의 저하가 우려되는 점, 다음 해 정기주총이 불과 4개월 정도밖에 남지 않은 점 등을 고려할 때 임시주총 소집의 필요성이 인정되지 아니한다.

나. 청구인

상장기업의 경우 주주가 임시총회의 소집을 청구하기 위해서는 6개월 이상 1.5%의 지분을 계속 보유해야 하고(「상법」 제542조의6 제1항), 수인의 보유 주식을 합산하여 아래의 지분을 충족시켜도 된다.

행사 가능 지분율/발행주식 총수 기준

상장회사	금융회사	대형 금융회사*	비상장회사
1.5% 이상	1.5%이상	0.75% 이상	3% 이상

* 최근 사업연도 말 현재 자산 2조 원 이상

이때 임시주총 소집 청구는 주주의 감독·시정권의 하나이므로 의결권 없는 주식을 포함하여 발행주식 총수를 계산한다.

이러한 지분 요건을 소집 청구를 할 때에만 갖추면 되는 것인지가 문제되는데, 적어도 법원의 총회 소집허가 결정 시점까지는 유지하고 있어야 한다는 것이 다수의 견해이다. 따라서 소송 계속 중에 주식의 양도 등으로 지분 요건을 맞추지 못하면 부적법하게 된다.

다. 임시주총 소집 청구의 방법

(1) 주주가 임시주총 소집을 청구하기 위해서는 우선 회의의 목적 사항과 소집의 이유를 기재한 서면을 이사회에 제출해야 한다(「상법」 제366조 제1항). 주주총회 소집 청구를 함에 있어서는 주주총회의 권한에 속하는 결의 사항과 결의의 필요성을 소명하면 되고, 달리 이사의 부정이나 재무제표의 부당과 같이 이사나 감사의 책임 추궁에 한정되는 것은 아니라고 해석한다.[54)]

(2) 임시주총 소집을 위한 안건은 주주제안과 달리 법령과 정관에 위반되지 않는 한, 주주총회에서 결의할 수 있는 모든 안건이 가능하다. 따라서 이사 해임의 건과 같이 주주제안으로 할 수 없는 안건도 임시주총 소집의 목적 사항으로 기재할 수 있다.

라. 이사회가 임시주총 소집을 거부하면

(1) 회사에 소집 청구를 하였으나 회사가 지체 없이 총회 소집의 절차를 밟지 아니하는 때에는 청구한 소수 주주는 법원에 소집허가를 신청할 수 있다(「상법」 제366조 제2항). 이사회에서 주주총회를 소집하지 않기로 결의한 때에도 법원에 소집허가를 신청할 수 있다. 이때 이사회에 총회 소집 요구를 한 주주와 법원에 총회 소집허가신청을 한 신청인은 동일해야 하고, 만일 신청인들 중 총회 소집 요구를 안 한 주주가 있을 경우에는 이들을 제외한 나머지 신청인들만으로 지분 요건을 충족해야 한다.[55)]

(2) 소집허가신청은 회사의 본점 소재지 지방법원 합의부가 관할이다(「비송사건절차법」 제72조 제1항). 총회 소집허가신청 사건의 경우 대부분 신청인뿐만 아니라 사건 본인 회사의 대표이사도 함께 소환하여 심문한다.

(3) 원칙적으로 신청인이 지분보유 요건을 구비하였는지와 대표이사가 주총 소집에

54) 홍준호·송옥렬, 〈지배주주의 주식양도 시 소수주주의 보호〉, 《증권거래에 관한 제문제 (하)[재판자료 91]》, 137쪽.

55) 전휴재, 〈특수가처분의 실무상 제문제〉, 《대한변협 특별연수 민사집행·보전소송》, 2006, 376쪽.

응하지 않았는지의 두 가지 점만 심사하면 되고, 신청이 권리남용이 아닌 한, 허가를 해야 한다.[56] 소집허가신청이 권리남용에 해당하는 경우라 함은 객관적으로 보아 총회 소집의 실익이 없거나 총회 소집을 허가할 경우 회사로서는 더욱 복잡하고 심각한 법률적 분쟁만을 야기할 것이 명백하여 총회를 소집하는 것이 오히려 유해한 결과를 초래할 가능성이 있는 경우 등이다.[57]

한편 주주총회 소집의 필요성이 없는 경우에 허가신청을 기각하기도 하는데, 주주총회 소집의 필요성이 없는 경우란 총회 소집 안건의 내용과 그 결의의 시급한 필요 여부, 허가 여부에 따라 신청인과 사건 본인 회사에 미치는 영향, 이사회에 대한 소집 청구 및 법원에 대한 소집허가신청에 이르기까지 당사자의 태도, 분쟁 교섭 과정, 안건의 통과 가능성, 신청인과 사건 본인 회사의 각 성격 및 업무의 내용, 신청인과 현 경영진 측의 지분의 비율과 우호 지분의 구성 등 제반 사정을 종합적으로 고려하여 법원이 후견적인 입장에서 총회 소집의 필요성이 없다고 판단하는 경우를 말한다.[58]

(4) 2011년 개정 「상법」에서는 주주총회 결의 하자에 대한 소송 감소를 유도하기 위하여 발행주식 총수의 1% 이상에 해당하는 주식을 가진 주주가 총회 전에 총회의 소집절차나 결의방법의 적법성을 조사하기 위하여 법원에 검사인의 선임을 청구할 수 있는 조항을 신설하였다(제367조 제2항).

(5) 소수 주주에 의하여 소집된 총회에서는 회사의 업무와 재산 상태를 검사하기 위하여 검사인을 선임할 수 있다(제366조 제3항). 이 선임 결의는 소집 통지에 기재되어 있지 않거나 법원이 허가한 의제의 범위에 포함되어 있지 않아도 가능하다.[59]

주문례

신청인들에 대하여 202○년 ○○월 ○○일까지 별지 목록 기재 사항을 회의 목적으로 하는 사건 본인 회사의 임시주주총회를 소집할 것을 허가한다.

---

56) 東京地判昭 29 5 7 下民輯 5券 5號.

57) 《재판실무편람 V》, 법원행정처, 29쪽.

58) 전휴재, 앞의 글, 377쪽.

59) 손주찬·정동윤, 《주석 상법(회사3)》, 한국사법행정학회, 72쪽.

(6) 신청을 기각한 재판에 대하여는 항고로 불복할 수 있다. 신청을 인용한 재판에 대하여는 불복신청을 할 수 없고, 「민사소송법」 제449조 소정의 특별항고만이 허용된다.[60)]

마. 임시주총의 운용

(1) 법원으로부터 소집허가를 얻으면 그 소수 주주 명의로 주주명부 폐쇄, 주주들에 대한 통지 및 한국예탁결제원에의 협조 요청 등의 절차를 취해야 하고, 이때 총회 소집에 따른 비용은 합리적인 범위 내에서 회사에 구상할 수 있다. 일단 법원에서 임시주총 소집을 허가하면 동일한 안건에 대하여 이사회가 총회 소집을 할 수 없다고 본다.

(2) 대부분의 회사 정관에는 주주총회의 의장은 대표이사가 된다고 규정하고 있는데, 소수 주주가 법원의 허가를 얻어 개회한 임시주총에도 이 정관 규정이 적용되는지가 문제된다.

이에 대하여 견해가 대립되었는데, 2011년 개정 「상법」에서는 소수 주주가 청구한 주주총회의 의장은 법원이 선임하도록 하는 조항을 신설하였다(제366조 제2항 단서).

5. 위법행위유지청구

가. 취지

이사가 법령 또는 정관에 위반한 행위를 하여 이로 인하여 회사에 회복할 수 없는 손해가 생길 염려가 있는 경우 일정 지분의 소수 주주, 감사 또는 감사위원회는 회사를 위하여 이사에 대하여 그 행위를 유지(留止)할 것을 청구할 수 있다(「상법」 제402조). 이는 설사 나중에 주총에서 이사를 해임하거나 손해배상청구소송, 대표소송을 제기하더라도 손해의 성질상 회복이 불가능할 수 있고 법률상 회복이 가능하더라도 이사의 무자력으로 사실상 회복이 불가능할 수 있기 때문에 회복이 어려운 손해를 방지하기 위한 긴급수단으로서 인정하고 있다. 위법행위유지청구의 실효성을 확보하기 위하여 보통

---

60) 대법원 1991. 4. 30. 선고 90마672 결정.

유지청구를 가처분의 형태로 하는데, 이사의 직무집행정지가처분이 이사의 직무 전반의 집행정지를 구하는 것인 반면 이사의 위법행위유지가처분은 법령이나 정관에 위반하는 구체적 행위의 금지를 구한다는 점에서 차이가 있다.

나. 유지청구의 당사자

(1) 청구자

감사 또는 감사위원회, 법률에서 정한 지분을 청구 6개월 전부터 소유하고 있는 주주는 유지청구를 할 수 있다. 소수 주주의 소유 주식수를 계산할 때 의결권 없는 주식을 포함하고, 유지청구를 할 당시에 소수 주주이면 된다.[61] 단, 6개월 동안 보유하지 않은 주주라도 「상법」상 1% 이상의 지분을 보유하고 있으면 위법행위유지청구권을 행사할 수 있다.

행사 가능 지분율/발행주식 총수 기준

상장회사	대형 상장회사*	금융회사	대형 금융회사**	비상장회사
0.05% 이상	0.025% 이상	0.025% 이상	0.0125% 이상	1% 이상

* 자본금 1천억 원 이상
** 최근 사업연도 말 자산 2조 원 이상

(2) 피청구자

유지청구의 상대방은 회사가 아니라 위법행위를 하려고 하는 이사이다.

다. 어느 경우에 유지청구를 할 수 있는가

(1) 법령 또는 정관에 위반한 행위

① 이사가 법령 또는 정관에 위반하는 행위를 해야 한다. 금지되는 행위는 법률행위 또는 사실행위 등 이사의 모든 행위가 포함된다. 구체적인 법령 또는 정관에 위반한 행위뿐만 아니라 이사의 선관주의의무와 같은 일반적 규정을 위반한 행위도 포함한다.[62]

61) 정찬형, 《상법 강의(上)》, 박영사, 858쪽.
62) 손주찬·정동윤, 《주석 상법(회사3)》, 300쪽; 임재연, 《자본시장법(수정판)》, 516쪽.

다만 이사의 행위를 유지할 경우에는 이해관계인들과의 기존 거래에 중대한 영향을 미치기 때문에 예컨대 이사회의 자산 처분행위에 있어서는 처분 여부, 처분 시기, 상대방 선택, 처분 가액을 비롯한 계약 조건 등에 있어서 이사회의 결의를 거치지 않았다거나 고의로 현저히 낮은 가액에 처분하였다거나 감정이 부정하게 이루어졌다는 등 법령이나 정관에 위반한 구체적이고 객관적인 사정이 입증되어야 한다.[63)]

서울지법 2003. 7. 4. 선고 2003카합980 판결

경영의 주체로서 고도의 인적 신뢰를 기초로 선임된 주식회사의 이사는「상법」제382조 제2항에 의하여 준용되는「민법」제681조,「상법」제382조의3 등의 규정에 의하여 회사에 대하여 선량한 관리자의 주의의무를 부담하므로「상법」제402조에 의한 유지청구의 대상이 되는, 법령 또는 정관에 위반한 행위라 함은 이사회의 승인 없는 이사의 자기거래 등 법령 또는 정관의 구체적인 규정에 위반하는 행위뿐만 아니라 위와 같은 일반적인 주의의무를 해태한 모든 행위를 말한다.

---

② 원칙적으로 이사의 행위가 행해지기 전에 유지청구를 해야 한다. 다만 원인행위와 이행행위가 분리되어 있을 경우 또는 이미 체결된 계약이 무효로 해석될 가능성이 있는 경우에는 그 계약의 이행행위를 유지할 수 있다고 본다.[64)]

서울지법 2003. 7. 4. 선고 2003카합980 판결

주식회사의 대표이사가 이사회 결의를 요하는 대외적 거래행위를 함에 있어서 실제로 이사회 결의를 거치지 아니하였거나 이사회 결의가 있었다고 하더라도 그 결의가 무효인 경우 거래 상대방이 그 이사회 결의의 부존재 또는 무효 사실을 알거나 알 수 있었다면 그 거래행위는 무효라고 할 것이고, 대표이사의 행위가 대표 권한의 범위 내라 할지라도 회사의 이익 때문이 아니고 자기 또는 제3자의 이익을 도모할 목적으로 그 권한을 행사한 경우에 거래 상대방이 대표이사의 진의를 알았거나 알 수 있었을 때에는 그로 인하여 취득한 권리

63) 부산지법 선고 2002카합1503 결정.
64) 이철송,《회사법강의》, 박영사, 633쪽.

를 회사에 대하여 주장하는 것은 신의칙에 반하는 것이므로 그 거래행위 또한 회사에 대하여 무효라고 하지 않을 수 없는바, 위와 같은 사정에 의하여 이미 체결된 계약이 무효로 해석될 가능성이 있는 경우에 그 계약의 이행행위는 유지청구의 대상이 된다.

(2) 회사에 회복할 수 없는 손해가 생길 염려

'회복할 수 없는 손해'인지 여부는 사회통념에 따라 판단해야 하고, 손해의 회복이 절대적으로 곤란한 경우만이 아니고 비용이나 절차 등으로 보아 회복이 상당히 곤란한 경우도 포함된다.

라. 어떻게 유지청구를 하는가

(1) 소송 또는 소송 외의 방법

유지청구는 이사에 대한 의사표시로도 할 수 있고 바로 법원에 위법행위유지청구소송을 제기할 수도 있다. 소송의 경우, 판결에 이르기 전에 대부분 유지청구의 대상인 행위는 이미 종료하여 소의 실익이 없어질 것이기 때문에 이사의 위법행위를 효과적으로 금지시키기 위해서는 가처분을 신청해야 한다.

(2) 가처분 신청 절차

① 유지청구는 주주대표소송과 달리 회사에 대하여 미리 제소청구를 할 필요가 없다. 가처분의 경우 '피보전권리' 이외에 '보전의 필요성'이 요구되지만, 유지청구권의 요건으로서 회복할 수 없는 손해의 발생이 규정되어 있으므로 피보전권리가 소명되면 보전의 필요성이라는 요건도 일응 구비되었다고 본다.

② 관할에 관하여는 「상법」 제403조를 준용하여 본점 소재지 지방법원에 전속관할이 속한다는 견해가 있으나, 명문의 규정이 없으므로 일반 원칙에 따라 회사의 본점 소재지의 지방법원(「민사소송법」 제5조)이나 보통재판적 소재지의 법원(「민사소송법」 제2조) 모두 본안 소송과 가처분의 관할 법원이라고 본다.[65] 가처분은 소가를 산출할 수 없는 소송의 일종으로(「민사소송 등 인지규칙」 제15조 제1항) 1억 원이고(「민사소송 등 인지

65) 〈민사집행Ⅳ〉, 《법원실무제요》, 법원행정처, 349쪽.

법」 제2조 제4항, 「민사소송 등 인지규칙」 제18조의2 단서, 제15조 제1항) 합의부 관할이다(「민사 및 가사소송의 사물관할에 관한 규칙」 제2조, 「민사소송 등 인지법」 제2조 제4항). 그리고 「상법」에서 특별한 규정은 두고 있지 않지만, 그 성격상 주주대표소송과 유사하므로 소송참가, 승소 주주의 권리, 패소 주주의 책임 등에 관하여는 대표소송에 관한 규정들(「상법」 제403조, 제406조)을 유추 적용해야 한다(통설).[66]

마. 유지청구의 효력

(1) 소송 외 행사의 경우

이사에 대한 의사표시로 유지청구를 한다고 하더라도 유지청구가 정당하지 않을 수도 있기 때문에 반드시 이사가 행위를 유지해야 하는 것은 아니다. 그러나 일단 의사표시의 형식이라도 유지청구가 있으면 이사는 자신의 행위가 법령 또는 정관에 위반한 것인지를 숙고하여 유지 여부를 결정할 주의의무가 있기 때문에 유지청구에 불응하는 경우에는 나중에 회사에 대한 책임 여부를 다툴 때 고의·과실의 중요한 판단 기준이 된다.

(2) 소송의 경우

명문 규정은 없으나 유지청구가처분은 주주대표소송과 동일한 대위소송이므로 그 판결의 효력은 당연히 회사에 미친다(「민사소송법」 제218조 제3항). 위법행위유지가처분은 채무자에게 송달함으로써 그 효력이 발생한다.

주문례

- 채권자의 채무자에 대한 이사행위유지청구소송의 본안 판결 확정 시까지 채무자는 이사회의 승인 없이 별지 목록 기재 건물에 관하여 채무자 또는 채무자가 이사인 회사에 양도, 저당권 설정, 임대, 그 밖에 일체의 처분행위를 하여서는 아니 된다.
- 피신청인은 신청 외 A주식회사의 이사 및 대표이사로서 위 주식회사 이외 자의 계산으로 별지 목록 기재 행위(경업의 구체적 행위 적시)를 하여서는 아니 된다.[67]

---

66) 손주찬·정동윤, 《주석 상법(회사3)》, 302쪽; 최기원, 《회사법》, 박영사, 758쪽.
67) 서울지법 1999. 7. 24. 선고 99카합1148 판결.

- 피신청인들은 별지 목록 기재 예금 채권에 대하여 양도, 입질, 환불의 청구 등 일체의 처분을 하여서는 아니 된다.
- 채권자의 채무자에 대한 이사행위유지청구소송의 본안 판결 확정 시까지 채무자는 A 주식회사의 대표이사로서 별지 목록 기재 물건에 관하여 B와 체결한 매매계약과 관련하여 위 물건의 인도 등 일체의 이행행위를 하여서는 아니 된다.[68)]

6. 이사 해임의 소

가. 주주가 이사를 해임시키는 방법

(1) 원칙적으로 주주총회의 결의로 언제든지 해임할 수 있다

임기 중의 이사더라도 다른 법률의 규정이 없는 한,[69)] 주주는 주주총회의 특별결의로 정당한 사유가 없더라도 언제든지 이사를 해임할 수 있다(「상법」 제385조 제1항 본문). 그러나 주주가 주주총회의 특별결의로 이사를 해임하기 위해서는 일단 이사의 해임 안건을 주주총회의 안건으로 상정해야 한다. 현행법상 주주가 이사의 해임 안건을 주주총회의 안건으로 상정하기 위해서는 정기주총에서 주주제안권을 행사하거나 스스로 임시주총을 소집하는 방법이 있다. 그러나 「상법」 제363조의2 제3항 및 「동 시행령」 제12조 제4호는 "임기 중에 있는 임원의 해임에 관한 사항"을 주주제안의 대상이 되지 않는다고 명시하고 있기 때문에, 주주가 주주총회의 특별결의로 이사를 해임하기 위해서는 법원에 임시주총의 소집을 청구하여 법원의 허가를 얻은 후 임시주총에서의 특별결의로 이사를 해임해야 한다.

(2) 예외적으로 법원에 해임을 청구할 수 있다

주주총회에서 이사를 해임하기 위해서는 특별결의를 거쳐야 하기 때문에 현실적으로 대주주 지분의 2배에 상응하는 지분을 보유하지 않고서는 주주총회에서 이사를 해

---

68) 수원지법 선고 2004카합1028 판결.

69) 예컨대 「공기업의 경영구조개선 및 민영화에 관한 법률」 제4조 제2항에서는 "사장은 정당한 사유 없이 임기 중 해임되지 아니한다"고 규정하고 있다.

임하기 어렵다. 그러나 설사 주주총회에서 이사 해임 안건을 부결하였더라도, 만일 이사가 그 직무에 관하여 부정행위 또는 법령이나 정관에 위반한 중대한 사실이 있는 경우에는 예외적으로 주주가 총회 결의가 있는 날로부터 1월 내에 그 이사의 해임을 법원에 청구할 수 있다(「상법」 제385조 제2항). 이는 이사의 부정행위가 있더라도 대주주의 비호를 받아 해임결의가 부결되는 일이 있을 수 있기 때문에 대주주의 다수결의 원칙에 의한 횡포로부터 회사 및 소수 주주를 보호하기 위한 것이다.

나. 이사 해임의 소의 당사자

(1) 원고

상장법인인 경우, 6월 전부터 계속하여 일정 지분을 가진 소수 주주가 법원에 이사의 해임청구를 할 수 있다. 위 지분은 단독으로 보유할 필요는 없고, 2인 이상의 주주가 공동하여 위 지분 요건을 만족시키는 경우에도 공동하여 청구할 수 있다(「상법」 제542조의6 제3항). 만일 상장회사 특례에서 정한 보유 기간 요건을 충족하지 못하더라도 「상법」 제385조 제2항에서 정한 지분을 소유하고 있는 주주는 그에 따라 이사의 해임을 청구할 수 있다.

행사 가능 지분율/발행주식 총수 기준

상장회사	대형 상장회사*	금융회사	대형 금융회사**	비상장회사
0.5% 이상	0.25% 이상	0.25% 이상	0.125% 이상	3% 이상

* 자본금 1천억 원 이상
** 최근 사업연도 말 현재 자산 2조 원 이상

대표소송과 달리 소 제기 후에 원칙적으로 판결 확정 시까지 소송 제기 지분 이상의 주식을 보유하는 것이 필요하고, 따라서 주식의 양도, 기타의 사정에 의해 이 요건을 흠결하게 된 때는 소를 각하한다.[70] 주주총회에서 해임 부결에 찬성한 자도 나중에 해임의 소를 제기할 수 있는지가 문제되는데, 이 권리는 공익권의 일종으로서 회사의 사단

70) 서울고법 2000. 1. 4. 선고 98나45982 판결; 서울고법 2000. 10. 13. 선고 99나35708 판결.

적 이익을 위하여 행사될 요건을 포함하고 있으므로 해임 부결의 결의에 찬성한 자도 해임의 소를 제기할 수 있다고 본다.

(2) 피고

피고를 해당 이사로 해야 하는지, 아니면 해당 이사와 회사를 공동피고로 해야 하는지에 대하여 학설이 나뉘고 있다. 판례는 해당 이사만을 피고로 한 소송에서 소 각하 판결을 하지 않고 승소 판결을 한 경우도 있고,[71] 해당 이사와 회사를 공동피고로 한 소송에서 회사에 대하여 소 각하 판결을 하지 않은 판결도 있다.[72]

다. 이사 해임의 사유

법원에 이사의 해임을 청구하기 위해서는 해당 이사가 직무에 관한 부정행위 또는 법령이나 정관에 위반한 중대 사실이 있어야 한다. '직무에 관한'이란, 직무집행 그 자체뿐만 아니라 직무의 수행에 간접적으로 관련된 행위도 포함하고, '부정한 행위'란 이사가 회사에 대한 충실 의무에 위반하여 회사에 손해를 가하려는 고의의 행위로 해석된다.

서울고법 1997. 5. 13. 선고 97라35 결정: 한화종금 사건

부동산을 염가로 매도하는 것은 이사의 선관의무에 위배하여 회사에 손해를 끼친 배임적 행위에 해당하고, 주주의 신주인수권을 침해하고 현저히 불공정한 방법에 의하여 전환사채를 발행하는 것은 「상법」에 위반한 무효라 할 것인바, 이러한 사유는 「상법」 제385조 제2항에 정한 '이사가 직무에 관하여 부정행위 또는 법령이나 정관에 위반한 중대한 사실'이 있는 때에 해당한다고 볼 수 있으므로 신청인은 피신청인들에 대하여 이사 해임의 소를 제기할 사유가 있다고 할 것이다(본 사건은 이사 해임의 소를 본안 소송으로 한 이사직무집행정지 가처분 사건이다).

---

71) 서울고법 2000. 10. 13. 선고 99나35708 판결.
72) 대법원 1993. 4. 9. 선고 92다53583 판결.

대법원 1993. 4. 9. 선고 92다53583 판결

주주총회의 승인[73] 없이 동종 영업을 목적으로 하는 다른 회사를 설립하고 그 회사의 이사 겸 대표이사가 되었다면 설령 그 회사가 영업 활동을 개시하기 전에 그 회사의 이사 및 대표이사직을 사임하였더라도 이는 「상법」 제397조 제1항의 경업금지 의무를 위반한 행위로서 특별한 다른 사정이 없는 한 이사의 해임에 관한 「상법」 제395조 제2항 소정의 '법령에 위반한 중대한 사실'이 있는 경우에 해당한다.

(주)무학 vs. 대선주조(주) 사건

(주)무학이 대선주조(주)를 상대로 적대적 M&A를 시도하는 과정에서 (주)무학이 대선주조(주)의 현 이사를 해임하기 위한 임시주총 소집을 청구하였고, 임시주총에서 이사 해임 안건이 부결되자 부산지법에 이사 해임의 소를 제기하였다. 2004년 4월 14일 부산지법은 "대선주조 전 대주주가 1997년 부실 경영으로 회사에 수천억 원의 손실을 끼쳐도 처리되고 화의인가를 받았으나 1999년 임명된 현 경영진이 전 대주주를 상대로 채권을 회수하려는 노력을 제대로 하지 않은 점이 인정되는 만큼 해임 요구는 정당하다"면서 현 경영진을 해임한다고 판결하였다.

라. 해임청구소송의 절차

(1) 주주총회에서의 부결

법원에 이사의 해임청구를 하기 위해서는 우선 주주총회에서 이사를 해임하는 의안이 부결되어야 한다. '주주총회에서 그 해임을 부결한 때'란, 주주총회를 개회하여 해임을 부결한 적극적인 결의가 있었던 경우뿐만 아니라 해임안이 상정되었으나 정족수 미달로 심의가 되지 않거나 해임안이 상정되지 않아서 심의조차 되지 않음으로써 의안의 채택이 없었던 경우 등 해임을 가결하지 않은 모든 경우를 뜻한다.[74]

---

73) 1995년 개정 「상법」 전에는 이사의 경업·겸직은 이사회가 아닌 주주총회의 승인 사항이었다.
74) 대법원 1993. 4. 9. 선고 92다53583 판결; 광주지법 2004. 12. 3. 선고 2004가합3668 판결.

(2) 1월 내 해임의 소 제기

이사 해임 의안이 부결되면 부결된 날로부터 1월 내에 해임의 소를 제기해야 한다. 해임청구의 소는 본점 소재지 지방법원의 전속관할이다(「상법」 제385조 제3항, 제186조). 그리고 해임청구의 소는 소가를 산출할 수 없는 소송으로서(「민사소송 등 인지규칙」 제15조 제1항), 소가를 1억 원으로 보고(「민사소송 등 인지법」 제2조 제4항, 「민사소송 등 인지 규칙」 제18조의2 단서, 제15조 제1항), 합의부 관할이다(「민사 및 가사소송의 사물관할에 관한 규칙」 제2조, 「민사소송 등 인지법」 제2조 제4항).

마. 해임청구 판결의 효력

원고 승소 판결이 확정되면 별도로 회사의 해임행위가 없더라도 바로 해임의 효력이 발생한다. 다만 해임을 구하는 이사가 소송 계속 중에 사임하거나 이사로 재선임된 경우(해임의 소의 원인이 된 위법행위가 계속되는 경우는 제외)에는 소의 이익이 없다고 볼 것이다.

7. 직무집행정지 및 직무대행자 선임청구

가. 개요

주주가 법원에 이사의 직무집행정지를 청구할 수 있는 경우는 크게 두 가지다. 첫째는 주주가 법원에 기존 이사에 대한 해임의 소를 제기하는 경우이고, 둘째는 해당 이사의 선임 결의의 무효·취소의 소를 제기하는 경우이다(「상법」 제407조). 즉 주주는 법원에 이사 해임의 소 또는 이사 선임 결의의 무효·취소의 소를 제기하거나 각 본안 소송을 제기하기 전이더라도 급박한 사정이 있음을 근거로 법원에 이사직무집행정지가처분을 신청할 수 있다. 이사 해임의 소 또는 이사의 선임 결의의 무효·취소의 소가 제기된 경우 그 이사를 판결 확정 시까지 이사의 직무에 종사하게 하는 것은 부적당하고 회사에 대하여 손해를 끼칠 염려도 있기 때문에 「상법」에서는 임시적으로 그 직무를 정지시키는 가처분을 인정하고 있다.

「상법」 제407조에서 정한 이사직무집행정지 및 직무대행자 선임가처분은 「민사집행법」 제300조 제2항에서의 임시 지위를 정하는 가처분[75]의 일종이다.[76] 본안 소송은 이사 해임의 소, 이사 선임 결의의 무효 또는 취소의 소여야 하고, 이사에 대한 손해배상청구권 같은 채권적 권리는 될 수 없다. 주식회사의 이사에 관한 위 규정은 감사, 청산인에 준용된다(「상법」제415조, 제542조).

나. 청구인

(1) 신청인

① 신청인은 본안 소송의 원고 또는 원고가 될 수 있는 자여야 한다. 따라서 본안 소송이 이사 선임 결의취소의 소인 경우에는 주주, 이사, 감사가 신청인 적격이 있고, 본안 소송이 이사 선임 결의 무효나 부존재확인의 소인 경우에는 확인의 이익이 있는 자(당해 소송물과의 관계에서 가장 강한 이해관계를 갖고 충실한 소송 수행을 기대할 수 있는 자)가 신청인 적격이 있다고 할 것이다.

② 본안 소송이 이사 해임의 소인 경우에는 「상법」 제385조 제2항 이사 해임의 소를 제기할 수 있는 지분을 가진 주주가 신청인 적격이 있다. 이 지분 요건은 2인 이상의 주주가 공동으로 만족시켜도 되고, 원칙적으로 결정 시까지 유지되어야 한다.

(2) 피신청인

각 본안 소송에서는 회사가 피고 적격자이지만, 가처분의 경우에는 원칙적으로 직무집행의 정지를 요구받은 당해 이사만이 피신청인 적격이 있다.[77] 따라서 본안 소송의 피고와 가처분의 피신청인이 서로 일치하지 않게 되지만, 이 가처분은 그 성질상 당사자뿐만 아니라 회사에 대하여도 효력이 미친다.[78] 이사의 임기가 이미 만료되었더라도

75) 「민사집행법」 제300조 제2항의 임시의 지위를 정하는 가처분이란, 권리관계에 다툼이 있는 경우에 권리자가 당하는 위험을 제거하거나 방지하기 위한 잠정적이고 임시적인 조치로서 그 분쟁의 종국적인 판단을 받을 때까지 잠정적으로 법적 평화를 유지하기 위한 비상 수단에 해당하는 가처분을 말한다.

76) 대법원 1989. 5. 23. 선고 88다카9883 판결.

77) 대법원 1982. 2. 9. 선고 80다2424 판결. 청산인에 관하여는 대법원 1972. 1. 31. 선고 71다2351 판결.

78) 대법원 1992. 5. 12. 선고 92다5638 판결.

후임 이사가 선임될 때까지는 이사의 권리 의무가 있으므로, 임기가 만료한 이사 등을 상대로 직무집행정지의 가처분을 할 수 있다.

다. 기본 절차

(1) 관할

직무집행정지가처분 사건의 관할은 현재 본안의 관할 법원 또는 장차 본안을 관할하게 될 법원이 된다. 그런데 본안 소송은 「상법」의 전속관할 규정에 의하거나 「민사소송법」의 보통재판적 규정에 의하여 피고 또는 피고가 될 회사의 본점 소재지 등의 법원에 관할이 있으므로, 피신청인의 주소지 관할 법원은 직무집행정지가처분 사건의 관할 법원이 될 수 없다. 직무집행정지가처분은 비재산권을 목적으로 하는 소송으로서(「민사소송 등 인지규칙」 제15조 제2항) 합의부 관할이다(「민사 및 가사소송의 사물관할에 관한 규칙」 제2조, 「민사소송 등 인지법」 제2조 제4항).

(2) 심리 절차

이사직무집행정지가처분은 피신청인인 이사뿐만 아니라 회사와 그 거래자들에게 미치는 영향이 매우 크므로 원칙적으로 변론기일 또는 채무자가 참석할 수 있는 심문기일을 열어 신중하게 재판하는 것이 일반적이다(「민사집행법」 제304조).

라. 직무집행정지가처분의 요건

(1) 피보전권리

본안 소송이 이사 결의의 하자를 다투는 소송이라면 그 결의의 하자를 소명해야 하고, 본안 소송이 이사 해임의 소인 경우에는 해임의 사유, 즉 직무에 관한 부정행위 또는 법령·정관 위반의 중대한 사실이 있어야 한다. 직무집행정지가처분은 피신청인인 이사 자신뿐만이 아니라 그 거래자들에게 미치는 영향이 매우 크므로 피보전권리에 대하여 충분히 소명해야 한다.

(2) 보전의 필요성

직무집행정지가처분은 「민사집행법」상 임시의 지위를 정하는 가처분의 일종이고, 이러한 임시의 지위를 정하는 가처분의 경우에는 보전의 필요성, 즉 '특히 계속하는 권리관계에 현저한 손해를 피하거나 급박한 위험을 막기 위하여 또는 그 밖의 필요한 이유'가 있어야 한다(「민사집행법」 제300조 제2항 단서). 따라서 단순히 이사 선임 결의의 효력에 다툼이 있다는 것만으로는 부족하고, 예컨대 이사의 직무 수행의 계속으로 인해 회사에 특히 큰 손해가 초래된다든지(현저한 손해), 직무 수행의 내용으로 보아 그대로 방치하면 본안 판결을 받더라도 이를 무익하게 한다든지(급박한 위험), 기타 이에 준하는 사유가 있을 때(그 밖의 필요한 이유)에 '보전의 필요성'이 인정된다.

(3) 본안 소송을 제기하기 전인 경우

이사직무집행정지가처분을 신청하기 위해서는 원칙적으로 본안 소송을 먼저 제기해야 하지만, 예외적으로 본안 소송을 제기하기 전이라도 급박한 사정이 있는 때에는 가처분을 먼저 제기할 수 있다(「상법」 제407조 제1항). 그러나 본안 소송이 해임의 소인 경우 「상법」 제385조 제2항에서 해임의 소를 제기하기 위한 절차를 별도로 규정하고 있는 것을 감안할 때, 이사 해임을 안건으로 한 임시주총의 소집을 법원에 신청하는 등 해임의 소를 제기할 수 있을 정도의 절차 요건을 거쳤음을 소명해야 한다. 실무상 이러한 절차 요건을 거쳤다는 점에 대한 소명이 없어 신청이 기각되는 경우가 많다.[79]

대법원 1997. 1. 10. 선고 95마837 결정

이사의 직무권한을 잠정적이나마 박탈하는 가처분은 그 보전의 필요성을 인정하는 데 신중을 기해야 할 것인바, … 해임의 소를 제기할 정도의 절차적 요건을 갖춘 흔적이 전혀 보이지 않고 있을뿐더러 신청인이 해임 대상으로 지목하는 이사의 횡령 사실도 소명되지 않고 있어 이 사건 신청을 기각한 원심의 조치는 정당하다.

---

79) 전휴재, 〈특수가처분의 실무상 제문제〉, 《대한변협 특별연수》, 2006, 381쪽.

서울고법 1997. 5. 13. 선고 97라35 결정

이사 해임을 위한 임시주총의 소집을 법원에 청구해 놓는 등 해임의 소를 제기할 수 있을 정도의 절차 요건은 갖추어야 한다.

마. 직무집행정지가처분의 효력

(1) 법원에서 이사의 직무집행을 정지하는 결정을 내리면, 이후부터 이사는 이사로서 일체의 직무집행을 할 수 없다. 직무집행이 정지된 대표자는 직무집행에서 배제되고, 직무집행이 정지된 대표자가 그 단체를 대표하여 한 행위의 효력은 제3자에 대한 관계에서도 무효이다. 따라서 위 가처분에 위반하여 대표권 없는 대표이사와 법률행위를 한 거래 상대방은 자신이 선의였다는 점을 들어 위 법률행위의 유효를 주장할 수 없다.[80] 다만 직무집행정지가처분이 있더라도 이사 또는 대표이사는 직무집행에만 제외될 뿐, 이사 또는 대표이사의 지위를 잃는 것은 아니다. 만일 직무대행자가 선임되었을 경우에는 그 직무대행자만이 결의의 무효 또는 부존재확인을 구하는 본안 소송에서 회사를 대표할 수 있다.[81]

(2) 가처분은 결정 정본을 가처분 채권자와 채무자에게 송달함으로써 효력이 발생한다. 직무의 집행을 정지하거나 그 직무를 대행할 사람을 선임하는 가처분을 한 때에는 법인의 주사무소 및 분사무소 또는 본점 및 지점이 있는 곳의 등기소에 그 등기를 촉탁해야 한다(「상법」 제407조 제3항, 「민사집행법」 제306조).

(3) 법원은 당사자의 신청에 의하여 위 가처분을 변경 또는 취소할 수 있는데(「상법」 제407조 제2항), 「상법」에는 그 요건 및 절차 등에 관하여 특별한 규정이 없으므로 「민사집행법」상 일반 가처분의 변경·취소에 관한 규정을 따른다. 따라서 직무집행이 정지된 이사는 「민사집행법」에서 정하는 일반 절차에 따라, 만일 그 가처분명령이 판결인 경우에는 상소를 할 수 있고, 그것이 결정인 경우에는 이의를 신청할 수 있다(「민사집행법」 제301조, 제283조 제1항). 이때 회사는 그 이사가 자격이 없다는 것이 객관적으로 명

80) 대법원 1992. 5. 12. 선고 92다5638 판결.
81) 대법원 1995. 12. 12. 선고 95다31348 판결.

백하여 항쟁의 여지가 없는 경우가 아닌 한, 당해 이사에게 가처분 이의를 위한 소송비용을 지급할 수 있다.

(4) 직무집행을 정지하는 가처분 결정을 내렸음에도 만일 주주총회에서 다시 그 사람을 이사로 선임하고 그 효력이 인정된다면 법원의 가처분 결정이 무의미해질 수 있다. 따라서 위 가처분 결정이 취소되지 않는 이상 주주총회에서 선임된 이사는 그 선임 결의의 적법 여부에 관계없이 이사로서의 자격을 가지지 못한다고 할 것이다. 다만 직무집행정지 및 직무대행자 선임가처분 결정 후 주주총회에서 피대행자의 해임 및 후임자의 선임이 있는 경우 사정 변경을 이유로 가처분의 취소를 구할 수 있다.[82)]

대법원 1992.5.12. 선고 92다5638 판결

대표이사 등의 직무집행정지 및 직무대행자 선임의 가처분이 이루어진 이상 그 후 대표이사 등이 해임되고 새로운 대표이사 등이 선임되었다 하더라도 가처분 결정이 취소되지 않는 한 직무대행자의 권한은 유효하게 존속하고, 새로이 선임된 대표이사 등은 그 선임 결의의 적법 여부에 관계없이 대표이사 등으로서의 권한을 가지지 못한다.

바. 직무대행자의 선임청구

(1) 선임

① 법원은 이사의 직무집행정지가처분과 함께 직무대행자를 선임할 수 있다(「상법」 제407조 제1항 전단). 그러나 대행자의 선임이 필요한 경우가 아닌 한, 직무집행정지가처분에 직무대행자 선임가처분이 반드시 수반될 필요는 없다. 예컨대 대표이사의 직무집행을 정지하여 대표이사의 직무를 행할 자가 없거나, 이사의 직무집행을 정지하여 정족수에 미달되게 된 경우 등에는 이사 또는 대표이사의 직무대행자를 선임한다.

② 직무대행자는 법원의 자유재량에 의하여 적당한 자를 선임하고, 보통 신청인이나 피신청인과 무관한 중립적인 사람을 선임한다. 가처분 신청서에 직무대행자를 지정하여 신청하는 것이 보통이지만, 당사자에게는 직무대행자 지정권이 없기 때문에 법원이

---

82) 대법원 1995. 3. 10. 선고 94다56708 판결; 대법원 1997. 9. 9. 선고 97다12167 판결.

이에 구속되지는 않고 실무상 변호사를 많이 선임한다.

③ 가처분 발령 법원은 대행자 선임 결정과 동시에 또는 별도로 대행자의 보수액을 결정할 수 있다. 직무대행자의 보수에 관하여 직접적인 규정은 없으나, 직무대행자의 직무대행은 가처분의 집행에 해당하므로 그 보수는 집행 비용에 속하여 채무자의 부담으로 하게 된다(「민사집행법」 제301조, 제291조). 다만 보수 지급을 분명하게 하기 위하여 「민사소송법」 제116조를 적용하여 신청인에게 일정 금액의 보수액을 미리 예납하게 함이 보통이다.[83]

(2) 직무대행자의 권한

① 직무대행자는 회사의 상무에 속하는 행위를 할 때에는 단독으로 할 수 있지만, 상무 이외의 행위를 할 때는 가처분명령에 다른 정함이 있는 경우 외에는 법원의 허가를 받아야 한다(「상법」 제408조 제1항). '상무'란 일반적으로 회사에서 일상 행해져야 하는 사무, 회사가 영업을 계속함에 있어서 통상 행하는 영업 범위 내의 사무 또는 회사 경영에 중요한 영향을 주지 않는 통상의 업무 등을 의미하고, 어느 행위가 구체적으로 이 상무에 속하는가 하는 것은 당해 회사의 기구, 업무의 종류·성질, 기타 제반 사정을 고려하여 객관적으로 판단된다. 예컨대 직무대행자가 정기주주총회를 소집함에 있어서도 그 안건에 이사회의 구성 자체를 변경하는 행위나 「상법」 제374조의 특별결의 사항에 해당하는 행위 등 회사의 경영 및 지배에 영향을 미칠 수 있는 것이 포함되어 있다면 그 안건의 범위에서 정기총회의 소집이 상무에 속하지 않고, 만일 직무대행자가 정기주주총회를 소집하는 행위가 상무에 속하지 아니함에도 법원의 허가 없이 이를 소집하여 결의한 때에는 소집 절차상의 하자로 결의취소 사유에 해당한다.[84]

상무에 속한다고 본 경우

- 변호사에 대한 소송대리위임과 그 보수 계약의 체결, 그에 관련한 반소 제기의 위임행위.[85]
- 회사의 영업에 관한 일상의 거래(통상의 재료 구입, 제품의 판매 등).

83) 권성 외, 《가처분의 연구》, 박영사, 459쪽.
84) 대법원 2007. 6. 28. 선고 2006다62362 판결.
85) 대법원 1989. 9. 12. 선고 87다카2691 판결.

- 일상적인 직원의 채용, 급여의 지급, 계산 서류에 관한 직무.
- 회사를 상대로 제기된 소에 대한 응소행위.

상무에 속하지 않는다고 본 경우

- 피정지 대표이사를 해임하기 위하여 임시주주총회를 소집하는 것.[86)]
- 청구의 인락을 하는 행위.[87)]
- 당해 가처분의 본안 소송의 1심 판결에 대한 항소를 취하하는 행위.[88)]
- 직무대행자가 그 가처분을 신청한 사람에게 그 권한의 전부를 위임하여 회사의 경영을 일임하는 행위.[89)]
- 회사의 사업 또는 목적을 근본적으로 변경하거나 중요한 영업재산을 처분하는 행위.[90)]
- 신주의 발행, 사채의 모집, 「상법」 제374조의 특별결의 사항에 해당하는 행위.

② 직무대행자가 법원의 허가 없이 통상 사무 외의 행위를 한 경우에도 회사는 선의의 제3자에 대하여 책임을 진다(「상법」 제408조). 대행자의 행위가 회사의 상무에 속하는가의 여부가 명확하지 않기 때문에 선의의 제3자를 보호하기 위하여 회사의 책임을 인정하였다. 직무대행자가 법원의 허가 없이 상무 외 행위인 소송행위를 한 경우 무권한자의 소송행위로서 무효라고 할 것이지만, 나중에 법원의 허가를 받은 경우에는 추인되어 유효하다고 할 것이다.

③ 법인의 상무에 속하지 아니하는 행위를 하기 위한 허가의 신청은 비송사건이며, 허가의 신청은 직무대행자가 가처분 법원에 한다(「비송사건절차법」 제85조 제1항). 허가는 그 제도의 취지상 포괄적으로는 할 수 없고 결정문에는 허가하는 상무 외 행위를 구체적으로 특정한다.

④ 법원은 일단 선임한 직무대행자가 부적당하다고 인정한 때에는 직권으로 언제든지 그 선임을 취소하고 다시 적당한 자를 선임할 수 있다. 그러나 당사자는 직무대행자

86) 대법원 1959. 12. 3. 선고 4290민상669 판결.
87) 대법원 1975. 5. 27. 선고 75다120 판결.
88) 대법원 1982. 4. 27. 선고 81다358 판결.
89) 대법원 1984. 2. 14. 선고 83다카875, 876, 877 판결.
90) 대법원 1991. 12. 24. 선고 91다4355 판결.

의 변경을 청구할 수 없고, 개임 신청을 법원이 받아들이지 않았다 하더라도 불복할 수 없다.[91)]

8. 업무 · 재산 상태 검사를 위한 검사인 선임청구권

가. 규정

회사의 업무집행에 관하여 부정행위 또는 법령·정관에 위반한 중대한 사실이 있음을 의심할 사유가 있음에도 불구하고, 회계장부열람만으로는 회사의 업무나 재산 상태를 충분히 알 수 없는 경우, 일정 지분의 소수 주주는 법원에 대하여 회사의 업무 및 재산 상태를 검사할 검사인을 선임할 것을 청구할 수 있다(「상법」 제467조 제1항). 주주가 회사의 업무집행에 대한 감독을 효과적으로 수행하려면 회계장부와 회계서류의 열람뿐만 아니라 회사의 업무나 재산 상태에 대해서도 조사할 필요가 있다. 따라서 일정 지분의 소수 주주에게 검사인 선임청구권을 인정하되, 회사의 업무와 재산 상태에 대한 조사는 회사에 주는 영향이 크기 때문에 법원이 선임한 검사인을 통해서만 이를 조사하도록 제한하고 있다.

행사 가능 지분율/발행주식 총수 기준

상장회사	대형 상장회사*	금융회사	대형 금융회사**	비상장회사
1.5% 이상	1.5% 이상	0.25% 이상	0.125% 이상	3% 이상

* 자본금 1천억 원 이상
** 최근 사업연도 말 현재 자산 2조 원 이상

나. 절차

(1) 검사인 선임 신청은 일정 지분을 갖춘 주주가 할 수 있다. 신청 주주는 신청의 사유, 검사의 목적, 신청 연월일, 법원의 표시에 관한 사항을 기재한 서면으로 해야 한다(「비송사건절차법」 제73조). 검사인 선임을 청구할 수 있는 경우는 이사가 회사의 업무집

91) 대법원 1979. 7. 19. 선고 79마198 결정.

행에 관하여 부정행위 또는 법령이나 정관에 위반한 중대한 사실이 있음을 의심할 사유가 있는 때이어야 한다. 이 경우 부정행위 또는 법령이나 정관에 위반한 중대한 사실은 구체적이고 명확히 적시하여 입증해야 한다.

대법원 1985. 7. 31. 선고 85마214 결정, 1996. 7. 3. 선고 95마1335 결정 등

「상법」 제467조 제1항에서의 '회사의 업무집행에 관하여 부정행위 또는 법령이나 정관에 위반한 중대한 사실이 있음을 의심할 사유가 있는 때'란, 그 내용을 구체적으로 명확히 적시하여 입증해야 하고 단순히 결산보고서의 내용이 실지 재산 상태와 일치하는지 여부에 의심이 간다는 정도의 막연한 것만으로는 그 사유로 삼을 수 없다.

---

(2) 법원은 그 재판을 함에 있어 이사와 감사의 진술을 들은 후(「비송사건절차법」 제76조), 결정의 형식으로 한다. 검사인을 선임하는 법원으로서는 그 검사 목적에 비추어보아 상당하다고 인정하는 범위 내에서 검사의 목적 사항을 특정하되, 현재의 업무, 재산의 상황뿐만 아니라 과거의 재산, 업무의 상황에 대하여도 검사의 목적 사항으로 할 수 있다.[92] 법원이 검사인을 선임한 경우에는 사건 본인 회사로 하여금 이에 보수를 지급하게 할 수 있다(「비송사건절차법」 제77조 전문).

다. 검사인의 권한

법원에 의하여 선임된 검사인은 회사의 업무와 재산 상태를 조사한 후 그 조사 결과를 법원에 보고해야 한다. 법원은 위 보고에 의하여 필요하다고 인정하는 때에는 대표이사에게 주주총회의 소집을 명령할 수 있고, 이 경우에 검사인은 보고서를 총회에 제출하여야 한다(「상법」 제467조 제2항, 제3항). 위 주주총회의 소집에 있어서는 이사회의 소집결의는 요하지 않는다. 이사와 감사는 검사인의 보고서의 정확여부를 조사하여 이를 주주총회에 보고하여야 한다(동조 제4항).

---

92) 《법원실무제요(제2판 소년·비송)》, 법원행정처, 415쪽.

9. 이사회 의사록 열람 및 등사신청

가. 개요

주주는 영업시간 내에 이사회 의사록의 열람·등사를 청구할 수 있다(「상법」 제391조의3 제3항). 종전에는 주주가 영업시간 내에 언제든지 이사회 의사록을 열람·등사할 수 있었지만, 1999년 12월 31일 개정 「상법」에서는 회사가 거절하는 경우에는 비송사건절차를 거쳐 법원의 허가를 얻은 경우에 한하여만 열람·등사가 허용된다(동조 제4항). 그리고 채권자에 대한 이사회의 정보 유출은 불필요하고 폐단이 우려된다고 보아, 위 개정 「상법」에서는 채권자를 이사회 의사록의 열람 청구권자에서 제외하였다.

나. 어떻게 법원에 허가를 신청하는가

(1) 법원에 허가신청을 제기할 수 있는 사람은 주주이면 되고 보유 주식수는 문제되지 않는다. 허가신청 사건은 회사의 본점 소재지의 지방법원 합의부 관할이다(「비송사건절차법」 제72조 제1항).

(2) 법원에 이사회 의사록 열람·등사의 허가를 구하려면 주주는 '주주로서의 권리'를 행사하기 위하여 이사회 의사록의 열람 또는 등사가 필요하다는 점을 소명해야 한다. 예컨대 의결권의 행사나 이사의 책임 추궁과 같은 단독 주주권의 행사를 위하여 필요하다든가, 이사 해임의 소의 제기나 「상법」 제467조 제1항의 규정에 의한 검사인의 선임청구와 같은 소수 주주권의 행사를 위하여 필요하다는 점을 소명해야 한다.

(3) 회사는 주주의 의사록 열람·등사 청구에 대하여 '이유'를 붙여 거절할 수 있다(「상법」 제391조의3 제4항 전단). 주주의 열람·등사권 행사가 부당한 것인지는 행사에 이르게 된 경위, 행사의 목적, 악의성 유무 등 제반 사정을 종합적으로 고려하여 판단해야 하고, 특히 주주의 이와 같은 열람·등사권 행사가 회사 업무의 운영 또는 주주 공동의 이익을 해치거나 주주가 회사의 경쟁자로서 취득한 정보를 경업에 이용할 우려가 있거나, 또는 회사에 지나치게 불리한 시기를 택하여 행사하는 경우 등에는 정당한 목적을 결하여 부당한 것이라고 본다. 판례는 적대적 인수·합병을 시도하는 주주의 열람·등사 청구라고 하더라도 목적이 단순한 압박이 아니라 회사의 경영을 감독하여 회사와 주주

의 이익을 보호하기 위한 것이라면 허용되어야 한다고 판시한다.[93)]

다. 법원의 허가 결정

(1) 법원은 열람·등사의 허가 여부를 판단함에 있어 신청인의 주식 취득 시기, 주식 수의 다과, 신청인의 회사와의 개별적 관계, 신청인의 목적이 실현될 가능성, 비용, 다른 방식으로 용이하게 정보를 수집할 수 있는 방법이 있는지의 여부, 신청의 이유가 주주의 이익에 중대한 관계가 있는 사항인지 등의 제반 사정을 종합적으로 검토한다.

(2) 이사회 결의 등을 위해 이사회에 제출된 관련 서류라도 그것이 이사회 의사록에 첨부되지 않았다면 이는 이사회 의사록 열람·등사 청구의 대상에 해당하지 않으나, 이사회 의사록에서 '별첨', '별지' 또는 '첨부' 등의 용어를 사용하면서 내용을 인용하고 있는 첨부 자료는 해당 이사회 의사록의 일부를 구성하는 것으로서 이사회 의사록 열람·등사 청구의 대상에 해당한다.[94)]

(3) 만일 대표이사가 정당한 사유 없이 이사회 의사록의 열람 또는 등사를 거부한 때에는 500만 원 이하의 과태료에 처하게 된다(「상법」 제635조 제1항 제4호). 1998년 3월 삼성전자의 주주총회를 앞두고 참여연대가 삼성전자의 이사회 의사록의 열람, 등사를 수차례 청구하였으나 삼성전자가 이를 거부한 사건에서 같은 해 6월 11일 수원지법 성남지원에서는 삼성전자(주) 대표이사 윤○○에게 과태료 300만 원을 부과하였다.

10. 주주명부 열람 및 등사 청구

가. 규정

회사는 주주명부를 본점 또는 명의개서대리인의 영업소에 비치해야 하고, 주주와 회사채권자는 영업시간 내에 언제든지 주주명부의 열람 또는 등사를 청구할 수 있다(「상법」 제396조). 주주명부의 열람 및 등사 청구는 의결권 쟁탈전이 벌어졌을 때 가장 중요

93) 대법원 2014. 7. 21. 선고 2013마657 결정.
94) 대법원 2014. 7. 21. 선고 2013마657 결정.

한 절차에 해당한다. 경영진에 반대하는 측으로서는 우선 주주들의 주소를 알아야 의결권 대리행사 권유행위를 할 수 있기 때문이다. 이러한 이유로 경영진 측에서는 최대한 주주명부의 열람 및 등사를 지연시키는 것이 보통이다.

나. 실질주주명부의 포함 여부

「상법」은 주주에게 주주명부에 대한 열람·등사청구권을 인정하는 규정을 두고 있으나, 「자본시장법」은 실질주주명부의 작성·비치 의무만을 규정(제316조 제1항)하고 있을 뿐, 주주에게 실질주주명부에 대한 열람·등사청구권을 인정하는 명문의 규정을 두고 있지 않아서 주주명부 열람 및 등사 청구의 대상에 실질주주명부가 포함되는지가 문제된다.

이에 대하여 과거 하급심 판결이 엇갈렸으나, 현재 대법원은 실질주주명부도 열람·등사의 대상이라고 판단하고 있다. 주주명부열람·등사청구권은 주주권 행사를 효과적으로 함으로써 주주를 보호함과 동시에 회사의 이익을 보호하려는 데 그 목적이 있고, 소수 주주들에게 다른 주주들과의 주주권 공동행사나 의결권 대리행사 권유를 가능하게 함으로써 지배주주의 주주권 남용을 방지하는 기능도 담당하고 있다. 이러한 측면에서 「상법」상 주주명부와 동일한 효력이 있는 「자본시장법」상 실질주주명부에 대한 열람·등사청구권의 인정 여부와 필요성 판단에서 「상법」상 주주명부와 달리 취급할 이유가 없기 때문이다.[95)]

한편 발행인이 아닌 의결권 권유자는 발행인이 의결권 권유를 하는 경우 그 발행인에 대하여 주주명부(실질주주명부 포함)의 열람 및 등사를 허용하는 행위를 요구할 수 있고, 발행인은 위 요구를 받은 날로부터 2일 이내에 위 요구에 응해야 한다(「자본시장법」 제152조의2).

다. 주주명부의 열람청구의 범위

「상법」상 주주명부의 기재 사항은 '주주의 성명과 주소, 각 주주가 가진 주식의 종류와 그 수, 각 주주가 가진 주식의 주권을 발행한 때에는 그 주권의 번호, 각 주식의 취득

95) 대법원 2017. 11. 14. 선고 2015다246780 판결; 선고 2015다246797 판결.

년월일'이다(「상법」 제352조 제1항). 반면 「자본시장법」상 실질주주명부에는 '실질주주 번호, 실질주주의 명칭, 주민등록번호 및 주소, 실질주주의 전자우편주소(전자우편주소가 있는 경우에 한한다), 실질주주별 주식의 종류와 수, 실질주주 통지 연월일, 외국인인 실질주주가 상임대리인을 선임한 경우에는 해당 상임대리인의 명칭 및 주소, 실질주주가 외국인인 경우 해당 외국인의 국적, 그 밖에 실질주주 관리에 필요한 사항'을 기재하도록 되어 있기 때문에[96] 구체적인 열람청구의 범위가 일치하지 않는다.

이와 관련해서도 하급심 판결이 엇갈렸으나, 대법원은 실질주주명부에 대한 열람·등사의 허용범위는 "실질주주명부상의 기재 사항 전부가 아니라 그중 실질주주의 성명 및 주소, 실질주주별 주식의 종류 및 수와 같이 주주명부의 기재 사항에 해당하는 것에 한정된다"고 판단하였다. 그러면서 주주명부 기재 사항이 아닌 실질주주의 전자우편주소는 열람·등사의 대상에 포함되지 않는다고 보았다.[97]

라. 청구의 부당성

회계장부열람·등사청구권(「상법」 제466조 제2항)과 달리, 주주명부열람·등사청구권(제396조 제2항)의 경우에는 법문상 대상 회사가 청구의 부당함을 증명하지 못한 경우에는 이에 응하지 아니할 수 있다고 규정하지 않았다. 따라서 법문상으로는 회사가 무조건적으로 열람·등사에 응해야 할 의무가 있는 것처럼 해석되지만, 판례는 「상법」 제466조 제2항을 유추 적용하여 회사가 청구의 부당성을 증명한 경우에는 이를 거부할 수 있고 정당한 목적이 없다는 점에 대한 증명 책임은 회사가 부담한다고 보고 있다.[98] 예컨대 주주에 관한 정보를 타인에게 유상으로 양도하는 등 개인의 영리 활동에 이용할 목적으로 주주명부열람·등사권을 행사하는 것은 청구가 부당하다고 볼 것이나, 주식회사의 경영권 분쟁이 발생한 경우 기존의 경영진과 적대 관계에 있는 주주가 위임장을 권유하기 위한 목적에서 주주명부열람·등사권을 행사하는 것은 정당한 목적이

96) 「자본시장법」 제315조 제3항에는 '성명 및 주소, 주식의 종류 및 수'라고만 규정되어 있으나, 한국예탁결제원의 업무 규정인 「증권등예탁업무규정」 제43조, 「증권등예탁업무규정시행세칙」 제32조에는 위 사항들을 기재하도록 되어 있다.

97) 대법원 2017. 11. 9. 선고 2015다235841판결.

98) 대법원 1997. 3. 19. 선고 97그7 결정.

있다고 할 것이다.[99)]

주문례

피신청인은 이 사건 결정 정본을 송달받은 날로부터 공휴일을 제외한 7일의 기간 동안 그 영업시간에 한하여 신청인들 또는 그 대리인에게 피신청인의 주주명부와 정관을 열람 및 등사(컴퓨터디스켓의 복사를 포함한다)하게 해야 한다.

마. 회사가 거부하는 경우

만일 회사가 주주명부의 열람 및 등사를 정당한 사유 없이 거부하면, 주주는 법원에 열람 및 등사를 구하는 신청을 제기할 수 있다. 만일 법원에서 주주명부의 열람 및 등사를 명하는 판결을 내렸음에도 회사가 계속하여 열람·등사를 거부할 경우에는 간접강제절차에 의하여 그 이행을 강제할 수 있다.

간접강제 사건에서의 주문례[100)]

채무자는 이 결정의 고지를 받은 즉시 채무자 회사의 주주명부(실질주주명부 포함)를 채권자 또는 그 대리인에게 열람 및 등사(컴퓨터디스켓의 복사를 포함한다)하게 해야 한다.

만일 채무자가 위 채무를 이행하지 아니할 때에는 채권자에게 이행을 거부한 때로부터 이행 완료 시까지 1일 금 400만 원의 비율에 의한 금원을 지급하라.

---

99) 전휴재, 〈특수가처분의 연구〉, 《대한변협 특별연수 민사집행·보전소송》, 2006, 384쪽.

100) 부산지법 2002타기1462 결정.

상 장 회 사 법

2

회사의 소유구조

제1장 회사의 소유구조에 관한 법률문제

제1절 소유구조에 대한 주요한 규제 / 제2절 소유구조에서 특이한 위치에 있는 것들

제2장 소유구조에 변동을 주는 자본조달

제1절 신주의 발행 / 제2절 부당한 자금 조달에 대한 대응

제3장 소유구조의 변동

제1절 우호적 M&A / 제2절 M&A에서의 투자자 보호 / 제3절 적대적 M&A

제1장

회사의 소유구조에 관한 법률문제

제1절 소유구조에 대한 주요한 규제

1. 대기업 기업집단의 경제력 집중 억제

가. 개요

경제력이 소수의 경제주체에게 집중될 경우 시장경제의 핵심인 자유롭고 공정한 경쟁이 저해되고 효율적인 자원배분이 이루어지기 어렵다. 이에 1986년 12월 「공정거래법」에서는 경제력 집중과 시장경쟁 저해 등 부작용을 방지하기 위해 '대규모 기업집단'의 개념을 도입하고 상호출자, 채무보증 등에 대해 일정한 제한을 가하고 있다.

현재 공정거래위원회는 기업집단 중 매년 4월초에 소속 회사의 자산총액 합계가 5조 원 이상인 공시대상기업집단을 지정하고, 이 중 자산총액 합계가 국내총생산액의 1천분의 5에 해당하는 금액(10조 원보다 작을 때는 10조 원) 이상인 기업집단을 상호출자제한기업집단으로 지정한다(제31조 및 부칙 제4조). 공정거래위원회는 이 기업집단을 중심으로 경제력 집중 억제 시책을 적용한다. 2020년 4월 1일에 지정된 공시대상기업집단은 총 64개이고, 소속 회사는 총 2,284사이다. 이 중 상호출자제한기업집단은 총 34개이고, 소속 회사는 총 1,473사이다.

나. 상호출자제한기업집단의 규제사항

(1) 동일 기업집단 소속 회사와 상호출자 금지(개정「공정거래법」 제21조)

상호출자 금지는 실질적인 출자 없이 가공으로 자본금을 늘리거나 계열기업을 확장하는 것을 막기 위한 제도이다. 「상법」에서도 일정한 경우 상호주에 대한 의결권 행사를 규제하고 있는데(「상법」 제369조 제3항), 「공정거래법」에서는 경제력 집중을 효과적으로 규제하기 위하여 소유 자체를 금지하고 있다. 즉 「공정거래법」에서는 상호출자제한기업집단에 속하는 회사는 자기의 주식을 취득 또는 소유하고 있는 계열회사의 주식을 취득 또는 소유하는 것을 금지시키고, 이를 위반하는 경우 주식 처분명령 등 시정조치, 시정할 때까지 의결권 제한, 주식 취득가액의 10%(2022년부터 20%) 이내 과징금 부과, 3년 이하의 징역 또는 2억 원 이하의 벌금 등의 제재를 받는다.

(2) 신규 순환출자 금지(개정 법 제22조)

순환출자란 3개 이상 계열사 간의 출자가 고리와 같이 상호 연결된 환상형 출자 구조를 말한다. 상호출자와 마찬가지로 순환출자도 가공자본을 만드는 소유형태이므로 상호출자제한기업집단 소속 계열회사 간에는 신규 순환출자(새로운 순환출자 고리를 형성하거나 기존의 순환출자 고리를 강화하는 추가 출자)가 금지된다.

이를 위반 시 주식 처분명령 등 시정조치, 시정할 때까지 의결권 제한, 주식 취득가액의 10%(2022년부터 20%) 이내 과징금 부과, 3년 이하의 징역 또는 2억 원 이하의 벌금 등의 제재를 받는다.

다만 기업의 사업구조 개편(합병·분할, 영업 전부의 양수 등), 정당한 권리행사(담보권 실행, 대물변제 수령 등)와 기업구조조정(워크아웃·자율협약절차 개시, 부실 징후 기업에 대해 채권단 의결 및 총수 일가의 재산 출연 또는 기존 주주인 계열회사의 유상증자 참여)으로 형성된 신규 순환출자는 예외 사유에 따라 6개월~3년의 해소 유예기간을 부여한다.

(3) 신규 상호출자제한기업집단의 순환출자 의결권 제한(개정 법 제23조)

2022년부터 기업집단의 속하는 계열회사가 기존의 순환출자를 유지한 채 신규로 상호출자제한기업집단 지정을 받을 경우, 상호출자제한기업집단에 속하는 국내 회사 간 순환출자 주식은 의결권을 행사할 수 없다. 따라서, 의결권을 행사하려면 순환출자를 해소해야 한다. 이를 위반하여 의결권을 행사한 자는 3년 이하의 징역 또는 2억 원 이하의 벌금에 처한다.

(4) 동일 기업집단 소속 회사에 대한 채무보증 금지(개정 법 제24조)

상호출자제한기업집단의 소속 회사(금융·보험회사 제외)가 국내 금융기관으로부터의 여신과 관련하여 국내 계열회사에 대하여 채무를 보증하는 행위는 금지된다. 다만, 산업합리화, 국제 경쟁력 강화와 관련된 채무보증은 예외로 인정된다. 이는 금융기관의 중복·과다 보증을 제한하고 계열회사 상호 간의 채무보증을 통한 계열회사의 연쇄 도산을 방지하여 개별 회사의 건전한 발전을 도모하기 위해서다. 이를 위반하는 경우 채무보증의 취소 등 시정조치, 위반 채무보증 금액의 10%(2022년부터 20%) 이내 과징금 부과, 3년 이하의 징역 또는 2억 원 이하의 벌금 등의 제재를 받는다.

(5) 기업집단 소속 금융·보험회사 및 공익법인의 국내 계열회사에 대한 의결권 행사 금지(개정 법 제25조)

① 상호출자제한기업집단 소속 금융·보험회사는 국내 계열회사 주식에 대하여 의결권 행사가 제한된다. 다만 금융업 또는 보험업을 영위하기 위한 경우 및 「보험업법」에 의한 승인을 얻은 경우에는 자유롭게 의결권 행사가 가능하며, 상장 계열회사의 임원임면, 정관 변경, 합병·영업 양도에 대한 결의 시에는 다른 특수관계인의 지분과 합하여 15%까지 의결권 행사가 가능하다.(단, 2022년부터는 계열회사 간의 합병·영업 양도에 대해서는 의결권이 전부 제한된다.)

② 한편 상호출자제한기업집단 소속 공익법인은 국내 계열회사 주식에 대하여 의결권 행사가 제한된다. 다만 공익법인이 발행주식 총수를 소유한 회사에 대해서는 의결권 행사가 가능하며, 상장 계열회사의 임원임면, 정관 변경, 계열회사와 비계열회사간의 합병·영업 양도에 대한 결의 시에는 다른 특수관계인의 지분과 합하여 15%까지 의결권 행사가 가능하다.(단, 공익법인의 의결권 제한은 2023년부터 시행되며, 의결권 지분율은 2023년: 30%. 2024년 : 25%. 2025년: 20%, 2026년 이후 15%로 단계적으로 낮춰간다.[부칙 제7조])

이를 위반하는 경우 주식 처분명령 등 시정조치, 3년 이하의 징역 또는 2억 원 이하의 벌금 등의 제재를 받는다.

다. 공시대상기업집단의 규제사항

(1) 대규모 내부거래의 이사회 의결 및 공시(개정 법 제26조)

공시대상기업집단에 속하는 회사는 특수관계인을 상대방으로 하거나 특수관계인을 위하여 일정 규모 이상의 대규모 내부거래를 하고자 하는 때에는 미리 이사회의 의결을 거친 후 이를 공시해야 한다. 거래의 주요 내용을 변경하고자 하는 때에도 또한 같다.

이 규정이 적용되는 거래는 특수관계인을 상대방으로 하거나 특수관계인을 위하여 자금, 유가증권, 자산을 제공 또는 거래하는 행위로서 거래 금액이 당해 회사의 자본총계 또는 자본금 중 큰 금액의 100분의 5 이상이거나 50억 원 이상인 거래행위이다(「공정거래법 시행령」 제17조의8 제2항).

이 제도는 일정 규모 이상의 내부거래에 대한 이사회 의결을 통해 이사회의 책임 강화와 사외이사들에 의한 견제를 유도하는 한편, 공시를 통해 이해관계인에 의한 감시를 가능하게 함으로써 부당 내부거래를 사전에 예방하기 위하여 2000년 4월 1일 도입한 제도이다.

(2) 기업집단 현황 공시(개정 법 제28조) 및 비상장회사 등의 중요 사항 수시 공시(개정 법 제27조)

공시대상기업집단 소속 회사는 기업집단의 일반 현황, 임원·이사회 현황, 주식 소유 현황, 특수관계인과의 거래 현황 등을 연 1회 또는 분기마다 공시해야 한다. 그리고 대기업집단 소속 비상장사는 수시로 자기 회사의 소유지배구조, 재무구조 및 경영 활동과 관련한 중요한 사항을 공시해야 한다.

(3) 특수관계인에 대한 부당한 이익 제공 등 금지(개정 법 제47조)

기업집단 내에서 지배주주 일가 및 그들의 개인회사에 일감을 몰아주거나 사업 기회를 제공하여 부당한 이익을 얻게 하는 경우가 만연하였다. 이를 막기 위해 공시대상기업집단에 속하는 국내 회사는 동일인과 그 친족에게, 또는 이들이 20% 이상 주식을 소유한 국내 계열회사(상장 계열회사는 30% 이상이지만 2022년부터는 상장 계열회사도 20% 이상)에게, 또는 이 국내 계열회사가 50% 초과 주식을 소유한 국내 계열회사에게(50% 초과 자회사에 대한 부당한 이익 제공 금지는 2022년부터 시행) 상당히 유리한 조건으로 거래(일감 몰아주기)하거나 상당한 이익이 될 사업 기회를 제공하여 부당한 이익을 귀속시켜서는 안 된다. 다만, 국내 회사의 효율성 증대, 보안성, 긴급성 등 거래의 목적을 달성하기 위하여 불가피한 경우는 허용한다.

이를 위반할 경우, 부당한 이익 제공 행위의 중지 및 재발방지 등 시정조치, 매출액의 5%(2022년부터 10%) 이내 과징금, 3년 이하의 징역 또는 2억 원 이하의 벌금 등의 제재를 받는다.

2. 지주회사

가. 개요

지주회사(holding company)란 주식의 소유를 통해 다른 회사를 지배하는 것을 주된 사업으로 하는 회사를 말한다. 지주회사는 순수하게 타 회사지배만을 목적으로 하는 '순수 지주회사'와 생산·판매 등의 고유 사업을 영위하면서 주식 소유를 통해 다른 회사를 지배하는 '사업지주회사'로 구분된다. 그리고 금융업 또는 보험업을 영위하는 자회사의 주식을 소유하는 지주회사를 '금융지주회사',[1] 벤처기업·중소기업 등을 자회사로 하는 '벤처지주회사'라고 하고, 그 밖의 지주회사를 '일반 지주회사'라고 한다.

원래 지주회사는 1986년 「독점규제법」 제1차 개정 이래 그 설립이 원칙적으로 금지되었다. 그러다가 소수의 지분으로 계열회사 간 순환출자를 통해 지배력을 유지 확대하고 있는 재벌들의 지배구조를 개선하기 위하여 IMF 경제위기 이후부터 제한적으로 허용되었다. 그 후 2003년 공정거래위원회가 지주회사를 재벌의 지배구조를 개선할 수 있는 대안으로 적극 권장하면서 많은 기업집단들이 지주회사로 전환하였다.

나. 「공정거래법」상 지주회사 규제 내용

회사가 자산총액 5천억 원 이상이고, 회사가 소유하는 자회사 주식가액의 합계액이 당해 회사 자산총액의 50% 이상이면 공정거래위원회에 지주회사로 신고해야 한다. 그

---

1) 금융지주회사는 「공정거래법」이 아니라 「금융지주회사법」의 적용을 받는다.

리고 지주회사가 되면 일반 기업들보다 다음과 같은 규제를 추가로 받게 되는데, 이러한 행위 제한에 대한 예외를 점차 확대하는 추세이다.

(1) 지주회사에 대한 행위 제한 의무(개정 법 제18조 제2항)

① 지주회사는 부채 비율을 원칙적으로 200% 이내로 유지해야 함.

② 지주회사는 자회사의 주식을 원칙적으로 당해 자회사 발행주식 총수의 40% 이상(상장법인은 20%) 보유해야 함. 다만, 2022년 이후 신규로 지주회사 체제로 전환되거나 기존 지주회사 체제에 신규 편입된 지주회사의 자회사의 지분요건은 50%(상장법인은 30%) 이상 보유해야 함.

③ 벤처지주회사는 자회사의 주식을 원칙적으로 당해 자회사 발행주식 총수의 20% 이상 보유해야 함.

④ 금융지주회사는 원칙적으로 금융업 또는 보험업을 영위하는 회사 외 일반 국내 회사의 주식을 소유할 수 없음.

⑤ 일반 지주회사는 원칙적으로 금융업 또는 보험업을 영위하는 국내 회사의 주식을 소유할 수 없음.

⑥ 지주회사는 원칙적으로 자회사 외 계열회사의 주식을 소유할 수 없음.

⑦ 계열회사가 아닌 국내 회사의 주식을 5% 초과하여 소유할 수 없음.

(2) 자회사에 대한 행위 제한 의무(개정 법 제18조 제3항)

① 일반 지주회사의 자회사는 손자회사의 주식을 당해 손자회사 발행주식 총수의 100분의 40(손자회사가 상장법인, 국외 상장법인, 공동출자법인인 경우에는 100분의 20) 이상 보유해야 함. 다만, 2022년 이후 신규로 지주회사 체제로 전환되거나 기존 지주회사 체제에 신규 편입된 지주회사의 자회사의 지분요건은 50%(상장법인은 30%) 이상 보유해야 함.

② 손자회사가 아닌 국내 계열회사의 주식을 소유할 수 없음.

(3) 손자회사에 대한 행위 제한 의무(개정 법 제18조 제4항)

손자회사의 국내 계열회사 주식을 소유할 수 없음. 단, 손자회사가 100% 지분을 보유하는 국내 계열회사(증손회사)의 경우에는 예외적으로 허용함.

한편 2014년 1월 1일에 개정된 「외국인투자 촉진법」은 개별형 외국인 투자 지역에 해당하는 외국인 투자 요건을 충족하면서 외국인 지분 30% 이상인 회사의 잔여 지분을 일반 지주회사의 손자회사가 취득하는 경우에는 「공정거래법」상 손자회사의 국내 계열회사 100% 지분 취득 요건의 예외를 허용하였다. 즉 일반 지주회사의 손자회사가 ① 외국인과 공동출자한 법인의 발행주식 총수의 50% 이상을 소유하면서 ② 발행주식 중 외국인이 소유한 주식 이외의 모든 주식을 소유하고 있고, ③ 개별형 외국인 투자 지역에 해당하는 외국인 투자이면서 ④ 외국인이 공동출자법인 발행주식 총수의 30% 이상을 소유하는 경우에는 「공정거래법」의 제한 규정에도 불구하고 외국인과 공동출자한 법인의 주식을 소유할 수 있도록 하는 예외규정을 「외국인투자 촉진법」에 두었다(제30조 제6항).

(4) 증손회사의 행위 제한 의무(개정 법 제18조 제5항)

증손회사는 국내 계열회사 주식을 소유할 수 없음.

다. 「공정거래법」상 기업형벤처캐피털(CVC) 규제 내용(개정 법 제20조)

현행법상으로는 금융자본과 산업자본을 분리하는 원칙에 따라 일반 지주회사가 금융회사를 자회사로 둘 수 없다. 그러나 정부는 2022년부터 금산분리 원칙을 완화하여 일반 지주회사의 기업형벤처캐피털(CVC: Corporate Venture Capital) 소유를 허용하였다. 일반 지주회사가 「벤처투자 촉진에 관한 법률」에 따른 중소기업창업투자회사 및 「여신전문금융업법」에 따른 신기술사업금융전문회사(이하, CVC) 주식을 소유할 수 있도록 하되 일반 지주회사가 지분을 100% 소유하도록 하였다. 다만, CVC를 통한 금산분리 규제 회피 및 지배주주의 사익편취행위를 방지하기 위해 다음과 같은 행위 제한 의무를 두었다.

① CVC의 부채 비율 200% 초과 금지

② CVC가 벤처투자 업무 등 이외의 금융업 또는 보험업 겸영 금지

③ 같은 기업집단 소속이 아닌 자가 40% 초과 출자하는 투자조합 설립 금지

④ 동일인 및 그 친족이 출자하는 투자조합 설립 금지

⑤ 자신이 속한 기업집단 소속 회사 및 공시대상기업집단 소속 회사에 투자 금지

⑥ 동일인 및 그 친족이 출자하는 회사에 투자 금지

⑦ 총자산의 20% 초과금액을 해외 기업에 투자 금지

⑧ 자신이 투자한 회사의 주식, 채권 등을 동일인 및 그 친족 또는 그들이 투자한 회사로서 지주회사 등이 아닌 계열회사가 취득 또는 소유하도록 하는 행위 금지

3. 기업결합

가. 기업결합이란

기업결합이란 둘 이상의 기업이 자본적·인적·조직적인 결합을 통하여 개별 기업의 경제적인 독립성을 소멸시키고 기업결합 당사 회사의 활동을 단일 경영체제로 지배받도록 하는 행위를 말한다. 기업결합은 규모의 경제와 자원배분의 효율성을 달성하는 장점이 있지만, 시장구조를 독과점적, 경쟁 제한적으로 만들 우려가 있으므로 각국에서는 기업결합 중 경쟁을 제한하는 것을 규제하고 있다. 기업결합은 「공정거래법」상의 개념으로, M&A는 기업조직 개편과 관련한 「상법」상의 개념으로 설명되며, 사실상 기업결합과 M&A는 같은 지배관계를 서로 다른 각도에서 바라보는 것이라고 할 수 있다.

나. 기업결합의 분류와 규제

(1) 기업결합의 분류

① 기업결합은 형태에 따라 수평결합, 수직결합, 혼합결합으로 분류할 수 있다. 수평결합이란 동종 또는 유사상품을 공급하는 기업 간의 기업결합 형태를 말하고, 수직결합이란 상품의 생산에서 판매에 이르는 여러 단계 중 인접한 단계에 있는 기업 간의 결합을 말하며, 혼합결합이란 수평·수직결합 이외의 기업결합을 말한다.

② 기업결합은 수단에 따라 주식 취득, 합병, 영업 양수, 임원 겸임, 새로운 회사 설립에의 참여로도 분류할 수 있다.

(2) 그중 규제하는 기업결합은?

모든 기업결합이 금지되는 것은 아니다. 「공정거래법」에서 규제하는 기업결합은 '경

쟁을 실질적으로 제한하는 기업결합'이고, 설사 이에 해당하지 않더라도 이 규정의 적용을 면탈하려는 탈법행위라고 인정되는 경우에는 이를 금지하고 있다.

다. 경쟁을 실질적으로 제한하는 기업결합

(1) 의의

'경쟁을 실질적으로 제한하는' 기업결합이란 일정한 거래 분야에서 경쟁이 감소하여 특정 기업 또는 기업집단이 어느 정도 자유로이 상품의 가격·수량·품질 기타 거래 조건 등의 결정에 영향을 미치거나 미칠 우려가 있는 상태를 초래하거나, 그러한 상태를 상당히 강화하는 기업결합을 말한다.

경쟁을 실질적으로 제한하는 기업결합인지 여부를 판단할 때는 크게 3단계의 과정을 거친다. 첫째는 결합이 되었는가(지배관계의 형성), 둘째는 결합이 되었다면 결합된 시장은 무엇인가(시장의 획정), 셋째는 결합된 시장에서 경쟁을 실질적으로 제한하고 있는가(경쟁 제한)이다.

(2) 지배관계의 형성 문제

'경쟁을 실질적으로 제한하는 기업결합'에 해당하기 위해서는 우선 취득 회사와 피취득 회사 간에 지배관계가 형성되어야 한다. 현재 공정거래위원회에서는 결합 수단에 따라 다음의 경우에 지배관계가 형성되었다고 보고 있다.

결합 수단에 따른 지배관계 형성 여부

합병 또는 영업 양도	당해 행위로 지배관계가 형성.
주식 취득·회사 설립	① 주식 소유 비율이 50% 이상인 경우. ② 주식 소유 비율이 50% 미만이더라도 주식 소유 비율이 1위이고 주식분산도 등으로 보아 주주권 행사에 의한 회사지배가 가능한 경우.
임원 겸임	① 겸임자의 수가 상대 회사 임원 총수의 3분의 1 이상인 경우로서 취득 회사 등이 피취득 회사의 경영 전반에 실질적인 영향력을 행사할 수 있는 경우. ② 상대 회사의 대표이사 등 회사 경영 전반에 실질적인 영향력을 행사할 수 있는 지위를 겸임하는 경우.

(3) 시장의 획정 문제

만일 취득 회사와 피취득 회사 간에 지배관계가 형성되었다면 다음 단계로 당해 기업결합과 관련된 일정한 거래 분야, 즉 관련 시장을 획정해야 한다. 관련 시장의 획정은 많은 기업결합 사건에서 핵심적인 쟁점으로 논의되는데, '기업결합 심사기준(공정거래위 고시, 2019년 2월 27일 시행)'에서는 크게 거래 대상, 거래 지역 등에 따라 구분하고 그 판단 기준을 제시하고 있다.

① 거래 대상에 따른 관련 시장은, 거래되는 특정 상품(용역을 포함한다)의 가격이 상당 기간 어느 정도 의미 있는 수준으로 인상될 경우, 동 상품의 구매자 상당수가 이에 대응하여 구매를 전환할 수 있는 상품의 집합을 말한다. 예컨대 셀룰러, PCS이동전화, 무선호출, 시티폰 등의 상품이 있는 경우 관련 시장을 상품별로 나눌 것인지, 아니면 그중 셀룰러와 PCS이동전화를 같은 시장으로 구분할 것인지의 문제이다. 특정 상품이 동일한 거래 분야에 속하는지 여부는 (a) 상품의 기능 및 효용의 유사성, (b) 상품 가격의 유사성, (c) 구매자들의 대체 가능성에 대한 인식과 그에 따른 구매 행태, (d) 판매자들의 대체 가능성에 대한 인식 및 그와 관련한 경영 의사결정 행태, (e)「통계법」 제17조(통계자료의 분류) 제1항의 규정에 의하여 통계청장이 고시하는 한국표준산업분류, (f) 거래 단계(제조, 도매, 소매 등), (g) 거래 상대방을 고려하여 판단한다.

사례: 2005년 하이트맥주(주)의 (주)진로 인수건

소주와 맥주는 맛, 도수, 수요 패턴 등 여러 면에서 차이가 있을 뿐만 아니라 계량분석 결과에 의하더라도 두 주류 간에 긴밀한 대체관계가 없는 것으로 나타나, 이러한 점들을 종합적으로 고려하여 소주시장과 맥주시장을 별개로 획정한다.

② 거래 지역에 따른 관련 시장은, 다른 모든 지역에서 당해 상품의 가격은 일정하나 특정 지역에서만 상당 기간 어느 정도 의미 있는 가격 인상이 이루어질 경우 당해 지역의 구매자 상당수가 이에 대응하여 구매를 전환할 수 있는 지역 전체를 말한다. 예컨대 (주)무학의 대선주조(주)에 대한 기업결합에서 희석식 소주의 시장을 부산 지역 및 경남 지역으로 볼 것이냐, 아니면 전국 시장으로 보아야 하는가의 문제이다. 특정 지역이 동

일한 거래 분야에 속하는지 여부는 (a) 상품의 특성(상품의 부패성, 변질성, 파손성 등) 및 판매자의 사업 능력(생산 능력, 판매망의 범위 등), (b) 구매자의 구매 지역 전환 가능성에 대한 인식 및 그와 관련한 구매자들의 구매 지역 전환 행태, (c) 판매자의 구매 지역 전환 가능성에 대한 인식 및 그와 관련한 경영 의사결정 행태, (d) 시간적, 경제적, 법제적 측면에서의 구매 지역 전환의 용이성을 고려하여 판단한다.

(4) 경쟁 제한성 여부

①「공정거래법」상의 추정 기준

취득 회사와 피취득 회사 간에 지배관계가 형성되었고 관련 시장도 획정하였다면, 마지막으로 해당 기업결합이 경쟁을 제한하는지의 여부를 판단해야 한다. 우선「공정거래법」에서는 경쟁을 제한하는지에 대한 판단을 용이하게 하기 위하여 일정한 경우에는 경쟁 제한성을 추정하고, 경쟁 제한성이 추정되는 경우에는 회사가 경쟁 제한성이 없음(예컨대 점유율이 경쟁 제한 추정 요건에 해당되어도 신규 진입장벽이 낮아 점유율이 수시로 변동되는 경우)을 반증해야 한다.

경쟁 제한성의 추정:「공정거래법」제9조 제3항

시장점유율 기준 (제9조 제3항 제1호)	(a) 당해 두 회사의 시장점유율 합계가 시장지배적 사업자의 추정 요건(단일 사업자의 시장점유율이 50% 이상이거나 또는 3개 이하 사업자의 점유율이 75% 이상인 경우. 단 3개 이하 사업자의 점유율을 계산함에 있어 시장점유율 10% 미만인사업자는 제외)에 해당하고 (b) 당해 두 회사의 시장점유율 합계가 해당 거래 분야에서 1위이며, (c) 당해 두 회사의 시장점유율 합계와 2위인 회사와 의 시장점유율 차이가 당해 두 회사의 시장점유율 합계의 25%를 초과하는 경우
중소기업시장에의 진입(동항 제2호)	대규모 회사가 행한 기업결합이 (a)「중소기업기본법」에 의한 중소기업의 시장점유율이 3분의 2 이상인 거래 분야에서의 기업결합이고, (b) 당해 기업결합으로 5% 이상의 시장점유율을 차지하게 되는 경우

② 그 외 기준

설사 위 추정 요건에 해당하지 않는 경우라도 공정거래위원회의 고시인 '기업결합 심사기준'에서는 결합 유형별로 다음의 기준으로 경쟁 제한성을 판단한다.

결합 유형별 경쟁 제한성의 판단 기준: 기업결합 심사기준(2019년 2월 27일 시행)

수평형 기업결합의 경우	
시장집중도	결합 후 "(a) HHI(허핀달-허쉬만 지수, 일정한 거래 분야에서 각 경쟁 사업자의 시장 점유율의 제곱의 합을 말한다)가 1,200 미만인 경우, 또는 (b) HHI가 1,200 이상 2,500 미만이며 그 증가분이 250 미만인 경우, 또는 (c) HHI가 2,500 이상이고 그 증가분이 150 미만인 경우"에는 경쟁을 실질적으로 제한하지 않는 것으로 추정되며, 그렇지 않은 경우에는 경쟁이 실질적으로 제한될 가능성이 있다.
시장집중도의 변화 추이	최근 수년간 시장집중도가 현저히 상승하는 경향이 있는 경우에 시장점유율이 상위인 사업자가 행하는 기업결합은 경쟁을 실질적으로 제한할 가능성이 높아질 수 있다.
해외 경쟁의 도입 수준 및 국제적 경쟁 상황	수입이 용이하거나 당해 거래 분야에서 수입품이 차지하는 비율이 증가하는 추세에 있는 경우에는 기업결합에 의해 경쟁을 실질적으로 제한할 가능성이 낮아질 수 있다.
신규 진입의 가능성	당해 시장에 대한 신규 진입이 가까운 시일 내에 용이하게 이루어질 수 있는 경우에는 기업결합으로 감소되는 경쟁사의 수가 다시 증가할 수 있으므로 경쟁을 실질적으로 제한할 가능성이 낮아질 수 있다.
경쟁 사업자 간의 공동행위 가능성	기업결합에 따른 경쟁자의 감소 등으로 인하여 사업자 간의 가격·수량·거래 조건에 관한 명시적·묵시적 공동행위가 이루어지기가 용이한 경우에는 경쟁을 실질적으로 제한할 가능성이 높아질 수 있다.
유사품 및 인접 시장의 존재	만일 유사품이 존재하는 경우 생산기술의 발달 가능성, 판매 경로의 유사성 등 그 유사품이 당해 시장에 미치는 영향을 고려한다. 만일 인접 상품이 존재하는 경우 시장 간의 지리적 근접도, 수송 수단의 존재 및 수송 기술의 발전 가능성, 인접 시장에 있는 사업자의 규모 등 인접 시장이 당해 시장에 미치는 영향을 고려한다.

수직형, 혼합형 기업결합의 경우	
시장집중도	당사 회사가 관여하고 있는 일정한 거래 분야에서 HHI가 2,500 미만이고 당사 회사의 시장점유율이 100분의 25 미만인 경우에는 경쟁을 실질적으로 제한하지 않는 것으로 추정되며, 그렇지 않은 경우에는 경쟁이 실질적으로 제한될 가능성이 있다.
시장의 봉쇄 효과	수직형 기업결합을 통해 당사 회사가 경쟁관계에 있는 사업자의 구매선 또는 판매선을 봉쇄하거나 다른 사업자의 진입을 봉쇄할 수 있는 경우에는 경쟁을 실질적으로 제한할 수 있다.
협조 효과	수직형 기업결합의 결과로 경쟁 사업자 간의 협조 가능성이 증가하는 경우에는 경쟁을 실질적으로 제한할 수 있다.
잠재적 경쟁의 저해 등	혼합형 기업결합이 경쟁을 실질적으로 제한하는지 여부는 잠재적 경쟁의 저해 효과, 경쟁 사업자 배제 효과, 진입장벽 증대 효과 등을 종합적으로 고려하여 심사한다.

(5) 기업결합의 예외적 인정

경쟁 제한적인 기업결합이더라도 예외적으로 ① 당해 기업결합으로 인한 효율성 증대 효과가 경쟁 제한으로 인한 폐해보다 큰 경우, 또는 ② 회생이 불가한 회사와의 결합으로서 일정 요건에 해당된다고 인정하는 경우에는 허용한다.

'효율성 증대 효과'란 생산, 판매, 연구개발 등에서의 효율성 증대 효과 또는 국민경제 전체에서의 효율성 증대 효과를 말한다. 이러한 효율성 증대 효과는 가까운 시일 내에 발생할 것이 명백해야 하며, 단순한 예상 또는 희망 사항이 아니라 그 발생이 거의 확실한 정도임이 입증될 수 있어야 한다.

'회생이 불가능한 회사'란 회사의 재무구조가 극히 악화되어 지급불능의 상태에 처해 있거나 가까운 시일 내에 지급불능의 상태에 이를 것으로 예상되는 회사를 말하고, 다만 회생이 불가능한 회사로 판단되는 경우에도 다음의 요건에 해당되어야 기업결합이 허용된다.

① 기업결합을 하지 아니하는 경우 회사의 생산설비 등이 당해 시장에서 계속 활용되기 어려운 경우.

② 당해 기업결합보다 경쟁 제한성이 적은 다른 기업결합이 이루어지기 어려운 경우.

사례: 1999년 현대의 기아자동차 인수에 대한 공정거래위원회 결정

- 기아는 지급불능 상태에 빠진 후 법정관리를 받고 있는 부실기업으로서 다른 방법을 통해서는 회생이 불가능한 상황임.
- 이 기업결합은 지급불능 상태에 처한 기아를 인수하여 정상화를 추진함으로써 협력업체의 고용안정 및 부품산업의 발전, 지역경제의 위축 방지 등의 효과를 가져옴.
- 양사의 결합으로 '규모의 경제'가 실현됨으로써 플랫폼 통합, 부품 공용화 등을 통한 생산비 및 물류비 등의 절감이 가능.
- 결국 기아가 자력으로는 회생이 불가능한 부실기업이고, 이 기업결합으로 산업 합리화 및 국제 경쟁력 강화 효과가 인정되며, 승용차 및 버스시장에서는 현대의 독점력 행사에 한계가 있다는 점을 고려하여 본 위원회는 본건 기업결합을 승인하되, 트럭시장에 있어서는 이 기업결합으로 인하여 현대와 기아가 거의 독점적인 시장지배력을 갖게 됨으로써 우려되는 독과점 폐해를 예방할 수 있는 보완조치를 조건으로 부과함.

라. 제재 수단

(1) 공정위의 시정조치

공정거래위원회는 당해 기업결합이 「공정거래법」에 위반하거나 위반할 우려가 있는 때에는 당해 사업자 또는 위반 행위자에 대하여 행위 중지, 주식 처분, 임원 사임, 영업 양도, 법 위반 사실의 공표, 기업결합에 따른 경쟁 제한의 폐해를 방지할 수 있는 영업 방식 또는 영업 범위를 제한하는 시정조치를 명할 수 있다. 이때 주식 처분명령을 받은 자는 그 명령을 받은 날부터 당해 주식에 대해서 의결권을 행사할 수 없다. 그리고 공정거래위원회는 당해 기업결합이 금지된 결합에 해당한다고 판단하면 당해 회사의 합병 또는 설립 무효의 소를 제기할 수 있다.

주요 사례

시기	인수자	피인수 기업(사업 부문)	조치
1998년 3월	P&G	쌍용제지	종이 생리대 설비 1년 내 매각명령
2000년 4월	베튼디킨스토리아홀딩	신동방의료	정맥 유지침 설비 매각명령
2002년 2월	코오롱	고합(나일론필름부문)	일부 생산설비 매각명령
2004년 6월	삼익악기	영창악기	삼익악기가 보유한 영창악기 주식 매각명령
2006년 6월	동양제철화학	CCK	CCK 지분매각 또는 동양제철화학의 공장 1년 이내 매각명령
2020년 12월	Delivery Hero SE	우아한형제들 (배달의민족 서비스)	자회사인 DHK(요기요 서비스) 매각명령

(2) 이행강제금

공정거래위원회는 경쟁 제한적이거나 불공정한 기업결합에 대해 사업자가 시정조치를 이행하지 아니하는 경우 매 1일당 ① 주식 취득 또는 신설 회사에의 참여인 경우에는 취득 또는 소유한 주식의 장부 가액과 인수하는 채무의 합계액, ② 합병의 경우에는 합병의 대가로 교부하는 주식의 장부 가액과 인수하는 채무의 합계액, ③ 영업 양수의 경우에는 영업 양수 가액의 1만 분의 3을 넘지 않는 범위에서, ④ 임원 겸임 방식의 경우에는 매 1일당 200만 원의 범위 안에서 이행강제금을 부과할 수 있다(「공정거래법」 제16조).

4. 특정 산업에 대한 소유규제

가. 「은행법」 및 「금융지주회사법」

동일인(본인 및 대통령령이 정하는 특수관계인)은 원칙적으로 은행의 의결권 있는 발행주식 총수의 10%를 초과하여 은행의 주식을 보유할 수 없고, 다만 (1) 정부 또는 예금보험공사가 은행의 주식을 보유하는 경우, (2) 지방은행의 의결권 있는 발행주식 총수의 15% 이내에서 보유하는 경우, (3) 의결권 있는 발행주식 총수의 25% 및 33%를 취득하면서 금융위의 승인을 얻는 경우에는 그러하지 아니하다(「은행법」 제15조 제1항, 제3항). 나아가 비금융 주력자는 위 규정에도 불구하고 은행의 의결권 있는 발행주식 총수의 4%(지방은행의 경우에는 15%)를 초과하여 은행의 주식을 보유할 수 없고, 다만 ①2년 이내에 비금융 주력자가 아닌 자로 전환하기 위한 계획을 금융위에 제출하여 승인을 얻은 비금융 주력자, ② 외국인의 은행에 대한 주식 보유 비율 이내에서 주식을 보유하는 비금융 주력자의 경우에는 그러하지 아니하다(제16조의2 제1항, 제3항).

은행지주회사의 경우 동일인은 은행지주회사의 의결권 있는 발행주식 총수의 100분의 10을 초과하여 은행지주회사의 주식을 보유할 수 없다. 다만, ① 정부 또는 예금보험공사가 은행지주회사의 주식을 보유하는 경우, ② 금융지주회사가 지배하는 당해 은행지주회사의 주식을 보유하는 경우, ③ 지방은행지주회사의 의결권 있는 발행주식 총수의 15% 이내에서 보유하는 경우, ④ 당해 은행지주회사의 의결권 있는 발행주식 총수의 25% 및 33% 한도를 초과할 때 금융위원회의 승인을 얻는 경우에는 그러하지 아니하다(「금융지주회사법」 제8조 제1항). 비금융 주력자는 원칙적으로 의결권 있는 발행주식 총수의 4%(지방은행지주회사의 경우에는 15%)를 초과하여 은행지주회사의 주식을 보유할 수 없다(동법 제8조의2 제1항).

각 주식 보유 한도를 초과하여 은행지주회사의 주식을 보유하는 자는 한도를 초과하는 주식에 대하여는 그 의결권을 행사할 수 없으며, 지체 없이 그 한도에 적합하도록 해야 한다. 금융위원회는 이를 준수하지 아니하는 자에 대하여는 6월 이내의 기간을 정하여 그 한도를 초과하는 주식을 처분할 것을 명할 수 있다(동법 제10조).

나. 「금융산업의 구조개선에 관한 법률」

금융기관 및 동일 계열 금융기관은 ① 다른 회사의 의결권 있는 발행주식 총수의 20% 이상을 소유하는 경우, ② 다른 회사의 의결권 있는 발행주식 총수의 5% 이상을 소유하고 동일 계열 금융기관이 속하는 기업집단이 사실상 당해 회사를 지배하는 경우로서 대통령령이 정하는 경우에는 원칙적으로 미리 금융위원회의 승인을 얻어야 한다(「금융산업구조개선법」 제24조).

다. 「전기통신사업법」

본인 및 특수관계인이 기간통신사업자의 발행주식 총수의 15% 이상을 소유하는 경우, 기간통신사업자의 최대 주주가 변경되는 경우, 기간통신사업자의 경영권을 사실상 가지고 있는 주주의 변경이 있는 경우로서 대통령령이 정하는 경우에는 과학기술정보통신부 산하의 공익성심사위원회에 심사를 요청해야 한다. 과학기술정보통신부장관은 공익성의 심사 결과 위 각 사유들이 공공의 이익을 저해할 위험이 있다고 판단되는 경우에는 의결권 행사의 정지 또는 당해 주식의 매각 등을 명령할 수 있다(「전기통신사업법」 제10조). 이 제도는 2004년 소버린과 SK 간의 분쟁 이후 신설되었으며, 2009년 KT의 최대 주주가 브랜디스 인베스트먼트 파트너스(Brandes Investment Partners)에서 국민연금관리공단으로 변경될 당시 처음으로 적용된 바 있다.

라. 「방송법」

원칙적으로 누구든지 특수관계인의 지분을 포함하여 지상파방송사업자 및 종합편성 또는 보도에 관한 전문편성을 행하는 방송채널사용사업자의 주식 총수의 40%를 초과하여 소유할 수 없다(「방송법」 제8조 제1항).

대통령령이 정하는 기준에 해당하는 기업집단에 속하는 대기업과 그 계열회사(특수관계자를 포함한다) 또는 「신문 등의 진흥에 관한 법률」이나 「뉴스통신 진흥에 관한 법률」에 의한 일간신문이나 뉴스통신을 경영하는 법인(특수관계자를 포함한다)은 지상파방송사업자의 주식 또는 지분 총수의 100분의 10을 초과하여 소유할 수 없으며, 종합편성 또는 보도에 관한 전문편성을 행하는 방송채널사용사업자의 주식 또는 지분 총수의 100분의 30을 초과하여 소유할 수 없다(「방송법」 제8조 제2항).

5. 외국인에 대한 소유규제

「자본시장법」상의 외국인 투자제도는 크게 외국인의 상장주식 취득 한도, 외국인의 투자 등록 및 외국인의 상장증권거래 등 세 가지로 나눌 수 있다.

가. 외국인의 상장주식 취득 한도

국가 기간산업 등 국민경제상 중요한 산업을 영위하는 상장법인 중 「자본시장법」 또는 다른 법률에서 정하는 법인의 주식에 대해서는 외국인이 취득할 수 있는 한도를 두고 있다.

「자본시장법」에 따라 외국인의 주식 취득이 제한되는 공공적 법인은 한국전력공사가 있고, 외국인 전체 취득 한도는 지분증권 총수의 40%이다.

그 밖에도 다른 법률에서도 외국인의 지분 취득 한도를 별도로 정하고 있다.

(1) 기간통신사업자의 주식은 외국 정부 또는 외국인 모두가 합하여 그 발행주식 총수의 100분의 49를 초과하여 소유하지 못한다(「전기통신사업법」 제8조 제1항).

(2) 외국인은 지상파방송사업자 또는 공동체라디오방송사업자의 지분을 취득할 수 없고, 종합편성을 행하는 방송채널사용사업자 또는 중계유선방송사업자의 지분 총수의 100분의 20을, 보도에 관한 전문편성을 행하는 방송채널사용사업자의 지분 총수의 100분의 10을, 종합유선방송사업자·위성방송사업자·방송채널사용사업자(종합편성 또는 보도에 관한 전문편성을 하는 자를 제외한다) 또는 전송망사업자의 지분 총수의 100분의 49를 초과하여 취득할 수 없다(「방송법」 제14조).

(3) 외국인은 일간신문의 경우에는 100분의 30을, 일간신문을 제외한 신문의 경우에는 100분의 50을 초과하여 취득할 수 없다(「신문법」 제13조 제4항).

(4) 외국인은 적용 대상 기업의 의결권 있는 발행주식 총수의 100분의 15 이내에서 정관이 정하는 비율을 초과하는 주식을 소유하지 못한다(「공기업의 경영구조개선 및 민영화에 관한 법률」 제18조, 제19조)

나. 외국인의 투자 등록

증권시장에 상장된 증권을 취득하거나 증권시장에 상장하기 위하여 모집·매출하는 증권을 취득 또는 처분하고자 하는 경우 외국인은 직접 또는 상임대리인을 통해 금융감독원에 투자 등록을 해야 한다.

다. 외국인의 상장증권거래

외국인 투자의 한도 관리를 위해 외국인의 상장증권거래는 원칙적으로 장내에서 이루어져야 하고, 「금융투자업규정」에서 예외적으로 허용되는 장외거래는 금융감독원에 신고해야 한다.

제2절 소유구조에서 특이한 위치에 있는 것들

1. 우리사주조합

우리사주제도는 근로자의 복지 증진과 경제·사회적 지위 향상을 도모하기 위하여 기업 또는 정부의 정책적 지원하에 근로자가 자기 회사의 주식 또는 지배회사의 주식(우리사주)을 취득·보유하게 하는 제도이다. 자사주를 통해 성과를 보상한다는 점에서는 스톡옵션제도와 유사하나 스톡옵션제도가 특정 임직원을 대상으로 자사주를 취득할 수 있는 권리만을 부여하는 제도라는 점에서 전체 근로자들이 자사주를 취득·보유하는 우리사주제도와 구분된다.

가. 우리사주제도의 취지와 활용

(1) 애사심 고양과 소득 보상

근로자가 자기 회사 주식을 보유하게 한 초기 취지는 근로자의 주인의식을 함양함으로써 회사의 업무 능률을 높이고 아울러 근로자의 소득을 보상하기 위해서였다. 우리나라에서 우리사주의 효시라고 일컬어지는 유한양행 역시 처음에는 근로자의 복지 증진을 위한 소득 보상적 차원에서 제한적으로 사원들의 상여금으로 자사주를 매입하게 하였다.

(2) 자본 집중 현상의 해소 수단

근로자의 자사주 보유에 대하여 일각에서는 근로자의 애사심 고양이나 소득 보상과 다른 의미를 부여하기도 한다. 즉 근로자의 자사주 보유를, 자본주의의 최대 병폐 중 하나인 자본의 집중, 빈익빈 부익부 현상, 노사 갈등을 해결하기 위한 수단으로 설명하는 것이다. 대표적으로 《오너십 솔루션(Ownership Solution)》의 저자인 제프리 R. 게이츠(Jeffrey R. Gates) 등은 우리사주제도야말로 자본주의의 병폐를 해결할 수 있는, 소유구조 개편에서의 혁신적 대안이라고 주장하였다. 반면 근로자의 자사주 보유를 비판적으로 보는 일부 급진적 입장에서는 근로자의 자사주 보유란 노동에 자본의 요소를 투입함으로써 노동의 자본에 대한 대립의 각을 무디게 하려는 수단에 불과하다고 본다.

(3) 기업지배구조 개선 수단

IMF 이후 기업지배구조의 문제가 경제계의 화두로 떠오르면서 우리사주제도는 기업지배구조의 문제에서도 한 축을 형성하게 된다. 기업지배구조의 문제란 주주, 이사회, 경영진, 종업원, 채권자, 기타 여러 이해관계자들의 권한과 책임을 어떠한 구조에 따라 최적으로 배분할 것인가에 관한 문제이다.

기업지배구조의 문제에서 우리사주조합과 그 구성원인 근로자는 이중적인 위치를 차지한다. 우선 근로자는 회사를 평생 근무해야 할 일터라고 여기고 회사의 내부 사정 역시 잘 알기 때문에 경영진과 지배주주의 전횡을 가장 충실하게 감시할 수 있는 내부자이다. 반면 근로자는 주주로서의 이해관계보다는 임금 등 근로조건과 관련된 이해관계를 중시하거나 같은 내부인이라는 연대의식 속에 기존 경영진을 대변하면서 다른 소액주주나 채권자들을 무시할 수 있다. 즉 우리사주조합과 그 구성원인 근로자는 외부 주주와 연합하여 경영진과 지배주주의 전횡에 대항할 수 있는 내부 주주이면서도 다른 일면으로는 외부 주주들과 이해관계를 달리하면서 외부 주주들과 대립할 수 있는 내부 주주이다.

(4) 적대적 M&A에 대한 방어 수단

적대적 M&A의 사례가 증가하면서 우리사주조합이 현 경영진의 경영권 방어 전략에 동원되는 경우가 늘고 있다. 대표적인 사건으로는 2004년 11월경 현대상선(주)가 (주)KCC로부터의 적대적 M&A 위협에 처하자 현대상선(주)의 경영진이 회사의 자금을 우리사주조합에 출연한 경우이다. 당시 현대상선(주)는 우리사주조합원이 주식매입가의 50%를 출연하고, 회사가 나머지 50%를 무상으로 대응 출연하는 방식을 동원하였다. 현대상선(주)가 동원한 무상 대응 출연 방식은 2002년 4월 포스코(POSCO)가 국내기업 최초로 신우리사주제도(ESOP)를 도입하면서 시도한 방식과 유사하다.

나. 제도의 변천

(1)「자본시장육성에 관한 법률」

우리나라에서 처음으로 우리사주제도의 근거를 법으로 마련한 것은 1968년「자본시장육성에 관한 법률」에서 상장법인의 유상증자 시 신규 발행주식의 10%를 근로자에게 우선배정하도록 정한 규정이다.

(2)「자본시장법」 및「동법 시행령」

1997년 4월 1일「자본시장육성에 관한 법률」 및「동법 시행령」이 폐지되었고, 우리사주조합과 관련된 규정은 의무 보유 기간이 단축되는 등 일부 개정되면서「자본시장과 금융투자업에 관한 법률(자본시장법)」 및「동법 시행령」으로 이관되었다. 그럼에도 기존의 우리사주제도는 우선배정제도 중심의 주식 취득, 조합원 계산에 의존하는 주식 취득 자금 조달, 장기 보유 유도를 위한 세제 및 금융 지원 결여 등의 한계를 가지고 있었다. 특히 보통 유상증자는 증시 상황이 좋을 때 이루어지기 때문에 조합원들은 상대적으로 높은 가격에 우리사주를 배정받는데, 나중에 주가가 하락하면 그대로 재산상 손실을 입게 된다는 문제점이 발생하였다.

LG카드의 경우 2002년 4월 회사를 공개하면서 주당 5만 8천 원에 근로자 1인당 5천만 원 내지 1억 원 상당의 주식을 배정하였고, 주식매입 대금을 직원들에게 대출하여 주었다. 그런데 이후 LG카드의 주가는 700원까지 하락하여 주당 5만 8천 원에 우리사주를 산 직원들은 대출금 전액을 고스란히 빚으로 떠안을 처지에 놓이기도 하였다.

(3)「근로자복지기본법」: ESOP제도의 도입

이후 우리사주조합의 활성화를 위한 여러 논의가 진행되어, 2001년 8월 14일 우리사주제도의 기본적 법률이 되는「근로자복지기본법」이 제정 공포되었고「자본시장법」과 그 시행령도 일부 개정되었다.「근로자복지기본법」에서는 ESOP(Employee Stock Ownership Plan)라는 새로운 우리사주제도를 도입하였는데, 종전에는 자사주 취득 비용을 근로자가 모두 부담하였지만, ESOP제도하에서는 기업이 자사주나 금전을 무상으로 출연하고 동 출연액에 대하여는 전액 손비 처리되는 세제 혜택을 부여하여 우리사주가 성과배분제도로서의 기능을 갖게 하였다. 이에 따라 기업은 근로자에 대한 성과급으로 현금 대신 자사주를 지급함으로써 자금 운영상 선택의 폭을 넓힐 수 있고, 근로자는 우선배정제도와 달리 기업 지원으로 주식을 구입할 수 있어 주가 등락에 따른 위험을 회피할 수 있게 되었다.

다. 개정「근로복지기본법」

ESOP제도의 도입에도 불구하고 회사나 대주주가 자사주나 금전을 출연하지 않는다면 근로자는 여전히 자신이 위험을 안고 자사주를 취득해야 한다. 설사 회사에서 근로자에게 자금 융자를 해주더라도 이후 주가 하락폭이 큰 경우 근로자로서는 여전히 경제적 위험을 안아야 한다. 따라서 이러한 주가 하락에 따른 재산 손실의 위험을 막기 위하여 개정「근로복지기본법」에서는 2005년 10월부터 우리사주매수선택권과 차입형 우리사주제를 새로이 도입하였다.

(1) 우리사주매수선택권(동법 제39조)

① 의의

우리사주매수선택권이란 우리사주조합원을 대상으로 일정한 기한 이내에 미리 정한 가격으로 자기 회사 주식을 취득할 수 있는 권리를 부여하는 제도로, 현행 주식매수선택권과 우리사주제도를 연계한 제도이다(일명 '스톡옵션형 우리사주'). 예컨대 2021년 2월 1일에 우리사주조합원을 대상으로 주당 1만 원인 자사주를 2년 기한 이내에 주당 1만 원에 살 수 있는 권리를 부여하는 것이다. 우리사주조합원은 만일 주가가 1만 원 이상이면 권리를 행사하여 주식을 취득하고, 주가가 1만 원 이하이면 권리를 포기하면 된다.

② 부여 절차

우리사주매수선택권은 우리사주조합이 설립되어 있는 모든 회사가 실시할 수 있다. 회사는 우선 정관 개정을 통하여 우리사주매수선택권을 부여할 근거를 마련해야 한다. 우리사주매수선택권은 주주총회 또는 이사회의 결의로 부여하는데, 주주총회 결의에 의할 경우에는 발행주식 총수의 20% 이내, 정관이 정하는 바에 따라 이사회 결의에 의할 경우에는 발행주식 총수의 10% 이내에서 부여할 수 있다.

종전에는 전체 조합원에게 일률적인 기준을 적용하여 부여하는 방식만 가능했지만, 「근로복지기본법 시행령」을 개정(2014년 7월 29일 시행)하여 이제는 우리사주매수선택권을 경영 실적 향상에 기여한 근로자나 우수인력 등에게 우선적으로 부여할 수 있게 되었다(제14조 제2항).

제공 기간은 근로자의 주식 취득 기회를 확대하고 행사 가격과 시가의 차이로 인한 주주의 지분 가치 희석을 완화하기 위해 6월 이상 2년 이내로 설정할 수 있다.

③ 행사 방법

우리사주매수선택권의 행사 가격은 원칙적으로 평가 가격의 100분의 70 이상이어야 한다.

기존에는 우리사주 행사 가격 할인율이 최대 20%였으나 최근 개정된 「근로복지기본법 시행령」에서는 할인폭을 30%로 확대하였다(제20조 제5항).

조합원들이 권리행사로 취득한 주식은 1년간 의무예탁을 한 후 처분할 수 있다.

(2) 차입형 우리사주제(동법 제42조)

① 의의

우리사주조합이 회사 또는 금융기관 등으로부터 자금을 차입하여 자사주를 취득하는 제도이다. 차입금의 상환 책임 주체에 따라 조합원 상환형과 회사 상환형으로 구분되는데, 일반적으로 차입형 우리사주제는 회사 상환형을 말한다. 회사 상환형이란, 회사 또는 주주 등이 출연한 금품으로 조합의 차입금을 상환하는 제도로 조합이 취득한 주식은 조합 계정에 보관 후 차입금 상환액 범위 내에서 개인별 계정에 배정한다.

② **구조**

크게 직접 차입형과 간접 차입형으로 나뉜다. 직접 차입형이란 조합이 회사의 상환 책임하에 금융기관으로부터 자금을 차입한 후 자사주를 매입하고, 회사는 일정 기간 조합에 무상출연하여 조합이 이 무상출연금으로 차입금을 상환하는 것을 말한다. 차입금이 상환되면 상환 범위 내에서 자사주를 개인별 계정에 배정한다. 간접 차입형이란, 회사가 금융기관으로부터 자금을 차입하여 조합에 대출하고 조합이 그 자금으로 자사주를 매입하는 것이다. 회사는 일정 기간 조합에 금품을 무상출연하고 조합은 무상출연금으로 회사에 차입금을 상환하며, 회사는 동 상환금으로 금융기관에 차입금을 상환한다. 차입금이 상환되면 마찬가지로 상환 범위 내에서 자사주를 개인별 계정에 배정한다.

라. 운영 주체

(1) 행정부서: 고용노동부와 금융위원회

고용노동부는 「근로복지기본법」에 근거하여 우리사주제도의 전반적 사항에 대한 정책 수립, 제도 개선 등을 담당하고, 각 지방노동관서에서 조합 설립 신고, 운영 상황·이전·해산 등 보고 사항을 수리하고, 과태료 부과 등 관리·감독 업무를 담당한다. 이와 별도로 금융위원회는 「자본시장법」에 근거하여 상장법인 또는 상장 예정 법인의 우선배정제도 시행에 관한 사항을 담당한다.

(2) 한국증권금융(주)

우리사주조합의 실무적인 업무 처리는 한국증권금융(주)가 주관한다. 우리사주조합을 설립할 때부터 우리사주조합설립준비위원회는 한국증권금융(주)와 우리사주 관리위탁계약을 체결해야 한다. 우리사주조합이 보유하는 자사주 및 우리사주조합원이 우리사주조합을 통해 배정받는 자사주는 회사로부터 주권의 실물을 교부받아 우리사주조합 대표자 명의로 명의개서한 후, 취득일로부터 1개월 내에 한국증권금융(주)에 예탁해야 한다(「근로복지기본법 시행령」 제22조). 기타 한국증권금융(주)는 우리사주조합 또는 조합원이 보유한 자사주의 수탁·관리, 조합기금의 수탁·관리, 우리사주 관련 융자업무, 우리사주조합 설립·운영 실무 상담, 우리사주 업무담당자 교육 등의 업무를 담당한다.

(3) 우리사주조합과 우리사주운영위원회

우리사주조합은 조합원·대의원, 조합 대표자·이사·감사 등으로 구성되어 조합원의 자사주 취득 및 보유 지원, 조합 규약안 작성·변경 등 조합 운영에 관한 전반적 사항을 법령의 범위 안에서 조합원의 의사를 반영하여 결정한다. 원칙적으로 우리사주조합의 최고 의사결정기구는 조합원총회이지만, 만일 회사의 조직이 전국적으로 분포되어 조합원총회 개최가 어려운 경우에는 규약으로 대의원회가 우리사주조합의 최고 의사결정기구로서의 역할을 할 수 있다. 그리고 회사와 우리사주조합은 조합에 대한 지원 내용, 지원 조건 등을 협의하기 위하여 각각을 대표하는 동수의 위원(각 2인 이상 10인 이하)으로 구성되는 우리사주운영위원회를 설치할 수 있다.

마. 현행법상 우리사주조합의 특칙

(1) 신주발행 시 우선배정을 받을 권리

① 유가증권시장의 주권상장법인 또는 주식을 신규로 유가증권시장에 상장하고자 하는 법인이 주식을 모집·매출하는 경우 당해 법인의 우리사주조합원은 모집·매출하는 주식 총수의 20% 범위 내에서 우선적으로 주식의 배정을 받을 권리가 있다(「자본시장법」 제165조의7 제1항). 다만 아래의 경우에는 우선배정을 받을 권리가 배제된다.

(a) 우리사주조합원이 소유하는 주식수가 신규로 발행되는 주식과 이미 발행된 주식의 총수의 20%를 초과하는 경우(동조 제2항).

(b) 「외국인투자 촉진법」에 의한 외국인 투자 기업 중 대통령령이 정하는 법인이 주식을 발행하는 경우(동조 제1항 제1호)

(c) 청약 직전 12개월간 우리사주조합으로 취득한 주식과 청약액의 합산 금액이 청약 직전 12개월간 받은 급여 총액을 초과하는 경우

② 제3자 배정 방식의 증자이지만 신주의 전매 가능성 때문에 모집으로 보는 경우(이른바 '간주 모집')에도 우리사주조합원에 대하여 신주의 20%를 우선배정해야 할지가 문제된다. 그러나 전매 가능성에 의한 모집은 모집이 아니지만 모집으로 보아 일정한 공시 의무를 부과하는 데 그 목적이 있으므로 우리사주조합에 우선배정할 필요가 없다고 본다.

③ 우리사주조합원이 우선적으로 배정받을 권리가 있는 '당해 주식'에 사채의 일종인 신주인수권부사채가 포함되는지가 문제되었는데, 판례는 이를 부정하였다.[2)]

④ 코스닥상장법인이 주식을 모집·매출하는 경우에는 회사가 우리사주조합원에게 우선배정을 할 수는 있지만, 이는 회사의 재량이다(「근로복지기본법」 제38조 제2항). 다만 정관에 「자본시장법」에 따라 조합원에게 신주를 우선 배정하기로 규정한 코스닥상장법인은 위의 예외 사유에 해당하지 않는 이상 반드시 조합원에게 우선배정해야 한다.

(2) 국가와 기업으로부터 지원을 받을 권리

우리사주제도를 실시하고 있는 기업의 사업주, 대주주 등은 우리사주조합의 우리사주 취득을 위하여 우리사주조합기금을 조성할 수 있다(「근로복지기본법」 제36조). 그리고 국가는 우리사주제도의 활성화를 위하여 우리사주조합원의 자사주 취득 및 보유, 사업주 등의 우리사주조합에 대한 지원, 주권비상장법인의 자사주에 대한 환금성 보장 등에 필요한 지원을 할 수 있다(제48조, 제49조).

(3) 기업인수 관련 권리

국가는 기업의 도산 등으로 인하여 당해 기업의 근로자가 우리사주조합을 통하여 당해 기업을 인수할 경우 그 주식 취득에 소요되는 자금 등 필요한 지원을 할 수 있다(「근로복지기본법」 제49조). 그리고 정부나 정부투자기관, 산업은행이 소유하고 있는 주식을 매각할 때 우리사주조합원의 요구가 있는 경우에는 당해 법인의 우리사주조합에 발행

---

2) 대법원 2014. 8. 28. 선고 2013다18684 판결.

주식 총수의 15%를 초과하지 않는 범위 내에서 우선적으로 주식을 매각할 수 있다(「공기업의 경영구조개선 및 민영화에 관한 법률」 제20조 제3항).

(4) 세제 지원

조합원에 대하여는 조합원이 출연한 일정 금액에 대한 소득 공제, 출연에 의해 증여를 받은 분의 증여세 비과세, 상속세 및 배당소득세 비과세 등의 혜택이 있다. 기업에 대하여는 자사주 또는 현금을 출연하는 경우에는 전액 손비로 인정하고 대여금에 대한 인정 이자 비과세 및 조합 운영비, 성과급의 손비 인정 등이 있다. 대주주가 자사주 또는 현금을 출연하는 경우에는 지정 기부금을 인정하여 일정 한도 손비로 인정한다.

바. 우리사주조합의 기본 운영구조

(1) 출연 주식 또는 출연금의 흐름

① 회사 또는 대주주 등이 자사주를 조합에 출연한 경우

회사 또는 대주주가 자사주를 우리사주조합에 출연한 경우 즉시 조합원 개인별 계정에 배정하고 4년 내지 8년 동안 한국증권금융(주)에 예탁한 후에 인출하여 처분할 수 있다. 종전에는 개인별 계정에 배정되기 전에 조합 계정에 3년간 보관되었다가 3년이 경과한 날로부터 4년 이내에 조합원 개인별 계정에 배정했지만, 「근로복지기본법」을 개정하여 즉시 개인별 계정에 배정하는 것으로 변경하였다.

② 회사 또는 대주주 등이 현금을 조합에 출연한 경우

회사 또는 대주주에 의한 출연금은 일단 조합기금에 적립되었다가 다음 회계연도 개시 6월 이내에 자사주 매입에 사용된다. 매입한 자사주는 마찬가지로 즉시 조합원 개인별 계정에 배정되어 4년 내지 8년 동안 한국증권금융(주)에 예탁한 후에 인출하여 처분할 수 있다.

③ 조합원이 직접 현금을 출연한 경우

조합원의 출연금은 일단 조합기금에 적립되었다가 다음 회계연도 개시 6월 이내에 자사주 매입에 사용된다. 매입한 자사주는 매입 즉시 조합원 개인별 계정에 배정되고,

조합원은 원칙적으로 배정받은 날로부터 1년간 한국증권금융(주)에 예탁한 후에 인출하여 처분할 수 있다.

(2) 우리사주조합의 자사주 관리

우리사주조합은 사업자·대주주 등의 자사주 출연, 주식시장에의 매입 등에 의하여 자사주를 취득한 후, 조합원의 개인별 계정과 조합 계정을 구분하여 자사주를 관리해야 한다(「근로복지기본법 시행령」 제37조). 우리사주조합이 보유하는 자사주 및 우리사주조합원이 우리사주조합을 통해 배정받은 자사주는 취득일로부터 1개월 내에 한국증권금융(주)에 예탁해야 한다(「동 시행령」 제22조). 우리사주조합은 우리사주조합의 대표자 명의로 명의개서한 후, 주권 실물과 구비 서류를 갖추어 한국증권금융(주)에 제출하고 조합 명의의 주식예탁통장을 교부받으면 예탁이 완료된다.

(3) 조합원총회의 역할

조합원총회에서는 규약의 변경 및 변경에 관한 사항, 우리사주조합기금의 설치에 관한 사항, 예산 및 결산에 관한 사항, 대표자 등 임원의 선출, 조합의 해산, 기타 중요한 사항을 결정한다. 조합은 조합원총회에 갈음할 대의원회를 둘 수 있지만, 규약의 개정 및 변경과 조합의 해산에 관한 사항은 조합원총회의 결의를 거쳐야 한다. 조합원총회(또는 대의원회)는 매년 1회 이상 개최하고, 조합원(또는 대의원) 5분의 1 이상이 목적 사항을 제시하고 총회 소집을 요구하는 때에는 총회를 개최해야 한다.

사. 우리사주조합의 의결권 행사 방법(「근로복지기본법」 제46조, 「동 시행령」 제28조)

우리사주조합의 주식은 조합장 명의로 되어 있으나 「근로복지기본법」은 우리사주를 조합원 계정과 조합 계정으로 구분하여 관리하도록 규정하고 있으며, 주주총회에서의 의결권 행사도 계정별로 행사 방법을 달리 규정하고 있다.

(1) 조합원 개인별 계정

조합원 개인별 계정에 배정된 주식이 조합장 명의로 주주명부에 등재가 되더라도 실질적인 주주는 조합원이다. 따라서 「근로복지기본법」에서는 조합원 개인별 계정에 배정된 주식의 경우, 실질적인 주주인 조합원의 의사가 최대한 반영될 수 있도록 의결권 행사 방법을 규정하고 있다. 우선 조합장은 7일 이상의 기간을 정하여 조합원으로부터 ① 주주총회 의안에 대한 의사표시를 받거나, ② 조합원이 직접 주주총회에 참석하여 의결권을 행사할 것인지 여부를 확인해야 한다.

만일 조합원이 주주총회 의안에 대해 의사표시를 한 경우에는 조합장이 주주총회에 참석하여 조합원의 의사표시의 내용대로 의결권을 행사해야 하고, 만일 조합원이 직접 주주총회에 참석하려고 한다면 조합장이 해당 조합원에게 위임장을 작성해주어야 한다(「시행령」 제28조 제1항). 이때 의결권 위임을 요청한 조합원이 다시 제3자에게 의결권의 대리행사를 요청하는 것도 허용된다고 본다. 만일 7일 이상의 기간 동안 조합원의 의사표시 또는 의결권 위임 요청이 없는 주식의 경우에는 조합장이 주주총회에 참석하여 주주총회의 참석 주식수에서 의사표시가 없거나 위임의 요청이 없는 주식수를 뺀 주식수의 의결 내용에 영향을 미치지 아니하도록(shadow voting) 의결권을 행사한다.

(2) 조합 계정 보유 주식

조합 계정으로 보유하는 주식의 의결권은 다음의 방식 중 하나를 회사와 협의하여 조합 규약으로 정하는 방식에 따라 행사한다(「시행령」 제28조 제2항).

① 조합원 개인별 계정에 배정된 주식에 대한 의사표시가 있는 조합원의 의사표시 비율과 동일한 비율로 행사하는 방법.

② 당해 주주총회의 참석 주식수에서 조합 계정으로 보유하는 주식수를 뺀 주식수의 의결 내용에 영향을 미치지 아니하도록 행사하는 방법(shadow voting).

③ 조합원총회에서 정한 의사표시 내용에 따라 행사하는 방법.

아. 우리사주조합과 관련한 기타 문제

(1) 5%룰 적용 여부

우리사주조합이 최대 주주 등과 합의 또는 계약에 의해 자사주를 공동 취득하거나 처분하기로 한 경우는 최대 주주와 연명 보고하는 방법으로 해야 한다.

만일 최대 주주와 공동 보유 관계가 없다면 조합원 계정과 조합 계정을 구분하여 보고해야 하는데, 조합원 계정 우리사주의 경우는 실질주주인 개별 조합원을 기준으로 5% 보고 의무 발생 여부를 판단하고, 조합 계정에 배정된 우리사주는 조합 계정이 보유 중인 총 주식수를 기준으로 5% 보고 의무 발생 여부를 판단한다.

(2) 최대 주주 여부에 대한 판단

우리사주조합은 조합원의 개인별 계정과 조합 계정으로 구분하여 관리하는데, 조합원 계정의 경우에는 주식의 소유권이 개인에게 있고 의결권도 조합원에게 있으므로 개인별 계정에 배정된 주식수는 제외하고 조합 계정에 배정된 주식수만 계산하여 최대주주를 판단한다. 이에 따라 2003년 8월 말 KT의 우리사주조합 지분율은 5.68%에서 0.31%로 수정되어 공시되었다.

(3) 의결권 대리행사 권유 절차를 거쳐야 하는지

주주총회에서 우리사주조합장이 조합원의 주식에 대한 의결권을 행사하려는 경우에도 우리사주조합장이 조합원들을 상대로 「자본시장법」에서의 의결권 대리행사 권유 절차를 거쳐야 하는지가 문제된다. 이에 대하여는 「자본시장법」에서의 의결권 대리행사 권유 절차에 의하지 않고 우리사주조합 운영규정에 의한 절차만을 이행하면 된다고 보고 있다. 따라서 조합장은 주주총회일 이전에 7일 이상의 기간을 정하여 조합원으로부터 주주총회 의안별로 의사표시를 받거나 조합원의 의결권 직접 행사 여부를 파악하기 위하여 의결권 행사의 위임 요청 여부를 확인하면 된다.

(4) 감사나 감사위원회 위원 선임 안건에서의 3%룰 적용 여부

상정 안건이 감사 또는 감사위원회 위원 선임 등에 관한 안건인 경우, 관련 규정에 따라 의결권 있는 발행주식 총수의 3%를 초과하는 주식에 대해서는 의결권이 없다(이른바 3%룰). 이때 우리사주조합의 지분이 3% 이상인 경우, 우리사주조합의 지분에 대하여도 3%룰이 적용되는지가 문제된다. 그러나 우리사주조합은 실질적으로는 그 구성원 개개인이 주주이고 또한 대주주로부터의 독립성을 확보하기 위한 위 규정의 취지에도 배치되지 않으므로, 우리사주조합의 지분에 대하여는 감사 및 감사위원회 위원 등 선임 안건에 있어서 의결권 행사가 제한되지 않는다고 본다.

(5) 손실보상약정의 효력

우리사주조합원이 자사주를 취득했다가 처분할 때 주가 하락으로 손해가 발생한 경우에 회사가 이를 보상해주기로 약정하였다면, 이 약정이 주주평등의 원칙에 위배되는지가 문제된다. 이러한 손실보상약정은 주주평등의 원칙에 위배되어 원칙적으로 무효이지만, 우리사주조합원이라는 특수성 때문에 일부 하급심 판례에서는 그 효력을 인정하기도 한다. 퇴직한 조합원들이 코스닥회사인 퓨처시스템을 상대로 약정금 청구소송을 제기한 사건에서 법원은 "우리사주조합원은 원칙상 주가가 오르더라도 퇴사하지 않으면 1년 이내에 주식을 처분하지 못하는 점, 조합원들이 주주임과 동시에 회사 종업원으로 손실보상은 회사가 종업원을 위해 지출하는 복리후생비 성격도 가진다는 점, 「자본시장법」이 일정 범위 내에서 우리사주조합의 주식 우선 취득을 장려하고 있다는 점 등을 고려할 때 이 약정은 주주평등의 원칙이 배제된다"라고 하여 "취득가액과 퇴직 시점의 주가와의 차액을 지급하라"[3]고 판결하기도 하였다.

반면 주식회사가 그 회사 주식을 액면가에 인수한 임직원들과 퇴직 시에 주식의 시가가 액면가에 미달하는 경우에는 그 차액 상당을 보전해주기로 하는 내용의 합의를 하고 퇴직금특례지급기준을 제정하여 그 출자손실금 상당액을 퇴직금으로 지급하여 주기로 한 경우, 법원은 "그 합의 및 퇴직금특례지급기준은 「상법」상 주주평등의 원칙에 위반되어 무효"이고, 다만 "주식회사가 임·직원들에게 액면가에 훨씬 미달하는 그 회사 주식을 출자손실금 보전을 약정하면서 액면가에 인수하도록 유인한 것은 불법행위에 해당한다"[4]고 판시한 바 있다.

(6) 우리사주조합의 당사자 능력

우리사주조합은 권리능력이 없는 비법인사단으로 「근로복지기본법」을 제외하고는 「민법」 중 사단법인에 관한 규정이 적용된다(「근로복지기본법」 제33조). 따라서 「민사소송법」 제52조의 규정에 따라 우리사주조합의 이름으로 소송 당사자가 될 수 있다.

---

3) 서울지법 2003. 10. 30. 선고 2003가합9051 판결.

4) 대법원 2007. 6. 28. 선고 2006다38161, 38178 판결(평화은행 사건).

서울남부지법 2000. 11. 30. 선고 2000가합3164 판결

우리사주조합은 회사 종업원 중 피고 조합에 가입한 자에 의해 구성된 단체로서 최고의 사결정기구인 조합원총회, 업무집행 사항의 의결기구인 이사회, 대표자인 조합장을 두고, 이러한 내용을 우리사주조합 규약에 미리 규정하면서 독자적인 활동을 하고 있으므로, 우리사주조합은 비법인사단으로서 「민사소송법」 제48조(2002. 7. 1. 법률 제6626호로 개정되기 전 법률, 현행 52조)의 규정에 따라 우리사주조합의 이름으로 소송 당사자가 될 수 있다.

청주지법 2000. 4. 28. 선고 99가합1830 주주총회 결의취소(확정)

주식회사제도에 있어서의 병폐적 현상의 예방과 그 사후 구제를 위하여 인정되는 주주총회 결의취소소송의 입법 취지 및 주식을 인수함에 있어 타인의 승낙을 얻어 그 타인 명의로 주식을 인수한 자가 실제로 주식인수가액을 납입한 경우에는 명의 차용자만이 주주가 된다는 법리를 고려하면, 우리사주조합의 구성원인 조합원은 각자 주주총회 결의취소의 소를 제기할 수 있다고 보여지며 반드시 우리사주조합의 대표자만이 주주총회 결의취소의 소를 제기할 수 있는 것은 아니다.

2. 자기주식

가. 자기주식 취득의 허용 여부

상장법인은 비상장법인과 달리 1994년부터 구 「증권거래법」(현 「자본시장법」)에서 자기주식 취득을 허용하고 있고, 다만 자본 공동화 방지 및 미공개 정보를 이용한 불공정거래 차단을 위하여 취득 방법, 취득 한도 등을 규제하고 있다.

반면 상장법인과 비상장법인 모두에 적용되는 「상법」에서는 자기주식 취득을 원칙적으로 금지하고 예외적인 경우에만 허용했다. 예컨대 판례는 비록 회사 아닌 제3자의 명의로 회사의 주식을 취득하였더라도 그 주식 취득을 위한 자금이 회사의 출연에 의한 것이고 그 주식 취득에 따른 손익이 회사에 귀속되는 경우라면, 그러한 주식의 취득은 회사의 계산으로 이루어져 회사의 자본적 기초를 위태롭게 할 우려가 있는 것으로

서 「상법」 제341조가 금지하는 자기주식의 취득에 해당하여 무효라고 판시하였다.[5)]

그러나 2012년부터 배당가능이익 한도 내에서 자사주 취득이 전면적으로 허용되는 것으로 「상법」이 개정되었다. 이에 따라 상장법인이 자기주식을 취득하는 경우는 크게 「자본시장법」과 「상법」을 근거로 배당가능이익으로 자기주식을 취득하는 경우와 「상법」을 근거로 특정 목적으로 자기주식을 취득하는 경우로 나눌 수 있다. 배당가능이익으로 취득하는 자기주식의 경우 배당가능이익이라는 재원의 규제만 있을 뿐 목적에 대한 별도의 제한이 없는 반면 특정 목적에 따른 자기주식 취득의 경우 배당가능이익이라는 재원의 규제를 하지 않는 대신 취득 목적을 합병, 주식매수청구권 행사 등으로 제한하고 있다.

나. 배당가능이익으로 하는 자기주식의 취득

(1) 취득 재원에 대한 제한

상장법인은 회사 경영상 필요에 따라 배당가능이익 한도 내에서 이사회 결의를 통해 자기주식을 취득할 수 있다(「자본시장법」 제165조의3). 여기서 '배당가능이익'은 「상법」상 배당가능이익을 말하며(「상법」 제341조 제1항), 그 취득 한도를 산정할 때에는 직전 사업연도 말 재무제표를 기준으로 산출한다(「증권발행공시규정」 제5-11조 제1항).

취득 한도를 초과한 자기주식에 대해서 개정 전 「자본시장법」은 재무제표 확정일인 정기주주총회 결의일로부터 3년 이내 초과분을 처분하도록 규정하였으나, 개정 후 「자본시장법」(2013년 8월 29일 시행)은 취득 한도를 초과한 자기주식의 3년 내 처분의무 규정을 삭제함으로써 회사 경영 여건 등을 고려하여 자유롭게 처분할 수 있도록 하였다.

(2) 취득 방법에 대한 제한

회사가 만약 특정 주주와 협의하여 그 주주의 주식만 취득할 경우 주주평등에 반하게 된다. 따라서 법에서는 상장법인이 배당가능이익으로 자기주식을 취득할 때에는 모든 주주에게 공평한 매도 기회를 제공하기 위하여 증권시장에서 취득하거나, 장외에서 공개매수를 통하는 등의 직접 취득 방법과 신탁업자와 자기주식 신탁계약을 체결함으

5) 대법원 2003. 5. 16. 선고 2001다44109 판결(대한종금 사건).

로써 자기주식을 신탁회사의 명의로 취득하는 간접 취득 방법만 허용하고 있다.

반면 자기주식 처분 방법에 대해서는 명시적 규정은 없기 때문에 증권시장을 통한 처분 및 장외 처분이 모두 가능하다.

(3) 취득 절차에 대한 제한

자기주식의 취득·처분은 이사회에서 결의해야 한다(「자본시장법 시행령」 제176조의2 제1항), 사업보고서 제출 대상 법인은 자기주식을 취득(자기주식의 취득을 목적으로 하는 신탁계약의 체결을 포함) 또는 처분(자기주식의 취득을 목적으로 하는 신탁계약의 해지를 포함)할 것을 결의한 때에는 그다음 날까지 주요사항보고서를 제출해야 한다(동법 제161조 제1항)

(4) 기간에 대한 제한

① 자기주식 취득의 경우 이사회 결의 사실이 공시된 날의 다음 날부터 3개월 이내에 취득해야 하고(「동 시행령」 제176조의2 제3항), 자기주식 처분의 경우 이사회 결의 사실이 공시된 날의 다음 날부터 3개월 이내에 처분해야 한다(「증권발행공시규정」 제5-9조 제1항).

② 반면 자기주식 취득·처분으로 인한 시장가격 왜곡 또는 미공개 정보를 이용한 매매를 막기 위하여 원칙적으로 자기주식 취득 후 6개월간 처분을 금지하고, 처분 후 3개월간 취득을 금지한다. 그 밖에 아래의 기간 동안에는 자기주식 취득·처분을 제한하고 있다(「동 시행령」 제176조의2 제2항).

자기주식 취득·처분 제한 기간

- 다른 법인과의 합병에 관한 이사회 결의일부터 과거 1개월간
- 유상증자의 신주 배정에 관한 기준일(일반 공모 증자의 경우에는 청약일) 1개월 전부터 청약일까지의 기간
- 준비금의 자본 전입에 관한 이사회 결의일부터 신주 배정 기준일까지의 기간
- 제205조 제1항 제5호에 따른 시장조성을 할 기간
- 미공개 중요 정보가 있는 경우 그 정보가 공개되기 전까지의 기간

(5) 주문 방법에 대한 제한

자사주의 장래 취득 처분 시 자기주식의 매매로 인하여 발생할 수 있는 가격 왜곡 현상을 최소화하기 위하여, 1일 호가 수량 한도량 및 호가 가능 범위를 별도로 정하고 있다(「증권발행공시규정」 제 5-5조 및 제5-9조).

다. 특정 목적에 의한 자기주식의 취득

회사는 배당가능이익이 없는 경우에도 특정한 회사의 목적을 위해 부득이하게 자기주식을 취득할 수 있는데, 개정 「상법」 제341조의2에서는 네 가지 사유를 열거하고 있다. ① 회사의 합병 또는 다른 회사의 영업 전부의 양수로 인한 경우(1호), ② 회사의 권리를 실행함에 있어 그 목적을 달성하기 위하여 필요한 경우(2호), ③ 단주의 처리를 위하여 필요한 경우(3호), ④ 주주가 주식매수청구권을 행사한 경우(4호)에는 배당가능이익이 없더라도 앞에서 살펴본 방법상 제한을 받지 않고 자기주식을 취득할 수 있다. 그러나 열거한 것들 외에는 배당가능이익과 무관한 자기주식 취득이 금지되며, 정관이나 내부 규정으로도 자기주식 취득이 허용되는 경우를 달리 정할 수 없다.

라. 자기주식의 처분

정관에 규정이 없는 경우 자기주식은 이사회의 결정으로 처분이 가능하다(「상법」 제342조). 이때 2012년 개정 「상법」에서 종전의 처분 기한에 관한 규정을 삭제하였으므로 처분 시기는 자유로이 결정할 수 있다.

경영권 분쟁의 상황에서 보유하고 있던 자기주식을 우호적인 제3자에게 처분하는 경우 주주의 신주인수권을 침해할 수 있고, 다른 주주에게 매수의 기회를 부여하지 않고 특정 주주에게 처분하면 주주평등의 원칙에 반할 뿐만 아니라 주주의 지분율 변동으로 기존 주주의 이익을 해할 수 있다.

이러한 이유에서 아무런 경영상 목적도 없이 단지 경영권 방어를 목적으로 보유하고 있던 자기주식을 우호적인 제3자에게 처분하는 것이 기존 주주의 신주인수권을 침해하는 것인지가 문제된다. 이에 대해서는 신주인수권을 침해하여 무효라는 하급심 판례와 이를 금지하는 명문의 규정이 없으므로 무효라고 볼 수 없다는 하급심 판례가 나뉘고 있다(구체적인 내용은 제2편 제3장 제3절 6. '나. 자사주 매각의 한계' 참조).

3. 주식매수선택권

가. 주식매수선택권

주식매수선택권(株式買受選擇權, stock option)이란, 회사의 일정한 자가 일정한 기간 내에 미리 정하여진 유리한 가격으로 일정 수량의 자기 회사 주식을 취득할 수 있는 권리를 말한다. 이 제도는 회사의 발전에 공헌을 많이 하거나 능력이 있는 경영진과 종업원에 대하여 상여금과 같은 장기적 보상 및 동기를 부여하기 위하여 이용된다.

주식매수선택권은 1997년 구 「증권거래법」에서 주식매입선택권이란 이름으로 주권상장법인과 협회등록법인에 처음 도입되었고, 1998년에는 「벤처기업육성에 관한 특별조치법」에서 벤처기업에도 인정하였으며, 1999년 「상법」에도 주식매수선택권으로 비상장회사에도 인정되었다. 현재는 상장기업의 경우 「상법」 제542조의3, 비상장회사의 경우 「상법」 제340조의4에 의해 규율된다.

나. 법적 성질

주식매수선택권을 행사하면 회사의 승낙을 요하지 않고 그 효력이 발생하므로 그 법적 성질은 형성권이라고 본다.

다. 부여 대상자

상장기업의 경우 종전에는 회사의 설립·경영 및 기술혁신 등에 기여하거나 기여할 수 있는 당해 회사의 이사, 집행임원, 감사 또는 피용자만이 부여 대상자였다. 그러나 2011년 「상법」 개정으로 해당 회사 외에 대통령령으로 정하는 관계회사의 이사, 집행임원, 감사 또는 피용자까지도 주식매수선택권을 부여할 수 있게 되었고, 다만 최대 주주, 주요 주주 및 각각의 특수관계인 등 대통령령으로 정하는 자에게는 주식매수선택권을 부여할 수 없다(제542조의3).

주식매수선택권은 타인에게 양도할 수 없고, 다만 주식매수선택권을 부여받은 자가 사망한 때에는 그 상속인이 이를 부여받은 것으로 본다.

라. 부여 절차

(1) 정관의 규정

주식매수선택권은 주주와 채권자의 이익을 침해하고 주식회사의 자본 유지 원칙에 반할 위험이 있으므로, 「상법」에서는 주식회사가 주식매수선택권을 부여하기 위해서는 반드시 미리 정관에 이에 관한 사항을 규정할 것을 강제하고 있다(제340조의2 제1항). 정관에 규정할 사항은 법에 정해져 있다.

(2) 주주총회 또는 이사회의 결의

주식매수선택권의 행사로 발행할 신주 또는 양도할 자기주식은 원칙적으로 발행주식 총수의 100분의 10을 초과할 수 없다(「상법」 제340조의2 제3항). 다만, 상장회사는 주주총회의 특별결의를 거친 경우 발행주식 총수의 100분의 15에 해당하는 주식수까지 부여할 수 있다(제542조의3 제2항, 「동 시행령」 제30조 제3항). 이때 주식매수선택권을 부여할 수 있는 주식의 총한도는 주주총회 또는 이사회 결의일 전에 부여한 주식매수선택권 중 당해 결의일 현재 행사하지 아니한 주식매수선택권을 행사할 경우에 부여할 주식수를 포함한다. 따라서 회사가 증자를 하지 않는 한, 주식매수선택권을 부여할 수 있는 한도는 계속 줄어들 수밖에 없다.

주식매수선택권의 부여는 원칙적으로 주주총회의 결의를 거쳐야 한다. 그러나 주식매수선택권의 신속한 부여를 통한 우수인력의 확보가 필요하다는 비판에 따라, 상장회사의 경우 대통령령이 정하는 범위 내의 소규모 주식매수선택권에 대하여는 이사회의 결의로 당해 법인 또는 그 관계회사의 임직원(당해 법인의 이사는 제외)에게 부여할 수 있도록 하였다(「상법」 제542조의3 제3항). 다만 이사회의 결의로 주식매수선택권을 부여할 때에는 처음으로 소집되는 주주총회의 승인을 받아야 한다.

주주총회 결의상 행사 기간과 주식매수선택권부여계약상 행사 기간이 불일치하는 경우 행사 기준의 효력(대법원 2018. 7. 26. 선고 2016다237714 판결, 주식매수선택권행사차액보상청구의 소)

주식매수선택권에 관한 H회사의 주주총회 결의 사항

대상임직원 : 23명

부여주식수 : 176,000주

행사 기간 : 2011. 3. 13. ~ 2016. 3. 12.(부여일 2년 후부터 5년간)

행사 방법 : 신주발행, 자기주식교부 또는 차액보상으로 하되 행사일 도래 시 회사가 결정

회사와 대상임직원들의 주식매수선택권부여계약 주요 내용

경과 기간: 2009. 3. 13. ~ 2011. 3. 12.

행사 기간: 2011. 3. 13. ~ 2016. 3. 12.

단, 경과기간이 지난 후에 퇴직한 경우에는 퇴직일부터 3개월 이내에 행사해야 함

원고 2는 2011. 7. 31., 원고 1은 2011. 12. 6. 피고 회사를 퇴직

원고들은 2015. 1. 22. 피고 회사를 상대로 주식매수선택권을 행사한다는 의사표시

피고 회사는 원고들이 퇴직 후 3개월을 훨씬 넘어서 행사 의사표시를 했고, 행사 기간이 지났다는 이유로 원고들의 주식매수선택권부여 거부

이에 해당 직원들은 회사를 상대로 주식매수선택권행사차액보상청구소송을 제기함

원고들의 주장

① 행사 기간을 퇴직일로부터 3개월간으로 제한한 주식매수선택권부여계약 내용은 원고들에게 일방적으로 불리한 내용이며, 「상법」과 정관에 위반하여 무효임

② 주주총회특별결의에 의하면 행사 기간 내에 있음

대법원의 판결

회사는 주식매수선택권을 부여받은 자의 권리를 부당하게 제한하지 않고 정관의 기본 취지나 핵심 내용을 해치지 않는 범위에서 주주총회 결의와 개별 계약을 통해서 주식매수선택권을 부여받은 자가 언제까지 선택권을 행사할 수 있는지를 자유롭게 정할 수 있다.

주식매수선택권부여 주주총회 결의 시 해당 사항의 세부적인 내용을 빠짐없이 정하도록 예정한 것으로 보기는 어렵고 이후 회사가 주식매수선택권 부여에 관한 계약을 체결할 때 주식매수선택권의 행사 기간 등을 일부 변경하거나 조정한 경우 그것이 주식매수선택권을

부여받은 자, 기존 주주 등 이해관계인들 사이의 균형을 해치지 않고 주주총회 결의에서 정한 본질적인 내용을 훼손하는 것이 아니라면 유효하다.

구체적으로 ① 이 사건 단서 조항은 2년의 재직 기간이 지난 뒤에도 계속 재직하는 경우와 달리 퇴직하는 경우에는 주식매수선택권의 행사 기간을 퇴직일부터 3개월로 단축하는 규정으로 선택권자에게 불리한 것이지만, 기업과의 관계가 절연된 퇴직자에 대하여 보상 관점에서 기업 가치와의 연결을 합리적으로 차단하는 것으로서 위법하거나 부당하다고 볼 수 없다.

② 원고들도 주식매수선택권 부여계약 당시 이 사건 단서 조항이 있다는 것을 알고 있었다. 이 사건 단서 조항이 원고들의 선택권 행사를 불가능하게 하거나 현저히 곤란하게 하는 것이라고 볼 수도 없다.

---

(3) 주식매수선택권의 신고 의무

주권상장법인이 주주총회 또는 이사회에서 주식매수선택권을 부여하기로 결의한 경우 대통령령으로 정하는 방법에 따라 금융위원회와 거래소에 그 사실을 신고해야 한다(「자본시장법」 제165조의17 제1항).

마. 주식매수선택권의 부여 방법

(1) 신주 교부 방식

주식매수선택권을 부여받은 자에게 미리 정한 가액(주식매수선택권의 행사 가격)으로 신주를 인수할 수 있는 권리를 부여하는 방식이다. 이때 행사 가격은 시가와 액면가액 중 높은 금액이어야 한다.

(2) 자기주식 교부 방식

주식매수선택권을 부여받은 자에게 주식매수선택권의 행사 가격으로 자사주를 교부하는 방식이다. 이때 행사 가격은 부여일 기준으로 시가 이상이어야 한다.

(3) 차액 보상 방식

주식매수선택권의 행사 가격이 시가보다 낮은 경우에 그 차액을 현금으로 지급하는 방식이다. 이때 행사 가격은 부여일 기준으로 시가 이상이어야 한다.

바. 행사 요건(의무 재임, 재직 기간)

상장회사의 주식매수선택권을 부여받은 자는 대통령령으로 정하는 경우를 제외하고는 주식매수선택권을 부여하기로 한 주주총회 또는 이사회의 결의일부터 2년 이상 재임하거나 재직해야 주식매수선택권을 행사할 수 있다(「상법」 제542조의3 제4항). 주식매수선택권의 행사 기한을 해당 이사, 감사 또는 피용자의 퇴임일 또는 퇴직일로 정하는 경우 이들이 본인의 책임이 아닌 사유로 퇴임하거나 퇴직하였을 때에는 그날부터 3개월 이상의 행사 기간을 추가로 부여해야 한다.

사. 주식매수선택권의 취소

상장회사는 다음 각 호의 어느 하나에 해당하는 경우에는 정관에서 정하는 바에 따라 이사회 결의에 의하여 주식매수선택권의 부여를 취소할 수 있다(「상법 시행령」 제30조 제6항).

(1) 주식매수선택권을 부여받은 자가 본인의 의사에 따라 사임하거나 사직한 경우

(2) 주식매수선택권을 부여받은 자가 고의 또는 과실로 회사에 중대한 손해를 입힌 경우

(3) 해당 회사의 파산 등으로 주식매수선택권 행사에 응할 수 없는 경우

(4) 그 밖에 주식매수선택권을 부여받은 자와 체결한 주식매수선택권 부여 계약에서 정한 취소 사유가 발생한 경우

제2장

소유구조에 변동을 주는 자본조달

Introduction

주식회사란 일반 대중으로부터 다수의 자본을 쉽게 조달받기 위하여 고안된 제도이다. 주식회사가 자금을 조달하는 방법으로는 크게 신주발행과 사채발행이 있다. 신주발행의 경우엔 자기자본으로서 주주가 회사의 구성원이 되지만, 사채 모집의 경우엔 타인자본으로서 사채권자가 회사의 구성원이 되는 것은 아니라는 점에서 차이가 있다. 다만 전환사채나 신주인수권부사채 등의 사채는 잠재적인 자기자본으로의 변동 가능성을 보유하고 있다.

제1절 신주의 발행

1. 신주발행의 의미

가. 신주발행의 종류

신주발행은 크게 '통상의 신주발행'과 '특수한 신주발행'의 두 가지로 분류된다. '통상의 신주발행'은 주주 또는 제3자에게 유상으로 신주를 발행하는 것이다. 보통 '유상증자'라고 불리며, 발행주식수에 액면가를 곱한 만큼 자본이 증가하고, 그에 따라 발행주식수에 발행 가액을 곱한 만큼 순자산도 증가한다. '특수한 신주발행'이란 신주가 발행되더라도 순자산이 증가하지 않는 신주발행을 말한다. 예컨대 전환주식의 전환(「상법」 제346조), 준비금의 자본 전입(제461조), 주식배당(제462조의2), 합병으로 인한 신주발행(제523조), 주식의 포괄적 교환(제360조의2), 정리 절차상의 신주발행, 주식병합, 주식분할 등이 있다.

회사가 신주발행을 하는 목적은 대체로 설비자금의 조달, 운전자금의 조달, 차입금 등 부채의 상환, 재무구조의 개선, 자본의 대형화에 의한 공신력 제고, 주주에 대한 이익 도모, 주식분산과 유통 주식수의 증가에 의한 원활한 주식 거래의 유도와 안정적 경영권의 확보, 기업재무 및 경영 전략의 일환 등을 들고 있다. 그중 '통상의 신주발행'은 자본조달이 주된 목적이고, '특수한 신주발행'은 주주에 대한 이익 환원 및 기업의 환경 적응을 위한 재무 정책적 목적을 위한 것이다. 이 장에서는 자본조달을 위한 '통상의 신주발행', 즉 유상증자를 위주로 살펴본다.

나. 신주발행의 중요성

신주를 제3자가 인수하거나 설사 기존 주주가 인수하더라도 종전 지분 비율에 따르지 않을 경우, 기존 주주들로서는 회사의 지배력과 자본에 대한 분배 비율이 하락하는 피해를 입게 된다. 특히 한국의 경우 할인 발행 관행 때문에 기존 주주들로서는 재산상 손해까지 입기도 한다. 반면 이사회로서는 급변하는 기업 환경에 대응하여 자유로운 정책 판단에 기하여 수권 자본의 범위 내에서 신속하게 제3자로부터도 자본을 조달받을 필요가 있다. 신주발행에서는 이러한 '기존 주주의 비례적 이익의 피해 가능성'과 '회사의 자금 조달의 유연성과 기동성 확보의 필요성'을 어떻게 조화시킬 것인가가 핵심적인 문제이다. 이에 대하여 「상법」에서는 신주를 인수할 수 있는 권리인 신주인수권은 원칙적으로 주주가 보유하도록 하고, 예외적으로 정관에 근거가 있고 회사의 경영상 목적을 달성하기 위하여 필요한 경우에는 제3자가 신주인수권을 가진다는 입장을 취하고 있다.

다. 신주발행 과정에서 주의할 점

(1) 손실보전약정

신주를 발행할 때 회사가 신주인수인에 대하여 향후 손실을 보전해주는 약정을 하는 경우가 있다. 그러나 이러한 손실보전약정은 주주평등의 원칙과 자기주식 취득 금지의 원칙에 위반되므로 다른 특단의 사정이 없는 한 무효이다. 하급심 중에는 "이러한 손실보전약정이 없었더라면 원고가 신주인수 청약의 약정을 하지 않았을 것이므로 법률행위의 일부 무효에 관한 「민법」 제137조의 규정에 따라 신주인수 전체가 무효이어서 피고가 신주인수대금에 해당하는 금원을 부당이득으로 반환해야 한다"라고 판시하는 경우도 있었으나, 대법원에서는 이를 파기 환송하였다. 다만 손실보전약정 등이 유상증자에 참여시키기 위한 부당한 유인행위에 해당하면, 불법행위에 따른 책임을 물을 수 있다.

대법원 2005. 6. 10. 선고 2002다63671 판결: 제주은행 사건

• 이 사건 손실보전약정은 신주를 인수하여 주주의 지위를 갖게 될 원고에게 주식의 매각에 따른 손실을 피고 회사가 전액 보전해주기로 하는 내용으로 하고 있어, 회사가 주주에 대하여 투하 자본의 회수를 절대적으로 보장하고 다른 주주에게 인정되지 않는 우월적 권리를 원고에게만 부여하는 것이어서 강행법규의 성질을 가지는 주주평등의 원칙에 위반되어 무효이다.

• 손실보전약정을 무효로 보면서 나아가 원고의 신주인수까지 무효로 보아 원고로 하여금 그 인수대금에 해당하는 금원을 부당이득으로 반환받을 수 있게 한다면 이는 사실상 다른 주주들과는 달리 원고에게만 투하 자본의 회수를 보장해주는 셈이 되어 위 손실보전약정을 강행법규에 반한다는 이유로 무효로 보는 취지에 명백히 반하는 결과가 초래되는 것이므로 이 사건 신주인수까지 무효라고 보아서는 안 된다.

서울지법 2003. 7. 31. 선고 2002나61476 판결(상고기각): 평화은행 사건

피고는 원고들을 포함한 피고의 직원들에게 당시 주식의 실제 가격이 700원대임에도 불구하고, 액면가인 주당 5,000원에 피고 주식을 매입하도록 요구하였고, 직급별로 출자 금액을 할당하는 한편, 퇴직금 중간정산제를 실시하고, 해지가 금지되어 있는 개인연금신탁 계좌도 해지할 수 있도록 조치하는 등 구체적인 출자 방법을 제시하였으며, 피고의 은행장이 유상증자에 참여 시 발생하는 출자금 손실보전을 약속하는 등 피고의 직원들에게 유상증자에 참여하도록 적극적으로 유도하였고, 이로 인하여 피고의 임직원 1,575명 중 1,512명이 퇴직금 중간정산을 하여 그 중간 퇴직금으로 위 유상증자에 참여하게 하였는 바, 단기간에 자기자본 비율을 증대시키기 위한 위와 같은 피고의 원고들에 대한 유상증자 참여 유인행위는 불법행위를 구성한다 할 것이다.

---

(2) 발행 절차의 법정

특별법에서 달리 정한 경우를 제외하고 신주의 발행은 「상법」이 정하는 방법 및 절차에 의하여만 가능하다. 예컨대 주식회사가 타인으로부터 돈을 빌리는 소비대차 계약을 체결하면서 차용금액의 일부 또는 전부를 액면가에 따라 주식으로 전환할 수 있는 권한을 대여자에게 부여하는 내용의 계약 조항은 「상법」이 정하는 방법과 절차에 의하지 아니한 신주발행 내지는 주식으로의 전환을 예정하는 것이어서 무효이다.[1)]

라. 발행 가능한 신주의 종류

(1) 2012년 개정 「상법」에서의 종류주식

만일 회사가 임의로 주식의 내용을 정하여 발행하면 회사와 투자자 간 정보 비대칭으로 피해가 생기거나 주식의 유통성이 떨어진다는 문제점이 있다. 이러한 이유에서 기존 「상법」에서는 회사에서 발행 가능한 주식의 종류를 제한하였지만, 2012년 개정 「상법」에서는 회사가 시장 환경에 대응해 효율적으로 자금을 조달하도록 다양한 내용의 주식을 대폭 허용하였다.

개정 「상법」에서는 종류주식에 관해 포괄 규정(제344조)과 종류주식별 개별 규정을 두고 있는데(제344조의2 내지 제351조), 법에서 인정하고 있는 종류주식의 기본 유형에는 ① 이익의 배당 또는 잔여재산분배에 관하여 보통주식과 내용이 다른 종류의 주식, ② 주주총회에서의 의결권 행사에 관하여 보통주식과 다른 내용을 가진 종류주식, ③ 상환주식, ④ 전환주식이 있다. 종류주식의 내용과 수는 정관으로 정하는 것이 원칙이다.

(2) 이익배당 또는 잔여재산분배에 관한 종류주식(동법 제344조의2)

① 종전에는 의결권이 없는 이익배당우선주가 대표적인 종류주식이었고 정관에 최저이익배당률을 정하도록 되어 있었다. 그러나 개정 「상법」에서는 배당가능이익이 구체화되기 전에 최저배당률을 정하는 것이 비논리적이라는 비판이 있어서 최저이익배당률제도는 폐지되었다. 그리고 정관에 (a) 그 종류주식의 주주에게 교부하는 배당재산

---

1) 대법원 2007. 2. 20. 선고 2005다 73020 결정.

의 종류(개정 「상법」에서는 현물배당을 허용함), (b) 배당재산의 가액의 결정 방법, (c) 이익을 배당하는 조건 등 이익배당에 관한 내용을 정해야 한다. 이에 따라 개정 「상법」에서는 고정액을 우선 배당하는 이익배당우선주나 배당률을 시중금리와 연동시키는 변동배당률부 이익배당우선주도 발행할 수 있다.

② 개정 「상법」에서는 종전의 의결권이 없는 이익배당우선주뿐만 아니라 의결권이 없는 잔여재산분배우선주도 발행할 수 있다. 여기에 우선적 배당을 하지 못할 경우에는 의결권이 부활한다고 규정하고 있는 기존 「상법」 제370조가 삭제되어, 정관으로 의결권 부활에 관한 내용을 자유로이 정할 수 있다(제344조의3 제1항).

(3) 의결권 배제 · 제한에 관한 종류주식(동법 제344조의3)

① 종전에는 이익배당우선주에 한해 무의결권주식을 발행하도록 하였으나, 개정 「상법」에서는 이익배당우선주 이외의 주식에 대하여도 회사가 의결권이 없는 종류주식이나 의결권이 제한되는 종류주식을 발행할 수 있도록 하였다. 이에 따라 회사는 전면적인 무의결권주식 외에도 특정 사항에 대해서만 의결권을 가지는 의결권 제한 주식의 발행도 가능하다. 예컨대, 영업 양도, 합병, 정관 개정 등의 주주총회 특별결의 사항에 대해서만 의결권을 가지는 주식도 가능하다. 그러나 주총의 특정 안건에 거부권 행사가 가능한 거부권부 주식이나 주당 의결권을 달리하는 복수 의결권 주식은 허용되지 않는다.

② 이때 회사는 의결권을 행사할 수 없는 사항과 의결권 행사 또는 부활의 조건 등을 정관에 정해야 한다.

③ 의결권을 배제하거나 제한하는 주식발행이 남용되어서는 안 되기 때문에 의결권 배제·제한에 관한 종류주식의 총수는 발행주식 총수의 4분의 1을 초과하지 못하고(「상법」 제344조의3 제2항), 상장회사의 경우에는 발행주식 총수의 2분의 1을 초과하지 못한다(「자본시장법」 제165조의15 제3항)

(4) 상환주식

① 상환주(redeemable share)란 주식의 발행 시부터 장차 회사가 이익으로서 상환하여 소각할 수 있는 종류주식을 말한다(「상법」 제345조). 회사의 입장에서는 일단 우선주를

발행하여 자금을 조달하였다가 이익이 발생하면 상환하여 이익배당의 압박이나 경영권의 위험으로부터 벗어날 수 있는 장점이 있다. 종전에는 상환주식이 거의 이용되지 않았지만, 최근에는 투자자가 우선배당 등 우선주의 요소에 부가하여 손실 방지를 위한 옵션의 일환으로 요구하는 경우가 늘고 있다. 상환주식을 발행하기 위해서는 정관에 이익으로 소각할 수 있다는 뜻을 비롯하여 상환가액·상환기간·상환 방법과 수를 기재해야 한다(제345조 제1항). 투자자가 상환청구를 하는 경우에 회사가 상환하게 된다.

② 종래 상환권은 우선주에 붙은 특수한 조건이라는 것이 일반적인 해석이었고, 그에 따라 수종의 주식과 구분하여 '특수한 주식'이라고 규정함으로써 상환주주로만 종류주주총회를 개최할 수 있는지와 같은 해석상의 문제가 발생하였다. 그런데 개정 「상법」에서는 상환주식을 하나의 종류주식으로 명문화하여 이러한 문제를 해소하고 있다.

다만 상환권은 종류주식(단, 상환과 전환에 관한 것은 제외한다)에만 붙일 수 있으므로 보통주를 상환주식으로 하는 것은 여전히 금지된다(제345조 제5항). 이는 회사가 보통주식을 일방적으로 상환하여 포이즌 필(poison pill)과 유사한 경영권 방어의 효과를 내는 것을 방지하기 위해서이다.

③ 종래 상환권은 회사가 가지는 것이 일반적이었으나 주주가 가질 수 있는지 불확실한 측면이 있었다. 개정 「상법」은 이를 자유화하여 상환권을 회사 또는 주주가 가지는 방식 모두를 인정하였다(제345조 제3항, 제346조 제2항). 즉 회사가 콜옵션을 가지는 '상환사유부주식'과 주주가 풋옵션을 가지는 '상환청구권부주식'이 모두 가능하다. '상환사유부주식'의 경우 회사는 상환 대상인 주식의 취득일부터 2주 전에 그 사실을 그 주식의 주주 및 주주명부에 적힌 권리자에게 따로 통지 또는 공고해야 한다(제345조 제2항).

④ 회사가 상환의 대가로 지급할 수 있는 것은 종래에는 현금에 국한되었으나, 개정 「상법」은 현금뿐만 아니라 다른 유가증권(다른 종류주식은 제외)으로 다양화하였다(제345조 제4항). 다른 종류주식을 제외한 것은 그렇게 되면 전환주식이 되어버리기 때문이다. 이 경우 교부하는 자산의 장부 가액이 회사의 배당가능이익을 초과하여서는 아니된다.

(5) 전환주식

① 전환주식이란 회사 또는 주주의 청구에 의하여 다른 종류의 주식으로 전환할 수 있는 전환권이 붙어 있는 주식을 말한다. 종전에는 주주만 전환청구가 가능하였던 것을 확대해서 개정 「상법」에서는 회사와 주주가 각각 전환청구를 할 수 있도록 하였다. 즉 회사는 정관으로 정하는 바에 따라 주주가 자신이 인수한 주식을 다른 종류주식으로 전환할 것을 청구할 수 있는 주식을 발행할 수 있고('전환청구부주식', 제346조 제1항), 일정한 사유가 발생할 때 회사가 주주의 인수 주식을 다른 종류주식으로 전환할 수 있는 주식을 발행할 수 있다('전환사유부주식', 제346조 제2항). 이 경우 회사는 정관에 전환의 조건, 전환의 기간, 전환으로 인하여 발행할 주식의 수와 내용을 정해야 한다.

② 전환사유부주식의 경우 이사회는 전환할 주식, 2주 이상의 일정한 기간 내에 그 주권을 회사에 제출해야 한다는 뜻, 그 기간 내에 주권을 제출하지 아니할 때에는 그 주권이 무효로 된다는 뜻을 그 주식의 주주 및 주주명부에 적힌 권리자에게 따로 통지 또는 공고해야 한다(제346조 제3항).

③ 전환의 대가는 상환주식과 달리 탄력성이 보장되지 않고, 오직 회사의 다른 종류주식으로만 한정한다.

④ 주식의 전환은 주주가 전환을 청구한 경우에는 그 청구한 때에 회사가 전환한 경우에는 전환 기간이 끝난 때에 그 효력이 발생한다(제350조 제1항).

2. 유상증자 방식

가. 주주배정 방식

(1) 주주에게 그가 가진 주식수에 따라서 신주를 배정하기 위해 신주인수 청약을 할 기회를 부여하는 방식을 말한다(「자본시장법」 제165조의6 제1항 제1호).

(2) 신주발행 가액은 할인율이 자유화되었으므로 종전의 기준 가격 산정 절차를 폐지하고 발행 회사가 자율적으로 발행 가액을 결정하도록 하였다. 일반적으로 주주의 청약을 유도하기 위하여 시가보다 낮은 가액으로 할인하여 발행한다.

나. 주주우선공모 방식

(1) 주주우선공모 방식이란 주주에 대하여 우선적으로 신주인수의 청약을 할 수 있는 기회를 부여하고 청약되지 아니한 주식이 있는 경우 이를 불특정 다수인에게 신주를 배정받을 기회를 부여하는 방식을 말한다(동조 제4항 제3호). 주주우선공모는 1차적으로 기존 주주를 청약 대상으로 한다는 점에서는 주주배정 방식과 동일하지만, 주주의 신주인수권을 배제하고 인수기관에 주식을 배정하므로 인수기관이 필요하다는 점에서 주주배정 방식과 차이가 있다.

구분	주주배정 방식	주주우선공모 방식
실권 위험	높음	총액인수의 경우는 없음
실권주 처리	이사회 결의에 의함	인수기관이 일반에 공모
이사회 결의 및 공시	약 2월	주주배정보다 10일 정도 더 소요
인수 및 모집 사무	발행 회사가 전부 부담	주간사 회사가 부담

(2) 신주발행 가액은 주주배정 방식과 마찬가지로 할인율이 자유화되었으므로 종전의 기준 가격 산정 절차를 폐지하고 발행 회사가 자율적으로 발행 가액을 결정하도록 하였다.

다. 제3자 배정 방식

(1) 제3자 배정 방식이란

제3자 배정 방식이란 신기술의 도입, 재무구조의 개선 등 회사의 경영상 목적을 달성하기 위하여 필요한 경우 위의 방법으로 특정한 자(해당 주권상장법인의 주식을 소유한 자를 포함함)에게 신주를 배정하기 위하여 신주인수의 청약을 할 기회를 부여하는 방식을 말한다(동조 제1항 제2호). 우리사주조합에 대한 우선배정과 이사회 결의에 의한 실권주 처리 방식도 넓은 의미에서는 제3자 배정 방식이라고 할 수 있다.

제3자에게 신주를 배정하는 것은 기존 주주들의 주식을 희석화할 위험이 크기 때문에 그 적법성과 관련한 분쟁이 많았다. 특히 제3자 배정 방식의 경우 기존 주주의 이해관계에 중요한 영향을 미치지만, 주주는 그 사실을 미리 알 방법이 없다. 이에 2011년 개정 「상법」은 기존 주주에게 불리한 신주발행을 막을 수 있는 기회를 제공하기 위하여 정관 규정에 따라 주주 외의 자에게 신주를 배정하는 경우 회사는 신주발행 사항을 납입 기일의 2주 전까지 주주에게 통지하거나 공고해야 한다는 조항을 신설하였다(제418조 제4항). 이에 따라 주주는 미리 제3자 배정의 조건을 알 수 있게 되고, 그 발행이 불공정할 경우에는 신주발행유지청구권을 행사할 기회를 가지게 된다. 다만 「자본시장법」에서는 상장회사의 제3자 배정 또는 일반 공모 증자의 경우에는 이러한 통지 또는 공고 요건을 배제한다(제165조의9). 신주발행 사항을 금융위원회에 신고하는 것으로 주주에 대한 공시도 충분하다는 취지이다.

(2) 발행 가액

제3자 배정 방식은 주주 외의 자에게 신주를 발행하는 것이므로, 만일 시가보다 현저히 낮은 가액으로 신주를 발행하면 기업 가치의 희석화와 지분율 감소에 따른 기존 주주의 피해가 발생할 수 있다. 따라서 제3자 배정 방식에서의 발행 가액은 이사회 결의일 전일을 기산일로 하여 청약일 전 제3거래일부터 제5거래일까지의 가중산술평균주가(그 기간 동안 증권시장에서 거래된 해당 종목의 총거래 금액을 총거래량으로 나눈 가격)를 기준 주가로 하여 10% 이내의 할인율을 적용하여 산정한다(「증권발행공시규정」 제5-18조 제1항). 제3자 배정 방식의 경우 저가로 발행할 가능성이 높기 때문에 제3자 배정 방식의 할인율은 일반 공모 증자의 할인율인 30%보다 더 낮다.

다만, 증자 시 신주 전체를 1년간 예탁원에 보호예수하는 경우에도 10% 이내의 할인율을 적용하되, 기준 주가 산정 방법은 다르게 적용한다. 즉 유상증자를 위한 이사회 결의일 전일을 기산일로 하여 과거 1개월 가중산술평균주가, 과거 1주일 가중산술평균주가, 최근 일 가중산술평균주가를 산술평균한 가격과 최근일 가중산술평균주가 중 낮은 가격을 기준 주가로 할 수 있다(「증권발행공시규정」 제5-18조 제2항).

라. 일반 공모 증자

(1) 일반 공모 증자란

일반 공모 증자란 주주배정 증자 방식 외의 방법으로 불특정 다수인(해당 주권상장법인의 주식을 소유한 자를 포함)에게 신주인수의 청약을 할 기회를 부여하고 이에 따라 청약을 한 자에 대하여 신주를 배정하는 방식을 말한다(「자본시장법」 제165조의6 제1항 제3호).

1997년 개정 「자본시장법」에서는 자본조달의 기동성을 도모하기 위하여, 주권상장법인 또는 코스닥상장법인은 정관이 정하는 바에 따라 불특정 다수인을 상대방으로 하여 신주를 모집하는 방식을 허용하고 있다. 기존 주주를 대상으로 하지 않으므로 신주배정 기준일 공고 또는 청약 안내 통지 등의 절차가 필요하지 않다. 따라서 회사로서는 주주배정 방식이나 주주우선공모 방식보다 상대적으로 단기간에 자금을 조달할 수 있다. 일반 공모 증자는 다수의 일반 투자자를 대상으로 하는 것이므로, 광범위한 청약을 받기 위하여 증권회사와 인수계약을 체결하여 발행하는 간접 공모 형태가 일반적이다.

(2) 발행 가액

일반 공모 증자도 주주 이외의 제3자에게 신주를 발행하는 것이어서 만일 신주발행가액이 시가보다 현저히 낮으면 기존 주주는 상대적으로 피해를 볼 수 있다. 따라서 기존 주주의 이익을 보호하기 위하여 일반 공모 증자에서의 발행 가격은 청약일 전 제5거래일을 기산일로 하여 기준 주가를 산정한 후, 이를 30% 이내로 할인한 금액으로 해야 한다(「증권발행공시규정」 제5-18조). 다만 개별 주주의 이익보다는 공익 또는 회사의 경영 정상화 등 전체 주주의 이익에 반하지 않는 일정한 경우에는 제3자 배정 방식과 마찬가지로 할인율 적용을 자율적으로 결정할 수 있다.

증자 방식별 할인율

주주배정 방식	주주우선공모 방식	제3자 배정 증자	일반 공모 증자
자율(기존 주주의 이익 침해가 없으므로)		10% 이내	30% 이내

3. 기본적인 유상증자 절차

가. 이사회 결의

신주발행 사항은 원칙적으로 수권주식의 범위 내에서 이사회가 결정한다. 이사회는 신규 자금이 필요한 경우 정관의 발행 예정 주식 총수에서 이미 발행된 주식 총수를 공제한 범위 내에서 정관 변경이나 주주총회 소집 없이 신주를 발행할 수 있다. 상장법인은 신주발행을 위한 이사회 결의를 한 경우에는 이사회 의결의 내용을 대통령령이 정하는 바에 따라 지체 없이 금융위원회와 한국거래소에 신고해야 한다(「자본시장법」 제186조, 「증권발행공시규정」 제69조)

나. 배정 기준일 및 명의개서 정지의 공고

주주배정이나 주주우선공모 방식과 같이 주주를 대상으로 신주를 발행하는 경우, 이사회는 기존 주주의 신주인수권을 보호하기 위하여 배정 기준일을 정하고 배정 기준일의 2주 전에 이를 공고해야 한다(「상법」 제418조 제3항 본문). '배정 기준일'이란 회사가 일정한 날을 정해 주주명부에 기재된 주주가 신주인수권을 갖게 하는 날을 말한다. 이와 함께 발행 회사는 배정 기준일 익일부터 일정 기간 동안 주주명부의 기재 내용 변경 등을 정지하게 되며, 이 경우 그 내용도 공고해야 한다(제354조). 만일 배정 기준일이 주주명부의 폐쇄 기간 중일 때에는 그 폐쇄 기간 초일의 2주 전에 공고해야 한다(제418조 제3항 단서). 주식시장에서는 배정 기준일 이후에 부여한 신주인수권의 가치만큼 주가가 하락하는 경향이 있는데, 이를 '권리락'이라고 한다.

다. 청약일의 지정·공고

신주 배정 기준일이 경과하여 명의개서가 정지되면 명의개서 대행기관은 기준일 현재의 주주명부를 작성하여 발행 회사에 제공한다. 발행 회사는 신주인수권자가 신주를 인수할지를 결정할 수 있는 기일(청약일)을 정한 후, 청약일 2주 전에 청약 대상 주주에게 청약 안내 통지를 해야 한다(제419조). 만일 신주인수권자가 청약일까지 신주인수의 청약을 하지 아니하면 신주인수권을 상실하는데, 이를 '실권주(forfeited stock)'라고 한다. 실권주는 청약일까지 청약을 하지 않는 경우뿐만 아니라 청약을 하였어도 납입 기일까지 납입을 하지 않는 경우에도 발생한다. 일반 공모나 제3자 배정 방식의 경우에는 이러한 절차가 필요하지 않아 상대적으로 신속하게 신주발행 절차를 진행할 수 있다.

라. 신주인수권증서의 발행

회사가 신주인수권의 양도에 관한 사항을 정한 경우에는 주주의 청구가 있을 때에만 신주인수권증서를 발행한다는 것과 그 청구 기간을 정한 경우에는 그에 따라, 정하지 않은 경우엔 청약 기일의 2주 전에 신주인수권증서를 발행해야 한다(「상법」 제420조의2). 신주인수권증서를 발행한 경우엔 신주인수권증서의 교부에 의해서만 신주인수권을 양도할 수 있고(제420조의3), 신주인수권증서에 의하여 주식의 청약을 한다(제420조의5).

반면 2013년 개정 「자본시장법」에서는 주권상장법인이 주주배정의 방식으로 신주를 배정하는 경우, 신주인수권증서의 발행을 선택 사항이 아니라 의무적으로 발행하도록 개정하였다(제165조의6 제3항). 주주배정 시 대부분 시가보다 낮은 가격으로 신주가 발행된다는 점 등을 감안하여 추가 출자가 어려운 주주의 이익을 보호하면서도 회사 입장에서 실권 위험을 줄이기 위한 것이다.

마. 납입 및 실권주의 처리

(1) 납입

① 신주인수인은 납입기일에 그 인수 가액의 전액을 납입해야 한다. 신주인수인이 납입기일에 납입을 이행하면 납입기일의 다음 날부터 신주발행의 효력이 발생하여 신주인수인은 주주가 된다(「상법」 제423조).

② 기존 「상법」은 주주는 납입에 관하여 상계로써 회사에 대항하지 못한다고 규정하였다(제334조). 그러나 2012년 개정 「상법」은 제334조를 삭제하고, 신주의 인수인은 회사의 동의 없이 신주인수 가액의 납입채무와 주식회사에 대한 채권을 상계할 수 없다고 규정하였다(제421조 제2항). 따라서 회사의 동의를 받으면 주주가 회사에 대하여 가지는 채권으로 납입채무와 상계가 가능하게 되었고, 그 결과 일반 기업도 출자전환이 가능하게 되었다.

(2) 실권주

신주인수권자가 납입기일에 납입하지 않는 경우에는 신주를 인수할 권리를 잃고 실권주가 발생하게 된다. 이때 통상 이사회의 결의로 실권주를 처리하는데, 종전에는 실권주 처리에 관한 제한이 없어서 실권주의 배정 대상 및 가격과 관련하여 불공정 시비가 발생하곤 하였다.

이에 2013년 개정 「자본시장법」에서는 실권주를 부당한 경영권 상속·제3자에 대한 부당이익 제공 수단으로 활용하는 관행을 근절하기 위하여 당초 모집 절차가 완료되어 발생된 실권주는 원칙적으로 발행을 금지하였다(제165조의6).

다만 주주들의 이익 침해의 소지가 적은 일정한 경우 회사의 효율적 자금 조달을 위해 예외적으로 실권주에 대한 신주발행 철회 없이 계속 신주발행 절차를 진행할 수 있다. 즉 발행 가액이 공모 방식별로 일정 가격 이상이면서 ① 계열관계에 있지 않은 인수인이 실권주 전부를 취득하는 인수계약을 취득하는 경우, ② 주주배정 시 배정주식수의 20%까지 초과 청약을 할 수 있도록 하고 초과 청약을 한 주주에게 우선적으로 실권주를 발행하는 경우, ③ 신고서를 제출하지 않으면서 10억 원 미만의 신주를 발행하는 경우, ④ 우리사주조합원에 대하여 신주를 우선배정하지 않는 경우로서 실권주를 우리사주조합원에게 배정하는 등에 한하여 발행할 수 있도록 예외를 허용하고 있다.

4. 「자본시장법」에서의 특수한 유상증자 절차(1): 증권신고서 제도

가. 증권신고서란

(1) 불특정 다수인을 상대로 일시에 대량으로 유가증권을 발행할 경우 발행 회사는 지나치게 낙관적인 정보를 투자자들에게 제공할 우려가 있기 때문에 투자자들에게 발행 회사와 발행 증권에 관한 정확한 정보를 제공함으로써 발행 회사와 투자자 사이에 발생할 수 있는 '정보의 비대칭'을 해소할 필요가 있다. 따라서 「자본시장법」에서는 공개기업이 불특정 다수인을 상대로 다량의 유가증권을 발행하고자 하는 경우, 미리 발행 회사가 당해 법인과 신주발행의 내용을 기재한 신고서를 금융위원회에 제출하도록 규정하고 있다(제119조 제1항). 이는 투자자인 청약 권유 대상자에게 발행인의 재무 상

황이나 사업 내용 등에 관한 정보가 충분히 제공되도록 함으로써 투자자를 보호함과 아울러 증권시장의 건전한 발전을 도모하기 위한 것이다.

증권신고서 제출 대상 증권은 주식, 회사채 등 투자자를 보호할 필요성이 있는 모든 증권이다. 중권의 범위가 열거주의에서 포괄주의로 전환됨에 따라 집합투자증권 등 투자자 보호가 이루어지고 있다고 인정되는 증권이면 증권신고서의 제출 대상이 된다. 따라서 합병, 영업이나 자산의 양수 및 양도, 분할 및 분할 합병의 경우도 증권발행을 수반하고 동시에 모집, 매출에 해당하는 때에는 증권신고서를 제출해야 한다.

다만 같은 종류의 증권을 지속적으로 발행하는 회사가 향후 일정 기간 동안 발행 예정인 증권을 일괄하여 신고할 수 있고(동조 제2항), 이런 경우 실제 발행시 추가 서류의 제출만으로 증권신고서 제출과 동일한 효과를 가진다.

(2) 법에서 발행 회사에게 증권신고서의 제출 의무를 부과한 것은 불특정 다수인을 상대로 다량의 유가증권에 대한 투자의 권유를 하는 경우로써 구체적으로는 "동일 증권별로 6개월 이내 50명 이상에게 청약의 권유를 하고, 1년 이내 공모(모집+매출) 금액이 10억 원 이상인 경우"이다.

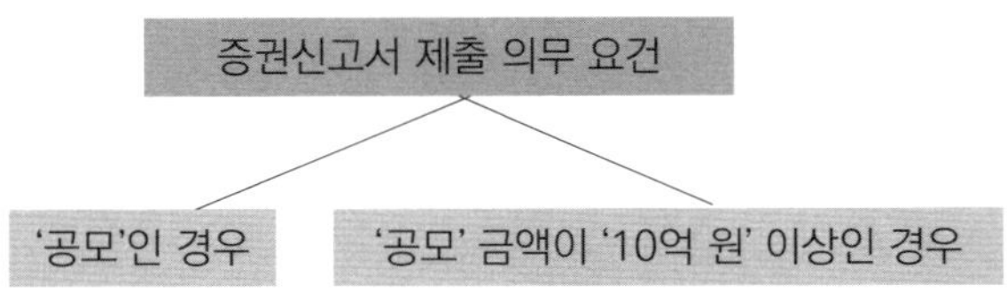

나. 증권신고서의 제출 의무 요건(1): '공모'인 경우

(1) 일반적인 공모

① '모집'과 '매출'

(a) 일반인들을 상대로 신주를 발행하는 경우를 일반적으로 '신주를 공모한다'라고 표현하는데, '공모'에 대한 정확한 법적 정의는 유가증권의 '모집'과 '매출'을 합한 것이다. 유가증권의 '모집'이란 대통령령이 정하는 방법에 따라 산출한 50인 이상의 투자자에게 신규로 발행되는 증권의 취득의 청약을 권유하는 것을 말하고(「자본시장법」 제9조 제7항), '매출'이란 대통령령이 정하는 방법에 따라 산출한 50인 이상의 투자자에게

이미 발행된 증권의 매도의 청약을 하거나 매수의 청약을 권유하는 것을 말한다(동조 제9항). '모집'과 '매출'의 차이는 공모 대상인 유가증권이 신규로 발행되는 것이냐(모집), 아니면 이미 발행된 것이냐(매출)에 있다.

(b) '공모', 즉 '모집'과 '매출'의 반대되는 개념이 '사모'이다. '사모'란 공모에 해당하지 않는 것으로서 일반인을 대상으로 하지 않고 특정한 개인 또는 법인 등에 유가증권을 취득하도록 하는 발행 방법이다. '공모'의 경우에는 증권신고서를 제출하는 등 절차상 규제가 심하기 때문에 발행 기업으로서는 이러한 공모 절차를 회피하기 위하여 형식적으로는 사모의 방법을 사용하기도 한다.

② 50인 이상의 투자자

그렇다면 어느 경우가 공모, 즉 모집과 매출이고, 어느 경우가 사모 발행인지가 문제되는데, 법령에서는 원칙적으로 투자자의 수를 기준으로 이를 분류한다. 즉 '모집'은 신규로 발행되는 증권의 취득의 청약을 권유받은 자의 수가 50인 이상인 경우이고(동조 제7항), '매출'이란 이미 발행된 유가증권의 매도의 청약을 받거나 매수의 청약을 권유받은 자의 수가 50인 이상인 경우이다(동조 제9항).

위 수를 산정함에 있어서는 당해 취득 청약 권유를 하는 날로부터 과거 6월 이내에 당해 유가증권과 동일한 종류의 유가증권에 대하여 모집 또는 매출에 의하지 아니하고 청약의 권유를 받은 자를 합산한다.

③ 모집 · 매출의 정의

6개월 이내에	6개월 이내여도 증권신고서를 제출한 공모 발행 분은 제외하고, 사모에 의하여 청약 권유를 받은 투자자의 수를 합산함.
동일한 종류의 유가증권에 대하여	구 「자본시장법」에서는 각 유가증권의 가격, 청약의 시기, 청약 방법 등의 조건을 균등하게 해야 한다는 '균일한 조건'을 그 요건으로 규정하였으나, 발행인이 발행조건을 조금씩 변동함으로써 공시 의무를 회피하는 경우가 있어서 1997년 개정법에서 위 요건을 삭제함. 학설에서는 주식, 사채, 신주인수권증서 정도의 구분으로 해석하고 있음.
청약 권유를 받은 투자자가	실제 청약자가 50인 미만이라 할지라도 권유를 받은 자의 수가 50인 이상인 경우에는 모집·매출에 해당.

50인 이상	50명 산정 시 발행인으로부터 설명을 듣지 아니하고도 발행인의 재무 상황이나 사업 내용 등의 정보에 충분히 접근할 수 있는 위치에 있거나 그것을 판단할 수 있는 능력을 갖추고 있어 스스로 자기이익을 방어할 수 있는 전문가(회계법인, 기관투자자 등) 및 연고자(발행 기업의 임원 · 대주주 · 우리사주조합원 등)는 제외함.

대법원 2004. 2. 13. 선고 2003도7554 판결: 「자본시장법」 위반 등

'유가증권의 모집'이란 신규로 발행되는 유가증권의 취득을 '신문·방송·잡지 등을 통한 광고, 안내문·홍보 전단 등 인쇄물의 배포, 투자설명회의 개최, 전자통신 및 그 밖에 이에 준하거나 이와 유사한 방법'으로 50인 이상에게 권유하는 경우에만 해당된다. 따라서 원심이 인정한 바와 같이 피고인이 직접 또는 순차로 이 사건 주식에 대한 청약을 권유하여 그에 응하여 주금을 납입하고 주권을 교부받은 자가 55명에 이르렀다는 사실만으로는 이를 자본시장법령상의 유가증권의 '모집'에 해당된다고 볼 수 없다.

서울지법 남부지원 2003. 12. 29. 2001가합11131 손해배상(확정): SKM CP 사건

사실관계

피고 SK증권은 SKM이 발행인인 CP를 불특정 다수의 투자자들에게 판매하였음. 피고는 각 CP의 액면금, 만기일, 할인율 등이 상이하므로 각 CP는 「자본시장법 시행령」 및 「동 시행규칙」에 따른 합산의 대상이 되는 동일한 유가증권이 되지 않는다고 주장.

판결

피고가 판매한 각 CP는 동일한 종류의 유가증권에 해당하고 과거 6개월 동안 청약의 권유를 받고 매입한 사람의 수가 50명 이상이므로, 이 사건 CP는 증권신고서 제출 및 투자설명서 작성·비치의 대상이 되는 유가증권에 해당한다.

(2) 간주 모집

발행 당시 50명 미만에게 권유하여 사모에 해당하여도 발행 후 1년 이내 50명 이상에게 양도될 가능성이 있고, 일정 요건에 해당하는 경우 모집으로 간주된다.

① 원칙: 전매 가능성이 있는 경우

최초로 유가증권의 취득 청약을 권유받은 사람이 50인 미만이어도 위 유가증권이 발행일로부터 1년 이내에 50인 이상의 자에게 전매될 가능성이 있는 경우, 「자본시장법」에서는 이를 공모(모집)로 간주하여 증권신고서를 제출하도록 하고 있다(간주 공모 또는 모집). 이는 증권신고서를 제출하지 않기 위하여, 최초 청약의 권유를 50인 미만으로 한 후 곧바로 전매하는 변칙적인 모집 행위를 방지하기 위해서이다. '청약의 권유를 받은 자의 수'가 아니라 전매 가능성 기준을 충족하는 경우에는 간주 모집에 해당한다.[2)]

어느 경우에 전매 가능성이 있는가에 대하여는 「증권의 발행 및 공시 등에 관한 규정」에서 유가증권의 종류별로 상세한 규정을 두고 있다. 예컨대 주식의 경우에는 비록 1주가 발행되더라도 공모(모집)로 간주되어, 전매 제한 조치를 취하지 않는 이상 증권신고서를 제출해야 한다.

② 예외: 전매 제한 조치를 하는 경우

전매 가능성을 이유로 공모(모집)로 간주되는 것을 피하려면 (a) 유가증권의 종류별로 전매 제한 조치를 취하거나 (b) 「증권발행공시규정」에서 정한 조치 중 하나를 취해야 한다.

다. 증권신고서의 제출 의무 요건(2): '공모 금액이 10억 원' 이상인 경우

(1) '10억 원'의 산정 기준

공모에 해당하더라도 그 조달 자금의 규모가 적은 경우에는 증권신고서에 수반되는 시간과 비용에 비하여 투자자를 보호하는 효과가 그리 크지 않다. 따라서 「자본시장법」에서는 공모가액이 10억 원 이상인 경우에 증권신고서의 작성 의무를 부과하고, 공모가액이 10억 원 미만인 경우에는 증권신고서를 작성하지 않고 소액공모 공시 서류만 제출하면 증권을 발행할 수 있다.

'10억 원'의 산정 방법은, 만일 과거 1년간 신고서를 제출하지 않고 동일 종류증권의 공모가 이루어진 경우에는 그 공모가액을 합산한다(「동 시행령」 제120조 제1항 제1호).

---

2) 대법원 2014. 2. 27. 선고 2012두25712 판결.

10억 원의 산정 방법

현재 공모 예정 금액+과거 1년간 증권신고서를 제출하지 아니한 공모 금액

(2) 소액공모의 경우

공모 금액이 10억 원에 미달한 소액공모의 경우에도 일반 투자자들을 보호하기 위하여 투자자가 발행인에 관한 기초 정보를 알 수 있도록 발행인의 재무 상태, 영업 실적 및 공모의 개요 등 최소한의 공시 의무를 이행해야 한다(「자본시장법」 제130조).

이에 따라 발행인은 ① 소액공모 실시 3일 전까지 발형인의 재무 상태·영업 실적을 기재한 서류(감사인의 회계감사를 받거나 공인회계사의 확인 및 의견 표시를 받은 것)를 금융위원회에 제출하고, ② 청약 권유를 함에 있어서 증권신고서 기재 사항을 인쇄물 등에 기재 또는 표시하며, ③ 증권의 모집 또는 매출을 개시한 때에는 지체 없이 청약 권유 방법 및 위 인쇄물 등에 기재 또는 표시한 내용을 금융위원회에 제출해야 한다(「동 시행령」 제137조 제1항). 그리고 소액공모를 종료한 때에는 지체 없이 발행인, 청약 및 배정 내역, 유상증자 전후의 주요 주주의 지분 변동 상황 등을 기재한 소액공모실적보고서를 금융위원회에 제출해야 한다. 그러나 이러한 소규모 공모 시에는 공시 내용에 대해서 인수인에 의한 기업실사나 금융감독원의 증권신고서 심사가 행해지지 않으며 발행가격에 대한 견제 장치도 없다.

직접 공모와 간접 공모

공모는 직접 공모와 간접 공모로도 분류한다. 직접 공모란 발행 회사가 제반 발행 업무를 직접 담당하는 공모 방식이고, 간접 공모란 전문적인 지식과 조직을 가진 증권회사 등을 인수인으로 하여 발행 사무를 위탁하여 발행하는 것이다. 간접 공모는 발행된 증권이 소화되지 않는 경우의 위험 부담 정도에 따라 다음과 같이 구분한다.

① 총액인수: 인수인이 공모 증권의 전액을 자기명의로 인수(매입)한 후 매출하는 것으로서 미청약 유가증권이 있으면 인수기관이 발행 위험을 부담.

② 잔액인수: 인수인이 공모 증권의 미청약분을 인수하는 것으로서 인수기관이 어느 정도의 발행 위험을 부담.

③ 모집·매출의 주선: 인수인이 수수료를 받고 모집·매출을 주선하는 것으로서 인수기관은 미청약분에 대한 인수 책임을 부담하지 않음.

인수인은 인수업무를 허가 받은 증권회사 이외에 증권업 겸영 기관도 가능하다. 증권의 발행 규모가 큰 경우에는 여러 인수인이 공동으로 참여하여 인수단을 구성하는데, 이때 인수단을 대표하는 자를 '대표 주관회사(주간사)'라고 한다.

라. 증권신고서의 내용

(1) 신고 의무자

증권신고서를 제출할 의무자는 '모집'과 '매출'의 대상인 유가증권의 발행인이다. '모집'의 경우에는 모집의 주체와 증권신고서의 제출 의무자가 동일하다. 그러나 '매출'의 경우 매출의 주체는 대부분 제3자일 것이지만 증권신고서의 제출 의무는 발행인이어서, 만일 발행인이 증권신고서를 제출하지 않을 경우에는 위 제3자가 매출행위를 할 수 없게 된다.

(2) 기재 사항

신고서는 크게 모집 또는 매출에 관한 사항과 발행인에 관한 사항으로 나누어 다음의 내용을 기재하되(「자본시장법 시행령」 제125조 제1항), 상세한 기준은 「증권발행공시규정」에 정해져 있다.

(3) 대표이사의 검토 서명

증권신고서를 제출하는 경우 신고 당시 당해 발행인의 대표이사 및 신고를 담당하는 이사(담당하는 이사가 없는 경우 당해 이사의 업무를 집행하는 자)는 일정한 중요한 사항의 기재·표시가 누락되었거나 허위의 기재·표시가 있지 아니하다는 사실 등을 확인 검토하고 각각 서명해야 한다(「자본시장법」 제119조 제5항). 이는 종전에 대표이사가 증권신고서의 구체적인 내용을 모른다는 이유로 책임을 회피하려는 것을 막기 위하여 2003년 12월 개정 「자본시장법」에서 신설한 조항이다. 대표이사 등이 검토 서명해야 할 사항은 당해 신고서의 기재 사항 중 투자 판단 또는 증권의 가치에 영향을 미칠 수 있는 것으로 대통령령이 정하는 사항이다.

(4) 첨부 서류

증권신고서의 기재 내용을 증빙하고 해당 공모의 적정성을 입증하기 위하여 증권신고서에는 유가증권의 종류별로 관련 서류를 첨부해야 하고(「동 시행령」 제125조 제2항) 구체적인 내용은 「증권발행공시규정」에서 정하고 있다(제2-4조, 제2-6조, 제2-11조).

(5) 예측 정보

① 증권신고서에는 객관적인 사실뿐만 아니라 예측 정보, 즉 '발행인의 미래의 재무 상태나 영업 실적 등에 대한 예측 또는 전망에 관한 사항' 중 다음 사항을 기재 또는 표시할 수 있다(「자본시장법」 제119조 제3항).

(a) 매출 규모·이익 규모 등 발행인의 영업 실적, 기타 경영 성과에 대한 예측 또는 전망에 관한 사항.

(b) 자본금 규모·자금흐름 등 발행인의 재무 상태에 대한 예측 또는 전망에 관한 사항.

(c) 특정한 사실의 발생 또는 특정한 계획의 수립으로 인한 발행인의 경영 성과 또는 재무 상태의 변동 및 일정 시점에서의 목표 수준에 관한 사항.

(d) 기타 발행인의 미래에 대한 예측 또는 전망에 관한 사항으로서 대통령령이 정하는 사항.

② 이 경우 위 예측 정보의 기재와 표시는 다음 방법에 의해야 한다.

(a) 당해 기재 또는 표시가 예측 정보라는 사실을 명시할 것.

(b) 예측 또는 전망과 관련된 가정 또는 판단의 근거를 명시할 것.

(c) 당해 기재 또는 표시에 대하여 예측치와 실제 결과치가 다를 수 있다는 주의 문구를 명시할 것.

마. 증권신고서를 제출하면 바로 권유행위를 할 수 있는가

(1) 증권신고서의 수리

유가증권의 공모는 증권신고서를 금융위원회에 제출하여 수리되지 아니하면 이를 할 수 없다(「자본시장법」 제120조 제1항). 금융위원회는 증권신고서의 형식을 제대로 갖추지 아니한 경우 또는 그 증권신고서 중 중요 사항에 관하여 거짓의 기재 또는 표시가 있거나 중요 사항이 기재 또는 표시되지 아니한 경우를 제외하고는 그 수리를 거부하여서는 아니 된다(동조 제2항). 신고서의 수리는 신고서의 기재 내용이 적정하다는 것을 인정하는 것이 아니라 신고서의 법정 요건을 갖춘 서류가 관련 절차에 따라 제출된 경우 이를 유효한 행위로 받아들이는 행위이다.

원칙적으로 신고서의 효력이 발생한 후 투자설명서를 사용하여 청약의 권유를 해야 하지만 신고서 제출 시 예비투자설명서 또는 간이투자설명서를 첨부하여 제출함으로써 이를 이용한 청약의 권유행위는 가능하다.[3)]

(2) 금융위원회의 정정명령

금융위원회는 증권신고서에 형식상의 불비가 있거나 그 신고서에 기재할 중요한 사항의 기재가 불충분하다고 인정하는 때에는 그 이유를 제시하고 정정신고서의 제출을 명할 수 있다(제122조 제1항). 정정명령이 있는 때에는 당해 증권신고서는 그 명령을 한 날로부터 수리되지 않은 것으로 보고(동조 제2항), 따라서 정정신고서를 제출하여 수리되기 전까지는 모집·매출을 할 수 없다.

발행 회사에 의하여 정정신고서가 제출된 때에는 그 정정신고서가 수리된 날에 당해 증권신고서가 수리된 것으로 보고(동조 제5항), 효력 발생 기간도 원칙적으로 정정신고서가 수리된 날부터 다시 기산된다.

발행 회사도 그 증권신고서의 기재 사항을 정정하고자 하는 경우에는 증권신고서에 기재된 증권의 취득 또는 매수의 청약일 전일까지 정정신고서를 제출할 수 있다(동조 제4항). 금융위원회의 정정명령에 따라 또는 금융위원회의 정정신고서 제출을 요구받은 후 3개월 이내에 정정신고서를 제출하지 아니한 경우에는 해당 증권신고를 철회한 것으로 간주된다(동조 제6항).

(3) 증권신고서의 효력 발생: 대기 기간의 필요

금융위원회에서 증권신고서를 수리하더라도 증권신고서의 효력이 즉시 발행하는

---

3) 금융감독원, 〈기업공시 실무안내〉, 제215쪽.

것은 아니다. 즉 신고서의 수리와는 별도로 수리된 날로부터 일정한 기간이 경과한 날에 증권신고서의 효력이 발생하고(제120조 제1항), 효력이 발생하지 아니한 유가증권의 취득 또는 매수의 청약이 있는 경우에 당해 유가증권의 발행인·매도인과 그 대리인은 그 청약의 승낙을 하지 못한다(제121조 제1항).

이와 같이 증권신고서가 수리된 날로부터 효력 발생 시기까지의 기간을 '대기 기간'이라고 한다. 이는 신고서의 내용이 일반에 충분히 알려진 후에 비로소 거래가 이루어지도록 하기 위한 것으로서, 위 기간 동안 투자자들은 증권신고서 등을 통하여 당해 증권에 대한 투자 여부를 결정하게 된다. 다만 증권의 효력 발생은 증권의 모집·매출을 적법하게 할 수 있다는 의미에 불과하고, 그 신고서의 기재 내용이 진실 또는 정확하다는 것을 인정하거나 정부에서 그 증권의 가치를 보증 또는 승인하는 효력을 갖는 것은 아니다(제120조 제3항).

증권신고서의 효력 발생 기간(상장기업의 경우)

주식		채권		환매 금지 집합투자기구	기타 유가증권
일반 공모, 주주우선공모	주주배정, 제3자 배정	보증, 담보부	무보증		
10일	7일	5일	7일	10일	15일

(4) 시기별로 가능한 투자 권유행위의 분류

신고서 수리 시점과 대기 기간을 고려하여 시기별로 투자 권유행위를 구분하면 다음과 같다.

① 증권신고서가 수리되기 이전

신문 또는 방송을 통한 광고 등으로 다수인을 상대로 하는 일체의 투자 권유행위가 금지된다.

② 증권신고서가 수리된 뒤 대기 기간이 끝나기 전까지

발행인은 일반 투자자를 상대로 하여 투자 권유행위를 할 수 있으나 반드시 사전에 예비투자설명서를 교부해야 한다. 투자자가 투자 의사를 표명하더라도 발행인은 이를 승낙할 수 없고, 만일 이를 위반한 경우에는 1년 이하의 징역이나 3천만 원 이하의 벌금에 처한다(「자본시장법」 제446조).

③ **대기 기간이 종료하여 신고서의 효력이 발행한 후**

모든 공모행위와 계약의 체결이 가능하고, 다만 투자설명서를 교부한 후에야 계약을 체결할 수 있다(동법 제124조 제1항).

바. 제도의 실효성 확보 장치

(1) 「자본시장법」에 따른 민사책임

자세한 내용은 제3편 제1장 제2절 '발행시장에서의 책임' 참조

(2) 형사 처벌

① 증권신고서를 제출하지 않고 증권을 공모하거나 중요한 사항을 고의로 누락하거나 허위 기재를 한 자는 5년 이하의 징역 또는 3천만 원 이하의 벌금에 처한다(「자본시장법」 제444조). 그리고 증권신고서의 효력이 발생하기 전에 청약에 대하여 승낙한 자는 1년 이하의 징역 또는 3천만 원 이하의 벌금에 처한다(제446조).

대법원 2006. 10. 26. 선고 2006도5147 판결

가장납입의 경우, 비록 형식상으로는 유상증자의 외형을 갖추었다 하더라도 실질적으로는 자금을 조달할 의도나 목적이 없어 납입한 주금이 전혀 자본금으로 편입되지 않으므로, 주금의 가장납입 또는 위조된 주금납입금보관증명서에 의한 증자 등기를 경료할 의도하에 마치 실질적인 자금 조달에 의하여 유상증자를 할 것처럼 「자본시장법」 소정의 증권신고서를 제출하여 금융위원회에 제출하는 행위는 「자본시장법」 제207조의3 제2호 소정의 증권신고서의 중요한 사항에 허위의 기재를 한 경우에 해당한다.

---

② 증권신고서 제출 의무는 국내에서 발행하는 경우에만 적용되고 설사 해외투자자로부터 내국인이 재매수하기로 이면계약을 체결하였다고 하더라도 해외에서 발행되

는 경우에는 적용되지 않는다.

(3) 금융위원회의 행정조치

① 정정명령

금융위원회는 증권신고서의 심사 결과 형식적인 불비나 중요한 사항의 부실 기재를 발견한 때에는 그 이유를 제시하고 정정신고서를 제출하도록 명할 수 있다(제122조 제1항). 일단 정정명령이 내려진 경우에는 그 명령이 있는 날로부터 증권신고서는 수리되지 않은 것으로 본다(동조 제2항).

② 모집 정지 등

금융위원회는 증권신고서 또는 증권발행실적보고서의 내용이 부정확하거나 중요사항의 누락이 있는 경우 또는 투자설명서(예비투자설명서, 간이투자설명서)에 관한 규제를 위반한 경우에는 발행인에게 이유를 제시한 후 모집정지 등의 조치를 취할 수 있다(제132조). 만일 아래의 조치를 위반한 경우에는 1년 이하의 징역 또는 3천만 원 이하의 벌금에 처한다(제446조).

③ 과징금 부과

증권신고서, 투자설명서를 제출하지 않거나 허위 기재 또는 중요 사항을 누락한 경우에는 증권신고서상의 모집 가액 또는 매출 가액의 100분의 3(20억 원을 초과하는 경우에는 20억 원)을 초과하지 아니하는 범위에서 과징금을 부과할 수 있다(제429조의11).

5. 「자본시장법」상 특수한 유상증자 절차(2): 투자설명서 제출

가. 투자설명서란

투자설명서란 증권신고서의 내용을 바탕으로 발행 기업이 작성하여 청약 권유 대상자에게 제공하는 청약 권유 문서이다. 증권신고서는 모집·매출을 실시하기 전 제출하는 서류이지만, 투자설명서는 발행인 또는 증권 보유자가 증권을 모집·매출하는 경우 투자자에게 교부 설명하기 위해 사용하는 문서라는 점에서 차이가 있다.

증권을 모집·매출하는 경우 발행인이 금융위원회에 증권신고서를 제출하는 것만으로는 투자자들에게 발행인에 대한 충분한 정보를 정확하고 신속하게 전달할 수 없다고 보아서 「자본시장법」에서는 증권신고서와 별도로 발행인이 투자설명서를 작성하여 투자자들에게 이를 직접 제공토록 하고 있다. 그러나 현재는 전자공시를 통하여 증권신고서의 검색이 용이하고, 투자설명서의 내용이 증권신고서의 내용과 크게 다르지 않아, 투자설명서 제도의 도입 취지가 약해졌다.

다만 종전에는 투자자들에 대하여 의무적으로 투자설명서를 교부하는 것이 아니라 투자자들의 청구가 있을 때에만 교부 의무를 부여하고 있을 뿐이었는데, 「자본시장법」에서는 누구든지 증권신고의 효력이 발생한 증권을 취득하게 하려는 경우에는 투자자(전문투자자 제외)에게 투자설명서를 미리 교부할 것을 강제하고 있다(제124조 제1항).

나. 투자설명서의 종류(「자본시장법」 제124조 제2항)

(1) 예비투자설명서

신고서가 수리된 후 그 효력이 발생하기 전에 증권의 청약을 권유하기 위하여 신고서의 효력이 발생하지 아니한 사실을 부기한 청약 권유 문서이다. 예비투자설명서에는 표제부에 당해 증권신고서가 금융위원회에 제출되었으나 아직 유가증권신고의 효력이 발생하지 아니하였다는 뜻과 효력 발생일까지는 그 기재 사항 중 일부가 변경될 수 있다는 사실, 기타 투자자 보호를 위하여 필요한 사항을 기재해야 한다(「동 시행령」 제133조 제1항). 예비투자설명서를 제출한 경우로서 증권신고의 효력이 발생할 때까지 증권신고서의 기재 사항에 변경이 없는 경우에는 그 증권신고의 효력이 발생한 후에 예비투자설명서를 투자설명서로 사용할 수 있다(「동 시행령」 제131조 제4항).

(2) 투자설명서

신고서 효력 발생 후 모집·매출의 조건이 확정된 경우 청약의 권유 및 승낙을 위하여 이용하는 청약 권유 문서이다. 투자설명서의 내용은 증권신고서와 동일한 내용을 기재해야 하며, 증권신고서와 다른 내용이 표시되거나 중요한 내용이 누락되어서는 안 된다(동법 제123조 제2항).

(3) 간이투자설명서

발행인이 증권신고서가 수리된 후 신문·방송·잡지 등을 이용한 광고, 안내문, 홍보 전단 또는 전자전달매체를 통하여 청약을 권유하는 경우 투자설명서에 기재해야 할 사항 중 그 일부를 생략하거나 중요한 사항만을 발췌하여 기재 또는 표시한 청약 권유 문서이다.

간이투자설명서에는 투자설명서의 본문에 기재해야 할 사항 중 투자자 보호를 위하여 기재 또는 표시하는 것이 필요한 사항을 기재하는데, 구체적인 기재 사항은 증권신고서의 효력이 발생하기 전 또는 효력이 발생한 후에 따라 다르다(「동 시행령」 제134조 제1항). 간이투자설명서에 발행인에게 불리한 정보를 생략하거나 유리한 정보만을 발췌하여서는 안 된다(동조 제2항).

다. 투자설명서의 제출 시기

투자설명서는 그 증권신고의 효력이 발생하는 날에 제출하며, 발행 회사의 본점, 금융위원회, 거래소, 청약 사무 취급처에 비치하고 일반인이 열람할 수 있도록 해야 한다(동법 제123조 제1항). 증권신고서의 효력이 발생하기 전에 청약의 권유를 위하여 예비투자설명서나 간이투자설명서를 사용하고자 하는 경우에는 증권신고서에 첨부하여 제출해야 한다(「동 시행령」 제125조 제2항).

라. 투자설명서 제도의 실효성 확보 장치

투자설명서의 경우도 유가증권신고 제도와 마찬가지로 동일한 형사책임이나 금융감독 위의 행정조치가 규정되어 있고, 투자설명서 중 허위의 기재가 있거나 중요한 사항이 누락되어 있는 때에는 증권신고서의 허위 기재와 같은 손해배상책임이 발생한다(동법 제125조).

제2절 부당한 자금 조달에 대한 대응

1. 주주의 신주인수권 침해

신주나 CB, BW 등의 발행이 적법한 것인지가 문제되는 경우가 많다. 이 경우 이사회 결의 절차에 하자가 있는지 여부도 중요하지만, 이보다는 신주나 CB, BW의 발행이 기존 주주의 신주인수권을 침해하는지 여부가 더욱 중요하다.

주주의 신주인수권이란 주주가 종래 가지고 있던 주식의 수에 비례하여 우선적으로 신주를 배정받을 수 있는 권리로서 「상법」에서는 "주주는 그가 가진 주식수에 따라서 신주의 배정을 받을 권리가 있다(제418조 제1항)"라고 하여 원칙적으로 주주에게 우선적인 신주인수권을 부여하고 있다.

기존 주주에게 우선적인 신주인수권을 보장한 취지는 회사가 제3자에게 신주나 CB, BW를 배정하면, 기존 주주들은 주식 지분에 따른 의결권 등 회사에 대한 지배적 이익이 그만큼 감소하고, 주식 증가로 통상 기존 보유 주식의 가격이 하락하여 당해 주주가 직접적인 재산적 손실을 입게 되기 때문이다.

그러나 주식회사는 필요한 자금 수요에 대하여 신속하게 자금을 조달할 필요가 있고, 이를 위해 주주 이외의 제3자에게 신주나 CB, BW를 발행할 필요가 있다. 이러한 '주주의 신주인수권의 보호'와 '이사회의 신속한 자금 조달의 필요성'을 조화시키기 위하여 「상법」은 주주의 신주인수권을 원칙적으로 보장하되 정관이 정하는 특별한 경우에는 주주 이외의 제3자에게 신주인수권을 부여할 수 있도록 하였다. 즉 「상법」 제418조 제2항에서 "회사는 제1항의 규정에 불구하고 정관이 정하는 바에 따라 주주 외의 자에게 신주를 배정할 수 있다. 다만 이 경우에는 신기술의 도입, 재무구조의 개선 등 회사의 경영상 목적을 달성하기 위하여 필요한 경우에 한한다"라고 규정하고 있다.

따라서 위 규정의 해석상 「상법」 제418조 제2항에 따라 주주 이외의 자에게 신주 등을 발행하기 위해서는 절차상 정관에 규정이 있어야 하고, 목적상 회사의 경영상 필요를 위하여 적합한 경우여야 한다.

2. 주주의 신주인수권의 배제 요건

가. 절차상 요건: 정관의 규정

(1) 「상법」에서 별도로 정관의 근거 규정을 요구한 취지는, 예외적으로 주주 이외의 자에게 신주나 CB, BW를 발행할 수 있더라도 주주의 재산상 이익을 보호하고 지배관계 변동에 관한 주주의 의사를 묻기 위한 최소한의 조치로서 어느 정도 가이드라인이 필요하다고 보았기 때문이다. 따라서 만일 이사회에 백지 위임한 정관 조항, 예컨대 '이사회가 제3자에 대하여 신주발행을 할 수 있다'라는 조항도 효력이 있다면, 굳이 법률에서 정관의 규정을 요구할 이유가 없다. 신주나 CB, BW의 발행과 관련하여 이사회의 일방적인 전횡을 막기 위해서라도 구체적으로 특정되지 않은 정관 조항은 무효라고 할 것이다.

그러나 주주 이외의 자에게 신주나 CB, BW를 발행할 경우에 정관의 규정이 요청된다고 하더라도 정관에 모든 조건을 획일적으로 확정하여 규정할 수는 없다. 현실적으로 정관에는 일응의 기준을 정해놓은 다음 이에 기하여 그 발행 시마다 정관에 벗어나지 않는 범위 내에서 이사회가 구체적인 사항을 정할 수밖에 없다. 문제는 이러한 일응의 기준이 어느 정도까지인가이다.

「상법」에서 정관의 규정을 의무화한 사항들

구분	내용
신주 (제418조 제2항)	구체적으로 특정한 사항들은 없음. 학설은 제3자나 주식의 수를 정관에 특정할 필요는 없지만, 제3자의 범위나 주식수의 한도(일정 비율 이내 또는 일정 수량 이내 등)는 필요하다고 본다.
전환사채 (제513조 제3항)	발행할 수 있는 전환사채의 액, 전환의 조건, 전환으로 인하여 발행할 주식의 내용, 전환을 청구할 수 있는 기간
신주인수권부사채 (제516조의2 제4항)	발행할 수 있는 사채의 액, 신주인수권의 내용, 신주인수권을 행사할 수 있는 기간

(2) 이와 직접적으로 관련하여 문제된 사건이 '삼성SDS 신주인수권행사금지가처분 사건'과'삼성전자 전환사채발행무효 사건'이다. 두 사건에서는 정관에서의 구체화 정

도에 대하여 상이한 판결을 내렸는데, 특히 삼성전자 전환사채발행무효 사건에서 대법원은 "전환가액은 액면가 또는 그 이상"이라는 정관 조항이 유효하다고 판시하였다. 그러나 과연 이 정관 조항이 실질적으로 의미가 있는 조항에 해당하는지, 「상법」 제513조 제3항이 요구하는 '최소한의 요건'을 충족하였다고 볼 것인지에 대하여는 논란의 여지가 있다.

삼성SDS 신주인수권행사금지가처분 사건

자세한 사건 경위는 제2편 제2장 제2절 4. 주식 관련 사채의 부당한 발행에 대한 대응 방법 '마. 삼성그룹 경영권 승계와 전환사채 및 신주인수권부사채' 참조

정관 규정	• 신주인수를 청구할 수 있는 금액은 사채의 액면 금액을 초과하지 않는 범위 내에서 이사회가 정한다. • 신주인수권의 행사로 발행하는 주식의 가액은 액면 금액 또는 그 이상의 가액으로 사채발행 시 이사회가 정한다.
판결 내용	신주인수권의 행사 비율이나 행사 가격은 '신주인수권의 내용'이 어떠한 것인지를 결정하는 본질적인 요소인데, … 위 규정은 신주인수권의 내용을 구체적이고 확정적으로 정하지 아니한 것이어서 … 효력이 없다고 할 것이다.

삼성전자 전환사채발행무효 사건

자세한 사건 경위는 제2편 제2장 제2절 4. 주식 관련 사채의 부당한 발행에 대한 대응 방법 '마. 삼성그룹 경영권 승계와 전환사채 및 신주인수권부사채' 참조

정관 규정	전환 가액은 주식의 액면 금액 또는 그 이상의 가액으로 사채발행 시 이사회가 정한다.
판결 내용	전환 가액에 대하여 주식의 액면 금액 이상이라는 일응의 기준을 정한 것이어서 … 위 정관 규정은 「상법」에서 요청하는 최소한의 요건을 충족하고 있다고 봄이 상당하고, 그 기준 또는 위임 방식이 지나치게 추상적이거나 포괄적이어서 무효라고 볼 수는 없다.

나. 목적상 요건: 실질적 정당화 사유가 있어야 함

2001년 개정 「상법」에서는 회사가 주주 이외의 제3자에게 신주를 배정할 수 있는 경우로서 "다만, 이 경우에는 신기술의 도입, 재무구조의 개선 등 회사의 경영상 목적을 달성하기 위하여 필요한 경우에 한한다(제418조 제2항)"라는 단서 규정을 추가하였다. 이 단서의 입법 취지에 대하여는 "제3자 신주 배정이 주주의 지분율을 저하시키는 한편

대기업의 변칙 상속의 수단으로 활용되는 등 기존 주주의 이익을 침해하는 경우가 있었던 점에 비추어 기존 주주의 인수권을 보장하기 위한 것"이라고 설명되고 있다.

그렇다면 어느 경우를 "회사의 경영상 목적을 달성하기 위하여 필요한 경우"로 볼 것인지가 문제된다. 이에 대하여 하급심 판례 중에는 회사의 경영상 목적을 달성하기 위하여 필요한 경우란 "신기술의 도입, 재무구조의 개선 등 회사의 경영상 목적을 달성하기 위하여 필요하고(필요성), 그 목적에 적합하며(적합성), 목적과 수단에 비례한 경우(비례성)"라고 해석하기도 하였다.

서울지법 남부지원 2003카합3220 판결(의결권행사금지가처분)

회사의 경영상 목적을 달성하기 위하여 필요한 경우라 함은 신주발행의 목적이 회사의 경영상 목적을 달성하고자 하는 것으로 현재나 장래의 회사 또는 전체 주주의 이익에 부합할 수 있어야 하고, 주주에게 신주를 배정하는 방법으로는 위와 같은 목적을 달성할 수 없으며, 신주발행의 시기, 방식, 규모 등에 관하여도 정관에서 구체적으로 명시하고 있지 않는 한, 위와 같은 회사의 경영상 목적 달성에 필요한 최소한의 범위에 그쳐 전반적으로 객관적인 정당성을 갖는 경우를 의미한다.

한편 대법원에서는 경영권 방어는 제418조 제2항에서 말하는 경영상 목적에 해당하지 않는다고 판시[4]하였기 때문에 경영권 방어 목적으로는 신주의 제3자 배정을 이용할 수 없다. 그러나 2020년 서울중앙지법은 사모펀드 KCGI가 한진칼을 상대로 산업은행에 대한 제3자 배정 유상증자를 금지해 달라는 가처분소송에서 경영권 방어 목적이 아닌 경영상 목적에 부합한다는 이유로 신청을 기각했다.

4) 대법원 2009. 1. 30. 선고 2008다50776 판결.

서울중앙지법 2020. 12. 1. 선고 2020카합22150 판결(신주발행금지가처분)

이 사건 거래가 차질없이 종결될 경우, 채무자는 대한항공과 아시아나항공을 통합 관리하는 지주회사가 되고, 나아가 정책금융기관인 산업은행을 그 주요 주주로 확보함으로써 자체 재무능력으로는 감당할 수 없는 항공사 통합 및 운영에 필요한 자금을 안정적으로 지원받을 수 있게 되는 점 등을 고려하면 이 사건 신주발행은 '사업상 중요한 자본 제휴'를 목적으로 한 것으로 볼 수 있다.

다. 현물출자에서의 신주인수권

현물출자에 있어서도 기존 주주의 신주인수권이 인정되는지가 문제된다. 만일 기존 주주의 신주인수권이 인정되지 않는다면 다량의 현물출자를 통하여 기존 주주의 지분율을 상당 부분 변동시킬 수 있기 때문이다. 이에 대하여 법원은 현물출자의 경우에는 기존 주주의 신주인수권이 미치지 않는다고 판시하고 있다.[5] 그러나 판례는 다른 주주들이 신주인수권을 포기함으로써 신주의 실질 가치와 현물출자액의 차액만큼 현물출자자에게 증여를 행했다고 보고 과세한 사건에 대한 판결이어서 소송물이 신주인수권에 관한 회사법적 쟁송일 경우 같은 논지의 판례가 나올지는 의문이다.

3. 신주의 부당한 발행에 대한 대응 방법

Introduction

신주발행에 하자가 있는 경우에는 사전적 방법으로 그 발행의 금지를 구하는 신주발행유지청구권이, 사후적 방법으로 그 무효를 구하는 신주발행무효청구권이 있고, 만일 이사와 인수인이 공모하여 현저하게 낮은 가액으로 인수한 경우에는 그 차액의 지급을 청구하는 통모 인수인의 책임이 있다.

5) 대법원 1989. 3. 14. 선고 88누889 판결.

가. 신주발행유지청구권

(1) 개요

회사가 법령 또는 정관에 위반하거나 현저하게 불공정한 방법에 의하여 신주를 발행함으로써 주주가 불이익을 받을 염려가 있는 경우 그 주주는 회사에 대해 신주발행의 유지를 청구할 수 있다(「상법」 제424조).

(2) 이사의 위법행위유지청구권과의 비교

신주발행유지청구권이나 위법행위유지청구권은 모두 이사의 위법·부당한 행위를 사전에 저지하는 사전 구제 조치인 점에서는 동일하지만 아래와 같은 주요한 차이가 있다. 그러나 주주는 신주발행유지청구권과 이사의 위법행위유지청구권의 각 요건에 부합하는 경우 두 가지 유지청구권을 함께 행사할 수 있다.

신주발행유지청구와 위법행위유지청구의 비교

	신주발행유지청구	위법행위유지청구
목적	신주발행에 의해 불이익을 받게 될 주주 자신의 이익 보호	이사의 위법행위에 의해 불이익을 받은 회사의 이익 보호
청구권자	주주 자신이 불이익을 받을 염려가 있는 경우 그 불이익을 받는 주주	소수 주주권을 가진 주주와 감사
상대방	회사	이사
사유	회사가 법령 또는 정관에 위반하거나 현저하게 불공정한 방법으로 신주를 발행한 때	이사가 법령 또는 정관에 위반한 행위를 하여 회사가 회복할 수 없는 손해를 받을 염려가 있는 경우

(3) 요건

① 법령 또는 정관에 위반하거나 현저하게 불공정한 방법

법령 또는 정관의 위반은 구체적인 법령 또는 정관의 규정에 위반하는 것을 말하며, 「상법」 제402조의 위법행위유지청구권과 달리 이사의 일반적인 주의의무를 정한 추상적인 규정의 위반은 포함되지 않는다고 본다. 현저하게 불공정한 방법이란 신주의 발행 가액뿐만 아니라 그 발행 방법의 불공정함도 모두 포함되어, 결국은 개별적인 사안마다 구체적인 상황을 고려하여 판단할 수밖에 없다.

② 주주의 불이익

주주의 불이익이란 주주의 신주인수권의 무시, 제3자에 대한 신주발행으로 인하여 생기는 의결권 비율의 저하, 제3자에게 유리한 가액으로 발행함으로써 발생하는 주식의 가치 감소, 대량의 신주발행으로 인한 배당의 감소 등을 들 수 있다. 그러나 신주발행유지청구는 직접 불이익을 받을 염려가 있는 주주만이 할 수 있는 것이므로, 회사의 불이익이 간접적으로 주주의 불이익이 되는 경우에는 「상법」 제402조의 위법행위유지청구의 대상이 된다.

수원지법 여주지원 2003카합369 결정(신주발행금지가처분): 현대엘리베이터 사건

사실관계

2003년 11월 현대엘리베이터의 대주주이자 친족 기업인 (주)케이씨씨(구 (주)금강고려화학)는 계열사와 사모펀드를 동원하여 11월 14일까지 현대엘리베이터의 지분 44.39%를 확보하면서 현대엘리베이터의 경영권 인수를 공식적으로 밝혔다. 이에 2003년 11월 17일 현대엘리베이터의 이사회는 전격적으로 유상증자를 발표하였고, (주)케이씨씨는 위 유상증자가 주주의 신주인수권을 침해하고 경영권을 방어하기 위한 불공정한 유상증자라는 이유로 법원에 신주발행금지가처분을 신청하였다.

판결

• 특정한 사정이 없는 한 기업 취득이 시도되고 있는 상황에서 대상 회사의 이사회가 경영권 방어행위로서 하는 주주의 신주인수권을 배제하는 대규모 신주발행 행위는 회사의 경영상 필요한 자금 조달을 위한 경우에 해당한다고 볼 수 없으므로, 비록 그 발행 근거가 「자본시장법」 제189조의3이라 하더라도 허용될 수 없다고 할 것이다. 다만 그러한 신주발행의 주요 목적이 기존 지배주주의 대상 회사에 대한 지배권 및 현 이사회의 경영권 방어에 있고, 회사의 경영을 위한 기동성 있는 자금 조달의 필요성 및 이를 위한 적합성을 인정하기 어려운 경우라도 적대적으로 기업 취득을 시도하는 자본의 성격과 기업 취득 의도, 기존 지배주주 및 현 경영진의 경영 전략, 대상 회사의 기업문화 및 종래의 대상 회사의 사업 내용이 사

회경제적으로 차지하는 중요성과 기업 취득으로 인한 종래의 사업의 지속 전망 등에 비추어 기존 지배주주의 지배권 또는 현 경영진의 경영권이 유지되는 것이 대상 회사와 일반 주주에게 이익이 되거나 특별한 사회적 필요가 있다고 인정되고 한편 이러한 신주발행 행위가 그 결의 과정의 객관적 사정에 의하여 뒷받침되고, 그 결의에 이르기까지의 과정에 대상 회사의 경영권 분쟁 당사자인 기존 지배주주가 아닌 일반 주주의 의견과 중립적인 전문가의 조언을 듣는 절차를 거치는 등 합리성이 있는 경우라면「상법」제418조 제2항 및 이와 동일한 내용의 규정을 둔 대상 회사의 정관 규정이 정하는 회사의 경영상 목적을 달성하기 위하여 필요한 경우에 해당한다고 보아 허용되어야 할 것이다.

• 위 사건에서 현대엘리베이터의 유상증자 계획에 대하여는 경영권 분쟁 상황에서 회사의 경영을 위한 자금 조달이 필요하다고 볼 만한 사정이 없음에도 주로 피신청인 회사의 기존 지배주주나 경영권의 지배권 유지 또는 경영권 방어의 목적으로 이 사건 신주발행 결의를 하였다고 봄이 상당하고, 경영권이 전부터 추진하여 온 사업다각화와 시설 투자를 위한 자금 조달을 위하여 신주발행 결의를 하였다고 볼 만한 소명 자료가 부족하다(현대엘리베이터의 분기보고서, 유가증권발행신고서에는 유상증자의 목적인 신규 사업의 구체적인 계획이 나와 있지 않고 이사회가 유상증자에 대해 진지한 검토를 하지 않았음).

(4) 절차

① 청구권자 및 상대방

청구권자는 당해 신주발행에 의해 주주로서의 이익을 침해당할 염려가 있는 개개의 주주이다. 보유 주식수나 보유 기간, 의결권의 유무는 불문한다. 유지청구의 상대방은 회사이고,「상법」제402조의 유지청구권과 달리 이사는 상대방이 아니다.

② 시기

유지청구는 신주발행의 효력이 생기는 날, 즉 납입기일(「상법」제423조 제1항)까지 행사해야 한다. 반드시 신주의 모집에 착수한 후에 할 필요는 없고, 이사회의 결의 등 신주발행의 의사가 외부에 표현된 후에는 유지청구를 할 수 있다. 다만 아직 이사회 결의 이전으로 신주발행유지청구의 대상이 되는 신주발행 행위가 구체적으로 준비 중이라는 점이 인정되지 않거나 이를 특정할 수 없을 때에는 신주발행유지가처분의 보전의 필요성이 인정되기 어려울 것이다.

③ 행사 방법

유지청구는 재판 외에서 의사표시로도 할 수 있다. 그렇지만 유지청구가 실질적인 효과를 갖기 위하여 소송을 제기해야 하고, 그중 본안 소송에 의해서는 효력 발생 이전에 발행을 유지하는 것이 사실상 불가능하므로 신주발행유지청구권을 피보전권리로 한 신주발행유지가처분을 신청하는 경우가 대부분이다.

신주발행유지가처분은 임시의 지위를 정하는 가처분이다. 본 가처분에 관한 전속관할 규정은 없으므로, 일반 원칙에 따라 회사의 본점 소재지의 지방법원이 관할 법원이고(「민사소송법」 제5조 제1항), 소가는 위법행위유지가처분의 경우와 동일하다.

(5) 효력

신주발행유지의 판결이나 가처분 결정이 있음에도 이를 무시하고 신주가 발행된 경우는 법원의 공권적 판단을 위반한 것으로 무효이고, 판결 또는 가처분을 무시하고 신주를 발행한 이사는 그로 인하여 회사에 손해를 끼친 경우에 손해배상책임을 진다. 그러나 단지 재판 외에서만 유지의 청구를 한 경우에는 이에 반하여 이루어진 신주발행을 무효라고 보지 않는다. 법원은 "신주발행유지가처분을 별도로 제기하였으나 이미 신주가 발행되어 가처분 신청을 취하한 경우에 이는 재판 외로 청구한 것에 불과하여 그 자체만으로는 무효 사유에 해당하지 않는다"[6]고 하여 신주발행무효 청구를 기각하였다.

나. 신주발행무효

(1) 개요

신주발행의 절차는 원칙적으로 이사회의 결의에 의하기 때문에 이사회의 이해관계에 따라 불공정한 신주의 발행이 행하여 질 우려가 있는 반면, 만일 누구라도 언제든 어떠한 방법에 의해서든 무효를 주장할 수 있다면 회사에 관한 법률관계의 안정이 침해될 수 있다. 따라서 「상법」에서는 신주발행무효의 소송을 인정하면서도 "주주·이사 또는 감사에 한하여 신주를 발행한 날로부터 6개월 이내에 소만으로 신주발행의 무효를

6) 서울고법 1977. 4. 7. 선고 76나2887. 제7민사부 판결(확정).

주장"할 수 있도록 제한을 두어(제429조) 회사를 둘러싼 법률관계를 획일적으로 처리하고 있다.

서울고법 1987. 4. 2. 선고 86나3345 판결(주식인수무효확인)

「상법」상 신주발행에 대한 무효의 주장은 회사의 법률관계의 안정을 위하여 주주 또는 이사에 한하여 신주발행일로부터 6월 내에 신주발행무효의 소를 제기하는 방법에 의하여서만 이를 할 수 있고, 신주발행 절차의 일부로서 이루어진 특정인의 신주인수에 대하여 일반 민사소송 절차로서 신주인수무효의 소를 제기하는 것은 허용되지 아니한다(A의 신주인수가 위조문서에 의하여 된 것이고 주금납입기일에 주금납입을 하지 않았다는 점을 이유로 A의 신주인수의 무효확인을 구한 소송).

---

(2) 무효 원인

「상법」에서는 신주발행무효의 원인과 관련하여 아무런 규정이 없기 때문에 신주발행유지청구에 관한 「상법」 제424조의 '법령 또는 정관에 위반하거나 현저하게 불공정한 경우'를 무효의 원인으로 일응 고려할 수 있다. 다만 사전적 예방 절차인 신주발행유지청구와 달리 신주발행무효의 소는 이미 효력이 발생한 신주를 사후적으로 무효화하는 것이기 때문에 법적 안정성 측면에서 신주발행유지청구권의 경우보다는 무효의 원인을 엄격히 해석하고, 거래의 안전, 하자의 경중, 이해관계자들의 이익을 비교하여 신주발행의 무효 여부를 결정한다.

판례는 전환사채발행무효의 원인에 대하여 회사의 경영권 분쟁이 계속 중이거나 임박해오는 등 오직 지배권의 변경을 초래하거나 이를 저지할 목적으로 전환사채를 발행하였음이 객관적으로 명백한 경우에만 무효의 원인이 인정되는 것은 아니라고 하면서도 "전환사채발행유지청구권은 위법한 발행에 대한 사전 구제 수단임에 반하여, 전환사채발행무효의 소는 사후에 이를 무효로 함으로써 거래의 안전과 법적 안정성을 해칠 위험이 큰 점을 고려할 때, 그 무효 원인은 가급적 엄격하게 해석해야 하고, 따라서 거래의 안전을 위하여 법령이나 정관의 중대한 위반 또는 현저한 불공정이 있어 그것이 주식회사의 본질이나 회사법의 기본원칙에 반하거나 기존 주주들의 이익과 회사의 경영권 내지 지배권에 중대한 영향을 미치는 경우로서 전환사채와 관련된 거래의 안전, 주주 기타 이해관계인의 이익 등을 고려하더라도 도저히 묵과할 수 없는 정도라고 평가되는 경우에 한하여"[7] 무효의 원인이 있다고 하여 무효 원인을 엄격히 해석하고 있다.

① 법령이나 정관상의 발행 절차에 위배되는 경우

정관에 정하지 않은 수종의 주식을 발행하거나 발행 예정 주식 총수를 초과하여 발행한 경우와 같이 중대한 절차상 하자의 경우에는 무효라고 할 것이지만, 일반적인 절차상 하자의 경우에는 무효로는 판단하지 않는다.

서울고법 1996. 11. 29. 선고 95나45653 판결

신주발행 절차에 신주인수권자에 대한 실권예고부 최고에 관한 「상법」 제418조 제2항 및 신주인수대금의 납입 시기 및 장소에 관한 이사회의 결의 내용을 위반한 하자가 있다고 하더라도 이사들에 대하여 그와 같은 잘못을 이유로 손해배상책임을 묻는 것은 별론으로 하더라도 그러한 절차상의 하자를 들어 신주발행을 무효로 할 수는 없다.

---

② 신주발행유지가처분 결정을 위반한 경우

신주발행유지의 판결이나 가처분 결정이 있음에도 불구하고 이를 무시하고 신주가 발행된 경우에는 법원의 공권적 판단을 위반한 것으로 무효로 보고 있다. 그러나 단지 재판 외에서만 유지의 청구를 한 것만으로는 이에 반하여 이루어진 신주발행을 무효로 보지 않는다. 따라서 현재 법원에서 신주발행무효의 원인을 엄격히 제한하고 있기 때문에 그만큼 신주발행유지가처분의 중요성이 높은 것이다.

③ 주주의 신주인수권을 무시하고 신주를 발행한 경우

이에 대하여는 일부만 무시한 경우에도 전부 무효가 된다는 설, 일부만 무시한 경우에는 이사의 손해배상책임만 발생한다는 설, 주주의 지배력에 변동을 줄 정도로 침해된 경우에만 무효라는 설로 나뉘고 있다.

---

7) 대법원 2004. 6. 25. 선고 2000다37326 판결.

대구지법 김천지원 2003. 3. 13. 선고 2003카합9 결정(확정): 의결권행사금지 가처분, 세양산업

제3자 배정에 의한 유상증자를 반대하는 주주들이 있음에도 이를 무시한 채 이사회의 결의만으로 신주를 발행하여 그중 96.7%를 주요 주주에게 배정하였다면, 이는 주식회사 주주권의 기본원칙인 주주평등의 원칙에 위배될 뿐만 아니라 「상법」 제418조에서 정한 주주의 신주인수권을 침해한 것으로 무효에 해당한다.

④ 기타 현저히 불공정한 방법으로 신주를 발행한 경우

대법원 2003. 3. 26. 선고 2000다42786 판결: 한보그룹 계열사 사건

사실관계

한보그룹 계열사인 A회사는 기존 발행주식수가 600만 주였는데, 부도 발생 후 경영권이 채권단으로 넘어가게 될 상황에 이름. 이에 부회장이자 실질 경영자인 정○○가 경영권을 계속 보유할 목적으로 A회사의 해외 자산을 매각한 후 위 매각 자금을 횡령하고 유령 회사 B를 설립함. 이후 A회사의 이사회 결의를 통하여 신주 600만 1주를 발행하고 B회사가 위 횡령 자금으로 위 신주를 모두 인수함. 이에 주채권은행인 제일은행이 A회사를 상대로 신주발행무효의 소를 제기함.

판결

A회사가 해외에 은닉한 자금의 규모가 위 신주발행 자금과 거의 비슷한 점, A회사가 부도로 인하여 매우 어려운 사정에 처해 있어 신규로 300억 원 이상의 자금을 투자할 만한 회사가 있다고 보기 어려운 점, B회사가 신주인수 과정에서 A회사에 대한 경영 실사 등을 하지 않았으며 신주인수대금의 집행 과정에도 참여하지 아니한 점, 정○○ 일가가 설립한 B회사가 이 사건 신주를 전부 인수하여 보유하고 있으므로 이 사건 신주발행이 무효가 되더라도 거래의 안전을 해할 염려가 없다는 점 등을 종합하여 보면, … 이 사건 신주발행은 정○○ 일가의 범죄행위를 수단으로 하여 행하여진, 선량한 풍속 기타 사회질서에 반하는 현저히 불공정한 방법으로 이루어진 신주발행으로서 무효로 보아야 한다.

(3) 절차

① 원고

신주발행무효의 소는 주주, 이사, 감사만이 제기할 수 있다. 주주는 1주를 보유해도 무방하지만, 소를 제기한 날부터 소송이 끝날 때까지 주주의 자격을 가져야 한다. 반면 이사나 감사는 제소 당시에 이사나 감사이면 된다고 본다.

만일 신주발행무효의 소가 진행되는 도중에 원고 주주가 보유 주식 전부를 제3자에게 양도한 경우 그 제3자는 제소 기간 등의 요건이 충족된다면 새로운 주주의 지위에서 새로운 소를 제기할 수 있을 뿐만 아니라 양도인이 이미 제기한 기존의 소송을 적법하게 승계할 수도 있다. 이때 승계참가의 경우에는 소가 제기된 당초에 소급하여 법률상의 기간 준수의 효력이 발생하므로, 그 제소 기간의 준수 여부는 승계참가 시가 아닌 원래의 소 제기 시를 기준으로 판단한다.

② 피고

신주를 발행한 회사이다.

③ 제소 기간

신주발행무효의 소는 신주를 발행한 날, 즉 납입기일의 다음 날부터 6개월 내에 소를 제기해야 한다. 법원은 6개월 내에 소를 제기해야 할 뿐만 아니라 6개월 내에 소를 제기하였더라도 신주발행을 둘러싼 법률관계의 안정을 위하여 제소 기간 후에는 새로운 무효 원인을 추가로 주장할 수 없다고 보고 있다. 다만 신주발행의 실체조차 없는 경우에는 신주발행무효가 아니라 신주발행부존재의 사유에 해당하여, 제소 기간의 제한을 받지 않고 언제든지 신주발행부존재확인의 소를 제기할 수 있다.

④ 관할 및 소가

신주발행무효의 소는 본점 소재지 지방법원의 전속관할이다(「상법」 제430조, 제186조). 소가는 비재산권을 목적으로 하는 소송으로서(「민사소송 등 인지규칙」 제15조 제2항) 1억 원이다(「민사소송 등 인지법」 제2조 제4항, 「민사소송 등 인지규칙」 제18조의2 단서, 제15조 제2항).

⑤ 담보 제공 의무

법원은 소송의 어느 심급에서나 회사의 청구에 의하여 원고 주주에게 상당한 담보를 제공할 것을 명할 수 있고, 다만 그 주주가 이사인 때에는 그러하지 아니하다. 회사가 담보 제공을 청구하기 위해서는 신주발행무효의 소가 악의에 의한 것임을 소명해야 한다(「상법」 제430조, 제377조 제2항, 제176조 제4항). 이 담보의 제공은 「민사소송법」 제117조에서 규정하고 있는 다른 법률에 의한 소 제기에 관한 담보 제공에 해당한다. 피고인 회사는 원고인 주주가 담보를 제공할 때까지 응소를 거부할 수 있다(「민사소송법」 제117조, 제119조).

(4) 신주발행무효의 소와 다른 소송과의 관계

신주발행을 위한 이사회의 결의나 주주총회의 신주발행 결의에 취소 내지 무효의 사유가 있는 경우에 이사회나 주주총회의 하자를 다투는 소를 제기해야 하는지, 아니면 신주발행무효의 소를 제기해야 하는지가 문제된다. 이에 대하여 흡수설, 양소 병존설, 취소 소송설, 양소 필요설의 대립이 있으나 흡수설이 통설, 판례이다. 흡수설에 따르면 신주발행의 효력이 발생하기 전에는 이사회나 주주총회 결의의 하자를 다투는 소를 제기할 수 있으나, 신주발행의 효력이 발생한 후에는 이사회나 주주총회 결의의 하자는 신주발행무효 원인으로 흡수되어 신주발행무효의 소만 제기할 수 있다.

(5) 효력

① 대세효

신주발행무효의 소는 형성의 소로서 만일 청구를 인용하는 판결이 확정된 때에는 이미 행해진 신주발행은 제3자에 대하여도 무효가 되고(「상법」 제430조, 제190조 본문), 그것을 등기해야 한다(제430조, 제192조). 반면 원고의 청구를 기각하는 판결은 당사자 사이에서만 효력이 있고, 만일 원고에게 악의 또는 중대한 과실이 있는 때에는 회사에 대하여 연대하여 손해를 배상할 책임을 진다(제430조, 제191조).

② 불소급효

신주발행무효의 판결이 확정된 때에는 신주는 장래에 대하여 그 효력을 상실한다(제

431조 제1항). 만일 신주발행무효의 판결에 소급효를 인정하면 거래의 안전을 해할 수 있어서 「상법」에서는 장래에 대해서만 효력을 잃게 하고 있다. 따라서 판결 확정 시까지 신주발행이 있는 것을 전제로 하여 이루어진 행위, 즉 이익배당, 주주총회의 소집, 의결권의 행사, 신주의 양도, 입질은 무효 판결의 영향을 받지 않는다. 이에 반해 무효 판결 확정 후에는 신주의 주주는 일체의 권리를 상실하고 주권 자체도 무효가 되기 때문에 그 주식의 양도는 불가능하고 선의 취득도 인정되지 않는다.

신주발행무효의 판결이 확정되면 회사는 지체 없이 그 뜻과 일정한 기간 내에 신주의 주권을 회사에 제출할 것을 공고하고 주주명부에 기재된 주주와 질권자에 대하여는 각별로 그 통지를 해야 한다. 다만 그 기간은 3월 이상으로 해야 한다(동조 제2항).

③ 재량기각

신주발행무효의 소의 심리 중에 원인이 된 하자가 보완되고 회사의 현황과 제반 사정을 참작하여 신주발행을 무효로 하는 것이 부적당하다고 인정한 때에는 법원은 그 청구를 기각할 수 있다(제430조, 제189조).

다. 통모 인수인의 책임

(1) 규정

이사와 통모하여 현저하게 불공정한 발행 가액으로 주식을 인수한 자는 회사에 대하여 공정한 발행 가액과의 차액에 상당하는 금액을 지급해야 한다(「상법」 제424조의2 제1항). 이는 신주의 발행 가액이 불공정한 경우에 이사가 회사에 대하여 임무 해태로 인한 손해배상책임을 지는 것과 별도로(제399조 제1항), 공평의 관점에서 이사와 통모한 인수인에게도 그 차액을 반환할 의무를 지운 것이다.

(2) 요건

① 이사와의 통모

사전에 이사와 인수인이 신주를 현저하게 불공정한 가액으로 발행하기로 모의하는 것을 말하고, 단지 인수인이 발행 가액이 현저히 불공정하다는 것을 알았거나 알고 있었다는 것만으로는 본조의 책임을 지지 않는다.

② 현저하게 불공정한 발행 가액

이사회가 현저하게 불공정한 가액으로 신주를 발행하는 결의를 하게 하고 그것을 인수하는 경우, 이사회가 현물출자를 현저하게 과대평가하도록 하고 신주를 인수하는 경우가 여기 해당한다. 실권주의 처리에 있어서도 실권주를 현저히 싼 가격으로 특정인에게 인수시킨 때에는 현저히 불공정한 것으로 본다.

(3) 절차

우선 회사가 인수인에 대하여 불공정한 발행 가액과 공정한 발행 가액의 차액 지급을 청구할 수 있다. 만일 회사가 직접 차액의 반환을 청구하지 않는다면, 일정 지분을 가진 소수 주주가 대표소송의 절차에 준하여 회사를 대신하여 위 주식 인수자를 상대로 차액의 반환을 청구할 수 있다(「상법」 제424조의2 제2항). 책임을 부담하는 자는 신주를 인수한 자이고, 그자가 그 후에 그 주식을 양도하더라도 그 책임이 양수인에게 이전하지 않는다.

이와 별도로 현저히 불공정한 가액으로 신주를 발행한 이사도 회사 또는 주주에 대해 손해를 배상할 책임을 진다(동조 제3항). 즉 이사는 회사에 대하여 공정한 가액으로 발행한 경우에 얻을 수 있는 이익(차액) 상당에 관하여 손해배상책임을 지고(제399조 제1항), 만일 회사가 그 책임을 추궁하지 않으면 일정 지분의 주주가 이사를 상대로 대표소송을 제기할 수도 있다(제403조).

4. 주식 관련 사채의 부당한 발행에 대한 대응 방법

Introduction

신주의 부당한 발행의 경우와 마찬가지로 사채의 부당한 발행의 경우도 사전적으로 그 발행의 금지를 구하는 유지청구를, 사후적으로 그 무효를 구하는 발행무효의 소를 제기할 수 있고, 만일 이사와 인수인이 공모하여 현저하게 낮은 가액으로 사채를 인수한 경우에는 그 차액의 지급을 청구할 수 있다. 그 밖에 사채의 특질상 전환사채의 전환금지, 신주인수권부사채의 신주인수권행사금지, 상장금지 등의 청구도 가능하다.

사채의 부당한 발행의 경우 법적 논점은 신주의 부당한 발행의 경우에 발생하는 법적 논점과 큰 차이가 없다. 따라서 이 장에서는 사채의 부당한 발행과 관련하여 논란이 되었던 사건들을 위주로 설명한다. 특히 삼성그룹의 경영권 승계 과정과 관련하여 시민단체인 참여연대는 삼성그룹이 발행한 전환사채와 신주인수권부사채의 적법성에 대하여 삼성그룹과 긴 법적 공방을 하였다.

가. 주식 관련 사채의 종류

(1) 전환사채

전환사채(CB, convertible bonds)란 사채발행 회사의 주식으로 전환할 수 있는 권리가 인정된 사채를 말한다. 투자자로서는 발행 회사의 경영 상태와 주식 시세에 따라 주가 침체기나 경영이 부진할 때는 사채권자로서 확정부 이자를 취할 수 있고 실적이 호전되거나 주가 상승 시에는 주식으로 전환하여 배당소득과 자본이득을 취할 수 있다.

상장법인의 경영권 분쟁 시 사모 전환사채를 편법적인 방어 수단으로 활용하는 사례가 증가함에 따라 「증권의 발행 및 공시 등에 관한 규정」에서는 경영권 분쟁 상황에서는 발행을 제한하거나 발행 1년이 경과한 후에 전환할 수 있는 등(제5-21조)의 여러 조항들을 두고 있다.

(2) 신주인수권부사채

신주인수권부사채(BW, bond with warrant)란 사채권자에게 기채 회사의 신주인수권, 즉 신주발행을 청구할 수 있는 권리가 부여된 사채를 말한다. 사채권자가 신주인수권을 행사하여 미리 정해진 일정 기간 내에 일정 수의 신주를 일정한 가액으로 발행하여 줄 것을 청구하면 기채 회사는 당연히 신주를 발행해야 할 의무를 진다. 전환사채와의 차이점은 ① 전환사채는 전환권을 행사하면 사채가 당연히 소멸되지만, 신주인수권부사채는 신주인수권을 행사하더라도 사채가 소멸되지 않고, ② 전환사채는 신주발행의 대가로 별도의 출자를 필요로 하지 않지만 신주인수권부사채는 신주발행의 대가로 별도 출자를 필요로 한다는 것이다.

신주인수권부사채는 신주인수권이 사채와 분리되어 유통될 수 있는가에 따라 분리형과 비분리형으로 나뉜다. 분리형은 사채와 신주인수권이 분리되어 독립적으로 거래될 수 있는 것을 말하여, 비분리형은 사채와 신주인수권이 사채권상에 하나로 되어 신주인수권만의 양도가 인정되지 않는 것을 말한다. 그러나 과거 분리형 신주인수권부사채가 발행 회사 대주주 등의 편법적인 경영권 승계 또는 경영권 방어의 수단으로 남용되는 사례가 있어서 2013년 개정 「자본시장법」에서는 주권상장법인에 대해 분리형 신주인수권부사채의 발행을 금지하였다(제165조의10 제2항). 그러다가 2015년 7월 24일 다시 공모의 방법으로는 발행할 수 있는 것으로 개정되었다.

(3) 교환사채

교환사채(EB, exchangeable bond)란 발행 회사가 보유 중인 주식이나 그 밖의 유가증권으로 교환을 청구할 수 있는 사채를 말한다. 교환사채는 1988년부터 상장법인에 한하여 발행이 허용되다가 2011년 개정 「상법」에서 모든 주식회사가 발행할 수 있도록 하였다.

교환사채의 장점은 일반사채와 달리 주식과의 교환권을 부여함으로써 장래 주식 가격의 상승에 따른 투자 수익의 기대와 그 대가로서 사채의 이자율을 다소 낮게 책정하여 기업의 자금 조달 비용을 경감하는 동시에 사채발행으로 자금 조달을 촉진할 수 있는 것 등을 들 수 있다.

교환 대상은 원칙적으로 해당 사채발행 회사 외의 회사가 발행한 주식 또는 유가증권 등을 의미하지만, 개정 「상법」에서는 사채발행 회사가 기발행하여 소유하고 있는 '자기주식'도 포함된다고 명시하였다(「상법 시행령」 제22조 제2항).

(4) 이익참가부사채

이익참가부사채란 사채권자가 사채의 이율에 따른 이자를 받는 외에 이익배당에도 참가할 수 있는 사채를 말한다. 「자본시장법」에서는 주권상장법인이 이익참가부사채를 발행할 수 있도록 규정하고 있었는데(「자본시장법」 제165조의11, 「자본시장법 시행령」 제176조의12), 2012년 개정 「상법」에서 비상장법인도 이익참가부사채를 발행할 수 있는 근거를 마련하였다(「상법」 제469조 제2항 제1호).

(5) 상환사채

상환사채란 주식이나 그 밖의 다른 유가증권으로 상환할 수 있는 사채를 말한다. 종래 상환사채의 발행 가능 여부에 대한 논란이 있었는데, 2012년 개정 「상법」에서 명문으로 근거 규정을 두었다(제469조 제2항 제2호). 상환사채를 발행한 경우 발행 회사는 자신의 선택에 따라 현금이 아닌 주식 또는 그 밖의 유가증권으로 사채의 원리금을 상환할 수 있다.

(6) 조건부자본증권

조건부자본증권이란 해당 사채의 발행 당시 객관적이고 합리적인 기준에 따라 미리 정한 사유가 발생하는 경우 주식으로 전환되거나(전환형조건부자본증권) 그 사채의 상환과 이자 지급 의무가 감면(채무 재조정)되는 조건이 붙은 사채(상각형조건부자본증권) 등을 의미한다. 2013년 개정 「자본시장법」은 주권상장법인이 발행할 수 있는 사채로서 「상법」에서 규정하는 사채들과 다른 종류의 사채인 조건부자본증권을 도입하였고, 이에 따라 주권상장법인은 정관으로 정하는 바에 따라 이사회 결의로 조건부자본증권을 발행할 수 있다. 조건부자본증권은 주권상장법인에게는 다양한 자금 조달 수단을 제공하고 투자자에게는 평상시 높은 금리의 수익이 가능하도록 하면서 발행 회사의 재무구조가 부실화되는 경우의 부도 위험을 축소하여 원활한 자금 회수를 도모할 수 있는 투자 수단을 제공해주려는 취지에서 도입되었다.

(7) 파생결합사채

2012년 개정 「상법」은 "유가증권이나 통화 또는 그 밖에 대통령령으로 정하는 자산이나 지표 등의 변동과 연계하여 미리 정하여진 방법에 따라 상환 또는 지급 금액이 결정되는 사채"의 발행 근거도 규정하였다(제469조 제2항 제3호). 파생결합사채를 발행하는 경우에는 이사회에서 상환 또는 지급 금액을 결정하는 데 연계할 유가증권이나 통화 또는 그 밖의 자산이나 지표, 그 자산이나 지표와 연계하여 상환 또는 지급 금액을 결정하는 방법을 결정한다(「상법 시행령」 제24조).

나. 전환사채(또는 신주인수권부사채)발행유지청구

(1) 전환사채발행유지청구

① 「상법」 제516조 제1항에서는 전환사채에 대하여 신주발행의 유지청구권에 관한 제424조를 준용하고 있다. 따라서 만일 회사가 법령 또는 정관에 위반하거나 현저하게 불공정한 방법에 의하여 전환사채를 발행함으로써 주주가 불이익을 받을 염려가 있다면 주주 등은 회사에 대하여 그 발행의 유지를 청구할 수 있다. 다만 전환사채발행유지청구는 전환사채발행의 효력이 생기기 전, 즉 전환사채의 납입기일까지 이를 행사해야 한다.

② 이미 전환사채가 발행되었다면 전환사채의 주식 전환의 금지를 구하는 청구도 가능하다. 그러나 전환권은 형성권이어서 전환을 청구한 때에 당연히 전환의 효력이 발생하므로, 전환사채권자가 주식 전환을 청구한 이후에는 전환사채의 주식 전환의 금지를 구할 법률상 이익이 없다.

③ 전환사채발행의 위법성과 관련한 주요 사례로는 한화종금 전환사채 사건(자세한 내용은 다음의 다.항 참조)과 삼성전자 전환사채 사건을 들 수 있다.

(2) 신주인수권부사채발행유지청구

「상법」 제516조 제1항에서는 신주인수권부사채에 대하여도 「상법」 제424조를 준용하고 있다. 따라서 전환사채의 경우와 마찬가지로, 만일 회사가 법령 또는 정관에 위반하거나 현저하게 불공정한 방법에 의하여 신주인수권부사채를 발행함으로써 주주가 불이익을 받을 염려가 있다면, 주주 등은 회사에 대하여 그 발행의 유지를 청구할 수 있다. 신주인수권부사채발행의 위법성과 관련한 주요 사례로는 미도파 신주인수권부사채 사건과 삼성 SDS 신주인수권부사채 사건이 있다.

서울지법 1997. 2. 6. 선고 97카합481 결정(신주인수권부사채발행유지가처분): 미도파 사건

사실관계

1996년 하반기 신동방그룹은 홍콩계 자금과 연합하여 미도파 주식을 매집하였다. 당시 미도파는 대농그룹의 지주회사 역할을 하고 있어 미도파의 경영권을 확보하면 대농그룹 전체의 경영권도 확보할 수 있었다. 한편 홍콩계 자금은 신동방그룹의 계열사인 동방페레그린증권을 통하여 주식 거래를 하였다.

1997년 1월 미도파는 경영권 보호를 위하여 신주인수권부사채 400억 원어치를 공모 방식으로 우호 세력들에게 발행하려고 하였다. 이에 외국계 투자자들은 미도파가 청약선착순 배정 방식에 의해 발행키로 한 BW는 "사실상 공모 방식을 취한 사모사채이며 이는 기존 주주의 이익에 정면으로 배치되는 만큼 위법하다"는 이유로 신주인수권부사채발행유지가처분을 법원에 신청하였다.

당시 미도파가 사모전환사채발행 검토 방침을 발표하자 한국투자신탁에서는 인수합병 시도자에 대하여 보유 지분을 넘길 수도 있다면서 공개적으로 위 사모전환사채의 발행에 대한 반대 의사표시를 하기도 하였다.

판결

1997년 2월 6일 서울지방법원은 "피신청인 미도파는 주주 외의 자에 대하여 1997년 7월 1일 이전에 보통주식으로 전환청구를 할 수 있는 전환사채 또는 그 일자 이전에 주주 외의 자에게 보통주식에 대한 신주인수권을 행사할 수 있는 신주인수권부사채를 공모 외의 방식으로 발행하여서는 아니 된다"라고 결정하였다. 위 결정의 취지는 만약 미도파가 정기주총을 위한 주주명부 폐쇄일인 1997년 7월 1일 이전에 보통주식으로 전환청구를 할 수 있는 전환사채 또는 그 일자 이전에 주주 외의 자에게 보통주식에 대한 신주인수권을 행사할 수 있는 신주인수권부사채를 공모 외의 방식으로 발행한다면 이는 현저히 불공정한 방법에 의한 사채발행에 해당될 우려가 있다는 것이다. 즉 위 결정은 미도파가 사모 방식으로 전환사채나 신주인수권부사채를 발행할 수는 있지만, 그 전환청구 기간 및 신주인수권 행사 기간은 주주명부 폐쇄일 이후여야 한다는 취지의 결정이다.

이후 전개 상황

위 가처분 결정으로 미도파는 수세에 몰리는 입장이었으나, 이후 신주인수권 행사 기간을 위 법원 결정에서 금지한 7월 1일 이후로 하여 새로이 BW 500억 원을 LG종금, 삼성생명, 한국생명에 발행하였다. 이는 LG그룹, 삼성그룹, 현대그룹이 위 3개사를 내세워 미도파 측을 지원한 것으로서 미도파는 위 BW를 이용하여 정기주총 이후의 지분 경쟁에 대비하려고 하였다. 이에 신동방 측은 새로운 BW에 대하여도 가처분을 제기하였으나 기각되었다(서울지법 97카합825 결정).

이러한 와중에 성원건설이 신동방그룹 측에 가세하였는데, 일각에서는 성원건설이 위 홍콩계 자금이 보유한 미도파 주식을 인수하였다고 말한다. 그러나 1997년 3월 14일 성원건설은 전경련이 미도파에 대한 공동 지원을 약속하면서 세가 불리함을 느끼자 보유 주식 전량을 대농그룹에 넘기겠다고 공식 발표하였다. 결국 1997년 3월 15일 신동방 측은 대농그룹 측과 합의를 함으로써 미도파에 대한 적대적 M&A는 일단락되었다. 그러나 미도파는 적대적 M&A 이전에 이미 수천억 원의 금융부채가 있었는데, 신동방 측의 적대적 M&A를 방어하기 위하여 막대한 자금을 추가 차입하여 결국 1997년 3월 18일 최종 부도 처리되었다.

다. 전환사채-신주인수권부사채발행무효의 소

(1) 인정 여부

「상법」에서는 신주발행의 유지청구권에 관한 제424조 및 불공정한 가액으로 주식을 인수한 자의 책임에 관한 제424조의2를 전환사채발행의 경우에 준용한다고 규정하면서도 신주발행무효의 소에 관한 제429조의 준용 여부에 대해서는 아무런 규정을 두고 있지 않고 있다. 따라서 현행법상 전환사채발행의 무효를 다투는 소송을 청구할 수 있는지가 문제된다. 판례는 "전환사채는 전환권의 행사에 의하여 장차 주식으로 전환될 수 있는 권리가 부여된 사채로서 이러한 전환사채의 발행은 주식회사의 물적 기초와 기존 주주들의 이해관계에 영향을 미친다는 점에서 사실상 신주를 발행하는 것과 유사하므로, 전환사채발행의 경우에도 신주발행무효의 소에 관한 「상법」 제429조가 유추 적용된다"[8]고 보고 있다. 신주인수권부사채발행무효의 소에 관하여는 아직 판례가 발견되지 않지만, 전환사채의 경우와 동일하게 제429조가 유추 적용될 것으로 보인다.

8) 대법원 2004. 8. 20. 선고 2003다20060 판결.

(2) 발행 무효의 원인

전환사채나 신주인수권부사채도 발행 절차에 하자가 있는 경우에는 무효의 원인이 된다. 주로 문제가 되는 것은 전환사채나 신주인수권부사채는 모두 사채의 일종이어서 주주가 아닌 제3자에게 발행될 가능성이 매우 높은데, 이사회에서 자유로이 제3자에게 전환사채나 신주인수권부사채를 발행할 수 있는가이다. 전환사채 또는 신주인수권부사채를 제3자에게 발행하는 것은 기존 주주들의 인수권을 침해할 수 있다는 점에서 사실상 신주를 발행하는 것과 유사하기 때문이다. 이에 대하여 현행 「상법」에서는 이사회의 결의로 주주 외의 자에게 전환사채(또는 신주인수권부사채)를 발행하는 경우 다음의 사항에 대하여 정관에 규정이 있어야 하고, 또한 신주발행의 경우와 마찬가지로 신기술의 도입, 재무구조의 개선 등 회사의 경영상 목적을 달성하기 위하여 필요한 경우에 한한다고 규정하고 있다(「상법」 제513조, 제516조의2).

서울고법 1997. 5. 13. 선고 97라36 결정(의결권행사금지가처분): 한화종금 사건

사실관계

1996년 5월 주권상장법인인 한화종합금융은 서울 소재 재개발 신축 건물에 대한 동사의 지분을 한화 계열사인 한화개발에 염가로 매각하였다. 이에 동사의 2대 주주이자 감사인 우풍상호신용금고의 박의송 회장은 이의를 제기하면서 신극동제분(주)의 이학 등과 함께 한화종금에 대한 적대적 M&A를 시도하였다. 1996년 12월 5일 박의송은 한화종금의 대표이사에게 이사 전원의 해임과 이사 추가 선임을 목적으로 하는 임시주주총회의 소집을 요구하고, 그다음 날인 같은 달 6일 법원에 임시주주총회 소집허가신청을 하였다. 그리고 박의송은 자신과 위 이학 등 우호적 세력과 공동으로 전체 주식의 40% 이상을 확보하였으므로, 장차 개최되는 주주총회에서 경영권을 장악할 예정이라고 공표하였다.

1997년 1월 6일 한화 측은 이사회를 열어 박의송이 요구한 사항을 목적으로 하는 임시주주총회를 2월 13일에 개최하기로 결의하였다. 그리고 다음 날인 같은 달 7일 이사회를 개최하여 발행총액 400억 원 규모의 사모전환사채를 우호적인 제3자들(삼신올스테이트생명보험, 동흥전기, 하이파이브)에게 발행하기로 결의하였다. 당시 한화 측은 감사 2인 중 1인인 박의송에게는 위 이사회의 소집 통지를 하지 않은 채 전격적으로 전환사채를 발행하였다. 사모전환사채를 인수한 제3자들은 인수일 다음 날부터 1월 10일까지 전환사채를 주식으로 전환하였다.

이에 박의송은 제3자 보유 주식에 대하여 의결권행사금지가처분 신청을 제기하였으나 같은 해 2월 6일 서울지법은 지배주주의 우호 지분을 증가시키는 목적이 있다는 사정만으로는 이미 발행된 전환사채를 무효로 볼 수 없다면서 기각하였다(서울지법 1997. 2. 6. 선고 97카합118 결정). 결국 위 제3자들은 임시주총에서 의결권을 한화종금에 모두 위임하였고, 2월 13일 임시주총에서는 한화 측이 간신히 이사회를 장악하였다. 당시 한화 측의 지분은 45%, 박의송 측의 지분은 40% 정도로 알려졌다. 이후 위 지방법원의 결정에 대한 항고사건에서 서울고등법원은 아래와 같이 판시하였다.

판결

• 이 사건 전환사채발행의 주된 목적은 경영권 분쟁 상황하에서 우호적인 제3자에게 신주를 배정하여 경영권을 방어하기 위한 것인 점, 경영권을 다투는 상대방이자 감사인 신청인에게는 이사회 참석 기회도 주지 않는 등 철저히 비밀리에 발행함으로써 발행유지가처분 등 사전 구제 수단을 사용할 수 없도록 한 점, 발행된 전환사채의 물량은 지배구조를 역전시키기에 충분한 것이었고, 전환 기간에도 제한을 두지 않아 발행 즉시 주식으로 전환될 수 있도록 하였으며, 결과적으로 인수인들의 지분이 경영권 방어에 결정적인 역할을 한 점 등에 비추어볼 때 이 사건 전환사채발행은 현저하게 불공정한 방법에 의한 발행으로서 무효라고 보아야 한다.

• 다만 언젠가 열릴 경영진 개편을 위한 임시주주총회에 대비하여 미리 이 사건 가처분을 해야 할 보전의 필요성에 대한 소명이 부족하므로 이를 기각한다.

라. 통모 인수인의 책임

이사와 통모하여 현저하게 불공정한 발행 가액으로 전환사채를 인수한 자는 회사에 대하여 공정한 발행 가액과의 차액에 상당한 금액을 지급할 의무가 있다(「상법」 제516조 제1항, 제424조의2). 만일 회사가 청구하지 않으면 소수 주주가 대표소송으로써 그 이행을 청구할 수 있다(제516조 제1항, 제424조의2 제2항). 신주인수권부사채의 경우에도 마찬가지이다(제546조의11).

마. 삼성그룹 경영권 승계와 전환사채 및 신주인수권부사채

(1) 삼성그룹의 경영권 승계 과정의 개관

삼성그룹은 삼성그룹의 경영권을 오늘날의 이재용 부회장에게 승계하기 위하여 전환사채와 신주인수권부사채를 활용하는 방법을 새로이 동원하였다. 우선 이재용 부회장은 부친 이건희 회장으로부터 61억 원을 증여받은 후 상장을 앞둔 삼성 계열회사의 지분을 저가로 취득하여 고가로 처분하는 과정에서 수백억 원의 자금을 확보한다. 그리고 삼성그룹 지배구조의 중추인 삼성에버랜드와 삼성전자의 지분을 확보하여 삼성그룹 지배권 전체를 획득하게 된다. 즉 이재용 부회장이 삼성에버랜드를 지배하고, 삼성에버랜드는 삼성생명을 지배하고, 삼성생명은 삼성전자를 포함한 주요 계열사를 지배하고, 삼성전자는 기타 삼성 계열사를 지배하는 구조를 갖추는 것이다.

한편 2013년 9월 삼성에버랜드는 제일모직의 패션 부문을 인수한 후, 2014년 7월 제일모직으로 사명을 변경하였다. 그리고 2015년 9월 1일 삼성물산과 합병하면서 제일모직과 삼성물산의 합병 비율이 1대 0.35로 정해짐에 따라 제일모직의 지분 23%를 가지고 있던 이재용 부회장의 지분이 높게 평가되면서 그룹 전체를 장악할 발판을 마련했다.

삼성의 경영권 승계 일지

1단계 1995년 이재용 부회장은 이건희 회장으로부터 61억 원을 증여받고, 이 중 16억 원을 증여세로 납부하였다.

2단계 1995년 말 이재용 부회장은 증여세를 납부하고 남은 자금으로 삼성그룹의 비상장 계열사인 (주)에스원의 주식 12만 1,800주(주당 1만 900원)와 삼성엔지니어링(주)의 주식 69만 4,720주(주당 5,000~5,500원)를 취득하였다. 1996년경 위 두 회사의 주식이 모두 상장되어 주가가 급등하자 이재용 부회장은 (주)에스원의 주식은 주당 30만 원에, 삼성엔지니어링(주)의 주식은 주당 5만 900원에 처분하여 약 539억 원의 매매차익을 남겼다.

3단계 1996년 3월 이재용 부회장은 계열회사인 제일기획이 발행한 사모전환사채를 18억 원에 인수한 후 주식으로 전환하였다. 마찬가지로 제일기획이 상장되어 주가가 급등하자 이재용 부회장은 보유 지분을 처분하여 약 132억 원의 차익을 남겼다.

4단계 1996년 10월 이재용 부회장은 삼성에버랜드(구 중앙개발)로부터 실권전환사채 48억 원어치를 배정받은 후, 같은 해 12월 위 전환사채 전체를 주식으로 전환하여 삼성에버랜드의 최대 주주(31.9%)로 등극한다.

5단계 1997년 3월 24일 삼성전자 이사회는 이재용 부회장에게 450억 원 상당의 CB를 사모로 발행하고, 이재용 부회장은 이를 주식으로 전환하여 90만 주를 보유한다.

6단계 1999년 2월 26일 삼성SDS는 삼성SDS 발행주식을 7,150원에 인수할 수 있는 권리를 내용으로 하는 BW를 이재용 부회장에게 발행하였다.

7단계 삼성SDS 상장(2014년 11월 14일) 및 삼성에버랜드 상장(2014년 12월 18일).

(2) 에버랜드의 전환사채발행과 관련한 법적 분쟁

① 1996년 10월 30일 에버랜드 이사회는 표면 이율은 연 1%, 만기 보장 수익률은 연 5%, 전환청구 기간은 사채발행일 익일부터, 전환 가격은 7,700원을 발행 조건으로 하는 전환사채 약 100억 원 상당을 주주배정의 방식으로 발행하되 실권 시 이사회 결의에 의하여 제3자 배정 방식으로 발행할 것으로 결의하였다. 당시 에버랜드 이사들은 모두 17명이었으나 과반수에 미달하는 8명만이 참석하였다.

전환사채발행 당시 에버랜드의 법인 주주들은 삼성그룹 계열사였거나 계열사였다가 계열분리된 9개 회사이고, 개인 주주들은 이건희 회장을 비롯하여 대부분 삼성그룹 계열사의 전·현직 임직원들로 총 17명이었다. 에버랜드는 전환사채발행 당시인 1996년 말을 기준으로 총자산 8,387억 원 상당, 자본총계 1,581억 원 상당에 이르렀고, 1996년 12월 31일 재무제표를 기준으로 기업어음에 관하여 신용평가회사로부터 신용등급 A3의 평가를 받았다. 그리고 「상속세법」상 보충적 평가 방법에 의하더라도 에버랜드 주식의 1주당 가치는 12만 7,755원으로 산정되는 상황이었다.

② 1996년 12월 3일 제일제당(주)를 제외한 (주)중앙일보 등의 법인 주주들 및 이건희 등 개인 주주들이 청약 기일인 위 일시까지 각 주식 보유 비율에 따라 배정된 전환사채의 청약을 하지 않았다. 이에 같은 날 16시경 에버랜드는 실권전환사채 배정을 위한 이사회를 열어 당초 발행 조건과 동일한 조건으로 약 96억 원의 실권전환사채 중 약 48억 원을 당시 28세의 나이로 해외유학 중이던 이건희 회장의 장남 이재용에게, 남은 약 48억 원을 이건희 회장의 나머지 세 자녀에게 약 16억 원씩 배정한다는 내용의 결의를 하

였다. 이재용은 (주)에스원의 주식을 매도하여 미리 준비하고 있던 자금으로 실권전환사채 인수대금을 전액 납입하고, 나머지 자녀들은 이건희로부터 증여받은 자금으로 실권전환사채 인수대금을 전액 납입하였다.

③ 1996년 12월 7일 이재용 등은 그 전환사채를 1주당 7,700원의 전환 가격에 주식으로 전환하여 에버랜드 주식의 약 64%에 해당하는 합계 125만 4,777주(이재용은 62만 7,390주, 나머지 자녀들은 각 20만 9,129주)를 취득하였다. 이재용 부회장은 단번에 에버랜드의 최대 주주(지분율 31.9%)로 등극하였고, 반면 기존 주주인 중앙일보, 제일모직, 삼성문화재단 등 계열 주주사의 지분율은 과거의 3분의 1 수준으로 급락하였다.

④ 2003년 12월 검찰은 전환사채발행 당시 대표이사인 허○○와 상무이사인 박○○를 「특정경제범죄 가중처벌 등에 관한 법률」 위반으로 불구속 기소하였다.

서울중앙지법 2005. 10. 4. 선고 2003고합1300 판결 「특정경제범죄 가중처벌 등에 관한 법률」 위반(인정된 죄명: 업무상 배임)

• 전환사채의 발행에 있어 외형상 법이 요구하는 형식적인 요건을 구비하였다고 할지라도 특정인에게 아주 유리한 조건으로 회사의 지배권을 넘겨줄 의도였다면 이는 회사의 경영진이 전환사채발행권을 남용한 것으로 배임행위에 해당한다.

• 에버랜드가 이 사건 전환사채발행 당시 전환사채의 발행 금액 100억 원에 해당하는 자금의 수요가 긴급하게 발생하였다고 볼 수는 없다고 할 것이고, 신용등급이 양호했던 에버랜드로서는 통상적인 자금의 수요에 관하여는 금융기관으로부터 장·단기 차입, 일반회사채발행, 회원권 분양 등으로 필요 자금을 충분히 조달하는 것이 가능하였음에도 적정한 전환 가격의 산정을 위하여 아무런 노력을 기울이지 아니하고, 정관에 위반하여 무효인 이사회의 결의만 거친 채 이 사건 전환사채를 발행한 다음 이재용 등에게 에버랜드 주식의 실제 가치보다 현저하게 낮은 가격인 7,700원을 전환 가격으로 하여 실권된 전환사채를 배정하여 이재용 등이 불과 100억 원도 안 되는 작은 자금으로 에버랜드의 주식 약 64%에 해당하는 합계 125만 4,777주를 취득함으로써 에버랜드의 지배권을 인수할 수 있도록 한 것은 전환사채를 제3자에게 배정함에 있어 실질적 정당성을 결여한 것으로 회사에 대한 관계에서 배임행위가 되기에 충분하다.

---

(3) 삼성전자의 전환사채발행과 관련한 법적 분쟁

아래의 법적 분쟁들은 결국 국정농단 사건으로 비화되어 이재용, 박근혜 등의 형사처벌에 이르렀다.

① 1997년 3월 24일 삼성전자 이사회는 발행총액 600억 원, 만기 2002년 3월 23일, 전환 가격 5만 원, 전환 기간 1997년 9월 25일부터 2002년 3월 23일까지, 이자율 연 7%의 전환사채를 발행하였다. 그중 450억 원 상당은 이재용에게, 150억 원 상당은 삼성물산에게 사모로 발행한 것이었다. 이재용은 이건희(삼성전자의 주식 3.8% 보유)의 장남으로 당시 삼성전자의 주주는 아니었다.

이에 같은 해 6월 24일 참여연대는 위 전환사채가 주주로서의 전환사채인수권 등을 침해했다는 이유로 전환사채무효의 소를 제기하고, 동시에 이재용이 보유하고 있는 위 전환사채에 대한 처분금지 및 주식으로의 전환금지를 구하는 가처분 신청도 수원지방법원에 제기하였다.

② 1997년 9월 30일 수원지방법원은 위 CB에 대한 처분금지 및 주식으로의 전환금지를 명하는 가처분 결정을 내렸다.

수원지법 1997. 9. 30. 선고 97카합4400 판결(전환사채권전환금지가처분)

주문

피신청인들은 본안 판결 확정 시까지 별지 목록 기재 전환사채에 관하여 각 전환권을 행사하거나 또는 각 양도, 질권의 설정, 기타 일체의 처분행위를 하여서는 아니 된다.

제3채무자(삼성전자)는 위 전환사채에 대하여 이를 주식으로 전환해주어서는 아니 된다.

이유

• 전환사채의 발행이 정관의 규정에 근거하여 이사회 결의를 거쳐 적법한 절차에 의하여 이루어졌다고 하더라도 전환사채의 발행은 사실상 신주발행으로서의 의미를 가지므로, 주주의 신주인수권을 배제하거나 제한하여 제3자 또는 특정 주주에게 신주를 발행하는 경우와 같이 전환사채를 제3자 또는 특정 주주에게 발행하는 경우에는 그 발행이 회사의 이익을 위한 것이라거나 주주평등의 원칙을 침해하지 않는 것이라는 실질적인 정당성을 가져야 할 것이다.

• 이재용이 전환사채를 인수할 수 있었던 자금은 삼성그룹 계열사 중 비상장회사의 주식을 취득하였다가 상장된 후에 이를 처분한 자금으로 보이는 점, 이 사건 전환권의 행사를 통하여 이재용이 삼성그룹 전체의 사실상의 경영권을 지배할 수 있는 유리한 지위를 차지할 수 있게 되는 반면에 제3채무자가 굳이 이건희의 아들에게 이 사건 전환사채를 배정하지 않으면 자금 조달의 목적을 달성할 수 없는 사정이 있음이 소명되지 않는 점 등을 고려하면, 이 사건 전환사채의 발행은 제3채무자의 이익을 위한 것이라기보다는 제3채무자를 지배하는 대주주 및 그 특수관계인의 이익을 위하여 다른 주주들의 이익을 실질적으로 침해하는 위법한 것이므로, 이를 무효로 보아야 할 것이다.

이후 상황

그러나 위 가처분 결정이 내려지기 직전인 1997년 9월 27일 이재용은 삼성전자에 대하여 이 사건 전환사채의 전환을 청구하여 위 가처분 결정은 아무런 실효성을 가지지 못하게 되었다. 결국 위 전환사채의 전환으로 삼성전자 지분 0.98%를 확보한 이재용 씨는 개인 주주로는 이건희, 그의 처 홍라희에 이어 3대 주주가 되었다.

③ 1997년 10월 2일 삼성전자는 이재용 씨가 CB를 전환하여 보유하게 된 주식의 상장을 증권거래소에 신청하였고, 곧이어 10월 7일 참여연대는 위 주식에 대한 상장을 금지하는 가처분 신청을 제기하면서 동시에 위 주식에 대한 처분금지가처분 신청을 제기하였다. 같은 해 12월 16일 수원지방법원에서는 위 상장금지가처분 신청과 처분금지가처분 신청을 모두 인용하였다.

수원지법 1997. 12. 16. 선고 97카합7333 판결(주식상장금지가처분)

• 삼성그룹의 기업지배구조상 이재용으로서는 이 사건 전환사채에 대한 전환권의 행사로 신주를 발행받게 됨으로써 새로이 피신청인의 주주가 되어 장래 피신청인 및 삼성그룹 전체에 대하여 지배권을 승계할 수 있는 유리한 지위를 차지하는 효과를 가지게 된다. 반면 이 사건 전환사채발행 당시 이를 굳이 피신청인의 지배주주인 이건희의 아들인 이재용에게 배정하지 않으면 자금 조달의 목적을 달성할 수 없는 부득이한 사정이 있다고 보기 어렵다.

• 이 사건 전환사채는 이건희가 그 아들인 이재용에게 피신청인의 지배권을 승계할 것을 주된 목적으로 하여 발행한 것으로 볼 것인바, 적법한 상속 또는 증여 제도를 통하지 않고

전환사채 제도를 남용하여 회사지배관계에 대한 영향력에 변동을 주는 경우에까지 그것이 피신청인의 이익을 위한 것으로서 다른 주주들의 지배적 이익의 침해가 용인된다고 보기는 어렵다. 또한 전환사채를 인수한 이재용이 전환청구에 의해 신주를 발행받은 후 현재도 이를 소유하고 있어 선의의 제3자가 아직 발생하고 있지 않으므로, 거래의 안전을 고려할 필요는 없다.

• 결국 이재용에게 발행한 전환사채 및 전환청구에 의한 신주발행은 피신청인을 지배하는 대주주 및 그 아들인 이재용의 이익을 위하여 다른 주주들의 이익을 실질적으로 침해하는 것으로서 객관적인 정당성을 결여하고 있어 이를 무효로 보아야 할 것이므로, 주주권에 기하여 위 신주에 대한 처분금지를 구하는 이 사건 신청은 피보전권리에 대한 소명이 있다고 할 것이다.

---

④ 그러나 이후 1997년 12월 17일 전환사채발행무효의 소(중간에 청구 취지를 신주발행무효로 변경)의 1심에서 참여연대가 패소하고, 2000년 6월 23일 2심에서도 패소한 후 최종적으로 2004년 6월 25일 대법원에서도 패소하였다.

대법원 2004. 6. 25. 선고 2000다37326 판결

전환사채의 인수인이 회사의 지배주주와 특별한 관계에 있는 자라거나 그 전환 가액이 발행 시점의 주가 등에 비추어 다소 낮은 가격이라는 것과 같은 사유는 일반적으로 전환사채발행유지청구의 원인이 될 수 있음은 별론으로 하고 이미 발행된 전환사채 또는 그 전환권의 행사로 발행된 주식을 무효화할 만한 원인이 되지는 못한다.

---

(4) 삼성SDS의 신주인수권부사채의 발행과 관련한 법적 분쟁

① 진행 경과

1998년 12월 31일 기준으로 비상장법인인 삼성SDS는 당기순이익이 200억 원, 경상이익 증가율은 309.91%에 이르는 등 재무 상황이 대폭 호조되고, 전산 인프라 및 시스템 관리사업의 시장 규모가 급속도로 확대되어 성장성 및 수익성이 매우 유망한 것으로 평가받았다. 당시 삼성SDS는 발행주식 총수 1,200만 주, 자본금 600억 원이고, 주주로는 삼성전자(주), 삼성물산(주), 삼성전기(주), 우리사주조합, 이재용 외 3남매, 실질주주 4,401주 등 4,409인이 있었다.

1999년 2월 25일 삼성SDS 이사회는 권면 총액 230억 원을 사모의 방법으로 신주인수권부사채를 발행하기로 결의하였다. 위 신주인수권부사채는 표면 금리 8%의 사채권에, 1년 후 주당 7,500원에 신주 321만 6,738주를 인수할 수 있는 권리가 부여된 신주인수권증권이 포함되어 있었다.

삼성SDS는 발행 당일 주간사인 SK증권에게 위 사채를 일괄 매각하였다. 그리고 같은 날 SK증권은 사채권과 신주인수권부증권을 분리한 후, 같은 날 채권은 삼성증권에 사채유통 수익률 10%를 적용하여 21만 8,200만 원에 매각하고, 신주인수권부증권은 이재용 외 3남매와 삼성구조조정본부 임원 2명에게 11만 8,000만 원에 매각하였다. 동시에 삼성증권은 SK증권으로부터 인수한 사채권을 이재용 등 위 6명에게 수수료 없이 같은 금액으로 전량 매각하였다.

만일 위 신주인수권증권을 주식으로 전환할 경우 이재용 씨 등은 보유 지분이 종전 14.8%에서 32.8%로 증가하고, 기존의 1대 주주인 삼성전자의 보유 지분은 29.9%에서 23.6%로 감소하게 된다. 결국 삼성SDS는 자기가 발행한 신주인수권부사채 230억 원을 모두 특수관계인인 이재용 등 6명에게 매각한 것이다.

② 법원의 판결

1999년 12월 1일 참여연대는 삼성SDS의 이재용 등에 대한 신주인수권부사채의 발행은 이재용 등의 회사지배권을 강화하고 막대한 시세 차익을 실현시키기 위한 목적에서 이루어진 것이므로 위 신주인수권의 행사를 금지해달라는 가처분 신청을 제기하였다. 2000년 2월 22일 1심인 서울지방법원에서는 세법에 의한 비상장주식의 평가 방법에 의해 나름대로 산정된 가격이므로 장외거래 시가에 미달한다는 이유만으로 이를 선뜻 잘못되었다고 단정하기 어렵다는 등의 이유로 원고의 청구를 기각하였으나, 같은 해 5월 12일 2심인 서울고등법원에서는 원고의 청구를 인용하였다. 아울러 참여연대는 2000년 4월 29일 본안 소송인 신주인수권부사채발행 무효소송을 제기하였지만, 이후 국세청에서 위 신주인수권부사채와 관련한 차익에 대하여 증여세를 부과하겠다는 입장을 밝혀 2001년 3월 16일 위 발행무효의 소송을 취하하였다.

서울고법 2000. 5. 9. 선고 2000라77 판결(신주인수권행사금지가처분)

• 삼성SDS의 이사회는 삼성그룹의 지배주주인 이건희와 특수관계에 있는 피신청인들에게만 신주인수권을 부여하기로 내부적으로 정하고 그 실현을 위하여 그 형식은 발행된 신주인수권부사채를 일단 SK증권(주)에게 총액인수시켰다가 이를 피신청인들에게 매도하는 방식을 취하였다고 할 것이고, 그로 인하여 종국적으로 이 사건 신주인수권을 행사하게 될 피신청인들에게 유리하도록 인수할 신주의 발행 가액을 현저히 낮게 결정한 것으로 보인다.

• 피신청인 회사의 정관 제18조 제2호는 신주인수를 청구할 수 있는 금액에 관하여는 사채의 액면 금액을 초과하지 않는 범위 내에서 이사회가 정하도록 규정하고, 제3호는 신주인수권의 행사로 발행하는 주식의 가액에 관하여는 액면 금액 또는 그 이상의 가액으로 사채발행 시 이사회가 정하도록 규정하고 있는바, 신주인수를 청구할 수 있는 금액(행사 비율)이나 신주인수권의 행사로 발행하는 주식의 가액(행사 가격)은 '신주인수권의 내용'이 어떠한 것인지를 결정하는 본질적인 요소로서 주주의 이익이나 회사의 지배권의 변동에 직접적인 영향을 미치는 사항이므로 그 내용이 구체적이고 확정적으로 정관에 규정되어 있는 때에 한하여 주주총회의 특별결의를 거칠 필요가 없다고 해석하는 것이 「상법」 제516조의2 제4항의 올바른 해석이라 할 것이다.

• 따라서 신주인수권의 내용을 구체적이고 확정적으로 정하지 아니한 채 이사회가 결정하도록 포괄적으로 위임한 삼성SDS의 정관 규정은 주주의 재산상 이익을 보호하고 지배관계 변동에 관한 주주의 의사를 묻기 위한 강행규정인 위 「상법」 제516조의2 제4항에 반한 것으로서 효력이 없고, 이건 BW의 발행 절차는 강행규정을 위반한 중대한 위법이 있다고 할 것이다.

③ 공정거래위원회의 시정명령

1999년 10월 28일 공정거래위원회는 삼성SDS가 이재용 등 특수관계인에게 신주인수권을 부여한 것은 특수관계인들에게 과다한 경제상의 이익을 제공하고 공정한 거래를 저해하거나 저해할 우려가 있는 부당한 지원행위에 해당한다고 판단하여 시정명령 및 과징금 부과 결정을 내렸다. 이에 삼성SDS는 공정거래위원회의 시정명령 등을 다투는 소송을 제기하였고, 대법원은 "부의 세대 간 이전이 가능해지고 특수관계인들을 중심으로 경제력이 집중될 기반이나 여건이 조성될 여지가 있다는 것만으로는 공정한 거래를 저해할 우려가 있다고 단정하기 어렵다"고 하여 공정거래위원회의 시정명령을 취소하는 판결을 내렸다.

대법원 2004. 9. 24. 선고 2001두6364 판결(시정조치 등 취소)

• 경제력 집중의 억제가 부당지원행위 규제의 입법 목적에 포함되어 있다고 하더라도 … 변칙적인 부의 세대 간 이전 등을 통한 소유 집중의 직접적인 규제는 법의 목적이 아니고, 시장 집중과 관련하여 볼 때 기업집단 내에서의 특수관계인 또는 계열회사 간 지원행위를 통하여 발생하는 경제력 집중의 폐해는 지원행위로 인하여 직접적으로 발생하는 것이 아니라 지원을 받은 특수관계인이나 다른 회사가 자신이 속한 관련 시장에서의 경쟁을 저해하게 되는 결과 발생할 수 있는 폐해라고 할 것인 점 등에 비추어보면, 부당지원행위의 부당성을 판단함에 있어서는 지원 주체와 지원 객체와의 관계, 지원 객체 및 지원 객체가 속한 관련 시장의 현황과 특성, 지원 금액의 규모와 지원된 자금 자산 등의 성격, 지원 금액의 용도, 거래행위의 동기와 목적, 정당한 사유의 존부 등을 종합적으로 고려하여 판단해야 하며, 위와 같은 요소들을 종합적으로 고려할 때 당해 지원행위가 공정한 거래를 저해할 우려가 있는 행위라는 점은 공정거래위원회가 이를 입증해야 한다.

• 원고의 이 사건 행위로 인하여 부(富)의 세대 간 이전이 가능해지고 특수관계인들을 중심으로 경제력이 집중될 기반이나 여건이 조성될 여지가 있다는 것만으로는 공정한 거래를 저해할 우려가 있다고 단정하기 어렵고, 위 특수관계인들이 지원받은 자산을 계열회사에 투자하는 등으로 관련 시장에서의 공정한 거래를 저해할 우려가 있다는 점이 공지의 사실로서 입증을 필요로 하지 않는 사항이라고도 할 수 없으므로, 기록에 나타난 피고의 주장·입증만으로는 이 사건 행위가 공정한 거래를 저해할 우려가 있다고 할 수 없다.

④ 국세청의 증여세 부과

2001년 7월 관할 세무서는 이 사건 사채발행 당시 삼성SDS의 주식이 장외에서 주당 5만 5천 원에 거래되었으므로 그 거래 가격을 '시가'로 보아야 할 것인데, 이재용 등 6인은 이 사건 사채를 신주인수권 행사 가격 7,150원에 인수·취득하였으므로 이 사건 주식의 시가와 신주인수권 행사 가격의 차액인 주당 4만 7,850원 상당의 금액을 그들과 특수관계에 있는 삼성전자 등으로부터 증여받은 것이라고 하여 이재용 등 6명에게 총 443

억 원의 증여세를 부과하였다. 이에 이재용 등 6인은 이를 다투는 소송을 제기하였으나, 2004년 11월 15일 서울행정법원은 관할 세무서가 적정한 시가를 5만 5천 원으로 판단하고 증여세를 부과한 것은 정당하다고 판시하였다(원고가 항소하였으나 도중에 취하).

서울행정법원 2004. 11. 25. 선고 2003구합15591 판결

이 사건 사채발행일을 전후하여 상당 기간 장외에서 다수의 사람들 사이에 계속 거래가 이루어졌던 점, 그 거래 가격도 위 사채발행일에 근접한 1999년 2월 10일경부터 같은 해 3월 15일까지의 기간 동안 주당 5만 3천 원 내지 6만 원의 범위 내에서 안정되어 있었고, 그 후에도 그 거래 가격이 지속적으로 상승하였던 점, 일반적으로 주식 가치는 그 기업의 자산 가치나 수익 가치는 물론 시장을 둘러싼 정치·경제 상황 등이 복합적으로 반영되어 형성되는 것이므로 기업의 자산 가치와 주식 가격이 항상 일치하는 것은 아니라는 점, 이 사건 주식의 경우 발행 회사인 삼성SDS가 삼성그룹 계열회사로서 인터넷 등 정보통신업종에 속한다는 점이 투자자들에게 투자 유인으로 작용하였고 이로 인하여 기업의 자산 가치나 수익 가치와는 별개로 높은 시세가 형성되었고 그 등락폭이 컸다고 하더라도 이는 주식시장의 특성에 기인한 것으로 볼 수 있다는 점 등을 종합하여보면, 이 사건 거래 가격은 일반적이고 정상적인 거래에 의하여 형성된 객관적인 교환 가치를 반영한 가격으로 이 사건 주식의 시가로 봄이 상당하다.

제3장

소유구조의 변동

제1절 우호적 M&A

1. 우호적 M&A의 모습

M&A란 둘 이상의 회사가 법적으로 하나의 회사가 되는 합병(merger)과 기업인수자가 대상 회사의 자산 또는 주식을 취득함으로써 회사의 경영권을 획득하는 인수(acquisition)를 의미한다.[1)]

다른 기업의 지배권을 취득하려는 주요 동기는 경제적 가치를 극대화하거나 경영의 다각화, 시장지배력의 형성, 경영진 또는 대주주의 사업 확장 욕심 등 때문이다. 그 밖에 벤처기업의 경영 실적이 악화되는 시기에는 벤처기업의 신기술과 아이디어를 승계하고 자원배분의 효율화를 위하여 M&A의 활성화가 요청되었고, 부실기업의 경우에는 구조조정 차원에서 M&A가 논의되었다. 최근에는 기업 환경 자체가 빠르게 변화하여 기업 활동의 기동성을 확보하고자 다양한 기업구조 개편이 시도되고 있다.

M&A는 몇 가지 기준으로 구분할 수 있는데, 가장 많이 사용되는 것은 대상 회사 경영진의 동의 여부를 기준으로 우호적 M&A와 적대적 M&A로 구분하는 것이다. 그 밖에 경영자가 자사주식을 매수하는 것을 MBO(management buyout), 종업원들 중심으로 자사주식을 매수하는 것을 EBO(employee buyout)라고 부르기도 한다. 대상 회사의 경영진이 동의하는 경우를 우호적 M&A라고 부르지만 우호적 M&A가 적대적 M&A로 돌변하거나 그 반대의 경우도 있어 당해 M&A가 우호적인지 적대적인지를 천편일률적으로 구분할 수는 없다.

---

1) 임재연, 《자본시장법》, 박영사, 569쪽.

2. 합병

가. 합병이란

합병이란 2개 이상의 회사가 청산 절차를 거치지 않고 합병 회사가 소유한 각각의 권리·의무를 하나로 포괄 승계하는 절차를 말한다. 합병에는 크게 2개 이상의 회사가 합병하여 하나의 새로운 회사가 설립되는 신설 합병(consolidation)과 2개 이상의 회사가 존속하는 하나의 회사로 흡수되는 흡수 합병(merger)으로 분류된다. 그중 신설 합병 방식은 새로이 회사를 설립하는 것이어서 종전 회사가 보유하던 인·허가권 등 무형의 권리를 상실하기 때문에 거의 이용되지 않는다.

나. 합병의 일반적 절차

(1) 1단계: 합병계약 단계

합병 이사회의 결의	합병 당사자의 각 이사회에서 합병의 조건 등에 관한 사항을 결의해야 한다.[2)]
합병계약서의 작성	합병 당사자 간에 합병계약서를 작성하는데, 계약서에 반드시 들어가야 할 '필요적 기재 사항'이 있고 그 내용은 흡수 합병과 신설 합병의 경우가 다르다(「상법」 제523조, 제524조). 회사는 주총일 2주 전부터 합병 이후 6월이 경과하는 날까지 합병계약서 등을 공시해야 한다.
주요사항보고서 등의 제출	합병 이사회 결의 또는 합병계약이 체결된 날의 익일까지 주요사항보고서를 제출해야 한다. 합병 등으로 인한 신주의 발행 및 주식의 교부가 공모(모집·매출)에 해당하는 경우 주주총회 소집 통지 또는 공고일 7영업일 전까지 별도로 증권신고서 및 증권발행실적보고서를 제출해야 한다.

2) 서울중앙지방법원은 하나은행과 구 외환은행 사이의 합병 사건과 관련하여, 노동조합이 합병 제한에 관하여 대주주 및 회사와의 합의(단체협약의 일종으로 봄)에 기초하여 합병주주총회의 개최금지 가처분을 제기한 사건에서 동 합의의 유효성을 인정하여 개최금지를 결정한 사례가 있는바(서울중앙지법 2015. 2. 4. 선고 2015카합80051 결정) 이사회는 합병 여부 등의 결정에 있어 위법하지 않은 내용으로 결의할 것이 요구됨은 물론이다.

(2) 2단계: 합병 계약의 승인 단계

합병 주주총회 소집 통지·공고	주주명부 폐쇄(기준일) 공고 후, 합병·주식매수청구권에 관한 사항을 기재하여 주주총회 소집을 통지·공고한다.
합병 반대 의사 접수	주식매수청구권 행사를 위한 합병 결의 반대 주주의 반대 의사를 접수한다.
주주총회 개최	원칙적으로 존속 회사와 소멸 회사 모두 주총 승인을 얻어야 하고, 특별결의 사항이다.
채권자 이의 제출 공고 및 구 주권 제출 공고	주주총회 승인 후 2주 이내에 채권자 이의 절차를 공고하고, 이의 제출 기간은 1월 이상 부여한다.
주식매수청구 접수	주주총회 결의일로부터 20일 이내에 주식매수청구를 접수한다.

(3) 3단계: 합병계약의 이행 단계

합병기일	소멸 회사의 재산이 존속 회사에 인도되고 소멸 회사의 주주에게 신주가 배정되는 등 실질적으로 양 회사가 합체되는 시기임. 합병기일은 채권자 이의 제출 기간 및 구 주권 제출 기간 만료 이후여야 함.
합병보고총회	흡수 합병 시는 이사회 공고로서 총회 보고에 갈음할 수 있음.
합병등기	합병보고총회 또는 공고일로부터 2주 내. 합병의 효력은 합병등기에 의해 발생.
매수청구주식의 매수	매수청구 기간 종료일로부터 1월 내.
합병종료보고서 제출	합병등기 후 지체 없이.

실사 시 주요 확인 사항

구분	내용
현금예금	은행조회서 100% 회수.
유가증권	유가증권의 실재성을 100% 조사. 유가증권의 매수·매도 내역 조사 및 처분 손익 적정성 검토. 유가증권의 시가 평가 적정성 검토.
매출채권	매출채권의 실재성 검토. 대손충당금의 적정성과 회수 의문 채권에 대한 적정성 검토. 위탁판매 및 팩토링 채권 등 확인.
재고자산	재고자산의 실재성 확인을 위해 재고자산의 입회 실사. 재무제표 비율을 분석하여 특이 사항 파악. 특수관계자 간 거래, 내부거래 등 파악.

구분	내용
고정자산	고정자산의 실재성을 확인하고 담보 등 소유관계 확인. 감가상각의 적정성 검토. 리스자산 존재 시 리스 분류의 적정성 검토. 연구개발비에 대한 적정성 검토.
유동부채	미사용 어음·수표 조사 등을 통한 부외부채 확인. 차입기관에 조회하여 장부상 실재성 검토. 우발채무와 부외부채 검토. 이자비용 추정치와 실제치 비교.

다. 합병 비율

(1) 합병 비율이란

합병 비율이란 존속 회사가 소멸 회사의 주주에게 신주를 발행·배정할 때 기준이 되는 '소멸 회사의 주식과 존속 회사 주식의 교환 비율'을 의미하며 합병계약에서 가장 중요한 내용이다. 합병 당사 회사 중 상장회사가 있는 경우에는 「자본시장법」이 정하는 방법에 따라 합병 비율을 산정하게 되어 있으나(「자본시장법」 제165조의4, 「동 시행령」 제176조의5), 합병 당사 회사가 모두 비상장회사인 경우에는 이와 관련하여 「상법」에서 규정하고 있지 않다. 감독기관은 합병 비율 산정에 관여하지 않으나 투자자에게 공시하는 과정에서 투자자 보호 등을 위해 합병신고서 등의 정정을 요구한 사례들이 있다.

종전에는 소멸 회사의 주주에 대한 합병의 대가는 원칙적으로 존속 회사의 주식이고, 주주의 배정 비율을 조정하거나 단주에 갈음하는 등의 사유가 있는 경우에만 예외적으로 현금(합병교부금)을 지급할 수 있었다. 그러나 2011년 개정 「상법」에서 합병 대가로 주식 대신 '현금이나 그 밖의 재산'을 제공할 수 있다는 문구를 추가하여(제523조 제4호) 소멸 회사의 주주에게 합병의 대가로 현금은 물론 사채, 모회사 주식 등도 교부할 수 있게 되었다. 만일 합병 비율을 현저하게 불공정하게 정한 경우에는 당해 합병계약은 사법관계를 지배하는 신의성실의 원칙이나 공평의 원칙에 반하여 무효일 수 있다.

(2) 합병 비율의 결정

① 주권상장법인이 다른 법인과 합병하고자 하는 경우에는 「자본시장법」이 정하는

다음의 방법에 따라 합병 가액을 산정해야 한다(제165조의4).

② 합병 비율은 합병의 가장 중요한 내용임에도 불구하고, 합병의 불공정성이 항상 문제되는 부분이기도 하다. 법원의 기본 입장은 현저하게 불공정한 합병 비율을 정한 합병계약은 사법관계를 지배하는 신의성실의 원칙이나 공평의 원칙 등에 비추어 무효이고, 이 경우 합병할 각 회사의 주주 등은 「상법」 제529조에 의하여 소로써 합병의 무효를 구할 수 있다는 것이다(대법원 2008. 1. 10. 선고 2007다64136 판결).

인천지법 1986. 8. 29. 선고 85가합1526 판결(주식회사 합병무효)

• 합병 비율은 합병 당사 회사의 재산 상태와 그에 따른 주식의 객관적 가치에 비추어 공정하게 정함이 원칙이라 할 것이고, 만일 그 비율이 합병 당사 회사 중 일방에게 불리하게 정해진 경우에는 그 회사의 주주가 합병 전 회사 재산에 대하여 가지고 있던 지분 비율을 합병 후에 유지할 수 없게 됨으로써 실질적으로 주식의 일부를 상실케 하는 결과를 초래하는 만큼 현저하게 불공정한 합병 비율을 정한 합병계약은 사법관계를 지배하는 신의성실의 원칙이나 공평의 원칙에 반하여 무효라고 할 것이다.

• 인정 사실에 의하면 합병 당시 순자산액을 기준으로 할 때 피고 회사와 소멸 회사의 발행주식 1주의 가치가 무려 17대 1이나 됨에도 불구하고 합병 비율은 1대 1로 정해졌다는 것이니 그렇다면 기업 자체나 주식의 가치가 대차대조표상의 자산 상태나 영업 실적에 의하여 엄밀하게 측정할 수 있는 성질의 것이 못되고 장래의 사업 전망이나 경기 변동 등 불확실한 요인에 의하여 영향을 받게 된다는 점을 감안한다 하더라도 달리 위와 같은 합병 비율을 수긍할 만한 아무런 합리적 이유도 찾아볼 수 없는 이 사건에 있어 위 합병 비율은 현저하게 불공정하다고 할 수밖에 없고, 따라서 피고 회사와 소멸 회사 사이에 체결된 이 사건 합병계약은 그 내용으로 된 합병 비율이 현저하게 부당하여 무효라 할 것이다.

합병 가액 산정 방법

<table>
<tr><td colspan="2">공개회사 간의 합병[3]</td><td>시가(기준 주가)에 따라 합병 가액을 정하되, 기준 주가에 따른 가격을 산정할 수 없는 경우에는 공개회사와 비공개회사 간의 합병에서의 비공개회사의 합병 가액(본질 가치법)으로 산정해야 함.
※ 기준 주가: 합병을 위한 이사회 결의일과 합병계약을 체결한 날 중 앞서는 날의 전일을 기산일로 하여 1개월 평균종가, 1주일 평균종가, 최근일의 종가를 산술평균한 가액(이를 '기준 시가'라 한다)을 기준으로 100분의 30(계열회사 간 합병의 경우에는 100분의 10)의 범위에서 할인 또는 할증한 가액.[4]
이때 1개월 평균종가, 1주일 평균종가는 각 영업일의 종가를 거래량으로 가중산술평균하여 산정함.</td></tr>
<tr><td rowspan="2">공개 회사와 비공개 회사 간의 합병인 경우[5]</td><td>공개 회사</td><td>시가를 기준 주가로 하되, 가격이 자산 가치에 미달하는 경우에는 자산 가치로 할 수 있음.</td></tr>
<tr><td>비공개 회사</td><td>자산 가치와 수익 가치를 1대 1.5로 가중산술평균한 가액(본질 가치법)으로 하되, 이 경우 주권비상장법인과 유사한 업종을 영위하는 주권상장법인의 가치(상대 가치)를 산출하여 비교·공시해야 함.[6]

자산 가치의 산정[7]
• 자산 가치는 분석 기준일(주요사항보고서를 제출하는 날의 5영업일 전일) 현재 평가 대상 회사의 순자산을 분석 기준일 현재의 총발행주식수로 나눈 '주당 순자산 가액'으로 함.
• 순자산은 주요사항보고서를 제출하는 날이 속하는 사업연도의 직전 사업연도 말의 재무상태표상의 자본총계에서 실질 가치가 없는 무형자산 및 회수 가능성이 없는 채권을 차감하고 자기주식은 가산하는 등의 가감 사유를 반영하여 산정.

수익 가치의 산정[8]
수익 가치는 현금흐름할인모형, 배당할인모형 등 미래의 수익 가치 산정에 관하여 일반적으로 공정하고 타당한 것으로 인정되는 모형을 적용하여 합리적으로 산정.</td></tr>
</table>

3) 「자본시장법 시행령」 제176조의5 제1항 제1호.

4) 종전에는 합병 가액을 특정하였으나, 2013년 개정 「자본시장법」에서는 할인 또는 할증하는 방식으로 일정 범위 내에서 탄력적으로 합병 가액을 정할 수 있도록 변경하였다.

5) 「자본시장법 시행령」 제176조의5 제1항 제2호.

6) 종전에는 자산 가치와 수익 가치를 가중산술평균한 가액과 상대 가치의 가액을 산술평균한 가액으로 정하도록 하였으나, 2013년 개정 「자본시장법」에서 자산 가치와 수익 가치를 가중산술평균한 가액으로 정하되, 이 경우 유사한 업종을 영위하는 법인의 가치(상대 가치)를 비교하여 공시하도록 변경하였다.

7) 「증권발행공시규정 시행세칙」 제5조.

8) 「증권발행공시규정 시행세칙」 제6조.

		상대 가치의 산정[9)] 다음 각 호의 금액을 산술평균한 가액으로 함. 다만, 제2호에 따라 금액을 산출할 수 없는 경우 또는 제2호에 따라 산출한 금액이 제1호에 따라 산출한 금액보다 큰 경우에는 제1호에 따라 산출한 금액을 상대 가치로 함. 1. 평가 대상 회사와 한국거래소 업종 분류에 따른 소분류 업종이 동일한 주권상장법인 중 매출액에서 차지하는 비중이 가장 큰 제품 또는 용역의 종류가 유사한 법인으로서 최근 사업연도 말 주당 법인세 비용 차감 전 계속 사업 이익과 주당 순자산을 비교하여 각각 100분의 30 이내의 범위에 있는 3사 이상의 법인('유사 회사'라 한다)의 주가를 기준으로 다음 산식에 의하여 산출한 유사 회사별 비교 가치를 평균한 가액의 30% 이상을 할인한 가액. 유사 회사별 비교 가치 = 유사 회사의 주가 × {(평가 대상 회사의 주당 법인세 비용 차감 전 계속 사업 이익 / 유사 회사의 주당 법인세 비용 차감 전 계속 사업 이익) + (평가 대상 회사의 주당 순자산 / 유사 회사의 주당 순자산)} / 2 2. 분석 기준일 이전 1년 이내에 다음 각 목에 해당하는 거래가 있을 경우 그 거래 가액을 가중산술평균하여 100분의 10 이내로 할인 또는 할증한 가액. 가. 유상증자의 경우 주당 발행 가액. 나. 전환사채나 신주인수권부사채의 발행 사실이 있는 경우 주당 행사 가액.

문제는 어느 경우에 합병 비율이 현저히 불공정한가이다. 법원은 합병 당사 회사의 전부 또는 일부가 상장법인인 경우 「자본시장법」 등 관련 법령이 정한 요건과 방법 및 절차 등에 기하여 합병 가액을 산정하고 그에 따라 합병 비율을 정하였다면 그 합병 가액 산정이 허위 자료에 의한 것이라거나 터무니없는 예상 수치에 근거한 것이라는 등의 특별한 사정이 없는 한, 그 합병 비율이 현저하게 불공정하여 합병계약이 무효로 된다고 볼 수 없다고 판시하여 현저히 불공정한 합병 비율의 경우를 엄격히 제한하고 있다.[10)]

그러나 설사 법령에서 합병 비율에 대한 기준을 제시하였다고 하더라도 합병 당사 회사로서는 얼마든지 위 기준을 자신들에게 유리한 방향으로 악용할 수 있고, 오히려 이러한 법령의 기준이 합병 당사 회사에 면죄부를 주는 경우도 있다. 특히 공개기업 간의 합병에서는 시가를 기준으로 합병 비율을 정하는데, 회사의 주가와 회사의 실질 가치가 괴리될 수 있고, 나아가 합병 당사 회사의 경영진들이 사전 조율하여 주요사항보고서 제출일 전에 인위적으로 주가를 관리할 수도 있다. 예컨대 상장회사인 A기업이

9) 「증권발행공시규정 시행세칙」 제7조.

10) 대법원 2008. 1. 10. 선고 2007다64136 판결.

또 다른 상장회사인 B기업을 흡수 합병한다고 하자. 주요사항보고서가 제출되기 수개월 전을 기준으로 통상적인 경우라면 주가가 상승하였을 여러 호재가 있었음에도 B기업의 주가는 상승하지 못했고 오히려 B기업 스스로 주가의 상승을 막는 여러 공시와 언행을 하여 B기업 주가는 계속 정체 상태에 머물렀다. 이후 A기업과 B기업 간의 합병신고일 이전 주가를 기준으로 합병 비율을 산정한 결과 A기업에 좋은 조건으로 B기업과의 합병 비율이 정해졌다. 이러한 유형이 바로 대표적인 악용 사례이다.[11)]

라. 외부 평가기관의 평가 의무(「자본시장법 시행령」 제176조의5 제7항)

합병 가액의 공정성을 확보하기 위해 「자본시장법」에서는 일정한 경우 외부 평가기관의 평가를 의무화하고, 외부 평가기관의 결격 사유를 규정하여 부실 평가를 방지하고 있다.

(1) 주권상장법인이 주권상장법인과 합병하는 경우

원칙적으로 외부 평가를 받을 의무가 없으나, 예외적으로 아래의 경우에는 외부 평가기관의 외부 평가를 받아야 한다.

① 주권상장법인이 기준 주가를 기준으로 합병 가액을 산정하면서 기준 시가의 100분의 10을 초과하여 할인 또는 할증된 가액으로 산정하는 경우.

② 주권상장법인이 본질 가치법에 따라 산정된 합병 가액에 따르는 경우.

③ 주권상장법인이 주권상장법인과 합병하여 주권비상장법인이 되는 경우. 다만, 기준 주가에 따라 산정된 합병 가액에 따르는 경우 또는 다른 회사의 발행주식 총수를 소유하고 있는 회사가 그 다른 회사를 합병하면서 신주를 발행하지 아니하는 경우는 제외한다.

---

11) 2015년 삼성물산과 제일모직의 합병 역시 유사한 관점에서 합병 비율의 불공정성 문제가 제기되었다. 동 사건의 주식매수 가액 결정 사건에서 상장회사의 주가가 객관적 기업 가치를 반영하지 못한다고 판단하여 합병 비율 산정을 위한 주가의 기준일을 달리 정하였음은 참고할 만하다(서울고법 2016. 5. 30. 선고 2016라20189, 20190, 20192(병합) 결정).

(2) 주권상장법인이 주권비상장법인과 합병하는 경우

원칙적으로 아래의 경우에는 외부 평가기관의 외부 평가를 받아야 하고, 다만 예외적으로 주권상장법인이 코넥스시장 상장법인인 경우 합병 후 신주를 발행하지 않는 경우 등에는 외부 평가 의무가 없다.

① 주권상장법인이 자산 가치와 수익 가치를 가중산술평균한 가액을 기준으로 한 합병 가액에 따르는 경우.

② 주권상장법인이 주권비상장법인과 합병하여 주권상장법인이 되는 경우. 다만, 다른 회사의 발행주식 총수를 소유하고 있는 회사가 그 다른 회사를 합병하면서 신주를 발행하지 아니하는 경우는 제외한다.

③ 주권상장법인(코넥스시장에 주권이 상장된 법인은 제외)이 주권비상장법인과 합병하여 주권비상장법인이 되는 경우. 다만, 합병의 당사자가 모두 기준 주가를 기준으로 산정된 합병 가액에 따르는 경우 또는 다른 회사의 발행주식 총수를 소유하고 있는 회사가 그 다른 회사를 합병하면서 신주를 발행하지 아니하는 경우는 제외한다.

(3) 외부 평가기관의 결격 사유

외부 평가기관이 평가의 대상이 되는 법인과 다음의 특수관계가 있는 경우에는 평가가 금지된다(「자본시장법 시행령」 제176의5 제10항, 「증권발행공시규정」 제5-14조).

① 외부 평가기관이 합병 당사 회사에 그 자본금의 3% 이상을 출자하고 있는 경우 또는 합병 당사 회사가 외부 평가기관에 3% 이상을 출자하고 있는 경우.

② 외부 평가기관에 그 자본금의 5% 이상을 출자하고 있는 주주와 합병 당사 회사에 그 자본금의 5% 이상을 출자하고 있는 주주가 동일인이거나 특수관계인인 경우(단, 기관투자자로서 실질지배관계에 있지 않는 경우는 예외).

③ 외부 평가기관의 임원이 합병 당사 회사에 1% 이상 출자하고 있는 경우 또는 합병 당사 회사의 임원이 외부 평가기관에 1% 이상을 출자하고 있는 경우.

④ 외부 평가기관 또는 합병 당사 회사의 임원이 합병 당사 회사 또는 외부 평가기관의 주요 주주의 특수관계인인 경우.

⑤ 동일인이 외부 평가기관 및 합병 당사 회사의 주요한 경영 사항(임원의 임면 등)에 대하여 사실상 영향력을 행사하는 관계에 있는 경우.

⑥ 외부 평가기관이 합병 당사 회사의 회계감사인(평가 대상 재무제표에 대한 회계감사인 포함)인 경우.

마. 공시 의무

(1) 사업보고서 제출 대상 법인은 합병에 관한 계약을 체결하거나 이사회 결의가 있는 때에는 그 익일까지 주요사항보고서를 금융위원회에 제출해야 한다(「자본시장법」 제161조 제1항). 만일 합병 등으로 인한 신주의 발행 및 주식의 교부가 공모(모집·매출)에 해당하는 경우 별도로 증권신고서 및 증권발행실적보고서를 제출해야 한다(이 경우 합병종료보고서 제출은 불필요).

(2) 금융위원회는 주요사항보고서의 중요 사항에 관하여 거짓의 기재 또는 표시가 있거나 중요 사항이 기재 또는 표시되지 아니한 경우에는 제출 대상 법인에 대하여 이유를 제시한 후 그 사실을 공고하고 정정을 명할 수 있으며, 필요한 때에는 1년의 범위에서 증권의 발행 제한, 임원에 대한 해임 권고, 형사 고발 또는 수사기관에의 통보 등의 조치를 취할 수 있고, 다른 법률을 위반한 경우에는 관련 기관이나 수사기관에의 통보, 경고 또는 주의 등의 조치를 취할 수 있다(제164조 제2항).

(3) 만일 주요사항보고서 및 그 첨부 서류(회계감사인의 감사보고서는 제외한다) 중 중요 사항에 관하여 거짓의 기재 또는 표시가 있거나 중요 사항이 기재 또는 표시되지 아니함으로써 주요사항보고서 제출 대상 법인이 발행한 증권의 취득자 또는 처분자가 손해를 입은 경우 다음 각 호의 자는 그 손해에 관하여 배상의 책임을 진다. 다만, 배상의 책임을 질 자가 상당한 주의를 하였음에도 이를 알 수 없었음을 증명하거나 그 증권의 취득자 또는 처분자가 그 취득 또는 처분을 할 때 그 사실을 안 경우에는 배상의 책임을 지지 아니한다(제162조).

① 주요사항보고서의 제출인과 제출 당시의 그 주요사항보고서 제출 대상 법인의 이사.

② 「상법」 제401조의2에서 정한 업무집행지시자로서 그 주요사항보고서 등의 작성을 지시하거나 집행한 자.

③ 주요사항보고서 등의 기재 사항 및 그 첨부 서류가 진실 또는 정확하다고 증명하여 서명한 공인회계사·감정인 또는 신용평가를 전문으로 하는 자 등(그 소속단체를 포함

한다) 대통령령으로 정하는 자.

④ 그 주요사항보고서 등의 기재 사항 및 그 첨부 서류에 자기의 평가·분석·확인 의견이 기재되는 것에 대하여 동의하고 그 기재 내용을 확인한 자.

(4) 주권상장법인은 합병·분할 합병의 등기를 한 때에는 지체 없이 합병종료보고서를 제출해야 한다.[12)]

바. 채권자 이의 절차

(1) 규정

회사는 주주총회의 합병 승인결의가 있은 날로부터 2주 내에 회사 채권자에 대하여 합병에 이의가 있으면 1월 이상의 기간 내에 이를 제출할 것을 공고하고, 알고 있는 채권자에 대하여는 따로따로 이를 최고해야 한다(「상법」 제527조의5 제1항). 만일 채권자가 제1항의 기간 내에 이의를 제출하지 아니한 때에는 합병을 승인한 것으로 본다. 이의를 제출한 채권자가 있는 때에는 회사는 그 채권자에 대하여 변제 또는 상당한 담보를 제공하거나 이를 목적으로 하여 상당한 재산을 신탁회사에 신탁해야 한다(제527조의5, 제232조 제2항, 제3항).

(2) 취지

합병은 담보가 되는 회사 재산과 자본의 변동을 초래하기 때문에 회사 채권자의 권리에 중대한 영향을 준다. 따라서 「상법」에서는 회사 채권자들의 이익을 위하여 이의 제출의 기회를 보장하고, 이의를 제출한 채권자에 대하여는 회사가 변제 또는 담보 제공 또는 신탁을 해야 합병의 효력이 발생하는 것으로 규정하고 있다.

(3) 이의 제출 채권자

이의를 제출할 수 있는 채권자는 소송이 계류 중이거나 회사와 다툼이 있는 경우도 포함된다고 본다. 대법원 등기 선례 또한 "흡수 합병으로 인한 변경등기신청서에는 「상법」 제527조의5 제1항의 규정에 의한 공고 및 최고를 한 사실과 이의를 진술한 채권

12) 「증권발행공시규정」 제5-15조.

자가 있는 때에는 이에 대하여 변제 또는 담보를 제공하거나 신탁을 한 사실을 증명하는 서면을 첨부해야 하는바, 이의를 진술한 채권자의 채권의 존부와 채권액에 대하여 회사가 이를 다투고 있다(소송이 계속 중이라는 의미)는 사실만으로 위와 같은 서면의 첨부 없이 합병으로 인한 변경등기를 경료받을 수는 없을 것이다"라고 정하고 있다.[13)]

(4) 이의 제출 방식

이의를 제출하는 방식은 특별히 제한이 없다. 채권자는 자본 감소 결의에 대하여 개별적으로 이의를 제출할 수 있는데, 나중에 합병무효의 소송을 제기할 경우의 증거 확보 측면에서 내용증명으로 보내는 것이 바람직하다. 2007년 4월 동부한농의 공사채 사채권자들은 동부한농과 동부일렉트로닉스의 합병에 반대해 합병에 대한 채권자 이의 제출을 목적으로 하는 사채권자 집회 소집 신청을 법원에 신청하기도 하였다.

(5) 이의 제출의 효과

① 채권자가 이의 제출 기간 내에 이의를 제출하면 회사는 이 채권자에 대하여 변제 또는 상당한 담보를 제공하거나 이를 목적으로 하여 상당한 재산을 신탁회사에 신탁해야 한다. 담보의 제공은 저당권, 질권, 양도담보권 등의 설정이 모두 가능하다. 재산의 신탁은 신탁회사에 해야 하는데, 신탁할 수 있는 재산은 금전뿐만 아니라 유가증권, 동산 등도 가능하다. '상당한' 담보의 제공 또는 '상당한' 재산의 신탁은 그 채권을 변제하기에 족한 재산이라고 보아야 한다.

② 「상법」 제232조의 채권자 보호 절차가 종료하지 않은 때에는 그 절차가 종료할 때까지 합병으로 인한 주식병합의 효력이 발생하지 않는다(「상법」 제530조 제3항, 제441조 단서). 만일 채권자 보호 절차가 종료하지 않았음에도 합병등기가 이루어졌을 때는 당해 채권자는 합병등기가 있은 날로부터 6월 내에 합병무효의 소송을 제기할 수 있다(제529조).

---

13) 대법원등기선례 6-640호(1999. 4. 2. 등기 3402-354 질의회답).

사. 효과

(1) 회사의 소멸

흡수 합병의 경우에는 존속 회사 이외의 당사 회사가, 신설 합병의 경우에는 당사 회사 전부가 해산하고, 합병과 동시에 청산 절차를 거치지 않고 소멸한다(「상법」 제517조 제1호, 제531조).

(2) 권리 의무의 포괄적 승계

합병이 이루어지면 피합병 회사의 권리 의무는 성질상 이전을 허용하지 않는 것을 제외하고는 사법 또는 공법상의 관계를 불문하고 모두 합병 후 회사에 승계된다.[14] 권리 의무의 승계는 법률상 당연히 이루어지는 것이므로, 승계되는 개개의 재산에 대해 이전행위를 따로 할 필요가 없고 별도의 채무인수 절차를 취할 필요도 없다.

예컨대 피합병 회사가 보유하는 건설업 면허는 합병에 의하여 설립되거나 존속하는 회사에 이전되고, 만약 건설업 면허를 가진 피합병 회사에 그 면허를 취소할 위법 사유가 있었다면 면허 관청은 이를 이유로 설립 회사나 존속 회사에게 응분의 제재조치를 취할 수 있다.[15] 신원보증계약은 사용자인 회사가 다른 회사에 합병된 후라도 피용자가 다른 회사에 계속 고용되고 있는 이상 다른 특별한 사정이 없는 한, 그 신원보증계약은 그대로 존속된다.[16]

피합병 회사와 그 근로자 사이의 집단적인 근로관계나 근로조건 등은 원칙적으로 피합병 회사의 근로자들과 합병 회사 사이에 그대로 승계되고,[17] 설사 근로자가 사직서를 제출하였더라도 기업의 경영 방침에 의한 일방적인 결정에 따라 피합병 회사에서의 퇴직과 합병 회사로의 재입사 형식을 거친 것에 불과하다면 근로관계가 단절되지 않는다.[18] 그러나 피합병 법인이 그 종업원 등의 위법행위에 대해 양벌 규정에 따라 부담하던 형사책임은 그 성질상 이전을 허용하지 않는 것으로서 합병으로 인하여 존속 법인

14) 대법원 1994. 10. 25. 선고 93누21231 판결.
15) 대법원 1994. 10. 25. 선고 93누21231 판결.
16) 대법원 1994. 11. 11. 선고 94다30669 판결.
17) 대법원 2004. 5. 14. 선고 2002다23192 판결.
18) 대법원 2003. 4. 11. 선고 2001다39374 판결.

에 승계되지 않는다.[19)]

대법원 2004. 7. 8. 선고 2002두1946 판결(지정 제외 처분 등 취소): 안진회계법인 사건

사실관계

1999년 5월 10일 안진회계법인은 세동회계법인을 흡수 합병.

1999년 7월 8일 증권선물위원회는 세동회계법인의 대한생명에 대한 종전 부실감사를 원인으로 감사인 지정 제외 2%, 손해배상공동기금 추가 기금 80%를 내용으로 하는 제재 처분을 함.

판결

• 합병으로 소멸하는 법인으로부터 존속 법인으로 승계되는 권리 의무 관계에 하자가 있다면 그 하자를 이유로 소멸 법인에게 할 수 있었던 제재 처분을 존속 법인에게도 할 수 있고, 다만 그 제재 처분으로 합병 전부터 존속 법인이 가지고 있던 권리 의무까지 제한할 수는 없기 때문에 그만큼 존속 법인에 대하여 할 수 있는 제재 처분에 한계가 있게 될 뿐이다.

• 감사인 지정 제외와 관련한 공법적 관계는 감사인의 인적·물적 설비와 위반 행위의 태양과 내용 등과 같은 객관적 사정에 기초하여 이루어지는 것으로서 합병으로 존속하는 회계법인에 승계된다.

• 손해배상공동기금의 추가 적립과 관련한 공법상의 관계는 감사인의 감사 보수 총액과 위반 행위의 태양 및 내용 등과 같은 객관적 사정에 기초하여 이루어지는 것으로서 합병으로 존속하는 회계법인에 승계된다.[20)]

---

(3) 주주의 지위

소멸 회사의 합병에 의하여 1주 미만의 단주만을 취득하거나 합병에 반대한 주주로서 주식매수청구권을 행사하는 등의 특별한 경우를 제외하고는 원칙적으로 합병계약상의 합병 비율과 배정 방식에 따라 존속 회사 또는 신설 회사의 주주권을 취득하여, 존

---

19) 대법원 2007. 8. 23. 선고 2005도4471 판결.

20) 공법적 제재 처분이나 손해배상소송의 승계를 받지 않기 위하여 회계법인이 우선 해산 후 소속 회계사들이 개별적으로 다른 회계법인에 입사하는 형식을 취하기도 한다.

속 회사 또는 신설 회사의 주주가 된다.[21)]

(4)「공정거래법」상 제한

만일 합병으로 인하여 일정한 거래 분야에서 경쟁을 실질적으로 제한한다고 인정되는 경우에는 당해 합병 절차가 금지된다(「공정거래법」 제7조 제1항).

(5) 합병무효의 소(「상법」 제529조)

① 합병은 장기간 절차가 진행되면서 많은 법률관계가 형성되고 이로 인하여 많은 이해관계인이 생긴다. 따라서 법적 안정성을 고려하여 합병무효의 원인이 있는 경우에는 각 회사의 주주, 이사, 감사, 청산인, 파산관재인 또는 합병을 승인하지 아니한 채권자에 한하여 소만으로 이를 주장할 수 있다. 합병무효의 원인으로는 합병계약이 없었던 경우, 주주 및 채권자 보호 절차를 이행하지 않은 경우, 종류주주총회가 없었던 경우, 보고 절차가 없었던 경우, 합병 비율이 현저하게 불공정한 경우 등을 들 수 있다.

② 위 합병무효의 소는 합병등기가 있은 날로부터 6월 내에 제기해야 한다. 합병을 위한 주주총회의 결의에 하자가 있는 경우 합병등기에 의하여 합병의 효력이 발생한 후에는 주주총회 결의 하자는 합병 과정의 하자로 흡수되어 합병무효의 소만으로 다툴 수 있고('흡수설') 합병무효의 소에서 청구인락은 허용되지 않는다.[22)] 판례는 합병 결의에 찬성한 주주가 합병무효의 청구를 하는 것은 신의성실의 원칙이나 금반언의 원칙에 반하지 않는다고 보고 있다.[23)]

③ 합병무효의 원고 승소 판결이 확정되면 합병은 그 효력을 상실한다. 대세적 효력은 있으나, 소급효가 없어 장래에 대해서만 효력이 미친다(「상법」 제240조, 제190조, 제530조 제2항). 따라서 해산 회사는 장래에 대해서만 부활하고 신설 회사 역시 장래에 대해서만 소멸한다. 합병 후 무효판결의 확정 전에 존속하거나 신설 회사, 그 주주와 제3자 사이에 성립한 법률관계는 그대로 유효하다. 확정 이후 장래에 대하여 합병 이전의 상태로 복귀시키는 절차에 대해서 「상법」은 간단한 규정만을 두고(제238조, 제530조 제2

---

21) 대법원 2003. 2. 11. 선고 2001다14351 판결.

22) 대법원 1993. 5. 27. 선고 92누14908 판결.

23) 인천지법 1986. 9. 29. 선고 85가합1526 판결.

항) 나머지는 해석에 맡기고 있다.[24)]

아. 소규모 합병과 간이 합병

(1) 소규모 합병과 간이 합병의 의의

합병 절차는 상당한 기간과 복잡한 절차, 과다한 비용이 소요되기 때문에 1998년 개정 「상법」에서는 기업구조조정과 인수합병의 활성화를 위해 주주총회의 특별결의가 없어도 이사회 결의만으로 합병이 가능한 '소규모 합병'과 '간이 합병' 제도를 도입하였다.

'소규모 합병'이란 소멸 회사의 규모가 극히 소규모여서 존속 회사 주주에게 미치는 영향이 매우 적은 경우 존속 회사의 합병 절차의 간편화를 위하여 존속 회사의 주주총회 승인을 이사회 승인으로 갈음하는 제도이다. '간이 합병'이란 소멸하는 회사의 총주주의 동의가 이미 있거나 존속 회사가 소멸 회사 주식의 90% 이상을 소유하는 경우 소멸 회사의 주총은 대부분 무용한 절차일 것이므로 소멸하는 회사의 주주총회 승인을 이사회 승인으로 갈음하는 제도이다. 두 제도 모두 흡수 합병의 경우에만 인정되고 신설 합병의 경우에는 인정되지 않는다.

2015년 개정 「상법」(시행일 2016년 3월 2일)에서는 자기주식을 합병의 대가로 교부할 수 있음과 교부하는 자기주식이 합병으로 인하여 발생하는 신주에 해당함을 명문으로 규정하였다.

(2) 소규모 합병과 간이 합병의 차이점

구분	소규모 합병	간이 합병
적용 대상	존속 회사.	소멸 회사.
적용 요건	존속 회사가 합병으로 인하여 발행하는 신주의 총수가 존속 회사의 발행주식 총수의 100분의 10을 초과하지 아니하고, 소멸 회사의 주주에게 교부금을 정한 경우 그 금액이 존속 회사의 최종 대차대조표상 현존하는 순자산의 5%를 초과하지 않는 경우.	존속 회사가 소멸 회사 주식의 90% 이상을 소유하여 합병 여부가 존속 회사의 의사만으로 결정되거나 소멸 회사 총주주의 동의가 이미 존재하는 경우.

24) 권기범, 《기업지배구조조정법(제4판)》, 삼영사, 334쪽 이하.

구분	소규모 합병	간이 합병
주총 여부	존속 회사의 주총 불필요.	소멸 회사의 주총 불필요.
견제 장치	존속 회사 주식의 20% 이상이 반대하는 경우에는 합병 승인 주총이 필요. 소멸 회사의 주주에게는 이해관계가 크므로 소멸 회사의 주총은 필요.	존속 회사 주총을 생략할 수는 없음.
주식매수 청구권	존속 회사의 반대 주주에게 주식매수청구권은 허용되지 않음(「상법」 제527조의3 제5항). 반면 소멸 회사의 주주총회 승인은 여전히 필요하므로, 소멸 회사의 주주는 인정.	존속 회사의 반대 주주는 인정. 반면 소멸 회사의 주총 결의는 없지만, 소멸 회사의 소액주주가 불공정한 합병 비율에 의한 주식을 배정받을 가능성이 높기 때문에 인정.

(3) 소액주주의 보호 문제

간이 합병이나 소규모 합병 제도는 주식회사의 합병이 신속, 용이하도록 미국 또는 일본의 제도를 도입하여 절차를 간소화한 것으로, 주주의 보호와 관련하여 문제가 있을 수 있다. 예를 들어 자본잠식이 심한 대규모 부실 비상장회사를 흡수 합병할 때 비상장회사의 순자산을 기준으로 존속 회사가 발행할 신주의 수가 많지 않을 경우 존속 회사의 주주들은 부실 회사의 합병으로 손해가 발생함에도 불구하고 소규모 합병이라는 이유로 주주총회의 결의가 생략되어 의결권 행사나 주식매수청구권을 행사할 기회를 갖지 못할 수도 있다.[25)]

사례: SKT와 신세기통신 간의 소규모 합병

소규모 합병 방식에 사회적인 주목을 집중시켰던 대표적인 사건이 바로 SKT와 신세기통신 간의 소규모 합병 사건이었다. 2001년 9월 21일 SKT와 신세기통신은 이사회를 열고 양 회사의 소규모 합병 방침을 의결하였다. 이미 2년 전에 신세기통신의 경영권을 확보한 SKT가 일반 합병이 아닌 소규모 합병을 추진할 경우 SKT의 주총이 필요 없으므로 합병에 반대하는 SKT의 주주들의 반발을 무마할 수 있고, SKT의 주주들에게 주식매수청구권을 부여하지 않음으로써 자금 부담도 덜 수 있었기 때문이다. 문제는 소규모 합병을 하려면 신세기통신의 주식 가치가 낮아서 SKT가 발행하는 신주가 전체 발행주식

25) 《기업구조조정 세제와 연결납세 가이드(2015)》, 한국공인회계사회, 13쪽.

수의 5% 이내여야 한다는 점이었다. 비공개기업이었던 신세기통신은 회계법인의 평가를 받아야 했고 이를 위해 신세기통신의 경영권을 가진 SKT가 소극적인 마케팅으로 신세기통신의 기업 가치를 하락시킨다는 의혹이 제기되기도 했다. 결국 SKT의 바람대로 신세기통신의 주당 가치는 낮게 평가되어 소규모 합병 기준을 충족하였고, SKT는 신주가 아닌 합병 전에 미리 사둔 자사주를 신세기통신 주주들에게 지급함으로써 법률적 위험을 최대한 줄였다. 일부 신세기통신 주주들이 이 합병결의의 취소를 구하면서 소송을 제기하였으나, 대법원은 "「상법」 제527조의3 제1항 본문규정의 '합병으로 인하여 발행하는 신주'란 합병 당시에 실제로 발행하는 신주를 말하는 것으로 해석되므로, 존속회사가 그에 갈음하여 이미 보유하고 있던 자기주식을 이전하는 경우 이를 합병으로 인하여 발행하는 신주'에 해당한다고 볼 수는 없고, 이처럼 미리 취득하여 둔 자기주식을 합병의 대가로 이전하는 것 자체가 합병절차상의 하자에 해당한다고 볼 수 없으며, 또한 존속회사가 보유하던 소멸회사의 주식에 대하여 반드시 신주를 배정하여야 한다고 볼 수도 없다."고 판시하여 원고의 청구를 기각하였다.(대법원 2004. 12. 9. 선고 2003다69355 판결)

자. 합병 대가의 유연화: 교부금 합병과 삼각 합병의 도입

(1) 교부금 합병

교부금 합병(cash-out merger)은 주식회사의 흡수 합병 시 합병계약에 따라 존속 회사가 소멸 회사의 주주에게 합병의 대가로서 존속 회사의 주식 대신에 현금, 사채, 모회사 주식 등을 교부하는 방식이다. 종전에도 합병 대가를 예외적으로 현금으로 줄 수 있다고 해석하였는데, 2011년 개정 「상법」에서는 합병 대가로 주식 대신 현금이나 그 밖의 재산을 제공할 수 있다는 문구를 추가하여(제523조 제4호) 교부금 합병을 명시적으로 도입하였다. 이러한 교부금 합병은 기업의 구조조정을 용이하게 하고 기업의 효율성을 제고시키는 장점이 있지만, 소수파 주주를 축출하여 경영 비용을 줄이거나 상장폐지의 수단으로 활용될 위험도 있다.

(2) 삼각 합병

삼각 합병이란 A회사의 자회사인 A′가 B회사를 합병하면서 소멸하는 B회사의 주주에게 A′가 아닌 모회사 A회사의 주식을 교부하는 방식이다. 종전에는 자회사가 모회사의 주식을 취득하는 것이 금지되었기 때문에(「상법」 제342조의2) 이러한 방식이 불가능하였지만, 2011년 개정 「상법」에서는 합병의 대가를 '그 밖의 재산'으로 확대함에 따라(제523조의2) 합병 대가로 존속 회사의 모회사 주식을 활용하는 삼각 합병이 가능하게 되었다.

삼각 합병 시 B회사가 A′에 흡수되어 A회사의 자회사가 되며, 합병 당사자가 아닌 A회사의 주주총회 특별결의 또는 A회사 주주에 대한 주식매수청구권 부여가 요구되지 않는다는 장점이 있다.

차. 2015년 개정 「상법」(시행일 2016년 3월 2일)에 따른 새로운 형태의 합병 제도의 도입

(1) 삼각 분할 합병

삼각 분할 합병이란 회사 분할의 대가로 분할 승계 회사(분할 흡수 합병의 존속 회사)의 주식을 분할 회사의 주주에게 교부하는 분할 합병과 달리 자회사가 분할 승계 회사로 분할 회사의 일부 사업 부문만 합병하고 그 대가로 모회사의 주식을 분할 회사의 주주에게 교부하는 방식을 말한다.

종전에는 분할 합병의 경우 계약서의 기재 사항으로 "분할 합병의 상대방 회사가 분할 합병을 함에 있어서 발행하는 신주의 총수, 종류 및 종류별 주식의 수"를 기재할 것을 요구함으로써 분할 합병의 승계 회사가 그 회사의 주식이 아니라 모회사의 주식을 분할 합병의 대가로 교부할 수 없었다. 그러나 2015년 개정 「상법」은 분할 흡수 합병 시 분할 승계 회사가 분할 회사의 주주에게 분할 합병 대가의 전부 또는 일부로서 자신이 발행한 주식 이외의 다른 재산을 제공하는 것을 허용하면서(제530조의6 제1항 제4호), 분할 승계 회사가 분할 합병의 대가로 모회사 주식을 취득할 수 있도록 하였다(동조 제4항).

삼각 분할 합병은 삼각 합병과 같이 모회사의 주식을 활용하여 자회사의 사업 영역을 확장한다는 점에서 유사한 기능을 가진다. 그러나 삼각 분할 합병은 삼각 합병과 달리, 인수 대상 회사의 전체가 아닌 인수 대상 회사에서 원하는 특정 사업 부문만을 분할하여 자회사와 합병시킬 수 있다는 장점이 있다.

(2) 역삼각 합병

역삼각 합병이란 모회사의 주식을 활용하여 인수 대상 회사를 자회사로 한다는 점에서는 삼각 합병과 동일하지만 인수 대상 회사를 존속 회사로 한다는 점에서 차이가 있는 방식이다.

2015년 개정 「상법」에서 역삼각 합병을 명문으로 규정한 것이 아니라 삼각주식교환을 허용함에 따라 삼각주식교환을 활용하여 역삼각 합병 방식도 가능하게 되었다. 즉 2015년 개정 「상법」에서는 완전 모회사가 되는 회사가 주식교환의 대가로 자신의 모회사의 주식을 교부하는 것을 허용하였는데(「상법」 제360조의3 제3항 제4호, 제6항), 이를 삼각주식교환이라고 한다. 이렇게 삼각주식교환을 한 후 완전 모회사가 된 자회사가 완전 자회사가 된 인수 대상 회사에 역흡수 합병되면, 결국 인수 대상 회사를 존속 회사로 하여 자회사로 만드는 합병 방식도 가능하게 된다.

인수 대상 회사의 계약상 지위, 특허권, 상호권 등을 그대로 사용할 수 있기 때문에 인수 대상 회사를 유지하는 것이 절차적으로 유리할 때 활용할 수 있다.

(3) 무증자 합병 명문화

2015년 개정 「상법」에서는 합병, 흡수 합병, 분할 합병의 경우 신주발행 대신 자기주식 이전이 가능함을 명문으로 규정함으로써 자본의 증가가 없는 무증자 합병을 명문화하였다. 종래에도 「상법」에는 명문의 규정이 없었지만, 대법원 등기 선례에서는 무증자 합병을 인정하였는데, 이를 명문화한 것이다.

3. 영업 양도

가. 영업 양도란

(1) 영업 양도의 의의

영업 양도란 일정한 영업 목적에 의하여 조직화된 인적, 물적 조직을 그 동일성을 유지하면서 일체로서 이전하는 행위를 말한다. 영업 양도는 기업의 재편성 또는 결합의 중요한 수단이 된다는 점에서 '작은 합병'으로 불린다. '영업 양도'가 '합병'과 구별되는 가장 큰 차이는 합병의 경우에는 소멸 회사의 모든 권리 의무가 포괄적으로 승계되어 법률상 당연히 이전의 효과를 가져오지만 영업 양도는 채권계약이어서 계약에서 정한 범위 내의 자산에 대하여 개별적으로 이전행위를 해야 하고 채무도 개별적인 인수 절차를 거쳐야 한다는 점이다.

(2) 영업 양도의 기본 절차

영업 양도를 하기 위해서는 우선 양도인과 양수인 간에 영업 양수·도 계약을 체결해야 한다. 영업 양수·도 계약에서는 이전한 자산과 채무의 범위, 양도 대가, 직원고용승계에 관한 사항 등을 규정한다. 영업 양수·도 계약이 체결되면 이에 따라 개별적인 자산 및 채무의 이전 절차를 거친다. 즉 공장 용지나 건물 등 부동산에 대하여는 소유권이전등기 절차를, 재고자산, 기계 등 동산은 인도 절차를 거친다. 영업 양도인이 보유하던 지명채권은 양도인의 채무자에 대한 통지나 채무자의 승낙이 있어야 양수인이 채무자에게 대항할 수 있다.[26] 채무인수, 특히 면책적 채무인수를 위해서는 개별적으로 채권자의 동의를 받아야 한다.

(3) 영업 양도의 활용

각각의 자산, 부채에 대하여 개별적인 이전행위를 해야 한다면 굳이 '영업 양도'라는 개념을 따로 설정할 필요가 있느냐는 의문이 제기될 수 있다. 그러나 기업의 재편성에는 자산, 부채의 총합뿐만 아니라 영업권, 고객 관리, 노하우 등도 조직적으로 양도할 필요성이 있고, 또한 합병과 달리 세무, 부외부채, 우발채무에 대한 부담을 지지 않는다는 장점이 있기 때문에 실무상 영업 양도가 중요하게 활용되고 있다. 그러나 영업 양도가 중요한 경영 행위임에도 불구하고 현행 법률에서는 종합적이지 않은 산발적인 규정으로 혼재되어 있어서 복잡한 경제현상을 충분히 담아내지 못하고 있다. 예컨대 「상법」 총칙에서는 채권자와 양수인의 이해와 관련 있는 상호 속용자의 책임과 경업금지 의무 규정을, 회사법에서는 주주의 이해와 관련 있는 주총 특별결의 사항을,[27] 「자본시

26) 대법원 1991. 10. 8. 선고 91다22018, 22025 판결.

27) 대법원 1988. 4. 12. 선고 87다카1662에서는 "「상법」 제374조 제1항 제1호 소정의 영업의 양도란 동법 제1편 제7장의 영업 양도"를 가리킨다고 보아 이른바 '형식설'을 취하면서도 단순한 영업용 재산

장법」에서는 잠재적 투자자들과 주주들의 이해와 관련 있는 공시 의무를 나누어 설명하고 있다.

나. 어느 경우를 영업 양도로 볼 것인가: 자산 인수와 관련하여

영업 양도 여부는 양수인이 유기적으로 조직화된 수익의 원천으로서 기능적 재산을 이전받아 양도인이 하던 것과 같은 영업적 활동을 계속하고 있는가에 따라 판단된다.[28] 판례는 "영업 양도가 이루어졌는가의 여부는 단지 어떠한 영업 재산이 어느 정도로 이전되어 있는가에 의하여 결정되어야 하는 것이 아니고 거기에 종래의 영업 조직이 유지되어 그 조직이 전부 또는 중요한 일부로서 기능할 수 있는가에 의하여 결정되어야 하므로 영업 재산의 일부를 유보한 채 영업 시설을 양도했어도 그 양도한 부분만으로도 종래의 조직이 유지되어 있다고 사회관념상 인정되면 그것을 영업의 양도라 볼 것이지만, 반면에 영업 재산의 전부를 양도했어도 그 조직을 해체하여 양도했다면 영업의 양도로 볼 수 없다"고 한다.[29]

그런데 영업 양도란 양도인과 양수인 간의 채권계약의 성질을 가지므로, 양도인과 양수인 간에 이전하는 자산과 부채의 범위를 한정할 수 있다. 이 경우 그중 어떠한 계약을 '영업 양도'로 보아 이에 따른 절차와 효과를 구분할지가 문제된다. 특히 양수인이 기존 양도인의 과다한 부채와 근로관계를 승계받기를 원하지 않아 토지, 건물 등의 부동산이나 기계 설비 등 영업을 구성하고 있는 자산만 양도하고 영업상의 채권 채무 등은 양도하지 않는 경우에 문제가 된다. 이렇게 자산만을 양도받는 계약을 별도로 '자산 인수(asset acquisition)'라고 부른다.[30]

영업 양수·도와 자산 양수·도는 절차, 고용관계의 승계 여부 등에 차이가 있으나 실제로는 주주총회의 승인을 받아야 하는지가 가장 문제된다.

의 경우라도 일정한 경우에는 주총 특별결의를 요한다고 하여 '절충설'의 입장인 것으로 분석된다.

28) 대법원 2005. 7. 22. 선고 2005다602 판결.

29) 대법원 2003. 5. 20. 선고 2002다23826 판결.

30) 자신 인수 방식 중 대상 기업의 일부 자산과 부채를 분리하여 인수·매각하는 방식을 'P&A(Purchase & Acquisition) 방식'이라고 부르기도 한다.

다. 「상법」에서 절차상 특징: 주주총회의 특별결의

(1) 주주총회 결의의 필요성

중요한 자산의 처분과 양도, 대규모 재산의 차입의 경우에는 이사회의 결의만 거치면 되지만(「상법」 제393조 제1항), 영업 양도는 회사의 재산적 기초를 위태롭게 할 염려가 있어 투자자로서 주주의 이해에 중대한 영향이 있으므로 이사회 결의 이외에 별도로 주주총회의 특별결의를 거쳐야 한다. 만일 주주총회의 특별결의를 거치지 않은 경우 통설은 그 처분행위가 무효라고 보고 판례도 “주식회사가 회사 존속의 기초가 되는 중요한 재산을 처분할 당시에 이미 사실상 영업을 중단하고 있었던 상태라면 그 처분으로 인하여 비로소 영업의 전부 또는 일부가 폐지 또는 중단됨에 이른 것이라고는 할 수 없으므로, 이러한 경우에는 주주총회의 특별결의가 없었다 하여 그 처분행위가 무효로 되는 것은 아니다”[31]라고 판시함으로써 주주총회의 특별결의가 없는 처분행위가 무효라는 점을 간접적으로 나타내고 있다. 또한 주주총회 특별결의를 거치지 않은 채 체결한 양도계약은 무효이고, 회사가 스스로 약정의 무효를 주장하더라도 그 무효 주장이 신의성실 원칙에 반한다고 할 수 없다.[32]

(2) 주주총회의 특별결의가 필요한 경우

① 「상법」에서 주주총회의 특별결의가 필요하다고 규정한 사항은 다음과 같다(제374조 제1항).

- 영업의 전부 또는 중요한 일부의 양도.
- 영업 전부의 임대 또는 경영 위임, 타인과 영업의 손익 전부를 같이하는 계약, 기타 이에 준한 계약의 체결, 변경 또는 해약.
- 회사의 영업에 중대한 영향을 미치는 다른 회사의 영업 전부 또는 일부의 양수.

② 종래 「상법」은 주식회사가 다른 회사의 영업 전부를 인수할 경우에는 인수하는 영업의 규모와 관계없이 주주총회의 특별결의를 얻도록 규정하였으나, 2012년 개정 「상법」은 다른 회사의 영업 전부를 양수하는 경우와 영업 일부를 양수하는 경우 모두에 대

31) 대법원 1988. 4. 12. 선고 87다카1662 판결.
32) 대법원 2018. 4. 26. 선고 2017다288757 판결.

하여 '양수하는 회사에 중대한 영향을 미치는 경우'에 한하여 주주총회의 특별결의를 얻도록 변경하였다.

이때 어느 경우가 회사의 영업에 '중대한' 영향을 미치는 양수인지가 문제된다. 양수하고자 하는 부문의 사업이 전체 매출액 및 수익에서 차지하는 양적 요소와 그 영업 양수가 장차 회사의 사업 성격 및 주주에게 미치는 영향 같은 질적 요소를 종합하여 판단해야 하겠지만, 그중 양적 기준으로는 소규모 합병에 대한 「상법」의 규정과 「유가증권시장 공시규정」을 참고하여 양수하는 영업의 총자산액, 순자산액, 총부채액 등의 지표가 양수하는 회사의 10%에 미달하는 경우라면 일단 중대한 영향을 미치지 아니하는 영업 양수로 보아야 할 것이다.

③ 「상법」 제374조 제1항 제2호의 '타인과 영업의 손익 전부를 같이하는 계약'이란 독립한 수 개의 기업 간에 손익 전부에 관하여 공통관계를 설정하는 소위 이익협동단체 또는 이익공통계약을 말하고, '기타 이에 준한 계약'이란 타인의 계산에 있어서 회사가 자기의 영업을 수행하는 계약으로서 예컨대 판매 카르텔을 말한다.[33)]

(3) 영업용 재산의 처분행위와 관련하여

단순한 영업용 재산의 양도는 원칙적으로 영업의 양도라 할 수 없지만, 판례는 만일 영업용 재산의 처분으로 말미암아 회사 영업의 전부 또는 일부를 양도하거나 폐지하는 것과 같은 결과를 가져오는 경우에는 이는 영업의 전부 또는 일부 양도와 다를 바 없으므로 「상법」 제374조 제1항의 규정을 유추 적용하여 주주총회의 특별결의를 거쳐야 한다고 보고 있다. 다만 회사가 회사 존속의 기초가 되는 영업용 재산을 처분할 당시에 이미 영업을 폐지하거나 중단하고 있었던 경우에는 그 처분으로 인하여 비로소 영업의 전부 또는 일부가 폐지되거나 중단된 것이라고 할 수 없으므로 주주총회의 특별결의가 필요없다.[34)]

---

33) 서울고법 1965. 3. 24. 선고 64나1253 판결.

34) 대법원 1988. 4. 12. 선고 87다카1662 판결.

대법원 2004. 7. 8. 선고 2004다13717 판결(특허권이전등록말소등록)

사실관계

M사는 대표 장모 씨가 99년 '사전 암반 절단 공법'을 특허등록하고 이를 이용한 사업을 추진하는 업체로 설립되어 벤처기업으로 지정받은 후 2000년 5월 회사 주식이 연말까지 코스닥에 등록될 것이라고 약속하여 투자자들로부터 11억 7,900만 원을 출자받았다. 그 후 M사가 코스닥에 등록되지 않으면서 투자금 변제가 어렵게 되자 M사는 그 담보를 위해 2001년 2월 투자자 등을 대표한 한 씨에게 특허권이전등록을 경료하였다. 이후 M사는 한 씨를 상대로 "특허권의 양도는 주주총회의 특별결의가 필요하기 때문에 한 씨에게 한 특허권이전등록은 무효"라며 특허권이전등록말소등록 청구소송을 제기하였다.

판결

당해 특허권을 이용한 공사의 수주를 회사의 주된 사업으로 하고, 위 특허권이 회사의 자산에서 대부분의 비중을 차지하는 경우 위 특허권의 양도는 회사 영업의 전부 또는 일부를 양도하거나 폐지하는 것과 같은 결과를 가져오는 것이므로 특허권의 양도에는 주주총회의 특별결의가 필요하다.

(4) 주식매수청구권

「상법」에서는 영업 양도의 경우 기존 주주의 이해관계에 중대한 영향을 미친다고 보아 합병에 준하여 영업 양도에 반대하는 주주에게 주식매수청구권을 부여하고 있다(자세한 사항은 제2편 제3장 제2절 '1. 주식매수청구권' 참조).

(5) 간이 영업 양도 · 양수 · 임대 제도의 도입

2015년 개정 「상법」에서는 영업 양도, 양수, 임대 시 당해 회사 총주주의 동의가 있거나 그 회사의 발행주식 총수의 100분의 90 이상을 그 거래의 상대방 회사가 소유하고 있는 경우에는 그 회사의 주주총회의 승인은 이를 이사회의 승인으로 갈음할 수 있도록 하는 간이 영업 양도 등 제도를 도입하였다(제374조의3). 간이 영업 양도의 도입으로 주주총회 소집에 필요한 절차를 상당 부분 생략할 수 있다.

라. 「자본시장법」에 따른 공시 의무

(1) 사업보고서 제출 대상 법인은 중요한 영업 또는 자산을 양수하거나 양도할 것을 결의한 때에는 그 익일까지 주요사항보고서를 금융위원회에 제출해야 한다(「자본시장법」 제161조 제1항).

① 중요한 영업 양수·도의 기준(「동 시행령」 제171조 제2항)

(a) 양수·양도하려는 영업 부문의 자산액(장부 가액과 거래 금액 중 큰 금액)이 최근 사업연도 말 현재 자산총액(한국 채택 국제회계기준을 적용하는 연결재무제표 작성 대상 법인의 경우 연결재무제표의 자산총액)의 100분의 10 이상인 양수·양도.

(b) 양수·양도하려는 영업 부문의 매출액이 최근 사업연도 말 현재 매출액(한국 채택 국제회계기준을 적용하는 연결재무제표 작성 대상 법인의 경우 연결재무제표의 매출액)의 100분의 10 이상인 양수·양도.

(c) 영업의 양수로 인하여 인수할 부채액이 최근 사업연도 말 현재 부채총액(한국 채택 국제회계기준을 적용하는 연결재무제표 작성 대상 법인의 경우 연결재무제표의 부채총액)의 100분의 10 이상인 양수.

② 중요한 자산 양수·도의 기준(「동 시행령」 제171조 제2항)

양수·양도하려는 자산액(장부 가액과 거래 금액 중 큰 금액)이 최근 사업연도 말 현재 자산총액(한국 채택 국제회계기준을 적용하는 연결재무제표 작성 대상 법인의 경우 연결재무제표의 자산총액)의 100분의 10 이상인 양수, 양도.

(2) 주주총회의 특별결의가 필요한 영업의 '중요한' 일부 양도·수의 범위를 「자본시장법」에 따라 주요사항보고서를 제출해야 하는 경우로 볼 수 있지 않는가 하는 의견이 있을 수 있다. 그러나 「상법」에서 주주총회의 특별결의를 요구하는 취지와 「자본시장법」에서 공시를 요구하는 취지는 서로 상이하기 때문에 이를 동일하게 볼 수는 없을 것이고, 다만 중요한 영업 양도 또는 양수의 범위를 명확하게 규정하지 않은 이상 「자본시장법」에서 정한 중요한 영업 양수·도에 대하여는 가급적 주주총회의 특별결의 등의 절차를 거치는 것이 안전하다.

(3) 외부 평가 의무

주권상장법인의 영업 및 자산의 양수·도에 대해서는 합병과 달리 양수·도 가액의 결정 방법이 법정되어 있지 않고 당사자 간의 합의에 따라 자율적으로 결정하도록 하였다.

대신 중요한 영업 또는 자산의 양수·도를 하는 경우에는 양수·도 가액 산정의 적정성을 도모하기 위하여 평가 업무의 전문성을 가진 외부 평가기관이 평가한 의견을 신고서에 첨부해야 한다(「동 시행령」 제176조의6 제3항). 다만 코넥스시장 상장법인과 주권 비상장법인 간의 중요한 영업 또는 자산의 양수·도, 주식의 포괄적 교환·이전, 분할·분할합병의 경우에는 외부 평가기관의 평가를 받지 않을 수 있다.

(4) 위반 시 책임

만일 주요사항보고서 및 그 첨부 서류(회계감사인의 감사보고서는 제외) 중 중요 사항에 관하여 거짓의 기재 또는 표시가 있거나 중요 사항이 기재 또는 표시되지 아니함으로써 주요사항보고서 제출 대상 법인이 발행한 증권의 취득자 또는 처분자가 손해를 입은 경우에는 다음 각 호의 자가 그 손해에 관하여 배상의 책임을 진다. 다만, 배상의 책임을 질 자가 상당한 주의를 하였음에도 불구하고 이를 알 수 없었음을 증명하거나 그 증권의 취득자 또는 처분자가 그 취득 또는 처분을 할 때에 그 사실을 안 경우에는 배상의 책임을 지지 아니한다(「자본시장법」 제162조).

① 주요사항보고서의 제출인과 제출 당시 그 주요사항보고서 제출 대상 법인의 이사.

② 「상법」 제401조의2에서 나오는 업무집행지시자로서 그 주요사항보고서 등의 작성을 지시하거나 집행한 자.

③ 주요사항보고서 등의 기재 사항 및 그 첨부 서류가 진실 또는 정확하다고 증명하여 서명한 공인회계사, 감정인 또는 신용평가를 전문으로 하는 자 등(그 소속단체를 포함한다) 대통령령으로 정하는 자.

④ 그 주요사항보고서 등의 기재 사항 및 그 첨부 서류에 자기의 평가·분석·확인 의견이 기재되는 것에 대하여 동의하고 그 기재 내용을 확인한 자.

마. 「공정거래법」의 절차상 특칙

만약 양도인 회사나 양수인 회사의 전년도 재무제표상 자산총액 또는 매출액이 1천 억 원 이상인 경우에는 영업 양수·도 계약 체결일로부터 30일 이내에 공정거래위원회에 기업결합신고를 해야 한다(제12조). 만일 영업의 양도 또는 양수로 인하여 양수인이 일정한 거래 분야에서 경쟁을 실질적으로 제한한다고 인정되는 경우에는 당해 기업인수가 금지된다(제7조 제1항).

바. 영업 양도의 효과(1): 근로관계

영업 양도와 노동관계의 승계 문제는 회사법적 논리와 노동법적 논리가 충돌하는 영역이다. 현재 판례는 영업 양도가 이루어지면 원칙적으로 해당 근로자들의 근로관계가 양수하는 기업에 포괄적으로 승계되고, 영업의 일부 양도가 있는 경우에도 마찬가지라고 보고 있다. 다만 이러한 경우 영업 양도 당사자 사이에 근로관계의 일부를 승계의 대상에서 제외하기로 특약을 정할 수 있지만, 그러한 특약은 실질적인 해고나 다름이 없으므로, 「근로기준법」 제27조 제1항 소정의 정당한 이유가 있어야 유효하며, 영업 양도 그 자체만을 사유로 근로자를 해고하는 것은 정당한 이유가 있는 경우에 해당하지 않는다.[35] 반면 양도 기업의 근로자가 근로관계 승계에 반대하여 자의로 양도 기업에서 퇴직하고 양수 기업에 새로 입사하는 것은 가능하다.[36]

근로관계와 관련하여 문제되는 경우는 양수인이 종전의 근로관계를 유지하지 않기 위하여 '영업 양도'의 범위를 제한하면서 '영업 양도'가 아닌 '자산 인수'라고 주장하는 경우이다. 판례는 형식상 자산 인수 형식을 취하더라도 그 실질에 있어서 영업 양도로 인정되는 경우에는 근로관계가 승계된다고 보고 있는데, 결국 구체적인 사정을 살펴보아야 한다(대법원 2005. 2. 25. 선고 2004다34790 판결 등).

---

35) 대법원 1994. 6. 28. 선고 93다33173 판결.

36) 대법원 2012. 5. 10. 선고 2011다45217 판결.

대법원 2001. 7. 27. 선고 99두2680 판결(부당해고구제재심판정취소): 삼미종합특수강 사건

사실관계

삼미종합특수강은 서울에 본사를 두고 창원, 울산, 부산 세 곳에 공장을 두고 있고, 울산과 부산 공장에서는 강판만을, 창원에서는 강판 이외에 봉강과 강관을 생산하였다. 1996년 말 현재 삼미종합특수강의 총종업원 중 봉강과 강관 부분에 종사하는 인원은 72%이고, 전체 매출액 중 47%를 차지하였다.

1996년 1월 18일 삼미종합특수강은 포항제철과 창원공장의 봉강 및 강관 부분의 자산을 매매하기로 의향서를 교환한 후, 1997년 2월 14일 포항제철은 이를 인수하기 위하여 '창원특수강'이라는 자회사를 설립하였다. 그리고 같은 날 창원특수강(이하 '원고')은 삼미종합특수강과 아래의 자산 매매계약을 체결하였다.

- 봉강과 강관 사업 부문의 토지, 건물, 기계 장치, 이전 기술, 전산 자료 등을 매매 목적물로 하고, 삼미의 부채는 인수하지 않는다.
- 원칙적으로 삼미의 종업원은 인수하지 않고, 원고가 직무 조사 등을 통하여 공개 채용 절차를 거쳐서 신규 채용하기로 한다.
- 1997년 3월 5일 주주총회에서 이 사건 자산 매매계약에 대한 특별결의를 거친 후 양도 자산에 대한 등기·등록 절차 등 이전 절차를 마친다.

위 과정에서 원고로 고용관계가 승계되지 않은 근로자들이 이 사건 자산 매매계약은 그 명칭에도 불구하고 영업 양도·수 계약이므로 일부 근로자를 배제한 것은 사실상 부당해고라고 주장하면서 원고를 상대로 중앙노동위원회에 재심 신청하였다. 중앙노동위원회 및 이후 원심에서는 "원고는 실질적으로 삼미로부터 봉강 및 강관 부문에 관한 영업상의 물적, 인적 조직을 그 동일성을 유지하면서 일체로서 포괄적으로 이전받음으로써 영업을 양도받았다"고 판단하였다.

판결(파기 환송)

삼미의 창원공장의 봉강, 강관 부문의 종업원은 전체 종업원의 72%에 해당함에도 매출액은 47%에 불과한 사실, 당초 삼미는 종업원들까지 포괄하여 양도하려 하였으나 인수자가 없어 결국 이 사건의 자산만을 양도한 사실, 원고의 모회사인 포항제철에는 특수강 생산에 필요한 기술 인력이 많이 있었기 때문에 원고로서는 삼미의 종업원을 반드시 고용해야 할 필요가 있었던 것은 아니지만 이 사건 공장 자산의 매각 후 실직할 삼미 종업원들을 가능한 한 구제하려는 차원에서 기준 인원 범위 내에서 삼미의 종업원들을 신규 채용하였을 뿐인 사실 등 제반 상황을 고려할 때, 원고가 실질적으로 삼미로부터 영업상 인적, 물적 조직을 그 동일성을 유지하면서 일체로서 포괄적으로 이전받음으로써 영업을 양도받은 것으로 보기에는 부족하다.

대법원 2002. 3. 29. 선고 2000두8455 판결(부당해고구제재심판정취소): 한국오므론 사건)

사실관계

동해(주)는 자동차에 필요한 전기 기계 장치 부품을 생산하는 회사로서 릴레이, 유니트 등을 생산하는 전장사업부와 카스테레오를 생산하는 전자사업부로 구분되었다. 동해(주)는 일본의 오므론(주)와 기술 제휴하면서 1991년 12월 12일 합작회사인 한국오므론(주)를 설립하였다. 동해(주)는 회사 경영이 어려워지면서 1998년 3월 20일 위 한국오므론(주)(이하 '참가인')와 전장사업 부분과 관련한 일체의 자산을 매도하고 채무는 인수하지 않는 자산 매매계약을 체결하였다.[37] 이에 참가인 회사로 고용이 승계되지 않는 근로자들이 부당해고구제 신청을 제기하였다.

판결

참가인 회사가 신규 채용의 형태로 다시 고용한 동해의 근로자는 199명 중 176명에 달하여 대부분의 근로자가 다시 채용되었을 뿐만 아니라 참가인 회사는 동해 소속 근로자들만을 신규 채용의 형태로 고용하였을 뿐 실제 공개 채용의 형태로 동해 소속 근로자 이외의 근로자를 신규 채용하지는 않았던 점, 동해 소속 근로자들이 동해에서의 직급에 상응하는 직급을 참가인 회사에서 부여받아 그 이전에 수행하던 업무를 그대로 수행하고 있는 점, 참가인 회사가 동해로부터 승계한 물적, 인적 조직을 이용하여 동해가 영위하던 전장사업 부문의 기본 골격을 그대로 유지한 채 이를 토대로 그 사업을 수행하고 있는 점 등을 종합하면, 참가인 회사는 동해로부터 전장사업 부문을 영업 목적으로 하여 일체화된 물적, 인적 조직을 그 동일성을 유지한 채 포괄적으로 이전받음으로써 영업을 양수하였다 할 것이며, 참가인 회사가 동해로부터 이 사건 계약을 체결하면서 자산만을 인수할 뿐 인적 조직을 인수하지 아니할 것을 명시적으로 밝혔다거나, 직원을 채용함에 있어 사직 및 신규 채용의 절차를

---

37) 본 자산 매매계약은 위 대판 99두2680 판결과 거의 동일한 계약서의 내용이다.

밟았고, 채권의 전부와 채무의 일부를 인수하지 않았으며, 조직의 일부가 영업 양도 이후에 달라진 사실이 있다 하더라도 그러한 점만으로는 이와 달리 보기에 부족하다.

사. 영업 양도의 효과(2): 채무관계

(1) 채무의 이전

채권자의 채무자에 대한 신용은 채무자의 영업 재산으로 담보된다. 그런데 영업 양도의 경우 영업 양도인의 채무는 영업 양수·도 계약에서 정한 채무에 한하여 영업 양수인에게 이전된다. 영업 양수인은 영업 양수·도 계약에서 정한 채무 외의 제3자에 대한 채무에는 책임을 지지 않는 것이 원칙이다. 따라서 영업 양도인의 채무가 양수인에게 승계되지 않는다면, 영업 양도인의 기존 채권자는 책임재산의 감소로 인하여 권리를 침해받을 수 있다.

문제는 합병이나 분할의 경우에는 채권자에게 이의를 제출하도록 공고·최고하고, 이의를 제출한 채권자에게는 변제를 하거나 상당한 담보를 제공하는 채권자 보호 절차를 밟아야 하지만 영업 양도의 경우에는 이러한 채권자 보호 절차가 없다는 점이다. 물론 양도인이 부당한 영업 양도로 책임재산을 감소시켜 무자력에 빠진 경우에는 기존 채권자들이 채권자취소권을 행사할 수 있으나 실질적으로 쉽지 않다. 「상법」에서 영업 양도인의 기존 채권자를 보호하기 위하여 상호 속용자 책임이라는 제도를 마련했지만 영업 양도인의 기존 채권자를 보호하기에는 미흡하다.

(2) 상호 속용자 책임: 양수인이 상호를 속용한 경우

① 영업 양수인이 양도인의 상호를 계속 사용하는 경우에는 양도인의 채무를 인수하지 않았다고 하더라도 원칙적으로 양수인은 양도인의 영업으로 인한 채무도 변제할 책임이 있다(「상법」 제42조 제1항). 즉 이 경우 양수인이 중첩적 채무인수를 한 것으로 의제하고 있다.[38]

---

38) 회사법상의 영업의 일부 양도가 「상법」 총칙에서도 인정되는지에 대하여는 학설이 나뉘고 있다. 다만 판례는 근로관계의 승계에 있어서는 영업의 전부뿐만 아니라 영업의 일부 양도의 경우에도 원칙적으로 근로관계가 승계된다고 본다.

② 위 규정은 채무를 승계하지 않았음에도 상호를 속용함으로써 영업 양도의 사실이, 또는 영업 양도에도 불구하고 채무의 승계가 이루어진 사실이 대외적으로 판명하기 어려운 경우에 양수인에게도 변제의 책임을 지우기 위하여 마련된 규정이다. 따라서 영업 양도인이 사용하는 상호와 양수인이 사용하는 상호가 동일할 필요는 없고, 다만 전후의 상호가 주요 부분에서 공통되기만 하면 상호를 계속 사용한다고 본다. 그리고 상호의 동일 여부는 명칭, 영업 목적, 영업 장소, 이사의 구성 등을 참작하여 결정한다.[39)]

판례는 영업 양도 전후의 상호인 '주식회사 파주레미콘'과 '파주콘크리트 주식회사'가 주요 부분에서 공통된다고 보아 상호 속용에 따른 영업 양수인의 책임을 인정하였다.[40)]

③ 양수인이 변제책임을 부담하는 양도인의 채무는 영업상 활동과 관련하여 발생한 모든 채무를 말하는 것이므로 불법행위나 부당이득 등으로 인한 채무도 포함된다.[41)] 영업 양도인이 주식회사인 경우에는 주식회사의 명의로 한 행위는 반증이 없는 한, 일단 회사의 영업을 위한 행위로 추정되고, 따라서 그로 인하여 회사가 부담하는 채무도 영업으로 인한 채무로 추정되지만, 반증에 의하여 그 채무가 영업으로 인한 채무가 아니라는 점이 밝혀지면 그러한 추정은 번복될 수 있다.[42)] 영업의 양도는 아니지만 영업을 출자하여 주식회사를 설립하고 그 회사가 출자자의 상호를 계속 사용하는 경우에도 새로 설립된 법인은 「상법」 제42조 제1항의 규정의 유추 적용에 의하여 출자자의 채무를 변제할 책임이 있다.[43)]

④ 또한 상호를 속용하는 영업 양수인의 책임은 채무승계가 없는 영업 양도에 의하여 채권 추구의 기회를 빼앗긴 채권자를 보호하기 위한 것이므로, 영업 양도에도 불구하고 채무인수의 사실 등이 없다는 것을 알고 있는 악의의 채권자가 아닌 한, 당해 채권자가 비록 영업의 양도가 이루어진 것을 알고 있었다 해도 보호의 적격자가 아니라고 할 수는 없다.[44)]

⑤ 양도인이 채무를 부담한 경우 양도인의 채무는 영업 양도 후 2년을 경과하면 소멸

39) 대법원 1989. 3. 28. 선고 88다카12100 판결.
40) 대법원 1998. 4. 14. 선고 96다8826 판결.
41) 대법원 1989. 3. 28. 선고 88다카12100 판결.
42) 대법원 2002. 6. 28. 선고 2000다5862 판결.
43) 대법원 1996. 7. 9. 선고 96다13767 판결.
44) 대법원 1989. 12. 26. 선고 88다카10128 판결.

한다(제45조). 그리고 양수인이 양도인의 영업을 양수하면서 상호를 속용하는 경우에도 양수인이 영업 양도를 받은 후 지체 없이 양도인의 채무에 대하여 책임이 없음을 등기하거나 양도인과 양수인이 지체 없이 그 뜻을 채권자에게 통지한 때에는 예외적으로 양수인은 변제책임을 지지 않는다(제42조 제2항).

(3) 상호 속용자 책임: 양수인이 상호를 속용하지 않은 경우

사업을 양수한 경우라도 상호를 계속 사용하지 않는 경우에는 영업 양도 사실만으로는 양수인이 양도인의 채무를 당연히 인수받았다고는 보지 않는다. 그러나 양수인이 양도인의 채무를 부담하지 않으면서도 마치 이를 인수한 것처럼 '광고'한 경우에는 양수인은 채무인수의 외관을 야기했으므로 이로 인하여 양도인과 함께 양수인도 변제책임을 부담한다(제44조). 영업 양수인이 '광고'의 방법에 의하지 않고 개별적으로 채무인수의 의사표시를 한 경우에도 그러한 의사표시의 상대방에 대하여는 영업으로 인한 채무를 인수할 것을 광고한 경우와 마찬가지로 변제책임을 부담한다.[45)]

아. 영업 양도의 효과(3): 양도인의 경업금지 의무

영업을 양도한 경우 다른 약정이 없으면 양도인은 10년간 동일한 특별시·광역시·시·군과 인접 특별시·광역시·시·군에서 동종 영업을 하지 못한다. 양도인이 동종 영업을 하지 아니할 것으로 약정한 때에는 동일한 특별시·광역시·시·군과 인접 특별시·광역시·시·군에 한하여 20년을 초과하지 아니하는 범위 내에서 그 효력이 있다(「상법」 제41조).

대법원 1996. 12. 23. 선고 96다37985 판결(영업금지가처분)

• 영업 양도 계약의 약정 또는 「상법」 제41조에 따라 영업 양도인이 부담하는 경업금지의무는 스스로 동종 영업을 하거나 제3자를 내세워 동종 영업을 하는 것을 금하는 것을 내용으로 하는 의무이므로, 영업 양도인이 그 부작위의무에 위반하여 영업을 창출한 경우 그 의무 위반 상태를 해소하기 위해서는 영업을 폐지할 것이 요구되고 그 영업을 타에 임대한

45) 대구지법 2007. 4. 3. 선고 2005가단118609 판결.

다거나 양도한다고 하더라도 그 영업의 실체가 남아 있는 이상 의무 위반 상태가 해소되는 것은 아니므로, 그 이행강제의 방법으로 영업 양도인 본인의 영업 금지 외에 제3자에 대한 영업의 임대, 양도 기타 처분을 금지하는 것도 가능하다.

• 다만 위 가처분명령에 의하여 영업 양도인의 제3자에 대한 임대, 양도 등 처분행위의 사법상 효력이 부인되는 것은 아니고, 영업 양도인이 그 의무 위반에 대한 제재를 받는 것에 불과하다.

4. 주식의 포괄적 교환·이전

가. 주식의 포괄적 교환·이전이란

(1) 정의

'주식의 포괄적 교환'이란 이미 존재하는 A회사와 B회사의 계약에 의해 B회사의 주주가 가진 B회사 주식을 모두 A회사에 이전하고 그 대가로 A회사의 신주 또는 자기주식을 B회사의 주주에게 교부함으로써 A회사는 완전 모회사가 되고 B회사는 완전 자회사가 되는 절차를 말한다(「상법」 제360조의2~14). '주식의 포괄적 이전'이란 기존 회사인 B회사가 새로이 A회사를 설립하면서 B회사의 주주가 가진 B회사 주식을 모두 A회사에 이전하고 A회사는 설립 시 발행하는 주식을 B회사의 주주에게 배정하는 것을 말한다(「상법」 제360조의 15~23). 주식의 포괄적 교환·이전은 완전 모자관계의 지주회사 설립이 용이하도록 2001년 개정 「상법」에 신설된 제도이다.

주식의 포괄적 교환

주식의 포괄적 이전

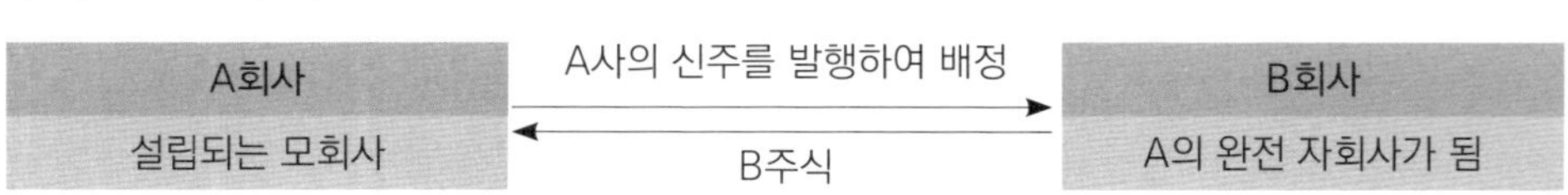

(2) 차이점

주식의 포괄적 교환·이전에 의하여 완전 지배·종속회사가 발생한다는 점에서는 동일하다. 주식의 포괄적 교환과 이전의 가장 큰 차이점은 완전 모회사가 되는 회사가 기존 회사인가, 아니면 새로 설립되는 회사인가이다. 주식교환 방식의 경우에는 기존 회사들 간에 주식교환이 이루어지므로 완전 모회사가 되는 회사와 완전 자회사가 되는 회사 간에는 반드시 '주식교환계약서'가 작성되어야 하고, 쌍방의 주주총회에서 이 계약서가 승인되어야 한다. 반면 주식이전 방식의 경우에는 주식이전이 이루어지는 시점까지는 완전 자회사가 되는 회사밖에 존재하지 않으므로, 완전 자회사가 되는 회사의 주주총회에서 승인을 받는 것은 엄밀히 말하면 주식이전계약서가 아니라 주식이전계획안이라고 할 수 있다.[46]

나. 주요 절차

(1) 주식교환(이전)계약서의 작성

① 주식교환을 하고자 하는 회사는 우선 이사회의 승인을 얻어 일정한 사항을 기재한 주식교환계약서를 작성해야 한다(「상법」 제360조의3 제1항 전단). 주식교환계약서에는 다음의 사항을 기재해야 한다.

- 완전 모회사가 되는 회사가 주식교환으로 인하여 정관을 변경하는 경우에는 그 규정.
- 완전 모회사가 되는 회사가 주식교환을 위하여 신주를 발행하거나 자기주식을 이전하는 경우에는 발행하는 신주 또는 이전하는 자기주식의 총수·종류, 종류별 주식의 수 및 완전 자회사가 되는 회사의 주주에 대한 신주의 배정 또는 자기주식의 이전에 관한 사항.
- 완전 모회사가 되는 회사의 자본금 또는 준비금이 증가하는 경우에는 증가할 자본금 또는 준비금에 관한 사항.
- 완전 자회사가 되는 회사의 주주에게 제2호에도 불구하고 그 대가의 전부 또는 일부로서 금전이나 그 밖의 재산을 제공하는 경우에는 그 내용 및 배정에 관한 사항.

46) 한상범, 《주식교환·주식이전》, 한국증권연구원, 11쪽.

- 각 회사가 제1항의 결의를 할 주주총회의 기일.
- 주식교환을 할 날
- 각 회사가 주식교환을 할 날까지 이익을 배당하거나 제462조의3의 규정에 의하여 금전으로 이익배당을 할 때에는 그 한도액.
- 완전 모회사가 되는 회사에 취임할 이사와 감사 또는 감사위원회의 위원을 정한 때에는 그 성명 및 주민등록번호.

② 주식이전을 하고자 하는 회사는 이사회의 승인을 얻어 일정한 사항을 기재한 주식이전계획서를 작성해야 한다(제360조의16 제1항). 주식이전계획서에는 다음의 사항을 기재해야 한다.

- 설립하는 완전 모회사의 정관 규정.
- 설립하는 완전 모회사가 주식이전에 있어서 발행하는 주식의 종류와 수 및 완전 자회사가 되는 회사의 주주에 대한 주식의 배정에 관한 사항.
- 설립하는 완전 모회사의 자본의 액 및 자본준비금에 관한 사항.
- 완전 자회사가 되는 회사의 주주에게 제2호에도 불구하고 금전이나 그 밖의 재산을 제공하는 경우에는 그 내용 및 배정에 관한 사항.
- 주식이전을 할 날.
- 완전 자회사가 되는 회사가 주식이전의 날까지 이익을 배당하거나 제462조의3의 규정에 의하여 금전으로 이익배당을 할 때에는 그 한도액.
- 설립하는 완전 모회사의 이사와 감사 또는 감사위원회의 위원의 성명 및 주민등록번호.
- 회사가 공동으로 주식이전에 의하여 완전 모회사를 설립하는 때에는 그 뜻.

(2) 주주총회의 소집 통지 또는 공고

주식교환을 하는 쌍방 회사는 위 주식교환계약서에 대하여 주주총회의 특별결의로 승인을 얻어야 하는데, 이를 위하여 회사는 주주총회의 소집 통지와 공고에 주식교환계약서의 주요 내용, 반대 주주의 주식매수청구권의 내용 및 행사 방법, 일방 회사의 정관에 주식의 양도에 관하여 이사회의 승인을 요한다는 뜻의 규정이 있고 다른 회사의 정관에 그 규정이 없는 경우 그 뜻을 기재해야 한다(제360조의3 제4항). 주식이전을 하고자 하는 회사 역시 마찬가지로 위 사항들을 통지 또는 공고해야 한다(제360조의16 제3항).

(3) 주식교환계획서의 사전 공시

① 주식교환은 완전 모회사와 완전 자회사의 주주에게 매우 중요한 이해관계가 있으므로, 쌍방 회사의 이사는 주주총회 2주 전부터 주식교환의 날 이후 6월이 경과할 때까지 아래의 서류를 본점에 비치해야 한다(「제360조의4 제1항). 완전 모회사와 완전 자회사의 주주는 영업시간 내에 아래 서류의 열람 또는 등사를 청구할 수 있다(동조 제2항).

- 주식교환계약서.
- 완전 자회사가 되는 회사의 주주에 대한 주식의 배정에 관하여 그 이유를 기재한 서면.
- 주주총회일 전 6월 이내의 날에 작성한 주식교환을 하는 각 회사의 최종 대차대조표 및 손익계산서.

② 주식이전을 하고자 하는 회사는 주주총회일 2주 전부터 주식이전일 이후 6월이 경과할 때까지 아래의 서류를 본점에 비치해야 한다(제360조의17).

- 주식이전계획서.
- 완전 자회사가 되는 회사의 주주에 대한 주식의 배정에 관하여 그 이유를 기재한 서면.
- 주주총회일 전 6월 이내의 날에 작성한 완전 자회사가 되는 회사의 최종 대차대조표 및 손익계산서.

(4) 주주총회의 승인

주식교환은 완전 모회사가 되는 회사와 완전 자회사가 되는 회사 양쪽 주주에게 매우 중요한 영향을 미치므로, 각 회사는 주식교환계약서를 작성한 후 주주총회의 승인을 얻어야 하며, 위 승인결의는 특별결의에 의해야 한다(제360조의4 제1항, 제2항). 회사가 수종의 주식을 발행한 경우에 주식교환 및 주식이전으로 인하여 어느 종류의 주주에게 불이익이 발생할 가능성이 있는 때에는 종류주주총회의 의결을 거쳐야 한다(제436조). 주식이전의 경우에도 마찬가지이다.

(5) 승인 반대 주주의 주식매수청구권

주식의 포괄적 교환이나 포괄적 이전에 관한 주주총회의 승인결의에 반대하는 주주는 주주총회 전 회사에 대하여 서면으로 그 결의에 반대하는 의사를 통지하고, 그 총회의 결의일로부터 20일 이내에 회사에 대하여 서면으로 주식의 매수를 청구할 수 있다(제360조의5 제1항). 다만 주식의 포괄적 교환이나 이전의 경우에는 완전 모회사가 되는 회사는 자본이 증가하고 완전 자회사가 되는 회사는 주주만의 변동이 있어 회사 채권자를 해할 염려가 없기 때문에 채권자 보호 절차는 필요하지 않다.[47)]

주식의 포괄적 이전의 예: 신한금융지주회사[48)]

1단계 주식이전의 승인	신한은행 등 금융지주회사의 자회사가 될 회사들이 주식이전계획서를 작성하여 주주총회의 특별결의를 얻었다. 교환 비율은 「금융지주회사법 시행령」에 따라 이사회 결의일 전 1월간 거래량 가중평균종가, 1주일간 거래량 가중평균종가, 전일의 종가를 산술평균한 가격과 전일의 종가 중 낮은 가액을 기준으로 교환 가액을 산정하였다.
2단계 반대 주주의 주식매수선택권	신한은행, 신한증권, 신한캐피탈이 제시한 주식매수 가격은 당시 주가보다 약간 낮은 수준이었으며, 주식매수청구권에 참여한 주식수도 1% 안팎으로 매우 적었다. 이는 주식이전 결의 이후에 자회사들의 주가가 계속 상승하였기 때문이다.
3단계 주식이전의 효력	신한은행을 비롯한 주식이전 참여 계열사의 주주총회에서 주식이전의 승인 안건이 통과되고, 신한금융지주가 설립등기를 하여 신한은행 등은 신한금융지주의 100% 자회사가 된다. 대신 신한은행 등 자회사 주주들은 각 주식이전 비율에 따라 신한금융지주의 주식을 받게 되었다.

다. 효력

(1) 주식의 포괄적 교환에 의하여 완전 자회사가 되는 회사의 주주가 가지는 그 회사의 주식은 주식을 교환하는 날에 주식교환에 의하여 완전 모회사가 되는 회사에 이전하고, 완전 자회사가 되는 회사의 주주는 완전 모회사가 되는 회사가 주식교환을 위하여 발행하는 신주의 배정을 받음으로써 그 회사의 주주가 된다.

---

47) 정찬형, 《상법 강의(上)》, 703쪽.

48) 주식교환, 이전의 제도는 2000년 10월 23일 「금융지주회사법」에 의하여 금융지주회사를 설립하기 위하여 먼저 도입된 것을 2001년 7월 24일 개정 「상법」에서 일반 회사로 확대한 것이다. 위 「금융지주회사법」에 의하여 우리금융지주회사와 신한금융지주회사가 처음으로 설립되었다.

2015년 개정 「상법」에서는 2011년에 도입된 교부금 합병처럼 주식교환 대가를 유연화하는 교부금 주식교환을 도입하였다.

모회사의 자본은 주식교환의 날에 자회사에 현존하는 순자산액에서 완전 자회사가 되는 회사의 주주에게 지급할 교부금이나 그 밖에 재산 및 교부할 자기주식의 장부 가액을 공제한 금액을 초과할 수 없다(제360조의7). 모회사의 증가하는 자본이 자회사의 순자산액을 초과한다면 이는 액면 미달 발행이 되어 자본 충실에 어긋나기 때문이다.

(2) 만일 주식교환·이전 절차에 하자가 있는 경우 회사의 주주, 이사, 감사, 감사위원회의 위원 또는 청산인에 한하여 주식교환·이전의 날로부터 6월 내에 완전 모회사가 되는 회사의 본점 소재지 지방법원에 소를 제기해야만 한다(제360조의14 제1항, 제360조의23 제1항).

라. 주식의 교환·이전 비율

주식의 포괄적 교환·이전 비율은 기본적으로 주식교환 비율(주식교환 대가)에 의해 정해지는데, 그 산정에 대하여는 합병 비율(합병 대가) 산정에 관한 설명이 그대로 타당하다. 주권상장법원의 주식교환 비율 산정에 대하여는 「자본시장법」의 특례규정이 적용된다(「자본시장법 시행령」 제176조의6 제2항 내지 제4항).[49] 주식의 포괄적 교환·이전 비율과 관련하여 문제가 되었던 경우로는 동원금융지주회사의 설립을 들 수 있다.

동원금융지주회사(현 한국금융지주회사)의 포괄적 주식교환[50]

1단계	2002년 5월부터 7월까지 동원산업의 지배주주인 김남구 회장은 동원그룹의 모회사인 동원산업 지분을 확대.
2단계	2002년 10월 동원산업 이사회는 금융지주회사를 신설하고 동원산업의 주주들이 신설 회사의 주주도 되는 인적 분할결의. 분할 직후 동원산업은 거래 재개되었지만 동 금융지주는 상장이 보류.
3단계	2003년 1월 대주주 일가가 보유 중인 동원산업 지분을 계열 비상장사인 동원엔터프라이즈에 매각.

49) 권기범, 《기법지배구조조정법(제4판)》, 삼영사, 497쪽.

50) 〈동원증권의 지주회사 편입이 관련 주주들에게 미친 손익은?〉, 《좋은기업지배구조연구소 이슈리포트》(2003년 9월 24일).

4단계	2003년 3월 동원금융지주는 주주들에게 1주당 약 2.7주를 배정하는 유상증자를 실시. 당시 동원금융지주의 상장이 보류된 상태여서 일반 주주들로부터 대규모 실권주 발생.
5단계	2003년 4월 동원금융지주는 100%의 대규모 무상증자 실시.
6단계	동원금융지주와 동원증권과의 주식교환(동원증권 1주당 동원금융지주회사 약 0.81). 동원증권은 동원금융지주의 100% 자회사가 됨.

마. 간이 주식교환과 소규모 주식교환

주식교환의 경우에도 주식교환 절차를 간소화하기 위하여 합병과 마찬가지로 간이 주식교환과 소규모 주식교환의 특례를 두고 있다.

(1) '간이 주식교환'이란 완전 자회사가 되는 회사의 총주주의 동의가 있거나 그 회사의 발행주식 총수의 100분의 90 이상을 완전 모회사가 되는 회사가 소유하고 있는 때에는 완전 자회사가 되는 회사의 주주총회 승인은 이사회의 승인으로 갈음할 수 있는 제도이다(「상법」 제360조의9 제1항).

(2) '소규모 주식교환'이란 완전 모회사가 되는 회사가 주식교환을 위하여 발행하는 신주의 총수가 그 회사의 발행주식 총수의 100분의 10을 초과하지 아니하고 또한 완전 자회사가 되는 회사의 주주에게 주식교환교부금을 지급하는 때에는 그 금액이 최종 대차대조표에 의하여 완전 모회사가 되는 회사에 현존하는 순자산액의 100분의 5를 초과하지 않는 경우 완전 모회사가 되는 회사의 주주총회 승인을 이사회 승인으로 갈음하는 제도이다(제360조의10 제1항). 2015년 개정 「상법」에서 소규모 주식교환의 적용 요건을 소규모 합병과 동일하게 발행주식 총수의 10% 이하 및 순자산액의 5% 이하로 개정하였다.

다만, 완전 모회사가 되는 회사의 발행주식 총수의 100분의 20 이상에 해당하는 주식을 가지는 주주가 소규모 주식교환의 공고 또는 통지를 한 날부터 2주 내에 회사에 대하여 서면으로 주식교환에 반대하는 의사를 통지한 경우에는 주식교환을 할 수 없다(동조 제5항).

바. 삼각주식교환의 도입

2015년 개정「상법」에서는 완전 모회사가 되는 회사가 주식교환의 대가로 자신의 모회사의 주식을 교부하는 것을 허용하였는데, 이를 삼각주식교환이라고 한다. 즉 완전 자회사가 되는 회사의 주주에게 주식교환 대가의 전부 또는 일부로서 자신이 발행한 주식 이외의 다른 재산을 제공하는 것을 허용하면서(제360조의3 제3항 제4호, 제6항), 주식교환의 대가로 모회사 주식을 취득할 수 있도록 하였다. 이 경우 완전 모회사가 되는 회사의 모회사는 삼각주식교환을 통해 인수 대상 회사를 자신이 지배하는 자회사의 완전 자회사(손자회사)로 지배할 수 있게 되는데, 이때 그 모회사 주주총회를 생략할 수 있고, 반대 주주의 주식매수청구권도 인정되지 않는다.

역삼각 합병과 마찬가지로 인수 대상 기업은 유지되지만, 역삼각 합병과의 차이는 손자회사로 남느냐 또는 자회사–손자회사가 합병하느냐가 다르다.

5. 기업분할

가. 개념

'기업분할'이란 합병과는 반대되는 개념으로서 1개의 회사가 2개 이상의 회사로 나뉘어 분할 전 회사의 권리 의무가 분할 후 회사에 포괄 승계되고(분할 전 회사가 소멸하는 경우에는 청산 절차 없이 소멸함) 원칙적으로 분할 전 회사의 사원이 분할 후 회사의 사원이 되는 절차를 말한다.「상법」상 기업분할에 관한 규정이 없는 경우에는 분할하고자 하는 회사가 현물출자를 하여 새로운 회사를 설립하는 등 사실상의 분할 방법이 사용되었으나, 절차가 복잡하고 비용이 많이 드는 불편함이 있었다. 이에 1998년 개정「상법」에서 기업의 구조조정을 도모하기 위하여 새로이 기업분할 제도를 도입하였고, 현재 특정 사업 부문의 기능별 전문화, 부진 사업이나 적자 사업의 분리에 의한 경영의 효율화, 이익 분산에 의한 절세, 주주들 간의 이해 조정 등 다양한 목적으로 활용된다. M&A와 관련해서도 인수 기업이 대상 기업의 일부만을 양도하고자 하는 경우, 대상 기업의 일부를 영업 양도받는 대신 그 일부를 분할한 후 이를 인수 기업과 합병하는 분할합병의 방법을 이용한다.

나. 형태

(1) 분할된 회사의 형태에 따라

① 단순 분할

분할에 의하여 1개 또는 수개의 회사를 설립하는 방법.

② 분할 합병

분할에 의하여 1개 또는 수개의 존립 중인 회사와 합병하거나(흡수 분할 합병) 그 영업 재산의 일부와 합병하여 회사를 1개 또는 수개 설립하는 방법(신설 분할 합병).

사례

- 현대중공업의 현대삼호중공업 분할 이후 투자사업 부분 흡수 합병(2018).
- (실패) 현대모비스의 부품사업 부분 분할 후 현대글로비스와의 합병 계획(2018).

(2) 분할 회사의 지분 소유 방식에 따라

① 물적 분할

분할되는 회사가 단순 분할 또는 분할 합병으로 인하여 설립하거나 합병하는 회사의 주식을 취득하는 분할 형태로서 주로 지주회사를 만드는 방법으로 이용된다.

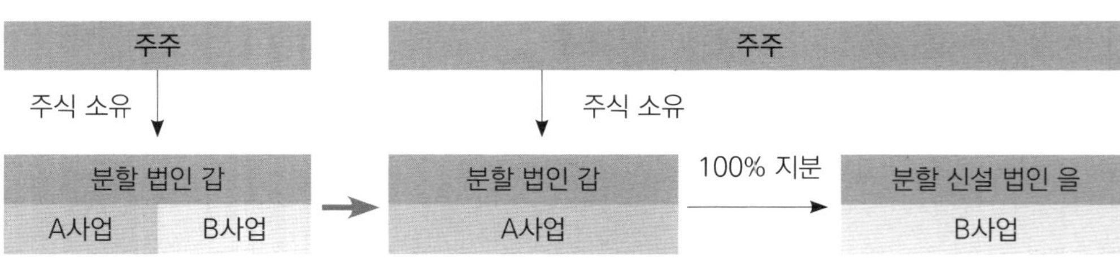

사례

- LG전자의 전기차 파워트레인 사업 부분 분할(2021).
- KCC의 실리콘 사업 부분 분할(2020).

② 인적 분할

분할되는 회사의 주주가 소유 주식에 비례하여 설립되는 회사의 주식을 취득하는 분할 형태.

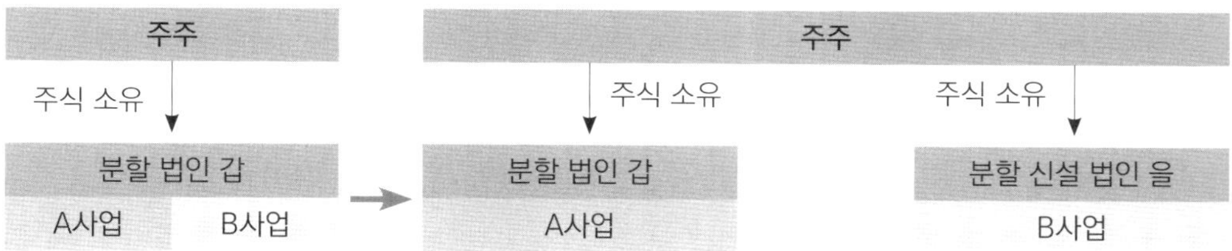

사례

- (주)LG는 존속 회사인 (주)LG를 화학·전자 중심 제조업체로(구씨), 신설 회사인 (주)GS홀딩스를 유통 중심 서비스 부분으로(허씨) 하는 단순 분할 방식 채택. 기존 (주)LG 주주들이 회사 분할 후 (주)LG 65%, (주)GS홀딩스 35%의 분할 비율로 주식을 교부받는 인적 분할 방식.
- 농심은 제조사업 부문과 투자사업 부문을 분리해 투자사업 부문만 전담하는 순수 지주회사인 농심홀딩스를 신설하는 단순 분할 방식 채택. 기존 주주들에게 1주당 존속 법인 농심과 신설 법인 농심홀딩스 주식을 각각 0.7548주와 0.2452주로 배정하는 인적 분할 방식.

다. 주요 절차

(1) 분할계획서 또는 분할합병계약서의 작성

우선 단순 분할의 경우 분할 회사가 분할계획서를, 분할 합병의 경우 분할 회사와 상대방 회사가 분할합병계약서를 각각 작성해야 한다. 위 서류에는 분할에 따른 법률관계, 예컨대 출자 재산의 범위, 분할 후 회사인 신설 회사의 내용, 분할 전 회사의 주주에게 주어지는 분할 후 회사의 주식에 관한 사항, 분할교부금 등을 기재한다(「상법」 제530조의5~6).

(2) 주주총회의 특별결의

분할계획서 또는 분할합병계약서는 주주총회의 특별결의에 의한 승인을 얻어야 한다(제530조의3 제1항 후단, 제2항). 이 경우 의결권 없는 주식을 가진 주주도 의결권이 있다(제530조의3 제3항).

다만 분할 합병의 경우 분할 전 회사의 총주주의 동의가 있거나 또는 그 회사의 발행주식 총수의 100분의 90 이상을 분할 후 회사가 소유하고 있는 경우에는 분할 전 회사의 주주총회 승인은 이사회 승인으로 갈음할 수 있다(이른바 '간이 분할', 제530조의11 제2항, 제527조의2). 또한 분할 후 회사가 분할로 인하여 발행하는 신주의 총수가 그 회사의 발행주식 총수의 100분의 10을 초과하지 아니하고, 분할 전 회사의 주주에게 지급할 금액을 정한 경우에 그 금액이 분할 후 회사의 최종 대차대조표상 현존하는 순자산액의 100분의 5를 초과하지 않는 경우 분할 후 회사의 주주총회 승인은 이사회 승인으로 갈음할 수 있다(이른바 '소규모 분할', 제530조의11 제2항, 제527조의3).

(3) 금융위원회에 주요사항보고서 제출

주권상장법인 또는 코스닥상장법인이 분할을 위한 이사회 결의를 하거나 분할계약을 체결한 때에는 지체 없이 주요사항보고서를 공시해야 한다(「자본시장법」 제161조 제1항 제6호).

(4) 분할 정보의 공시

분할 회사의 이사는 분할 승인을 위한 주주총회의 회일 2주 전부터 분할등기를 한 날 또는 분할 합병을 한 날 이후 6월간 분할계획서 또는 분할합병계약서, 분할되는 부분의 대차대조표, 분할 합병의 경우 분할 합병의 상대방 회사의 대차대조표, 분할되는 회사의 주주에게 발행할 주식의 배정에 관하여 그 이유를 기재한 서면 등을 본점에 비치해야 한다(「상법」 제530조의7 제1항). 분할 합병의 상대방 회사의 이사는 분할 회사의 이사와 유사하게 분할합병계약서, 분할되는 회사의 분할되는 부분의 대차대조표, 분할되는 회사의 주주에게 발행할 주식의 배정에 관하여 그 이유를 기재한 서면 등을 본점에 비치해야 한다(동조 제2항). 주주 및 회사 채권자는 이러한 서류들을 영업시간 내에는 언제든지 열람을 청구하거나 회사가 정한 비용을 지급하고 그 등본 또는 초본의 교부를 청구할 수 있다(동조 제3항, 제522조의2 제2항).

라. 회사 분할의 효과

분할 또는 분할 합병으로 인하여 설립되는 회사 또는 존속하는 회사는 분할하는 회사의 권리와 의무를 분할계획서 또는 분할합병계약서가 정하는 바에 따라서 승계한다(「상법」 제530조의10).

대법원 2013. 12. 12. 선고 2011두4282 판결(근로관계가 신설 회사에 승계되기 위한 요건)

둘 이상의 사업을 영위하던 회사의 분할에 따라 일부 사업 부문이 신설 회사에 승계되는 경우 분할하는 회사가 분할계획서에 대한 주주총회의 승인을 얻기 전에 미리 노동조합과 근로자들에게 회사 분할의 배경, 목적 및 시기, 승계되는 근로관계의 범위와 내용, 신설 회사의 개요 및 업무 내용 등을 설명하고 이해와 협력을 구하는 절차를 거쳤다면 그 승계되는 사업에 관한 근로관계는 해당 근로자의 동의를 받지 못한 경우라도 신설 회사에 승계되는 것이 원칙이다. 다만 회사의 분할이 「근로기준법」상 해고의 제한을 회피하면서 해당 근로자를 해고하기 위한 방편으로 이용되는 등의 특별한 사정이 있는 경우에는 해당 근로자는 근로관계의 승계를 통지받거나 이를 알게 된 때부터 사회통념상 상당한 기간 내에 반대 의사를 표시함으로써 근로관계의 승계를 거부하고 분할하는 회사에 잔류할 수 있다.

마. 종전 채무관계

(1) 원칙: 연대책임

회사가 분할되고 분할되는 회사가 분할 후에도 존속하는 경우 특별한 사정이 없는 한, 회사의 책임재산은 분할되는 회사와 신설 회사의 소유로 분리된다. 이 경우 「상법」에서는 분할 전 회사의 채권자를 보호하기 위하여 분할 전 회사와 분할 후 회사는 분할 전 회사의 채무에 관하여 연대책임을 지는 것을 원칙으로 한다(제530조의9 제1항). 만일 연대책임을 지지 않는다면 회사의 채권자는 자신이 결정하지 않은 회사의 분할로 인하여 이익이 손상되기 때문이다. 이와 같이 연대책임을 지는 경우에는 회사가 분할되더라도 채권자의 이익을 해할 우려가 없으므로, 분할로 인한 채무의 승계에 대하여 채권자의 승낙이 필요하지 않다.

이때 분할 전 회사와 분할 후 회사가 연대하여 변제할 책임이 있는 분할 전의 회사 채무에는 회사 분할의 효력 발생 전에 발생하였으나 분할 당시에는 아직 그 변제기가 도래하지 아니한 채무도 포함되고[51] 나아가 분할의 효력 발생 전에 아직 발생하지는 아니하였으나 그 성립의 기초가 되는 법률관계가 이미 발생하여 있는 채무도 포함한다.[52]

판례는 「상법」 제530조의9 제1항에 의하여 분할 당사 회사가 부담하는 연대책임은 부진정연대채무로 보았다.[53]

(2) 예외: 분할책임

① 주주총회 특별결의

만약 이러한 연대책임의 원칙을 엄격하게 고수한다면 분할을 통한 기업의 구조조정을 저해할 수 있으므로, 예외적으로 사전에 주주총회의 분할결의에서 이를 배제할 수 있다(제530조의9 제2항). 즉 분할되는 회사는 주주총회 특별결의에서 분할 후 회사가 분할되는 회사의 채무 중에서 출자한 재산에 관한 채무만을 부담할 것을 정할 수 있다. 이 경우 분할 후 회사는 분할로 인하여 출자받은 재산에 관한 채무만을 부담하고, 분할 전 회사는 분할 후 회사가 부담하지 아니하는 채무만을 부담하여 결국 종전 채무는 분할채무로 바뀌게 된다.

즉 분할 합병으로 설립되는 회사 또는 존속하는 회사('분할 당사 회사')가 「상법」 제530조의9 제1항에 의한 연대책임을 면하고 각자 분할합병계약서에서 부담하기로 정한 채무에 대한 변제책임만을 지는 분할채무관계를 형성하기 위해서는 분할 합병에 따른 출자를 받는 존립 회사가 분할되는 회사의 채무 중에 출자한 재산에 관한 채무만을 부담한다는 취지가 기재된 분할합병계약서를 작성하여 이에 대한 주주총회의 승인을 얻어야 한다(동조 제3항, 제2항 후단, 제530조의3 제1항, 제2항).

---

51) 대법원 2008. 2. 14. 선고 2007다73321 판결.

52) 대법원 2010. 12. 23. 선고 2010다71660 판결.

53) 대법원 2010. 8. 26. 선고 2009다95769 판결. 이 경우 소멸시효의 기산점은 분할등기 시점에 따라 달라지는 것이 아니라 원래 채권의 변제기부터 진행한다(대법원 2017. 5. 30.선고 2016다34687 판결).

판례는 이러한 요건이 충족되었음을 주장·증명할 책임은 분할 당사 회사가 연대책임관계가 아닌 분할채무관계에 있음을 주장하는 측에 있고, "단순히 분할합병계약서에 「상법」 제530조의6 제1항 제6호가 규정하는 '분할되는 회사가 분할 합병의 상대방 회사에 이전할 재산과 그 가액'의 사항 등을 기재하여 주주총회의 승인을 얻었다는 사정만으로는 위와 같이 분할책임관계를 형성하기 위한 요건이 충족되었다고 할 수 없으므로 분할 당사 회사는 각자 분할합병계약서에 본래 부담하기로 정한 채무 이외의 채무에 대하여 연대책임을 면할 수 없다"[54]고 판결하였다.

대법원 2006. 10. 12. 선고 2006다26380 판결

사실관계

분할계약서에 신설 회사가 분할되는 회사의 채무 중에서 출자 재산에 관한 채무조차 승계하지 않는 것으로 정하고 이를 주주총회에서 특별결의를 얻은 경우 신설 회사가 분할 전의 회사 채무에 대하여 변제의 책임을 면하는지 여부.

판단

신설 회사 또는 존립 회사가 분할 또는 분할 합병 전의 회사 채무를 전혀 승계하지 않기로 하는 내용의 합의는 「상법」 제530조의9에 위반한 것이어서 「상법」 제527조의5에 정한 채권자 보호 절차를 거쳤는지 여부를 불문하고 채권자에 대한 관계에서 아무런 효력이 없고, 따라서 신설 회사 또는 존립 회사는 분할 또는 분할 합병 전의 회사 채무에 대하여 분할되는 회사와 연대책임을 진다.

---

② 채권자 보호 절차

분할 후 회사가 예외적으로 분할로 인하여 출자받은 재산에 관한 채무만을 부담하는 경우 채무자의 책임재산에 변동이 생기면서 기존 채권자의 이해관계에 중대한 영향을 미치게 된다. 따라서 분할 전 회사의 채권자를 보호하기 위하여 분할 전 회사는 주주총회의 승인결의가 있은 날로부터 2월 내에 채권자에 대하여 이의가 있으면 1월 이상의 기간 내에 이를 제출할 것을 공고하고, 알고 있는 채권자에 대하여는 따로따로 이를 최

54) 대법원 2010. 8. 26. 선고 2009다95769 판결.

고해야 한다(제530조의9 제4항, 제527조의5). 분할에 이의가 있는 채권자는 회사가 공고 또는 통지한 기간 내에 회사에 대하여 이의를 제기할 수 있고, 이러한 이의 제기가 있으면 회사는 그 채권자에 대하여 변제 또는 상당한 담보를 제공하거나 이를 목적으로 하는 상당한 재산을 신탁회사에 신탁해야 한다. 반면 채권자가 이의 기간 내에 이의를 제출하지 아니한 때에는 분할을 승인한 것으로 본다(제530조의9 제4항, 제527조의5 제3항, 제232조 제2항).

만일 회사가 알고 있는 채권자에 대하여 개별적인 최고를 누락한 경우에는 그 채권자에 대하여 분할채무관계의 효력이 발생할 수 없고, 원칙으로 돌아가 분할 전 회사와 분할 후 회사가 연대하여 변제할 책임을 지게 된다.[55]

판례는 "분할로 인하여 회사의 책임재산에 변동이 생기게 되는 채권자를 보호하기 위하여 「상법」이 채권자의 이의 제출권을 인정하고 그 실효성을 확보하기 위하여 알고 있는 채권자에게 개별적으로 최고하도록 한 입법 취지를 고려하면, 개별 최고가 필요한 '회사가 알고 있는 채권자'라 함은 채권자가 누구이고 그 채권이 어떠한 내용의 청구권인지가 대체로 회사에게 알려져 있는 채권자를 말하는 것이고, 그 회사에 알려져 있는지 여부는 개개의 경우에 제반 사정을 종합적으로 고려하여 판단해야 하며 회사의 장부 기타 근거에 의하여 그 성명과 주소가 회사에 알려져 있는 자는 물론이고 회사 대표이사 개인이 알고 있는 채권자도 이에 포함된다"[56]고 보고 있다.

만일 이러한 채권자 보호 절차에 소홀할 경우 기존 채권자들은 주식분할무효의 소를 제기할 수 있다. 기업분할에서 채권자 보호 절차의 중요성이 크게 부각된 경우가 (주)대우의 기업분할 사건이다. 당시 (주)대우는 부실채권 대부분을 (주)대우에 남기고 경쟁력이 있는 무역 부문과 건설 부문을 따로 떼어 (주)대우인터내셔널과 (주)대우건설로 각 분할하였다. 이에 채권 회수가 어렵다고 판단한 해외 채권자들이 채권자 보호 절차 없이 기업분할이 진행되었다는 이유로 분할무효소송을 제기하였는데, 분할무효소송이 인용될 가능성이 높자 (주)대우는 소송 도중 채권자들과 합의할 수밖에 없었다.

그러나 이러한 채권자 보호 절차는 종전 채무가 분할채무로 바뀌는 경우에 적용되고

---

55) 대법원 2004. 8. 30. 선고 2003다25973 판결.
56) 대법원 2011. 9. 29. 선고 2011다38516 판결.

계속 연대채무를 부담하는 경우에는 적용되지 않는다. 판례는 "분할 또는 분할 합병으로 인하여 설립되는 회사 또는 존속하는 회사(분할 당사 회사)는 특별한 사정이 없는 한, 「상법」 제530조의9 제1항에 의하여 각자 분할계획서 또는 분할합병계약서에 본래 부담하기로 정한 채무 이외의 채무에 대하여 연대책임을 지는 것이 원칙이고, 이 연대책임은 채권자에 대하여 개별 최고를 거쳤는지 여부와 관계없이 부담하게 되는 법정책임이므로, 채권자에 대하여 개별 최고를 하였는데 채권자가 이의 제출을 하지 아니하였다거나 채권자가 분할 또는 분할 합병에 동의하였기 때문에 개별 최고를 생략하였다는 등의 사정은 「상법」제530조의9 제1항이 규정하는 분할 당사 회사의 연대책임의 성부에 영향을 미치지 못한다"[57]고 판결하였다.

(3) 분할 합병의 경우

분할 합병의 경우도 분할의 경우와 마찬가지이다. 즉 원칙적으로 분할되는 회사와 분할 합병의 상대방 회사는 분할 전의 회사 채무에 대하여 연대책임을 진다. 이때 분할 합병으로 설립되는 회사 또는 존속하는 회사가 연대하여 변제할 책임이 있는 분할 합병 전 회사 채무에는 분할 합병의 효력 발생 전에 발생하였으나 분할 합병 당시에는 아직 그 변제기가 도래하지 아니한 채무도 포함되고[58] 나아가 분할 합병의 효력 발생 전에 아직 발생하지는 아니하였으나 그 성립의 기초가 되는 법률관계가 발생하여 있는 채무도 포함한다.[59]

예외적으로 분할되는 회사는 주주총회 특별결의에서 분할 합병의 상대방 회사가 분할되는 회사의 채무 중에서 출자한 재산에 관한 채무만을 부담할 것을 정할 수 있다. 다만 분할 합병의 경우에는 연대채무를 지는 경우든 지지 않는 경우든, 분할 전 회사 및 분할 후 회사 모두 위 채권자 보호 절차를 거쳐야 한다(제530조의11 제2항).

분할되는 회사가 자신이 알고 있는 채권자에게 개별적인 최고 절차를 누락한 경우에는 그 채권자에 대하여 분할채무관계의 효력이 발생할 수 없고 원칙으로 돌아가 분할 합병으로 설립되는 회사 또는 존속하는 회사와 분할되는 회사가 연대하여 변제할 책임

57) 대법원 2010. 8. 26. 선고 2009다95769 판결.

58) 대법원 2008. 2. 14. 선고 2007다73321 판결.

59) 대법원 2010. 12. 23. 선고 2010다71660 판결.

을 지게 된다.[60)]

대법원 2004. 7. 9. 선고 2004다17191 판결(임대): 대우건설 vs. 대우종합기계

사실관계

대우중공업은 1998년 8월 당시 대우 소유의 대우센터빌딩의 2개 층을 임대하였으나 13개월치 임대료 19억여 원을 연체하였다. 이후 대우중공업은 기계 부문이 대우종합기계로, 조선 부문이 대우조선으로 각각 분할되고, 대우는 건설 부문이 대우건설로, 무역 부문이 대우인터내셔널로 각각 분할. 위 대우센터빌딩의 신 소유주인 대우건설이 대우종합기계를 상대로 임대료 반환청구소송을 제기하였다.

판례

분할 기준일 후의 분할 전의 회사 채무에 대하여 분할계획서에 특별한 규정을 두고 있지 아니하는 경우 회사 분할에 있어서 신설 회사는 원칙적으로 분할 전의 회사 채무에 관하여 연대하여 변제할 책임이 있고(「상법」 제530조의9 제1항) 「상법」 제530조의3 제2항의 규정에 의하여 … 신설 회사가 분할되는 회사의 채무 중에서 출자한 재산에 관한 채무만을 부담할 것을 정할 수 있더라도(「상법」 제530조의9 제2항) 출자한 재산에 관한 채무에 관하여는 신설 회사가 그 책임을 면할 수 없는 것이 원칙이다. 따라서 특별한 사정이 없는 한, 신설 회사에 출자한 재산에 관한 채무는 그것이 분할 기준일 후부터 분할 전까지 발생한 것이라도 신설 회사에게 승계되는 것으로 보아야 한다(파기 환송).

서울고법 2005. 1. 18. 선고 2004나51070 판결(파기 환송 후 판결)

대우중공업이 내지 않은 대우센터빌딩 임대료는 대우종합기계의 전신인 대우중공업 기계 부문이 관리하고 있던 업무에서 발생한 채무인 만큼 회사 분할계획에 의해 설립된 대우종합기계가 승계한 채무로 보아야 한다. 그리고 대우중공업의 기계 부문이 사용을 하기 위해 임차한 건물 가운데 일부를 조선 부문이 사용했다 할지라도 임대차 보증금 채권을 대우종합기계가 인수했기 때문에 연체 임대료는 모두 대우종합기계가 내야 한다.

60) 대법원 2004. 8. 30. 선고 2003다25973 판결.

바. 반대 주주의 주식매수청구권

기업분할에서 주식매수청구권은 분할 합병의 경우에만 인정되고, 단순 분할의 경우에는 종전의 회사 재산과 영업이 물리적·기능적으로 나뉠 뿐, 주주의 권리에 구조적 변화가 생기는 것이 아니어서 주식매수청구권이 인정되지 않는다.

즉 분할 합병의 경우 분할결의에 관한 주주총회의 특별결의에 반대하는 주주는 합병의 경우와 같이 주식매수청구권을 행사할 수 있고(「상법」 제530조의11 제2항), 상대방 회사의 주주도 주식매수청구권을 행사할 수 있다(제522조의3). 회사는 매수청구 기간이 종료하는 날로부터 1월 이내에 당해 주식을 매수해야 한다(「자본시장법」 제165조의5 제2항).

사. 분할무효의 소송

단체법상의 법률관계를 획일적으로 확정하기 위하여 기업분할 절차에 하자가 있는 경우 합병의 경우와 같이 무효의 소만으로 그 하자를 다툴 수 있다. 즉 각 회사의 주주, 이사, 감사, 청산인, 파산관재인 또는 분할을 승인하지 아니한 채권자에 한하여 분할등기가 있는 날로부터 6월 내에 분할무효의 소를 제기할 수 있다(「상법」 제530조의11 제1항, 제529조).

6. 지배주식의 매수

가. 개념

가장 간단하고 광범위하게 활용되는 기업인수는 인수 회사가 대상 회사의 지배주식을 합의에 의하여 매수하는 방법이다. 지배주식을 매수하는 것은 일반적인 채권계약으로서 합병 등과 같이 회사법상의 규제와 절차가 필요 없다. 즉 지배주식을 매수하는 것은 주주총회의 승인도 필요 없고 반대 주주의 주식매수청구권도 인정되지 않으며, 그 밖에 채권자 보호 절차를 취할 필요도 없다. 주식매수의 대가는 일반적으로 금전을 지급하되, 경영권 프리미엄까지 추가하는 것이 보통이다.

나. 절차

① 지배주식의 양도는 크게 양도인과 양수인이 개별적으로 접촉하는 방법과 공개경쟁 입찰 방법이 있다. 양도인과 양수인이 개별적으로 접촉하는 경우 주식의 매매 시점과 새로운 이사진 구성 시점 사이에 간격이 발생하기 때문에 통상 이를 조율하기 위한 계약서를 작성한다. 계약서에는 주총에서 새로운 이사진이 선임될 때까지 잔금 지급 시기를 늦추고, 그 도중에 다른 기업체에 대한 보증, 고정자산의 취득이나 처분, 주요 계약의 체결 및 변경, 영업권 양도, 자금의 차용 및 대여 등이 발생하는 경우에는 미리 양수인의 승인을 얻는 조항, 양수인에 의한 회계 등의 조사 및 감사 조항, 양수인의 직원 파견 조항 등을 삽입하고, 자본 감소 절차나 CB 또는 BW의 발행 절차를 혼용하거나 미확정 채무나 소송 채무액에 해당하는 금액을 유보하기도 한다.

② 공개경쟁 입찰의 경우는 통상 인수의향서 접수, 자료의 제공 및 예비 실사, 입찰서 제출, 우선협상대상자 선정(입찰 금액의 일정 비율을 이행보증금으로 납부), 우선협상대상자와 양해각서(MOU, Memorandum of Understanding) 체결, 실사, 최종 인수자 선정 순으로 진행된다. 양해각서란 본 계약에는 이르지 않지만 잠정적으로 합의를 이룬 내용과 향후 절차에 대한 개략적인 방향을 정리한 문서를 말한다. MOU 자체에 법적 구속력이 있고 없고가 결정되는 것이 아니라 당해 MOU의 내용에 어떤 것들이 규정되어 있는가에 따라 달라진다. 일반적으로는 MOU에 협상 기간 동안의 우선협상권 및 비밀 유지 의무 정도를 법적인 의무로 규정하고 나머지 사항들은 협조 사항 또는 추상적인 규정으로 두는 경우가 많다.

다. 고려 대상

지배주식의 매매가 채권계약이라고 해서 계약 자유의 원칙이 무제한으로 인정되는 것은 아니다. 즉 상대방 지배주주와 경영진의 동의하에, 즉 우호적으로 상대방의 지배주식을 매수한다고 하더라도 법령에 위반하는 경우에는 그 취득이 제한될 수 있다. 그 예로, 기업인수로 인하여 일정한 거래 분야에서 경쟁을 실질적으로 제한한다고 인정되는 경우에는 지배주식의 취득이 금지될 수 있고(「공정거래법」 제7조 제1항), 「은행법」도 동일인의 소유한도를 규정하고 있다(「은행법」 제15조). 따라서 지배주식의 취득에 의한 우호적 M&A의 경우에도 반드시 사전에 법령상 소유 제한에 해당하는지를 따져봐야 한다.

이에 관한 대표적인 경우가 2004년 (주)삼익악기의 영창악기(주)에 대한 기업결합 사건이다. 2004년 3월 (주)삼익악기 등은 영창악기(주)의 제3자 배정 유상증자에 참여하는 방법으로 영창악기(주)의 주식을 총 49.3% 취득하여 대주주가 된 후 공정거래위원회에 이를 신고하였다. 그러나 2004년 9월 24일 공정거래위원회는 우선 시장을 국내 업라이트피아노, 그랜드피아노, 디지털피아노로 획정한 후, (주)삼익악기와 영창악기(주)의 기업결합은 위 시장에서의 경쟁을 실질적으로 제한하는 기업결합에 해당한다는 이유로 (주)삼익악기가 보유하고 있는 영창악기(주)의 주식 전부를 「공정거래법」이 정한 특수관계인의 범위에 속하지 않는 제3자에게 양도하도록 명령하였다(공정거래위 의결 제2004-271호).

제2절 M&A에서의 투자자 보호

Introduction

기업 재편 행위는 주주의 지위에 큰 변화를 일으키는 반면, 경영진이나 지배주주의 주도하에서만 이루어지고 소수 주주는 소극적으로 이를 따를 수밖에 없다. 따라서 지배권이 변경될 경우 종전의 지배주주는 경영권 프리미엄을 받는 것이 보통이지만, 소수 주주는 이러한 프리미엄을 공유하지 못하는 것은 물론 자신의 정당한 권리마저 무시되기도 한다. 이러한 이유로 우호적 M&A의 경우 동태적 변동 과정에서 소수 주주를 어떻게 보호하느냐가 중요한데, 현재까지는 주식매수청구권, 공시제도 등이 활용되고 있다.

1. 주식매수청구권

가. 취지

주식매수청구권이란 합병·영업 양도 등과 같이 회사의 구조에 중대한 변화를 가져오는 행위가 다수결에 의하여 결의된 경우 반대하는 주주가 회사에 대하여 자신의 보유 주식을 공정한 가액으로 매수할 것을 청구할 수 있는 권리이다. 합병 등의 안건들에 대하여도 다수결 원칙에 따라 주주총회의 결의에 따라야겠지만, 다수파 주주와 소수파 주주 간의 이해관계의 공평한 해결을 위하여 소수 주주가 지배구조 변동에서 탈피할 길을 열어주기 위한 제도이다.

나. 인정되는 범위

(1) 합병 등 회사 구조에 대한 중대한 변화 행위가 있는 경우

① 주식매수청구권은 주식의 포괄적 교환(「상법」 제360조의3), 포괄적 이전(제360조의22), 간이 주식교환(제360조의9), 영업 양도·양수 등(제374조), 합병(제522조), 간이 합병(제527조의2), 분할 합병(제530조의3), 주식의 강제소각이나 합병에 의한 자본 감소 및 정부 등의 부실 금융기관에 대한 출자(「금융산업구조개선법」 제5조 제8항, 제12조 제7항~제9항)에 관한 이사회 결의가 있는 경우에 인정된다.

그러나 소규모 합병과 단순 분할의 경우에는 존속 회사의 주주에게 주식매수청구권을 인정하지 않는다. 다만, 2013년 개정 「자본시장법」에서는 단순 분할 중 '인적 분할로서 분할 신설 법인이 비상장법인인 경우'에 한하여 비상장법인의 주주가 되기 전에 투자금 회수의 기회를 보장한다는 측면에서 주식매수청구권을 부여하였다.

② 영업 양도의 경우에는 양도 회사와 양수 회사 쌍방의 주주에게 매수청구권이 인정되고, 회사 합병의 경우에는 소멸 회사와 존속 회사 모두에게 매수청구권이 인정된다고 본다. 한편 주식교환의 경우에는 당사 회사 전부의 주주가 주식매수청구권을 가지나, 주식이전의 경우에는 주식이전을 하는 회사의 주주에게만 매수청구권이 인정된다.

(2) 청구 가능한 주주의 범위

종전 「증권거래법」에서는 주주총회를 위한 주주명부 폐쇄기준일로부터 주주매수청구권 행사일까지 주식을 계속 보유한 주주가 주식매수청구권을 행사할 수 있었다. 그러나 「자본시장법」의 시행으로 반대 의사를 통지한 주주가 합병 등에 관한 이사회 결의 사실이 공시되기 이전에 취득하였음을 증명한 주식과 이사회 결의 사실이 공시된 이후에 취득하였지만 이사회 결의 사실이 공시된 날의 다음 영업일까지 해당 주식에 관한 매매계약이 체결된 것을 증명한 주식에 대해서만 주식매수청구권을 행사할 수 있게 되었다(「자본시장법」 제165조의5). 이는 이사회 결의가 공시된 이후 주가가 하락할 경우 시장에서 주식을 매수하여 주식매수청구권을 행사하는 것을 막기 위해서이다.

의결권이 없거나 제한되는 주주도 주식매수청구권이 인정되고 있다(「상법」 제360조의5 제1항).

다. 절차

(1) 주주총회 전: 회사에 서면에 의한 반대 의사 통지

결의 사항에 반대하는 주주는 문제가 된 주주총회 전에 회사에 대하여 서면으로 그 결의에 반대하는 의사를 통지해야 한다(「상법」 제522조의3 제1항). 이 통지는 회사가 반대하는 주주의 유무와 수를 알게 하고 그 의안을 주총에 부의할 것인지 등을 미리 알게 하는 예고적 성질을 지니기 때문에 통지만으로는 부족하고 주주총회의 개회 선언 전에 '도달'해야 한다고 본다.

(2) 주주총회 당시

반대 의사를 통지한 주주도 주주총회에 출석하여 찬성의 의결권을 행사할 수 있지만, 이 경우에는 반대의 의사를 철회한 것으로 보아 매수청구권을 행사할 수 없다고 본다.

(3) 주주총회 후: 회사에 서면에 의한 주식매수청구

반대 의사를 통지한 주주는 그 주총의 결의일로부터 20일 이내에 주식의 종류와 수를 기재한 서면으로 회사에 대하여 자기가 보유하고 있는 주식의 매수를 청구해야 한다(「자본시장법」 제165조의5 제1항). 다만 「금융산업구조개선법」의 적용을 받는 경우에는 주식매수청구권에 관한 일간지 공고일로부터 10일 이내에 서면으로 청구를 해야 한다(「금융산업구조개선법」 제12조 제7항).

반대 의사를 통지한 주주는 이후 매수청구권의 행사를 포기할 수 있고, 보유 주식 전체에 대하여 반대 의사를 통지하였더라도 그중 일부에 대해서만 매수청구권을 행사할 수도 있다.[61)]

라. 간이 주식교환과 간이 합병에서의 특칙

간이 주식교환과 간이 합병의 경우에는 주주총회의 승인을 이사회의 승인으로 갈음하기 때문에 완전 자회사(또는 소멸 회사) 주주에게 주식매수청구 절차상의 특칙을 인정한다. 즉 완전 자회사(또는 소멸 회사)는 주식교환계약서(또는 합병계약서)를 작성한 날부터 2주 내에 주주총회의 승인을 얻지 아니하고 주식교환(또는 합병)을 한다는 뜻을 공고하거나 주주에게 통지하는데(「상법」 제360조의9, 제527조의2), 완전 자회사(또는 소멸 회사)의 반대 주주는 ① 회사에 대하여 위 공고 또는 통지를 한 날부터 2주 내에 회사에 대하여 서면으로 합병에 반대하는 의사를 통지한 후, ② 위 2주가 경과한 날로부터 20일 이내에 주식의 종류와 수를 기재한 서면으로 회사에 대하여 자기가 소유하는 주식의 매수를 청구할 수 있다(「자본시장법」 제165조의5 제1항).

마. 매수 가액의 결정(「자본시장법」 제165조의5 제3항 및 「동 시행령」 제176조의7 제3항)

다른 법률상의 절차

「상법」(비상장법인의 경우) 제374조의2 제3항, 제4항	(1) 주주와 회사 간의 협의 (2) 협의가 이루어지지 아니할 경우 회사 또는 주 식의 매수를 청구한 주주는 법원에 매수 가액의 결정을 청구할 수 있다.
「금융산업구조개선법」 제12조 제8항, 제9항	(1) 주주와 회사 간의 협의 (2) 회계 전문가가 부실 금융기관의 재산 가치와 수익 가치 등을 고려하여 가액을 산정 (3) 그 산정 가액에 대하여 주식의 매수를 청구한 주주가 보유한 주식의 100분의 30 이상이 반대한 경우에는 법원에 대하여 매수 가격의 결정을 청구할 수 있다.

61) 《재판실무편람(V): 상사비송편》, 법원행정처, 55쪽.

(1) 주주와 당해 법인 간의 협의 가액

주식매수 가액은 우선 주주와 당해 법인 간의 협의에 따라 결정한다. 주주와 회사 간의 협의 방법에 관하여 현행법이 따로 정하고 있지 않으므로, 개별 협의나 단체 협의 모두 가능하다. 그 협의 가격은 주주평등의 원칙상 균일한 가격이어야 한다는 주장[62]과 매수 가격이 주주마다 다를 수 있고 이것이 주주평등의 원칙에 반하는 것이라고 할 수 없다는 주장이 나뉘고 있다.[63]

(2) 시가를 기준으로 한 법정 가액

협의가 이루어지지 않으면, 증권시장에서 거래가 형성된 주식의 경우 아래와 같이 산정된 가격의 산술평균 가격으로 한다(「자본시장법 시행령」 제176조의7 제3항). 실무상 회사에서 개별 주주와 매수 가액을 협의하기가 어렵기 때문에 공개기업의 경우 대부분 아래의 법정 방식에 의한 가격으로 매수 가액이 결정된다.

① 이사회 결의일 전일부터 과거 2개월간(같은 기간 중 배당락 또는 권리락으로 인하여 매매 기준 가격의 조정이 있는 경우로서 배당락 또는 권리락이 있은 날부터 이사회 결의일 전일까지의 기간이 7일 이상인 경우에는 그 기간) 공표된 매일의 증권시장에서 거래된 최종 시세 가격을 실물거래에 의한 거래량을 가중치로 하여 가중산술평균한 가격.

② 이사회 결의일 전일부터 과거 1개월간(같은 기간 중 배당락 또는 권리락으로 인하여 매매 기준 가격의 조정이 있는 경우로서 배당락 또는 권리락이 있은 날부터 이사회 결의일 전일까지의 기간이 7일 이상인 경우에는 그 기간) 공표된 매일의 증권시장에서 거래된 최종 시세 가격을 실물거래에 의한 거래량을 가중치로 하여 가중산술평균한 가격.

③ 이사회 결의일 전일부터 과거 1주일간 공표된 매일의 증권시장에서 거래된 최종 시세 가격을 실물거래에 의한 거래량을 가중치로 하여 가중산술평균한 가격.

다만 앞서 설명한 삼성물산-제일모직 합병 사건과 관련한 주식매수 가격 결정 사건(서울고법 2016라20189 판결)에서 특별한 사정이 없는 한 주식의 가치가 합병 등에 의하

62) 임재연, 《자본시장법》, 500쪽.

63) 《재판자료 제90집: 증권거래에 관한 제문제(상)》, 641쪽; 정희철·정찬형, 《상법 원론(上)》, 박영사, 690쪽.

여 영향을 받기 전의 시점을 기준으로 하여야 한다는 전제에서 "이사회 결의의 전일"이 아니라 제반 사정을 고려하여 별도의 기준일을 정하고 매수 가격을 산정하는 판시를 하였다. 동 사건은 2021년 4월 현재 대법원에서 심리 중이다.

반면 증권시장에서 거래가 형성되지 아니한 주식은 자산 가치와 수익 가치를 가중산술평균한 가액으로 한다고 정하고 있다.

(3) 법원의 결정 가액(「비송사건절차법」 제86조의2)

주주나 회사는 위와 같이 시가를 기준으로 한 법정 가액에 만족하지 못하면 최종적으로 법원에 매수 가액의 결정을 청구할 수 있다(「자본시장법」 제165조의5 제3항).

공개기업도 비공개기업과 마찬가지로, 매수 가격의 결정은 「비송사건절차법」에 따라 처리된다. 매수 가격조정 신청은 회사 또는 주식의 매수를 청구한 주주가 서면으로 회사의 본점 소재지의 지방법원에 제기한다(「비송사건절차법」 제86조의2 제3항, 제86조 제1항). 법원은 주주와 이사의 진술을 들은 후 이유를 붙인 결정을 해야 하고, 만일 수개의 신청 사건이 동시에 계류한 때에는 주식매수 가액이 동일하게 결정되어야 하므로 심문과 재판을 병합해야 한다(제86조의2 제2항). 법원의 결정 가액은 당사자가 주장하는 액수에 구속되지 아니하고, 법원의 결정에 대하여는 즉시 항고를 할 수 있다(제86조의2 제3항, 제86조 제4항). 위 즉시 항고에는 집행정지의 효력이 있으므로(제86조의2 제3항, 제86조 제5항), 대금 지급 기한은 재판이 확정된 때가 된다.

매수 가액의 산정 방법에 대하여 「상법」에서는 "회사의 재산 상태 그 밖의 사정을 참작하여 공정한 가액으로 산정해야 한다"고 규정하고 있다(「상법」 제374조의2 제5항). 매수 가액의 산정 방법과 관련해서는 주로 비상장·비등록기업의 경우가 문제되었는데, 판례는 "그 주식에 관하여 객관적 교환 가치가 적정하게 반영된 정상적인 거래의 실례가 있으면 그 거래 가격을 시가로 보아 주식의 매수 가액을 결정해야 하지만, 그러한 거래 사례가 없으면 시장 가치 방식, 순자산 가치 방식, 수익 가치 방식 등 여러 가지 평가 방법을 활용하되, 어느 한 가지 평가 방법(예컨대 「자본시장법 시행령」 제84조의7 제1항 제2호의 평가 방법이나 「상속세 및 증여세법 시행령」 제54조의 평가 방법)이 항상 적용되어야 한다고 단정할 수는 없고, 당해 회사의 상황이나 업종의 특성 등을 종합적으로 고려하여 공정한 가액을 산정해야 한다"[64]고 판시하고 있다.

대표적 사례로는, 주식의 재산 가치와 수익 가치 및 시장 가치를 균등한 비율로 산정한 경우(서울지법 99파204, 2001파5, 2001파12, 제주지법 2001파1, 창원지법 2001파1, 제일은행이나 제주은행 등 부실 금융기관의 감자와 관련한 사례), 자산 가치와 수익 가치를 1대 2의 비율로 산정한 경우(서울지법 2002파합16, 18 병합, 신세기통신 사례), 자산 가치와 수익 가치를 1대 1의 비율로 산정한 경우(서울지법 2002파합70) 등이 있다. 대규모 사례로는 STX에너지(주)가 STX오일앤서비스(주)를 흡수 합병하려고 하자 이에 반대하는 STX에너지(주) 주주 한국산업단지공단이 보유 주식 299만 8,300주에 대하여 주식매수청구권을 행사한 사례[65]가 있다.

대법원 2006. 11. 13. 선고 2005마958 등 결정: 대우전자 사건

비상장주식에 관하여 객관적 교환 가치가 적정하게 반영된 정상적인 거래의 실례가 있더라도 거래 시기, 거래 경위, 거래 후 회사의 내부 사정이나 경영 상태의 변화, 다른 평가 방법을 기초로 산정한 주식가액과의 근접성 등에 비추어 위와 같은 거래 가격만에 의해 비상장주식의 매수 가액으로 결정하기 어려운 경우에는 위와 같은 거래 가액 또는 그 거래 가액을 합리적인 기준에 따라 조정한 가액을 주식의 공정한 가액을 산정하기 위한 요소로 고려할 수 있다.

대법원 2006. 11. 24. 선고 2004마1022 결정: 은평방송 사건

사실관계

주식회사 한국케이블티브이 은평방송(이하 '은평방송')은 2001년 3월 26일 이사회에서 은평정보통신 주식회사(이하 '은평정보통신')와의 합병을 결의하고 2001년 4월 27일 주주총회를 개최하여 은평정보통신과 은평방송과의 합병 비율을 1대 0.0842로 하는 합병안을 승인함.

은평방송의 주주들인 원고들은 2001년 4월 23일 은평방송에 대하여 합병 반대 의사를 통

---

64) 대법원 2006. 11. 24. 선고 2004마1022 결정.

65) 수원지법 안산지원 2009. 2. 19. 선고 2008비합7 결정. 이 사건에서는 현금흐름할인법, 상대가치평가모형, 초과이익모형에 따른 주식 가치를 개별 산출하여 종합적으로 고려한 후, 주당 2만 8,808원으로 결정하였다.

지하였고, 2001년 5월 16일 원고들 각자가 가진 주식 전부에 대하여 은평방송에 주식매수청구를 함.

이후 원고들은 법원에 매수 가격 조정을 신청함.

판결

• 유선방송사업의 경우 초기에 방송 장비 및 방송망 설치 등의 대규모 시설 투자가 필요하지만, 그 이후에는 인건비 등의 비용 외에는 추가 비용이 크게 필요하지 않고, 일정수 이상의 가입자가 확보되면 월 사용료 상당의 수입이 안정적으로 확보된다는 특색이 있음에도 불구하고, 은평방송의 1주당 수익 가치를 0원으로 산정한 2심 결정이 잘못되었다.

• 당해 회사의 상황이나 업종의 특성, 위와 같은 평가 요소가 주식의 객관적인 가치를 적절하게 반영할 수 있는 것인지, 그 방법에 의한 가치 산정에 다른 잘못은 없는지 여부에 따라 평가 요소를 반영하는 비율을 각각 다르게 해야 함에도 불구하고, 시장 가치 등을 단순히 산술평균한 2심 결정이 잘못되었다.

서울지법 2002. 11. 19. 선고 2002파합16, 18 (병합) 결정(항고 기각): 신세기통신 사건

사실관계

2001년 9월 주권상장법인인 에스케이텔레콤(주)와 주권비상장·코스닥비상장법인인 (주) 신세기통신이 합병하기로 이사회 결의하였다. 2001년 10월 31일 신세기통신은 주주들에게 주식매수청구권의 내용과 주식매수 가격이 주당 1만 2,214원임을 통지하였고, 11월 16일 신세기통신의 주주총회에서는 합병을 승인하는 결의를 하였다. 이에 신세기통신의 소수 주주들이 법원에 매수 가격조정 신청을 제기하였다.

판결

• 주식매수 가액은 객관적으로 공정한 가치를 반영해야 하되, 이를 위하여 대상 회사의 가치를 산정할 수 있는 여러 요소들을 찾아 그에 따른 가액을 산정한 후 그 가액들을 회사의 구체적인 상황을 고려하여 적정한 비율에 의하여 가중평균하여 산출한 가액으로 정함이 상당하다.

• 자산 가치와 수익 가치 이외에 시장 가치의 경우에는 신세기통신이 주권비상장·코스닥비상장법인이어서 일부 장외거래 가격만으로는 주식의 객관적 가치를 반영하는 지표로

삼기 어렵고, 상대 가치의 경우에는 동일·유사한 업종을 주된 사업으로 하는 주권상장법인이 2개 이상 존재하지 아니하므로 유사 업종 비교에 따른 상대 가치를 산정하기는 어렵다.

• 자산 가치와 수익 가치의 가중 비율을 정함에 있어서 신세기통신의 무형자산 등의 일부 자산의 가치가 제대로 반영되어 있지 아니한 것으로 보이는 점, 신세기통신과 유사한 업종의 에스케이텔레콤도 자산 가치가 수익 가치나 시장 가치에 비하여 상당한 정도로 저가로 평가되어 있는 점, 대규모 통신회사의 경우 사업 기반을 위한 투자, 고객 확보 등을 위하여 사업 초기에 거액의 영업비용이 소요되는데 신세기통신의 경우에도 사업 초기에는 거액의 비용으로 인하여 수익 가치가 마이너스였으나 사업의 계속에 따라 지속적으로 수익이 증가하고 있다는 점 등을 종합할 때, 자산 가치와 수익 가치를 1대 2의 비율로 고려하여 산정하는 것이 바람직하다.

• 에스케이텔레콤은 합병 가액의 산정에 관한 규정에 따라 자산 가치와 수익 가치를 1 대 1.5의 비율로 가중평균해야 한다고 주장하지만, 합병 가액의 산정에 관한 규정과 주식 매수 가액의 결정에 관한 규정은 그 목적과 기능을 달리하는 것일 뿐 아니라 「자본시장법」상 주권상장법인에 관한 주식매수 가액의 결정에 있어서도 합병 가액의 산정 방법에 관한 규정을 적용 또는 준용하지 아니하고 그와 별도의 규정을 두고 있는 점 등에 비추어보면, 합병 가액의 산정에 관한 규정을 유추 적용하지 않아도 된다.

바. 효과

(1) 회사의 주식매수

해당 주권상장법인은 주식매수청구권 행사 기간의 종료일로부터 1개월 이내에 주식을 매수해야 한다(「자본시장법」 제165조의5 제2항. 단, 주권비상장법인은 2개월 이내 매수). 주식매수청구권은 행사 기간 중에 이를 행사하기만 하면 주식 양·수도 계약의 효력이 성립되는 형성권이다. 따라서 주식매수청구권을 행사하면 회사는 매수 대금 지급 의무를 부담하고 매수 여부를 선택할 수 없다.

'회사가 주식매수청구를 받은 날로부터 2월'은 주식매매 대금 지급 의무의 이행기를 정한 것이고, 이러한 법리는 2월 이내에 주식의 매수 가액이 확정되지 아니하였다고 하더라도 마찬가지이다.[66)]

---

66) 대법원 2011. 4. 28. 선고 2009다72667 판결.

대법원 2011. 4. 28. 선고 2009다72667 판결

사실관계

주식회사 한국케이블티브이 은평방송(이하 '은평방송')은 2001년 3월 26일 이사회에서 은평정보통신주식회사(이하 '은평정보통신')와의 합병을 결의하고 2001년 4월 27일 주주총회를 개최하여 은평정보통신과 은평방송과의 합병 비율을 1대 0.0842로 하는 합병안을 승인함.

은평방송의 주주들인 원고들은 2001년 4월 23일 은평방송에 대하여 합병 반대 의사를 통지하였고, 2001년 5월 16일 원고들 각자가 가진 주식 전부에 대하여 은평방송에 대하여 주식매수청구를 함.

판결

원고들이 2001년 5월 16일 피고에게 주식매수청구권을 행사하였음에도 피고가 2월의 매수 기간 내에 주식 대금을 지급하지 않았으므로, 피고는 2001년 7월 17일 이후에는 이행지체로 인한 지연손해금을 지급해야 한다.

(2) 주주의 철회

주주는 주식매수청구권 행사 기간 내에는 회사에 대한 포기의 의사표시로써 주식매수청구를 철회할 수 있다. 주식매수청구권 행사 기간이 경과한 후에는 이미 주주가 주식매수청구권이라는 형성권을 행사한 이후이지만, 어느 계약이든 당사자가 합의하는 경우에는 해지할 수 있으므로 매수청구 대금이 지급되기 전에 주주가 회사의 동의를 얻으면 주식매수청구를 철회할 수 있다.

사례: 현대상선의 주식매수청구권 철회

2002년 9월 현대상선은 임시주주총회에서 자동차운송사업 부문의 매각을 결의하였는데 당시 현대상선의 일부 주주들은 행사 기간 중의 시가 1,800원이 행사 가격 2,904원에 비해 훨씬 낮았기 때문에 시세 차익(주식 대금을 받아 행사 가격보다 더 싼 시가로 현대상선 주식을 취득할 수 있음)을 위해 주식매수청구권을 행사하였다. 그러나 주식매수청구권 행사 이후 현대상선 주가가 다시 상승하여 주식매수청구권 행사 가격보다 높아지자 오히려 주식매수청구권을 행사했던 주주들은 주식 대금을 지급받아 다시 현대상선 주식을 사더라도 시세 차익을 얻을 수 없게 되었다. 이에 상당수의 주주들은 주식매수청구권 행사의 철회를 신청하였고, 현대상선은 주식매수로 인한 자금 부담도 있고, 현대상선 주주의 이익을 보호할 필요도 있어서 주식 대금 지급일 전에 위 주식매수청구권 행사 철회 신청을 받아들였다.

(3) 주주의 지위

주주가 매수청구를 한 때에 주주의 자격이 당연히 소멸하는 것은 아니고 회사가 대금을 지급하는 때에 주주의 지위가 소멸하고 주식의 이전도 이루어진다(대법원 2018. 2. 28. 선고 2017다270916 판결). 대금 지급 이전까지는 회계장부열람청구 등 공익권 행사는 가능하지만, 이익배당이나 신주인수권 등 자익권은 부정된다고 해석하는 견해가 유력하다. 위 대법원 2009다72667 판결과 같이 지연손해금을 인정하고 있기 때문이다. 만일 주식매수청구권이 철회되거나 회사 합병 등의 계획이 중지되어 주식매수청구권이 실효된 경우에 주주는 매매 대금을 지급받지 못하고 정상적인 주주의 지위를 회복한다.

사. 운영 형태

(1) 주주가 주식매수청구권을 행사하면 회사는 반드시 주식을 인수해야 하기 때문에 회사로서는 주식매수 대금이 재무적으로 부담이 된다. 그리고 금융회사는 일정한 재무비율(BIS비율)을 맞추어야 하고, 재무구조가 건실하지 못한 회사의 경우에는 과다한 현금 유출로 재무구조가 더 악화될 수도 있다. 그리고 만일 주가가 계속 하락하는 상황에서 회사가 제시하는 주식매수 가격이 현재의 주가보다 높은 경우라면, 주주로서는 주식매수청구권을 행사하여 그 대금으로 동일한 주식을 더 많이 시장에서 취득할 수 있기 때문에 상당 비율의 주주가 주식매수청구권을 행사할 가능성이 높다. 따라서 합병 등의 승인을 위한 주총에서는 주식매수 금액의 규모가 일정 금액 이내일 것을 조건으로 결의하기도 하고, 이 조건을 충족하는지 여부에 따라 합병 등이 무산되기도 한다.

사례: 굿모닝증권과 신한증권의 조건부 합병

2002년 6월 27일 굿모닝증권의 임시주총에서는 반대 주주의 매수청구권 행사 규모가 발행주식 총수의 35%(약 6,500만 주) 이내일 것을 조건으로 신한증권을 흡수 합병하기로 하는 조건부 합병 승인결의가 이루어졌다. 조건부 합병 승인결의를 한 이유는 주식매수청구권 행사 규모가 발행주식 총수의 35%를 초과하면 회사의 영업용 순자본 비율이 급락하여 금융위원회로부터 경영개선명령을 받을 수 있기 때문이다. 위 임시주총 결의 전에 사전 반대 의사표시를 한 주식은 약 48.1%여서 주총 이후 주식매수청구권 행사기간 동안 매수청구권을 행사하는 주식이 얼마나 될지에 따라 합병 결의의 효력이 좌우될 상황이었다. 그러나 이후 발행주식 총수의 31.5%만이 주식매수청구권을 행사하여 위 두 회사 간의 합병이 최종 성사되었다.

사례: 태평양과 태평양종합산업의 합병 무산

태평양은 2002년 10월 25일 주식매수청구 예정 가격을 기준으로 주식매수청구 총금액이 1,500억 원 이하일 것을 조건으로 태평양종합산업과 합병하는 것을 결의하였으나 주식매수청구 총금액이 1,611억 3,900만 원으로 1,500억 원을 초과하여 결국 합병이 무산되었다.

(2) 반면 주가가 매수 가격 이상으로 올라가면 주주들은 장내에서 매수 가격보다 더 높은 가격으로 팔기 위하여 주식매수청구권을 행사하지 않거나 행사하더라도 이를 철회하게 된다. 따라서 회사로서는 매수청구로 인한 비용 부담을 줄이기 위해 주가를 매수 가격보다 높게 끌어올리려는 유혹에 빠질 수 있다. 실제로 1999년 강원은행과 현대종합금융의 합병에 반대하는 강원은행 주주들의 주식매수청구권 행사를 방지하기 위하여 강원은행 주가를 주식매수청구 가격보다 높게 상승시킬 필요성이 생기자 현대중공업 임원은 현대중공업 자금으로 현대증권을 통해 강원은행 주식을 고가로 매수 주문을 내는 등 시세를 변동시키는 매매 거래를 하기도 하였다.[67]

---

67) 서울지법 2000. 6. 8. 선고 99고단10021 판결. 《재판자료 제90집: 증권거래에 관한 제문제(상)》, 635쪽 재인용.

2. 공시 의무

가. 공시의 형태

합병 등의 사유는 투자자의 투자 판단에 중대한 영향을 미치기 때문에 이사회가 이러한 사실을 결의한 때에는 주요 경영 사항으로 그 결의 내용을 공시해야 한다. 이러한 수시 공시 의무 이외에 「자본시장법」에서는 주권상장법인이 합병, 중요한 영업 또는 자산의 양수/양도, 주식의 포괄적 교환/이전 및 분할 또는 분할 합병(이하 '합병 등')을 하고자 하는 경우 대통령령으로 정하는 요건 및 방법 등의 기준에 따라야 하고, 대통령령으로 정하는 바에 따라 외부 평가기관으로부터 합병 등의 가액 등에 대한 평가를 받아야 한다는 점을 명시하였다(제165조의4). 이는 당해 법인이 합병 등의 절차와 내용, 반대주주의 권리행사 방법, 합병 등의 당사 회사에 관한 사항을 현재 및 잠재적 주주에게 일정한 기준에 따라 충분히 공시하게 하여 적정한 주주권 행사가 가능하도록 신고 의무를 부여한 것이다.

나. 공시 의무에 대한 제재

(1) 금융위원회의 행정조치

금융위원회는 주요사항보고서의 중요 사항에 관하여 거짓의 기재 또는 표시가 있거나 중요 사항이 기재 또는 표시되지 아니한 경우에는 제출 대상 법인에 대하여 이유를 제시한 후 그 사실을 공고하고 정정을 명할 수 있으며, 필요한 때에는 1년의 범위에서 증권의 발행 제한, 임원에 대한 해임 권고, 형사 고발 또는 수사기관에의 통보, 다른 법률을 위반한 경우에는 관련 기관이나 수사기관에의 통보, 경고 또는 주의 등의 조치를 취할 수 있다(제164조 제2항).

(2) 형사 처벌

주요사항보고서 등을 제출하지 않은 경우 1년 이하의 징역 또는 3천만 원 이하의 벌금에 처하고(「자본시장법」 제446조), 주요사항보고서 등의 중요 사항에 관하여 허위 기재한 경우 5년 이하의 징역 또는 2억 원 이하의 벌금에 처한다(제444조).

(3) 손해배상책임

만일 주요사항보고서 및 그 첨부 서류(회계감사인의 감사보고서는 제외) 중 중요 사항에 관하여 거짓의 기재 또는 표시가 있거나 중요 사항이 기재 또는 표시되지 아니함으로써 주요사항보고서 제출 대상 법인이 발행한 증권의 취득자 또는 처분자가 손해를 입은 경우에는 다음 각 호의 자는 그 손해에 관하여 배상의 책임을 진다. 다만, 배상의 책임을 질 자가 상당한 주의를 하였음에도 불구하고 이를 알 수 없었음을 증명하거나 그 증권의 취득자 또는 처분자가 그 취득 또는 처분을 할 때에 그 사실을 안 경우에는 배상의 책임을 지지 아니한다(「자본시장법」 제162조).

3. 우회상장에서의 투자자 보호

가. 우회상장이란

우회상장이란 장외 기업이 정식으로 주권상장 또는 코스닥상장 시 거쳐야 할 상장심사나 공모주 청약의 절차를 거치지 않고 주권상장 또는 코스닥상장기업을 인수·합병함으로써 우회적으로 주권상장 또는 코스닥상장 하는 것을 말한다. 뒷문을 이용한 등록이라고 하여 '백도어 리스팅(back-door listing)'이라 불리고, 주권상장기업보다는 코스닥상장법인을 대상으로 행해지는 경우가 많다. 지금까지는 주로 IT, 바이오, 엔터테인먼트 분야와 관련해서 우회상장이 많이 이루어졌다.

우회상장으로 인하여 머니게임 등 각종 문제가 발생함에 따라 우회상장 요건이 강화되어 왔다.[68]

「유가증권시장 상장규정」에서는 비상장기업이 상장기업에 대한 합병, 주식교환, 영업·자산 양수 등의 기업결합과 경영권 장악을 통해 상장기업의 지배구조·사업 내용 등의 변동을 초래함으로써 실질적으로 상장되는 효과를 발생시키는 경우가 우회상장이라고 명시하고 있다.[69]

---

68) 《2020년 유가증권시장 상장심사가이드북》, 한국거래소, 51쪽.
69) 「유가증권시장 상장규정」 제2조 제1항 제1호 다목.

나. 우회상장의 긍정적인 측면과 부정적인 측면

(1) 긍정적인 측면

우량한 장외 기업으로서는 우회상장을 통하여 주권상장 또는 코스닥상장까지 걸리는 시간과 비용을 절감할 수 있다. 그리고 장외 기업 중 우량한 기업과 장내 기업이지만 자금 조달이 힘들거나 구조조정이 필요한 기업이 M&A를 한다면 양 회사 모두 시너지 효과를 창출할 수 있다. 또한 벤처기업에 초기 투자된 자금이 코스닥시장을 통하여 회수되고, 다시 회수된 자금이 새로운 벤처 발굴로 흘러 들어가게 하는 순환 고리를 형성할 수 있다. 한편 일부 적자가 누적되어 이월결손금이 상당한 코스닥기업의 경우에는 흑자인 비상장기업과 합병한 후 이월결손금을 승계받아 이월결손금공제 제도(과거의 누적 적자를 이익이 난 사업연도의 소득 금액에서 공제해주는 제도)를 활용하여 그만큼의 법인세 감면을 노리기도 한다.

(2) 부정적인 측면

주권상장 또는 코스닥상장은 일반 투자자에게 미치는 영향이 크기 때문에 엄격하고 까다로운 심사 절차를 거치도록 하고 있다. 그런데 만일 비상장기업이 이러한 심사 절차를 거치지 않고 우회적으로 상장한다면 비상장회사의 투명성과 건전성을 확인할 방법이 없기 때문에 그에 따른 투자자의 피해가 발생할 수 있다. 그리고 부실한 주권상장 또는 코스닥상장기업이 퇴출을 회피하는 수단으로 우회상장을 시도하기도 한다. 또한 우회상장 후 장내 기업의 경영이 악화되거나 주가 조작, 횡령 등에 얽히는 경우가 많기 때문에 금융위원회에서는 이에 대하여 여러 규제조치를 두고 있다.

다. 우회상장의 유형

(1) 합병

① 비공개기업인 B회사가 공개기업인 A회사와 합병하여, B회사의 주주들이 합병 후 A회사의 주식을 교부받는 방식.

㉑ 비상장기업인 '넷마블'과 코스닥기업인 '플레너스'의 합병.

② 비공개기업인 B회사가 공개기업인 A회사의 지분을 장내매수, 장외매수 등으로

인수하여 경영권을 확보한 후, B회사를 A회사에 흡수 합병시키는 방법. 코스닥시장에서 많이 활용되는 우회 등록 방법이고, '2단계 합병'이라고도 불린다.

㉎ 비공개기업인 현원이 공개기업인 한국와콤전자의 대주주 지분을 인수하여 일단 최대 주주가 됨. 곧바로 한국와콤전자가 비공개기업인 현원을 흡수 합병.

③ 비공개기업인 B회사가 공개기업인 A가 발행하는 CB를 인수해서 이를 전환하여 최대 주주가 된 후, B회사를 A회사에 흡수 합병시키는 방법.

(2) 주식의 포괄적 교환

우선 비공개기업인 B기업 또는 B기업의 대주주가 A기업 대주주의 지분을 매수하여 A기업의 경영권을 장악한다. 그리고 공개기업인 A기업과 비공개기업인 B기업이 주식을 포괄적 교환하면 A기업이 B기업의 주식 100%를 보유하는 대신, 비공개기업인 B기업의 주주들은 A기업의 주식을 교부받아 자연스럽게 공개기업의 주주가 된다.

㉎ 비공개기업인 비에스이는 장외거래로 코스닥기업인 디지털캠프의 최대 주주가 됨. 디지털캠프는 우선 10대 1의 비율로 감자한 후 비에스이와 주식을 포괄적으로 교환함.

(3) 영업 양수 · 도

우선 비공개기업인 B기업은 공개기업인 A기업에 대하여 특허권 등을 포함한 영업을 양도하고, A기업은 그 대가로 A기업의 주식을 주거나 현금을 교부한 후 B기업에 제3자 배정 방식의 유상증자를 실시 또는 A기업의 대주주 지분을 B회사가 매수하기도 한다. 이때 영업권 등의 양수 가액을 부풀려 계상하여 대주주와 이익 보전 등의 '이면계약'을 시도하기도 한다.

(4) 비상장법인 발행 지분증권 양수

비상장기업 주주가 보유 중인 비상장지분증권을 상장기업에 매도하고 제3자 배정 증자에 참여하여 상장기업의 신주 등을 교부받거나 주식이전을 함으로써 비상장지분증권을 상장주식으로 바꾸는 효과를 발생시킨다.

(5) 기타

경제적 이해관계에 따라 매해 새로운 유형의 우회 등록이 나오는 상황이다. 공개기업과 공개기업이 합병한 후 다시 이를 분할하는 유형이 등장한 바 있고, 코스닥기업이 기업분할을 통해 우량 사업 부분을 신설 법인에 이전시킨 후 껍데기만 남은 기존 기업은 코스닥기업이라는 간판을 내걸고 높은 가격으로 매도하는 유형이 등장하기도 하였다.

A&D(Acquisition & Development)

A&D란 법률적인 용어는 아니지만, 일반적으로 기존의 주권상장법인이나 코스닥상장법인 중 부도 상태에 처하거나 성장이 정지된 부실 회사를 인수하여 성격이 다른 회사로 변형한 다음 자본 차익을 얻는 M&A기법의 하나를 지칭된다. M&A가 보통 자금력 있는 투자자가 생산시설 확보나 시장지배력 강화 등을 위해 다른 기업의 자산이나 회사를 사는 것이라면, A&D는 사업 아이템 또는 아이디어가 있는 투자자가 한계기업을 저가에 인수하여 자금 조달 후 이를 개발한다는 점에 차이가 있다.[70)]

미국에서 시작된 A&D방식은 분명 긍정적인 측면이 있지만 한국에서는 투자자들을 현혹시켜서 주가를 단기적으로 상승시키는 부정적인 이미지로 많이 각인되어 있다. 즉 한국에서 A&D를 표방한 대표적인 모습은 ① 우선 자금난에 처한 부실 회사(Shell Company)를 선정한 다음 목표 기업의 대주주 지분을 인수하는 동시에 기존 주식을 감자하고 대규모 증자를 하여 경영권을 인수하고, ② 정관을 변경하여 IT 사업을 추가하면서 주가를 급등시키고, ③ 자신이 보유한 주식을 매도하여 대규모 자본이득을 취하거나 자신이 대주주 또는 대표이사로 있는 비공개법인과 합병하여 자본 차익을 실현하는 것이다.

라. 우회상장에서의 규제

「유가증권시장 상장규정」에서는 비상장법인이 상장법인과 합병 등의 기업결합을 하면서 상장법인의 경영권 변동을 초래하고 주권비상장법인의 지분증권이 상장되는 효과가 있는 경우를 우회상장이라고 개념 정의하고, 상장 적격성이 떨어지는 비상장법인의 우회상장을 방지하기 위해 신규 상장에 준하는 우회상장 요건의 충족을 요구하고

70) 우승호, 《코스닥 M&A여행》, 새빛인베스트먼트, 148쪽.

있다. 구체적으로는 아래와 같다.

(1) 경영권 변동(주권비상장법인의 최대 주주 등이 상장법인의 최대 주주 등이 되는 경우)이 없으면 비상장법인의 최대 주주 등에 대해 보호예수 의무만 부과한다.

(2) 경영권 변동이 있으나 우회상장 요건을 충족하는 경우 우회상장 종목임을 표시(최장 2년간)하고 비상장법인의 최대 주주 등(5% 출자자 포함)에 대해 보호예수 의무를 부과 한다.

(3) 경영권 변동이 있으면서 우회상장 요건을 미충족(외형 요건 미달 및 우회상장 미승인)한 상황에서 우회상장 추진 시 상장을 폐지한다.

마. 우회상장 유형별 규제

(1) 합병에서의 규제

① 외부 평가기관의 평가 의무

주권상장법인이 주권비상장법인과 합병하여 주권상장법인이 되는 경우 원칙적으로 합병 비율의 적정성에 관하여 외부 평가기관(회계법인, 유가증권 인수업 허가를 받은 회사, 신용평가회사)의 평가를 받아야 한다(「자본시장법 시행령」 제176조의5 제7항, 제8항).

② 합병 가액의 규제

상장기업이 비상장기업과 합병을 하려는 경우에는 상장기업의 재무구조나 주주에 대한 영향력이 크다는 점을 고려하여 별도로 합병 가액의 산정 기준을 마련하고 있다. 즉 상장기업의 합병 가액은 시장 가치와 최근일 종가 중 낮은 가액으로 하고, 비상장기업의 합병 가액은 자산 가치와 수익 가치를 산술평균한 가액과 상대 가치의 가액을 산술평균한 가액으로 해야 한다(「자본시장법」 제165조의4, 「동 시행령」 제176조의5).

③ 5% 이상 주주 소유 지분 변동 금지

비상장법인의 최대 주주는 소유 주식 비율이 합병신고서 제출일 전 1년 이내(주권상장법인) 또는 6월 이내(코스닥상장법인)에 변동이 없어야 한다(「유가증권시장 상장규정」 제37조 제1항 제3호, 「코스닥시장 상장규정」 제19조 제1항 제2호).

④ **비상장회사 최대 주주 등의 보유 주식 매각 제한**(lock-up)

합병 후 비상장회사의 최대 주주 등은 합병으로 인하여 교부받을 주식을 합병기일로부터 6개월 동안 한국예탁결제원에 처분 등이 제한되도록 전자등록해야 한다(「유가증권시장 상장규정」 제35조 제1항, 「코스닥시장 상장규정」 제22조 제1항). 이는 합병의 실질적인 효과가 시장가격에 반영되기 전에 대주주가 합병 신주의 처분에 의한 단기 차익을 획득하는 것을 방지하기 위해서이다.

⑤ **비상장법인의 자격 요건 강화**

상장기업과 비상장기업의 합병으로 인한 기업 가치 저하 방지 및 투자자 보호를 위하여 비상장법인의 자격 요건을 강화하였다. 즉 주권상장법인이 주권비상장법인과 합병하여 주권상장법인이 되는 경우 또는 특정 증권시장에 주권이 상장된 법인이 다른 증권시장에 주권이 상장된 법인과 합병하여 특정 증권시장 또는 다른 증권시장에 상장된 법인이 되는 경우에는 다음 요건을 추가적으로 충족해야 한다(「자본시장법 시행령」 제176조의5 제4항, 제5항).

즉 주권비상장법인(합병에 따라 다른 증권시장에 상장되는 법인 포함)이 주요사항보고서를 제출하는 날이 속하는 사업연도의 직전 사업연도의 재무제표를 기준으로 자산총액, 자본금 및 매출액 중 두 가지 이상이 주권상장법인(합병에도 불구하고 같은 증권시장에 상장되는 법인포함)보다 더 클 경우 그 주권비상장법인은 다음의 요건을 충족해야 한다.

- 「거래소 상장규정」에서 정하는 재무 등의 요건.
- 감사 의견, 소송 계류, 그 밖에 공정한 합병을 위하여 필요한 사항에 관하여 「거래소 상장규정」에서 정하는 요건.

(2) 포괄적 주식교환을 한 비공개법인에 대한 규제

① 코스닥상장법인과 포괄적 주식교환을 한 비공개법인의 최대 주주 등 벤처금융 및 기관투자자에 대해서도 합병 시 적용하는 주식 매각 제한 제도를 두고 있다(「코스닥시장 상장규정」 제22조의2 제1항).

- 최대 주주 등은 주식교환일로부터 2년간(단 1년 경과 후 매 1월마다 5%씩 매각 가능).
- 벤처금융 또는 전문 투자자는 투자 기간이 2년 미만인 경우에는 1개월간.

• 유·무상증자 한도 초과 보유자는 경영권 변동의 경우 주식교환 신주 상장일로부터 1년.

② 주식의 포괄적 교환·이전으로 주권상장법인 또는 코스닥상장법인이 완전 자회사 또는 완전 모회사가 되는 경우에는 주식의 포괄적 교환 비율·포괄적 이전 비율의 적정성에 대하여 외부 평가기관의 평가를 받아야 한다(「자본시장법 시행령」 제176조의6 제3항). 또한 주식의 포괄적 교환·이전의 경우에도 합병에서의 비공개법인의 강화된 자격요건이 준용된다(「코스닥시장 상장규정」 제19조 제3항).

(3) 영업 양수 · 도에서의 규제

코스닥상장법인이 비상장법인으로부터 중요한 영업 양수를 하고, 당해 영업 양수 주요사항보고서 제출일 이전 1년 또는 이후 6개월 이내에 비상장법인의 최대 주주 등을 대상으로 제3자 배정 주식 등을 발행하거나 주식이전을 하는 경우 양수 가액의 적정성에 대한 외부 평가, 주요사항보고서 제출 등 「자본시장법」 및 「동 시행령」이 정하는 요건과 절차를 준수해야 할 뿐만 아니라 일정한 경우에는 「코스닥시장 상장규정」이 정하는 요건을 충족해야 한다.

(4) 비상장법인 발행 지분증권 양수에서의 규제

코스닥상장법인이 비상장법인의 최대 주주 등으로부터 당해 비상장법인이 발행한 주식 등 지분증권을 양수하고, 당해 주요사항보고서 제출일 이전 1년 또는 이후 6개월 이내에 비상장법인의 최대 주주 등을 대상으로 제3자 배정으로 주식 등을 발행하거나 주식이전을 하는 경우 양수 가액의 적정성에 대한 외부 평가, 주요사항보고서 제출 등 「자본시장법」 및 「동 시행령」이 정하는 요건과 절차를 준수해야 하며, 일정한 경우에는 「코스닥시장 상장규정」이 정하는 요건을 충족해야 한다.

제3절 적대적 M&A

1. 적대적 M&A의 모습

가. 현황

적대적 M&A는 인수 기업이 피인수 기업(인수 대상 기업) 경영진의 동의 없이 피인수 기업의 경영권을 인수하는 것을 말한다. 일반적으로 적대적 M&A의 대상이 되는 기업은 우량한 자산이나 자회사가 있음에도 저평가되어 있고 지분 분산이 잘 되어 있는 기업이다. 적대적 M&A의 긍정적 측면은 적대적 M&A가 부정직하거나 무능한 경영진을 축출함으로써 경영 효율이 증대되고, 경영에 참여하지 못하는 소액주주가 보호되며, 분산된 소유구조에서 경영진의 대리 비용을 줄이는 역할을 하고, 부실기업이 정리되어 산업구조의 효율성이 재고된다는 점이다. 반면 적대적 M&A의 부정적 측면은 적대적 M&A 과정이 주가 조작 등에 이용될 수 있고, R&D 등 중장기 경영 목표가 무시될 수 있으며, 경영진의 잦은 교체로 기업에 대한 근로자의 충성도를 떨어뜨릴 수 있고, 외국 자본에 의한 국내 기업의 핵심 기술과 국부가 유출될 수 있다는 점이다.

미국에서는 적대적 M&A가 기업의 비효율성을 감시하는 유용한 도구라는 인식이 형성되면서 1980년대 말 적대적 M&A가 크게 유행했고, 우리나라에서는 1990년대 중반부터 공개매수 등을 활용한 적대적 M&A가 간간이 진행되다가 IMF 이후 활발해지고 있다.

나. 전체적인 진행 모습

인수 대상 기업의 경영권을 인수한다는 것은 결국 인수 기업 또는 인수자가 인수 대상 기업의 이사진을 장악하고 곧바로 이사회 결의를 통해 인수 기업이 지명한 사람을 대표이사로 선임하는 것이다. 인수 기업이 인수 대상 기업의 이사진을 장악하기 위해서는 정기주총 또는 임시주총에서 자신들이 지명한 이사 후보를 이사로 선출해야 한다. 이를 위해서는 일단 정기주총이나 임시주총에서 이사 선임 안건이 주주총회의 의안으로 상정되어야 하기 때문에 정기주총 전에 주주제안권을 행사하여 이사 선임 안건을 상정하거나 이사 선임 안건을 목적 사항으로 하는 임시주총 소집을 회사에 요구한다. 상대방의 의결권보다 보유 주식수가 월등히 많은 경우에는 아예 기존 이사의 해임과 신규 이사의 선임을 목적 사항으로 하는 임시주총의 소집을 청구하기도 한다.

주주총회에서 이사를 선임하기 위해서는 출석한 주주의 의결권 과반수와 발행주식 총수의 4분의 1 이상의 의결권을 확보해야 한다. 상대방보다 더 많은 의결권을 확보하기 위해서는 자신들의 의결권을 늘리거나 상대방의 의결권을 줄이는 수밖에 없다. 자신들의 의결권을 늘리기 위해서 통상 장내에서 기본적인 주식을 취득한 후, 장외에서 공개매수를 통해 주식수를 늘리거나 위임장 권유를 통하여 다른 주주들로부터 의결권을 위임받는다.

상대방의 의결권을 줄이기 위해 통상 공정거래위원회나 금융위원회 등에 「공정거래법」 위반 또는 「자본시장법」 위반을 이유로 신고하여 주식 처분 또는 의결권 행사 금지 결정을 받거나 법원에 상대방이 의결권을 행사하지 못하도록 가처분 신청을 제기한다. 의결권 경쟁 이외에 인수 기업은 기존 이사 등을 상대로 직무집행정지가처분 신청을 제기하거나 배임 등으로 고소하여 기존 이사 등을 무력화시키기도 한다.

다. 기존 경영진은 적대적 M&A를 어떻게 보아야 하나

(1) 사전 예방의 중요성

인수 대상 기업은 적대적 M&A 대상이 됨으로써 엄청난 소모전을 겪어야 하기 때문에 경영권 방어의 성공 여부와 상관없이 그 과정에서 지불해야 할 대가가 엄청나다. 예컨대 적대적 M&A의 가능성이 퍼지면 인수 대상 기업의 주가는 급등하고, 따라서 인수 대상 기업으로서는 추가 지분을 매집하기 위하여 높은 가격을 지불하거나 상당한 반대급부를 전제로 백기사를 초빙할 수밖에 없다. 또한 신규 투자나 생산 라인 증설과 같은 중요한 투자 의사결정이 유보되거나 임직원들이 동요하게 됨으로써 정상적인 경영 활동이 저해될 수 있다. 따라서 기업으로서는 적대적 M&A의 대상이 되는 것을 사전에 예방하는 것이 중요하다.

이를 위해서 우호 지분의 확보, 정관 조항의 손질 등 사전 조치가 필요하겠지만, 이것 못지않게 또한 중요한 점은 기업 투명성을 높여 국내외 투자자의 신뢰를 확보해야 한다는 것이다.

적대적 M&A를 방어하기 위해서는 주주총회를 앞두고 정도의 차이는 있더라도 소수 주주들을 상대로 의결권을 위임해달라고 호소해야 하는데, 평소 국내외 투자자들로부터 신뢰를 받지 못한 기업은 소수 주주들로부터 의결권을 위임받기가 쉽지 않다. 그리고 투명성이 낮은 기업은 대부분 형사적으로 횡령 내지 배임의 가능성이 있기 때문에 적대적 M&A를 진행하는 측에서 기존 대표이사와 이사들을 상대로 배임과 횡령 혐의로 형사고소를 하는 것이 일반적이다.

(2) 정관에서 최소한 갖추어야 할 장치들

① 이사의 정원 한정과 자격 규정

기존 경영진과 대주주 입장에서는 적대적 M&A를 방지하기 위한 최소한의 장치를 미리 정관에 장만하는 것이 좋다. 대표적인 정관 규정이 이사의 정원을 한정하는 조항이다. 통상의 정관에서는 이사의 수를 '3인 이상'으로만 규정하고 있는데, 이사의 수를, 예컨대 '3인 이상 5인 이하'로 그 한도를 정하는 것이다. 만일 이러한 조항이 없고 기존 이사의 수가 5인일 경우 기업을 인수하는 측으로서는 주주총회를 통하여 자신이 지명하는 이사 6인을 새로 선임하기만 하면 인수 대상 기업의 경영권을 확보하게 된다. 그러나 만일 이사의 수를 '5인 이하'로 한정한다면, 기업을 인수하는 측에서는 기존 이사의 임기가 만료되지 않는 이상 기존 이사를 해임해야만 자신들이 지명하는 이사를 주총에서 선임할 수 있다. 그러나 기존 이사를 해임하기 위해서는 「상법」상 보통결의가 아닌 특별결의(출석한 주주의 의결권의 3분의 2 이상과 발행주식 총수의 3분의 1 이상)를 거쳐야 하기 때문에 이사를 해임하기가 쉽지 않다. 나아가 최근에는 '일정 기간 이상 회사에 근무한 자'로 이사의 자격을 정관에서 제한하는 회사도 나타나고 있다. 이 또한 적대적 M&A를 시도하는 측의 이사 선임을 곤란하게 하기 위한 조치로 평가된다.

② 시차임기제(staggered board)

정관에서 이사의 임기를 조정하여 매년 일부 이사만 임기가 만료되도록 하는 방법이다. 이렇게 이사들의 임기를 조정해두면 유사시에도 이사회가 완전히 넘어가는 것을 막을 수 있다. 물론 적대적 M&A를 시도하는 측에서 임기 중의 이사를 해임할 수 있겠지만, 이사를 해임하기 위해서는 주총 특별결의가 필요하기 때문에 현실적으로 쉽지 않다. 다만 이러한 시차임기제는 기업인수의 속도를 느리게 할 수는 있어도 근본적으로 봉쇄할 수는 없다는 한계가 있다.

③ 제3자 배정 근거 조항

분쟁 상황에서 기존 경영진이 우호 세력인 제3자에게 신주를 발행하는 것이 법적으로 문제가 될 가능성이 높긴 하지만, 경우에 따라서는 적대적 M&A를 방어하기 위하여 불가피하게 제3자 배정 방식의 신주발행을 추진할 상황도 생긴다. 그러나 제3자 배정 방식으로 신주를 발행하려고 해도 정관에 근거 규정을 두지 못하면 이마저도 진행하지 못하게 된다. 의외로 근거 규정을 마련하지 않거나 규정이 불완전한 기업들이 간혹 발견된다. 따라서 정관에 제3자 배정 방식으로 신주를 발행할 근거를 마련하는 것은 기본이다.

④ 이사회 소집 통지 기간의 단축

마지막으로 정관에서 이사회 소집 통지 기간을 단축하는 조항도 잊지 말아야 한다. 「상법」에서는 이사회를 소집할 때에는 회일 1주 전에 각 이사 및 감사에 대하여 통지를 발송해야 하고, 다만 그 기간은 정관으로 단축시킬 수 있도록 규정하고 있다. 이러한 절차 없이 이사회를 개최하기 위해서는 이사 및 감사 전원의 동의가 필요하다. 그런데 적대적 M&A가 발생할 경우에는 신속히 이사회를 열어 수시로 그에 대처할 필요가 있다. 그러나 정관에서 회일 1주 전에 각 이사 및 감사에게 통지를 발송하도록 규정하면 신속한 이사회 소집이 어렵고, 시급한 상황에서 소집 절차 생략에 동의하지 않는 이사나 감사가 1명이라도 있으면 예상치 못한 난관에 부딪힐 수 있다. 사소해 보이지만 실제 상황에서는 매우 중요하게 작용할 수 있기 때문에 미리 이사회 소집 통지 기간을 회일 1~2일 전으로 단축시켜야 한다.

(3) 경영권 방어행위의 적법성 한계

적대적 M&A에 직면할 때 기존 경영진의 경영권 방어행위가 어느 범위까지 적법한지가 문제된다. 특히 기존 경영진은 지분 확보나 법률 자문 등 경영권 방어를 위하여 상당한 비용을 지출하는데, 기존 경영진이 이러한 비용을 지출하는 것이 자신의 이익을 위하고 회사 임무에 위배하는 행위가 아닌지가 문제된다. 이와 관련한 대표적인 사례는 과거 기아자동차의 김선홍 회장 사건이다. 1993년 11월경 삼성 측이 기아자동차의 주식을 집중적으로 매집하여 회사지배권을 넘보자 김선홍 회장을 중심으로 한 경영진은 경영권을 계속 보전하기 위해 사실상 자신들이 지배하는 경영발전위원회 등이 주식을 매입하여 주식 지분 비율을 높일 수 있도록 자금을 지원하였다. 이에 법원은 "경영자의 자금 지원의 주된 목적이 종업원의 재산 형성을 통한 복리 증진보다는 안정 주주를 확보함으로써 경영자의 회사에 대한 경영권을 계속 유지하고자 하는 데 있다면 그 자금 지원은 경영자의 이익을 위하여 회사 재산을 사용하는 것이 되어 회사의 이익에 반하므로 회사에 대한 관계에서 임무위배행위가 된다"[71]고 하여 배임죄를 선고하였다.

경영권 방어행위의 적법성 문제는 기업문화와 시대적 상황의 차이로 인해 미국, EU 등 각국이 서로 다르고, 아직 국내에서는 이에 관한 활발한 연구가 진행되고 있지 않다. 다만 현대엘리베이터 사건에서 여주지원이 방론으로 제시한 기준이 어느 정도 참고가 될 수 있다.[72] 즉 아래 요건이 충족된다면, 경영권 방어 조치와 방어를 위한 자금의 지출 행위에 대한 적법성이 담보된다고 할 수 있다.

경영권 방어행위의 적법성 한계

실질적 요건	• 적대적 M&A를 시도하는 측의 성격과 취득 의도. • 기존 지배주주 및 현 경영진의 경영 전략. • 대상 회사의 기업문화 및 사회경제적 중요성. • 기업 취득으로 인한 종래 사업의 지속 전망. 위의 요건에 비추어 기존 지배주주의 지배권 또는 현 경영진의 경영권이 유지되는 것이 대상 회사와 일반 주주에게 이익이 되거나 특별한 사회적 필요가 있다는 객관적 사정이 있을 것.
절차적 요건	일반 주주의 의견과 중립적인 전문가의 조언을 듣는 절차를 거치는 등 합리성이 있는 경우.

71) 대법원 1999. 6. 25. 선고 99도1141 판결.

72) 수원지법 여주지원 2003. 12. 12. 선고 2003카합369 판결.

라. 적대적 M&A를 시도하는 측의 자세

적대적 M&A는 '적대적'이라는 단어의 부정적인 이미지 때문에 일반인들에게 긍정적인 인상을 주지 못한다. 적대적 M&A는 돈의 싸움이지만, 그에 못지않게 명분의 싸움이기도 하다. 적정한 명분을 제시해야만 직원들의 동요를 막을 수 있고, 소액주주들의 호응을 얻을 수 있으며, 법정 다툼으로 이어지더라도 재판부를 설득할 수 있다. 따라서 적대적 M&A를 시도하는 측으로서는 일반 소액주주들과 직원들에게 충분한 설명과 미래의 비전을 제시하는 것이 M&A에 드는 시간과 비용을 줄이는 지름길이기도 하다.

그리고 적대적 M&A는 한 기업의 경영권을 일거에 넘겨받는 작업이기 때문에 그에 상응하는 치밀한 법적 분석과 여유로운 자금력 확보가 필수적이다. 적대적 M&A를 둘러싼 법률적 분쟁이 매우 다양하기 때문에 미리 법률 검토를 하지 않고 적대적 M&A를 시도하다가는 자칫 헤어나기 힘든 난관에 봉착할 수 있다. 그리고 적대적 M&A 과정을 지켜보면 인수 대상 기업의 경영진으로서는 일단 시간을 최대한 지연하는 것이 일반적이기 때문에 적대적 M&A를 시도하는 측은 기업인수에 필요한 자금을 다소 여유 있게 계획해야 한다.

2. 장내 매집: 5%룰과 관련하여

가. 기본적이면서 공통적인 수단

주식이 잘 분산되어 있는 공개기업을 대상으로 적대적 M&A를 시도하기 위해서는 어느 정도의 장내 매집(market sweep) 과정이 필수적이다. 다음에 살펴볼 공개매수나 위임장 쟁탈전을 주된 수단으로 활용하더라도 일정 지분만큼은 장내 매집을 해야 한다. 장내 매집이란 주식시장에서 증권회사에 주문을 내서 공개기업의 주식을 취득하는 것이다. 반면 당사자 간의 직접 계약에 의해 공개기업의 주식을 취득하는 것은 '장외거래'라고 한다. 도중에 주식 매집 소문이 퍼지면 주가가 급등하여 장내 매집 비용이 증가하기 때문에 보통 초반에는 은밀히 장내에서 주식을 매집한다.

나. 5%룰과 적대적 M&A에서의 활용

(1) 5%룰이란

기업을 인수하는 경우 기본적으로 일정 지분은 장내 매집을 해야 하기 때문에 '주식 대량 보유(변동) 상황 보고(이른바 '5%룰')'에 대하여 반드시 숙지해야 한다. '주식 대량 보유(변동) 상황 보고'란 본인과 그 특별관계자가 상장·코스닥법인의 주식 등을 5% 이상 보유하는 경우(최초 보고)나 그 후 보유 비율이 1% 이상 변동한 경우(변동 보고)에 보유 상황 또는 변동 내용 등을 보유일(변동일)로부터 5일 이내에 금융감독원의 전자공시 시스템을 통하여 제출하는 것이다(「자본시장법」 제147조 제1항). 1991년 12월 31일에 최초로 국내에 도입되어 통상 '5%룰'이라고 불린다. 적대적 M&A에서 이 제도가 중요한 이유는 만일 이러한 보고를 제대로 하지 않으면 나중에 보유 주식의 의결권이 제한되고 위반 주식에 대한 처분명령까지 받을 수 있기 때문이다. 2005년 1월 17일 개정 「자본시장법」에서는 보유 목적만 변경한 경우도 보고 사유에 포함시켰다.

「자본시장법」에서 이러한 보고 의무를 규정하고 있는 취지는 일정 비율 이상의 주식 취득과 변동을 신속하게 공시함으로써 회사지배에 관한 거래의 투명성을 확보하는 한편, 적대적 M&A를 목적으로 하는 음성적인 주식 매집을 방지함으로써 경영권에 대한 불공정한 침탈을 방지하기 위한 것이다. 영화나 드라마를 보면 어느 날 갑자기 주인공이 주주총회 현장에 나타나 자신이 대주주라고 선언하는 모습을 볼 수 있는데, 현행법에서는 비상장회사에서만 벌어질 수 있는 장면이다.

이와 별도로 상장법인의 임원 또는 주요 주주(10% 이상 소유자 또는 사실상의 지배주주)는 임원 또는 주요 주주가 된 날부터 5일 이내에 누구의 명의로 하든지 자기의 계산으로 소유하고 있는 해당 법인의 특정 증권 등의 소유 상황을 증선위(금감원)와 거래소에 보고하여야 하고, 소유 특정 증권의 수의 변경이 있는 경우에는 그 변동이 있는 날부터 5일 이내에 그 변동 내용을 증선위와 거래소에 보고하여야 한다(「자본시장법」 제173조 제1항). 그리고 최대 주주의 자사주식 거래 동향은 증권시장에서 유용한 투자 정보이기 때문에 회사는 최대 주주 및 그 특수관계인의 주식 소유 및 변동 상황을 지체 없이 공시해야 한다.

(2) 적대적 M&A에서의 활용

적대적 M&A 시도가 있을 경우 적대적 M&A를 방어하는 측에서 법률적으로 가장 우선 검토하는 부분은 상대방이 '5%룰을 위반하지 않았는가?'이다. 만일 상대방이 공시 의무를 위반한 혐의가 보이면 금감원에 신고를 하거나 법원에 의결권행사금지가처분 신청을 제기할 수 있다. 이러한 경우 적대적 M&A를 시도하는 측의 보유 주식 중 공시 의무를 위반한 상당 주식의 의결권이 제한될 수 있다. 따라서 적대적 M&A를 시도하는 측에서는 사전에 5% 공시의 대상이 되는지, 어느 시점에 5% 보유 공시를 해야 하는지를 법률적으로 치밀하게 검토해야 한다.

적대적 M&A에서 5%룰이 얼마나 중요한가를 단적으로 보여주는 것이 현대엘리베이터 사건이다. 2003년 11월 14일 (주)KCC 측은 '현대그룹 인수'를 공식 선언하였고, 이를 방어하고자 현대엘리베이터의 경영진은 일반 공모 방식으로 유상증자를 실시하여 자신의 우호 지분을 늘리려고 하였으나 12월 12일 여주지원에서 이를 금지하는 가처분 결정을 내려 전세는 (주)KCC 측에 유리하게 돌아갔다. 그러나 2004년 2월 11일 증권선물위원회는 (주)KCC 측이 대량 보유(변동) 보고 의무를 고의로 위반했다고 하여 위반 분 20.78%에 대하여 처분명령을 내린 것에 이어 주주총회 하루 전인 3월 26일 서울중앙지법에서 추가로 (주)KCC 측의 지분 7%에 대하여 대량 보유(변동) 보고를 위반하였음을 이유로 의결권 행사를 금지시키는 가처분 결정을 내렸다. 결국 (주)KCC 측은 2003년 12월 31일 기준으로 현대엘리베이터 주식의 50.14%를 취득했음에도 현대엘리베이터의 경영권 획득에 실패했다(구체적인 진행 경과는 아래 '사. 위반 시 제재' 참조).

다. 보고의 종류(「자본시장법」 제147조 제1항)

(1) 신규 보고

본인과 그 특별관계자가 보유하는 주권상장법인 주식 등의 합계가 발행주식 등의 총수의 5% 이상이 되는 경우에는 보유 상황(보유 형태를 포함), 보유 목적(발행 회사의 경영권에 영향을 주기 위한 목적 여부), 보유 주식 등에 관한 주요 계약 내용(신탁, 담보, 대차 계약 등) 등을 보고해야 한다. 이때 5% 보고서에 대한 심사 등의 감독 목적상 필요에 의하여 매매보고서, 기타 취득 또는 처분을 증빙할 수 있는 자료를 첨부해야 한다.

경영권에 영향을 주는 행위(「동 시행령」 제154조 제1항)

경영권에 영향을 주는 행위	• 이사 및 감사의 선임, 해임 또는 직무의 정지. • 이사 및 이사회 등 회사의 기관과 관련한 정관의 변경. • 회사 자본금의 변경. • 회사의 합병(간이 합병 및 소규모 합병 포함) 및 분할. • 주식의 포괄적 교환 및 이전. • 영업의 전부 또는 중요한 일부의 양도 또는 양수. • 자산의 전부 또는 중요한 일부의 처분 또는 양도. • 영업전부 또는 경영 위임, 타인과 영업의 손익 전부를 같이 하는 계약, 그 밖에 이에 준하는 계약의 체결, 변경 또는 해약. • 회사의 해산.
	당해 회사 및 그 임원에 대하여 사실상 영향력을 행사하는 것으로서 주주제안권의 행사, 임시주총 소집 요청의 주주권을 직접 행사하거나 제3자가 행사하도록 하는 것과 의결권 대리행사를 권유하는 행위도 포함.

이 중 보유 목적은 당해 회사의 경영에 직접 또는 간접적으로 영향력을 행사하기 위한 것(경영 참가)인지, 경영 사항과는 관계없이 단순히 주식 등의 투자를 통한 수익 창출을 위한 것(단순 투자)인지를 구분하여 공시해야 한다. 회사의 경영권에 영향을 주기 위한 것(경영 참가)에 대하여는 법에서 별도로 규정하고 있다(「자본시장법 시행령」 제154조 제1항에서 열거한 사항 등을 위하여 발행 회사나 그 임원에게 사실상의 영향력을 행사하는 것을 말한다). 경영 참가 목적에 해당되지 않는 경우는 모두 단순 투자 목적에 해당한다.

(2) 변동 보고

기본 보고자의 보유 주식 등의 합계가 그 주식 등의 총수의 100분의 1 이상 변동된 경우에는 그 변동된 날로부터 5일 이내에 그 변동 내용을 금융위원회와 거래소에 보고해야 한다(「자본시장법」 제147조 제1항).

(3) 변경 보고

보유 목적(단순 투자 목적 ↔ 경영 참가 목적)을 변경하거나 보유 주식 등에 관한 주요 계약을 체결·변경하거나 주식 등의 보유 형태(보유 ↔ 소유에 한함)가 변경된 경우 그 변경된 날부터 5일 이내에 그 변경 내용을 금융위원회와 거래소에 보고해야 한다(동법 제147조 제4항).

다만 주요 계약, 보유 형태의 변경은 경영 참가 목적이 있는 대량 보유자만이 대상이다.

보고의 종류

신규 보고	① 본인과 특별관계자의 지분을 합하여 ② 주식 등을 ③ 5% 이상 ④ 보유하는 경우 그 보유 목적과 보유 상황에 대한 보고 의무 발생.
변동 보고	기존 5% 이상 보유자의 보유 비율이 1% 이상 변동하게 되면 매 변동 시마다 그 내용에 대한 보고 의무 발생.
변경 보고	• 보유 목적 보고(주식 등을 5% 이상 보유한 자가 그 보유 목적만을 변동하는 경우에도 보고 의무 발생. 보유 목적이 단순 투자 목적에서 경영 참가 목적으로 변경된 경우뿐만 아니라 경영 참가 목적에서 단순 투자 목적으로 변경된 경우에도 목적 변경 보고 의무 발생). • 주요 계약 변경 보고. • 보유 형태 변경 보고.

라. 신규 보고 의무가 있는 경우

(1) 본인 · 특별관계자

'본인'뿐만 아니라 '특별관계자'가 보유하고 있는 주식 등을 합하여 주식 등 총수의 5% 이상을 '보유'하게 된 경우 '본인·특별관계자'는 보유 상황 또는 변동 내역을 보고해야 한다. 여기서 특별관계자란 '특수관계인'과 '공동 보유자'를 합한 개념이다(「자본시장법 시행령」 제141조).

① 특수관계인

본인이 개인인 경우	(a) 배우자(사실상의 혼인관계에 있는 자 포함) (b) 6촌 이내의 부계혈족 및 4촌 이내의 부계혈족의 처 (c) 3촌 이내의 부계혈족의 남편 및 자녀 (d) 3촌 이내의 모계혈족과 그 배우자 및 자녀 (e) 배우자의 2촌 이내의 부계혈족 및 그 배우자 (f) 입양자의 생가의 직계존속 (g) 출양자 및 그 배우자와 출양자 양가의 직계비속

본인이 개인인 경우	(h) 혼인 외의 출생자의 생모 (i) 본인의 금전 기타 재산에 의하여 생계를 유지하는 자 및 생계를 같이하는 자 (j) 본인이 단독으로 또는 그와 (a)~(i)의 관계에 있는 자와 합하여 30% 이상을 출자하거나 기타 임원의 임면 등 법인 기타 단체의 주요 경영 사항에 대하여 사실상 영향력을 행사하고 있는 경우 당해 법인 기타 단체와 그 임원 (k) 본인이 단독으로 또는 그와 (a)~(j)의 관계에 있는 자와 합하여 30% 이상을 출자하거나 기타 임원의 임면 등 법인 기타 단체의 주요 경영 사항에 대하여 사실상 영향력을 행사하고 있는 경우 당해 법인 기타 단체와 그 임원
본인이 법인인 경우	(a) 임원 (b) 계열회사 및 그 임원 (c) 단독으로 또는 제1호 각 목의 관계에 있는 자와 합하여 본인에게 30% 이상을 출자하거나 기타 임원의 임면 등 법인 기타 단체의 주요 경영 사항에 대하여 사실상 영향력을 행사하고 있는 경우 당해 법인 기타 단체와 그 임원 (d) 본인이 단독으로 또는 그와 (a)~(c)의 관계에 있는 자와 합하여 30% 이상을 출자하거나 기타 임원의 임면 등 법인 기타 단체의 주요 경영 사항에 대하여 사실상 영향력을 행사하고 있는 경우 당해 법인 기타 단체와 그 임원
예외	위 특수관계인에 해당한다고 하더라도 (a) 소유하는 주식 등의 수가 1천 주 미만이거나 (b) 공동 보유자가 아님을 소명하는 경우에는 특수관계인에 해당하지 않는다. 공동 보유 관계가 아님이 인정되는 구체적인 예로서는 당사자 간 경영권 분쟁이 있는 경우, 당사자 간 소송 제기 등 법적 다툼이 있는 경우, 「공정거래법」상 계열 분리 시 특수관계인 전원이 공동 보유 관계가 없음을 확인하는 경우 등이 있을 수 있다.[73]

「자본시장법」상 본인이 개인인 경우 '특수관계인'의 범위

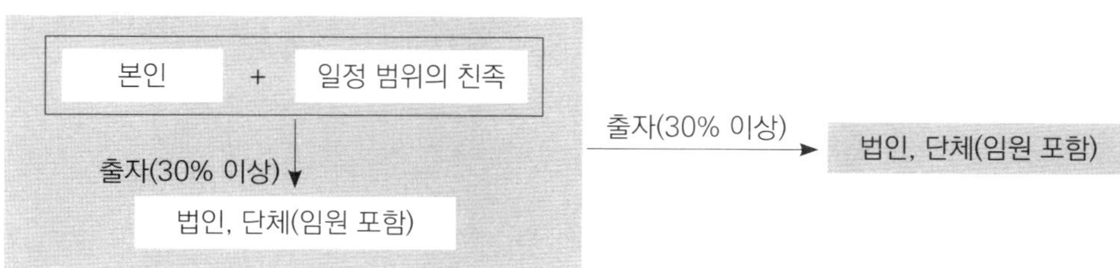

73) 금융감독원, 《기업공시 실무안내》(2020년 1월), 434쪽.

「자본시장법」상 '본인이 법인(또는 단체)인 경우 특수관계인'의 범위

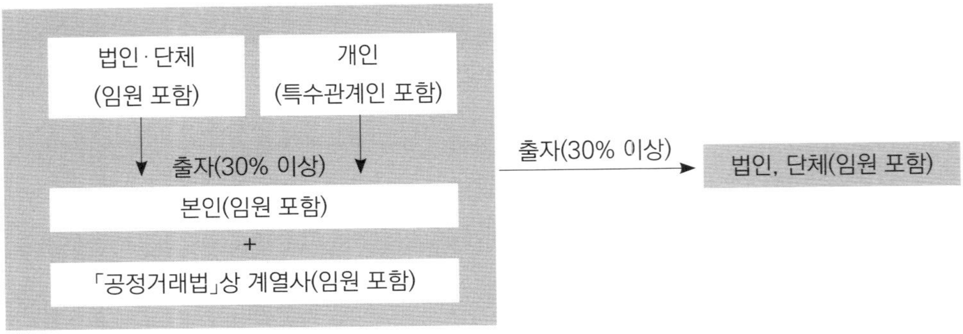

② 공동 보유자

공동 보유자란 본인과 합의 또는 계약에 의하여 다음의 행위를 할 것을 합의한 자를 말한다(「동 시행령」 제141조 제2항).

(a) 주식 등을 공동으로 취득 또는 처분하는 행위.

(b) 주식 등을 공동 또는 단독으로 취득한 후 그 취득한 주식을 상호 양도 또는 양수하는 행위.

(c) 의결권(의결권의 행사를 지시할 수 있는 권한 포함)을 공동으로 행사하는 행위.[74]

이때 '합의나 계약'은 계약서 등 서면이 아니더라도 의사의 합치가 있으면 충분하다.[75] '합의나 계약'은 의사의 연락 이외에 이에 기한 행위의 공동성이 필요하기는 하지만 명시적이 아니라 묵시적인 경우라도 해당하고, 이러한 사정에 관하여는 직접 증거가 아닌 정황 증거에 의하여도 입증할 수 있다.[76]

공동 보유 관계가 해소되는 경우 대표보고자는 공동 보유자와의 특별관계 해소를 사유로 변동 보고를 하여야 하며, 변동 보고 이후부터 모두 보고 의무가 없다.[77]

---

74) 예를 들어 2006년 KT&G의 정기주총을 앞두고 외국인 주주인 스틸 파트너스(Steel Partners)와 아이칸 파트너(Ichan Partner) 측은 의결권을 공동으로 행사하기로 하는 내용의 계약을 체결했음을 이유로 공동 보유자로 신고했고, 이후 위 계약의 연장을 이유로 공등 보유자 신고를 연장했다.

75) 금융감독원, 《기업공시 실무안내》(2020년 1월), 362쪽.

76) 서울지법 2003. 10. 20. 선고 2003카합3224 판결(의결권행사금지가처분).

77) 금융감독원, 《기업공시 실무안내》(2020년 1월), 362쪽.

서울지법 2003. 10. 20. 선고 2003카합3224 판결(의결권행사금지가처분): 하나로통신 사건

사실관계

2002년 10월 21일 하나로통신은 5억 달러 규모의 외자 유치안 통과를 위한 임시주총을 개최할 예정이었다. 당시 하나로통신의 경영진과 다른 주주들은 위 안건에 찬성하는 입장이었으나 1대 주주인 LG그룹 측은 위 안건에 반대 입장을 표명하여 위 외자 유치안의 통과가 불투명한 상황이었다. 당시 LG그룹 측이 금융위원회에 신고한 대량 보유(변동) 보고의 내용은 아래와 같다.

데이콤 주식 등의 대량 보유(변동) 보고 내용(2003년 9월 17일 기준)

관계	회사명	계	
		주수(주)	비율(%)
본인	(주)데이콤	1,975만 4,656	7.07
특별관계자	(주)LG	1,117만 5,047	4.00
	(주)LG텔레콤	539만 7,574	1.93
	(주)LG투자증권	600만	2.15
	(주)부민상호저축은행	2만 2,500	0.01
합계		4,234만 9,777	15.16

이 과정에서 LG그룹 측의 대주주와 친인척 관계에 있는 개인 3인의 지분이 임시주총을 앞두고 하나로통신(주)의 지분을 매집하였는데, 개인 3인의 취득 주식이 위 대량 보유(변동) 보고 내용에 포함되지 않은 사실이 문제되었다. 하나로통신 측은 위 3인의 지분이 5%룰을 위반하였다는 이유로 법원에 의결권행사금지가처분 신청을 제기하였고, 소송 과정에서 위 3인은 독립적인 투자 판단에 기하여 지분을 매입하였을 뿐이라고 항변하였다.

판결

• 공동 보유자에서의 합의 또는 계약이라 함은 의사의 연락 이외에 이에 기한 행동의 공동성을 요하기는 하나 반드시 명시적일 것까지 요구하는 것은 아니고 묵시적인 경우라도 이에 해당하고, 이러한 사정에 관하여는 직접 증거가 아닌 정황 증거에 의하여도 입증 가능하다.

• 피신청인들의 경우 피신청인들과 주식회사 데이콤과의 특수관계에 있는 신청 외 구○

○ 사이의 친족관계나 임원 경력, 피신청인들이 대상 회사(하나로통신) 발행주식을 매입한 시기나 방법의 공통성, 매입 가액, 매입 자금의 출처, 심문 전체의 취지로 미루어 짐작할 수 있는 제반의 사정을 종합하여 피신청인들이 신청 외 데이콤과 사이에 이 사건 주주총회에서 의결권을 공동으로 행사하기로 합의하였다고 봄이 상당하다(당시 개인 3명의 주식매매 자료에 의하면 3명이 원래 하나의 특정 증권사에 자금을 예치하였는데, 같은 시기에 같은 방법으로 다른 증권사에 분산 이체한 후 각 증권사를 통하여 하나로통신 주식을 매입하고, 같은 날 출금된 사실이 밝혀졌다).

(2) 주식 등(「자본시장법 시행령」 제139조)

주식 등의 대량 보유 상황 보고 제도는 기업지배권 경쟁과 관련된 제도이므로 보고 대상 유가증권인 '주식 등'은 당해 주권뿐만 아니라 전환사채 등 잠재적인 주식도 포함하고 구체적으로 아래와 같다.

① 주권상장법인이 발행한 증권으로서 아래의 증권

(a) 주권(보통주, 의결권 있는 우선주, 의결권이 부활된 무의결권우선주, 보통주로 전환 가능한 전환우선주).

(b) 신주인수권이 표시된 것(신주인수권증권, 신주인수권증서).

(c) 전환사채권(전환 대상이 위의 주권인 전환사채).

(d) 신주인수권부사채(인수 대상이 위의 주권인 신주인수권부사채. 단, 신주인수권이 분리된 이후의 신주인수권부사채는 제외).

(e) (a)부터 (d)까지의 증권과 교환을 청구할 수 있는 교환사채권.

(f) (a)부터 (e)까지의 증권을 기초자산으로 하는 파생결합증권(권리의 행사로 그 기초자산을 취득할 수 있는 것만 해당).

② 주권상장법인 외의 자가 발행한 증권으로서 아래의 증권

(a) 상기 증권과 관련된 증권예탁증권(DR)

(b) 상기 증권이나 (a)의 증권과 교환을 청구할 수 있는 교환사채권.

(c) 상기 증권이나 (a), (b)의 증권을 기초자산으로 하는 파생결합증권(권리의 행사로 그 기초자산을 취득할 수 있는 것만 해당).

(3) 5% 이상

① 5% 비율은 매수 결과 본인 등이 보유하게 된 지분 비율을 기준으로 하는 것으로서 '본인, 특별관계자가 보유하게 되는 주식 등의 수'를 '당해 주식 등의 총수'로 나눈 개념이다. 5%의 산정은 의결권 있는 주식에 한정되는 것이어서 자기주식, 상호 보유 주식과 같이 의결권이 없는 주식의 수는 산입되지 않는다.

② 분모가 되는 발행주식 등의 총수는 발행주식 총수와 본인 보유 주식 관련 사채 등을 합산하며, 발행주식 총수에는 의결권이 있는 주식을 모두 합산한다(「자본시장법 시행규칙」 제17조).

(a) 발행주식 등의 총수: 발행주식 총수 + 본인 보유 주식 관련 사채 등.

- 발행주식 총수: 보통주, 의결권이 부활된 무의결권우선주, 의결권 있는 우선주의 합계.
- 본인 보유 주식 관련 사채 등: 본인 및 특별관계자가 보유하는 신주인수권증서, 전환사채, 신주인수권부사채 등.

(b) 교환사채, 증권예탁증권, 파생결합증권, 권리행사 시 발행 회사가 보유하는 자기주식을 교부하는 방식의 주식매수선택권 등은 발행주식 총수에 이미 포함되어 있으므로 분모 계산 시 별도로 가산하지 않는다.

(c) 주식매수선택권(스톡옵션)의 행사에 따라 신주를 발행하는 경우에는 분모에 발행 예정 주식수를 가산한다.

③ 분자가 되는 '본인 보유 주식 등의 수'는 본인 및 특별관계자가 보유한 주식, 주식 관련 사채, 주식매수선택권 등을 합산한 것이다.

(a) 본인 보유 주식 등의 수: 본인 및 특별관계자 보유 주식 + 본인 및 특별관계자 보유 주식 관련 사채 등.

- 본인 보유 주식 관련 사채 등: 본인 및 특별관계자가 보유하는 신주인수권증서, 전환사채, 신주인수권부사채, 교환사채, 증권예탁증권 등.

(b) 주식매수선택권 행사로 교부받게 될 주식의 총수 포함.

④ 이를 산식으로 표시하면 다음과 같다.

$$\text{보유 비율} = \frac{\text{본인·특별관계자 보유 주식 + 본인·특별관계자 보유 잠재 주식수}}{\text{의결권 있는 발행주식 총수 + 본인·특별관계자 보유 잠재 주식수(교환사채 제외)}}$$

보유 비율 계산례

의결권 있는 주식 총수	보통주	1,000
	의결권 있는 우선주	200
본인 및 특별관계인이 보유한 주식 등의 수	보통주	50
	의결권 있는 우선주	10
	전환사채권	10
	신주인수권사채권	10
	신주인수권증서	5
	교환사채권	5
	전환우선주	5

$$\text{보유비율} = \frac{50+10+10+10+5+5+3}{1{,}000+200+10+10+5+3} = \frac{93}{1{,}228} = 7.57\%$$

(4) '보유'하는 경우

주식 등의 대량 보유 상황 보고 제도는 기업지배권 경쟁의 경쟁 당사자를 공시하도록 하기 위한 제도이므로, 법에서는 법적인 소유 개념을 확대하여 '보유'하는 경우까지 포함하여 보유 비율을 계산하게 하고 있다. 즉 단순히 자신이 소유하고 있는 소유 비율뿐만 아니라 실질적 지배권한을 행사할 수 있는 주식 등의 비율을 합하여 보유 비율을 계산해야 한다. 구체적으로 법에서는 '보유'를 '소유 기타 이에 준하는 경우로서 대통령령이 정하는 경우'라고 규정하고(「자본시장법」 제133조 제3항), 「동 시행령」에서는 '소유에 준하는 경우'를 다음과 같이 정의하고 있다(제142조). 예를 들어 기업의 주식을 자신의 계산으로 실질적으로 소유하는 자는 그 명의 여하에 관계없이 주식의 대량 보유에 따른 보유 상황 및 변동 상황을 보고할 의무가 있다.[78)]

① 누구의 명의로든 자기의 계산으로 주식 등을 소유하는 경우. ㈎ 차명 소유.

78) 대법원 2010. 12. 9. 선고 2009도6411 판결.

② 법률 또는 매매 기타 계약에 의하여 주식 등의 인도청구권을 갖는 경우. ㉧ 매매계약을 체결하고 이행기가 미도래한 경우 등.

③ 법률의 규정 또는 금전의 신탁계약, 담보계약, 투자 일임 계약, 기타 계약에 의하여 당해 주식 등의 취득 또는 처분권한이나 의결권(의결권 행사를 지시할 수 있는 권한 포함)을 갖는 경우. ㉧ 특정 금전신탁을 통하여 주식을 취득하는 경우, 뮤추얼펀드 등의 자산운용회사로서 자산운용권한을 가지는 경우 등.

④ 주식 등의 매매의 일방 예약을 하고 당해 매매를 완결할 수 있는 권한을 취득하는 경우로서 당해 권리행사에 의하여 매수인의 지위를 갖는 경우. ㉧ 매수에 관한 예약완결권을 가지는 경우 등.

⑤ 주식 등을 기초자산으로 하는 파생상품에 따른 계약상의 권리를 가지는 경우로서 권리행사에 의하여 매수인으로서의 지위를 가지는 경우. ㉧ 매수포지션(call-option)을 가지는 경우 등.

⑥ 주식매수선택권(스톡옵션)을 부여받은 경우로서 그 권리의 행사에 의하여 매수인으로서의 지위를 가지는 경우. ㉧ 주식매수선택권 행사로 신주 또는 자기주식을 교부받거나 시가와 행사 가격의 차이에 해당하는 자기주식을 교부받기로 한 경우.

서울고법 1997. 5. 13. 선고 97라51 결정(의결권행사금지가처분: 기각): 한화종금 사건

사실관계

1997년 2월 우풍상호신용금고의 박의송 측은 신극동제분의 이학 씨 등의 주주들과 공동으로 한화종금의 정기주총을 앞두고 한화종금에 대한 적대적 M&A를 시도하였다. 이에 한화 측은 박의송, 이학 등 일부 주주들을 상대로, 위 주주들이 보유한 주식(박의송 보유 주식은 일부)은 모두 이학 씨의 계산으로 취득한 주식임에도 불구하고 대량 보유 신고를 하지 않아 구 「자본시장법」 제200조의1을 위반하였다는 이유로 의결권행사금지가처분 신청을 제기하였다. 당시 한화 측이 문제 삼은 주주들은 이학 씨의 아버지나 동생, 이학 씨가 주주로 있는 회사였다. 그러나 한화종금의 정기주총 직전인 1997년 2월 6일 서울지방법원은 위 신청을 기각하였고(서울지법 1997. 2. 6. 선고 97카합83 결정), 본 사건은 그 항고 사건이다.

판결

'자기의 계산'으로 소유하고 있는 주식이라 함은 '손익의 귀속 주체'가 동일인인 경우를 뜻하는 것이지 '자기가 실질적인 지배력을 가지고 있는' 모든 주식을 뜻한다고 볼 수는 없다. 나머지 피신청인 주주들은 내부 유보 자금, 금융기관으로부터의 대출, 회사채발행, 주식 매도 등 각자 자신의 계산으로 마련한 자금으로 이 사건 주식을 취득한 사실이 인정될 뿐이고 이와 달리 피신청인 이학 씨의 계산으로 마련한 자금으로 이 사건 주식을 취득하였다는 점을 소명할 만한 자료가 없다.[79)]

대법원 2002. 7. 22. 선고 2002도1696 판결: 진승현 사건

사실관계

진승현이 한스종금(구 아세아종금)의 경영권을 아래의 절차로 사실상 인수하였는데, 이 절차와 관련하여 5%룰 위반 여부가 문제됨.

즉 2000년 4월 19일 주식회사 MCI코리아의 1인 주주인 피고인은 자회사인 창투사를 통하여 한스종금의 대주주인 대한방직(주)에게 204억 원을, 변제기는 대여일로부터 30일, 이자율은 연 10%로 하여 대출. 동시에 종전 대주주는 창투사에게 위 대여금 204억 원에 대한 담보로 한스종금 주식 620만 주를 교부하되, 명의개서는 하지 않고, 담보 주식에 기한 의결권 기타 일체의 권리는 창투사가 행사하며, 대여금채무의 변제는 창투사가 담보 주식의 소유권을 창투사에게 귀속시키거나 이를 처분하여 대여금채무의 변제에 충당하기로 약정하면서 한스종금의 경영권 인수.

진승현은 이와 같이 한스종금의 경영권을 인수한 후, 이를 통하여 시세조종을 도모하려 하 였음(이후 진행 경과는 제3편 제3장 제4절 2. '라. 풍문의 유포, 위계의 사용 등의 행위' 참조)

판결

• 한스종금의 종전 대주주는 사실상 위 주식을 종국적으로 창투사에 귀속시킨다는 의사였으므로 피고인은 2000년 4월 19일에 사실상 위 620만 주의 소유권을 확정적으로 취득하

---

79) 이와 별도로 박의송 씨 측에서 한화그룹 계열사 직원들이 공동 보유자 신고 절차를 거치지 않고 한화종금 측과 공동 의결권을 행사하였다는 이유로 의결권행사금지가처분을 신청하였으나, 법원은 "한화종금 주식을 소유한 한화 계열사 직원들이 임시주총과 정기주총에서 한화종금의 입장을 지지하였다고 하여 이들 간에 주식 공동 보유에 대한 협의가 있었다고 볼 수 없다"는 이유로 신청을 기각하였다. 임재연, 《자본시장법》, 박영사, 595쪽.

였다고 봄이 상당하다.

• 가사 2000년 4월 19일에 위 주식 620만 주에 대한 소유권을 취득하지 못하였다고 할 지라도 이는 구 「증권거래법 시행령」 제10조의4 제3호 소정의 '법률의 규정 또는 금전의 신탁계약 담보계약, 기타 계약에 의하여 당해 주식 등의 취득 또는 처분권한이나 의결권(의결권의 행사를 지시할 수 있는 권한을 포함)을 갖는 경우'에 해당한다.

• 또한 「시행령」 제10조의4 제2호 내지 제6호는 장래 주식을 소유할 것이 예상되거나 소유하지는 않지만 주식에 대한 의결권을 갖거나 의결권의 행사를 지시할 수 있는 권한을 가지는 경우를 '보유'로 규정한 것으로, 위 「시행령」 제4호(매매예약완결권의 취득)나 제5호(유가증권 옵션의 취득)는 그 종국적인 권리를 행사해야만 '보유'로 본다는 것이 아니고, 권리의 종국적 행사 이전에 그와 같은 권리의 취득 자체를 '보유'로 규정한 것으로 해석하는 것이 타당하다고 할 것이고, 피고인의 행위는 여전히 「자본시장법」상 '보유'의 개념에 해당한다.

마. 보고 절차

(1) 보고 주체

① 본인 A와 특별관계자 B, C가 있을 경우 A뿐만 아니라 B와 C도 각각의 입장에서는 본인이므로 A, B, C는 각자 개별적인 보고 의무가 있다. 그리고 보고 업무를 간편하게 하기 위하여 본인과 그 특별관계자 중 보유 주식 등의 수가 가장 많은 자를 대표자로 선정하여 연명으로 보고할 수도 있다(「자본시장법 시행령」 제153조 제4항). 이렇게 대표보고자가 연명 보고를 한 경우 특별관계자도 보고 의무를 이행한 것이므로 별도 보고 의무가 없다. 다만 연명 보고를 하는 경우 그 대표자가 보고 의무를 위반하면 그 위반의 효과는 보고자 및 당해 위반 관련 특별관계자에게 귀속된다. 즉 보고 의무자가 누구인가와 누가 실제 보고를 할 것인가(개별 보고 또는 연명 보고)는 별개의 문제이다.

② 증권투자회사(Mutual Fund), 사모투자전문회사(PEF) 등 간접 투자기구는 법인격이 있는 법적 주체이므로 당해 간접 투자기구는 직접 보고 의무를 진다. 그리고 간접 투자기구의 자산운영에 대하여 당해 간접 투자기구의 기관(법인 이사, 업무집행 사원 등) 또는 별도의 자산운용 계약에 의하여 실질적인 지배권한을 가지는 자산운용회사도 계약 등에 의하여 당해 주식 등을 보유하는 것이므로, 그 보유분에 대하여 보고 의무가 있다. 이때 간접 투자기구와 자산운용회사 등은 각자 보고할 수 있으나, 자산운용회사 등이

당해 간접 투자기구의 업무를 처리하므로 자산운용회사 등이 연명하여 보고하는 것이 일반적이다. 자산운영회사 등이 당해 주식 등에 대하여 간접 투자기구를 공동 보유자로 연명하여 보고하는 경우 간접 투자기구는 별도로 보고할 필요가 없다. 우리의 투자신탁, 투자회사, 사모투자전문회사 등과 동일하거나 유사한 성격을 지니는 외국의 투자기구 등도 특별한 사정이 없는 한, 이에 준하여 5% 보고 의무를 부담한다.[80]

반면 사모주식투자신탁은 원칙적으로 투신운용사만 5% 보고 의무가 있고 수익자에게는 보고 의무가 없다.[81] 그러나 사모주식투자신탁의 단독 수익자가 투신운용사와의 합의를 통해 '개별 주식 등의 취득 또는 처분권한' 등을 행사·보유하는 경우에는 위 제3호('의결권을 공동으로 행사하는 행위')에 따라 소유에 준하는 보유자로서 5% 보고 의무가 있다.[82]

(2) 보고 기한

① 원칙적으로 보고 의무 발생일로부터 5일 이내에 보고해야 한다. 의무 발생일을 제외하고 그다음 날부터 5일의 기간을 계산하고(초일불산입 원칙), 보고 기한 5일을 산정함에 있어서 공휴일과 토요일 및 근로자의 날은 산입하지 않는다(「동 시행령」 제153조 제1항).

사례[83]

5월 4일 수요일에 증권시장에서 주식매수 주문이 체결되어 보고 의무가 발생한 경우 보고 의무 발생일(5월 4일)과 공휴일(5월 5일, 5월 8일) 및 토요일(5월 7일)을 제외하고 5일째되는 날(5월 12일)이 보고 기한이 된다.

5월 4일 수요일	5월 5일 목요일	5월 6일 금요일	5월 7일 토요일	5월 8일 일요일	5월 9일 월요일	5월 10일 화요일	5월 11일 수요일	5월 12일 목요일
보고 의무 발생일(D)	공휴일 제외	D+1	토요일 제외	공휴일 제외	D+2	D+3	D+4	D+5

80) 금융감독원, 《기업공시실무가이드라인 증보판》(2007년 4월), 326~327쪽.

81) 이를 이용하여 (주)KCC 측은 단독 사모펀드를 만든 후, (주)KCC 공동 보유 지분으로 신고를 하지 않았지만, 결국 증권선물위원회에서는 소유에 준하는 보유자로서 5% 보고 의무가 있다고 결정하였다.

82) 금융감독원 보도자료(2004년 2월 11일) 중에서.

83) 금융감독원, 《기업공시 실무안내》(2020년 1월), 366쪽.

다만, 단순 투자 목적으로 보유하는 자의 경우 보고 의무 발생일이 속하는 달의 다음 달 10일까지 변동 보고를 할 수 있고(단, 신규 보고는 보고 의무 발생일로부터 5일) 국가, 지자체, 연기금 등 특례 적용 전문 투자자의 경우 보고 의무 발생일이 속하는 분기의 다음 달 10일까지 신규 보고 또는 변동 보고를 할 수 있다(동조 제3항, 제4항)

② 보고 의무 발생일은 장내 매매는 '계약 체결일(종전에는 결제일 기준이었으나 변경)'을 기준으로 하고, 장외 매매는 (a) 매수의 경우 계약일에 매수인의 지위를 갖는 경우로 보아 계약 체결일을, (b) 매도의 경우 주식 등의 인도일 또는 잔금 수령일 중 먼저 도래하는 날을 각 기준으로 한다.

③ 보고 의무가 발생하여 보고하는 날의 전일까지 새로이 보고 사유가 발생한 경우 새로이 보고해야 하는 사항은 당초의 대량 보유 상황, 보유 목적 또는 변동 내용을 보고할 때 이를 함께 보고해야 한다(「자본시장법」 제147조 제3항).

(3) 보고서의 기재 내용(「자본시장법」 제147조,「동 시행령」 제153조 제2항, 「증권발행공시규정」 제 3-10조)

① 경영참여 목적인 경우: 일반 서식으로 보고.

- 보유 상황
- 보유 목적
- 그 보유 주식 등에 관한 주요 계약 내용
- 주식 등의 대량 보유자와 그 특별관계자에 관한 사항
- 보유 주식 등의 발행 회사에 관한 사항
- 변동 사유
- 취득 또는 처분 일자·가격 및 방법
- 보유 형태
- 취득에 필요한 자금이나 교환 대상 물건의 조성 내역(차입인 경우에는 차입처 포함) 등

② 단순 투자 목적인 경우: 약식 서식으로 보고.

- 보유 상황
- 주식 등의 대량 보유자와 그 특별관계자에 관한 사항

- 보유 주식 등의 발행 회사에 관한 사항
- 취득 또는 처분 일자·가격 및 방법
- 주식 등의 보유 기간 동안 경영권에 영향을 주기 위한 행위를 하지 아니하겠다는 확인

③ 5% 보고자는 5% 보고 자료 사본을 발행인(교환사채의 경우에는 교환 대상이 되는 주식 등의 발행인, 증권예탁증권의 경우 기초가 되는 주식 등의 발행인 등)에게 지체 없이 송부해야 한다(동법 제148조).

(4) 변동 보고 의무 면제

다음의 경우에는 보유 비율이 1% 이상 변동되어도 변동 보고 의무가 면제된다(「동 시행령」 제153조 제5항). 다만 변동 보고 의무 면제 사유에 해당하더라도 신규 보고 의무는 면제되지 않는다.

① 보유 주식 등의 수가 변동되지 아니한 경우.

② 주주가 가진 주식수에 따라 배정하는 방법으로 신주를 발행하는 경우로서 그 배정된 주식만을 취득하는 경우.

③ 주주가 가진 주식수에 따라 배정받는 신주인수권에 의하여 발행된 신주인수권증서를 취득하는 것만으로 보유 주식 등의 수가 증가하는 경우.

④ 자본 감소로 보유 주식 등의 비율이 변동된 경우.

⑤ 신주인수권이 표시된 것(신주인수권증서 제외), 신주인수권부사채권·전환사채권 또는 교환사채권에 주어진 권리행사로 발행 또는 교환되는 주식 등의 발행 가격 또는 교환 가격 조정만으로 보유 주식 등의 수가 증가하는 경우.

바. 냉각기간

(1) 2005년 개정 「자본시장법」에 신설

냉각기간(cooling-off period)이란 적대적 M&A 시도 등이 있는 경우 일정 기간 추가 취득과 의결권 행사를 금지함으로써 기존 경영진이 적대적 M&A의 가능성을 숙지하고 대처할 수 있게 한 기간을 말한다. 「자본시장법」에서는 “5% 이상 보유하는 경우에

주식 등의 보유 목적을 발행인의 경영권에 영향을 주기 위한 것으로 보고한 자 또는 보유 목적을 발행인의 경영권에 영향을 줄 목적으로 변경한 자는 그 보고일로부터 5일 동안 당해 발행인의 주식 등을 추가로 취득하거나 보유 주식 등에 대한 의결권을 행사할 수 없다"고 규정하고 있다(제150조 제2항, 제3항).

(2) 적용 대상자

적용 대상자는 5% 이상 지분보유자 중 '경영권에 영향을 주기 위한 목적'을 가진 자이다. 문제는 법령에서는 위 '경영권에 영향을 주기 위한 행위'가 매우 포괄적으로 규정되어 있어, 이에 대한 주의가 필요하다는 점이다. 즉 개정 법령에서는 '경영권에 영향을 주기 위한 행위'에 대하여 "아래의 행위를 위하여 당해 회사 및 그 임원에 대하여 사실상 영향력을 행사하는 것을 말한다"고 규정하고 사실상의 영향력을 행사하는 방법으로서 "주주제안권의 행사, 임시주총 소집 요청 등의 소수 주주권을 직접 행사하거나 제3자가 행사하도록 하는 행위"까지도 포함시키고 있다. 따라서 M&A가 아니더라도 경영 책임을 추궁하거나 주주제안 같은 경영권 감시 활동도 개정 「자본시장법」의 적용 대상이 될 수 있다.[84)]

(3) 보고일 후 5일간 냉각기간

① 발행인의 경영권에 영향을 줄 목적으로 5% 이상 지분을 보유하는 경우 또는 단순투자를 위해 주식을 샀던 투자자가 경영 참가 목적으로 보유 목적을 바꿀 경우에는 보고일로부터 5일의 냉각기간 동안 의결권을 행사하거나 주식을 추가로 취득할 수 없다. 다만, 경영 참가 목적으로 5% 보고 후 보유 비율이 변동되어 변동 보고를 하는 경우에는 냉각기간이 적용되지 않는다.

② 냉각기간은 보고 사유가 발생한 날부터 보고한 날(초일불산입) 이후 5일까지이다. 냉각기간 개시일은 보고 사유 발생일의 익일이며 종료일은 보고일을 제외하고 5일째 되는 날이다. 냉각기간의 종료일인 보고일로부터 5일째 되는 날을 산정할 때는 공휴일과 토요일 및 근로자의 날은 산입하지 않는다.[85)]

---

84) 금융위원회, 〈스튜어드십 코드 관련 법령해석집〉, 제8쪽 이하.

85) 금융감독원, 《기업공시 실무안내》(2020년 1월), 369쪽.

③ 냉각기간을 위반하여 추가로 취득한 주식 등에 대해서는 의결권을 행사할 수 없으며, 처분명령 대상에 해당된다.

사. 위반 시 제재

(1) 의결권 제한(「자본시장법」 제150조, 「동 시행령」 제158조)

5% 보고 의무 위반 시 의결권 있는 발행주식 총수의 5% 초과 부분 중 위반 부분에 대하여 일정 기간 의결권 행사를 금지시킨다.

① 우선 고의나 중과실로 주식 등의 보유 상황과 보유 목적 및 그 변동 내용을 보고(정정 보고를 포함)하지 아니한 자 또는 중요한 사항을 허위로 보고하거나 기재를 누락한 자는 당해 보고 또는 정정 보고를 한 날로부터 6월이 경과한 날까지 의결권 있는 발행주식 총수의 5%를 초과하는 부분 중 위반분에 대하여 의결권을 행사할 수 없다.

고의로 위법한 대량 보유(변동) 상황 보고를 하였지만 보고 의무자가 법령에서의 보고 기한인 5일 이내에 정정 보고를 하였다면, 이 경우에도 의결권이 제한되는지가 문제된다. 그러나 설사 법령에 정해진 보고 기한 내에 정정 보고를 했더라도 최초 보고의 하자는 치유되지 않고 여전히 의결권이 제한된다고 본다. 5일 이내에 정정 또는 추가 보고로 인해 최초 보고의 하자가 치유된다고 하면 최초의 보고 내용을 믿고 이에 따라 행동한 일반 투자자 및 주식발행 회사가 불측의 손해를 입게 됨으로써 대량 보유(변동) 상황 보고 제도의 취지가 몰각되기 때문이다.

도중에 무상증자가 이루어져 보고 의무를 위반한 주식에 대하여도 무상 신주가 배정된 경우, 위 무상 신주도 의결권이 제한되는 주식의 범위에 포함되는지가 문제된다. 이에 대하여 증권선물위원회와 하급심 법원은 무상 신주가 실질적 주식분할의 성격을 가진다는 이유로 '당해 위반분'에 무상 신주까지 포함된다고 보고 있다. 이와 다른 사건이긴 하지만 「공정거래법」 제11조의 상호출자제한기업집단에 속하는 금융회사 또는 보험회사의 의결권 행사 제한 범위와 관련한 사건에서도 대법원은 본래의 주식과 무상증자로 취득한 주식 또는 그러한 주식의 분할로 취득한 주식에 대하여 의결권 행사의 가능성을 동일하게 본 바 있다.[86]

서울중앙지법 2004. 3. 26. 선고 2004카합809 판결(의결권행사금지가처분): 현대엘리베이터 사건

사실관계

(1) 주식 보유 상황

① 기존 주식 보유 상황

2003년 8월 18일 (주)KCC 측은 한국프랜지공업을 대표보고자로, 현대종합금속(주) 외 7사를 특별관계자로 하여 금융감독원에 대량 보유(변동) 보고를 하였다. 당시 (주)KCC 측이 신고한 지분은 16.2%였다.

② (주)KCC 측 관련 주식형 사모펀드(증권투자회사, 일명 '뮤추얼펀드') 등의 추가 주식 취득

	지분 현황	주식 취득
A주식형 사모펀드	(주)KCC가 99.8% 보유	4.94%(10월 29일~30일)
B주식형 사모펀드	(주)KCC의 특수관계자 회사가 99.3% 보유	2.05%(11월 3일~4일)
C주식형 사모펀드	(주)KCC의 특수관계자 회사가 100% 보유	0.82%(10월 30일~11월10일)
신한포트3호 펀드	(주)KCC의 명예회장인 정상영이 유일한 수익자	12.82%(10월 2일~24일)

③ (주)KCC의 추가 주식 취득

2003년 11월 11일 (주)KCC는 42만 1,130주(7.50%)를 추가 취득하였고, 위 42만 1,130주가 가처분 신청의 대상이 된 주식이다.

86) 「상법」 제461조에 의한 무상증자는 준비금이 자본에 전입되어 자본이 증가하는 경우 주주에 대하여 그가 가진 주식의 수에 따라 발행되는 것으로서 회사 재산의 증가 없이 주식의 수만 증가하게 되므로 주주가 보유하는 주식(무상증자로 발행된 주식 포함)의 경제적 가치에는 변화가 없는 점, 「상법」 제329조의2에 의한 주식분할은 자본의 증가 없이 발행주식 총수를 증가시키는 것으로서 이에 의하여 회사의 자본 또는 자산이나 주주의 지위에 실질적인 변화가 없는 점 등에 비추어보면, 구 「독점규제 및 공정거래에 관한 법률」(2002년 1월 26일 법률 제6651호로 개정되기 전의 것) 제11조 단서에 해당하여 의결권을 행사할 수 있는 주식에 대한 무상증자로 취득한 주식 또는 그러한 주식의 분할로 취득한 주식은 그 의결권을 행사할 수 있는 주식과 동일하게 보아야 한다(대법원 2005. 12. 9. 선고 2003두10015 판결).

(2) 주식 대량 보유 변동 보고

	보고 내용	보유 목적 또는 변동 사유
1차 보고 (2003년 11월 11일)	기존 보고 내용에 (주)KCC의 추가 취득 주식 분인 42만 1,130주만을 합산하여 보고.	투자 목적.
2차 보고 (2003년 11월 14일)	1차 보고 내역에 위 뮤추얼펀드 등의 지분도 특별관계자로 합산하여 보고.	투자 목적 및 경영참여.
3차 보고 (2003년 11월 21일)	금감원은 위 2차 보고가 특별관계인의 내용 및 세부 변동 내역 등 주요사항에 관하여 부실 기재되었다고 판단하여 2003년 11월 17일 정정명령을 내림. 이에 (주)KCC 측은 대표보고자를 (주)KCC로, 위 뮤추얼펀드 등을 특별관계자로 하여 정정 보고.	경영참여(현대그룹의 경영권을 인수하여 현대그룹의 정통성 유지 및 현대그룹 계열사의 수익성 제고를 통한 그룹 안정화를 도모하기 위하여).

(3) 현대엘리베이터의 무상 신주 배정

2003년 12월 31일 현대엘리베이터는 1주당 0.28주의 무상 신주를 배정하기로 결정하였고, 이에 따라 이 사건 주식에 대하여는 11만 7,916주가 배정되었다.

(4) 금융위원회의 처분명령

2004년 2월 11일 금융위원회는 (주)KCC 측이 16.20%를 보유한 상황에서 위 3개 뮤추얼펀드 및 정상영이 회사 주식을 추가 매수하여 보유 비율이 1% 이상 증가하였음에도 불구하고 이러한 사실을 5일 이내에 보고하지 않았다는 이유로, 위 3개 뮤추얼펀드 및 정상영 취득분(무상 신주 포함) 20.63%에 대하여 2004년 5월 20일까지 장내에서 처분하도록 명령하였다.[87)]

(5) 이 사건 가처분 신청

현정은 회장 측(현대증권)은 (주)KCC가 2003년 11월 11일에 취득한 42만 1,130주와 이후 무상 신주분에 대하여 5%룰을 위반하였다는 이유로 의결권행사금지가처분을 신청하였다. 즉 금융위원회의 처분명령이 내려진 3개 뮤추얼펀드 및 정상영 취득분(무상 신주 포함)에 더하여, 이 사건 주식 또한, 비록 보고 자체는 기간 내에 이루어졌지만 위 특별관계자들의 취득분에 대한 기재를 누락하였으므로 5%룰을 위반하였다는 것이다.

87) 금융감독원 보도자료, 〈(주)금강고려화학 등의 대량 보유(변동) 보고 위반 등에 대한 조치〉(2004년 2월 11일).

판결

• 구 「증권거래법 시행령」 제86조의4에 의한 주식 대량 보유(변동) 상황 보고에 있어서의 의무적 기재 사항인 대량 보유자 및 그 특별관계자의 상황(제1호)과 보유 또는 변동 주식 등의 종류 및 수(제4호)는 「시행령」 제86조의8 제1호 소정의 '중요한 사항'에 해당한다. 그런데 이 사건 1차 보고 당시 (주)KCC는 위 3개 뮤추얼펀드 등이 보유하고 있던 주식 20.63%에 관해 아무런 보고를 하지 아니하였으므로, 이 사건 1차 보고에는 「시행령」 제86조의8 제1호 소정의 '중요한 사항에 관한 기재 누락'이 있은 것이다.

(주)KCC가 위 1차 보고 당시 위 뮤추얼펀드 등을 통해 취득한 주식에 대한 주식 대량 보유(변동) 상황 보고 의무를 위반한 사실을 이미 알고 있었던 것으로 보이므로 이 사건 1차 보고 시 위 뮤추얼펀드 등 보유 주식의 취득 사실을 보고하지 않은 데 대한 고의성도 충분히 인정된다.

그렇다면 (주)KCC는 이 사건 1차 보고상의 하자들이 모두 보완되어 적법한 대량 보유(변동) 상황 보고가 이루어진 것으로 보이는 이 사건 3차 보고일인 2003년 11월 21일 이후 6월이 경과하기까지는 이 사건 주식에 대한 의결권을 행사할 수 없다.

• '주식 대량 보유(변동) 상황 보고 제도'의 취지, 준비금의 자본 전입으로 인한 무상 신주 배정은 실질적으로 주식분할과 같은 성질의 것인 점, 의결권 행사가 제한된 주식을 근거로 하여 배정된 무상 신주에 대해 의결권을 인정할 경우 음성적 방법에 의한 경영권 침탈을 방지하려는, 대량 보유(변동) 상황 보고 의무에 대한 의결권 제한의 취지가 왜곡될 우려가 큰 점 등을 고려해보면, 이 사건 주식을 근거로 하여 발행된 무상 신주에도 그 의결권 제한의 효력이 미친다고 봄이 상당하다.

② 법령의 규정에 의하여 주식 등의 대량 보유 상황 또는 그 변동 내용이 금융위원회 등에 이미 신고되거나 정부의 승인, 지도, 권고 등에 따라 취득 또는 처분한 경우 등 착오로 보고를 하지 않았거나 정정 보고를 지연한 경우에는 당해 주식 등의 매수 등을 한 날부터 정확한 보고를 한 날까지 의결권 있는 총발행주식의 5%를 초과하는 부분 중 위반분에 대하여 의결권을 행사할 수 없다. '착오'의 의미에 대하여는 5%의 보유 사실에 대한 착오에 한정하고 보고 의무의 존재에 관한 착오는 포함되지 않는 것으로 보고 있다.[88]

③ 상장법인의 주식을 대량 보유하였음에도 대량 보유 보고를 하지 않다가 상장폐지

88) 김건식, 《자본시장법》(3판), 두성사, 200쪽.

된 경우에도 보고 의무는 여전히 남고 이를 위반한 경우의 의결권 제한 규정도 그대로 적용된다.[89)]

④ 5%룰 위반 시 5% 초과분 중 위반분의 의결권 제한은 행정조치의 발동 여부와 상관 없이 법률에 의하여 자동적으로 제한된다.[90)] 따라서 적대적 M&A를 방어하는 측에서는 상대방이 대량 보유(변동) 상황 보고 의무를 위반하였다고 판단할 경우 이를 금감원에 신고하거나 법원에 의결권행사금지가처분을 신청할 수 있지만, 아예 주총에서 상대방의 위반분에 대하여 임의로 의결권을 제한할 수도 있다. 그러나 이 경우에는 사후적으로 주주총회의 하자를 다투는 소송이 제기될 것이다.

서울지법 2001. 10. 24. 선고 2001가합28522 판결(주총 결의취소, 확정): 대원제지공업 사건

사실관계

원고는 주권상장법인인 피고 회사의 주식 42.04%를 보유하던 중 1999년 피고의 주식 4.38%를 추가 매수. 원고는 1999년 8월경 인편 또는 등기우편으로 금융위원회에 위 주식 추가 취득 사실을 신고. 이후 2000년 11월 18일 다시 적법한 형식을 갖추어 변동 상황 신고를 함.

2001년 3월 9일 피고의 정기주총에서 원고가 2000년 11월 18일 변동 보고 때까지 보고를 하지 않은 것은 '고의로 보고를 하지 아니한 경우'에 해당하고 위 일시로부터 정기주총 때까지 6개월이 지나지 않았다는 이유로 원고의 위 추가 취득 주식에 대하여 의결권 행사를 제한.

이에 원고는 '착오로 보고를 지연한 경우'임에도 불구하고 피고가 '고의로 보고를 지연한 경우'로 보아 의결권 행사를 제한한 조치는 위법한 것이므로 위 정기주총의 취소를 구하는 소송을 제기.

판결

원고는 이 건 주식 취득 전에 자신의 보유 주식에 관하여 법령의 규정에 따라 적법한 주식의 대량 보유 상황 보고를 하였고, 위 주식에 관하여는 법령상의 보고 의무를 위반하였다는 이유로 이미 서울지방법원에서 1999년 10월 15일에 의결권 행사를 금지하는 가처분 결정

---

89) 서울지법 남부지원 2003. 3. 14. 선고 2003카합591 결정(의결권행사금지가처분, 삼애인더스 사건).
90) 금융감독원 보도자료(2004월 2월 11일) 중에서.

을 받았음에도 불구하고 2000년 11월 18일경에서야 변동 보고를 하였는바, 「자본시장법」 규정의 취지, 그 실효성의 확보라는 측면을 고려하면 원고가 2000년 11월 18일까지 보고하지 아니한 것은 '고의로 보고를 하지 않은 경우'에 해당한다.

---

(2) 금융위원회의 조치

① 위반분에 대한 처분명령

금융위원회는 투자자 보호를 위하여 보고자 등 관계인에게 참고자료의 제출을 명하거나 금감원으로 하여금 장부, 서류, 물건 등을 조사하게 할 수 있고(「자본시장법」 제151조), 조사 결과 보고 의무를 위반한 주식 등에 대하여 금융위원회는 6개월 이내의 기간을 정하여 당해 위반분의 처분을 명할 수 있다(제150조). 의결권 행사는 행정조치의 발동 여부와 관계없이 자동 제한되지만 처분명령 여부는 금융위원회의 재량에 맡겨져 있다.

② 정정명령

금융위원회는 보고서의 형식상 불비, 기재 불충분 등에 관하여 정정보고서의 제출명령을 할 수 있다(제151조).

③ 행정처분

보고서를 제출하지 않거나 보고서의 기재 사항에 관하여 허위 기재 또는 기재 누락이 있는 경우, 금융위원회는 위반자에 대하여 거래의 정지·금지, 임원의 해임 권고, 고발 및 수사기관에의 통보, 경고·주의 등의 조치를 할 수 있다(「동 시행령」 제159조).

(3) 형사 처벌

중요 사항에 관한 허위 기재 또는 누락자는 5년 이하의 징역 또는 2억 원 이하의 벌금에, 미보고자는 3년 이하의 징역 또는 1억 원 이하의 벌금에, 금융위의 처분명령 위반자는 1년 이하의 징역 또는 3천만 원 이하의 벌금에 처한다(「자본시장법」 제444조~제446조).

(4) 과징금

2013년 개정 「자본시장법」에서는 금융위원회 조치 및 형사 처벌 이외에 주권상장법인이 5% 보고 의무 위반 시 상장법인이 발행한 주식의 시가총액의 10만 분의 1(5억 원)을 초과하지 않는 범위에서 과징금도 부과될 수 있도록 하였다(제429조).

아. 임원, 주요 주주의 주식 소유 상황 보고

상장법인의 임원 또는 주요 주주는 임원 또는 주요 주주가 된 날부터 5일 이내에 누구의 명의로 하든지 자기의 계산으로 소유하고 있는 해당 법인의 특정 증권 등 소유 상황을 증권선물위원회와 한국거래소에 보고해야 하며, 소유 특정 증권 수의 변동이 있는 경우에는 그 변동이 있는 날부터 5일 이내에 변동 내용을 증권선물위원회와 한국거래소에 보고해야 한다(「자본시장법」 제173조). 이를 '임원·주요 주주 주식 소유 상황 보고'라고 하고, 주권상장법인 또는 코스닥상장법인의 임원 또는 주요 주주는 회사의 내부자로서 미공개 정보를 이용할 가능성이 높으므로 이를 방지하기 위한 것이다.

5% 공시 의무와 별도의 의무이기 때문에 주식 등의 대량 보유(변동) 보고 의무자는 본인 또는 그 특별관계자 중 임원·주요 주주가 주식 소유 상황 보고 대상이 되는지를 확인하고, 보고 대상에 해당하면 별도로 임원·주요 주주의 주식 소유 상황 보고를 해야 한다.

주요 내용

보고 의무자	이사(「상법」 제401조의2 제1항의 사실상 이사 포함)와 감사, 주요 주주(10% 이상 소유자 또는 10% 이상 소유자가 아니더라도 임원의 임면 등 당해 법인의 주요 경영 사항에 대하여 사실상 영향력을 행사하고 있는 주주).
보고 대상 유가증권	특별관계자를 구분하지 않고, 누구의 명의로 하든 자기의 계산으로 소유하고 있는 특정 증권 등(기존의 '주식'에서 「자본시장법」에서는 '특정 증권 등'으로 확대됨).
보고 방법	개별 보고.
보고 사유	신규 보고: 임원·주요 주주가 된 경우. 변동 보고: 소유 주식수가 1주라도 변동이 있는 경우.
보고 기한	신규 보고: 임원·주요 주주가 된 날로부터 5일 이내. 변동 보고: 변동이 있는 날로부터 5일 이내.
위반 시의 제재 기준	허위 보고, 미보고: 1년 이하의 징역 또는 3천만 원 이하의 벌금(「자본시장법」 제446조). 증선위 조치: 고발, 경고 등.

3. 장외 주식 매집: 공개매수

가. 장외에서 주식 매집을 할 때 조심해야 할 절차

공개매수(tender offer)란 불특정 다수인에 대해서 주식 등의 매수(다른 유가증권과의 교환 포함) 청약을 하거나 매도(다른 유가증권과의 교환 포함) 청약을 권유하고 유가증권시장 및 코스닥시장 밖에서 당해 주식 등을 매수하는 것으로(「자본시장법」 제133조 제1항), 그중 대상 회사의 5% 이상의 주식 등을 유가증권시장 또는 코스닥시장 밖에서 6개월 동안 10인 이상의 자로부터 취득하는 경우에는 반드시 「자본시장법」에서의 공개매수 절차에 따라야 한다(동조 제3항).

간혹 공개매수 절차를 무시하고 장외에서 대량의 주식을 직접 취득하는 경우가 있는데, 장외에서 주식 매집을 할 때는 공개매수 절차를 적용받는지를 미리 검토해야 한다. 만일 공개매수 절차에 위배되게 주식을 취득하면, 보유 기간 중은 물론 이 주식의 처분 후 6월간 의결권을 행사하지 못할 수 있고, 금융위원회가 이 주식의 처분을 명할 수도 있기 때문이다. 적대적 M&A를 시도하는 측이나 방어하는 측 모두 공개매수를 할 수 있고, 일방이 공개매수를 할 경우 다른 일방이 역공개매수(pac man)을 하기도 한다.

나. 취지

장외에서 불특정 다수인으로부터 주식을 취득할 때 엄격한 공개매수 절차를 요구한 취지는 지배권 거래의 투명성을 확보하고, 경영권 이전을 목적으로 지불하는 지배권 프리미엄(control premium)을 모든 주주가 균등하게 향유하며, 공개매수 등의 공시를 통하여 투자자를 보호하기 위해서이다. 반면 공개매수 절차에 따를 경우 주식매수자는 동일한 조건으로 나머지 소액주주 지분도 인수해야 하기 때문에 그만큼 자금 부담이 높아진다. 우리나라의 경우 공개매수 절차는 우호적 기업인수뿐만 아니라 적대적 경영권 인수, 상장폐지, 지주회사 전환 및 설립, 자기주식 취득의 목적으로도 주로 활용되어왔다. 지난 2020년의 이용 상황을 보면 유가증권시장에서 3건, 코스닥시장에서 3건의 공개매수가 었었다. 그 목적은 지주회사 전환 및 설립, 적대적 경영권 인수, 주주가치 제고 등을 위한 것이었다.

사례 1: 한솔제지의 동해종합금융 인수[91)]

최초의 우호적 공개매수로는 나이키의 삼나스포츠 공개매수 사건을, 최초의 적대적 공개매수로는 한솔제지의 동해종합금융 공개매수 사건을 들고 있다. 1994년 10월 26일 한솔제지는 동해종합금융에 대해 공개매수신고서를 제출하였다. 한솔제지는 공개매수 이전에 시장을 통해 이미 동해종합금융의 주식 9.9%를 매집하였는데, 이에 더하여 1994년 11월 9일부터 28일까지 총발행주식 15%에 해당하는 주식에 대해 공개매수를 시도하였다. 당시 동해종합금융의 최대 주주는 위장 분산시켜놓았던 지분을 증권관리위원회에 신고하여 지분을 높이려고 하였다. 그러나 이는 취득 후의 무신고 기간을 넘겨 「증권거래법」 제200조를 위반하는 것이어서 의결권을 인정받지 못할 뿐만 아니라 증권관리위원회로부터 매각 명령을 받았다. 결국 한솔제지는 공개매수를 통하여 동해종합금융의 최대 주주가 된 후 한솔종합금융으로 명칭을 변경하였다.

사례 2: 사보이호텔의 신성무역 인수

공개매수가 사회적 이목을 끌게 된 대표적 사례로서 1997년 사보이호텔의 신성무역에 대한 적대적 M&A 사건을 들 수 있다. 당시 2만 원대에 머물렀던 회사 주가가 6만 원을 넘었고, 공개매수 가격도 6만 2,500원에 달하는 바람에 공개매수에 대하여 사회적 관심이 증폭되었다. 1997년 4월 서울 명동에 있는 사보이호텔은 국내 최대 기모노 수출업체인 신성무역의 50%+1주에 대한 공개매수신고서를 제출하였다.[92)]

그 내용은 사보이호텔 측이 특별관계자를 포함하여 신성무역 지분 24.7%를 보유하고 있고 공개매수 청약 기간을 5월 15일부터 6월 3일까지 한다는 것이었다. 이 당시 신성무역의 대주주 측은 공식적으로 23.1%의 지분을 확보하고 있고, 우호 세력과 합하면 경영권 방어에 문제없다는 자신감을 보였다.

그런데 신성무역 지분을 9.38%나 확보한 구정실업의 대표가 경영권 향방에 새로운 변수로 등장하였다. 신성무역 측은 구정실업의 대표가 사보이 측과 공동 보유자인지의

---

91) 이옥희, 〈적대적 기업인수·합병의 방어 수단에 관한 연구〉, 이화여대 석사논문, 2001, 53~54쪽.

92) 의무공개매수제. 종전 「자본시장법」에서는 대주주가 아닌 제3자가 상장기업 주식을 25% 이상 매입하려면 더 이상 장내에서 주식을 매수할 수 없고 50%+1주까지 의무적으로 장외에서 공개매수하도록 강제하였다. 즉 대주주가 되려면 아예 지분 50% 이상을 사들이도록 강요하여 인수자의 부담을 크게 늘림으로써 경영권 교체를 매우 어렵게 했던 것이다. 이 제도는 외환위기 직후인 1998년 IMF의 요구로 결국 폐지되었다.

여부를 조사해줄 것을 감독 당국에 요청하였고, 5월 28일 증권관리위원회는 사보이호텔 측의 일부 개인들의 보유 지분이 공동 보유자 보유 지분에서 누락되었다는 이유로 공개매수 절차의 정지 및 그 보유 지분의 처분 등을 명하였다. 당시 증권관리위원회는 이들이 같은 증권회사 영업부를 통해서 주식을 매입한 사실, 사보이호텔 측의 자금이 이들에게 입금된 사실, 이들이 평소 사업상 또는 개인적으로 친분이 있었다는 사실 등을 근거로 공동 보유 사실을 인정하였다.[93)]

6월 18일 사보이호텔 측은 위 처분명령의 대상 주식을 모두 처분하였다면서 다시 공개매수신고서를 제출하였다. 그 내용은 사보이호텔 측이 특별관계자를 포함하여 신성무역주식의 20.7%를 보유하고 있고 공개매수 청약 기간을 7월 12일부터 7월 31일까지로 한다는 것이었다. 결국 신성무역 측의 경영진은 사보이호텔에 투항하여 사보이호텔은 신성무역을 인수하였다.

다. 공개매수의 적용 대상(「자본시장법」 제133조 제1항)

(1) '주식 등을'

공개매수의 대상이 되는 '주식 등'은 의결권 있는 주식에 관계되는 증권으로서 "주권, 신주인수권증서, 전환사채권, 신주인수권부사채, 위 증권과 교환을 청구할 수 있는 교환사채권, 위 증권을 기초자산으로 하는 파생결합증권(권리의 행사로 그 기초자산을 취득할 수 있는 것만 해당한다)"이 여기 해당한다(「자본시장법 시행령」 제139조).

(2) '대통령령이 정하는 기간 동안'

「시행령」에서는 "당해 매수 등을 하는 날로부터 과거 6개월"로 정하고 있다(제140조 제1항).

(3) '증권시장 밖에서'

장내에서 주식을 취득하는 경우에는 공개매수의 적용 대상에서 제외된다.

---

93) 김건식, 《자본시장법》, 212~213쪽.

(4) '대통령령이 정하는 수 이상의 자로부터'

법에서는 "대통령령이 정하는 수 이상의 자로부터 매수 등을 하고자 하는"이라고 규정하고, 「시행령」에서는 "주식 등의 매수 등을 하는 상대방의 수와 당해 주식의 매수를 하는 날로부터 과거 6개월 동안 당해 주식의 매수 등의 상대방의 수의 합계가 10인 이상의 자를 말한다(제140조 제2항)"라고 규정하고 있다.

법에서 "매수 등을 하고자 하는"이라고 규정하고 있기 때문에 10인의 산정 기준은 매수 상대방이 아니라 매수 청약 또는 매도 청약을 권유하는 상대방이다. 즉 처음에 10인 이상의 자로부터 매수하고자 하였다면 그 후 실제로 공개매수에 응하는 주주가 10인 미만인 경우에도 의무공개매수의 적용 대상이고, 반면 처음부터 10인 미만으로부터 매수하고자 하였다면 취득 후 보유 지분이 5%가 넘더라도 공개매수 절차를 밟을 필요는 없다.

(5) '매수 등을 하여'

주식의 취득은 반드시 매수를 통해서만이 아니라 '교환, 입찰, 기타 유상 양수'도 포함한다(동법 제133조 제3항). 따라서 상속·증여 등과 같은 무상 취득이나 법률의 규정, 금전의 신탁 또는 담보계약 등의 경우에는 공개매수의 적용 대상에서 제외된다. 최근에는 기업집단 내 계열회사 간 교환 공개매수가 여러 건 발생하기도 하였다.

(6) '5% 이상 보유하는 경우'

'보유' 주식이 5% 이상인지 여부는 본인뿐만 아니라 '특별관계자'의 주식까지 포함해서 판단해야 한다. '보유'란 주식을 소유하지 않아도 처분권 또는 의결권을 가지고 있거나 주식 소유권을 이전받을 수 있는 권리를 가진 경우도 포함된다(「동 시행령」 제142조). '특별관계자'나 '보유'의 구체적인 의미는 '대량 보유 변동 신고' 제도와 동일하다.

공개매수 이후 5%를 보유하게 되는 경우뿐만 아니라 본인 또는 그 특별관계자가 보유하는 주식 등의 합계가 당해 주식 등의 총수의 5% 이상인 자가 당해 주식 등의 매수 등을 하는 경우에도 의무공개매수의 대상이다(동법 제133조 제3항).

(7) 적용 예외

「자본시장법」은 '그 유형 기타 사정을 감안하여 대통령령이 정하는 매수 등'에 대하여는 공개매수의 신고 대상에서 제외하고 있고(제133조 제3항 단서), 「시행령」은 다음의 경우를 제외 대상으로 정하고 있다(제143조).

① 소각을 목적으로 하는 주식 등의 매수 등.

② 주식매수청구에 응한 주식의 매수 등.

③ 신주인수권이 표시된 것, 전환사채권, 신주인수권부사채권 또는 교환사채권의 권리행사에 따른 주식 등의 매수 등.

④ 파생결합증권의 권리행사에 따른 주식 등의 매수 등.

⑤ 특수관계인으로부터의 주식 등의 매수 등.

⑥ 그 밖에 다른 투자자의 이익을 해칠 염려가 없는 경우로서 금융위원회가 정하여 고시하는 주식 등의 매수 등.

라. 공개매수의 절차

(1) 공개매수사무취급자의 선임

공개매수사무취급자란 매수 등을 할 주식 등의 보관, 공개매수에 필요한 자금 또는 교환 대상 유가증권의 지급, 그 밖의 공개매수 관련 사무를 취급하는 자를 말한다(「자본시장법」 제133조 제2항).

구 「증권거래법」에서는 공개매수사무취급자를 증권회사로 한정하였지만 현재는 이러한 제한 규정이 없다.

(2) 공개매수의 공고

종전에는 공개매수의 사전신고제를 도입하였으나 2001년 4월 공개매수를 공고한 날에 공개매수신고서를 금융위원회에 제출하는 '선공고 후신고' 제도로 전환되었다. 우선 공개매수를 하려는 자는 다음 각 호의 사항을 일반 일간신문 또는 경제 분야의 특수일간신문 중 전국을 보급 지역으로 하는 2개 이상의 신문에 공고해야 한다(동법 제134조 제1항, 「동 시행령」 제145조).

- 공개매수를 하고자 하는 자.
- 공개매수 할 주식 등의 발행인.
- 공개매수의 목적.
- 공개매수 할 주식 등의 종류와 수.
- 공개매수 기간, 가격, 결제일 등 공개매수 조건.
- 매수 자금의 내역 기타 대통령령이 정하는 사항.

(3) 공개매수신고서의 제출

① 공개매수자는 공개매수공고일에 「시행령」이 정하는 바에 따라 다음 각 호의 사항을 기재한 신고서를 금융위원회에 제출해야 한다(동법 제134조 제2항). 다만 공고일이 공휴일, 근로자의 날인 경우에는 그다음 날에 제출할 수 있다. 이때 공개매수자는 공개매수와 관련된 계약서, 예금잔고증명서 등을 신고서에 첨부해야 한다(「동 시행령」 제146조 제4항).

- 공개매수를 하고자 하는 자.
- 공개매수 할 주식 등의 발행인.
- 공개매수의 목적.
- 공개매수 할 주식 등의 종류와 수.
- 공개매수 기간, 가격, 결제일 등 공개매수 조건.
- 공개매수공고일 이후에 공개매수에 의하지 아니하고 주식 등의 매수 등을 하는 계약이 있는 경우에는 당해 계약의 내용.
- 매수 자금의 내역 기타 대통령령이 정하는 사항.

② 금융위원회는 공개매수신고서의 형식을 제대로 갖추지 아니한 경우 또는 그 공개매수신고서 중 중요 사항에 관하여 거짓의 기재 또는 표시가 있거나 중요 사항이 기재 또는 표시되지 아니한 경우에는 공개매수 기간이 종료하는 날까지 그 이유를 제시하고 그 공개매수신고서의 기재 내용을 정정한 신고서의 제출을 요구할 수 있다. 이 경우 그 공개매수신고서는 그 요구를 한 날부터 제출되지 아니한 것으로 본다(동법 제136조 제1항, 제2항).

③ 공개매수자가 공개매수신고서를 제출할 때에는 지체 없이 그 사본을 대상 기업에

송부하고, 거래소에도 제출해야 한다(동법 제135조).

(4) 공개매수설명서의 작성 · 교부

공개매수자는 공개매수를 하고자 할 때에는 시행규칙에 따라 공개매수설명서를 작성하여 일정한 장소에 비치하고 일반인이 열람할 수 있도록 해야 한다(동법 제137조 제1항). 공개매수신청서가 모집·매출 시의 증권신고서에 상응한 것이라면 공개매수설명서는 사업설명서에 상응하는 것이다. 공개매수설명서도 사업설명서와 마찬가지로 증권 보유자의 요구가 있는 경우에는 이를 교부해야 한다(제137조 제3항).

(5) 대상 회사의 의견 표명

공개매수신고서가 제출된 주식 등의 발행인은 공개매수에 관하여 광고, 서신, 기타 문서에 의하여 의견을 표명할 수 있다(제138조). 발행인이 의견을 표시하는 경우에는 그 내용을 기재한 문서를 지체 없이 금융위원회와 거래소에 제출해야 하고, 그 내용에 있어서 공개매수에 대한 발행인의 찬성, 반대 또는 중립의 의견에 관한 입장과 그 이유가 포함되어야 하며, 의견 표명 이후에 그 의견에 중대한 변경이 있는 경우에는 지체 없이 그 사실을 알려야 한다(「동 시행령」 제149조 제2항). 발행인의 의견 표명은 주주의 판단에 도움을 주기 위한 것으로 법에서 "의견 표명을 할 수 있다"라고 규정하고 있으므로 발행인이 반드시 의견을 표명해야 할 의무가 있는 것은 아니다.

마. 공개매수의 방법

(1) 공개매수 기간

공개매수는 공개매수신고서 제출일로부터 20일 이상 60일 이내에서 신고서에 기재된 기간 동안 해야 한다. 다만 당해 공개매수 기간 중 대항공개매수가 있는 경우에는 그 대항공개매수 기간의 종료일까지 그 기간을 연장할 수 있다(「자본시장법 시행령」 제146조 제3항).

(2) 공개매수 주식의 수

구 「증권거래법」에서는 누구든지 상장등록법인의 주식 등을 25% 이상(주주총회 보통

결의 요건)의 지분을 매수하고자 하는 경우 50%+1주까지 의무적으로 공개매수하게 한 조항이 있었으나 이후 동 조항이 폐지되어 현재는 매수자가 공개매수 주식의 수를 임의로 정할 수 있다.

종전의 25% 의무공개매수 제도는 1997년 1월 13일 「증권거래법」 개정 시 종전 국내기업의 경영권안정장치로 작용하여온 「증권거래법」상 10%의 주식 대량 소유 제한 규정(구 「증권거래법」 제200조)이 폐지됨에 따라 경영권 방어 수단을 보완하기 위하여 도입된 것으로서 M&A 시도자의 주식매수 자금을 증가시킴으로써 M&A 비용 증가로 인한 M&A 억제 효과를 도모할 수 있었다. 그러나 25% 의무공개매수 제도는 적대적 M&A는 물론 우호적 M&A에도 적용되고 인수자에게 불필요한 지배권 인수 비용을 부담지움으로써 결과적으로 기업의 구조조정 활성화를 저해한다는 비판을 받았고, 결국 기업구조조정의 활성화를 위하여 적대적 M&A 허용을 요구하는 IMF의 권고 등에 따라 1998년 2월 「증권거래법」 개정 시 폐지되었다.

(3) 공개매수 가격

공개매수 가격은 제한이 없다. 다만 공개매수자가 공개매수를 하는 경우 그 매수 가격은 균일해야 한다(「자본시장법」 제141조 제2항).

다만 대부분의 경우 공개매수 이사회 결의일 전일을 기준으로 하여 1개월의 거래량 가중평균종가, 1주일의 거래량 가중평균종가, 최근일 종가를 산술평균한 가액(그 가액이 최근일 종가보다 높은 경우에는 최근일 종가)을 기준 주가로 한 후 이를 할증 또는 할인하여 가격을 결정한다. 지주회사로 전환하는 회사들은 공개매수의 대가로 다른 회사의 주식을 지급하기도 한다. 공개매수 가격에 제한이 없기 때문에 공개매수 가격이 현 주가보다 그리 높지 않은 경우에는 다른 주주들이 굳이 번거롭게 공개매수 절차에 응할 이유가 없다. 실제로 1994년 (주)원진은 경남에너지에 대한 적대적 M&A를 시도하면서 경남에너지 주식을 공개매수하였는데, 당시 공개매수 가격이 시세보다 불과 2% 정도 밖에 높지 않아 단 1명이 16주만을 공개매수에 내놓기도 하였다.

바. 공개매수의 규제

(1) 전부, 즉시 매수 의무(「자본시장법」 제141조 제1항)

응모 주주에 대한 평등한 대우를 위하여 응모한 당해 주식 등을 공개매수 기간 종료일 다음 날 이후 지체 없이 전부 매수해야 한다. 단,

① 응모 주식수가 매수 예정 주식수를 초과할 때에는 안분 비례 방식의 조건으로 매수한다는 내용을 공시한 경우에는 안분 비례 방식으로 매수할 수 있고,

② 공개매수를 철회한 경우 또는 응모 주식수가 매수 예정 주식수에 미달한 때에는 전부를 매수하지 않는다는 조건을 미리 공시한 경우에는 전부 매수 의무를 면제한다.

(2) 별도매수금지(제140조)

공개매수인과 그 특별관계자는 원칙적으로 공개매수 기간 중에 공개매수에 의하지 아니하고는 매수 등(별도매수)을 할 수 없다. 이는 공개매수 가격이 일반적으로 시장 가격에 비하여 높은데, 시장에서 공개매수 가격보다 낮은 가격에 주식을 매수할 수 있게 하면 모든 주주에게 높은 가격을 보장해야 한다는 원칙에 위배되기 때문이다.

다만 공개매수 신고 전에 이미 주식 등의 매수 계약이 체결된 경우 공개매수사무취급자가 공개매수자 및 그 특별관계자 외의 자로부터 당해 주식 등의 매수 등의 위탁을 받은 경우, 기타 공개매수에 의하지 아니한 주식 등의 매수 등을 허용하여도 다른 주주의 권익을 침해할 염려가 없는 일정한 경우에는 예외적으로 가능하다(「동 시행령」 제151조).

(3) 매수 조건의 변경 금지(동법 제136조 제3항)

공개매수자가 매수 조건을 변경하고자 하는 경우에는 공개매수 기간이 종료하는 날까지 정정신고서를 제출해야 한다. 다만 다음과 같이 소액주주들에게 불리한 방향으로 매수 조건을 변경할 수 없다.

① 매수 가격의 인하.

② 매수 예정 주식 등의 수의 감소.

③ 매수 기간의 단축.

④ 응모 주주에게 줄 대가의 종류 변경(단, 응모 주주가 선택할 수 있는 대가의 종류를 추

가 하는 경우는 제외).

⑤ 공개매수 대금 지급 기간의 연장을 초래하는 공개매수 조건의 변경.[94)]

(4) 매수 가격의 차별 금지(제141조 제2항)

응모 시기가 앞설수록 가격을 유리하게 차이를 둔다면, 주주가 조급하게 응모할 수 있기 때문에 공개매수 가격은 균일해야 한다. 기타 매수 기간, 결제일 등의 조건도 명문의 규정은 없지만, 마찬가지로 균일해야 한다고 보고 있다.

(5) 다른 규제 조항의 삭제

종전에는 공개매수 기간 중 의결권 있는 주식수의 변동을 초래할 수 있는 주식의 발행이 금지되고 공개매수공고일로부터 6개월 내의 반복 공개매수가 금지되고, 공고일로부터 3일의 대기 기간이 경과한 후에 공개매수가 가능하였으나, 2005년 1월 17일 개정 「증권거래법」에서 위 금지 규정들이 모두 삭제되었다.

사. 주주의 취소와 공개매수자의 철회

(1) 주주의 취소권 보장

공개매수 대상 주식 등의 매수의 청약에 대한 승낙 또는 매도의 청약을 한 자는 공개매수 기간 중에는 언제든지 응모를 취소할 수 있다. 이 경우 공개매수자는 응모 주주에 대하여 당해 응모의 취소에 따른 손해배상 또는 위약금 지급을 청구할 수 없다(「자본시장법」 제139조 제4항).

---

94) 단, 다음의 사유에 의한 공개매수 대금 지급 기간의 연장은 가능하다(「자본시장법 시행령」 제147조 제3호).

1. 정정신고서 제출일 전 3일의 기간 중 당해 주식 등의 유가증권시장 또는 코스닥시장에서 성립한 종가의 가격(종가를 기준으로 한다)의 산술평균 가격이 공개매수 가격의 100분의 90 이상인 경우 및 대항공개매수가 있는 경우의 매수 가격의 인상.
2. 신고서 제출 후 당해 주식 등의 총수에 변경이 있는 경우 및 대항공개매수가 있는 경우의 매수 예정 주식 등의 수의 증가.
3. 대항공개매수가 있는 경우의 공개매수 기간의 연장.

(2) 공개매수자의 공개매수의 철회

① 공개매수신고서 제출은 당해 유가증권의 가격에 큰 영향을 미치는 행위여서 공개매수의 철회를 자유롭게 허용하게 되면 시세조종 등 불공정거래에 악용될 소지가 있다. 따라서 공개매수자는 공개매수신고서를 제출한 날 이전까지는 공개매수를 철회할 수 있지만, 그 이후부터는 원칙적으로 철회를 할 수 없다(동조 제1항).

② 다만, 예외적으로 다음의 경우에는 공개매수 기간의 말일까지 철회를 인정한다(「동 시행령」 제150조).

(a) 대항공개매수가 있는 경우.

(b) 공개매수자가 사망, 해산, 파산, 부도 발생, 그 외에 공개매수신고 당시에 예측할 수 없었던 중대한 재해 등 금융위원회가 정하는 사항에 해당하는 경우.

(c) 공개매수 대상 회사가 합병, 영업 양수·도, 해산, 파산, 부도 발생, 상장폐지 또는 협회 등록의 취소, 중대한 재해(천재, 지변, 전시, 사변, 화재 및 기타의 재해로 인하여 최근 사업연도 자산총액의 100분의 10 이상의 손해가 발생한 경우)가 발생한 경우에는 공개매수를 철회할 수 있다는 조건을 공개매수신고서에 기재하고 이를 공개매수 공고 시 공고한 경우.

③ 공개매수를 철회하고자 하는 경우에는 철회신고서를 금융위원회와 거래소에 제출하고 그 내용을 공고해야 한다(동법 제139조 제2항).

아. 위반 시 제재

(1) 의결권 제한

공개매수 위반 주식에 대한 의결권 제한 공개매수 규정(「자본시장법」 제133조 제3항)에 위반하거나, 공개매수공고 의무 및 공개매수신고서 제출 의무(제134조)에 위반하여 주식 등의 매수 등을 한 경우에는 당해 주식 등(당해 주식 등과 관련한 권리행사 등으로 취득한 주식 포함)에 대한 의결권을 당해 주식 등을 매수한 날로부터 당해 주식 등을 처분하여 의결권을 행사할 수 없게 되는 날의 전날까지 행사할 수 없다(제145조).

의결권이 제한되는 주식의 범위와 관련하여 5% 초과분에 대한 의결권만이 제한된다는 견해가 있지만, 규정에서 '당해 주식 등'에 대하여 의결권이 제한된다고 규정한 이상 위법하게 매수한 주식 전부에 대하여 의결권이 제한된다고 본다.

(2) 금융위원회의 조치권

금융위원회는 공개매수 위반 주식의 처분을 명할 수 있고, 기재상의 불비에 대하여 정정신고서 제출을 명령할 수 있으며, 공개매수신고서 등에 허위 기재가 있거나 중요 사항의 누락이 있는 때에는 공개매수의 정지 또는 유가증권발행 제한 등의 조치를 할 수 있다(제145조, 제146조).

(3) 손해배상책임(제142조)

① 공개매수신고서 및 공고, 정정신고서 및 공고 또는 공개매수설명서에 허위의 기재·표시 또는 중요 사항을 기재·표시하지 아니함으로써 응모 주주에게 손해를 끼친 때에는 아래의 자가 그 손해에 대하여 「자본시장법」 제142조에 따른 배상책임을 진다. 다만 배상책임은 그 청구권자가 당해 사실을 안 날로부터 1년 내 또는 당해 공개매수신고서의 효력이 발생한 날로부터 3년 내에 청구권을 행사하지 아니한 때에는 시효로 소멸한다.

(a) 공개매수신고서 및 그 정정신고서상의 신고자(신고자의 특별관계자를 포함하며, 신고자가 법인인 경우 그 이사를 포함)와 그 대리인.

(b) 공개매수설명서의 작성자 및 그 대리인.

만일 위 배상책임을 질 자가 상당한 주의를 하였음에도 이를 알 수 없었음을 증명하거나 응모 주주가 응모할 때 그 사실을 안 경우에는 면책된다.

② 손해배상액은 손해배상을 청구하는 소송의 변론이 종결될 당시 그 주식 등의 시장가격(시장가격이 없는 경우에는 추정 처분 가격)에서 응모의 대가로 실제로 받은 금액을 제한 금액으로 추정한다.

사례: 레이디가구 사건

1997년 3월경 변양호는 중원에 대한 주가 조작을 통해 중원의 경영권을 장악하였다.

1997년 8월 25일 중원은 대우증권을 공개매수대리인으로 지정한 후 레이디가구에 대한 공개매수신고서를 제출하였고 그 내용은 주식 46만 8천 주(26%)에 대하여 공개매수 가격을 주당 7만 9천 원(이후 8만 원으로 증액)으로 하는 것이었다. 청약 결과 청약 주식 총수가 120만 2,023주로 매수 예정 주식수를 초과하였으므로 주주별 매수 대상 주식수를 청약 주식수에 비례하여 안분 배정했다. 그러나 대금 지급일에 중원 측은 매수 대 금을 지급하지 못했다. 공개매수신고서를 제출할 당시 공개매수에 필요한 금액 이상의 금융기관 예금잔고증명서를 첨부해야 했지만 중원 측이 첨부한 잔고증명서상의 예금은 이미 다른 금융기관에 담보로 제공한 것이어서 사실상 인출이 불가능했다.

이후 진행 상황

당시 피해 주주가 증권감독원을 상대로 공개매수 절차의 감독 의무 소홀을 이유로 손해배상청구소송을 제기하였으나 서울지방법원에서는 기각판결(서울지법 1998. 11. 10. 선고 97가합101079 판결)을 내렸다. 그러나 2001년 11월 서울지방법원에서는 공개매수대리인인 대우증권과 공개매수신고자인 중원에 대하여 "공개매수신고서 등에 실현 불가능한 자금 조성 내역을 기재하거나 사실상 사용할 수 없는 돈을 충당할 수 있는 것처럼 기재·공고했으므로 이를 믿고 공개매수에 응모한 원고들이 입은 손해를 배상할 책임이 있다"[95]고 일부 승소 판결을 내렸다.

(4) 형사 처벌

공개매수신고·공고 의무를 위반하거나 공개매수신고서, 정정신고서, 공개매수공고, 정정공고에 중요한 사항에 관하여 허위의 기재를 한 자는 5년 이하의 징역 또는 2억 원 이하의 벌금에 처한다(동법 제444조).

4. 위임장 대결

가. 위임장 대결이란

'위임장 대결(proxy contest)'이란 다른 주주들의 의결권을 넘겨받아 주주총회에서 표대결을 벌이는 것으로 적대적 M&A 과정에서 가장 오래되었으면서 현재까지도 자주 사용되는 방법이다. 경영권 분쟁을 다룬 영화나 드라마에서는 주인공이 비밀리에 다

95) 2001년 11월 25일 《동아일보》 기사.

른 주주들과 접촉하여 의결권을 위임받기도 하지만 상장법인에서는 비밀리에 다른 주주들로부터 위임장을 받을 수는 없고 반드시 「자본시장법」에서 정한 절차를 따라야 한다. 「자본시장법」에서는 "상장주권(그 상장주권과 관련된 증권예탁증권을 포함)의 의결권 대리행사의 권유를 하고자 하는 자(이하 '의결권 권유자')는 그 권유에 있어서 그 상대방(이하 '의결권 피권유자')에게 대통령령으로 정하는 방법에 따라 위임장 용지 및 참고 서류를 교부해야 한다"고 규정하고 있다(제152조).

「자본시장법」에서 일정한 절차를 강제한 취지는 주권상장법인의 경우 주주에게 의결권 대리행사에 필요한 정보가 정확하게 제공되도록 함으로써 자칫 주주의 이익에 반하여 회사지배권이 탈취되는 것을 방지하기 위해서이다. 「자본시장법」에서 규제하는 권유 대상 주식은 상장주식을 의미하고, 따라서 비상장회사의 주주총회에서 의결권 대리행사를 권유하는 경우는 의결권 대리행사 권유 제도의 적용 대상이 아니다. 미국에서는 M&A 과정에서 위임장 쟁탈전이 흔히 발생하고, 우리의 경우도 1997년 한화종금 경영권 분쟁에서 양측에 의해 시도된 이후 2019년 503건(그중 의결권 경쟁은 11건), 2018년 459건(그중 의결권 경쟁은 15건)으로 크게 증가하고 있다. 적대적 M&A를 시도하는 측으로서는 의결권을 위임받는 절차가 직접 주식을 매수하는 것보다는 상대적으로 비용이 적게 들지만, 완전한 경영권 획득이 어렵다는 한계가 있다.

나. 「자본시장법」에서 정한 규제 절차

(1) 참고 서류와 위임장 용지의 사전 제출 의무

「자본시장법」에서 주권상장법인에 대해서 강제하는 주요한 절차는 의결권 권유자가 의결권 피권유자에게 권유행위를 하기 2일 전에 미리 금융위원회에 의결권 대리행사 권유 신고를 해야 한다는 것이다. 의결권 대리행사 권유 신고란 참고 서류와 위임장 용지를 금융위원회와 거래소에 사전에 제출할 의무를 말한다. 금감원의 전자공시시스템(DART)을 통해 전자문서를 제출하면 금융위원회 및 거래소에 제출한 것으로 간주하기 때문에 통상 금감원의 전자공시시스템을 통해 의결권 대리행사 권유 공시를 하는 형태로 진행된다.

(2) 적용 범위

① 의결권 대리행사 권유 공시는 의외로 상당히 까다롭기 때문에 어느 경우에 「자본시장법」상의 절차가 요구되는지를 살펴보는 것이 중요하다. 현재 법에서 절차를 규제하는 의결권 대리행사 권유의 범위는 상당히 넓고, 구체적으로 아래와 같다(제152조 제2항).

(a) 자기 또는 제3자에게 의결권의 행사를 대리시키도록 권유하는 행위.

(b) 의결권의 행사 또는 불행사를 요구하거나 의결권 위임의 철회를 요구하는 행위.

(c) 의결권의 확보 또는 그 취소 등을 목적으로 주주에게 위임장 용지를 송부하거나 그 밖의 방법으로 의견을 제시하는 행위.

② 다만 아래의 경우에는 의결권 대리행사의 권유로 보지 않으므로 법에서 정한 절차를 따르지 않아도 된다(「동 시행령」 제161조).

(a) 해당 상장주권의 발행인(그 특별관계자 포함)과 그 임원(그 특별관계자 포함) 외의 자가 10인 미만의 의결권 피권유자에게 그 주식의 의결권 대리행사의 권유를 하는 경우.

(b) 신탁, 그 밖의 법률관계에 의하여 타인의 명의로 주식을 소유하는 자가 그 타인에게 해당 주식의 의결권 대리행사의 권유를 하는 경우.

(c) 신문, 방송, 잡지 등 불특정 다수인에 대한 광고를 통하여 권유행위를 하는 경우로서 그 광고 내용에 해당하는 상장주권 발행인의 명칭, 광고의 이유, 주주총회의 목적 사항과 위임장 용지, 참고 서류를 제공하는 장소만을 표시하는 경우.

다. 의결권 대리행사의 권유 절차

(1) 의결권 권유자

「자본시장법」은 권유자를 제한하고 있지 않으므로, 당해 회사, 주주, 그 밖에 회사와 관계없는 제3자(㉎ 회사 채권자)도 주주총회의 목적 사항과 특별한 이해관계를 가지고 있는 경우에는 권유행위를 할 수 있다.[96)]

다만 국가기간산업 등 국민경제상 중요한 산업을 영위하는 법인으로서 대통령령이 정하는 상장법인(이하 '공공적 법인')의 경우에는 그 공공적 법인만이 그 주식의 의결권

96) 금융감독원, 《기업공시 실무안내》(2020년 1월), 39쪽.

대리행사의 권유를 할 수 있다. 공공적 법인은 금융위원회가 관계 부처 장관과의 협의와 국무회의에의 보고를 거쳐 지정한다.

(2) 의결권 피권유자

법에서는 피권유자의 수에 대해서도 아무런 제한을 두고 있지 않다. 그러나 공개회사의 주주들은 매우 많고 의결권 대리행사 권유를 위한 비용을 절감할 필요성이 있기 때문에 피권유 주주를 한정하여(㉄ 1천 주 이상) 들어가는 비용과 시간을 최소화하는 것이 좋다.

(3) 위임장

위임장 용지에는 주주총회의 목적 사항 각 항목에 대하여 의결권 피권유자가 찬반을 명기할 수 있도록 해야 하고, 의결권 피권유자가 다음 각 호의 사항에 대하여 명확히 기재할 수 있도록 작성되어야 한다(「자본시장법 시행령」 제163조 제1항). 이는 의결권의 권유와 관련하여 주주에게 중요한 정보를 공시하고 백지위임을 막기 위한 조치이다.

① 의결권을 대리행사하도록 위임한다는 내용.

② 의결권 권유자 등 의결권을 위임받는 자.

③ 의결권 피권유자가 소유하고 있는 의결권 있는 주식수.

④ 위임할 주식수.

⑤ 주주총회의 각 목적 사항과 목적 사항별 찬반 여부.

⑥ 주주총회 회의 시 새로 상정된 안건이나 변경 또는 수정 안건에 대한 의결권 행사 위임 여부와 위임 내용.

⑦ 위임 일자와 위임 시간.

⑧ 위임인의 성명과 주민등록번호(법인인 경우에는 명칭과 사업자등록번호를 말한다).

위임장의 예

위임장

본인은 202○년 3월 27일 개최 예정인 ○○증권주식회사의 제44기 정기주주총회(그 속회, 연회 포함)에서 A를 본인의 의결권을 행사할 대리인으로 정하고 다음과 같이 찬반 표시에 따라 본인의 의결권을 행사할 것을 위임합니다.

1. 소유 주식수: 주
2. 의결권을 위임할 주식수: 주
3. 의결권 행사 방법

구분	내용	찬성	반대
제1호 의안	재무제표 승인의 건		
제2호 의안	정관 일부 변경의 건		
제3-1호 의안	사내이사 1인 선임의 건(강○○)		
제3-2호 의안	사외이사 1인 선임의 건(전○○)		

※ 첨부된 참고자료를 확인하신 후 각 의안에 대하여 찬성이나 반대 중 'O' 표나 'V' 표, 기타 방법으로 필히 찬성이나 반대 표시를 하여주시기 바랍니다.

4. 권유자 의견: 제3호 의안에 대해서 반대 표시를 권유합니다.
5. 수정안 등에 대한 의결권 행사 위임

   만일 의안 중 전부 또는 일부에 대하여 찬반 표시가 이루어지지 않은 채 대리인에게 위임장이 반송되는 경우에는 대리인은 권유자가 찬반을 권유한 의안에 대하여는 권유한대로, 권유하지 아니한 의안이나 수정 동의안에 대하여는 주주의 이익을 최대한 도모할 수 있다고 대리인이 합리적으로 판단하는 바에 따라 의결권을 행사할 것임을 위임합니다.

202○년 월 일

주민등록번호:

주주명: (인)

(4) 참고 서류

참고 서류에는 다음 각 호의 사항이 기재되어야 한다(「동 시행령」 제163조 제2항).

① 의결권 대리행사의 권유에 관한 다음 각 목의 사항.

(a) 의결권 권유자의 성명이나 명칭, 의결권 권유자가 소유하고 있는 주식의 종류 및 수와 그 특별관계자가 소유하고 있는 주식의 종류 및 수.

(b) 의결권 권유자의 대리인의 성명, 그 대리인이 소유하고 있는 주식의 종류 및 수(대리인이 있는 경우만 해당한다).

(c) 의결권 권유자 및 그 대리인과 해당 주권상장법인의 관계.

② 주주총회의 목적 사항.

③ 의결권 대리행사의 권유를 하는 취지.

(5) 권유자의 정당한 위임장 사용 의무

권유자는 위임장 용지 및 참고 서류 중 피권유자의 의결권 위임 여부에 중대한 영향을 미칠 수 있는 사항에 관하여 거짓의 기재 또는 표시를 하거나 그 기재 또는 표시를 누락해서는 안 된다(「자본시장법」 제154조).

(6) 의결권 권유자의 발행인에 대한 요구

2013년 개정 「자본시장법」에서는 발행인이 아닌 의결권 권유자는 발행인에 대하여 의결권 권유자의 비용으로 위임장 용지 및 참고 서류를 주주에게 송부하는 행위를 요구할 수 있는 조항을 신설하였다(제152조의2 제1항). 이러한 요구에 대하여 회사는 2영업일 이내에 응해야 한다(동조 제2항). 만일 회사가 불응할 경우에는 3천만 원 이하의 과태료에 처해질 수 있다(제449조 제3항 제8호의2). 다만 이러한 회사의 협조 의무는 주주의 요구 전에 이미 회사도 의결권 확보를 위해 '참고 서류' 공시를 통해 의결권 대리행사를 권유한 경우에 한한다(제152조의2 제1항).

(7) 발행인의 의견 표명

의결권 대리행사의 권유 대상이 되는 상장주권의 발행인은 의결권 대리행사의 권유에 대하여 의견을 표명한 경우에는 그 내용을 기재한 서면을 지체 없이 금융위원회와

거래소에 제출해야 한다(제155조).[97)]

라. 정정명령 및 의결권 권유 내용의 정정

(1) 금융위원회의 정정명령(「자본시장법」 제156조 제1항, 제2항)

주주들에게 권유행위를 하기 전에 금융위원회에 미리 권유 신고를 하게 한 취지는 주주들에게 의결권 대리행사에 필요한 정보가 정확하게 제공되도록 하기 위해서다. 따라서 위임장 용지 및 참고 서류의 형식을 제대로 갖추지 아니한 경우 또는 위임장 용지 및 참고 서류 중 의결권 위임 관련 중요 사항에 관하여 거짓의 기재 또는 표시가 있거나 의결권 위임 관련 중요 사항이 기재 또는 표시되지 아니한 경우 금융위원회는 그 이유를 제시하고 위임장 용지 및 참고 서류를 정정하여 제출할 것을 요구할 수 있다. 금융위원회의 정정 요구가 있는 경우에는 당초 제출한 위임장 용지 및 참고 서류는 제출하지 아니한 것으로 본다. 실무적으로는 보완사항이 있는 경우에 아래 임의적 정정의 방법을 이용하도록 안내하는 것을 선행하여 부제출의 효력이 발생하는 경우는 드문 것으로 보인다.

(2) 의결권 권유자의 정정(제156조 제3항)

① 임의적 정정

의결권 권유자는 위임장 용지 및 참고 서류의 기재 사항을 정정하고자 하는 경우에는 그 권유와 관련된 주주총회일 7일 전까지 이를 정정하여 제출할 수 있다.

② 의무적 정정

이때 아래의 경우에 의결권 권유자는 반드시 이를 정정하여 제출해야 한다.

(a) 위임장 용지에서 의결권 권유자 등 의결권을 위임받는 자를 정정하고자 하는 경우.

(b) 참고 서류에서 의결권 대리행사의 권유에 관한 사항 중 의결권 권유자가 소유하

97) 이는 통상 발행인 이외의 권유자의 의결권 대리행사 권유에 대하여 발행인이 제출하는 것이나 일부 사례에서 발행인의 의결권 대리행사 권유에 대하여 발행인이 자신이 의견 표명을 제출하여 권유 취지를 추가한 사례도 있다(맥쿼리인프라의 2018. 8. 6. 의결권 대리행사 권유에 관한 의견 표명서 참조).

고 있는 주식의 종류 및 수와 그 특별관계자가 소유하고 있는 주식의 종류 및 수, 의결권 권유자의 대리인의 성명, 그 대리인이 소유하고 있는 주식의 종류 및 수(대리인이 있는 경우만 해당), 주주총회의 목적 사항을 정정하고자 하는 경우.

(c) 위임장 용지 및 참고 서류에 기재된 내용이나 표시 사항이 불분명하여 의결권 피권유자에게 중대한 오해를 일으킬 수 있는 경우.

(d) 위임장 용지 및 참고 서류에 의결권 권유자에게 불리한 정보를 생략하거나 유리한 정보만을 강조하는 등 과장되게 표현된 경우.

마. 권유행위

(1) 냉각기간: 권유 신고 후 2일의 대기

금융위원회에 권유 신고를 하더라도 바로 권유행위를 할 수는 없다. 의결권 대리행사의 권유를 위한 참고 서류 및 위임장 용지를 금융위원회와 거래소에 제출한 후 2일이 지난 후에 권유행위를 할 수 있다(「자본시장법」 제153조). 2일이라는 기간을 계산할 때 공휴일, 근로자의 날, 토요일은 제외한다(「동 시행령」 제163조의2).

이때 금융위원회로부터 정정명령이 내려지면 위임장 권유행위를 할 수 있는 시기가 늦어지기 때문에 가급적 금융위원회에 신고하기 전에 금융위원회 담당자와 협의하거나 신고 후 금융위원회 담당자로부터 이상 유무를 즉시 확인받는 것이 바람직하다.

사례

주주총회가 5월 14일로 예정된 가운데 5월 7일부터 의결권 대리행사 권유를 하려면 늦어도 4월 30일까지 참고 서류, 위임장 용지를 전자공시 사이트인 DART에 제출해야 한다.[98)]

4월 30일 수요일	5월 1일 목요일	5월 2일 금요일	5월 3일 토요일	5월 4일 일요일	5월 5일 월요일	5월 6일 화요일	5월 7일 수요일
제출 시한	근로자의 날 제외	D-2	토요일 제외	공휴일	공휴일	D-1	권유 시작일

98) 금융감독원, 《기업공시 실무안내》(2020년 1월), 39쪽.

(2) 위임장 용지 및 참고 서류의 송부 · 비치

의결권 권유자는 의결권 대리행사의 권유 이전이나 그 권유와 동시에 ① 대면 교부, ② 우편/모사 전송, ③ 전자우편, ④ 총회 소집 통지에의 동봉, ⑤ 인터넷 홈페이지 이용 방법으로 위임장 용지 및 참고 서류를 의결권 피권유자에게 내주어야 한다.

이때 의결권 권유자는 위임장 용지 및 참고 서류 중 의결권 피권유자의 의결권 위임 여부 판단에 중대한 영향을 미칠 수 있는 사항에 관하여 거짓의 기재 또는 표시를 하거나 의결권 위임 관련 중요 사항의 기재 또는 표시를 누락하여서는 아니 된다(동법 제154조).

그리고 권유자는 위임장 용지·참고 서류를 회사 본·지점, 명의개서 대행 회사, 금융위원회, 거래소에 비치해야 한다(「동 시행규칙」 제18조).

(3) 권유행위의 수단

권유자가 피권유자를 상대로 하는 구체적인 권유행위는 제한이 없다. 통상 전화 권유(콜센터 등), 신문광고, 인터넷 권유, 방문 권유 등 다양한 수단들이 활용되고 있다. 다만 발행인의 이사 등은 주주의 권리행사에 관한 이익공여의 죄에 해당할 수 있는지를 주의하여야 한다(「상법」 제634조의2).

일반적 스케줄

지분 현황 분석 — 최대 주주, 주요 주주, 대량 보유 신고 주주, 주식 관련 사채 보유자 등.

↓

주주명부 확보

↓

위임 대상 설정 — 주요 주주, 외국인 주주, 기관투자자 등.

↓

금감원에의 신고 — 위임장, 첨부 서류 등의 작성.

↓

홍보 활동

↓

위임장 권유행위

바. 의결권 행사

권유자는 위임장 용지에 나타난 피권유자의 의사에 따라 의결권을 행사해야 한다(「자본시장법」제152조 제5항). 만일 이 규정에 위반하여 권유자가 피권유자의 의사에 반하여 의결권을 행사한 경우 이로 인해 손해를 입은 피권유자가 권유자를 상대로 불법행위책임을 청구할 수 있다.

사. 위법한 권유에 대한 제재

(1) 민사적 제재

법적 절차에 위반한 위임장 권유에 의해 주주총회 결의가 이루어진 경우 그 주주총회 결의가 취소 사유인가에 대하여는 학설이 나뉘고 있다. 즉 위임장 권유가 주주의 의사 형성에 영향을 주는 절차라는 점에서는 법률상의 절차인 소집이나 결의방법과 차이가 없으므로 결의취소 사유에 해당한다는 견해[99]와 위 규정은 단속 법규에 불과하고 법적 안정성을 위하여 결의취소 사유에는 해당되지 않는다는 견해[100]로 나뉜다.

(2) 형사 처벌

법령의 절차에 의하지 아니하고 의결권 대리행사의 권유를 하는 자는 3년 이하의 징역 또는 1억 원 이하의 벌금에 처한다(「자본시장법」 제445조 제21호).

아. 위임장 대결의 어려움

(1) 시간적 제약

주주가 회사와 위임장 대결을 하기는 쉽지 않은데, 가장 큰 어려움은 시간상의 제약이다. 우선 위임장 대결을 하기 위해서는 구비 서류를 엄격하게 갖추어 금융위원회에 신고를 해야 한다. 그런데 이러한 서류는 주총 의안이 확정되어 회사가 참고 서류를 공시한 이후에나 작성이 가능하다. 회사가 주총 2주 전에 주총 의안을 공시하면, 주주로서는 금융위원회에 신고를 하고 2일을 기다린 후에야 위임장 권유행위를 시작할 수 있

---

99) 김건식, 《자본시장법》, 237쪽.

100) 손주찬·정동윤, 《주석 상법(회사3)》, 89쪽.

다. 따라서 주주는 불과 10여 일 안에 전국에 흩어진 주주들에게 위임장 등을 송부하고 이를 다시 회수해야 하는데, 이는 실무상 턱없이 부족한 시간이다. 특히 외국인 주주의 경우에는 상임대리인을 통해서 의결권 행사가 이루어져야 하는데, 상임대리인들이 제때 관련 서류를 전달하지 않아 의결권이 제대로 행사되지 않는 경우도 많다.

(2) 회사의 비협조

주주들로부터 위임장을 얻으려면 주주들의 주소가 기재된 주주명부를 신속히 얻는 것이 급선무이다. 현재 「상법」에서 주주는 영업시간 내에 언제든지 주주명부의 열람 또는 등사를 청구할 수 있다고 규정하고 있지만(제396조 제2항) 회사에서 이를 거부하면 소송을 제기하여 다툴 수밖에 없다. 따라서 민감한 주주총회의 경우에는 회사가 주주명부의 등사를 거부하거나 최대한 지연시키기도 한다. 또한 회사는 위임장의 요건을 엄격히 정하는 방법으로 상대방의 위임장 권유 활동을 어렵게 하기도 한다.

5. 신주발행

가. 신주발행의 구도

(1) 기업인수를 시도하는 측과 이를 방어하는 측은 원칙적으로 장내 또는 장외에서 주식을 매입하거나 다른 주주들로부터 의결권을 위임받는 방법으로 자신들의 지분을 늘려야 한다. 그런데 기업인수를 방어하는 측이 기업인수를 시도하는 측보다 유리한 위치에 있는 것은 적대적 M&A가 발생하면 기존 경영진이나 대주주들이 자신들의 우호 세력에게 신주를 발행하는 방법을 사용할 수 있다는 점이다. 종전에는 기업인수를 시도하는 측이 경영권 취득을 목적으로 주식을 공개매수할 경우 해당 기업은 신주를 발행할 수 없었으나 2005년부터 공개매수 기간 중에도 해당 기업이 신주를 발행할 수 있도록 변경되었다. 신주를 발행하는 방법은 주로 제3자 배정 방식과 주주배정 방식을 사용한다.

(2) 우호 세력에게 신주를 발행하는 방법은 기존 경영진과 대주주에게는 매우 유혹적인 수단이지만 적대적 M&A를 시도하는 측에는 전혀 예상할 수 없는 불이익을 주게

되고 다른 소액주주들의 신주인수권도 침해할 수 있다. 따라서 신주발행은 무한정 자유로운 것이 아니다.[101] 만일 그 신주발행이 자금 조달 등의 목적이 아니라 기존 경영진의 지위 보전을 목적으로 하고 기존 주주의 신주인수권도 침해하는 경우라면 무효가 될 수 있다. 신주발행의 적법성 한계에 대하여는 구체적인 사정에 따라 다르겠지만 아래의 요건이 일응의 기준이 될 수 있다.[102]

① 실질적 요건

적대적 M&A를 시도하는 측의 성격과 기업 취득 의도, 기존 지배주주 및 현 경영진의 경영 전략, 대상 회사의 기업문화 및 사회경제적 중요성, 기업 취득으로 인한 기존 사업의 지속 전망 등에 비추어 기존 지배주주의 지배권 또는 현 경영진의 경영권이 유지되는 것이 대상 회사와 일반 주주에게 이익이 되거나 특별한 사회적 필요가 있다는 객관적 사정이 있을 것.

② 절차적 요건

일반 주주의 의견과 중립적인 전문가의 조언을 듣는 절차를 거치는 등 합리성이 있는 경우.

나. 제3자 배정 방식의 유상증자

제3자 배정 방식의 유상증자는 가장 신속하고 예측 가능하게 우호 지분을 늘릴 수 있다는 점에서 기존 경영진이 가장 선호하는 방법이다. 제3자 배정 방식으로 유상증자를 하기 위해서는 우선 회사 정관에 제3자 배정에 관한 근거 규정이 있어야 하고, 그 규정에 따라 이사회에서 유상증자를 결의해야 하며, 또한 신기술의 도입, 재무구조의 개선 등 회사의 경영상 목적을 달성하기 위하여 필요한 경우라고 인정되는 경우에만 그 적법성이 인정된다. 제3자 배정 방식의 유상증자도 원칙적으로 증권신고서를 제출해야

---

101) 신주발행 이외에 주주의 신주인수권을 침해하는 것도 다르지 않다. 대법원도 신주인수권부사채에 대하여 그 내용 및 성격상 사실상 신주를 발행하는 것과 유사하므로, 그 하자를 다툼에 있어서 신주발행무효의 소에 관한 「상법」 제429조(신주발행무효의 소)가 유추 적용되고, 신주발행의 무효원인에 관한 법리 또한 마찬가지로 적용된다고 판시하였다(대법원 2015. 12. 10. 선고 2015다202919 판결).

102) 수원지법 여주지원 2003. 12. 12. 선고 2003카합369 판결(현대엘리베이터 사건).

하지만 증자 물량을 1년간 증권예탁원에 예탁시키면 별도의 증권신고서를 제출하지 않고도 신속히 이루어질 수 있다.

제3자 배정 방식의 신주발행이 주주의 신주인수권을 침해하여 위법하거나 혹은 현저하게 불공정한지를 판단하기 위해서는 ① 경영권 분쟁 혹은 적대적 M&A가 현실적으로 발생한 시점에서 신주가 발행된 것인지, ② 신주인수인과 회사의 기존 경영진·지배주주 사이의 관계, 신주발행 규모 및 그로 인한 주주 지분의 변동 여부, 신주 가액의 적정성, 회사의 자금 조달 현황, 조달 자금의 용도 등을 고려하여 신주발행의 주된 목적이 기존 경영진 및 지배주주의 경영권 유지 목적인지, ③ 기존 경영진 및 지배주주들의 경영권 보전 목적이 크더라도 예외적으로 기존 지배주주의 지배권 또는 현 경영진의 경영권이 유지되는 것이 대상 회사와 일반 주주에게 이익이 되거나 특별한 사회적 필요가 있다고 인정되는 등의 특단의 사정이 있는지 등을 종합적으로 고려한다(자세한 것은 제2편 제2장 제2절 참조).[103)]

서울중앙지법 2005. 5. 13. 선고 2005카합744 결정(인용)

사실관계

피신청인 회사의 발행주식 총수의 31%(우호 지분 포함)에 대한 의결권을 행사할 수 있는 신청인이 추가 이사 선임 등을 이유로 법원에 임시주총 소집허가를 구하자 피신청인 회사는 이사회를 개최하여 금 85억 원 상당의 신주 170만 주를 제3자에게 발행하기로 결의하고 그 발행을 마쳤는데, 신청인은 위와 같은 신주발행이 주주의 신주인수권을 침해하여 무효라는 이유로 신주발행 효력정지 가처분을 제기하였다.

판단

• 회사가 주주의 신주인수권을 배제하고 제3자 배정 방식으로 신주를 발행하기 위해서는 자본을 조달하려는 목적이 회사의 이익에 부합해야 할 뿐만 아니라 그 목적 달성을 위하여 주주의 신주인수권을 배제하는 것이 상당하다고 인정될 만한 신속한 자본조달의 필요성이 인정되어야 하는데, 특히 회사의 경영권 분쟁이 발생한 상황에서 주주의 신주인수권을 배제하고 대규모의 신주를 발행함으로써 주주의 회사에 대한 종전 지배권에 현저한 영향을

---

103) 전휴재, 〈특수가처분의 실무상 제문제〉, 《민사집행·보전소송》, 대한변협특별연수(2006), 368~369쪽.

미치게 되는 경우라면, 비록 신주발행이 회사의 경영 목적에 부합하는 면이 있다고 하더라도 경영상 필요성으로 인하여 불가피하게 경영권 분쟁이 종결되기도 전에 주주의 신주인수권을 배제할 수밖에 없다는 사정이 존재해야만 신주발행이 유효하다.

• 그런데 이 사건 신주발행은 피신청인 회사의 경영권 분쟁이 발생한 상황에서 주주의 신주인수권을 배제해야 할 정도의 시급한 경영상의 필요성이 존재하지 아니함에도 불구하고 피신청인 회사의 현 경영진이 경영권 방어를 주된 목적으로 하여 주주의 신주인수권을 부당하게 침해하는 방법으로 신주를 발행한 것으로서 무효이다.

서울중앙지법 2020. 12. 1. 선고 2020카합22150 결정(기각)

사실관계

신청인은 이른바 '3자 연합'(발행주식 총수의 46% 이상을 경영참여 목적으로 보유함)을 구성해 한진칼의 경영권을 두고 갈등을 겪어 오던 중 한진칼이 이사회 결의를 통해 제3자(산업은행) 배정 방식으로 신주를 발행하려고 하자 이에 신주발행을 금지해달라며 법원에 가처분을 신청했다.

판단

• 경영권 분쟁 아래 이뤄진 '제3자 배정 신주발행' 효력에 대해서는 "주식회사가 자본시장의 여건에 따라 필요 자금을 용이하게 조달하고, 이로써 경영 효율성 및 기업 경쟁력이 강화될 수 있다고 봐 제3자 배정 방식의 신주발행으로 자금을 조달하기로 했다면, 그 신주발행이 단지 경영권 분쟁 상황에서 이뤄졌다는 사정만으로 이를 곧바로 무효로 볼 수는 없다" 면서 "다만 회사가 내세우는 경영상 목적은 표면적인 이유에 불과하고, 실제로는 경영진의 경영권이나 지배권 방어 등 회사 지배관계에 대한 영향력에 변동을 주는 것을 주된 목적으로 하는 경우에는 제3자 배정 방식의 신주발행은 「상법」 제418조 제2항을 위반해 주주의 신주인수권을 침해하는 것이므로 무효로 봐야 한다.

• 신주발행 당시 "한진칼은 '사업상 중요한 자본제휴'와 '긴급한 자금 조달'의 필요성이 있었다"면서 "한진칼이 아시아나항공을 인수할 경우 시장에서 유일한 국적 항공사로서 독점적 지위를 확보할 수 있고, 이로써 당면한 재정상 위기를 타개함은 물론 규모의 경제를 통해 글로벌 경쟁력을 갖출 수 있다고 봐 산업은행의 제안을 받아들인 것은 한진칼이 경영 판단의 재량 범위 내에서 충분히 선택할 수 있는 사항으로 보인다.

다. 주주배정 방식의 유상증자의 경우

주주배정 방식의 유상증자의 경우에는 기존 주주의 신주인수권을 침해하지 않기 때문에 상대적으로 신주발행의 위법성 문제에서 자유롭다. 법원도 "종전에 경영권 분쟁이 있었다고 하더라도 회사가 주주에게 「상법」 제418조 제1항 소정의 주주의 신주인수권을 배제한 바 없고 오히려 그 주주가 회사로부터 신주배정 통지를 받고도 그 주식 대금을 납입하지 아니하여 실권된 경우 (다른 제반 사정과 종합할 때) 그러한 사유만으로는 현저하게 불공정한 방법에 의한 신주발행으로서 무효라고 보기 어렵다"[104)]고 판시한 바 있다.

주주배정 방식으로 유상증자를 할 경우 상대방에게도 동일하게 신주인수의 기회가 주어짐에도 불구하고 적대적 M&A 과정에서 주주배정 방식의 유상증자를 추진하는 이유는 크게 두 가지이다. 첫째는 상대방이 자금 사정이 여의치 않을 경우 상대방에게 자금 압박을 줌으로써 상대방의 실권을 유도하여 상대방의 지분을 떨어뜨리기 위해서이다. 종전에 SK텔레콤의 경우 전격적으로 주주배정 유상증자를 실시하여 타이거펀드를 압박함으로써 지분 매각을 유도하기도 하였다.

서울지법 1999. 7. 6. 선고 99카합1747 결정(신주발행금지가처분, 기각): SKT vs. 타이거펀드

사실관계

1999년 6월 14일 SKT의 이사회는 166만여 주의 대규모 신주를 주주배정 방식으로 발행할 것을 결의하였다. 위 유상증자의 물량이 대규모이어서 2대 주주인 한국통신과 3대 주주인 타이거펀드, SKT의 사외이사들은 위 유상증자안에 반대하였다. 당시 4월부터 외국인 투자 지분 확대 방안이 발표되면서 SKT가 경영권 방어를 위하여 위 유상증자안을 추진했다고 평가하였다.

이에 타이거펀드 측에서는 SKT를 상대로 위 유상증자가 현저하게 불공정한 방법으로 진행되고 있다면서 서울지방법원에 신주발행유지가처분 신청을 제기하였다.

---

104) 대법원 1995. 2. 28. 선고 94다34579 판결.

판결

투자의 필요성 판단, 자금 확보를 위하여 유상증자의 방법에 의할 것인지 여부의 결정, 유상증자의 시기와 규모의 결정 등은 이사회의 경영 판단 사항에 속하는 것으로서 그와 같은 판단이나 결정이 현저히 불공정하다고 볼 자료가 없다.

위 신주발행은 모든 주주에게 보유 주식수에 비례하는 신주인수권이 평등하게 부여되는 것이므로 원칙적으로 불공정하다고 하기 어렵고, 최대 주주 측이 실권주를 비교적 저렴한 가격에 대량으로 인수할 가능성은 높아 보이나 실권주의 처리나 할인율의 결정이 정관이나 관련 규정에 기한 것인 이상 그러한 사정만으로는 실권주의 처리 방법이 현저히 불공정하다고 할 수도 없다.

둘째로, 설사 상대방이 실권을 하지 않더라도 다른 주주들이 실권한 주식을 이사회에서 기존 주주의 특수관계인이나 우호 세력에게 배정하여 기존 주주의 지분을 늘리기 위해서이다. 즉 유상증자 당시 이사회에서 단수주 및 실권주를 별도 이사회 결의에 의해 처리한다고 결의한 후, 추후 이사회 결의를 통해 단수주 및 실권주를 제3자에게 배정하는 것이다. 이때 실권주 발생을 유도하기 위해서는 처음부터 할인율을 낮춰 높은 가격으로 발행하는 것이 유리하나 나중에 이를 인수하는 자금 부담이 높아질 수 있다. 반면 처음부터 할인율을 높게 하여 낮은 가격으로 발행할 경우에는 실권주가 발생할 확률은 낮아지나 나중에 이를 인수하는 자금 부담은 크지 않게 된다.

라. 시간적 한계에 따른 변형된 가처분

신주, 전환사채, 신주인수권부사채의 발행이 위법 또는 현저하게 불공정한 경우에는 그 발행을 금지시키는 가처분을 제기할 수 있으나, 이사회 결의일과 신주인수 등 대금 지급 기일 간의 간격이 단기일 때에는 현실적으로 그 발행을 금지시킬 여유가 없다. 이러한 경우 아직 그 주식이 주식시장에 상장되지 않은 상태라면 적대적 M&A를 시도하는 측에서 주식상장금지의 가처분을 구하거나(주식상장금지가처분의 사례는 제2편 제2장 제2절 참조), 주주총회가 임박했음을 소명하여 그 의결권 행사를 금지시키는 가처분을 제기할 수 있다.

의결권 행사금지가처분의 신청례

1. 피신청인 A주식회사는 202○년 ○월 ○일 10시에 개최되는 주주총회에서 피신청인 B에게 별지 목록 기재 주식에 대한 의결권을 행사하게 하여서는 아니 된다.
2. 피신청인 B는 위 주주총회에서 위 주식에 대한 의결권을 행사하여서는 아니 된다.

6. 자사주의 활용

가. 배경

회사 자금으로 경영권을 방어하는 가장 용이한 방법은 자사주 취득이다. 즉 1차적으로 회사는 자사주를 미리 취득하여 주가를 높임과 동시에 유통 주식수를 감소시켜 공격자의 주식 확보를 방해할 수 있고, 2차적으로 적대적 M&A 시도가 본격화되었을 때 우호적 세력이나 우리사주조합 등에 자사주를 양도할 수 있다. 「자본시장법」과 개정 「상법」에 따라 상장법인은 금융위원회 등에의 신고 등 일정한 절차를 거치기만 하면 이익배당을 할 수 있는 한도 범위 내에서 당해 법인의 명의와 계산으로 자유로이 자사주를 취득할 수 있다. 자사주를 보유하다가 적대적 M&A 과정에서 경영진이 자사주를 우호 주주에게 매각하여 의결권을 확보하는 것은 한국 기업들의 전형적인 경영권 방어 방법이다.

나. 자사주 매각의 한계

자사주 매각행위의 한계에 대하여 그간 법적 논란이 진행되다가 2006년 3월 24일 서울서부지법은 최초로 자사주 매각행위의 무효를 인정한 판결을 내렸다. 즉 이 사건에서 법원은 "자사주 처분의 경우 다른 주주들에게는 자기주식을 매수할 기회를 전혀 주지 않은 채 특정 주주에게의 일방적인 매도가 주주평등의 원칙에 반하고 주주의 회사지배에 대한 비례적 이익과 주식의 경제적 가치를 현저히 해할 수 있는 경우라면 이러한 자기주식 처분행위를 무효"라고 판시하였다.

서울서부지법 2006. 3. 24. 선고 2006카합393 결정(의결권 행사금지가처분): (주)대림통상 사건[105)]

사실관계

• 2004년 12월 말 기준으로 신청인 측(2대 주주)의 지분은 29.98%였고, 피신청인 측(1대 주주)의 지분은 34.11%였다. 회사는 자사주를 직접 또는 증권사에 신탁 관리하였는데, 2005년 5월 31일 위 신탁계약 연장 결정을 하였다가 같은 해 7월 1일 위 신탁계약을 해지하였다.

• 2005년 6월부터 8월 사이에 회사는 피신청인 A에게 자사주 67만 주를, 피신청인 B에게 자사주 88만 주를, 피신청인 C에게 자사주 83만 8,680주를, 합계 238만 8,680주(본 판결에서의 '매도 자사주')를 매도하였다. 한편 피신청인 A, B, C는 위 자사주를 매수하기 위하여 은행으로부터 합계 105억 원을 대출받았다.

• 2005년 9월 회사는 할인율을 50%로 하여 16%의 배정률로 유상증자를 실시하였고, 피신청인들은 위와 같이 취득한 자사주에 대하여 별도로 신주를 배정받았다. 2005년 12월 회사는 피신청인들 중 일부에게 임직원에 대한 상여금 명목으로 자사주를 지급하기도 하였다.

• 결국 2005년 말 기준으로 신청인 측(2대 주주)의 지분은 29.98%에서 23.6%로 감소한반면, 피신청인 측(1대 주주)의 지분은 34.11%에서 47.49%로 증가하였다. 유상증자 후 기준으로 본 판결에서의 매도 자사주는 11.1%에 해당되는 지분이다.

판단

자기주식을 일방적으로 특정 주주들에게만 매각할 경우에는 매각으로 인해 초래되는 기존 주주의 지분 비율의 감소로 인해 신주발행의 경우와 동일한 결과를 가져옴으로써 신주발행에서와 마찬가지로 통제를 가할 필요성이 있다.

회사는 재무상으로나 회사 운영상으로나 자사주 신탁계약을 해지하고 자사주를 매각할 특별한 사정이 보이지 않는데 2005년 5월 31일 회사는 자기주식 가격의 안정을 위해 자기주식 신탁계약을 연장하였으면서도 그로부터 불과 1개월도 안 되어 재무구조 개선의 명목으로 수탁기관과의 사이에서 자기주식 취득 신탁계약을 해지하였다. 그리고 불과 한 달 보름 사이에 회사는 신청인 측에게는 자기주식을 매수할 기회를 주지 않은 채 상당한 지분을 일시에 피신청인 측에게 매도하였다.

---

105) 1심 본안도 원고가 승소하였고(서울서부지법 2006. 6. 29. 선고 2005가합8262 판결), 이후 양측이 협상에 나서 관련 소송을 취하하였다.

이에 그로부터 한 달 뒤에 있었던 유상증자 시에 피신청인들은 자기주식의 취득 비율만큼 신주를 발행받을 수 있었음에도 불구하고, 신청인들은 신주발행의 배정 비율이 기존보다 줄어들어 신청인들의 신주인수권이 제한되었고 이로 말미암아 신청인들의 기준 비율은 29.98%에서 23.6%로 감소한 반면, 피신청인 측은 34.11%에서 47.49%로 늘어나게 되어 당초 5% 미만의 차이가 23% 이상의 차이로 벌어지게 되었다.

따라서 이 건 자기주식 처분행위는 주주평등의 원칙에 반하고 주주의 회사지배에 대한 비례적 이익과 주식의 경제적 가치를 현저히 해하는 경우에 해당하여 무효이다.

그러나 위 판례 이외에 대부분의 하급심 판례들은 자기주식의 처분에 신주발행의 법리를 유추 적용할 수 없다고 보아 주주의 신주인수권 침해는 없다고 보고 있다.[106)]

한편 외국의 경우 영국은 자기주식의 처분도 주주의 신주인수권의 대상이 된다고 명문의 규정을 두고 있고, 독일도 법정 절차에 의하지 않는 자기주식의 처분은 주주평등의 원칙에 따를 것을 요구하며, 일본도 자기주식의 처분에 신주발행과 동일한 절차를 거칠 것을 요구하는 명문의 규정이 있다.[107)]

7. 「공정거래법」 위반 신고

가. 기업결합의 제한 규정

M&A는 기업의 조직 개편과 관련한 「상법」상의 개념인 반면 이를 「공정거래법」상의 개념으로 바라보면 '기업결합'이다. 기업결합이란 둘 이상의 기업이 자본적·인적·조직적인 결합을 통하여 단일한 경영체제에 의한 지배를 받게 되는 기업 간 결합을 말한다. 「공정거래법」에서는 기업결합 중 일정한 거래 분야에서 '경쟁을 실질적으로 제한'하는 기업결합과 불공정한 방법에 의한 기업결합을 금지하고 있다. 따라서 상대방이 대상기업의 주식을 취득·소유하는 형태로 적대적 M&A를 진행할 경우 대상 기업의 경영진

---

106) 서울중앙지법 2003. 12. 23. 선고 2003카합4154 결정(SK vs. 소버린); 서울북부지법 2007. 10. 25. 선고 2007카합1082 결정; 서울고법 2015. 7. 16. 선고 2015라20503 결정(삼성물산 vs. 엘리엇).

107) 송옥렬, 《상법강의》, 846쪽.

으로서는 그러한 주식의 취득이 「공정거래법」에서 금지되는 기업결합에 해당한다고 하여 이를 공정거래위원회에 신고할 수 있다.

만일 「공정거래법」에서 금지하는 기업결합이라고 판단되면 공정거래위원회는 당해 행위의 중지, 주식의 처분, 임원 사임, 법 위반 사실의 공표, 기업결합에 따른 경쟁 제한의 폐해를 방지할 수 있는 영업 방식 또는 영업 범위를 제한하는 시정조치를 명할 수 있다(제16조 제1항). 이때 주식 처분명령을 받은 자는 그 명령을 받은 날부터 당해 주식에 대해서 의결권을 행사할 수 없다(제18조 제1항). 2000년 이후 공정거래위원회가 합병 자체를 불허한 사례로는 2002년 무학의 대선주조 인수와 2004년 삼익악기의 영창악기 인수의 건이 있다.

나. 적용 사례

(1) 사례(1): 무학 vs. 대선주조(공정위 2003. 1. 28. 2002기결1295)

2002년 6월 중 경남 지역의 지배적 소주업체인 (주)무학 측이 부산 지역의 지배적 소주업체인 대선주조(주)를 적대적 M&A하기 위하여 공개대수 또는 실물매입을 통하여 대선주조(주)의 주식을 41.2%까지 취득하였다. 그러나 공정거래위원회에서는 위 기업결합이 부산 및 경남 지역 소주시장에서의 경쟁을 실질적으로 제한하는 행위로 판단하여, 2003년 1월 29일 (주)무학 측에게 "① (주)무학 등은 이 시정명령을 받은 날부터 1년 이내에, 이 시정명령일 당시 소유하고 있던 대선주조(주)의 주식 전부를 「공정거래법 시행령」 제11조의 규정에 의한 특수관계인의 범위에 속하지 아니한 제3자에게 양도해야 한다. ② (주)무학 등은 위 ①의 시정명령을 이행하였을 경우에는 양도일부터 15일 이내에 공정위에 이행 내역을 보고해야 한다"는 내용의 시정명령을 하였다. 이에 (주)무학 측은 공정위의 위 시정명령을 취소하라는 소송을 제기하였다.

서울고법 2004. 10. 27. 선고 2003누225 판결(확정)[108)]

• 원고들이 당시 대선주조(주)의 주식 41.21%를 취득함에 따라 주주권 행사에 의하여 대

108) 본 사건은 기업결합에 관한 우리나라 최초의 판결이다.

선주조(주) 경영에 영향을 미칠 가능성이 있는 등 지배권 행사가 가능하였다고 보는 것이 타당하다.

• 원고들은 관련 지역 시장을 전국 소주시장으로 보아야 한다고 하지만 부산 및 경남 지역 소주시장의 지역적 특성으로 인하여 경쟁업체는 물론 다른 지역업체의 공급 증가와 신규 진입이 사실상 어려운 진입장벽이 있는 점 등을 고려하면, 이 사건 결합행위와 관련된 지역 시장은 부산 및 경남 지역으로 획정함이 타당하다.

• 부산 및 경남 소주시장에서의 2001년 당시 회사의 시장점유율은 각 91.5% 및 97.5%에 달하는 점을 고려할 때 원고들이 이 사건 기업결합으로 부산 및 경남 지역 소주시장을 사실상 독점, 시장지배력을 더욱 강화하는 등 관련 시장의 경쟁을 실질적으로 제한하는 것으로 보는 것이 타당하다.

(2) 사례(2): 유비케어 vs. 엠디하우스(공정위 2004. 4. 6. 2004기결0415)

2003년 엠디하우스(주), 포인트닉스(주) 및 그 특수관계인이 코스닥등록법인인 유비케어의 지분을 31.55%까지 취득하자 유비케어는 위 엠디하우스 등을 상대로 공정거래위원회에 기업결합 제한 규정의 위반으로 신고하였다. 이에 공정거래위원회에서는 "이러한 주식 취득으로 인하여 일명 전자 차트라고 불리는 의원용 EMR시장에서 경쟁제한이 예상되기 때문에 포인트닉스가 영위하는 의원용 EMR사업 부문 및 관련 산업재산권 일체를 제3자에게 매각하라"고 명령하였다. 본 건에서는 비록 공정거래위원회에서 엠디하우스 등의 지분을 매각하라고 명령하지는 않았지만 위 공정거래위원회의 의결이 인수자 측을 상당히 어렵게 만든 것으로 알려져 있다.

8. 백기사의 활용

가. 백기사란

적대적 M&A 과정에서 거의 빠지지 않고 등장하는 단어가 '백기사(white knight)'이다. 백기사란 적대적 M&A의 위협에 빠진 인수 대상 기업에 대하여 현 경영진에 우호적인 입장을 취하는 제3의 지분을 말한다. 인수 대상 기업의 입장에서 보면 자신들이 어려울 때 자신들을 구하기 위하여 뛰어든 세력이기 때문에 그들을 정의나 구원의 이미지인 '백기사'로 표현한다. 백기사는 주총에서 단순히 현 경영진을 지지하는 표결을 하거나 현 경영진을 교체하지 않는 조건으로 새로운 대주주로 등장하기도 한다.[109]

나. 사례

백기사의 대표적인 사례는 1994년 (주)원진이 상장기업인 경남에너지에 대하여 적대적 M&A를 시도하자 종전 대주주인 (주)가원이 대웅제약(주)를 백기사로 하여 적대적 M&A를 방어한 사건이다. 대웅제약(주)는 장내에서 4.9%의 지분을 매수하여 (주)가원의 우호 지분으로 활약하였다. 백기사로 활약한 대웅제약(주)는 당시 상당한 경제적 손해를 입었지만 1998년 이번에는 자신이 경남에너지의 경영권을 인수한 후 대양산업에 되팔아 차익을 남긴 것으로 알려져 있다. 1997년 신동방그룹이 미도파에 대한 적대적 M&A를 시도할 당시 LG그룹, 삼성그룹, 현대그룹이 미도파가 발행한 BW를 인수한 것도 백기사로 평가되고 있다.

백기사를 적절히 활용했던 기업으로 포스코를 빼놓을 수 없다. 포스코는 뚜렷한 대주주 없이 지분이 광범위하게 분산된 소유구조를 가지고 있고, 이에 경영진의 경영권 보호를 위하여 다양한 국내외 기업들과 상호주식 보유 전략을 취하고 있다. 예컨대 포스코와 SK그룹은 서로의 지분을 보유하고 각자의 퇴임 임원을 상대방 회사의 사외이사로 교차 선임하고 있었다. 그리하여 2003년 3월 SK그룹은 유상부 포스코 회장의 연임에 대하여 찬성표를 던지고, 포스코도 2003년 4월 소버린으로부터 SK텔레콤의 경영권을 방어하기 위해 백기사 역할을 하였다. 한편 백기사는 영업 전략에 활용하기도 한다. 가령 2004년 상장회사인 대한해운이 골라LNG로부터 적대적 M&A 위협을 당하자 그린화재해상보험이 대한해운의 BW 200억 원어치를 인수하여 백기사 역할을 하는 대신 대한해운에 선박보험과 적하보험 등을 판매하였다.

---

109) 일부에서는 대상 기업을 인수하는 경우를 백기사(white knight), 인수하는 단계까지는 가지 않고 현 경영진에게 우호적인 입장을 표명하는 경우를 백영사(white squire)라고 분류하기도 한다.

9. 직원들과의 결합

가. 배경

통상적으로 직원들은 적대적 M&A가 성공하면 자신의 신분이 불안정해질 것을 우려하기 때문에 가급적 기존 경영진을 지원하려는 경향이 있다. 따라서 평소에 직원들과 우호적 관계를 가지면 적대적 M&A가 발생할 경우 기존 경영진에게 훌륭한 지원군이 될 수 있다. 반면 적대적 M&A를 시도하는 측에서는 대상 회사 직원들의 반발로 적대적 M&A가 암초에 부딪히는 경우를 막기 위하여 대상 회사 직원들에게 청사진 등을 제시하여 직원들을 상대방으로 만들지 않도록 해야 한다.

나. 직원들의 지분 증가

(1) 우리사주조합을 통한 지분 증가

기존 경영진은 직원들의 지분을 증가시킴으로써 자신의 취약한 지분을 상쇄시킬 수 있다. 우리사주조합의 지분을 늘리는 것이 직원들의 지분을 늘리는 비교적 간단한 방법이다. 우선 「자본시장법」에 따라 공모하는 주식의 20%의 범위 안에서 우리사주조합에 배정하는 것이다(제165조의7 제1항). 그리고 종전과 달리 신우리사주제도(ESOP)를 시행하는 기업의 경우에는 회사나 대주주가 우리사주조합에 자사주나 현금을 지원하거나 자사주 구입 자금에 대한 융자 등의 지원을 할 수 있고, 최근에 시행된 종업원스톡옵션도 활용할 수 있다.

(2) 한계

그러나 우리사주조합에 대한 회사의 자금 지원이 법적으로 무한히 자유로운 것은 아니다. 만일 경영자가 자신의 지위 보전을 주된 목적으로 우리사주조합에 회사 자금을 지원한 경우라면 법적인 문제가 발생할 수 있다. 이와 관련된 사례로는 기아자동차 사건과 신한종금 사건이 있다. 다만 우리사주조합에 대한 회사의 자금 지원은 근로자의 생산성 향상, 노사 협조, 종업원의 저축 촉진을 통한 재산 증식이라는 종업원 지주제의 목적 때문에 상대적으로 위법성 논쟁에서 자유롭고, 특히 신우리사주제도(ESOP)의 시행 이후에는 회사나 대주주의 자사주 또는 현금의 출연이 오히려 권장되고 있기 때문에 위법성을 증명하기가 쉽지 않다.

대법원 1999. 6. 25. 선고 99도1141 판결(업무상 배임): 기아자동차 사건

사실관계

1993년 11월경 삼성 측이 기아자동차의 주식을 집중적으로 매집하여 회사지배권을 넘보는 사태가 발생하자 김선홍 회장을 중심으로 한 경영진이 회사 자금 80억 7천만 원을 종업원 지주제도의 실시를 위한 단체인 경영발전위원회에게 지원하여 위 위원회가 주식을 매입함.

판결

• 종업원 지주제도는 회사의 종업원에 대한 편의 제공을 당연한 전제로 하여 성립하는 것인 만큼 종업원 지주제도하에서 회사의 경영자가 종업원의 자사주 매입을 돕기 위하여 회사 자금을 지원하는 것 자체를 들어 회사에 대한 업무위배행위라고 할 수는 없을 것이나, 경영자의 자금 지원의 주된 목적이 종업원의 재산 형성을 통한 복리 증진보다는 안정 주주를 확보함으로써 경영자의 회사에 대한 경영권을 계속 유지하고자 하는 데 있다면, 그 자금 지원은 경영자의 이익을 위하여 회사 재산을 사용하는 것이 되어 회사의 이익에 반하므로 회사에 대한 관계에서 임무위배행위가 된다.

• 위 경영발전위원회 보유 주식의 의결권이 사실상 경영진의 지배하에 있었다는 점, 위 자금 지원 시기가 삼성그룹이 기아자동차의 주식을 집중적으로 매집하여 회사지배권을 넘보는 사태가 발생한 시점이라는 점 등을 종합할 때 자금 지원의 주된 목적은 경영자의 회사에 대한 경영권 유지라고 볼 것이다.

다. 노조와의 단체협상

적대적 M&A의 방어 방법으로 논의된 것 중에 '황금낙하산(golden parachute)'이 있다. 황금낙하산 방어 방법이란 퇴직하는 임원들에게 통상의 퇴직금 이외에 현금이나 주식매수선택권 등을 과다한 수준으로 제공하기로 미리 약정함으로써 적대적 M&A를 시도하는 측에게 과다한 퇴직금 부담을 지워 인수 동기를 약화시키는 것이다. 황금낙하산 방어 방법은 임원뿐만 아니라 직원들에 대하여도 가능한데, 미리 단체협상을 통하여 급여 및 퇴직금 인상, 해고의 제한 등을 새로이 규정함으로써 인수자의 인수 동기를 약화시키는 것이다.[110] 다만 이러한 단체협상은 적대적 M&A를 방어한 이후 기존 경영진에게도 과도한 부담으로 남을 수 있고, 무리하게 절차를 진행한다면 단체협약 자체가 무효로 판명될 수도 있다.

사례[111]

1995년 동부그룹이 한농그룹에 대하여 적대적 M&A를 시도할 당시 한농그룹의 계열사인 한정화학은 노조와 새로운 단체협약을 체결하였다. 단체협약의 내용은 노동조합을 유니온숍 형태로 변경하고, 부장급까지 노동조합 가입을 강제하고, 근로자에 대한 징계 시 의결 정족수를 징계위원의 3분의 2 이상으로 하되 징계위원 9명 중 4명을 노조가 지명한다고 하여 사실상 징계가 불가능하게 만들고, 퇴직금누진율 인상과 기본급 및 각종 수당 인상 등이었다. 이에 대하여 동부그룹 측은 위 단체협약은 노조와 경영진이 통모한 것이므로 효력이 없다면서 임단협무효가처분을 제기하였고, 서울지방법원은 "통상적으로 생각하기 어려운 징계 절차와 과다한 임금협상이 단기간에 체결된 것으로 미루어보아 경영진과 노조가 통모해 단체협약을 체결한 사실이 인정된다"며 가처분 신청을 인용하였다. 기존 경영진이 패소한 결정적 이유는 적대적 M&A가 전격적으로 이뤄진 탓에 임단협에서의 여러 절차 규정을 지키지 못한 탓인 것으로 알려졌다.

10. 주주 간 협약서 체결

적대적 M&A를 막기 위하여 기존의 주주들이 단순한 우호 세력으로 결합하는 것이 아니라 사전에 보유 주식의 양도를 제한하고 위반 시 위약금까지 두는 주주 간 협약서를 체결할 수도 있다. 이러한 주주 간 협약서의 효력에 대하여 판례는 원칙적으로 유효하다고 보고, 예외적으로 주주 상호 간의 약정이더라도 그 약정의 체결 목적과 내용, 제한의 정도 등에 비추어 공서양속에 위반되거나 투하 자본의 회수 가능성을 전면적으로

110) 하나은행과 구 외환은행 합병과 관련한 서울중앙지법 2015카합80051 결정에서 합병 제한을 정한 단체협약의 유효성을 인정한 바 있음을 설명한 바 있다.

111) 1995년 7월 14일 《한국경제》 기사.

부정하는 경우에는 무효라고 보았다.

부산고법 1997. 1. 11. 선고 2005나13783 판결(위약금)

사실관계

• 기존의 주주들이 적대적 M&A를 막기 위하여 다음과 같은 약정을 체결하였다.

제2조(합의 내용)

1. 서명 주주들 개인이 소유한 주식을 개별적으로 합의계약서 서명 주주 이외의 제3자에 대한 유상 양도, 무상 양도, 담보 제공 및 소유권에 영향을 끼칠 수 있는 모든 행위를 할 수 없으며, 향후 추가적으로 획득하게 되는 주식 및 주식을 취득할 수 있는 권리 등도 포함된다.

2. 만약 합의계약서에 서명한 주주가 주식의 일부 또는 전부에 대하여 위 1항에 해당하는 행위를 하고자 할 경우 회의 소집을 요구해야 하며, 서명 주주 전원이 반드시 참여하여 그 승인 여부를 만장일치로 결정하고 주식매매를 희망할 경우 서명 주주 중 매수 의사가 있는 주주가 우선적으로 매수할 수 있는 권리를 가지며, 매수 의사가 있는 주주가 2인 이상일 때에는 매도 주식수를 매수 의사 주주로 나눈 주식을 각각의 매수 의사를 가진 주주에게 배분한다.

3. 매도 주식에 대한 인수 의사를 가진 주주가 없고 제3자에게 양도할 때에는 가격 결정 및 매수자 선정에 관한 모든 사항은 서명 주주들의 만장일치로 의결한다.

제4조(위약금)

서명 주주들은 위의 합의 내용을 위반하여 소유 주식을 유상 양도, 무상 양도, 담보 제공, 서명 주주 간 우선매수선택권에 관한 의무 사항을 위반한 경우 및 소유권의 이전을 유발할 가능성이 있는 모든 원인행위를 할 경우 위반 행위자의 기 보유 주식을 제외한 나머지 주주들의 주식을 주당 5만 원으로 산정하여 그 총액을 위약금으로 하며, 1개월 이내에 해당 주주들에게 각각의 주식수에 해당하는 금액을 지불한다.

• 그러던 중 일부 주주들이 위 약정서에 서명·날인한 다른 주주들에게 주식의 우선매수를 위한 회의를 소집하거나 주식매수를 제안하지 않은 채 보유 주식을 제3자에게 양도하였다.

판결

「상법」 제355조 제1항의 취지에 비추어볼 때 회사의 정관으로 혹은 회사와 주주 간의 약정으로 주식의 양도를 전면적으로 금지하는 것은 무효라고 할 것이나, 주주가 자신의 이익 일부를 포기하면서 계약에 참여하는 주주 간 주식 양도제한약정에 있어서는 「상법」상 강행적 규율이 필요한 구조적 약자가 존재하지 아니하고, 계약에 참여한 주주들을 특별히 보호해야 할 이유도 존재하지 아니하므로, 원칙적으로 유효하다 할 것이고, 따라서 그러한 제한의 위반에 관하여 위약금을 부과하는 약정도 당사자 사이에서는 원칙적으로 유효하다고 할 것이며(한편 이러한 경우에도 그 제한 계약은 계약당사자 사이에 채권적 효력을 발생시킴에 불과하고 그러한 제한에 위반하여 주식 양도가 행하여진 경우 주식 양도 자체는 원칙적으로 유효하므로, 회사는 제3자에 대하여 주식 양도의 효력을 인정해야 하고, 다만 계약 위반자인 양도인은 손해배상의무나 위약금 지급 의무를 부담할 뿐이라고 할 것이다), 예외적으로 그러한 주주 상호 간의 약정이더라도 그 약정의 체결 목적과 내용, 제한의 정도 등에 비추어 공서양속에 위반되거나 투하자본의 회수 가능성을 전면적으로 부정하는 경우에는 무효라고 할 것이다(단, 피고들에게 손해배상액으로 예정한 위약금 전액을 배상하게 하는 것은 지나치게 과하다고 하여 「민법」 제398조 제2항에 따라 감액).

11. 기타 논의되는 방안들

가. 여론 조성

적대적 M&A가 진행되면 양측 모두 IR, 기자회견, 보도자료, 광고 등 언론매체를 이용하거나 주주 모임, 증권 관련 사이트를 활용하여 자신들에게 우호적인 여론을 조성해야 한다. 우선 적대적 M&A의 대상이 된 회사의 경영진은 적대적 M&A가 부당하고 주주 및 국민경제에 전혀 도움이 되지 않는다고 여론을 조성해야 한다. 대표적으로 1993년 삼성그룹이 삼성생명을 통하여 기아자동차에 대한 적대적 M&A를 시도하다가 대다수 국민들이 상대적 약자인 기아의 입장에 동조하는 바람에 적대적 M&A가 무산된 적이 있다. 반대로 적대적 M&A를 시도하는 측에서는 현 경영진의 무능과 비리, 회사의 구조 변화의 필요성 등을 내세워 적대적 M&A의 정당성을 강조해야 한다. 만일 자기에게 불리한 여론을 조성하는 보도가 있으면, 해당 매체를 상대로 반론 보도심판 청구 등을 통하여 이를 적극적으로 다투는 것이 좋다. 이러한 이유로 최근에는 홍보대행사를 선임하여 언론에 적극 대응하거나 홈페이지를 별도로 구축하여 언론이나 주주들과의 소통을 확대하고 있다.

나. 상호주 보유

회사가 다른 회사 발행주식 총수의 10분의 1 이상을 취득하여 의결권을 행사하는 경우, 그 다른 회사가 역으로 상대방 회사의 발행주식의 10분의 1 이상을 취득함으로써 서로 상대 회사에 대하여 의결권을 행사할 수 없도록 하는 방안이다. 「상법」에서는 "회사, 모회사 및 자회사 또는 자회사가 다른 회사의 발행주식 총수의 10분의 1을 초과하는 주식을 가지는 경우 그 다른 회사가 가지고 있는 회사 또는 모회사의 주식은 의결권이 없다(제369조 제3항)"고 규정하고 있는데, 이 규정을 이용하는 것이다. 상대방 회사의 주식을 취득하는 방법으로는 주로 역공개매수가 고려된다. 그러나 역공개매수는 비용이 많이 들고 공격자가 사모펀드나 개인이면 활용할 수 없다는 단점이 있다.

다. 황금낙하산

황금낙하산이란 적대적 M&A로 경영진이 임기 전에 퇴임하게 될 경우 퇴임하는 경영진에게 거액의 퇴직금이나 보너스 등의 권리를 부여하는 것이다. 적대적 M&A 비용을 높여 M&A 유인을 줄이는 수단으로 현행 「상법」상 임원의 퇴직금은 주주총회 승인 사항일 뿐 금액의 제한이 없다. 예를 들어 대표이사에게 50억 원, 일반이사에게 30억 원을 통상적인 퇴직금 외에 추가 지급하거나, 잔여 임기 동안 연봉의 3배 수를 추가 지급하도록 규정하는 것이다.

라. 초다수 결의제

'초다수 결의제(super majority)'란 이사를 선임하거나 해임하려면 「상법」상의 보통 또는 특별결의 요건보다 엄격한 다수결을 규정해 임원 교체 요건을 대폭 강화하는 방법이다. 예를 들어 A기업의 경우 대표이사를 해임하려면 출석 주주의 3분의 2 이상과 발행주식 총수의 과반수로 요건을 강화하고, B기업의 경우 신규 이사를 선임하려면 출석 주주 의결권의 과반수와 발행주식 총수의 2분의 1 이상으로 요건을 강화하고 있다. 그러나 비효율적인 경영진이 초다수 결의 조항에 의하여 자신의 지위를 보호하고자 할 때 주주가 그 경영진의 시도에 간섭할 방법이 거의 없다는 점에서 초다수 결의제의 효

력에 대하여 논란이 있다.[112)]

마. 그 밖의 방안

그 밖에 이사회의 결의로 우호 지분에게 스톡옵션을 발행하거나 이익소각을 하여 유통 물량을 감소시킴으로써 매수 금액의 증가를 유도하는 방안, 위임장 경쟁을 어렵게 하기 위하여 정관에 의결권 대리행사자를 주주로 한정하는 방안, 다른 주주에 비해 의결권을 더 많이 인정하거나 특정한 주주총회 사안(M&A 관련 사안)에 대해서 거부권을 주는 '차등의결권 주식(dual class recapitalization)' 등이 논의되고 있다. 그러나 과도한 적대적 M&A 방어책은 현실적으로 적대적 M&A를 불가능하게 하고 사실상 대주주 1인의 회사로 흐를 가능성이 농후해지므로, 외부에서의 경영권 견제가 불가능해지고 공개기업의 취지에도 반한다는 문제가 있다.

바. 최근의 경영권 방어 장치에 대한 공방

2004년에 이어 최근에도 차등의결권 제도 도입이나 대기업 출자 규제 폐지 등 경영권 방어 장치에 대한 공방이 정치권과 경제계에 뜨거운 화제였다. 이는 국내 상장기업에 대한 외국인의 지분율 증가와 외국인 주주들의 경영감시 및 주주권 행사로 인하여 국내 기업 경영진이나 지배주주들이 과거의 경영 관행에 제약을 받고 주가 부양 및 배당 증대 등에 대한 압박을 느꼈기 때문으로 분석된다. 또한 공적 자금이 투입된 국내 금융기관을 인수한 외국 자본들이 선진 금융 기법의 전수보다는 자신의 투자 수익 극대화를 우선적으로 고려하는 고배당 경영 정책과 무리한 인력 구조조정을 펼쳐 국민의 반감을 일으킨 것도 주요한 요인으로 분석된다. 그러나 경영권 방어 장치를 무분별하게 도입하면 자칫 지배주주와 경영진이 주주들로부터의 감시와 견제에서 벗어나 경영권 방어 수단을 자신의 지배권 강화와 경영권 승계에 악용할 수 있고 국내 기업에 대한 코리아디스카운트를 더욱 심화시킬 가능성이 높으므로 이에 대한 조심스러운 접근이 필요하다.

---

112) 인천지법 부천지원 2007. 4. 13. 선고 2007카합335 결정; 서울북부지법 2008. 6. 2. 선고 2008카합1167 결정에서는 그 효력을 부정하였다.

상 장 회 사 법

3

시장에서의 투명성과 투자자에 대한 책임

제1장 공시규제

제1절 공시의 종류 / 제2절 발행시장에서의 책임 / 제3절 유통시장에서의 책임

제2장 회계의 투명성

제1절 재무제표 공시 관련 제도 / 제2절 회계부정

제3장 불공정거래행위 규제

제1절 내부자 거래 / 제2절 단기매매차익 반환 / 제3절 시세조종행위 /
제4절 부정거래행위 / 제5절 시장질서 교란행위

제4장 상장회사의 특수한 제도

제1절 증권집단소송 / 제2절 상장폐지

제 1 장

공시규제

Introduction

증권시장은 주식, 채권 등 증권의 발행과 유통을 통하여 자금의 공급자와 수요자를 직접 연결해주는 직접 금융시장으로서 자본주의의 핵심이라 할 수 있다. 이러한 증권시장이 그 기능을 제대로 발휘하기 위해서는 시장참가자가 공평하게 정보를 획득하고, 투기적 행위의 결과로 주가가 기업의 진정한 가치와 괴리되지 않도록 하는 시장의 투명성 확보가 필수적이다. 이를 위하여 「자본시장법」은 '투자자 보호'와 '증권시장의 보호'를 양대 이념으로 하고, '공시규제'와 '불공정거래규제'를 양대 지주로 하여 증권시장의 투명성을 확보하고 있다.

제1절 공시의 종류

1. 개요

상장회사가 비상장회사와 가장 구별되는 사항이 공시 의무를 부담한다는 점이다. 현대 자본주의 사회에서 증권시장이 공정하고 합리적인 방향으로 제 기능을 다하기 위해서는 여러 가지 조건이 충족되어야 하지만, 그중에서도 시장에 참여하는 어떠한 당사자도 단독으로는 그 거래에 영향을 미칠 수 없도록 증권에 관한 정보가 공정하게 분배되는 것이 매우 중요하다.

「자본시장법」은 증권의 거래에 관하여 그 발행 단계에서부터 여러 가지의 정보공시 의무를 부과하고 있고, 금융감독원과 한국거래소의 공시시스템을 이용해서 투자자들에게 상장회사의 정보를 공개하고 있다. 또한 일부 「독점규제 및 공정거래에 관한 법률」(이하 공정거래법), 「주식회사 등의 외부감사에 관한 법률」(이하 외부감사법) 등에서 금융감독원의 공시시스템을 이용하여 일부 내용을 공시하도록 하고 있다.

2. 「자본시장법」의 공시 종류

「자본시장법」에서 정한 공시는 크게 발행시장공시, 유통시장공시, 특수공시로 구분한다.

가. 발행시장공시는 증권의 발행인에게 해당 증권발행과 관련한 모든 정보를 투자자에게 투명하게 전달하도록 강제하는 제도로서 증권신고서, 투자설명서, 소액공모공시제도, 일괄신고서, 증권발행실적보고서 등이 있다. 회사의 전체 주식을 상장(기업공개, IPO)하거나 「자본시장법」상 공모에 해당하여 신고서, 설명서를 내야하는 경우 해야하는 공시이다.

나. 유통시장공시는 이미 증권을 발행하거나 상장한 법인의 사업 내용, 재무 상황 등 기업 내용을 일반 투자자에게 공개하여 투자 판단 자료를 제공하고 시장에서 공정한 가격 형성이 이루어지도록 하여 공정거래 질서를 확립하고 투자자를 보호하기 위한 제도로서 정기공시(사업보고서, 분·반기보고서), 주요사항보고서가 있다.

다. 특수공시란 주주권의 변동을 초래하는 회사의 중요한 의사결정이 있는 경우에 그 주주권 행사를 지원하거나 M&A의 공정성 확보 및 내부자 거래를 예방하는 등 특수한 목적을 위한 공시제도를 통칭하는 것으로서 지분공시(주식 등의 대량 보유 상황 보고, 임원 등의 특정 증권 등 소유 상황 보고)와 기타공시(공개매수신고서, 의결권 대리행사 권유)가 있다.

3. 거래소 공시

가. 수시공시

「자본시장법」상 유통시장에서 수시로 발생하는 기업의 주요 경영정보에 대하여 발생 시마다 지체 없이 공시하도록 하고 있고, 이를 거래소가 구체적인 대상을 정하여 공시하도록 하는 제도가 수시공시이다(「유가증권시장 공시규정」, 「코스닥시장 공시규정」). 상장법인은 주요 경영 사항에 해당하는 사실 또는 결정이 있는 경우에는 즉시 그 내용을 거래소에 신고하여야 한다. 지주회사의 자회사 및 종속회사의 주요 경영 사항(부도발생·합병·주식교환 등)은 연결 실체 등에 중대한 영향을 미치므로 지주회사 또는 지배회사가 이를 공시한다.

나. 공정공시

공정공시란 상장법인이 증권시장을 통해 공시되지 아니한 중요 정보를 기관투자자 등 특정인에게 선별적으로 제공하고자 하는 경우 모든 시장참가자들이 동 정보를 알 수 있도록 그 특정인에게 제공하기 전에 증권시장을 통해 공시하도록 하는 제도이다(「유가증권시장 공시규정」 제15조~제20조 및 「유가증권시장 공정공시 운영기준」, 「코스닥시장 공시규정」 제12조~제18조 및 「코스닥시장 공정공시 운영기준」).

공정공시의 시한은 정보를 선별 제공하기 전까지이나, 경미한 과실·착오로 제공하는 경우에는 제공 당일이며, 정보의 선별적 제공 사실을 임원이 알 수 없었음을 소명하는 경우에는 임원이 이를 알게 된 당일에 신고한다.

공정공시 위반도 수시공시 의무 위반과 같이 취급되어 제재조치(불성실공시법인 지정, 매매 거래 정지 등)를 받는다. 공정공시대상정보 중에서 전망·예측 정보에 대해서는 면책조항(safe harbor)을 적용받아 사후에 실제치가 공시한 내용과 다른 경우에도 공시번복 및 공시변경에 따른 불성실공시법인으로 지정받지 않는다.

다. 조회공시

조회공시는 기업의 주요 경영 사항 또는 그에 준하는 사항에 관한 풍문 또는 보도(풍문 등)의 사실여부나 당해 기업이 발행한 주권 등의 가격이나 거래량에 현저한 변동(시황)이 있는 경우 거래소가 상장법인에게 중요한 정보의 유무에 대한 답변을 요구하고 당해 기업이 답변을 해야 하는 제도이다(「유가증권시장 공시규정」 제12조~14조, 「코스닥시장 공시규정」 제10조~제11조).

조회공시 사례: 현대자동차의 애플카 생산 보도에 대한 해명 공시

풍문 또는 보도에 대한 해명

- 2021. 1. 8. 일자 풍문 또는 보도에 대한 해명(미확정)의 재공시 사항임.
  1. 풍문 또는 보도의 내용: 현대차 자율주행 전기차 관련 공동개발
  2. 풍문 또는 보도의 매체: 《한국경제》 등
  3. 풍문 또는 보도의 발생일자: 2021-01-08
  4. 풍문 또는 보도의 내용에 대한 해명내용
     - 당사는 다수의 기업으로부터 자율주행 전기차 관련 공동개발 협력 요청을 받고 있으나, 초기단계로 결정된 바 없습니다.
     - 당사는 애플과 자율주행차량 개발에 대한 협의를 진행하고 있지 않습니다.
     - 공시책임자: 재무관리실장 박○○
- 관련공시: 2021-01-08 풍문 또는 보도에 대한 해명(미확정)

4. 2개의 공시시스템: 금감원 공시와 거래소 공시

상장기업과 공시 의무자가 공시를 하는 방법은 금융감독원의 공시시스템과 한국거래소의 공시시스템을 이용하는 것이다.

금융감독원의 전자공시시스템 다트시스템(dart.fss.or.kr)은 「자본시장법」상 공시 의무 사항을 공적 규제 성격으로 구현하는 곳이고, 한국거래소가 운영하는 카인드시스템(kind.krx.co.kr)은 거래소 공시규정을 근거로 자율 규제 성격으로 구현하는 곳이다.

다트 시스템의 공시 정보와 카인드 시스템의 공시 정보는 부분적으로 중복된다. 다트 시스템에는 금융위원회에 대한 주요사항보고 의무에 해당하는 사항들을 공시하는데, 여기에 해당하는 사항들은 「자본시장법」 제161조 제1항 제1호~제9호에 규정되어

있다. 반면 한국거래소에 대한 주요 경영 사항 공시 의무에는 위 금융위원회에 대한 주요사항보고 의무에 해당하는 사항이 모두 포함되어 있고 추가적으로 결산 및 회계처리 관련 사항, 지배구조의 개편 관련 사항 및 자회사의 주요 경영 사항에 대한 공시 등을 요구하고 있다.

그런데 「자본시장법」 제161조 제1항 제1호부터 제5호까지의 사항 및 제9호의 사항들 (「동 시행령」 제171조 제2항 제5호는 제외)은 금융위원회에 보고서를 제출하면 동 내용이 실시간으로 한국거래소의 상장공시시스템으로 전송되므로 어느 쪽을 봐도 공시 내용을 확인할 수 있다. 반면 「거래소 공시규정」에 의하여 거래소에만 신고하는 수시 공시 등 공시 의무 사항은 거래소가 운영하는 카인드 시스템에만 공시된다. 따라서 대상회사에 대한 정확한 정보를 확인하려면, 인지도가 높은 다트 시스템 이외에 거래소가 운영하는 카인드 시스템도 함께 확인하는 것이 좋다.

제2절 발행시장에서의 책임

1. 취지

「자본시장법」은 제125조(거짓의 기재 등으로 인한 배상책임), 제126조(손해배상액)을 규정하여 발행시장에서 증권신고서의 부실 표시에 의하여 손해를 입은 투자자를 구제하고 동시에 정보 공시자가 상당한 주의와 신중한 배려하에 정확하고도 오해를 발생시키지 않도록 하기 위하여 증권신고서에 대하여 부실 표시를 한 자에 대하여 엄격한 손해배상책임을 부여하고 있다.

이러한 「자본시장법」상 책임은 발행 요건이 특정되어 있고 입증책임이 전환되어 있으며 손해배상액도 추정되어 있는, 「민법」상 불법행위책임과는 별도로 인정되는 책임이다. 따라서 만일 「자본시장법」상 책임과 「민법」상 불법행위책임의 요건이 모두 충족된다면, 청구권자는 두 가지 책임을 모두 또는 선택적으로 청구할 수 있다. 다만 「자본시장법」상 책임은 손해의 범위가 추정되어 있고 입증책임도 전환되어 있기 때문에 「민법」상 불법행위책임보다 소송이 용이하다는 장점이 있는 반면, 「자본시장법」 제127조에서 정한 단기 소멸시효 기간 내에 소송을 제기해야 한다는 단점이 있다.

2. 손해배상청구권자

법에서는 손해배상청구권자를 '증권의 취득자'라고 규정하고 있기 때문에 '증권의 취득자'를 어디까지로 볼 것인가가 문제된다. 우선 당해 공모에 응한 투자자가 증권의 취득자에 해당함은 이론이 없다. 문제는 공모에 응하지 않고 그 이후에 주식을 취득한 전득자의 경우인데, 대법원은 유통시장에서의 전득자는 포함되지 않는다고 보고 있다. 이에 대하여 전득자를 일률적으로 보호대상에서 제외한다면 결국은 시간이 흐르면 흐를수록 발행공시서류에 책임을 지는 자에게 면죄부를 주게 된다는 비판이 있지만, 위 대법원의 견해에 따른다면 전득자는 「민법」상 불법행위책임을 물을 수밖에 없다. 한편 장내가 아닌 장외에서 취득한 전득자는 「자본시장법」 제125조의 '증권의 취득자'에 해당된다고 보고 있다.[1)]

대법원 2002. 9. 24. 선고 2001다9311, 9328 판결: 주식회사 엔트 사건[2)]

사실관계

엔트는 피고 송현회계법인으로부터 외부감사를 받은 후 1998년 2월 27일 감사보고서가 제출되었다. 같은 해 3월 26일 엔트는 피고 동부증권과 총액인수계약을 체결한 후, 4월 6일 유가증권신고서를 제출하고 4월 28일부터 그다음 날까지 일반인들을 상대로 공모하였다. 5월 25일 엔트는 코스닥에 등록하였으나 4개월도 채 지나지 않은 9월 16일에 최종 부도 처리되었다.

이에 투자자들은 외부감사인인 송현회계법인과 인수기관인 동부증권을 상대로 구 「증권거래법」 제14조 및 「주식회사의 외부감사에 관한 법률」 제17조 제2항에 따른 책임을 묻

1) 김건식, 《자본시장법》, 두성사, 136쪽.

2) 엔트 사건은 증권신고서 및 사업설명서의 부실 기재에 따른 손해배상책임 여부가 최초로 법적 분쟁으로 비화된 사건이다. 이후 대법원은 2015. 12. 23. 선고 2013다88447 판결 사건에서도 이 사건과 같이 유통시장에서 인수한 취득자는 손해배상청구권자인 증권 취득자의 범위에서 제외하는 판결을 유지하였다.

는 소송을 제기하였다. 소송을 제기한 원고 중에는 공모 당시 주식을 취득한 최초 취득자들도 있고, 코스닥등록 이후 주식을 취득한 취득자들도 있었다.

판단

구 「증권거래법」이 유가증권의 발행시장에서의 공시책임과 유통시장에서의 공시책임을 엄격하게 구분하고, 그 책임 요건을 따로 정하고 있는 점, 구 「증권거래법」 제14조의 손해배상책임 규정은 법이 특별히 책임의 요건과 손해의 범위를 정하고, 책임의 추궁을 위한 입증책임도 전환시켜 유가증권 발행시장에 참여하는 투자자를 보호하기 위하여 규정한 조항인 점에 비추어 유가증권의 유통시장에서 해당 유가증권을 인수한 자는 위와 같은 유가증권발행신고서 등의 허위 기재 시 해당 관여자에게 「민법」상 불법행위책임을 물을 수 있는 경우가 있을 수 있음은 별론으로 하고 구 「증권거래법」 제14조 소정의 손해배상청구권자인 유가증권 취득자의 범위에는 포함되지 않는다고 봄이 타당하다.

3. 손해배상책임자

가. 그 증권신고서의 신고인과 신고 당시의 발행인의 이사(이사가 없는 경우 이에 준하는 자를 말하며, 법인의 설립 전에 신고된 때에는 그 발기인) 및 「상법」 제401조의2 제1항 각 호의 1에 해당하는 자로서 그 증권신고서의 작성을 지시하거나 집행한 자

증권신고서상의 신고자는 발행 회사이고 당해 법인의 이사는 원칙적으로 등기이사를 말한다. 신정제지 사건에서도 신정제지 및 그 대표이사에 대하여 「자본시장법」 제14조에 따른 책임을 인정하였다.[3)]

비등기이사 중 「상법」 제401조의2의 업무집행 관여자는 당해 신고서의 작성을 지시하거나 집행한 경우에 책임이 있다. 비등기이사 중 「상법」 제401조의2의 업무집행 관여자가 아닌 이사 중에서 당해 신고서를 작성하거나 교부한 자는 「자본시장법」 제125조 제1항 제6호의 "당해 투자설명서를 작성하거나 교부한 자"에 해당할 수 있다.

3) 서울지법 남부지원 1994. 5. 6. 선고 92가합11689 판결.

나. 증권신고서의 기재 사항 또는 그 첨부 서류가 진실 또는 정확하다고 증명하여 서명한 공인회계사·감정인 또는 신용평가를 전문으로 하는 자 등(그 소속단체를 포함한다) 대통령령으로 정하는 자

회계법인은 「자본시장법」 제170조와 「외부감사법」 제17조에 의하여도 책임을 지지만, 만일 회계법인이 「자본시장법」 제170조와 「외부감사법」 제17조에 의한 책임을 지지 않는 경우이더라도 「자본시장법」 125조에 따른 책임을 부담할 수 있다. 「자본시장법 시행령」에서는 공인회계사, 감정인, 신용평가를 전문으로 하는 자, 변호사, 변리사 또는 세무사 등 공인된 자격을 가진 자를 추가하고 있다(제135조 제1항).

대법원 2002. 9. 24. 선고 2001다9311, 9328 판결: 주식회사 엔트 사건

감사보고서가 유가증권발행신고서의 첨부 서류가 된 이상 피고 회계법인이 유가증권발행신고서의 작성에 관여하지 않았다든가 감사보고서의 기재가 유가증권발행신고서상의 공모가격 등에 구체적으로 기여한 정도의 여부와 관계없이 회계법인은 제125조에 따른 책임을 부담한다(회계법인이 「주식회사의 외부감사에 관한 법률」상 책임을 지지 않더라도 외부감사보고서가 유가증권발행신고서의 첨부 서류가 된 이상 「자본시장법」 제125조의 책임은 부담한다는 취지).

다. 그 증권신고서의 기재 사항 또는 그 첨부 서류에 자기의 평가·분석·확인 의견이 기재되는 것에 대하여 동의하고 그 기재 내용을 확인한 자

라. 그 증권의 인수인 또는 주선인(인수인 또는 주선인이 2인 이상인 경우에는 대통령령으로 정하는 자를 말한다)

(1) 인수인은 증권시장에 대하여 전문적인 지식을 가진 자로서 발행인과 공모 대상인 증권에 대한 정보를 수집하여 투자자에게 이를 제공하면서 사실상의 권유를 하는 것이 일반적이다. 이에 「자본시장법」에서는 인수인에게 손해배상책임을 부과함으로써 정보 생산과정에서 인수인의 주의를 촉구하고 공시서류의 전반에 대하여 책임을 지도록 하고 있다. 한일약품공업(주)이 일반인들을 상대로 공모를 한 후 1주일 후에 부도가 난 사건에서 원고들은 위 공모 당시 주간사 회사인 동원증권을 상대로 소송을 제기

하여 승소한 바 있다.[4)]

(2) 종전에는 단순히 '증권의 인수계약을 체결한 자'라고 규정하고 있었다. 그런데 인수인은 투자매매업으로 분류되지만 모집주선인은 투자중개업으로 별도로 분리되면서 모집주선인은 실질적으로 책임이 있음에도 불구하고 책임 대상에서 한 걸음 떨어져 있었다. 그러나 투자자 입장에서는 주선인이냐 인수인이냐의 차이를 따지는 것이 무의미하기 때문에 2013년 개정「자본시장법」에서는 투자자 보호를 강화하기 위해 이를 "증권의 인수인 또는 주선인"이라고 변경하여 주선인에게도 책임이 있음을 명문화하였다.

마. 그 투자설명서를 작성하거나 교부한 자

투자설명서를 작성한 자가 발행인인지 투자설명서를 직접 작성한 자인지에 대하여는 견해가 나뉜다. 투자설명서를 교부한 자는 청약 사무 취급 증권회사나 발행인의 미등기 담당 이사가 될 수 있다.

바. 매출의 방법에 의한 경우 매출신고 당시의 매출인

당해 법인 이외의 제3자가 당해 법인의 유가증권을 매출하는 경우 증권신고서의 작성 의무자는 발행인인 반면 매출자는 유가증권의 소유자인 제3자이다. 따라서 법에서는 매출과 관련하여 가장 큰 이해관계를 가진 유가증권의 소유자를 책임의 주체로 삼고 있다.

---

4) 서울지법 2000. 11. 23. 선고 2000나32740 판결. 이후에도 씨모텍 상장 시 주관사로서 인수인이 된 디비금융투자회사는 증권신고서, 투자설명서 부실 기재로 손해배상책임을 부담하였다(대법원 2020. 2. 27. 선고 2019다223747 판결).

4. 허위의 기재 또는 표시가 있거나 중요한 사항이 기재 또는 표시되지 아니한 경우

가. 중요한 사항의 적용 범위

허위 기재의 경우뿐만 아니라 기재 누락의 경우에도 '중요한 사항'을 요구한다.[5] 청구권자는 중요한 사항에 대한 허위 기재 또는 기재 누락 사실을 입증해야 한다.

나. 중요한 사항

「자본시장법」 제125조에서는 '중요한 사항'의 범위에 대해 명시적으로 규정하고 있지 않다. 다만 구 「자본시장법」 제47조 제3항[6]에서는 '중요 사항'을 '투자자의 합리적인 투자 판단 또는 해당 금융투자상품의 가치에 중대한 영향을 미칠 수 있는 사항'으로 정의하였고, 내부자 거래에서도 '투자자의 투자 판단에 중대한 영향을 미칠 수 있는 사항(「자본시장법」 제174조 제1항 참조)'으로 정의하고 있으므로 이를 기준으로 삼을 수 있다. 즉 '중요한 사항'이란 평균적인 신중한 투자자가 증권을 매수하기 전에 당연히 알아야 하는 것이 합리적인 사항, 또는 모든 정황을 고려하여 합리적인 투자자가 당해 증권의 취득 여부를 결정함에 있어서 중요하다고 생각할 상당한 가능성이 있는 사항을 말하고,[7] 구체적인 사건에 따라 개별적으로 살펴보아야 한다.

판례는 "어떠한 사항이 합리적인 투자자가 중요하게 고려할 상당한 개연성이 있는 사항에 해당하는지는 그 사항이 거짓으로 기재·표시되거나 그 기재·표시가 누락됨으로써 합리적인 투자자의 관점에서 이용할 수 있는 정보의 전체 맥락을 상당히 변경하는 것으로 볼 수 있는지에 따라 판단하여야 한다"[8]고 판시하였다.

5) 임재연, 《자본시장법》, 112쪽.
6) 2020. 3. 24. 법률 제17112호로 개정되기 전의 것, 현재는 「금융소비자 보호에 관한 법률」로 이관됨.
7) 서울지법 2000. 11. 23. 선고 2000나32740 판결.
8) 대법원 2015. 12. 23. 선고 88447판결.

서울지법 2000. 11. 23. 선고 2000나32740 판결(확정, 상고취하): 한일약품 사건

사실관계

• 한일약품공업(주)는 1999년 1월 27일 동원증권을 주간사로 하여 금융위원회에 유가증권신고서를 제출한 후 3월 25일부터 일반 투자자들을 대상으로 약 105만 주의 실권주를 공모하였다. 당시 주당 6,500원에 총 65억 원 가량 발행하였고, 7.07대 1의 경쟁률(약 3천여 명 참여)을 보였다. 그러나 3월 27일 납입주금에 대하여 법원의 가압류 결정이 내려졌고, 결국 4월 2일 회사는 최종 부도 처리되었다.

• 당시 한일약품공업에 대한 감사보고서상 특기 사항에는 "회사의 계속기업으로서의 존속 여부에 불확실성이 있다"고 기재되어 있으나, 위 유가증권신고서에서의 '감사인의 감사의견란의 특기 사항 요약'란에 이를 표시하지 않고 '해당 사항 없음'이라고 기재하였다. 이에 위 공모 당시에 주식을 취득한 사람들이 주간사 회사인 동원증권을 상대로 「자본시장법」 제14조의 책임을 묻는 소송을 제기하였다.

판단

• 유가증권신고서는 그 제출 회사 및 발행 대상 유가증권의 내용을 완전하고 적정하게 공시할 수 있도록 작성하고, 특히 투자자 등 이용자가 회사 및 발행 대상 유가증권에 대한 합리적인 의사결정을 할 수 있도록 작성해야 하며, 투자자 등 이용자의 의사결정에 필한 중요한 사항을 모두 기재하되, 회사에 대하여 불리한 사항 또는 불리한 결과를 유발할 수 있는 내용 등의 기재를 생략하거나 누락시켜서는 아니 되고, 그 신고서에는 최근 3사업연도 감사인의 감사보고서에 기재된 특기 사항을 사업연도별로 요약하여 기재하도록 되어 있다.

• 이러한 점에 비추어보면, 계속기업으로서 존속 여부, 특히 감사인이 감사보고서에 특기 사항으로 기술한 경우의 그것은 평균적인 신중한 투자자가 증권을 매수하기 전에 당연히 알아야 하는 것이 합리적인 사항, 또는 모든 정황을 고려하여 합리적인 투자자가 당해 증권의 취득 여부를 결정함에 있어서 중요하다고 생각할 상당한 가능성이 있는 사항에 해당한다고 할 것이므로, 감사보고서상 특기 사항으로 '계속기업으로서 존속 여부에 불확실성이 존재할 수 있다'고 기재되어 있었음에도 발행 회사가 유가증권신고서에 이를 표시하지 아니하고 '해당 사항 없음'으로 기재한 것은 '허위의 기재 또는 표시가 있거나 발행인이 중요한 사항을 기재 또는 표시하지 아니한 경우'에 해당한다.

대법원 2011. 12. 22. 선고2011도12041 판결

갑 주식회사의 실질적 경영자와 대표이사인 피고인들이 공모하여 갑 회사가 실시할 예정인 유상증자 관련 증권신고서 등을 작성하면서 실제와 다른 자금 사용 계획을 기재하여「자본시장과 금융투자업에 관한 법률」위반죄가 인정된 사안에서 증권신고서 등의 거짓기재로 피고인들이 얻은 이익에는 갑 회사가 유상증자로 납입받은 대금도 포함된다고 본원심 판단을 수긍.

서울중앙지법 2012. 8. 30. 선고 2011가합59181 판결: 대한해운의 유상증자 사건[9)]

특히 주식회사의 재무 상태가 급격히 악화된 상황에서 유상증자 등을 통하여 자금을 조달하기 위해 주식을 발행하는 경우 투자자들의 투자를 유도하려는 목적으로 증권신고서 및 투자설명서에서 그 회사의 악화된 재무 상태에 관하여 은폐하거나 추상적인 기재와 함께 막연한 회복 가능성을 언급한 것만으로는 '중요 사항'의 기재가 있는 것으로 볼 수 없고, 투자자들이 합리적인 투자 판단을 할 수 있도록 일단 회사 재무 상태의 악화 상황에 대한 구체적인 내용을 명확하게 기재하고, 투자자들이 투자 결정을 내릴 만한 회사의 회복 능력 및 방안이 있다면 이에 관하여도 마찬가지로 구체적으로 기재해야 한다.

[용선 · 대선 계약에 관한 기재 누락] 대한해운의 영업 중 가장 중요한 부분은 장기 용선한 선 박을 다시 제3자에게 대선하는 것이다. 따라서 용선·대선 계약에 따른 손익 발생에 관한 구체적인 내용은 대한해운의 주식을 매수하려는 투자자의 합리적인 판단에 영향을 미칠 수 있는 사항으로「자본시장법」제125조의 '중요 사항'에 해당한다.

대한해운에 투자하려는 투자자가 현재 대한해운의 상황에서 예상 가능한 수익구조를 파악할 수 있으려면, 적어도 대한해운이 이미 체결한 각 용선 계약 및 대선 계약의 체결 시점과 계약 기간, 향후 지급해야 하는 용선료의 액수와 지급 시기, 현재 체결된 대선 계약에 따라 받게 될 대선료의 액수, 향후 체결이 예상되는 대선 계약에 따른 대선료 수입 전망 등에 관한 구체적인 정보가 제공되어야 한다. 그런데 이 사건 증권신고서에는 이에 관한 기재나 표시가 되어 있지 않다.

---

9) 심지환, 〈증권신고서 부실 기재에 관한 증권인수인의 책임의 범위〉, 《변호사》, 2013, 212~219쪽. 다만 이 사건은 최근 대법원에서 원고 패소 취지로 파기 환송되었다(대법원 2015. 12. 23 선고 2013다88447 판결).

[신조 선박 투자에 관한 기재 누락] 잔여 투자 금액이 미화 약 14억 5천만 달러에 이르는 대규모의 신조 선박 투자가 이미 확정되어 있는 상황에서 투자자가 합리적인 투자 판단을 하기 위해서는 선박 금융 차입이 확정된 금액에 관하여는 차입 기간, 이자율 등의 차입 조건 및 상환 계획, 선박 금융 차입이 확정되지 않은 금액에 관하여는 구체적인 투자금 조달 계획, 선박 발주 이후에 선박 가치가 하락할 경우 선박을 담보로 한 선박 금융 차입금에 대해 추가적 담보 제공 발생 여부, 신조 선박의 건조 완료 후 운용 계획과 그에 따른 예상 수익 규모 등에 관한 구체적인 정보가 제공되어야 한다. 그런데 이 사건 증권신고서에는 위와 같은 내용에 관한 기재가 누락되어 있다.

서울중앙지법 2013. 11. 8. 선고 2011가합56779 판결: 삼화저축은행 후순위채권 사건

BIS비율이나 부실 대출 비율 등은 후순위채의 투자자들이 투자를 결정함에 있어 중요하게 참작하는 사항인 점, 이 사건 각 후순위채 발행 당시 실제 BIS 비율은 증권신고서나 투자설명서에 기재된 것에 비해 약 3% 정도 감소하고, 부실 대출 비율은 약 5% 정도 증가하는 것으로 보이는 점 등을 고려하면, 삼화저축은행이 이 사건 각 후순위채의 증권신고서, 투자설명서에 약 350억 원의 대손충당금을 설정하지 않은 반기, 분기 재무제표를 첨부하거나 그 내용을 기재한 것은 중요 사항에 관하여 거짓의 기재를 한 때에 해당한다.

증권신고서의 거짓 기재 등 관련 판례[10)]

대법원 2002. 5. 14. 선고 99다48979 판결

(중요 사항에 대한 판단) '허위의 기재 또는 표시가 있거나 중요한 사항을 기재 또는 표시하지 아니한 경우'라 함은 '투자자가 유가증권의 가치를 판단하는 데 오해를 일으키지 않도록 하기 위하여 필요한 중요한 사항'에 관한 것이어야 하고, 그에 해당하는지 여부는 그 기재가 행하여진 때를 기준으로 판단해야 할 것이되, 이는 주로 회사의 영업 및 손익 상황, 재무구조

10) 이하 판례는 《기업공시 실무안내》(2020년 12월, 금융감독원)의 221~222쪽에 인용된 판례를 재인용.

등 일반인들이 투자를 하기 전에 파악해야 할 기업 현황에 대한 정확한 정보에 관하여 모집 또는 매출 당시 사실과 달리 기재하거나 이를 과장하거나 고의로 숨긴 경우를 말하는 것임.

대법원 2006.10. 26. 선고 2006도5147 판결

사채업자의 자금을 유상증자를 위한 주금납입 계좌에 일시적으로 입금한 다음 주금납입금보관증명서를 발급받아 증자 등기 경료 직후 이를 인출하여 사채업자에게 반환하는 방법으로 주금납입을 가장하거나 실제로는 주금납입이 이루어지지 않았음에도 위조된 주금납입금보관증명서를 제출하여 증자 등기가 경료되게 한 경우에는 증권신고서의 중요 사항을 허위 기재한 경우에 해당함.

서울고법 2006. 5. 25. 선고 2006노252 판결(확정)

90억 원 규모의 유상증자를 위한 증권신고서를 제출하면서 사실은 유상증자 대금 중 35억 원을 유상증자 청약자들인 사채업자 등에게 주가 하락에 따른 손실 보장을 위한 담보 명목으로 제공하기로 하였음에도 자금 사용 목적란에 해외시장 개척 비용 50억 원, 마케팅 비용 20억 원 등으로만 기재한 것은 중요한 사항에 관하여 허위의 기재를 한 경우에 해당함.

대법원 2001. 2. 12. 선고 2001다62 판결

감사보고서에 특기 사항으로 기술된 내용은 합리적인 투자자가 당해 증권의 취득 여부를 결정함에 있어서 중요하다고 생각할 상당한 가능성이 있다고 할 것이므로, 감사보고서상 특기 사항으로 '계속기업으로서 존속 여부에 불확실성이 있다'고 기재되어 있었음에도 증권신고서에 '해당 사항 없음'으로 기재한 것은 중요 사항의 허위 기재 또는 기재 누락에 해당함.

다. 증권신고서 등을 제출하지 않은 경우

증권신고서를 제출하지 않거나 동 신고서의 효력이 발생하기 전에 거래를 한 경우 또는 투자설명서가 작성·비치되지 아니한 경우에도 「자본시장법」 제125조 및 제126조를 근거로 손해배상책임을 물을 수 있는지가 문제된다. 이에 대하여 이행 단계별로 구분하여 이행이 되기 이전에는 그러한 계약을 무효로 보자는 견해가 있지만,[11] 하급심 판결 중에는 증권신고서나 투자설명서가 작성되었다고 보기 어렵다면 「자본시장법」 제125조 및 제126조에 따른 책임을 물을 수 없다고 판시한 것이 있다.[12] 한편 미국의 경우에는 신고서의 제출 없이 공모가 행해진 경우에는 투자자가 거래를 취소할 수 있다고 규정하고 있지만(「1933년 증권법」 제12조), 우리의 경우에는 이러한 명문의 규정이 없으므로 「민법」 제110조에 따라 취소 가능성이 결정될 것이다.[13]

5. 거래인과 관계

가. 원칙적으로 입증 필요 없음

거래인과 관계, 즉 원고의 증권 취득이 원고가 부실 기재된 증권신고서를 신뢰했기 때문인지의 입증 여부에 대하여는 명문의 규정이 없다. 그러나 증권신고서 등의 허위 기재나 누락이 시장가격 형성에 영향을 주는 점, 주식시장에서는 불특정 다수인 사이에 비대면적, 집단적으로 수시로 거래가 이루어지는 점, 피해자에게 모든 입증책임을 부담시키게 되면 사회 형평의 관념에 맞지 않게 되는 점 등을 고려할 때, 원고는 원칙적으로 거래인과 관계를 입증할 필요가 없다고 본다.

서울지법 2000. 11. 23. 선고 2000나32740 판결: 한일약품 사건

• 「증권거래법」 제14조(현 「자본시장법」 제125조) 단서는 유가증권의 취득자가 취득의 청

11) 김건식, 《자본시장법》, 129쪽.
12) 서울지법 남부지원 2003. 12. 29. 선고 2001가합11131 판결(확정).
13) 김건식, 《자본시장법》, 128쪽.

약 시에 유가증권신고서의 허위 기재 또는 누락 사실을 알았을 때에는 배상책임을 질 자가 면책되도록 규정하고 있는 점, 유가증권신고서에 허위 기재나 누락이 객관적으로 존재하는 한, 증권의 취득자가 이와 같이 허위 기재나 누락이 있는 유가증권신고서 등의 내용을 참조하였는지 여부나 그 기재 내용을 신뢰하였는지 여부를 불문하고 유가증권신고서 등의 허위 기재나 누락이 시장가격의 형성에 영향을 주게 되는 점, 주식시장에서는 불특정 다수인들 사이에 비대면적, 집단적으로 수시로 거래가 이루어지고, 그 가격 결정 구조의 특성상 상장된 기업의 주식 가격은 그 주식이나 당해 기업 자체에 관한 사항 이외에 다른 요인들에 의하여 영향을 받는 경우도 많이 있을 뿐 아니라 주식 가격의 급락을 초래하는 기업의 부도도 여러 가지 복합적 요인에 의하여 발생하기 때문에 현재 및 장래의 주식 가격, 회사의 재무 상태, 발전 가능성 등을 고려하여 그 주식 취득 여부를 결정하는 피해자가 가해행위와 손해 발생 간의 인과관계의 모든 과정을 증명하는 것은 극히 어렵거나 사실상 불가능한 경우가 대부분이다.

• 따라서 위와 같은 경우에까지 피해자에게 모든 입증책임을 부담시키게 되면 사회 형평의 관념에 맞지 않게 되는 점 등에 비추어보면, 피고는 인과관계의 부존재를 입증하지 못하는 한, 유가증권신고서에 회계감사보고서상 특기 사항으로 기재된 사항을 누락시킨 행위와 주식 취득 및 주가 하락으로 인한 손해와의 사이에 인과관계의 존재가 사실상 추정된다.

대법원 2002. 10. 11. 선고 2002다38521 판결: 대우전자 분식회계 사건[14)]

• 유가증권의 취득자가 주권상장법인 등에 대하여 사업보고서의 허위 기재 등으로 인하여 입은 손해의 배상을 청구하는 경우에 유가증권의 취득자는 구 「증권거래법」 제15조(현 제126조) 제2항의 규정에 따라 사업보고서의 허위 기재 등과 손해 발생 간의 인과관계의 존재에 관하여 입증할 필요가 없고, 주권상장법인 등이 책임을 면하기 위하여 이러한 인과관계의 부존재를 입증해야 한다.

• 주식 거래에 있어서 대상 기업의 재무 상태는 주가를 형성하는 가장 중요한 요인 중의 하나이고 대상 기업의 재무제표에 근거하여 재무에 관한 사항을 기재한 사업보고서는 대상 기업의 정확한 재무 상태를 드러내는 가장 객관적인 자료의 하나로서 일반 투자자에게 공람되어 그 주가 형성에 결정적인 영향을 미치는 것이므로, 주식투자를 하는 일반 투자자로

14) 이 사건은 유통시장에서의 사업보고서의 부실공시 사건이지만, 발행시장에서의 책임 규정인 제14조 내지 제16조는 유통시장에서의 책임 규정에 준용되므로 법률적 논점은 동일하다.

서는 그 대상 기업의 재무 상태를 나타내는 사업보고서가 정당하게 작성되어 제출·공표되는 것으로 믿고 주가가 당연히 그에 바탕을 두고 형성되었으리라는 생각 아래 대상 기업의 주식을 거래한 것으로 보아야 할 것이다.

나. 피고의 악의 항변

배상의무자는 증권의 취득자가 취득의 청약 시에 증권신고서 등의 부실 기재 사실을 알았음을 입증하면 책임을 면할 수 있다(「자본시장법」 제126조 제2항 단서). 이때 배상의무자가 면책되기 위해서는 취득자가 증권신고서를 보지 않았다는 점을 입증하는 것만으로는 부족하다.

6. 고의와 과실

가. 원칙적으로 입증 필요 없음

원고는 원칙적으로 배상의무자의 고의, 과실을 입증할 필요가 없다.

나. 피고의 무과실 항변

배상의무자는 자신이 상당한 주의를 하였음에도 불구하고 허위 표시나 기재 누락 사실을 알 수 없었음을 증명하면 책임을 면할 수 있다(「자본시장법」 제125조 제1항 단서). 즉 법에서는 피고의 과실에 대한 입증책임을 전환시키고 있다. '상당한 주의'의 항변을 하기 위해서는 자신의 지위와 특성에 따라 합리적으로 기대되는 조사를 하였으며, 그에 의해 허위 기재 등이 없다고 믿을 만한 합리적인 근거가 있었고 실제로 그렇게 믿었음을 입증해야 한다.[15)]

15) 대법원 2007. 9. 21. 선고 2006다81981 판결.

대법원 1994. 4. 26. 선고 93도695 판결: 신정제지 사건[16)]

사실관계

신정제지는 분식회계와 부실감사에 기하여 1992년 1월 13일 증권거래소에 상장되었으나, 재무구조의 악화로 1992년 4월 30일 거래 은행과의 당좌 거래가 정지되고 증권거래소에 부도 사실이 공시되었다.

피고 대한증권은 1991년 11월 8일 피고 신정제지와의 사이에 주간사 회사로서 주식총액인수 및 모집에 관한 계약을 체결하였다.

판단

구 「증권거래법」 제14조 제3호에 정해진 '당해 발행인과 당해 유가증권의 인수계약을 체결한 자'의 규정은 이 사건 이후에 신설된 조항이므로 대한증권은 위 규정에 따른 책임은 없다. 다만 피고 대한증권은 주간사 회사로서 피고 신정제지 작성의 사업설명서를 증권거래소, 각 청약 사무 취급처 등에 교부하였으므로 동조 제4호의 '당해 사업설명서를 교부한 자'에 해당한다.

피고 대한증권이 기업공개에 따른 주간사 계획서를 작성하고 유가증권 분석에 필요한 자료를 얻기 위하여 2차에 걸쳐 현지를 출장하고 외부감사인이 작성한 감사보고서와 그 감사를 거친 재무제표에 근거하여 재무구조를 살펴보는 등 공개 요건을 검토하였으므로 '상당한 주의의무'를 다하였다고 볼 것이다(더구나 증권감독의 공인회계사 자격이 있는 3명이 신정제지에 대하여 현지 실지 감리를 하였음에도 신정제지의 분식회계처리 사실을 밝혀내지 못했다).

7. 손해배상액

가. 배상액의 추정

일반 투자자가 다양한 요인에 의하여 결정되는 주가의 등락분 중 공시 등으로 인한 하락분을 가려내어 그 인과관계를 입증하는 것은 쉽지 않다. 따라서 「민법」의 일반 원

16) 1992년 4월 신정제지가 상장 6개월 만에 부도가 나면서 당시 증권시장에 큰 충격을 주었다. 신정제지 사건은 분식회계 및 부실감사, 내부자 거래, 시세조종 등에 모두 해당된 사건이었다.

칙에 따라 일반 투자자에게 손해액의 입증을 요구한다면 투자자 보호라는 「자본시장법」의 입법 목적과 배치된다. 이에 「자본시장법」 제126조에서는 투자자 보호를 위하여 손해배상의 범위를 다음과 같이 추정하고 있다.

배상액 = 취득가 - [변론 종결 시 시장가 또는 변론 종결 전 처분 시 처분가]

대법원 2015. 11. 27. 선고 2013다211032 판결: 제일저축은행 사건

제일저축은행이 고정 이하 부실 대출채권을 정상 채권으로 가장하는 방식으로 자산을 허위 분류하는 분식행위를 하여 재무제표를 작성하였고, 이 사건 후순위사채의 증권신고서에는 이러한 재무제표를 기준으로 BIS비율과 자산건전성이 허위로 기재되었는데, 이와 같은 재무제표와 BIS비율은 파산 절차 등이 개시될 경우 사실상 변제받기 어려운 상호저축은행의 후순위사채를 매입하려고 하는 투자자의 합리적인 투자 판단에 중대한 영향을 미칠 중요한 사항에 해당한다고 할 것이므로, 특별한 사정이 없는 한 제일저축은행은 「자본시장법」 제125조 제1항에 의하여 이와 같은 증권신고서의 기재를 믿고 이 사건 후순위사채를 취득한 원고의 손해를 배상할 책임이 있고, 원고의 이와 같은 손해는 원고가 이 사건 후순위사채를 인수하면서 그 인수대금을 지급한 날에 곧바로 발생하며 나아가 그 손해배상청구권의 지연손해금도 이때를 기산일로 하여 발생한다.

나. 추정 규정 배제

손해액 추정 규정에도 불구하고 배상의무자가 손해액의 전부 또는 일부를 허위로 기재·표시하거나 중요한 사항을 기재·표시하지 아니함으로써 발생한 것이 아님을 입증한 경우에는 그 부분에 대하여 배상책임을 지지 아니한다(「자본시장법」 제126조 제2항).

이러한 손해 인과관계의 부존재 사실의 증명은 상장법인이 부담하고, 직접적으로 문제된 당해 허위 공시 등 위법행위가 손해 발생에 아무런 영향을 미치지 아니하였다는 사실이나 부분적 영향을 미쳤다는 사실을 증명하는 방법 또는 간접적으로 문제된 당해 허위 공시 등 위법행위 이외의 다른 요인에 의하여 손해의 전부 또는 일부가 발생하였다는 사실을 증명하는 방법으로 가능하다. 다만 판례는 “허위 공시 등 위법행위가 시장에 알려지기 이전의 자료를 기초로 하여 그 위법행위가 공표되지 않았다고 가정하였을 경우 예상할 수 있는 기대 수익률 및 정상 주가를 추정하고 그 기대 수익률과 시장에서 관측된 실제 수익률의 차이인 초과 수익률의 추정치를 이용하여 그 위법행위의 공표가 주가에 미친 영향이 통계적으로 유의한 수준인지 여부를 분석하는 사건연구(event study) 방법을 사용할 수도 있으나, 위와 같은 손해액 추정 조항의 입법 취지에 비추어 볼 때, 예컨대 허위 공시 등의 위법행위 이후 매수한 주식의 가격이 하락하여 손실이 발생하였는데 그 가격 하락의 원인이 문제된 당해 허위 공시 등 위법행위 때문인지 여부가 불분명하다는 정도의 증명만으로는 위 손해액의 추정이 깨진다고 볼 수 없다"[17]고 판결하였다.

다. 과실상계 또는 책임제한 가능

판례는 「자본시장법」 제125조, 제126조에 의한 손해배상 소송에서도 책임제한이 가능하다고 판시하였다.

대법원 2015. 12. 23. 선고 2015다210194 판결: 부산2저축은행 후순위사채 사건

사채(社債) 발행과 관련한 「자본시장과 금융투자업에 관한 법률」 제125조, 제126조에 의한 손해배상청구소송에서 사채발행 회사의 신용위험이나 사채 가격의 변동 요인은 매우 다양하고 여러 요인이 동시에 복합적으로 영향을 미치는 것이어서 어느 특정 요인이 언제 어느 정도의 영향력을 발휘한 것인지를 가늠하는 것이 극히 어렵다는 점을 감안할 때, 증권신고서에 거짓의 기재를 하는 등의 위법행위 외에 사채의 취득 시점 이후 손실이 발생할 때까지의 기간 동안 발행 회사나 채권시장의 전반적인 상황 변화, 경기 변동 등도 손해 발생에 영향을 미친 것으로 인정되는 경우 그러한 사정에 의하여 생긴 손해액을 일일이 증명하는 것이 성질상 곤란한 점에 비추어 그러한 사정을 들어 손해배상액을 제한할 수 있다고 봄이 타당하다.

---

17) 대법원 2010. 8. 19. 선고 2008다92336 판결.

라. 「민법」상 손해배상청구의 경우

「자본시장법」이 아니라 「민법」에 기해 손해배상을 청구할 경우는 「자본시장법」 제126조가 적용되지 않고 「민법」의 일반 원칙에 따라 손해액을 산출한다. 판례는 "허위사실 유포 등의 행위로 인하여 형성된 가격으로 발행시장 또는 유통시장에서 주식을 취득한 투자자가 그러한 불법행위를 이유로 「민법」상 손해배상청구를 하는 경우 투자자가 입은 손해는 그와 같은 위법행위가 없었더라면 취득 당시 형성되었으리라고 인정되는 정상 주가와 위법행위로 인하여 형성된 주가로서 투자자가 주식 취득을 위하여 실제 지급한 금액과의 차액 상당(투자자가 정상 주가 이상의 가격으로 매도한 경우에는 실제 지급한 금액과 매도 주가와의 차액 상당)으로 볼 수 있고, 이때 정상 주가를 산정할 때에는 전문가의 감정을 통하여 그와 같은 위법행위의 영향을 받은 기간(사건 기간) 중의 주가 동향과 위법행위가 없었더라면 진행되었을 주가 동향을 비교하여 그 차이가 통계적으로 의미가 있는 경우 위법행위의 영향으로 주가가 변동되었다고 보고, 사건 기간 이전 또는 이후 일정 기간의 종합주가지수, 업종지수 및 동종업체의 주가 등 공개된 지표 중 가장 적절한 것을 바탕으로 도출한 회귀방정식을 이용하여 사건 기간 동안의 정상 수익률을 산출한 다음 이를 기초로 사건 기간 중의 정상 주가를 추정하는 금융경제학적 방식 등의 합리적인 방법에 의할 수 있다"[18]고 판결하였다.

마. 지연이자의 발생

「민법」상 불법행위로 인한 손해배상채무는 채무 성립과 동시에 지연손해금이 발생하는데 「자본시장법」 제125조의 손해배상채무에 대해서도 지연손해는 발생한다.[19]

「자본시장법」 제126조 제1항은 손해배상액의 추정을 허용하고 있으며, 이러한 손해배상액의 추정 규정에 의해서 확정된 손해배상금에도 지연손해금이 발생하며, 지연손해금의 발생시기는 「민법」의 불법행위책임에 기한 손해배상채무와 마찬가지로 채무 성립과 동시이다.[20]

---

18) 대법원 2015. 5. 14. 선고 2013다11621 판결.
19) 대법원 2015. 11. 27. 선고 2013다211032 판결
20) 대법원 2016. 9. 28. 선고 2014다221517 판결

8. 제척 기간

「자본시장법」 제126조의 손해배상책임은 그 청구권자가 당해 사실을 안 날로부터 1년 이내 또는 당해 유가증권에 관하여 유가증권의 효력이 발생한 날로부터 3년 내에 청구권을 행사하지 아니한 때에는 소멸한다(제127조). 이때 '당해 사실을 안 날'이라 함은 청구권자가 기재 누락이나 허위 기재의 사실을 현실적으로 인식한 때라고 볼 것이고, 일반인이 그와 같은 기재 누락이나 허위 기재의 사실을 인식할 수 있는 정도라면 특별한 사정이 없는 한, 청구권자도 그러한 사실을 현실적으로 인식하였다고 봄이 상당하다.[21)]

9. 예측 정보의 특칙

가. 책임의 완화

예측 정보는 성질상 나중에 그 예측이 잘못된 것으로 판명될 가능성이 크므로, 「자본시장법」에서는 예측 정보에 대하여는 특칙을 두어 책임을 완화하고 있다. 즉 예측 정보가 다음의 방법에 따라 기재 또는 표시된 경우에는 제125조의 배상책임 대상이 되지 않는다(제125조 제2항).

(1) 당해 기재 또는 표시가 예측 정보라는 사실이 명시되어 있을 것.

(2) 예측 또는 전망과 관련한 가정 또는 판단의 근거가 명시되어 있을 것.

(3) 당해 기재 또는 표시가 합리적 근거 또는 가정에 기초하여 성실하게 행하여졌을 것.

(4) 당해 기재 또는 표시에 대하여 예측치와 실제 결과치가 다를 수 있다는 주의 문구가 명시되어 있을 것.

나. 특칙의 배제

그러나 증권의 취득자가 취득의 청약 시에 예측 정보에 허위의 기재나 중요한 사항

21) 대법원 1993. 12. 21. 선고 30402 판결; 대법원 1997. 9. 12. 선고 96다41991 판결.

의 누락 사실을 알지 못하고 배상책임을 질 자가 그 기재 또는 표시에 대하여 고의, 중과실이 있음을 증명한 경우에는 위 특칙이 적용되지 않는다(제125조 제1항 단서). 그리고 위 특칙은 기업공개 시에는 적용되지 않는다(동조 제3항).

제3절 유통시장에서의 책임

1. 유통시장에서의 공시 종류

가. 개요

유통시장에서의 공시는 크게 기업 내용을 정기적으로 시장에 공시하는 것과 법규에서 규정한 특정 사실이 발생한 경우에 시장에 공시하는 것으로 구분된다. 전자는 '정기공시'라고 불리고, 증권을 발행하거나 상장한 법인 등의 사업 내용, 재무 상황 등 기업 내용을 정기적으로 공시함으로써 일반 투자자에게 합리적인 투자 판단 자료를 제공하고 시장에서 공정한 가격 형성이 이루어지도록 하여 거래 질서를 확립하고 투자자를 보호하기 위한 제도이다. 정기공시의 대상은 사업보고서와 분·반기보고서이다.

후자는 종전에는 '수시공시'로 불리던 것이다. 「자본시장법」에서는 법적 규제와 자율 규제의 범위와 운영을 명확하게 구분하기 위하여 금융위원회보고와 거래소보고로 혼재되어 있던 수시공시(주요 경영 사항 신고) 중 회사 존립, 조직 재편성, 자본 증감 등의 사항과 특수공시 사항, 불공정거래 적발 등 시장 감독에 필요한 중요한 사항만을 주요사항보고 항목으로 지정하여 금융위원회의 직접 규제 영역으로 편입하고, 나머지 사항들은 거래소 자율공시 사항으로 이관하였다.

나. 정기공시(사업보고서, 분·반기보고서)

(1) 제출 대상 법인

사업보고서, 분·반기보고서를 제출해야 하는 법인은 ① 주권상장법인, ② 주권 외의 지분증권, 무보증사채권, 전환사채권·신주인수권부사채권, 이익참가부사채권 또는 교환사채권, 신주인수권이 표시된 것, 증권예탁증권, 파생결합증권을 증권시장에 상장한 발행인, ③ 주권 및 주권 외의 상기 증권을 모집 또는 매출한 적이 있는 발행인(상장이 폐지된 발행인 포함), ④ 외부감사 대상 법인으로서 증권(주권 및 상기 증권)별로 그 증권의 소유자 수가 500인 이상인 발행인이다(「자본시장법」 제159조 제1항). 다만 파산으로 인하여 사업보고서의 제출이 사실상 불가능한 경우 등 대통령령이 정한 경우에는 제출이 면제된다(「동 시행령」 제167조 제2항).

(2) 제출 기한

사업보고서는 각 사업연도 경과 후 90일 이내에 금융위원회와 거래소에 제출해야 하고, 분·반기보고서는 분·반기 경과 후 45일 이내에 금융위원회와 거래소에 제출해야 한다.

(3) 기재 사항

① 사업보고서에는 회사의 개요, 사업의 내용, 재무에 관한 사항, 감사인의 감사 의견 등 이사의 경영 진단 및 분석 의견, 이사회 등 회사의 기관 및 계열회사에 관한 사항, 주주에 관한 사항, 임원 및 직원에 관한 사항, 이해관계자와의 거래 내용, 임원의 개인별 보수(5억 원 이상)와 산정 기준, 그 밖에 투자자 보호를 위하여 필요한 사항을 기재해야 한다.

② 분·반기보고서는 사업보고서의 기재 사항을 준용하되 회계감사인의 감사 의견은 회계감사인의 확인 및 의견 표시(검토 의견)로 갈음할 수 있다.

다. 주요사항보고서(종전 수시공시)

주요사항보고서 제출 대상 법인은 사업보고서 제출 대상 법인과 동일하고, 제출 사유가 발생한 날의 다음 날까지 금융위원회에 제출해야 한다. 「자본시장법」에서 정한 주요사항보고서의 대상 사실들은 아래와 같다(「자본시장법」 제161조, 「동 시행령」 제171조).

(1) 발행한 어음 또는 수표가 부도로 되거나 은행과의 당좌 거래가 정지 또는 금지된 때

(2) 영업 활동의 전부 또는 중요한 일부가 정지되거나 그 정지에 관한 이사회 등의 결

정이 있은 때

(3) 회생절차 개시 또는 간이 회생절차 개시의 신청이 있은 때

(4) 해산사유가 발생한 때

(5) 자본의 증가 또는 감소, 조건부자본증권의 발행에 따른 부채의 증가에 해당하는 자본 또는 부채의 변동에 관한 이사회 등의 결정이 있은 때

(6) 주식의 포괄적 교환, 이전, 합병, 분할, 분할 합병 사실이 발생한 때

(7) 대통령령으로 정하는 중요한 영업 또는 자산을 양수하거나 양도할 것을 결의한 때

(8) 자기주식을 취득(자기주식의 취득을 목적으로 하는 신탁계약의 체결을 포함) 또는 처분(자기주식의 취득을 목적으로 하는 신탁계약의 해지를 포함)할 것을 결의한 때

(9) 주채권은행으로부터 「기업구조조정 촉진법」 제4조 제4항 각 호의 어느 하나에 해당하는 관리 절차가 개시되거나 같은 법 제12조에 따라 공동 관리 절차가 중단된 때

(10) 증권에 관하여 중대한 영향을 미칠 소송이 제기된 때

(11) 해외 증권시장에 주권의 상장 또는 상장폐지가 결정되거나, 상장 또는 상장폐지된 때

(12) 전환사채권, 신주인수권부사채권 또는 교환사채권의 발행에 관한 결정이 있은 때

(13) 다른 법인의 지분증권 등을 양수하는 자에 대하여 미리 정한 가액으로 그 지분증권 등을 양도할 수 있는 권리를 부여하는 계약 또는 이에 상당하는 계약 체결에 관한 결정이 있은 때

(14) 조건부자본증권이 주식으로 전환되는 사유가 발생하거나 그 조건부자본증권의 상환과 이자 지급 의무가 감면되는 사유가 발생하였을 때

(15) 그 밖에 그 법인의 경영·재산 등에 관하여 중대한 영향을 미치는 사항으로서 금융위원회가 정하여 고시하는 사실이 발생한 때

2. 부실공시에 대한 책임

가. 민사책임

(1) 청구권자

유가증권의 유통시장에서도 공시된 사업보고서 등에 허위의 기재가 있는 때에는 「자본시장법」 제162조에 따라 손해배상책임을 진다. 이때 제162조에 따라 손해배상을 청구할 수 있는 사람은 '모집 또는 매출'에 의하여 발행시장에서 유가증권을 취득한 사람에 한정되는 것이 아니고, 유통시장에서 유가증권을 취득한 사람도 포함된다고 보아야 한다.[22)]

주식투자를 하는 일반 투자자로서는 그 대상 기업의 재무 상태를 가장 잘 나타내는 사업보고서가 정당하게 작성되어 공표된 것으로 믿고 주가가 당연히 그에 바탕을 두고 형성되었으리라는 생각 아래 대상 기업의 주식을 거래한 것으로 보아야 한다. 따라서 사업보고서의 허위 기재 등으로 인하여 입은 손해의 배상을 청구하는 경우에 증권의 취득자는 사업보고서의 허위 기재 등과 손해 발생 간의 인과관계의 존재에 관하여 입증할 필요가 없고, 배상의무자가 책임을 면하기 위하여 이러한 인과관계의 부존재를 입증해야 한다.[23)]

(2) 중요 사항의 허위 기재 또는 기재 누락

'중요 사항'이란 '투자자의 합리적인 투자 판단 또는 해당 금융투자상품의 가치에 중대한 영향을 미칠 수 있는 사항'을 말하며(구 「자본시장법」 제47조 제3항), 이는 합리적인 투자자가 금융투자상품과 관련된 투자 판단이나 의사결정을 할 때 중요하게 고려할 상당한 개연성이 있는 사항을 의미한다. 그리고 이와 같은 중요 사항에 관하여 거짓의 기재·표시 또는 그 기재·표시의 누락이 있는지 여부는 그 기재·표시나 누락이 이루어진 시기를 기준으로 판단하여야 한다.[24)]

---

22) 서울고법 2006. 1. 18. 선고 2005나22673, 22680 판결.
23) 대법원 2002. 10. 11. 선고 2002다38521 판결.
24) 대법원 2015. 12. 10. 선고 2012다16063 판결.

(3) 손해배상액의 추정

청구권자가 그 증권을 취득 또는 처분함에 있어 실제 지급하거나 받은 금액과 다음의 어느 하나에 해당하는 금액의 차액을 배상액으로 추정한다.

① 손해배상청구소송의 변론 종결 시의 해당 증권의 시장가격(시장가격이 없는 경우는 추정 처분 가격).

② 변론 종결 전에 해당 증권을 처분한 경우는 그 처분 가격.

다만, 「자본시장법」이 아니라 「민법」에 기해 손해배상을 청구할 경우 판례는 "허위사실 유포 등의 행위로 인하여 형성된 가격으로 발행시장 또는 유통시장에서 주식을 취득한 투자자가 그러한 불법행위를 이유로 「민법」상 손해배상청구를 하는 경우 투자자가 입은 손해는 그와 같은 위법행위가 없었더라면 취득 당시 형성되었으리라고 인정되는 정상 주가와 위법행위로 인하여 형성된 주가로서 투자자가 주식 취득을 위하여 실제 지급한 금액과의 차액 상당(투자자가 정상 주가 이상의 가격으로 매도한 경우에는 실제 지급한 금액과 매도 주가와의 차액 상당)으로 볼 수 있고, 이때 정상 주가를 산정할 때에는 전문가의 감정을 통하여 그와 같은 위법행위의 영향을 받은 기간(사건 기간) 중의 주가 동향과 위법행위가 없었더라면 진행되었을 주가 동향을 비교하여 그 차이가 통계적으로 의미가 있는 경우 위법행위의 영향으로 주가가 변동되었다고 보고, 사건 기간 이전 또는 이후 일정 기간의 종합주가지수, 업종지수 및 동종업체의 주가 등 공개된 지표 중 가장 적절한 것을 바탕으로 도출한 회귀방정식을 이용하여 사건 기간 동안의 정상 수익률을 산출한 다음 이를 기초로 사건 기간 중의 정상 주가를 추정하는 금융경제학적 방식 등의 합리적인 방법에 의할 수 있다"[25]고 판결하였다.

(4) 예측 정보의 특례

예측 정보가 다음의 사항을 모두 충족한 경우에는 손해배상책임을 면제한다. 다만, 청구권자가 해당 증권의 취득·처분 시 예측 정보의 중요 사항에 거짓의 기재나 누락 사실을 알지 못한 경우로서 배상책임자의 고의·중과실을 증명한 경우에는 손해배상책임이 면제되지 않는다.

---

25) 대법원 2015. 5. 14. 선고 2013다11621 판결.

① 그 기재 또는 표시가 예측 정보라는 사실이 밝혀져 있을 것.

② 예측 또는 전망과 관련된 가정 또는 판단의 근거가 밝혀져 있을 것.

③ 그 기재 또는 표시가 합리적 근거 또는 가정에 기초하여 성실하게 행하여졌을 것.

④ 그 기재 또는 표시에 대하여 예측치와 실제 결과치가 다를 수 있다는 주의 문구가 밝혀져 있을 것.

(5) 시효

손해배상책임은 그 청구권자가 당해 사실을 안 날로부터 1년 이내 또는 사업보고서 등의 효력이 발생한 날로부터 3년 내에 청구권을 행사하지 아니한 때에는 소멸한다(「자본시장법」 제162조 제5항). 여기서 '당해 사실을 안 날'이라 함은 청구권자가 사업보고서 등의 기재 누락이나 허위 기재의 사실을 현실적으로 인식한 때라고 볼 것이고, 일반인이 그와 같은 사업보고서 등의 기재 누락이나 허위 기재의 사실을 인식할 수 있는 정도라면 특별한 사정이 없는 한, 청구권자도 그러한 사실을 현실적으로 인식하였다고 봄이 상당하다.

대법원 2012. 10. 11. 선고2010다86709 판결: 케드콤 사건

사실관계

(주)케드콤은 디지털 위성 방송 수신기, 휴대폰 안테나를 생산하는 이동전화기 제조업체이다. (주)케드콤의 전신은 한국전장(주)로서 1988년 9월 증권거래소에 주식을 상장하였다.

(주)케드콤은 2007년 3월 31일 매도 가능 증권 등 자산을 과대 계상한 사업보고서를 작성하여 공시하였다. 증권선물위원회는 2008년 2월 20일 위 회사를 회계처리기준 위반으로, 외부감사인(송현회계법인)을 회계감사기준 위반으로 각 제재하여 다음 날 그 사실이 언론에 보도되었다. 언론보도 이후 회사의 주가는 대폭 하락하였으며, 2008년 2월 26일부터 2월 28일까지 3일간 240원으로 저점에 이른 후 2008년 2월 29일에는 255원으로 상승하였다. 그 후 2010년 7월 (주)케드콤은 감사 의견거절로 상장폐지되었다.

위 회사의 주식을 거래해온 원고는 그 임원들과 외부감사인을 상대로 허위 공시를 이유로 한 손해배상을 청구하였다.

판결

• 사업보고서의 허위 기재 여부

사업보고서의 재무제표는 일반 투자자가 회사의 재무 상황을 가늠할 수 있는 가장 중요한 투자의 지표인 점, 사업보고서의 재무제표는 기업회계기준에 따라 작성되어야 하는데, 기업회계기준은 회계처리 및 재무제표를 작성함에 있어 경제적 사실과 거래의 실질을 반영하여 회사의 재무 상태 및 경영 성과 등을 공정하게 표시하도록 규정하고 있는 점 등을 고려하면, 기업회계기준에서 허용하는 합리적·객관적 범위를 넘어 자산을 과대평가하여 사업보고서의 재무제표에 기재하는 것은 가공의 자산을 계상하는 것과 마찬가지로 경제적 사실과 다른 허위의 기재에 해당한다.

그런데 (주)케드콤의 사업보고서의 재무제표의 경우

① 매도 가능 증권의 발행 회사인 주식회사 위즈플러스(이하 '위즈플러스')가 사실상 완전 자본잠식 상태로서 유가증권 발행자의 재무 상태가 심각하게 악화된 경우에 해당하므로 기업회계기준서에 따라 감액이 불필요하다는 명백한 반증이 없는 한, 위즈플러스의 주식에 대하여는 대차대조표일인 2006년 12월 31일 당시 회수 가능 가액을 추정하여 취득가액 전액을 감액손실로 인식하였어야 하는데도 대차대조표에 위즈플러스의 주식가액을 취득가액으로 기재한 것은 기업회계기준이 허용하는 합리적·객관적 범위를 넘어 매도 가능 증권을 과대 계상한 것이다.

② 사실상 완전 자본잠식 상태에 있는 위즈플러스에 대한 매출채권과 선급금, 폐업 중인 주식회사 유비랩에 대한 선급금, 5년 이상 장기 미회수 중인 26개 업체에 대한 선급금은 대차대조표일인 2006년 12월 31일 당시 사실상 회수 가능성이 희박한 경우에 해당하므로 기업회계기준에 따라 위 채권들에 대하여 위 금액 상당 대손충당금을 설정하였어야 하는데도 대손충당금으로 일부만을 설정한 것은 기업회계기준이 허용하는 합리적·객관적 범위를 넘어 위 매출채권 및 선급금을 과대 계상한 것이다.

③ 재고자산 중 대차대조표일인 2006년 12월 31일 당시 1년 또는 정상 영업 주기 내에 판매되지 않았거나 생산에 투입할 수 없어 장기 체화되어 시가가 취득원가보다 하락한 부분에 대하여는 기업회계기준에 따라 대차대조표의 재고자산 가액으로 시가를 기재해야 하는데도 취득원가를 기재한 것은 기업회계기준이 허용하는 합리적·객관적 범위를 넘어 재고자산을 과대 계상한 것이다.

④ 케드콤이 2005사업연도부터 회계 손실을 기록하고 있었으므로 기업회계기준에 따라 충분히 가산할 일시적 차이가 있는 경우나 미래에 과세소득이 발생할 것이라는 확실한 증거가 있는 경우에만 그 범위 안에서 이연법인세자산을 인식하였어야 하는데도 객관적이고

확실한 증거 자료 없이 매출액과 매출 이익률을 지나치게 높게 추정하여 예상 과세소득을 과다하게 산정함으로써 대차대조표에 이연법인세자산을 높게 기재한 것은 기업회계기준이 허용하는 합리적·객관적 범위를 넘어 이연법인세자산을 과대 계상한 것이다.

• 손해액 여부

일반적으로 허위 공시 사실이 밝혀진 후 그에 따른 충격이 가라앉고 허위 정보로 인하여 부양된 부분이 모두 제거되어 일단 정상적인 주가가 형성되면 그와 같은 정상 주가 형성일 이후의 주가 변동은 달리 특별한 사정이 없는 한, 허위 공시와 아무런 인과관계가 없으므로, 정상 주가 형성일 후에 당해 주식을 매도하였거나 변론 종결일까지 계속 보유 중인 사실이 확인되는 경우 정상 주가와 실제 처분 가격(또는 변론 종결일의 시장가격)의 차액 부분에 대하여는 인과관계 부존재 증명이 있다고 보아야 하고, 이 경우 손해액은 매수 가격에서 정상 주가 형성일의 주가를 공제한 금액이 된다.

(본 사건의 경우 허위 공시 사실이 밝혀진 이후 하락하던 주가가 저점에 이른 2008년 2월 26일경에는 허위 공시로 인하여 부양된 주가가 모두 제거되었다고 보아야 한다는 이유로, 원고가 2월 26일 이후 처분한 주식에 대해서는 1주당 매수 가격에서 2월 26일 형성된 정상 주가인 주당 240원을 공제한 금액을 손해액으로 산정하였다.)

나. 형사책임

사업보고서 제출 대상 법인이 사업보고서 등을 제출하지 아니한 경우 1년 이하의 징역 또는 3천만 원 이하의 벌금에 처한다(「자본시장법」 제446조). 사업보고서 등의 중요사항에 관하여 거짓의 기재 또는 표시를 하거나 중요 사항을 기재 또는 표시하지 아니하거나 중요 사항에 관하여 거짓의 기재 또는 표시가 있거나 중요 사항의 기재 또는 표시가 누락되어 있는 사실을 알고도 확인·서명을 한 대표이사 또는 공시담당 이사는 5년 이하의 징역 또는 2억 원 이하의 벌금에 처한다(동법 제444조).

다. 행정 제재

사업보고서 제출 대상 법인이 사업보고서 등을 제출하지 아니한 경우, 사업보고서 등 중요 사항에 관하여 거짓의 기재 또는 표시가 있거나 중요 사항이 기재 또는 표시되지 아니한 경우에 금융위원회는 사업보고서 제출 대상 법인에 대하여 이유를 제시한 후 그 사실을 공고하고 정정을 명할 수 있고, 필요한 때에는 1년의 범위에서 증권의 발행 제한, 임원에 대한 해임 권고, 고발 또는 수사기관에의 통보, 관련 기관이나 수사기관에의 통보, 경고 또는 주의 조치를 할 수 있다(동법 제164조). 이와 별도로 관리종목 지정 및 상장폐지 요건에도 해당될 수 있다.

(2) 과징금

사업보고서 제출 대상 법인이 사업보고서 등을 제출하지 아니한 경우, 사업보고서 등 중요 사항에 관하여 거짓의 기재 또는 표시가 있거나 중요 사항이 기재 또는 표시되지 아니한 경우 직전 사업연도 중에 증권시장에서 형성된 그 법인이 발행한 주식(그 주식과 관련된 증권예탁증권 포함)의 일일 평균 거래 금액의 100분의 10(20억 원을 초과하거나 그 법인이 발행한 주식이 증권시장에서 거래되지 아니한 경우에는 20억 원)을 초과하지 아니하는 범위에서 과징금을 부과할 수 있다(동법 제429조).

제2장

회계의 투명성

제1절 재무제표 공시 관련 제도

1. 재무제표

가. 재무제표의 작성 및 검토

재무제표의 작성 목적은 기업에 유입될 현금흐름에 대한 전망과 경제적 자원에 대한 경영진의 수탁책임을 평가하는 데 유용한 재무 정보를 정보 이용자들에게 제공하는 것이다. 재무제표는 재무보고의 유일한 수단은 아니지만 가장 핵심적인 수단인데 이러한 재무제표의 작성 책임은 경영진에게 있다.

기업의 '경영자'는 정보 이용자에게 정보를 제공하는 과정에서 사익을 위해 이를 왜곡할 유인이 존재한다. 이러한 정보의 왜곡을 방지하기 위해서 일정 규모 이상의 회사는 내부회계관리제도를 운영하여 재무제표의 작성 과정이 적절히 모니터링 될 수 있도록 해야 한다. 또한 재무제표가 회계기준에 맞게 작성이 되도록, 외부감사제도와 감리제도를 두어 회사가 작성한 재무제표를 감독한다.

나. 재무제표의 작성 기준

재무제표를 작성할 때 기업회계의 통일성과 객관성을 부여하기 위하여 「주식회사 등의 외부감사에 관한 법률」(이하 외부감사법)에서는 금융위원회가 증권선물위원회의 심의를 거쳐 회계 처리 및 보고에 관한 기준을 정하도록 하고 있다(제5조 제1항). 현재는 국제회계기준위원회의 국제회계기준을 채택하여 정한 회계처리기준인 한국 채택 국제회계기준(K-IFRS)을 상장회사 및 금융회사들이 사용하고 있으며 그 외의 중소형 회사들은 일반기업회계기준을 적용하고 있다.

K-IFRS의 가장 큰 특징은 원칙중심 회계처리, 연결재무제표 중심, 공정가치 적용의 확대, 공시의 강화 등이 있는데 이러한 특징에 따라 정보 이용자에게 공시되는 정보를 살펴보고 해석하는 능력이 더 요구되고 있다.

다. 재무제표의 종류

재무제표는 재무상태표, (포괄)손익계산서, 자본변동표, 현금흐름표, 주석으로 구성된다. 재무상태표는 특정 시점 현재 기업 실체의 재무 상태에 대한 정보를 제공하는 것으로, 자산, 부채 및 자본으로 구성되어 있다. 손익계산서는 일정 기간의 기업 실체의 경영 성과에 대한 정보를 제공하는 것으로, 수익에서 비용을 차감하여 이익을 계산한다.

자본변동표는 일정 시점 현재 기업의 자본의 크기와 일정 기간 동안의 자본의 변화를 보여준다. 현금흐름표는 일정 기간 동안 기업의 현금유입과 유출에 대한 정보를, 영업 활동으로 인한 현금흐름, 투자 활동으로 인한 현금흐름, 그리고 재무 활동으로 인한 현금흐름으로 나누어 알려준다. 주석은 재무제표에 대해 추가적인 설명이 필요한 부분을 상세히 설명해주며 과거 주요 재무제표 중 하나였던 이익잉여금처분계산서는 자본변동표가 도입되면서 주석 기재 사항으로 변경되었다.

재무제표를 작성하는 기업의 범위에 따라 다시 나누어 보면 연결재무제표와 별도재무제표로 나누어 볼 수 있다. 연결재무제표는 지배기업과 그 종속기업의 자산, 부채, 자본, 수익, 비용, 현금흐름을 단일 경제적 실체로 표시하는 연결 실체의 재무제표를 의미한다. 연결재무제표는 내부거래가 제거되고 표시되어 기업 실체 간의 내부거래가 많은 경우 그 경제적 실질을 확인하기 용이하다. 반면 별도재무제표는 지배기업이 종속기업 등을 원가법, 공정가치법, 지분법 중 하나의 방법으로 회계처리 하고 있어 각각의 회사가 별개의 실체라는 관점에서 재무제표가 작성된다.

라. 재무제표의 승인

재무제표는 보통 정기주주총회에서 주주의 보통결의에 의하여 승인하며, 수정결의도 가능하다. 다만, 아래의 요건이 충족되는 경우 정관으로 정하는 바에 따라 이사회 결의로 승인할 수 있다(「상법」 제449조의2 제1항). 이사회가 승인한 경우에는 이사는 제447조의 각 서류(재무제표)의 내용을 주주총회에 보고해야 한다(동조 제2항).

(1) 재무제표가 법령 및 정관에 따라 회사의 재무 상태 및 경영 성과를 적정하게 표시하고 있다는 외부감사인의 의견이 있을 것.

(2) 감사(감사위원회 설치 회사의 경우에는 감사위원을 말한다) 전원의 동의가 있을 것.

주주총회에서 재무제표를 승인하면 이에 표시되어 있는 당기의 결산, 즉 회사의 계산이 확정되고 또한 이익잉여금의 처분 또는 결손의 처리 등을 집행할 수 있게 된다. 주주는 이익잉여금처분계산서의 승인된 내용에 따라 확정된 이익배당청구권을 가지게 된다.

2. 외부감사

회사의 재무제표를 적정하게 작성하기 위해서는 건전한 지배구조를 갖추어 경영진에 의한 재무제표 작성과 이사와 감사의 내부 통제를 통한 적절한 감독이 이루어져야 한다. 하지만 이러한 지배구조가 취약해질 수 있으며 재무제표가 가지는 중요성을 고려해 우리는 독립된 제3자를 통한 감독제도를 별도로 두고 있다.

가. 외부감사제도의 도입 취지

「상법」은 주식회사의 회계감사를 위한 필요적 상설기관으로 감사(또는 감사위원회)를 두고 있다. 그러나 회사의 내부감사는 대부분 형식적으로 운영되어 이사회 등 경영진에 대한 견제 기능을 발휘하지 못하여 온 반면, 기업의 규모가 대형화되고 조직이 복잡해짐에 따라 기업과 직간접적으로 관련을 맺게 되는 주주, 채권자, 종업원, 소비자 등 이해관계자의 수가 증가하였다. 이러한 이해관계자를 보호하기 위해서는 그들이 기업의 재무 상태 및 경영 성과를 정확히 판단하여 의사결정을 할 수 있도록 회계 정보를 올바르게 작성·공시해야 할 필요성이 증대하였고, 이에 「자본시장법」과 「외부감사법」에서는 외부감사제도를 도입하여 회계전문가인 외부감사인으로 하여금 회사가 작성한 재무제표의 적정성을 확인하도록 하고 있다.

나. 대상 기업

(1) 「자본시장법」에서 정한 법인

「자본시장법」에 따라 금융위원회와 거래소에 재무에 관한 서류를 제출하는 자 중 대통령령이 정하는 다음의 법인은 「외부감사법」에 의하여 회계감사를 받아야 한다(「자본시장법」 제169조 제1항).

① 사업보고서 제출 대상 법인.

② 제167조 제1항 제2호 각 목의 어느 하나에 해당하는 증권에 대하여 「자본시장법」 제130조 제1항에 따라 신고서를 제출하지 아니하고 모집 또는 매출을 한 법인.

다만, 기업 경영 등 비밀 유지 및 기업 부담과 투자자 보호와의 형평 등을 고려하여 아래 사항에 대하여는 그러하지 아니하다.

① 재무에 관한 서류 중 「동 시행령」 제131조 제5항 각 호의 어느 하나에 해당하는 사항이 기재된 부분.

② 반기보고서와 분기보고서 중 재무에 관한 서류. 다만, 반기보고서와 「동 시행령」 제170조 제1항 제2호 단서에 해당하는 법인이 제출하는 분기보고서의 경우에는 회계감사인의 확인과 의견 표시가 있는 것만 해당한다.

(2) 「외부감사법」에서 정한 법인

다음 회사는 재무제표를 작성하여 독립된 외부의 감사인(재무제표 및 연결재무제표의 감사인은 동일하여야 한다)에 의한 회계감사를 받아야 한다. (「외부감사법」 제4조).

① 주권상장법인

② 해당 사업연도 또는 다음 사업연도에 주권상장법인이 되려는 회사

③ 대통령령으로 정하는 기준에 해당되는 회사 및 유한회사

대통령령으로 정하는 기준에 해당되는 회사 및 유한회사는 다음과 같다(「외부감사법

시행령」 제5조).

(a) 직전 사업연도 말의 자산총액이 500억 원 이상인 회사 및 유한회사

(b) 직전 사업연도의 매출액이 500억 원 이상인 회사(직전 사업연도가 12개월 미만인 경우 12개월로 환산하며, 1개월 미만은 1개월로 본다) 및 유한회사

(c) 다음 (가)~(라) 목의 사항 중 2개 이상에 해당하는 회사(유한회사의 경우 마목을 포함해 3개 이상에 해당하는 유한회사)

(가) 직전 사업연도 말의 자산총액이 120억 원 이상

(나) 직전 사업연도 말의 부채총액이 70억 원 이상

(다) 직전 사업연도의 매출액이 100억 원 이상

(라) 직전 사업연도 말의 종업원(「근로기준법」 제2조 제1항 제1호에 따른 근로자를 말하며 다음 어느 하나에 해당하는 사람은 제외한다)이 100명 이상

- 「소득세법 시행령」 제20조 제1항 각 호의 어느 하나에 해당하는 사람
- 「파견근로자 보호 등에 관한 법률」 제2조 제5호에 따른 파견근로자

(마) 직전 사업연도 말의 사원(「상법」 제543조 제2항 제1호에 따라 정관에 기재된 사원을 말한다)이 50명 이상

다만 「공공기관의 운영에 관한 법률」에 따라 공기업 또는 준정부기관으로 지정받은 주식회사 중 주권상장법인이 아닌 회사 등의 경우 외부감사인에 의한 회계감사를 받지 않을 수 있다.

(3) 외부감사인의 선임

외부감사인의 선임 원칙은 회사에 의한 자유 수임이다. 감사인 선임 권한을 회사가 가지고 있기 때문에 자유 수임제도는 필연적으로 외부감사인의 독립성을 침해하는 결과를 가져오게 되었고, 회계부정을 근절하지 못했다. 이에 따라 사회적으로 외부감사제도 개선에 대한 목소리가 높아졌고 「외부감사법」을 전면 개정하게 되었다. 개정 「외부감사법」은 감사인 지정제도를 대폭 확대하였고, 외부감사인의 선임시기도 변경하여 감사인의 독립성을 강화하였다. 상장회사는 6년간 자유 수임으로 외부감사인을 선임한 경우 증권선물위원회에서 감사인을 지정하고 있고(「외부감사법」 제11조 제2항), 일정

한 요건에 해당하는 경우에도 감사인을 지정한다(동조 제1항).

자유 수임으로 외부감사인을 선임하는 경우 회사의 규모, 감사위원회의 존재 여부 등에 따라 선임시기가 달라진다. 감사위원회가 설치된 회사는 사업연도 개시 전까지 외부감사인을 선임해야 하고 그 이외의 회사는 매 사업연도 개시일로부터 45일 이내에 외부감사인을 선임해야 한다. 이때 주권상장법인, 대형 비상장주식회사 및 금융회사는 연속하는 3개 사업연도의 감사인을 동일 감사인으로 선임해야 한다. 또한 직전 사업연도에 외부감사를 받지 않았던 회사는 사업연도 개시 이후 4개월 내에 감사인을 선임해야 한다.

다. 외부감사의 방법

(1) 회계감사기준

감사인은 일반적으로 공정·타당하다고 인정되는 회계감사기준에 따라 감사를 실시해야 한다(「외부감사법」 제16조 제1항). 회계감사기준은 독립된 감사인이 「외부감사법」에 의한 감사업무 등을 수행함에 있어 준수해야 할 내용이 된다. 감사의 목적은 재무제표 이용자의 신뢰수준을 향상시키는 것이며 감사인의 의견은 기업의 존속가능성이나 장래전망을 보장하는 것은 아니다. 감사 의견은 합리적 확신에 기초하고 있기 때문에 감사기준에 따라 감사가 적절히 계획되고 수행되었다고 하더라도 재무제표의 중요한 왜곡표시가 발견되지 않을 수 있다. 따라서 추후에 중요한 왜곡표시가 발견되었다고 하여 감사인이 감사기준을 위배한 것은 아니다.

회계감사기준은 공인회계사회가 금융위원회의 승인을 얻어 정하도록 하고 있다(동조 제2항).

(2) 감사 의견

감사 절차를 마친 후 외부감사인은 회사에 대하여 정기주총 1주일 전에 감사 결과를 기재한 감사보고서를 제출해야 한다. 외부감사인이 감사 의견을 제시할 때는 다음과 같은 의견을 표명하고, 이와 별도로 감사 의견에는 영향을 미치지 아니하지만 의사결정에 참고가 될 사항은 감사보고서에 강조사항으로 기재한다(㉮ 계속기업에 대한 의문,

특수관계자와의 중요한 거래).

적정(non-qualified)	재무제표가 기업회계기준에 따라 적정하게 작성된 경우.
한정(qualified)	재무제표에 중대한 영향을 미치는 감사 범위의 제한, 기업회계기준의 위배 사항이 있는 경우.
부적정(adverse)	재무제표에 특히 중요한 영향을 미치는 감사 범위의 제한, 기업회계기준의 위배 사항이 있는 경우.
의견거절(disclaimer)	감사인의 독립성이 결여 또는 재무제표에 특히 중요한 영향을 미치는 감사 범위의 제한이 있는 경우.

라. 외부감사인의 권한

감사인의 독립적이고 공정한 외부감사를 위하여 감사인은 언제든지 회사 및 회사가 일정 비율 이상 지분을 소유한 회사의 회계에 관한 장부와 서류를 열람 또는 복사하거나 회계에 관한 자료의 제출을 요구할 수 있으며, 그 직무의 수행을 위하여 특히 필요한 때에는 업무와 재산 상태를 조사할 수 있다(「외부감사법」 제21조 제1항). 이때 회사 및 관계회사는 지체 없이 감사인의 자료제출 요구에 따라야 하며 만일 회사의 이사 또는 회계업무를 담당하는 자 등이 정당한 사유 없이 감사인의 열람, 복사, 자료제출 요구 또는 조사를 거부·방해·기피하거나 거짓 자료를 제출하는 경우 3년 이하의 징역 또는 3천만원 이하의 벌금에 처할 수 있다(제42조 제3호).

마. 외부감사인의 의무

감사인은 회사에 대한 감사업무를 수행함에 있어서 일반적으로 공정·타당하다고 인정되는 회계감사기준에 따라 감사를 실시함으로써 피감사 회사의 재무제표에 대한 적정한 의견을 표명하지 못함으로 인한 이해관계인의 손해를 방지해야 할 주의의무가 있다. 그리고 회계감사기준은 특별한 사정이 없는 한, 일반적으로 공정·타당하다고 인정되는 것으로서 감사인의 위와 같은 주의의무 위반 여부에 대한 판단의 주요한 기준이 된다.

감사인은 감사업무를 수행함에 있어서 이사의 직무 수행에 관하여 부정행위 또는 법령이나 정관에 위반되는 중대한 사실을 발견한 때에는 이를 감사 또는 감사위원회에 통보하고 주주총회에 보고해야 하고, 감사인은 회사가 회계처리에 관하여 회계처리기준을 위반한 사실을 발견한 때에는 이를 감사 또는 감사위원회에 통보해야 한다(「외부감사법」 제22조 제1항, 제2항). 그리고 감사인 또는 소속 공인회계사는 주주총회의 요구가 있는 때에는 이에 출석하여 의견을 진술하거나 주주의 질문에 답변해야 한다(제24조). 감사인, 그에 소속된 공인회계사 또는 감사업무와 관련된 자는 다른 법률에 특별한 규정이 있는 경우를 제외하고 그 직무상 알게 된 비밀을 누설하거나 부당한 목적을 위해 이용하여서는 아니 된다(제20조).

3. 감리

감리란 감독 당국이 회사가 기업회계기준에 따라 적정히 재무제표를 작성하였는지, 외부감사인이 감사기준에 따라 감사를 실시하였는지를 밝히는 것을 말한다. 따라서 회계부정으로 회사가 제재조치를 받는 경우도 외부감사인은 감사기준에 따라 적정히 감사를 했다면 제재조치를 받지 않을 수 있다.

감리는 회사의 불법행위를 찾아내는 것이 아니라 회계처리 및 외부감사인의 보고와 관련한 사항에만 국한하여 조사하는 것이어서 표본 추출 또는 특정한 사항이 발생하였을 때만 실시한다. 현재 사업보고서 제출 대상 법인, 금융기관 등의 경우에는 증권선물위원회가 금융감독원에 위탁을 하고 있으며, 나머지 비상장법인의 경우에는 한국공인회계사회에 감리를 위탁하고 있다.

증권선물위원회는 업무의 수행에 필요한 때에는 감사 대상 회사와 이의 관계회사, 계열회사 및 감사인에 대하여 자료의 제출·의견의 진술 또는 보고를 요구하거나 금융감독원장으로 하여금 회사·관계회사 및 계열회사의 회계에 관한 장부와 서류의 열람 또는 업무 및 재산 상태의 조사를 할 수 있다(「외부감사법」 제27조 제1항).

감리 결과 감사인 또는 그에 소속된 공인회계사가 「외부감사법」의 규정을 위반한 경우 증권선물위원회는 당해 감사인 또는 그에 소속된 공인회계사에 대하여 등록 취소 또는 일정한 기간을 정하여 업무 또는 직무의 정지를 명하거나 특정 회사에 대한 감사

업무의 제한, 기타 직무 연수 등의 필요한 조치를 취할 수 있다. 그리고 회사가 「외부감사법」의 규정을 위반한 경우 증권선물위원회는 과징금, 일정 기간 유가증권 발행 제한, 임원의 해임 권고, 감사인 지정 등의 조치를 취할 수 있다.

제2절 회계부정

1. 회계부정이란

우리는 분식회계라는 용어를 많이 쓰지만 이는 법률적으로 정리된 용어는 아니다. 분식회계는 일본식 용어이기 때문에 회계부정이라는 용어를 사용하는 것이 적절하다. 넓은 의미의 회계부정은 기업이 회계처리기준을 위반한 것으로 설명할 수 있으며 좁은 의미로는 기업이 회계처리기준을 벗어난 자의적 회계처리를 통해 정보 이용자의 의사결정을 왜곡하게 만드는 것이라고 볼 수 있다. 이러한 회계부정은 기업의 투명성을 저해하여 주주, 채권자, 거래 당사자 등에게 예측하지 못한 손해를 입힐 뿐만 아니라 결국에는 기업에 대한 신뢰, 시장에 대한 신뢰를 떨어뜨림으로써 「헌법」상의 기본원리인 자유주의적 시장경제 질서를 무너뜨리는 결과를 낳게 된다.

현실에서는 회계부정과 부실감사를 혼동하는 경우가 자주 발생한다. 하지만 회사의 재무제표 작성 책임은 당해 회사가 부담하므로 회계부정의 여부는 기업 경영진의 문제이고, 회사가 작성한 재무제표의 감사 책임은 내·외부감사인에게 있기 때문에 적절한 감사를 통해 회계부정을 적발하지 못한 부실감사에 대한 책임은 내·외부감사인에게 있다.

다만 부실감사란 외부감사인이 회사가 작성한 재무제표 감사 시 따라야 하는 기준인 감사기준에 위배하여 감사를 실시함으로써 회사가 작성한 재무제표의 분식을 밝혀내지 못하는 것이다. 따라서 외부감사인이 감사기준에 따라 감사를 실시하였음에도 회사가 작성한 재무제표의 분식을 밝혀내지 못한 경우에는 부실감사가 아니다.

2. 회계부정에 대한 책임

가. 회계부정에 대한 형사 처벌

기업이 회계처리기준을 위반하여 허위의 재무제표를 작성·공시한 경우 이사 등은 「자본시장법」 제444조에 따른 책임과 함께 「외부감사법」에 따른 책임을 부담한다. 2018년 11월 개정된 「외부감사법」은 재무제표를 허위 작성한 경우 10년 이하의 징역이나 위반 행위로 얻은 이익의 2배 이상 5배 이하의 벌금에 처한다(제39조 제1항). 또한 회계처리기준 위반액이 500억 원 이상이며 자산총액의 100분의 10 이상으로 대형회계부정에 해당하는 경우 무기 또는 5년 이상의 징역형에, 500억 원 이상이며 자산총액의 100분의 5 이상인 경우는 3년 이상의 유기징역형에 처하도록 하여 회계부정에 대한 제재를 대폭 강화하였다.

이러한 처벌에 대해 기업회계기준은 구체적인 내용을 민간위원회가 작성하도록 하고 있어 위임입법의 한계를 벗어난 위헌규정인지가 논란이 되었다. 그러나 대법원은 "회계처리기준은 입법자의 상세한 규율이 불가능하거나 상황의 변화에 탄력적으로 대응할 필요성이 강하게 요구되는 극히 전문적인 영역에 속한다고 보이므로 … 「주식회사의 외부감사에 관한 법률」의 입법 연혁이나 다른 조항을 종합하여 보면, 금융위원회에게 '회계처리기준'의 구체적인 내용의 정립을 위임한 것은 입법위임의 한계를 벗어나는 등 죄형법정주의의 원칙에 위배된 것이라고 볼 수 없다"[1)]고 판시하였다.

나. 손해배상책임

회사와 회사의 이사는 회계부정이 발생한 경우 「상법」과 「자본시장법」에 따라 손해배상책임을 부담한다. 하지만 상법의 경우 입증책임이 손해배상을 청구하는 쪽에 있어 이들이 이사의 고의나 중과실을 입증하는 것이 어렵기 때문에 현실적으로는 「자본시장법」에 따른 손해배상책임을 추궁하는 경우가 대부분이다(이에 대해서는 제3편 제1장 2절 참고).

1) 대법원 2006. 1. 13. 선고 2005도7474 판결.

다. 과징금

「자본시장법」에서는 증권신고서(정정신고서 및 첨부 서류를 포함한다)에 첨부되는 서류 중 중요 사항에 관하여 거짓의 기재 또는 표시가 있거나 중요 사항을 기재 또는 표시하지 아니한 때에는 신고인과 그 당시의 이사, 그리고 업무집행지시자로 증권신고서의 작성을 지시한 자는 증권신고서상의 모집가액 또는 매출가액의 100분의 3(20억 원을 초과하는 경우에는 20억 원)을 초과하지 아니하는 범위에서 과징금을 부과할 수 있다고 규정하고 있다(제429조 제1항).

증권신고서와 달리 사업보고서의 경우에는 회사에 대한 과징금 부과만 가능하다(제429조 제3항). 이에 따라 유통시장의 회계부정은 적절히 제어되기 어렵다는 의견이 있어 개정된 「외부감사법」은 과징금 조항을 두어 모든 회사의 회계부정에 대해 과징금을 부과할 수 있도록 하고 있다.

3. 외부감사인의 부실감사 책임

가. 형사책임

외부감사인은 부실감사에 대해 이사와 마찬가지로 「자본시장법」 제444조에 따른 벌칙과 「외부감사법」에 따른 형사책임을 부담한다. 부실감사에 대한 책임은 결과적으로 회계부정을 발견하지 못한 것에 따른 책임이 아니라 감사인이 회계감사기준을 준수하지 않아 감사보고서에 기재하여야 할 사항을 기재하지 않거나 거짓으로 기재한 경우에 부담하는 책임이다. 2018년 11월 「외부감사법」이 전면 개정되기 이전에는 회사의 회계부정에 대한 책임과 외부감사인의 부실감사에 대한 책임을 차등화했으나 대우조선해양 사건 이후 회계부정에 대한 엄벌론이 대두되며 부실감사의 책임도 회계부정과 마찬가지로 무기징역까지 가능하게 개정되었다.

나. 손해배상책임

이사의 경우 「자본시장법」과 「상법」에 따라 회계부정에 대해 책임을 부담하는 것과 달리 외부감사인은 「자본시장법」과 「외부감사법」에 따른 부실감사 책임을 부담한다. 하지만 공인회계사의 감사보고서는 첨부 서류에 대해 진실 또는 정확하다는 증명을 한 것이 아니라고 보아 「자본시장법」 제125조의 적용을 배제하는 하급심의 판례가 존재한다. 따라서 손해배상책임은 「외부감사법」을 중심으로 설명한다.

(1) 회사에 대한 책임

감사인은 회사와의 계약에 의하여 사무의 위탁을 받은 자이므로 회사에 대하여 선량한 관리자의 주의로서 직무를 수행할 의무를 부담한다. 만일 감사인이 임무를 해태하여 회사에 손해를 발생케 한 때에는 회사에 대하여 손해를 배상할 책임을 진다(「외부감사법」 제31조 제1항). 만일 감사인이 임무를 게을리하지 아니하였음을 증명하는 경우는 당해 공인회계사는 책임을 면하게 된다(동조 제7항). 또한 자유 수임을 한 회사의 경우 감사인이 임무를 게을리 했음을 입증해야 한다.

감사인이 잘못이 있다고 하더라도 그와 관련한 피감사 회사의 모든 손해에 대하여 감사인이 손해배상책임을 져야 한다고 볼 수는 없고, 감사인의 잘못과 피감사 회사의 손해 사이에 상당 인과관계가 있는 경우에 손해배상책임이 인정된다. 상당 인과관계의 유무를 판단함에 있어서는 일반적인 결과 발생의 개연성은 물론이고, 감사인의 의무를 부과하는 법령 기타 행동규범의 목적, 가해행위의 태양 및 피침해 이익의 성질 및 피해의 정도 등을 종합적으로 고려해야 한다. 법원은 감사인이 금융기관 등에 대한 조회 절차를 실시하면서 조회서에 조회처의 정확한 주소가 표시되도록 할 의무가 있음은 인정하면서도 "그러한 감사인의 잘못과 특정 회계연도에 대한 외부감사가 종료한 후에 자금팀장의 횡령 등 범행이 계속됨으로 인하여 피감사 회사에게 확대된 횡령 금액 상당의 손해 사이에는 상당 인과관계가 없다"[2]고 판결하기도 하였다.

(2) 제3자에 대한 책임

외부감사인은 회사에 대하여는 선량한 관리자의 주의로서 직무를 수행해야 할 의무를 부담하지만, 제3자에 대하여는 이러한 직접적인 법률관계를 가지지 않는다. 따라서

---

2) 대법원 2011. 1. 13. 선고 2008다36930 판결.

외부감사인의 부실감사로 인하여 제3자가 손해를 입었다면, 제3자는 「민법」 제750조상 불법행위의 요건을 갖춘 경우에 한하여 외부감사인을 상대로 손해배상을 청구할 수 있다. 그러나 외부감사가 기업 환경에서 차지하는 비중이 갈수록 높아지기 때문에 외부감사가 적정하게 행하여지는 것은 회사 외의 제3자에 대하여도 중요한 의미를 가진다. 이에 「자본시장법」과 「외부감사법」에서는 손해액 입증의 완화 등 「민법」상 불법행위의 특칙을 두어 제3자의 이익을 보호하고 있다.

「자본시장법」 제170조(회계감사인의 손해배상책임)

① 「주식회사 등의 외부감사에 관한 법률」 제31조 제2항부터 제9항까지의 규정은 선의의 투자자가 사업보고서 등에 첨부된 회계감사인(외국 회계감사인을 포함한다. 이하 이 조에서 같다)의 감사보고서를 신뢰하여 손해를 입은 경우 그 회계감사인의 손해배상책임에 관하여 준용한다.

② 제1항에 따라 배상할 금액은 청구권자가 그 증권(그 증권과 관련된 증권예탁증권, 그 밖에 대통령령으로 정하는 증권을 포함한다. 이하 이 조에서 같다)을 취득 또는 처분함에 있어서 실제로 지급한 금액 또는 받은 금액과 다음 각 호의 어느 하나에 해당하는 금액(처분의 경우에는 제1호에 한한다)과의 차액으로 추정한다.

1. 제1항에 따라 손해배상을 청구하는 소송의 변론이 종결될 때의 그 증권의 시장가격(시장가격이 없는 경우에는 추정 처분 가격을 말한다).
2. 제1호의 변론 종결 전에 그 증권을 처분한 경우에는 그 처분 가격.

③ 제2항에 불구하고 제1항에 따라 배상책임을 질 자는 청구권자가 입은 손해액의 전부 또는 일부가 중요 사항에 관하여 거짓의 기재 또는 표시가 있거나 중요 사항이 기재 또는 표시되지 아니함으로써 발생한 것이 아님을 증명한 경우에는 그 부분에 대하여 배상책임을 지지 아니한다.

「주식회사 등의 외부감사에 관한 법률」 제31조(손해배상책임)

② 감사인이 중요한 사항에 관하여 감사보고서에 적지 아니하거나 거짓으로 적음으로써 이를 믿고 이용한 제3자에게 손해를 발생하게 한 경우에는 그 감사인은 제3자에게 손해를 배상할 책임이 있다. 다만, 연결재무제표에 대한 감사보고서에 중요한 사항을 적지 아니하거나 거짓으로 적은 책임이 종속회사 또는 관계회사의 감사인에게 있는 경우에는 해당 감사인은 이를 믿고 이용한 제3자에게 손해를 배상할 책임이 있다.

③ 제1항 또는 제2항에 해당하는 감사인이 감사반인 경우에는 해당 회사에 대한 감사에 참여한 공인회계사가 연대하여 손해를 배상할 책임을 진다.

⑦ 감사인 또는 감사에 참여한 공인회계사가 제1항부터 제3항까지의 규정에 따른 손해배상책임을 면하기 위하여는 그 임무를 게을리하지 아니하였음을 증명하여야 한다. 다만, 다음 각 호의 어느 하나에 해당하는 자가 감사인 또는 감사에 참여한 공인회계사에 대하여 손해배상청구의 소를 제기하는 경우에는 그 자가 감사인 또는 감사에 참여한 공인회계사가 임무를 게을리하였음을 증명하여야 한다.

1. 제10조(자유 수임)에 따라 감사인을 선임한 회사
2. 「은행법」 제2조 제1항 제2호에 따른 은행
3. 「농업협동조합법」에 따른 농협은행 또는 「수산업협동조합법」에 따른 수협은행
4. 「보험업법」에 따른 보험회사
5. 「자본시장과 금융투자업에 관한 법률」에 따른 종합금융회사
6. 「상호저축은행법」에 따른 상호저축은행

(3) 「민법」, 「자본시장법」, 「외부감사법」상 각 손해배상책임의 관계

「민법」상 불법행위책임을 묻기 위해서는 외부감사인의 고의, 과실, 인과관계, 위법성, 원고들의 손해를 차례로 입증해야 한다. 이러한 「민법」상 불법행위책임과 「자본시장법」상의 책임과의 관계에 대하여 판례는 "「자본시장법」상의 책임은 그 발생 요건이 특정되어 있고, 그에 대한 입증책임이 전환되어 있을 뿐만 아니라 손해배상액이 추정되어 선의의 투자자가 보다 신속하게 구제받을 수 있게 하는 한편, 유가증권시장의 안정을 도모하기 위하여 그 책임을 물을 수 있는 기간이 단기간으로 제한되어 있는 손해배상책임으로서 「민법」상의 불법행위책임과는 별도로 인정되는 법정책임"[3]이라고 보고 있다.

---

3) 대법원 1999. 10. 22. 선고 97다26555 판결(한국강관 사건). 한국강관 사건에서 「자본시장법」상 책임 규정의 성질이 문제되었다. 피고 회계법인 측에서 원고 측이 원용하는 「자본시장법」상 청구권은 단기 소멸시효로 소멸하였고 「자본시장법」 및 「외부감사법」상 책임 규정은 「민법」상 책임 규정의 특별법적 위치에 있으므로 「민법」상의 책임 규정도 배제되어야 한다고 항변하였기 때문이다. 그러나 법원은 「자본시장법」상 책임은 별도의 법정책임이라고 판시하였다. 한국강관 사건에 대한 자세한 사항은 제3편 제2장 제2절 4. 다. '(2) 「민법」상 책임을 묻는 경우' 참조.

그리고 「외부감사법」상 책임은 '「외부감사법」의 적용을 받는 외부감사의 대상이 되는 회사'와 '재무제표'에 대한 감사에 한정되는 등 「자본시장법」 제170조와 그 적용 범위와 성립 요건이 일부 상이하므로, 「자본시장법」과는 또다시 별도로 인정되는 법정책임이다. 즉 「민법」상 책임과 「자본시장법」상 책임, 「외부감사법」상 책임은 각각 별도로 인정되는 책임이어서 손해배상을 구하는 제3자는 자신의 선택에 따라 「민법」상 책임, 「자본시장법」상 책임, 「외부감사법」상 책임을 별개 또는 다 함께 물을 수 있다. 나아가 손해배상을 구하는 제3자는 소송 과정에서 위 책임들 가운데 어떤 것을 청구 원인으로 하는지 명확하게 해야 한다.

대법원 2002. 9. 24. 선고 2001다9311, 9328 판결: 주식회사 엠트 사건

• 구 「주식회사의 외부감사에 관한 법률」 제17조 제2항의 규정에 따라 손해배상책임을 지는 감사인은 「주식회사의 외부감사에 관한 법률」 제2조에 따라 외부감사의 대상이 되는 회사에 대하여 외부감사를 하는 같은 법 제3조의 감사인에 한정된다(주식회사 엠트의 경우 당시 자산총액이 59억 원 정도로 「주식회사의 외부감사에 관한 법률」에 따라 외부감사를 받아야 하는 주식회사에 해당하지 않음).

• 만일 「주식회사의 외부감사에 관한 법률」 제2조에 의한 감사인의 손해배상책임이 부정되는 경우 「증권거래법」 제197조 제1항에 의한 감사인의 손해배상책임을 구하기 위해서는 이에 관한 명시적 주장이 필요하다.

다. 과징금

「자본시장법」은 증권신고서의 첨부 서류가 진실 또는 정확하다고 증명한 공인회계사나 증권신고서에 자신의 평가·분석·확인 의견이 기재되는 것에 동의하고 그 내용을 확인한 자가 증권신고서에 중요 사항을 기재하지 않거나 거짓으로 기재한 경우 증권신고서상의 모집가액 또는 매출가액의 100분의 3(20억 원을 초과하는 경우에는 20억 원)을 초과하지 아니하는 범위에서 과징금을 부과할 수 있다고 규정하고 있다(제429조 제1항). 손해배상책임과 마찬가지로 해당 조항에 대해서도 외부감사인의 포함 여부를 두고 논란이 있었으나 대법원의 판례는 외부감사인의 과징금 부과가 타당하다고 보았다.

대법원 2007. 9. 20. 선고 2006두11590 판결

구 「증권거래법(2003. 12. 31. 법률 제7025호로 개정되기 전의 것, 이하 '법'이라 한다.)」 제206조의11 제1항 제1호가 원용하고 있는 동법 제14조 제1항 제2호의 공인회계사는 유가증권신고서 등에 첨부되는 감사보고서에 서명한 자를 말하므로, 공인회계사의 직무를 조직적·전문적으로 행하기 위하여 설립된 회계법인의 대표이사가 회계법인을 대표하여 유가증권신고서 등에 첨부되는 감사보고서에 서명한 경우에는 회계법인으로 하여금 그 책임을 부담하도록 하는 것이 이러한 입법 취지에 부합하는 것으로 보일 뿐만 아니라, 법 제14조 제1항 제2호 소정의 허위 기재 등으로 인한 손해배상책임의 주체가 되는 공인회계사에 회계법인도 포함되는 것으로 해석되고 있는 점, 또한 「주식회사의 외부감사에 관한 법률」 제3조 제2항의 위임에 따른 구 「주식회사의 외부감사에 관한 법률 시행규칙(2003. 6. 30. 재정경제부령 316호로 개정되기 전의 것)」 제4조에서는 직전 사업연도 말 현재 자산총액 등을 기준으로 「주식회사의 외부감사에 관한 법률」 소정의 감사인(이하 '감사인'이라 한다)이 감사할 수 있는 회사의 규모를 별도로 정하고 있어 이 사건에서와 같이 일정한 경우에는 회계법인만이 감사인이 되어 감사보고서를 작성할 수 있는데, 이러한 경우 위 과징금의 부과대상자로 규정된 공인회계사에 회계법인이 포함되지 않는 것으로 해석하게 되면 법 제206조의11 제1항 제1호의 입법 취지와 달리 유가증권신고서 등에 첨부되는 감사보고서에 허위 기재 등을 한 자에 대한 과징금의 부과가 불가능하게 되는 불합리한 결과가 생기는 점, 그리고 입법경과 등에 비추어 회계법인 역시 유가증권신고서 등에 첨부되는 감사보고서에 허위 기재 등을 하는 경우에는 이에 대한 과징금 부과의 행정제재가 가해질 수 있음을 인식할 수 있다고 보이는 점을 비롯한 제반 사정을 종합하면, 위 과징금의 부과대상자인 공인회계사에 회계법인이 포함되는 것으로 해석함이 상당하다고 할 것이고, 이와 같이 새긴다고 하여 이를 유추해석이나 확장해석이라고 할 것은 아니다.

4. 손해배상책임

가. 누가 청구할 수 있는가

「자본시장법」상 책임을 물을 수 있는 자는 선의의 투자자이다. 만약 제3자가 부실한 감사보고서를 믿었다 하더라도 그로 인한 손해가 유가증권거래와 무관하게 발생하였다면 「자본시장법」상 책임을 구할 수 없고, 반면 법에 따라 증권거래를 하였다면 감사인의 감사보고서가 「외부감사법」상의 피감사 회사에 대한 것이 아니라고 하더라도 「자본시장법」 제170조 소정의 책임을 물을 수 있다.

「외부감사법」상 책임은 동법의 적용 대상 회사가 동법에 따른 회계감사를 받은 경우에 한하여 증권시장에서의 투자자를 포함한 제3자가 감사인에게 「외부감사법」 제31조 소정의 책임을 구할 수 있다. 따라서 위 요건만 충족된다면 증권거래 외에 일반적으로 널리 당해 감사보고서를 신뢰하여 손해를 입은 누구라도 「외부감사법」상의 책임을 묻는 것이 가능하므로 「외부감사법」이 적용되는 회사인 경우에는 「자본시장법」에 비하여 감사인에 대한 책임 추궁 범위가 넓어진다. 외부감사인이 작성한 감사보고서는 회사에 비치되거나 전자공시에 의하여 채권자들이나 기타 이해관계인들에게도 그 내용이 알려지고 채권자들이 이를 기초로 회사의 신용 상황을 판단할 자료로 활용하기 때문에 채권자들 역시 부실감사를 이유로 감사인에게 책임을 물을 수 있다.[4)]

대법원 1996. 4. 12. 선고 95다46173 판결: 흥양 사건(감사인 경원합동회계사무소)

사실관계

원고 엘지카드는 흥양과 신용카드 법인회원 가입 계약과 지급보증 거래 계약을 체결하고 있었음. 감사인인 경원합동회계사무소는 흥양의 1990년 회계연도에 대하여 허위의 감사보고서를 작성. 1991년 3월 흥양은 위 감사보고서를 기초로 지급보증한도액의 증원 요청. 원고 엘지카드는 감사보고서를 진실한 것으로 믿고 흥양의 신용카드 회원 자격을 계속 유지시킴과 아울러 지급보증한도액을 증액하여 지급보증을 계속하였으나, 1991년 7월 흥양은 부도 처리됨. 이에 원고 엘지카드는 감사인인 경원합동회계사무소의 대표공인회계사를 상대로 손해배상청구소송을 제기.

판결

재고자산이 전년도에 비해 100억 원이 증가하고 재고품 단가도 품목당 6배 이상 높게 표

4) 2004년 8월 20일 영화회계법인은 SK네트웍스 부실감사 책임을 지고 39개 채권금융기관에 대해 156억 원을 배상하기로 최종 합의를 보기도 하였다.

시되었음에도 피고는 이를 대조 확인하지도 않았고, 흥양의 어음 당좌발행대장 등과 거래은행에 조회한 내역서 등을 대조하여 어음의 누락 여부를 확인하지 않은 점, 피고가 1985년부터 흥양에 대한 감사업무를 시작하여 흥양의 재산 및 손익 상태에 관하여 잘 알고 있었거나 알 수 있었을 것인 점 등을 종합할 때 피고가 허위의 감사보고서를 작성한 것은 적어도 과실로 인한 위법행위라고 인정된다.

피고가 작성한 감사보고서가 흥양의 채권자들 등에게 그 내용이 알려져 흥양의 재무 상태나 경영 상태 등 신용 상황을 판단할 자료로 공여될 수 있음을 피고가 충분히 알 수 있었다고 할 것이어서 흥양의 채권자인 원고가 그 감사보고서의 내용을 진정한 것으로 믿은 결과 입게 된 위 손해는 피고가 과실로 허위의 감사보고서를 작성한 행위와 상당 인과관계가 있는 손해이다.

서울고법 2000. 6. 22. 선고 99나36701 판결(확정)

D종합금융 주식회사가 T회계법인을 상대로, T회계법인의 부실감사보고서를 기초로 해당 회사의 신용도를 평가하여 대출을 하였다가 후에 대출을 회수하지 못하여 입은 손해를 청구한 사건에서 해당 회사의 채권자인 금융회사에 대하여도 원고 적격을 인정함.

나. 손해배상의무자

(1) 감사인

① 「자본시장법」과 「외부감사법」에 따른 배상책임을 지는 자는 「외부감사법」 제2조 제7호에서의 '감사인'인 회계법인 또는 감사반이다.

② 만일 '감사인'이 회계법인인 경우에는 당해 회계법인만이 배상책임 의무자이고, 실제로 감사에 참가한 소속 공인회계사는 법률상 독립된 감사인이 아니기 때문에 「자본시장법」과 「외부감사법」의 책임은 지지 않고, 다만 일정한 경우 「민법」상의 불법행위책임을 질 수 있다.[5)]

---

5) 신정제지 사건에서는 실제 감사를 맡은 회계법인 소속 공인회계사에게 「민법」상 불법행위책임을 인정하였다(서울지법 남부지원 1994. 5. 6. 선고 92가합11689 판결).

이와 별도로 만일 회계법인 소속 공인회계사의 부실감사행위가 외형상 객관적으로 사용자의 직무집행 행위에 해당한다면, 회계법인은 「민법」 제756조에 따른 사용자 책임을 질 수도 있다.

③ 만일 '감사인'이 감사반인 경우에는 감사반이 법인이나 권리능력 있는 사단이 아니기 때문에 당해 회사의 감사에 참여한 공인회계사들만이 손해배상책임의 주체가 된다. 이때 당해 회사의 감사에 참여한 공인회계사는 연대하여 손해를 배상할 책임이 있고, 이들 간의 상호관계는 부진정연대채무이다.

서울지법 1999. 6. 18. 선고 97가합42811 판결

합동회계사무소의 대표공인회계사로서 감사보고서에 기명날인하였다는 이유만으로 「주식회사의 외부감사에 관한 법률」 제17조에 따른 손해배상책임을 부담한다고 볼 수 없고, 대표공인회계사로서 당해 감사업무를 직접 맡아 수행하거나 그 감사업무를 수행한 공인회계사를 지휘·감독하는 등 감사업무에 관여하였거나, 감사업무를 직접 수행하지는 아니하였더라도 적어도 감사 의견을 비롯한 감사보고서의 내용을 결정하는 과정에 참여하였음이 인정되어야 손해배상책임을 지울 수 있다.

---

(2) 당해 회사의 이사 또는 감사

이사와 감사는 「민법」과 「자본시장법」에 따른 손해배상책임을 부담한다. 다만, 「외부감사법」상의 책임은 감사인이 제3자에게 손해배상책임을 지는 경우 당해 회사의 이사 또는 감사(감사위원회가 설치된 경우에는 감사위원회 위원)도 그 책임이 있는 때에 당해 회사의 이사와 감사가 감사인과 연대하여 배상책임을 지게 된다(제31조 제4항). 이때 손해를 배상할 책임이 있는 자가 고의가 없는 경우에는 법원이 정하는 책임비율에 따라 손해를 배상할 책임이 있으며 손해배상을 청구하는 자의 소득인정액이 일정액 이하인 경우에는 연대책임을 지게 된다(제31조 제4항, 제5항).

사례: 회계법인의 은행 거래 현황 조회에 응한 금융기관의 과실

2007년 7월 26일 대법원은 감사인이나 당해 회사의 이사 또는 감사가 아닌, 회계법인의 은행 거래 현황 조회에 응한 금융기관도 금융기관의 과실로 인해 피해를 입은 투자자들에게 불법행위에 기한 손해배상책임을 진다고 판결하였다. 즉 회계감사를 위한 회계법인의 은행 거래 현황 조회에 대하여 금융기관이 이를 위반하여 부실 회신한 잘못으로 말미암아 감사보고서에 허위의 사실이 기재되고, 주주들이 감사보고서의 내용을 진실한 것으로 신뢰하여 주식을 취득한 경우 금융기관에게 주가 하락으로 인한 주주들의 손해를 배상할 책임이 있다는 것이다.

대법원 2007. 7. 26. 선고 2006다20405 판결

금융기관이 회계법인의 재무제표에 대한 회계감사와 관련하여 은행조회서로 회신을 하는 경우 적어도 은행조회서상의 해당 내용에 대하여 전산 조회 화면 등 관련 자료를 제대로 확인하여 정확하게 기재할 사회생활상의 주의의무가 있다. 그런데 피고 은행들이 이를 위반하여 정기예금 채권에 관하여 근질권이 설정된 사실을 은행조회서에 기재하지 아니 한 잘못으로 말미암아 회계법인이 이 사건 감사를 수행함에 있어서 위 정기예금 채권에 관하여 근질권이 설정된 사실을 알지 못한 채 이 사건 감사보고서를 작성·공시하였다. 그리고 원고들은 이 사건 감사보고서의 내용이 진실한 것으로 신뢰하고 A회사의 주식을 취득한 후 이 사건보고서의 부실 기재로 인하여 주가가 하락함으로써 손해를 입은 것인바, 피고들의 위와 같은 부실 회신은 위법한 행위로서 과실에 의한 불법행위에 해당한다고 할 것이므로, 피고 은행들은 원고들이 입은 손해를 배상할 책임이 있다.

다. 원고가 주장·입증해야 하는 것

(1) 「자본시장법」 또는 「외부감사법」상 책임을 구하는 경우

원고가 「자본시장법」 또는 「외부감사법」상 책임을 구하는 경우 원고는 ① 감사인이 '중요한 사항'에 관하여 감사보고서에 기재하지 아니하였거나 허위의 기재를 하였다는 점, ② 원고가 위 감사보고서를 믿고 이용하였다는 점, ③ 원고의 손해 발생만을 주장·입증하면 된다. '중요한 사항'이란 합리적인 제3자가 일정한 상황하에서 어떻게 행사할 것인가를 결정하는 과정에서 중요하다고 여길 가능성이 있는 사항을 말한다. 원고가 감사보고서를 믿고 이용하였다는 점, 즉 부실감사와 원고의 주식 취득과의 인과관계에 대하여 법원은 사실상 이를 추정하고 있다.[6)]

서울고법 2000. 6. 22. 선고 99나36701 판결(확정)

수십억 원에서 150억 원 이상의 경상손실과 당기순손실이 발생하였음에도 매년 10억 원 이상의 경상이익과 당기순이익이 발생한 것처럼 실제와 다르게 재무제표가 기재된 것은 중요한 사항이다.

서울지법 2002. 5. 23. 선고 2001가합36493 판결: 프로칩스 사건

사업보고서에 허위로 기재된 매출액, 재고자산, 당기순이익 및 누락된 제3자 명의의 채무는 회사의 수익성 및 재무건전성 판단에 중요한 요소일 뿐만 아니라 그 분식금액도 피고 프로칩스의 당시 자본금 66억 2,233만 6,500원과 실제 당기순이익에 비추어보면 적은 금액이라고 할 수 없어 이 사건 사업보고서 및 감사보고서에 허위 기재된 내용은 투자자의 의사를 결정함에 영향을 미치는 중요한 사항에 해당한다(피고 프로칩스의 1999년 회계연도 가결산 마감 결과 당기순이익이 - 23억 원으로 드러나자 재고자산 과대 계상 등의 방법으로 당기순이익이 53여억 원의 흑자가 난 것처럼 분식회계를 하였다).

서울고법 2005. 5. 20. 선고 2004나64489 판결: 대우전자 사건

사실관계

우리은행은 97년과 98년 두 차례에 걸쳐 대우전자가 발행한 200억 원짜리 CP 2장을 매입했으나 대우그룹 유동성 위기가 심화되고 99년 8월 계열사 전체가 기업개선작업(워크아웃)이 개시돼 변제받지 못하자 당시 회계감사를 맡아 적정 의견을 제시한 하나안진회계법인을 상대로 손해배상청구소송을 제기하였다.

---

6) 대법원 1997. 9. 12. 선고 96다41991 판결.

판결

재무제표는 기업체의 신용도와 상환 능력 등의 기초 자료로서 여신 제공 여부의 결정에 중요한 판단 근거가 되지만 금융기관은 당해 기업체의 재무 상태 외에도 소요 자금과 대출 기간의 적정 여부, 상환자원 및 사업 계획의 타당성 여부 등 여러 사항을 종합적으로 심사해 여신 제공 여부를 결정해야 한다. … 기업체에 여신을 제공하는 금융기관은 여신 취급 당시를 기준으로 기업체에 대한 최신의 금융 정보에 기초해 여신 제공 여부를 결정해야 하는데, 원고가 기업어음을 마지막으로 회전 매입한 99년 7, 8월에는 대우전자의 자금난이 일반인에게도 널리 알려진 때이다. 따라서 피고가 감사보고서에 97년 말까지의 재무제표에 대하여 적정 의견을 표시한 과실과 원고의 기업어음 매입으로 인한 손해 사이의 인과관계를 인정할 수 없다.

(2)「민법」상 책임을 묻는 경우

원고가「민법」상의 불법행위책임 내지 사용자 책임을 구하는 경우 일반 원칙으로 돌아가 원고는 ① 감사인의 고의·과실, ② 위법성, ③ 부실감사와 원고의 주식 취득과의 인과관계, ④ 부실감사와 원고의 손해와의 인과관계를 모두 주장·입증해야 한다. 다만 부실감사와 원고의 주식 취득과의 인과관계에 대하여 법원은 인과관계의 입증을 완화하여 사실상 추정에 가깝게 보고 있다.

대법원 1999. 10. 22. 선고 97다26555 판결: 한국강관 사건[7)]

사실관계

• 한국강관은 1992회계연도에 있어서 18억 300만 원의 당기순손실이 발생하였음에도 19억 1,900만원가량의 당기순이익이 발생한 것처럼 허위의 재무제표를 작성하였다.

• 피고 청운회계법인은 1992년 4월 21일 상장법인인 한국강관과 외부감사 계약을 맺고 1992회계연도에 대하여 외부감사를 하였다. 피고 회계법인 소속 회계사들은 재무제표상

7) 한국강관 사건으로 감사인인 피고 청운회계법인을 상대로 한 소송 중 3건이 대법원까지 진행되었다. 국내 5, 6위의 청운회계법인은 한국강관 사건 이후 감사인으로서의 신뢰도 하락, 투자자들로부터의 소송 등의 어려움을 겪다가 1998년 말 기아자동차의 분식결산을 적발하지 못한 사건까지 겹치면서 결국 1999년 청산 절차에 들어갔다.

매출액 및 매출채권액이 지나치게 고액으로 되어 있음을 발견하였으나, 회사 담당 이사의 부탁으로 「주식회사의 외부감사에 관한 법률」과 회계감사기준 및 준칙에 의하여 요구되는 실물 조사, 사실 조회, 입회, 문서 검증 등 증거 수집과 자료의 분석적 검토 절차를 완화하여, 회사의 거래 은행이나 거래처들의 증명서나 사실 조회 회답서 등을 그 명의자 아닌 감사대상자인 회사를 통해서 징구하고, 또한 재고자산의 실물 조사 등을 제대로 하지 아니한 채 감사보고서에 '적정' 의견을 제시하였다.

• 그 후 1993년 11월 금융감독원에서는 청운회계법인의 부실감사에 대한 감리 결과를 발표하였고, 1994년 1월 10일 한국강관은 자금 부족으로 회사정리 절차 개시 신청을 낸 후 그다음 날 부도 처리되었다.

판결

주식 거래에 있어서 대상 기업의 재무 상태는 주가를 형성하는 가장 중요한 요인 중의 하나이고, 대상 기업의 재무제표에 대한 외부감사인의 회계감사를 거쳐 작성된 감사보고서는 대상 기업의 정확한 재무 상태를 드러내는 가장 객관적인 자료로서 일반 투자자에게 제공·공표되어 그 주가 형성에 결정적인 영향을 미치는 것이므로, 주식투자를 하는 일반 투자자로서는 그 대상 기업의 재무 상태를 가장 잘 나타내는 감사보고서가 정당하게 작성되어 공표된 것으로 믿고 주가가 당연히 그에 바탕을 두고 형성되었으리라는 생각 아래 대상 기업의 주식을 거래한 것으로 보아야 한다.(위 사건에서 원심은 피고 회계법인이 「자본시장법」상 책임은 있지만 소멸시효가 지났고, 「민법」상 책임은 원고의 주식 취득과 피고의 부실감사와의 인과관계에 대한 입증이 없다는 이유로 원고들에 대하여 패소 판결을 하였다. 그러나 대법원에서는 위와 같이 인과관계가 인정된다고 하여 원심을 파기 환송하였다.)

서울지법 남부지원 1994. 5. 6. 선고 92가합11689 판결: 신정제지 사건

사실관계

신정제지는 1985년 설립 이래 적자가 계속되어 기업공개의 요건을 갖추지 못한 회사임에도 불구하고 더 이상 자금을 유통할 방법이 없게 되자 기업을 공개하는 경우 신주발행 등 자금 조달이 용이해지는 점 등을 이용하고자 1989년 초순경부터 회사 주식을 증권거래소에 상장할 것을 검토하였다. 이에 신정제지는 1990년 60억 원 이상의 당기순손실이 발생했음에도 불구하고 외부감사인인 회계법인의 소속 회계사인 윤○○의 지도를 받아 오히려 당기순이익이 11여억 원이 발생한 것처럼 허위의 재무제표를 작성하였다. 당시 윤○○는 이와 같이 허위의 분식을 지도하였고, 나아가 위 허위의 재무제표에 대하여 '적정' 의견으로 허위의 감사보고서를 작성하였다.

신정제지는 기업공개 과정을 거친 후 1992년 1월 13일 증권거래소에 상장되었으나, 재무구조의 악화로 1992년 4월 30일 거래 은행과의 당좌 거래가 정지되고 증권거래소에 부도 사실이 공시되었다.

판결

• 주식시장에서는 불특정 다수인들 사이에 비대면적, 집단적으로 수시로 거래가 이루어지는 관계로 그 거래의 상대방이라는 개념이 존재할 여지가 없고, 상장된 기업의 주식 가격은 그 주식이나 당해 기업 자체에 관한 사항 이외의 다른 요인들에 의하여 영향을 받는 경우도 많이 있을 뿐 아니라 주식 가격의 급락을 초래하는 기업의 부도도 여러 가지 복합적 요인에 의하여 발생하기 때문에 피해자가 손해 발생 간의 인과관계의 모든 과정을 입증하는 것은 극히 어렵거나 사실상 불가능한 경우가 대부분이다.

• 따라서 증권거래소에 상장될 수 없는 부실기업의 주식을 불법으로 상장하였음을 원인으로 하는 손해배상청구소송에 있어서 청구권자인 피해자는 피청구자의 행위와 부실기업의 불법 상장 사이에 상당 인과관계가 있다는 점, 청구자가 선의로 당해 주식을 매수함으로 인하여 손해를 입었다는 점을 입증함으로써 족하고, 이에 대하여 가해자는 피해자의 손해가 예기치 못한 경제 사정의 급변 등 주식의 불법 상장 이외의 다른 원인에 의한 것임을 입증하지 못하는 한, 책임을 면할 수 없다고 봄이 상당하다.

• 이 사건의 경우 피고 윤○○의 분식결산 회계 지도 및 허위 감사보고서가 없었더라면 피고 신정제지의 주식이 상장될 수 없었을 것이므로, 피고 윤○○는 피고 신정제지의 분식결산을 지도하고 허위의 감사보고서 작성을 주도하여 피고 신정제지의 주식이 불법으로 상장되게 한 불법행위자로서 위 주식의 매수로 말미암아 원고가 입은 손해를 배상할 책임이 있다.

라. 피고가 주장·입증해야 하는 것

(1) 면책 항변

피고는 감사보고서를 작성하면서 그 임무를 게을리하지 아니하였음을 증명하거나 원고의 악의를 입증하여 책임을 면할 수 있다(「자본시장법」 제170조 제1항, 「외부감사법」 제31조 제7항). 판례는 실제로 수십억 원에서 150억 원 이상의 경상손실과 당기순손실이 발생하였음에도 매년 10억 원 이상의 경상이익과 당기순이익이 발생한 것처럼 분식결산된 경우, 분식결산의 결과가 실제와 너무 차이가 큰 점, 그럼에도 단 한 건의 부실 기재 사실을 밝혀내지 못한 점을 들어 피고 회계법인이 임무를 게을리한 것으로 보았다.[8)]

(2) 종속회사의 경우

지배회사의 연결재무제표 또는 결합재무제표에 대한 부실감사가 있는 경우 그 책임이 종속회사, 관계회사 또는 계열회사의 감사인에게 있음을 주장·입증하여 그 책임을 면할 수 있다(「외부감사법」 제31조 제2항 단서).

서울중앙지법 2013. 10. 31. 선고 2012가합20272 판결: 포휴먼 사건

사실관계

포휴먼은 2007년 이후 삼성전자에 PFC(과불화탄소) 가스 제거 장치 관련 제품을 납품하거나 포휴먼재팬을 통해 일본의 신명화오토엔지니어링에 경유차 매연 저감 장치를 수출하는 기업으로 알려진 코스닥상장사임.

2010년 3월 S회계법인 회계사 K씨는 포휴먼 대표 L씨와 함께 일본 자회사인 포휴먼재팬에 현지 자회사 실사를 위해서 현지 실사를 나감. 포휴먼 계열사 에프애치의 장부상에는 일본 자회사인 포휴먼재팬에 자동차 매연 저감 장치 680억 원어치를 팔았다고 적혀 있었는데 채권 회수가 오랫동안 지연되고 있었음. S회계법인 측은 포휴먼재팬이 매연 저감 장치를 최종적으로 납품하는 신명화오토엔지니어링 본사를 방문해 허위 매출 여부를 확인할 작정이었음.

K씨는 현장을 방문하여 회사 관계자로 소개받은 사람으로부터 회사 현황을 설명받았지만 나중에 그곳이 허위 사업장임이 밝혀졌음.

판결

S회계법인으로서는 실사를 나갈 회사의 정확한 주소지를 직접 파악하고, 회사 관계자로 소개받은 사람의 안내만을 따를 것이 아니라 합리적 의구심을 가지고 독립적으로 현지 실사를 진행하였다면 허위 사업장이라는 사실을 알 수 있었을 것임에도 이러한 절차를 소홀히 하였다.

---

8) 서울고법 2000. 6. 22. 선고 99나36701 판결(확정).

마. 손해배상의 범위

(1) 「자본시장법」 또는 「외부감사법」에서의 특칙

① 「자본시장법」에서는 감사인이 배상할 금액의 범위에 대하여 특칙을 두고 있다.

배상액 = 취득액 - [변론 종결 시 시장가 또는 변론 종결 전 처분 시 처분가]

② 구체적인 손해액을 산정하는 방법으로는 보유 주식 중 가장 먼저 취득한 주식을 먼저 처분하는 것으로 의제하는 방법(이른바 '선입선출법')과 가장 마지막에 취득한 주식을 먼저 취득하는 것으로 의제하는 방법(이른바 '후입선출법') 등이 있을 수 있는데, 단기매매차익 반환청구에서의 손해액 산정 규정과 마찬가지로 '선입선출법'으로 손해액을 산정하는 것이 타당할 것이다.[9)]

③ 한편 분식회계 사실이 공표되기 전에 주식을 매도한 경우에도 감사보고서의 허위기재와 인과관계가 있는 손해가 존재하는 한, 그 주식의 매도 시기와 관계없이 손해배상을 구할 수 있다.[10)]

(2) 피고의 면책

① 외부감사인이 청구권자가 입은 손해액의 전부 또는 일부가 부실감사에 의한 것이 아님을 입증한 때에는 그 부분에 대하여는 배상책임을 면한다(「자본시장법」 제170조 제3항). 이는 손해배상액의 범위를 법률상 추정하고, 부실감사와 원고들의 손해 사이의 인과관계의 부존재에 관한 입증책임을 피고에게 전환하는 것이다. 따라서 피고인 외부감사인이 자신의 책임을 면하기 위해서는 피고인 외부감사인이 부실감사와 원고들의 손해 사이에 인과관계가 존재하지 않는다는 점을 입증해야 한다.[11)]

9) 서울고법 2006. 1. 18. 선고 2005나22673 판결.
10) 서울고법 2006. 1. 18. 선고 2005나22673 판결.
11) 서울고법 2006. 1. 18. 선고 2005나22673 판결.

대법원 2006. 12. 22. 선고 2004다63354 판결

금융기관이 기업체와 기업어음 한도 거래 약정을 체결하고 일정 기간 동안 기업어음의 만기 도래 시마다 회전 매입하는 방식으로 여신을 제공하기로 약정하였는데 그 약정이 대규모 분식의 결과이어서 금융기관이 그러한 사정을 알았더라면 그대로 여신을 제공하지 아니하였으리라고 인정되는 경우 회전 매입을 결정할 시점 전에 이미 회전 매입을 거절하기에 충분하다고 볼 만한 사정이 발생한 경우라면 그 상태에서 회전 매입을 중단하고 여신을 회수한다는 것은 당초 매입하지 않았을 기업어음을 매입한 이래 그 직전까지 계속 회전 매입함으로 말미암아 이미 발생한 손해를 회복하는 것을 의미할 뿐이므로, 기업체의 자금에 의한 여신 회수가 사실상 불가능한 상태에서 정책적 고려 아래 회전 매입을 계속하였다고 하여도 이는 실질적으로 종전 기업어음의 만기 연장에 불과하며 이로써 종전의 손해가 소멸하고 새로운 손해가 발생한다고 볼 수 없다. 따라서 최종 회전 매입 결정이 분식회계가 이루어진 사업연도의 재정건전성과 무관한 정책적 고려에 의하여 이루어졌다고 하더라도 불법행위에 해당하는 분식회계 관여 행위와 금융기관의 기업어음 매입으로 인한 손해 사이에 인과관계가 단절되지는 않는다.

② 손해액의 전부 또는 일부가 부실감사에 의한 것이 아닌 경우는 부실감사와 관계없이 주식시장 전반에 급격한 영향을 주는 외부적인 요인, 예컨대 외환위기에 의한 IMF 구제금융의 발생, 단기간에 걸친 금리와 환율의 과도한 변동에 의해 초래된 주가 변동, 국제 금융 및 증권거래시장의 폭·등락과 관련한 외부적 충격 등이 있을 수 있다. 판례는 특정 주식회사의 분식회계 사실의 공표를 사건으로 보아 수행한 사건연구 결과 위 분식회계 사실에 대한 언론보도가 위 회사의 주가에 통계적으로 유의한 영향을 미치지 못하였다 하더라도 회사의 분식회계 자체가 가지고 있는 정보가 이미 다른 경로, 예를 들면 구조조정계획, 기업개선작업의 발표 등 회사의 불건전한 재무 상태에 관한 정보를 통하여 상당 부분 주가에 반영되었기 때문에 그 후 분식회계 사실이 공개된 후에도 그것으로 인하여 주가가 비정상적으로 하락하지 않을 수 있으므로, 위 회사의 분식회계 사실과 주식투자자들의 주가 하락으로 인하여 입은 손해 사이에 인과관계가 존재하지 않는다고 단정할 수 없다고 판시하였다.[12)]

12) 서울고법 2006. 1. 18. 선고 2005나22673 판결.

(3) 「민법」상 책임의 경우

「민법」상 책임의 경우에는 위 「자본시장법」 제170조가 적용되지 않는다. 판례는 "「민법」상의 불법행위책임을 근거로 배상을 구할 수 있는 손해액은 그와 같은 부실감사로 인하여 상실하게 된 주가 상당액이라 봄이 상당하고, 이러한 주가 상당액은 달리 특별한 사정이 없는 한, 그 부실감사가 밝혀져 거래가 정지되기 직전에 정상적으로 형성된 주가와 부실감사로 인한 거래 정지가 해제되고 거래가 재개된 후 계속된 하종가를 벗어난 시점에서 정상적으로 형성된 주가와의 차액 상당이라고 볼 수 있으며, 또 그와 같이 주가가 다시 정상적으로 형성되기 이전에 매도가 이루어지고 그 가액이 그 후 다시 형성된 정상적인 주 가를 초과하는 경우에는 그 매도 가액과의 차액 상당액"이라고 판시하고 있다.[13)]

(4) 「자본시장법」상, 「외부감사법」상, 「민법」상 책임을 별개로 구하는 경우에는 손해액의 범위가 차이 날 수밖에 없으므로 각 금액별로 구하는 금액을 특정해야 한다.

바. 과실상계

원고가 스스로 적절한 투자 판단을 하지 못한 채 다소 무모하게 주식을 취득하거나 재무 상태가 사실과 다르다는 사실이 밝혀져 그 후 주가가 지속적으로 하락하였는데도 주식의 매도를 늦추어 손해가 확대되었거나 기타 주의의무를 위반한 사정이 있는 경우에는 법원은 원고의 손해액을 산정함에 있어 이러한 원고들의 과실을 참작하여 과실상계를 하고 있다. 예컨대 금융기관인 원고가 어음 할인 대출 과정에서 대출 적격 업체에 대한 신용평가를 할 때, 다른 부동산 담보도 설정받은 바 없이 사업 전망, 거래 기여도, 현금흐름의 분석, 금융권에서의 부도 소문 등을 철저하게 분석하지 못한 사건에서 법원은 원고의 과실을 80%로 보았다.[14)]

13) 대법원 1999. 10. 22. 선고 97다26555 판결(한국강관 사건).

14) 서울고법 2000. 6. 22. 선고 99나36701 판결(확정).

사. 책임의 제한

주식 가격의 변동 요인은 매우 다양하고 여러 요인이 동시에 복합적으로 영향을 미치는 것이기에 어느 특정 요인이 언제 어느 정도의 영향력을 발휘한 것인지를 가늠하기가 극히 어렵다는 점을 감안할 때, 허위 공시 등의 위법행위 이외에도 매수 시점 이후 손실이 발생할 때까지의 기간 동안 당해 기업이나 주식시장의 전반적인 상황의 변화 등도 손해 발생에 영향을 미쳤을 것으로 인정되나 성질상 그와 같은 다른 사정에 의하여 생긴 손해액을 일일이 증명하는 것이 극히 곤란한 경우가 있을 수 있고, 이와 같은 경우 손해 분담의 공평이라는 손해배상제도의 이념에 비추어 그러한 사정을 들어 손해배상액을 제한할 수 있다.[15)]

아. 행사 기간

(1) 「자본시장법」상 감사인의 손해배상책임은 그 청구권자가 당해 사실을 안 날로부터 1년 이내 또는 감사보고서를 제출한 날로부터 3년 이내에 청구권을 행사하지 아니하면 소멸한다. 하지만 「외부감사법」상의 책임은 청구권자가 당해 사실을 안 날로부터 1년 이내 또는 감사보고서를 제출한 날로부터 8년 이내에 청구권을 행사하지 않으면 소멸한다(「외부감사법」 제31조 제9항). '당해 사실을 안 날'이란 증권신고서나 사업보고서 등의 민사책임의 경우와 마찬가지로, 일반인이 감사보고서의 기재 누락이나 허위 기재의 사실을 인식할 수 있는 시점이라면 특별한 사정이 없는 한, 원고도 그러한 사실을 알았다고 해석하고 있다.[16)]

대법원 1997. 9. 12. 선고 96다41991 판결

'당해 사실을 안 날'이라 함은 문언 그대로 청구권자가 「주식회사의 외부감사에 관한 법률」 제17조 제2항 소정의 감사보고서의 기재 누락이나 허위 기재의 사실을 현실적으로 인식한 때라고 볼 것이고, 일반인이 그와 같은 감사보고의 기재 누락이나 허위 기재의 사실을

---

15) 대법원 2007. 10. 25. 선고 2006다16758, 16765 판결.

16) 대법원 1993. 12. 21. 선고 30402 판결; 대법원 1997. 9. 12. 선고 96다41991 판결.

인식할 수 있는 정도라면 특별한 사정이 없는 한, 청구권자 역시 그러한 사실을 현실적으로 인식하였다고 봄이 상당하다.

'당해 사실을 안 날'의 시점에 대하여 특히 다툰 사건으로는 한국강관 사건과 대우전자 사건을 들 수 있다. 우선 한국강관 사건의 경우 원고는 1995년 5월경에 이르러 신문지상에 감사인인 회계법인에 대하여 손해배상소송을 제기할 수 있다는 기사를 보고 비로소 피고 회계법인의 과실이 손해배상의 원인이 되었다는 사실을 알았다고 주장하면서 소멸시효가 지나지 않았다고 주장하였다. 그러나 법원은 금감원의 분식결산과 부실감사 적발 사실이 언론에 보도되었다면 늦어도 그때부터는 일반 투자자들이 피고의 부실감사 사실을 인식할 수 있었고, 청구권자 역시 그 시점에 감사보고서의 기재 누락이나 허위 기재의 사실을 인식하였다고 보아 소멸시효가 지났다고 판시하였다.[17]

대우전자 사건의 경우 피고는 1999년 8월 26일에 대우전자를 포함한 대우그룹 계열사들에 대한 기업재무구조 개선작업(work out)이 시작되었으므로 원고들이 그 시점에 기재 누락이나 허위 기재를 알 수 있었다고 주장하였으나 법원은 "피고 대우전자의 실사 작업 결과가 언론에 보도되기 시작한 1999년 10월 26일경 또는 위 실사 작업 결과가 공식 발표된 1999년 11월 4일경에서야 일반 투자자들인 원고들이 피고 대우전자의 분식회계 사실을 알게 되었다고 봄이 상당하다"[18]고 판시하였다.

(2) 반면 「민법」상 손해배상책임은 청구권자가 당해 부실감사 사실을 안 날로부터 3년, 감사보고서를 제출한 날로부터 10년 이내에 행사해야 한다.

5. 손해배상청구의 담보

가. 현황

원고가 소송에서 승소하더라도 피고가 이를 변제할 능력이 되지 못하면 실질적인 피

---

17) 대법원 1997. 9. 12. 선고 96다41991 판결.
18) 서울고법 2006. 1. 18. 선고 2005나22673 판결.

해 구제가 어렵다. 종전에는 회계법인의 소속 사원도 무한책임을 지도록 하여 피고가 회계법인인 경우에는 변제 능력이 상당히 담보되었지만,[19] 1997년 「공인회계사법」이 개정되면서 회계법인의 소속 회계사들은 무한책임에서 유한책임으로 전환하였고 대신 보험 가입 또는 공인회계사회에의 적립 등이 의무화되었다. 따라서 현재 회계법인 등 외부감사인에 대한 책임재산으로는 회계법인 등의 자산이나 감사보수채권, 회계법인 등이 가입한 보험금이나 손해배상공동기금, 손해배상적립금 등을 들 수 있다.

나. 손해배상공동기금과 손해배상적립금

'손해배상공동기금'과 '손해배상적립금'은 모두 회계법인의 책임재산을 담보하기 위하여 「외부감사법」과 「공인회계사법」에서 규정한 제도들이다. 즉 '손해배상공동기금'이란 회계법인이 회사 또는 제3자에 대한 손해를 배상하기 위해 한국공인회계사회에 적립하는 기금이고(「외부감사법」 제32조), '손해배상준비금'이란 회계감사 등에 대한 손해배상책임을 보장하기 위해 회계법인 내부에 일정 금액을 적립하는 것을 말한다(「공인회계사법」 제28조 제1항). 2019사업연도 말 현재 손해배상공동기금은 총 673억 원, 손해배상준비금은 총 3,080억 원이고, 손해배상책임보험 가입액은 1조 8,854억원으로 파악되고 있다.[20]

19) 개정 전 「공인회계사법」 제12조의17: "법인에 관하여 이 법에 규정이 없는 사항은 「상법」 중 합명회사에 관한 규정을 준용한다."

20) 금융감독원 보도자료, 〈2019사업연도 회계법인 사업보고서 분석 및 시사점〉, 2020년 10월 29일.

제3장

불공정거래행위 규제

Introduction

전통적인 불공정거래행위는 ① 미공개 중요 정보 이용행위(「자본시장법」 제174조) ② 시세조종행위(제176조) ③ 부정거래행위(제178조)로 구분하여 처벌하였는데, 2015년 7월 1일부터 새로이 '시장질서 교란행위'를 규제 대상으로 추가하였다.

제1절 내부자 거래

1. 규제의 취지

내부자 거래란 '내부자'가 자신의 지위를 통하여 취득한 '내부 정보'를 이용하여 거래한 것이다. 만일 상장법인의 내부자가 당해 법인의 업무 등과 관련하여 공개되지 아니한 내부 정보 중 증권의 투자 판단에 영향을 미칠 수 있는 중요한 정보를 이용하여 증권의 거래에 관여한다면, 그 내부자에게 부당한 이익을 용이하게 취득하게 하고 그로 인하여 증권시장에서의 거래 당사자의 평등을 해치게 되어 증권거래의 공정성과 증권시장의 건전성에 대한 일반 투자자들의 신뢰를 손상시킴으로써 증권시장이 국민 자금을 효율적으로 배분하는 기능을 저해하는 결과를 초래하게 된다. 따라서 각국의 법에서는 증권시장이 그 기능을 다하여 국민경제의 발전에 적절하게 기여하도록 내부자의 거래를 엄격히 금지하고 있다.[1)]

1) 대법원 1994. 4. 26. 선고 93도695 판결.

제174조(미공개 중요 정보 이용행위 금지)

① 다음 각 호의 어느 하나에 해당하는 자(제1호부터 제5호까지의 어느 하나의 자에 해당하지 아니하게 된 날부터 1년이 경과하지 아니한 자를 포함한다)는 상장법인[6개월 이내에 상장하는 법인 또는 6개월 이내에 상장법인과의 합병, 주식의 포괄적 교환, 그 밖에 대통령령으로 정하는 기업결합 방법에 따라 상장되는 효과가 있는 비상장법인(이하 이 항에서 "상장예정법인 등"이라 한다)을 포함한다. 이하 이 항 및 제443조 제1항 제1호에서 같다]의 업무 등과 관련된 미공개 중요 정보(투자자의 투자 판단에 중대한 영향을 미칠 수 있는 정보로서 대통령령으로 정하는 방법에 따라 불특정 다수인이 알 수 있도록 공개되기 전의 것을 말한다. 이하 이 항에서 같다)를 특정 증권 등(상장 예정 법인 등이 발행한 해당 특정 증권 등을 포함한다. 이하 제443조 제1항 제1호에서 같다)의 매매, 그 밖의 거래에 이용하거나 타인에게 이용하게 하여서는 아니 된다.

1. 그 법인(그 계열회사를 포함한다. 이하 이 호 및 제2호에서 같다) 및 그 법인의 임직원·대리인으로서 그 직무와 관련하여 미공개 중요 정보를 알게 된 자.
2. 그 법인의 주요 주주로서 그 권리를 행사하는 과정에서 미공개 중요 정보를 알게 된 자.
3. 그 법인에 대하여 법령에 따른 허가·인가·지도·감독, 그 밖의 권한을 가지는 자로서 그 권한을 행사하는 과정에서 미공개 중요 정보를 알게 된 자.
4. 그 법인과 계약을 체결하고 있거나 체결을 교섭하고 있는 자로서 그 계약을 체결·교섭 또는 이행하는 과정에서 미공개 중요 정보를 알게 된 자.
5. 제2호부터 제4호까지의 어느 하나에 해당하는 자의 대리인(이에 해당하는 자가 법인인 경우에는 그 임직원 및 대리인을 포함한다)·사용인, 그 밖의 종업원(제2호부터 제4호까지의 어느 하나에 해당하는 자가 법인인 경우에는 그 임직원 및 대리인)으로서 그 직무와 관련하여 미공개 중요 정보를 알게 된 자.
6. 제1호부터 제5호까지의 어느 하나에 해당하는 자(제1호부터 제5호까지의 어느 하나의 자에 해당하지 아니하게 된 날부터 1년이 경과하지 아니한 자를 포함한다)로부터 미공개 중요 정보를 받은 자.

2. '내부자'란

가. '제1호 내지 제5호'의 내부자

(1) 「자본시장법」 제174조 제1항에서는 제1호 내지 제5호까지 원칙적인 내부자의 범위를 정하고 있다. 종전 「증권거래법」과 비교하여 개정 「자본시장법」에서는 계열회사의 임직원, 주요 주주, 당해 법인과 계약을 체결하고 있는 자는 물론 내부자의 지위를 상실한 후에도 1년까지는 내부자로 의제하여 그 범위를 확장시키면서도 다른 한편으로는 직무와 관련하여 중요 정보를 알아야 한다는 '직무관련성 요건'을 추가하여 그 범위를 제한하고 있다.

(2) 제1호의 임원이란 주총에서 선임된 이사와 감사뿐만 아니라 「상법」상 업무집행지시자도 포함한다.

(3) 제1호의 주요 주주란 누구의 명의로 하든지 자기의 계산으로 의결권 있는 발행주식 총수의 10% 이상의 주식을 소유하는 자 이외에 아래와 같은 사실상의 지배주주도 포함한다(「자본시장법 시행령」 제2조 제5호, 「금융회사의 지배구조에 관한 법률」 제2조 제6호 나목).

① 단독으로 또는 다른 주주와의 합의, 계약 등에 따라 대표이사 또는 이사의 과반수를 선임한 주주.

② 경영 전략, 조직 변경 등 주요 의사결정이나 업무집행에 지배적인 영향력을 행사한다고 인정되는 자로서 금융위원회가 정하여 고시하는 주주.

(4) 제1호에서 계열회사의 임직원, 주요 주주 등과 당해 법인과 계약 체결을 교섭 중인 자(법인인 경우 그 임직원 및 대리인 포함)도 내부자로 추가함에 따라 종래 「증권거래법」에서는 처벌하기 어려웠던 계열회사의 정보를 취득한 경우나 M&A 교섭 중인 자가 기업인수를 위한 실사를 하면서 취득한 미공개의 중요한 내부 정보를 가지고 거래하는 경우도 적용 대상이 되었다.

(5) 제4호의 당해 법인과 계약을 체결하고 있는 자라 함은 주거래 은행, 외부감사인인 회계법인, 법률고문, 대표 주관회사 등 당해 법인과 계약의 체결 및 이행과 관련하여 정보를 얻을 위치에 있는 자를 말한다.

나. 위 자로부터 정보를 받은 자: 정보수령자

법에서는 위 제1호 내지 제5호의 자뿐만 아니라 이들로부터 정보를 전달받은 정보수령자까지 규제하고 있다. 이는 내부자가 다른 사람을 내세우는 방법으로 탈법적으로 미공개 내부 정보를 이용한 증권의 매매, 그 밖의 거래를 할 수 있기 때문에 내부자로부터 미공개 내부 정보를 전달받아 이를 이용하여 증권의 매매 기타의 거래를 하는 것도 금지해야 할 필요가 있기 때문이다.

다만 "제1호 내지 제5호의 자로부터 당해 정보를 전달받은 자"라고 규정하고 있으므로, 제1차 정보수령자로부터 제1차 정보수령과는 다른 기회에 미공개 내부 정보를 다시 전달받은 제2차 정보수령자 이후의 사람은 포함되지 않는다. 미공개 내부 정보는 정보의 성격상 전달 과정에서 상당히 변질되어 단순한 소문 수준의 정보가 되기 마련이어서 미공개 내부 정보의 이용에 대한 규제 대상을 적절한 범위 내로 제한해야 할 필요가 있기 때문이다.[2)]

제2차 정보수령자가 제1차 정보수령자로부터 정보수령 후 이용한 경우 제1차 정보수령자의 공범에 해당되지 않는다. 다만 준내부자로부터 미공개 내부 정보를 수령한 제1차 정보수령자가 제1차로 정보를 받은 단계에서 그 정보를 거래에 바로 이용하는 행위에 제2차 정보수령자가 가담한 경우 공범으로 처벌된다(대법원 2019. 7. 11. 선고 2017도 9087 판결).

또한 법에서는 "미공개 중요 정보를 '전달받은' 자"라고 규정하고 있으므로, 고의로 내부 정보를 전달받은 경우에만 해당된다고 본다. 따라서 예컨대 내부자가 다른 사람과 하는 대화를 우연히 엿들은 경우나 내부자의 컴퓨터에서 우연히 정보를 알게 된 경우에는 '정보를 전달받은' 경우라고 할 수 없다.[3)]

---

2) 대법원 2002. 1. 25. 선고 2000도90 판결.

3) 김건식, 《자본시장법》, 254쪽.

대법원 2003. 11. 14. 선고 2003도686 판결: 화승강업 사건

사실관계

피고인이 A회사를 인수하기 위하여 당해 회사의 대주주 B와 비밀리에 교섭한 후 피고인과 대주주 B가 지분 인수계약을 체결할 즈음에 회사 주식을 매수하고, 인수계약 체결 사실을 공시한 후 주가가 급등하자 이를 매도하여 막대한 시세 차익을 얻은 사건.

판결

피고인이 'B로부터 A 발행주식 290만 주를 양도하여 A의 경영권을 양도한다'는 정보는 B가 그 소유 주식을 피고인에게 처분함으로써 스스로 생산한 정보이지 직무와 관련하여 알게 된 정보가 아니고, 피고인 또한 당해 정보를 B로부터 전달받은 자가 아니라 B와 위 주식 양수계약을 체결한 계약당사자로서 B와 공동으로 당해 정보를 생산한 자에 해당하므로 피고인은 「증권거래법」 제188조의2에서의 '정보수령자'에 해당하지 않는다.

대법원 2002. 1. 25. 선고 2000도90 판결: (주)신동방 사건

사실관계

1998년 피고인은 형이자 《중앙일보》 기자인 공동피고인과 사이에 공동피고인이 취재 및 기사 작성 과정에서 알게 된 상장기업의 미공개 정보를 언론에 보도되기 전에 피고인에게 알려주면 이를 이용하여 주가를 저가에 매수한 후 고가에 매도함으로써 이익을 취득하려고 공모함. 위 《중앙일보》 기자는 주식회사 신동방의 홍보이사로부터 취재 요청과 함께 모사 전송한 보도자료 등을 통하여 주식회사 신동방에서 그다음 날 무세제 세탁장치를 개발하여 시연회를 한다는 사실을 알게 됨. 이에 그 기사가 보도되기 전에 위 기자는 피고인에게 전화를 하여 그 사실을 알려주고, 피고인은 그다음 날 위 회사 주식을 매수하였다가 무세제 세탁장치 개발 사실이 언론에 보도되어 주가가 급상승한 직후 보유 주식을 매도하여 4억 6천여만 원의 매매차익을 취득함.

판결

- 「증권거래법」 제188조의2(현 「자본시장법」 제174조) 제1항은 내부자로부터 미공개 내부정보를 전달받은 제1차 정보수령자가 유가증권의 매매 기타 거래와 관련하여 그 정보를 이용하거나 다른 사람으로 하여금 이를 이용하게 하는 행위만을 금지하고 있을 뿐이어서 …

제1차 정보수령자로부터 제1차 정보수령과는 다른 기회에 미공개 내부 정보를 다시 전달받은 제2차 정보수령자 이후의 사람이 유가증권의 매매 기타의 거래와 관련하여 전달받은 당해 정보를 이용하거나 다른 사람에게 이용하게 하는 행위는 그 규정 조항에 의하여는 처벌되지 않는다.

• 제2차 정보수령자가 제1차 정보수령자로부터 제1차 정보수령 후에 미공개 내부 정보를 전달받아 이용한 행위가 일반적인 「형법」 총칙상의 공모, 교사, 방조에 해당된다고 하더라도 제2차 정보수령자를 제1차 정보수령자의 공범으로서 처벌할 수는 없다.

3. '내부 정보'란

가. '내부 정보'의 요소

「자본시장법」 제174조에서는 내부 정보에 대하여 "상장법인(상장 예정 법인 등 포함)의 업무 등과 관련된 미공개 중요 정보(투자자의 투자 판단에 중대한 영향을 미칠 수 있는 것으로서 대통령령이 정하는 방법에 따라 불특정 다수인이 알 수 있도록 공개하기 전의 것을 말한다)"라고 규정하고 있다. 즉 「자본시장법」에서 금지하는 내부 정보란 (1) 상장법인(상장 예정 법인 등 포함)의 업무 등과 관련한 정보 중 (2) 투자자의 투자 판단에 중대한 영향을 미칠 수 있는 정보이면서도 (3) 대통령령이 정하는 방법에 따라 불특정 다수인이 알 수 있도록 공개하기 전인 정보를 말한다.

나. 상장법인의 업무 등과 관련한 정보

원래 내부 정보란 상장법인의 업무 등에 관한 정보만 해당되는 것으로 규정하였으나 점차 법률을 개정하면서 적용 범위를 확대하였다.

우선 종전에는 상장법인의 업무 등에 관한 정보로만 규정하였기 때문에 대규모의 매수 주문 사실 등 증권시장에서 유통되는 시장 정보는 포함되지 않는다고 해석되었다. 이에 개정 「자본시장법」에서는 대량 취득·처분 정보 역시 내부 정보와 동일하게 규율하는 조항을 신설하였다(제174조 제3항).

그리고 종전에는 상장법인의 업무 등에 관한 정보로만 규정하였기 때문에 우회상장을 예정하고 미공개 정보를 이용하거나 기업인수 목적 회사의 합병 등을 이용하는 경우 또는 상장법인은 아니지만 상장법인과 합병이 예정되어 있는 법인의 정보를 이용하는 경우는 포함되지 않는다고 해석되었다. 이에 2013년 개정 「자본시장법」에서는 상장법인의 범위에 "6개월 이내에 상장하는 법인 또는 6개월 이내에 상장법인과의 합병, 주식의 포괄적 교환, 그 밖에 대통령령으로 정하는 기업결합 방법에 따라 상장되는 효과가 있는 비상장법인"도 포함되는 것으로 명시하였다.

다. 투자자의 투자 판단에 중대한 영향을 미칠 수 있는 정보

(1) "투자자의 투자 판단에 중대한 영향을 미칠 수 있는 정보"란 "합리적인 투자자라면 그 정보의 중대성과 사실이 발생할 개연성을 비교 평가하여 판단할 경우 증권의 거래에 관한 의사를 결정함에 있어서 중요한 가치를 지닌다고 생각하는 정보"[4] 또는 "합리적인 투자자가 당해 증권을 매수 또는 계속 보유할 것인가 아니면 처분할 것인가를 결정하는 데 있어서 중요한 가치가 있는 정보, 바꾸어 말하면 일반 투자자들이 일반적으로 안다고 가정하는 경우에 당해 증권의 가격에 중대한 영향을 미칠 수 있는 정보"[5]를 말한다.

판례는 그 정보가 주식시장에서 호재성 또는 악재성 정보로 인식될 가능성이 있는지, 당사자들이 '자발적 공시' 및 '보도자료 배포' 등 그 정보를 적극적으로 활용하려는 의도가 있었는지도 내부 정보에 대한 중요한 판단 기준으로 보았다.[6]

(2) 지금까지 판례에 나타난 중요한 내부 정보를 살펴보면 "회계장부상으로는 흑자가 발생하고 있는 것으로 되어 있으나 실제로는 누적된 적자와 대규모 공장의 신축으로 인한 자금의 수요 등 때문에 어음 수표가 부도날 정도로 극심한 자금난에 시달리고 있다는 사실(대법원 1994. 4. 26. 선고 93도695 판결)", "상장회사가 연말에 산출한 당해 사업연도 영업의 예상 실적치가 전년도에 비하여 현저하게 호전된 사실(대법원 1995. 6. 29. 선고 95도467 판결)", "당해 법인의 자본금이 101여억 원인데 해외의 자회사에서 화

4) 대법원 1995. 6. 30. 선고 94도2792 판결.
5) 대법원 1995. 6. 29. 선고 95도467 판결.
6) 대법원 2010. 5. 13. 선고 2007도9769 판결.

재가 발생하여 약 20억 원의 손실을 입은 것을 비롯하여 그해 결산 결과 약 35억 원의 적자가 발생한 사실(대법원 1995. 6. 30. 선고 94도2792 판결)", "당해 법인 발행의 어음, 수표가 부도 처리되었을 때뿐만 아니라 은행이 부도 처리하기 전에 도저히 자금 조달이 어려워 부도 처리될 것이 거의 확실시되는 때에는 이러한 상황(대법원 2000. 11. 24. 선고 2000도2827 판결)" 정도가 있었고, "자사주 취득 후 이익소각을 검토하고 있다는 정보(대법원 2009. 11. 26. 선고 2008도9623 판결)"도 중요한 내부 정보에 해당한다고 판결하였다.

(3) 정보제공자가 제공한 내용이 단순히 미공개 정보의 존재를 암시하거나 모호하고 추상적이어서 정보수령자가 그 정보를 이용하더라도 여전히 일반 투자자와 같은 정도의 경제적 위험을 부담하게 되는 경우에는 원칙적으로 미공개 정보에 해당하지 않는다(어느 상장회사가 있는 건물에서 회계사가 아는 사람에게 실사를 나왔다는 정도만 말하고 어느 회사인지는 말을 하지 않았지만 정보수령자가 회사의 M&A 정보라고 판단하고 주식 취득을 한 사안. 대법원 2017. 10. 31. 선고 2015도8342 판결).

라. 정보의 성립 시기

정보는 생성, 발전, 소멸의 단계를 거치게 되는데, 어느 정도로 성숙한 정보를 내부 정보로 볼지가 실무상 문제된다. 「자본시장법」에서는 '투자자의 투자 판단에 중요한 영향을 미칠 수 있는'이라고 하여 중요성에 대한 일반적 언급만 있을 뿐 미공개 내부 정보가 규제 대상으로 전환되는 성립 시기에 관하여는 명확한 규정이 없다. 판례는 위 정보는 반드시 객관적으로 명확하고 확실할 것까지 필요로 하지 않는다고 보았다.[7]

대법원 2010. 5. 13. 선고 2007도9769 판결: 진양제약(주) 사건

사실관계

(주)엠젠바이오는 2002년 설립된 바이오 벤처기업으로서 2003년 해파리의 형광 유전자를 돼지의 체세포에 집어넣어 노란색 형광 코를 가진 복제 돼지 '형광이'를 만들어내 주목을 받기 시작했다. (주)엠젠바이오는 자신의 신주를 인수할 제3의 투자자를 물색하던 중, 2005년 7월 1일 코스닥상장기업인 진양제약(주)로부터 (주)엠젠바이오의 신주를 인수하겠다는

7) 대법원 1994. 4. 26. 선고 93도695 판결.

잠정적인 구두합의를 이끌어냈다.

2005년 7월 4일 진양제약(주)와 (주)엠젠바이오는 신주인수계약을 체결하였고, 2005년 7월 11일 진양제약(주)는 다음과 같은 내용으로 금감원 공시사이트에 공정공시를 하였다.

진양제약(주) 공정공시

1. 공정공시대상정보: (주)엠젠바이오의 제3자 배정 유상증자 참여
2. 공정공시 정보 내용

   당사는 바이오산업 진출 및 사업 역량 강화의 목적으로 (주)엠젠바이오(바이오장기 및 고가 치료용 단백질 생산업체)의 제3자 배정 유상증자에 참여, 전량 취득하였음.

   (6만 6,850주. 금 10억 275만 원).

   당사는 출자 지분 10.24%로 (주)엠젠바이오의 3대 주주로 참여하였으며, 향후 바이오산업과 관련되는 의약품 연구·제조 및 판매 사업에 있어서 최우선적으로 공동 사업 협의권을 (주)엠젠바이오와 계약하였음.

위 공정공시 전의 진양제약(주)의 주가는 주당 4천 원을 넘지 못했지만, 위 공정공시 직후 주가는 상당 기간 주당 8천 원 이상으로 2배 이상 급등하였다.

한편 진양제약(주)의 최대 주주 및 아들, 기타 임원들과 (주)엠젠바이오의 임원은 주식인수계약이 체결되자 차명계좌로 (주)진양제약 주식을 집중 매수한 뒤 관련 정보가 일반인에게 공시되자 주식을 매도하는 수법으로 이득을 취득하였다.

판결

① 당시 바이오 관련 테마주가 형성된 상황에서 국내 최초의 바이오장기 개발 전문회사로 주식시장에 널리 알려진 (주)엠젠바이오의 신주를 인수한다는 것은 주식시장에서 호재성 정보로 인식되기에 충분하다는 사실, ② 진양제약(주)는 신주인수로 (주)엠젠바이오의 3대 주주가 되고 (주)엠젠바이오의 바이오 의약품 연구·제조 및 판매 사업에 있어서 최우선적인 협의권을 인정받게 된 사실과 함께, ③ 진양제약(주)가 자진하여 그 사실을 공시하고 언론사에 보도자료를 배부하여 홍보하였고 피고인들이 공시 이전에 진양제약(주)의 주식을 집중적으로 매수하거나 다른 사람으로 하여금 매수하게 한 사실 등을 종합할 때, (비록 특정 회사의 주식인수의 규모가 작아서) 신고 사항이 아니더라도 중요 내부 정보에 해당한다.

대법원 1994. 4. 26. 선고 93도695 판결: 신정제지 사건

사실관계

신정제지는 분식회계와 부실감사에 기하여 1992년 1월 13일 증권거래소에 상장되었으나, 재무구조의 악화로 1992년 4월 30일 거래 은행과의 당좌 거래가 정지되고 증권거래소에 부도 사실이 공시됨.

창업투자회사인 대신개발금융은 신정제지의 최대 주주였는데, 대신개발금융의 대표이사인 나○○는 평소의 직무와 관련하여 신정제지가 극도로 자금난에 시달린다는 사실과 신정제지의 경영 상태에도 불구하고 신정제지의 주식이 상장된 직후 그 시초가가 터무니없이 고가로 조작된 사실 등을 알고 있음에도 다른 투자자들이 이러한 사실을 알지 못하는 사이에 이를 이용하여 부당하게 이익을 취하거나 손실을 회피하려는 의도하에 1992년 2월 1일부터 2월 17일까지 보유 주식을 전부 매도함.

판결

• 상장법인의 신고 의무에 관한 법(구 「증권거래법」) 제186조 제1항과 내부자 거래의 금지에 관한 법 제188조의2는 각기 규정하는 대상이 서로 다르므로, 어떤 정보가 주식이 유가증권시장에 상장되기 전에 이미 발생한 사실에 관한 것이어서 그 전까지는 법 제186조 제1항의 규정에 따른 신고 의무가 없었던 경우이거나, 또는 … 위 규정에 의한 신고 의무의 이행을 기대하기 어려운 경우라고 하더라도 그 정보가 일반 투자자들의 투자 판단에 중대한 영향을 미칠 수 있는 것이기만 하면 그 정보가 일반인에게 공개되기 전의 내부자 거래는 역시 법 제188조의2 제1항에 의하여 금지되는 것으로 보아야 할 것이다.

• 신정제지가 회계장부상으로는 흑자가 발생하고 있는 것으로 되어 있으나 실제로는 누적된 적자와 대규모 공장의 신축으로 인한 자금의 수요 등 때문에 어음 수표가 부도로 될 정도로 극심한 자금난에 시달리고 있다는 사정은, 회사의 경영에 중대한 영향을 미칠 수 있는 사실로서 합리적인 투자자라면 누구든지 회사의 주식의 거래에 관한 의사를 결정함에 있어서 상당히 중요한 가치를 지니는 것으로 판단할 정보에 해당하는 것임이 분명하므로, … 피고인이 회사의 내부자의 지위에서 그 직무와 관련하여 알게 된 위와 같은 정보를 이용하여 회사 주식을 전부 매도한 것은 법 제188조의2 제1항의 규정에 위반한 행위이다.

대법원 1995. 6. 29. 선고 95도467 판결: 바로크 사건

사실관계

피고인은 상장회사인 바로크가구 주식회사의 상무이사로서 1992년 12월 하순경 위 회사의 결산 실적을 추정한 결과 전년 대비 70.1%와 131.2% 증가하였음을 확인한 후, 다음 해 1월 4일경 증권회사 영업부장으로 근무하고 있던 친구가 자체 예상 추정치가 맞느냐고 묻자 그 수치가 거의 맞다고 확인해줌. 위 증권회사 영업부장은 위 정보를 자기 고객들에게 알려주어 1993년 1월 5일부터 1월 27일까지 위 회사의 주식 총 31여억 원을 매매하게 하여, 일반인에게 공개되지 아니한 중요한 정보인 위 회사의 1992 사업연도의 추정 결산 실적을 이용하게 함.

판결

상장회사의 추정 영업 실적이 전년도에 비하여 대폭 호전되었다는 사실은 그 회사의 유가증권의 가격에 중대한 영향을 미칠 것임이 분명하므로, 그에 관한 매출액, 순이익 등의 추정 결산 실적 등의 정보는 투자자의 투자 판단에 중대한 영향을 미칠 수 있는 정보에 해당한다.

대법원 1995. 6. 30. 선고 94도2792 판결: 대미실업 사건

피고인이 경영하던 대미실업은 자본금이 101억여 원인바, 자회사에서 화재가 발생하여 약 20억 원의 손실을 입은 것을 비롯하여 1991년 말 결산 결과 약 35억 원의 적자가 발생한 것이 드러났고, 그와 같은 내용이 아직 공개되지 아니하고 있었다면 그와 같은 정보는 중요한 정보로서 그 공개 전의 내부자 거래는 구 「증권거래법」이 규제하는 대상에 해당한다.

대법원 2000. 11. 24. 선고 2000도2827 판결: 한국주강 사건[8)]

사실관계

한국주강의 주요 주주인 한국파이낸스의 대표이사로 근무하던 피고인은 위 한국주강이

8) 당시 피고인은 보유 주식을 매도하여 11억 원의 손실액을 회피하였으나, 법원은 2억 원의 벌금만을 부과하였다고 한다.

발행한 어음 등의 부도 처리가 불가피한 사실을 알고 위 한국파이낸스가 보유하고 있던 한국주강의 주식을 1989년 4월 16일부터 같은 달 23일까지 매도하였고, 피고인의 위 주식매매가 끝난 다음 날인 같은 달 24일 한국주강은 최종 부도 처리되어 공시되었다.

판결

법(구 「증권거래법」) 제186조 제1항 제1호에서 규정하고 있는 상장법인 등이 발행한 어음 또는 수표가 부도 처리되었을 때뿐만 아니라 은행이 부도 처리하기 전에 도저히 자금 조달이 어려워 부도 처리될 것이 거의 확실시되는 사정도 당해 법인의 경영에 중대한 영향을 미칠 수 있는 사실로서 "일반인에게 공개되지 아니한 중요한 정보"에 해당한다.

마. 대통령령이 정하는 방법에 따라 불특정 다수인이 알 수 있도록 공개하기 전인 정보

(1) 내부 정보는 일반인에게 공개되지 않은 정보를 말하는데, 그렇다면 언제 당해 정보가 '공개'된 것이라고 볼지가 문제된다. 법에서는 당해 법인이 당해 정보를 다음과 같이 금융위원회 등에 공시하거나 언론기관에 공표한 후 일정 시간이 경과하면 당해 정보가 공개된 정보로 간주하고, 일정 시간이 경과하기 전이라면 미공개 정보라고 본다(「자본시장법 시행령」 제201조).

① 법령에 따라 금융위원회 또는 거래소에 신고되거나 보고된 서류에 기재되어 있는 정보: 그 내용이 기재되어 있는 서류가 금융위원회와 거래소가 정하는 바에 따라 비치된 날부터 1일.

② 금융위원회 또는 거래소가 설치·운영하는 전자전달매체를 통하여 그 내용이 공개된 정보: 공개된 때부터 3시간.

③ 일간신문 또는 경제 분야의 특수 일간신문 중 전국을 보급 지역으로 하는 둘 이상의 신문에 그 내용이 게재된 정보: 게재된 날의 다음 날 0시부터 6시간. 다만, 해당 법률에 따른 전자간행물의 형태로 게재된 경우에는 게재된 때부터 6시간으로 한다.

④ 전국에서 시청할 수 있는 지상파방송을 통하여 그 내용이 방송된 정보: 방송된 때부터 6시간.

⑤ 연합뉴스사를 통하여 그 내용이 제공된 정보: 제공된 때부터 6시간.

(2) 공개의 주체가 당해 법인이므로, 예컨대 당해 법인이 추정 결산 결과를 공개한 사실이 없는 이상, 비록 일간신문 등에 그 추정 결산 결과와 유사한 내용으로 추측 보도된 사실이 있다고 하더라도 그러한 사실만으로는 그 회사의 추정 결산 실적이 일반인에게 공개된 정보라거나 또는 그로 인하여 그 회사가 직접 집계하여 추정한 결산 수치가 중요한 정보로서의 가치를 상실한다고 볼 수 없다.[9)]

대법원 2000. 11. 24. 선고 2000도2827 판결: 한국주강 사건

한국주강 스스로가 부도 사실이 불가피하다는 사실을 공개한 사실이 없는 이상 비록 경제신문 등에서 그 유사한 내용으로 추측 보도된 사실이 있다고 하더라도 그러한 사실만으로 일반인에게 공개된 정보라고 할 수는 없다.

4. 직무관련성

가. 구 「증권거래법」은 내부자가 직무와 관련하여 정보를 취득하여 이용하는 행위를 금지하였는데, 「자본시장법」은 내부자별 정보 취득 경위가 상이한 점을 감안하여 정보 취득 경위를 각 내부자별로 규정하였다(제174조 제1항).

내부자	정보 취득 경위
당해 법인, 그 임직원·대리인	직무와 관련하여 알게 된 경우
당해 법인의 주요 주주	주주권을 행사하는 과정에서 알게 된 경우
허가, 인가 등의 권한을 가지는 자	허가권 등 그 권한을 행사하는 과정에서 알게 된 경우
당해 법인과 계약을 체결하고 있거나 체결을 교섭하고 있는 자	당해 계약의 체결, 교섭 또는 이행의 과정에서 알게 된 경우

나. 만일 거래의 당사자가 거래의 목적인 증권 관련 내부 정보를 전해 들어 이를 잘

9) 대법원 1995. 6. 29. 선고 95도467 판결(바로크 사건).

알고 있는 상태에서 거래에 이르게 되었음이 인정되는 경우에는 공개되지 아니한 중요한 정보를 이용한 것으로 볼 수 없다. 예컨대 거래 당사자인 법인의 담당 직원이 거래의 상대방으로부터 그 증권 관련 내부 정보를 전해 들었음에도 이를 정식으로 법인의 의사결정권자에게 보고하거나 그에 관한 지시를 받지 아니한 채 거래의 상대방으로부터 거래의 성사를 위한 부정한 청탁금을 받고서 법인에 대한 배임적 의사로 거래가 이루어지도록 한 경우에는 거래 당사자에 대하여 위 내부 정보의 완전한 공개가 이루어졌다고 볼 수 없다.[10]

대법원 2006. 5. 11. 선고 2003도4320 판결

A&D(주식교환 방식에 의한 인수·합병)를 추진하는 주식회사의 대주주이자 상무이사인 피고인이 전환사채의 거래에 앞서 그 인수회사의 담당 직원에게 내부 정보를 미리 알려준 것만으로는 위 인수회사 또는 그 자산운용사에게 위 내부 정보가 공개된 것으로 볼 수 없으므로 피고인이 미공개 내부 정보를 위 전환사채 거래에 이용한 것이라 할 것이다.

5. 이용하는 행위

미공개 중요 정보를 특정 증권 등의 매매 기타 거래에 이용하는 행위가 금지된다. 여기서 거래란 매매뿐만 아니라 교환 등 일체의 양도와 담보권 설정이나 담보권 취득, 유가증권의 대차거래 등의 거래도 포함된다.

자신이 직접 이용하는 경우뿐만 아니라 다른 사람이 이용하게 하는 행위도 금지된다. 예컨대 다른 사람이 특정 증권 등을 매매 기타 거래하리라고 예상하고서 내부 정보를 알려 주거나 또는 내부 정보에 기하여 다른 사람에게 특정 증권 등의 매매 기타 거래를 하도록 권유하는 것은 금지된다.

여기서 타인(다른 사람)이 내부자 또는 제1차 정보수령자일 필요는 없다(대법원 2020. 10. 29. 선고 2017도18164 판결).

10) 대법원 2006. 5. 11. 선고 2003도4320 판결.

6. 공개매수의 특칙

제174조(미공개 중요 정보 이용행위 금지)

② 다음 각 호의 어느 하나에 해당하는 자(제1호부터 제5호까지의 어느 하나의 자에 해당하지 아니하게 된 날부터 1년이 경과하지 아니한 자를 포함한다)는 주식 등에 대한 공개매수(제133조 제1항의 공개매수를 말한다. 이하 이 항에서 같다)의 실시 또는 중지에 관한 미공개 정보(대통령령으로 정하는 방법에 따라 불특정 다수인이 알 수 있도록 공개되기 전의 것을 말한다. 이하 이 항에서 같다)를 그 주식 등과 관련된 특정 증권 등의 매매, 그 밖의 거래에 이용하거나 타인에게 이용하게 하여서는 아니 된다. 다만, 공개매수를 하려는 자(이하 이 조에서 "공개매수예정자"라 한다)가 공개매수공고 이후에도 상당한 기간 동안 주식 등을 보유하는 등 주식 등에 대한 공개매수의 실시 또는 중지에 관한 미공개 정보를 그 주식 등과 관련된 특정 증권 등의 매매, 그 밖의 거래에 이용할 의사가 없다고 인정되는 경우에는 그러하지 아니하다.

1. 공개매수 예정자(그 계열회사를 포함한다. 이하 이 호 및 제2호에서 같다) 및 공개매수 예정자의 임직원·대리인으로서 그 직무와 관련하여 공개매수의 실시 또는 중지에 관한 미공개 정보를 알게 된 자.
2. 공개매수 예정자의 주요 주주로서 그 권리를 행사하는 과정에서 공개매수의 실시 또는 중지에 관한 미공개 정보를 알게 된 자.
3. 공개매수 예정자에 대하여 법령에 따른 허가·인가·지도·감독, 그 밖의 권한을 가지는 자로서 그 권한을 행사하는 과정에서 공개매수의 실시 또는 중지에 관한 미공개 정보를 알게 된 자.
4. 공개매수 예정자와 계약을 체결하고 있거나 체결을 교섭하고 있는 자로서 그 계약을 체결·교섭 또는 이행하는 과정에서 공개매수의 실시 또는 중지에 관한 미공개 정보를 알게 된 자.
5. 제2호부터 제4호까지의 어느 하나에 해당하는 자의 대리인(이에 해당하는 자가 법인인 경우에는 그 임직원 및 대리인을 포함한다)·사용인, 그 밖의 종업원(제2호부터 제4호까지의 어느 하나에 해당하는 자가 법인인 경우에는 그 임직원 및 대리인)으로서 그 직무와 관련하여 공개매수의 실시 또는 중지에 관한 미공개 정보를 알게 된 자.
6. 공개매수 예정자 또는 제1호부터 제5호까지의 어느 하나에 해당하는 자(제1호부터 제5호까지의 어느 하나의 자에 해당하지 아니하게 된 날부터 1년이 경과하지 아니한 자를 포함한다)로부터 공개매수의 실시 또는 중지에 관한 미공개 정보를 받은 자.

공개매수의 실시나 중지 등은 주가에 중대한 영향을 미치는 거래여서 공개매수인의 내부자가 대상 회사 증권을 거래하는 경우에 대하여 「자본시장법」은 특칙을 두고 있다(제174조 제2항). 즉 일반적인 내부자 거래에서는 내부자가 증권을 발행한 '당해 법인'에 관련된 자이지만, 공개매수의 실시나 중지에 관한 정보의 중요성을 고려하여 특칙에서 '당해 법인'이 아닌 '공개매수자'와 관련된 자도 처벌 대상에 포함시켰다.

7. 대량 취득·처분 정보 이용행위 금지의 특칙

제174조(미공개 중요 정보 이용행위 금지)

③ 다음 각 호의 어느 하나에 해당하는 자(제1호부터 제5호까지의 어느 하나의 자에 해당하지 아니하게 된 날부터 1년이 경과하지 아니한 자를 포함한다)는 주식 등의 대량 취득·처분(경영권에 영향을 줄 가능성이 있는 대량 취득·처분으로서 대통령령으로 정하는 취득·처분을 말한다. 이하 이 항에서 같다)의 실시 또는 중지에 관한 미공개 정보(대통령령으로 정하는 방법에 따라 불특정 다수인이 알 수 있도록 공개되기 전의 것을 말한다. 이하 이 항에서 같다)를 그 주식 등과 관련된 특정 증권 등의 매매, 그 밖의 거래에 이용하거나 타인에게 이용하게 하여서는 아니 된다. 다만, 대량 취득·처분을 하려는 자가 제149조에 따른 공시 이후에도 상당한 기간 동안 주식 등을 보유하는 등 주식 등에 대한 대량 취득·처분의 실시 또는 중지에 관한 미공개 정보를 그 주식 등과 관련된 특정 증권 등의 매매, 그 밖의 거래에 이용할 의사가 없다고 인정되는 경우에는 그러하지 아니하다.

1. 대량 취득·처분을 하려는 자(그 계열회사를 포함한다. 이하 이 호 및 제2호에서 같다) 및 대량 취득·처분을 하려는 자의 임직원·대리인으로서 그 직무와 관련하여 대량 취득·처분의 실시 또는 중지에 관한 미공개 정보를 알게 된 자.
2. 대량 취득·처분을 하려는 자의 주요 주주로서 그 권리를 행사하는 과정에서 대량 취득·처분의 실시 또는 중지에 관한 미공개 정보를 알게 된 자.
3. 대량 취득·처분을 하려는 자에 대하여 법령에 따른 허가·인가·지도·감독, 그 밖의 권한을 가지는 자로서 그 권한을 행사하는 과정에서 대량 취득·처분의 실시 또는 중지에 관한 미공개 정보를 알게 된 자.
4. 대량 취득·처분을 하려는 자와 계약을 체결하고 있거나 체결을 교섭하고 있는 자로서 그 계약을 체결·교섭 또는 이행하는 과정에서 대량 취득·처분의 실시 또는 중지에 관

한 미공개 정보를 알게 된 자.

5. 제2호부터 제4호까지의 어느 하나에 해당하는 자의 대리인(이에 해당하는 자가 법인인 경우에는 그 임직원 및 대리인을 포함한다)·사용인, 그 밖의 종업원(제2호부터 제4호까지의 어느 하나에 해당하는 자가 법인인 경우에는 그 임직원 및 대리인)으로서 그 직무와 관련하여 대량 취득·처분의 실시 또는 중지에 관한 미공개 정보를 알게 된 자.

6. 대량 취득·처분을 하려는 자 또는 제1호부터 제5호까지의 어느 하나에 해당하는 자(제1호부터 제5호까지의 어느 하나의 자에 해당하지 아니하게 된 날부터 1년이 경과하지 아니한 자를 포함한다)로부터 대량 취득·처분의 실시 또는 중지에 관한 미공개 정보를 알게 된 자.

시장에서는 경영권에 영향을 줄 가능성이 있는 대량 취득·처분 정보 역시 주가에 중대한 영향을 미치는 거래임에도 불구하고, 종전 「자본시장법」에서는 이를 내부자 거래로 보기 힘들었다. 대표적인 사건이 화승강업 사건이었다. 당시 피고인은 주식회사 화승으로부터 주식회사 화승강업 주식을 매수하기로 하고 그 인수계약을 체결하였다. 검찰은 피고인이 화승강업의 주요 주주(내부자)인 화승으로부터 내부 정보를 전달받았다고 하면서 이를 내부자 거래로 의율했다.

이 사건에서 법원은 "'화승이 피고인에게 화승강업 주식을 양도하여 화승강업의 경영권을 양도한다'는 정보는 화승이 그 소유의 주식을 피고인에게 처분함으로써 스스로 생산한 정보이지 직무와 관련하여 알게 된 정보가 아니고, 피고인은 당해 정보를 화승으로부터 전달받은 자가 아니라 화승과 주식 양수계약을 체결한 계약당사자로서 화승과 공동으로 당해 정보를 생산한 자에 해당한다는 이유에서 피고인은 준내부자인 '당해 법인과 계약관계를 체결하고 있는 자'가 아니고, 또한 내부자로부터 정보를 수령한 자도 아니므로 내부자 거래에 해당하지 않는다"[11]고 판시하였다.

이에 2009년 개정 「자본시장법」에서는 대량 취득·처분 정보 역시 내부자 정보와 동일하게 규율하는 조항을 신설하였다(제174조 제3항).

대량 취득·처분 정보란 경영권에 영향을 줄 가능성이 있는 취득·처분으로서 다음 각 호의 요건을 모두 충족하는 취득·처분을 말한다(「동 시행령」 제201조 제4항).

---

11) 대법원 2003. 11. 24. 선고 2003도686 판결.

가. 경영권에 영향을 주기 위한 목적으로 할 것(취득의 경우만 해당한다).

나. 금융위원회가 정하여 고시하는 비율 이상의 대량 취득·처분일 것.

다. 그 취득·처분이 대량 보유 보고 대상에 해당할 것.

다만 5% 보고 이후에도 상당한 기간 동안 주식 등을 보유하는 등 주식 등에 대한 대량 취득·처분의 실시 또는 중지에 관한 미공개 정보를 그 주식 등과 관련된 특정 증권 등의 매매, 그 밖의 거래에 이용할 의사가 없다고 인정되는 경우에는 예외로 적용 대상에서 제외하였다(동법 제174조 제3항 단서).

8. 위반의 효과

가. 민사상 손해배상책임

(1) 「자본시장법」 제174조의 규정에 위반하여 내부자 거래를 한 자는 당해 증권의 매매 기타 거래를 한 자가 그 매매 기타 거래와 관련하여 입은 손해를 배상할 책임을 진다. 다만 위 손해배상청구권은 청구권자가 제174조의 규정에 위반한 행위가 있었던 사실을 안 날로부터 2년 또는 그 행위가 있었던 날부터 5년간 이를 행사하지 아니한 경우에는 시효로 인하여 소멸한다(제175조 제2항).

(2) 법에서는 손해배상청구권자를 '당해 증권의 매매 기타 거래를 한 자'로 규정하고 있는데, 이에 대하여 1994년 서울남부지방법원에서는 '내부자가 거래한 것과 같은 종목의 증권을 동 시기에 내부자와는 반대 방향으로 매매한 자'라고 해석한 바 있다.

서울지법 남부지원 1994. 5. 6. 선고 92가합11689 판결: 신정제지 사건

사실관계

신정제지는 분식회계와 부실감사에 기하여 1992년 1월 13일 증권거래소에 상장되었으나, 재무구조의 악화로 1992년 4월 30일 거래 은행과의 당좌 거래가 정지되고 증권거래소에 부도 사실이 공시되었다. 그런데 주거래 은행인 전북은행은 신정제지가 4월 15일 1차로 약 7억 원을 부도낸 사실을 알고 있음에도 불구하고, 4월 29일 위 정보가 아직 일반에게 공개되지 아니하여 증권거래소에서 신정제지의 주식이 정상적으로 거래되고 있는 틈을 타 보유하고 있던 신정제지의 주식을 매도하였다.

판단

• 피고 전북은행은 주거래 은행으로서 구 「증권거래법」 제188조의2 제1항 제4호 소정의 내부자이고, 신정제지가 1차로 부도를 낸 사실은 같은 법 제188조의2 제2항에서 원용하는 같은 법 제186조 제1항 제1호에 해당하는 사실로서 투자자의 투자 판단에 중대한 영향을 미칠 수 있는 정보이다.

• 내부자 거래를 한 자가 손해배상책임을 부담하는 상대방인 '당해 유가증권의 매매 기타 거래를 한 자'를 내부자와 거래한 것과 같은 종목의 유가증권을 거래한 모든 사람으로 해석한다면, … 내부자 거래를 한 자에게 지나치게 가혹할 뿐만 아니라 그러한 경우에는 내부자 거래행위와 손해 발생 사이의 인과관계를 인정하기도 어려울 것이고, 반면에 '당해 유가증권의 매매 기타 거래를 한 자'를 당해 유가증권의 매매 거래에 있어서의 내부자의 직접 거래 상대방만으로 한정한다면 거래 상대방의 확인이 어려운 경우가 대부분인 증권시장의 특성상 위 규정이 적용될 경우는 거의 없어 그 입법 취지는 몰각될 것이다. 그러므로 위 규정의 입법 취지에 비추어볼 때 '당해 유가증권의 매매 기타 거래를 한 자'라 함은 내부자가 거래한 것과 같은 종목의 유가증권을 동 시기에 내부자와는 반대 방향으로 매매한 자를 의미한다.

• 전북은행은 4월 29일 9시 27분경 개장 직전에 신정제지의 주식 7만 1천 주에 대한 매도 주문을 내어 그날의 시초가를 형성하기 위한 동시 호가장에서 전산 매도하고, 나머지 7만 200주는 동시 호가장이 마감된 직후인 9시 40분경부터 10시 09분경까지 순차로 전산 매도를 한 반면, 원고는 9시 37분경 매수 주문을 내어 9시 46분경에 전산 매수가 이루어졌다면 원고는 피고 전북은행이 매도한 것과 같은 종목의 주식을 동 시기에 위 피고와는 반대 방향으로 매수하였다고 할 것이다.

---

(3) 법에서는 손해배상액에 대하여 "매매 기타 거래와 관련하여 입은 손해"라고만 규정하고 있어 구체적인 산정 방식이 문제된다. 이에 대하여 위 신정제지 사건에서는 구 「증권거래법」 제15조(현행 「자본시장법」 제126조)를 준용하여 매매 가격과 변론 종결 당시의 시가의 차액으로 배상액을 산정하였다. 반면 명시적인 준용 규정이 없기 때문에 원고가 취득한 가격과 내부자 거래가 없었다면 형성되었을 정상 가격과의 차액을 배상

액으로 산정해야 한다는 반론[12]도 있다.

나. 형사 처벌

내부자 거래 금지에 위반한 행위자는 1년 이상의 유기징역 또는 그 위반 행위로 얻은 이익 또는 회피한 손실액의 3배 이상 5배 이하에 상당하는 벌금에 처한다. 다만, 그 위반 행위로 얻은 이익 또는 회피한 손실액의 5배에 해당하는 금액이 5억 원 이하인 경우에는 벌금의 상한액을 5억 원으로 한다(「자본시장법」 제443조 제1항).

만일 이익 또는 회피한 손해액이 5억 원 이상 50억 원 미만인 경우에는 3년 이상의 유기징역, 50억 원 이상인 경우에는 무기 또는 5년 이상의 징역으로 가중처벌한다(동조 제2항). 그리고 징역과 벌금을 병과할 수 있다.

'위반 행위로 얻은 이익'은 당해 위반 행위로 인하여 행위자가 얻은 이익을 의미하고, 여러 사람이 공동으로 미공개 정보 이용행위 금지의 범행을 저지른 경우 그 범행으로 인한 이익은 범행에 가담한 공범 전체가 취득한 이익을 말하며, 범행에 가담하지 아니한 제3자에게 귀속하는 이익은 이에 포함되지 않는다.[13]

대법원 2014. 5. 29. 선고 2011도11233 판결

갑 주식회사 대표이사인 피고인이 회사 내부에서 생성된 미공개 정보를 이용하여 자신과 을의 각 자녀들 명의 계좌로 병 주식회사 주식을 매수하였다고 하여 구 「증권거래법」 위반으로 기소된 사안에서 위 자녀들이 피고인과 공범 관계에 있다거나 피고인에게 계좌 명의만을 빌려주었다고 보기 어렵고, 병 회사 주식매수에 사용된 돈은 피고인과 을이 서로 상대방 자녀들 명의 계좌에 교차 대여 형식으로 입금한 돈으로서 그 돈은 자녀들의 돈일 가능성이 크므로, 위 자녀들 명의 계좌를 통해 병 회사 주식을 매수함으로 인하여 발생한 이익을 피고인이 얻은 이익이라고 단정하기 어렵다.

---

12) 임재연, 《자본시장법》, 388쪽.

13) 대법원 2014. 5. 29. 선고 2011도11233 판결.

제2절 단기매매차익 반환

1. 규정

단기매매차익 반환 제도란 상장법인의 임직원 또는 주요 주주가 그 법인의 주권 등을 매수 후 6월 이내에 매도하거나 매도 후 6월 이내에 매수함으로써 차익을 얻은 경우 그 차익을 회사에 반환하도록 하는 제도이다(「자본시장법」 제172조, 「동 시행령」 제194조, 제195조). 제도의 취지는 상장법인의 내부자가 6월 이내의 단기간에 그 법인의 주식 등을 사고파는 경우 미공개 내부 정보를 이용하였을 개연성이 크다는 점에서 거래 자체는 허용하되, 내부자가 실제로 미공개 내부 정보를 이용하였는지나 내부자에게 미공개 내부 정보를 이용하여 이득을 취하려는 의사가 있었는지를 묻지 않고 내부자가 거래로 얻은 이익을 법인에 반환하도록 하는 엄격한 책임을 인정함으로써 내부자가 미공개 내부 정보를 이용하여 법인의 주식 등을 거래하는 행위를 간접적으로 규제하기 위해서다.[14] 따라서 6월 이내의 단기매매를 통하여 이익을 얻었다면, 원칙적으로 미공개 내부 정보를 이용하였는지 여부나 내부자에게 미공개 내부 정보를 이용하여 이득을 취하려는 의사가 있었는지 여부를 묻지 않고, 내부자는 동 차익을 당해 법인에 반환해야 한다.

2. 적용 대상

가. 임원·직원 또는 주요 주주

(1) '임원'은 「상법」상 업무집행지시자를 포함하고, 사외이사도 적용 대상이며, 내부자의 계산으로 하는 한, 누구의 명의인지는 묻지 않는다. 판례는 주권상장법인 임원의 처가 그 임원의 월급 등 수입을 관리하면서 차명계좌를 개설하여 그 임원의 자금으로 주식 단기매매를 하여 차익을 발생시킨 사건에서 여러 사정을 감안할 때 위 차명계좌의 실질상 계좌주는 임원이고 처에게 차명계좌를 이용한 주식 거래를 위임한 데 불과

14) 대법원 2012. 1. 12. 선고 2011다80203 판결.

하다고 봄이 경험칙에 부합하므로, 임원은 이 사건 차명계좌의 실질상 계좌주로서 단기매매차익을 반환할 의무가 있다고 보았다.[15)]

(2) 제1호의 직원은 다음에 해당하는 자로서 증권선물위원회가 미공개 중요 정보를 알 수 있는 자로 인정하는 자(「자본시장법 시행령」 제194조)를 말한다.

① 법인에서 주요사항(「자본시장법」 제161조 제1항)의 수립·변경·추진·공시 그 밖에 이에 관련된 업무에 종사하고 있는 직원.

② 그 법인의 재무·회계·기획·연구개발에 관련된 업무에 종사하고 있는 직원.

종전 「증권거래법」은 회사의 내부 정보에 접근할 가능성이 희박한 사실상의 업무에 종사하는 종업원도 포함하고 있어 미공개 정보 이용 방지라는 단기차익 반환규제 취지에 맞지 않았고, 실제 이러한 직원이 회사 주식의 단기매매로 인해 얻은 이익을 반환하는 사례가 적지 않게 발생하고 있었기 때문에 개선이 필요하다는 의견이 빈번히 제기되어 「자본시장법」에서는 이를 반영하여 범위를 축소하였다.

(3) '주요 주주'란 ① 누구의 명의로 하든지 자기의 계산으로 의결권 있는 발행주식 총수의 100분의 10 이상의 주식을 소유한 자와 ② 임원의 임면 등 당해 법인의 주요 경영 사항에 대하여 사실상 영향력을 행사하고 있는 주주를 말한다.

나. 6월 이내의 기간에

6월의 기산점과 종기는 매매 체결일이고 대금 수수일이 아니다.[16)]

대법원 2011. 3. 10. 선고 2010다84420 판결: 지엔코 사건

사실관계

A회사는 코스닥상장법인인 의류업체이다. A회사의 대표이사인 갑은 2007년 1월경 종전 대주주로부터 A회사 발행주식을 매수하는 한편, 2007년 1월 24일 B회사와 사이에 갑이 보유하는 A회사 발행주식을 B회사에 양도하기로 하는 내용의 '합의각서'를 체결하였다. 이후 2007년 8월 14일 갑과 B회사 사이에 주식매매계약서가 작성되었는데, 갑의 주식 매도일

15) 서울고법 2007. 3. 16. 선고 2006나90055 판결.
16) 대법원 2011. 3. 10. 선고 2010다84420 판결.

을 2007년 1월 24일로 보아 단기매매차익 반환대상으로 볼지가 문제되었다.

판단

합의각서의 내용을 고려해볼 때, 2007년 1월 24일자 합의각서는 갑과 B회사가 추후 별도의 확정적인 매매계약 성립을 전제로 우선 갑이 매매 대상에 포함될 보유 주식을 확보하는 방안 등의 예비적인 사항들을 합의하기 위하여 작성하고, 매매계약 체결 여부 등은 2007년 8월경까지의 제반 진행 상황을 보아가면서 추후 결정하기로 합의한 것으로 봄이 상당하므로 결국 갑의 B회사에 대한 A회사 발행주식 매도는 2007년 8월 14일경에 이루어졌다고 보아야 한다.

다. 특정 증권 등을 매매하여

(1) 구 「증권거래법」은 단기매매차익 반환대상 증권을 주식 관련 증권으로 한정하였으나, 「자본시장법」은 단기매매차익 반환대상 증권을 내부자 거래 금지 규제 대상 증권(특정 증권 등)과 동일하게 규정하였다.

(2) '매매'는 반드시 거래소나 코스닥시장에서만 일어날 것을 요하지 않고 장외에서 행한 매매도 적용 대상이 된다. 판례는 대표이사인 피고가 제3자 배정 방식으로 신주를 인수한 행위도 '매수'에 포함된다고 본다.

반면 단기매매차익 반환 의무는 매매의 경우에만 적용되므로 상속이나 증여에 의한 무상 취득·주식배당·주식분할·주식병합·합병 등에 의한 주식 취득 등은 단기매매차익 반환대상 거래에 해당하지 않는다.

서울고법 2001. 5. 18. 선고 2000나22272 판결: 경기화학 사건

사실관계

경기화학의 대표이사인 K는 시세조종을 통하여 자신의 보유 주식을 매도하여 막대한 이득을 취하였고[시세조종 경위는 제4절 2. 가. '부정한 수단, 계획 또는 기교를 사용하는 행위(제1항 제1호 위반 행위)' 편 참조], 그 후 K는 자신의 회사에 대한 지배력을 유지하기 위하여 제3자 배정 방식으로 신주를 인수하여 취득하였다.

판결

「자본시장법」 제188조 제2항(현 제172조)에서의 매도 또는 매수는 「민법」상의 전형적인 매매 이외에도 「상법」이나 「자본시장법」이 인정하는 다양한 방식에 의한 유상 취득이나 처분행위를 통해서도 가능하며, 나아가 구체적으로 어느 범위의 비전형계약까지 포함시켜 규제할지는 당해 거래의 성격이나 비자발성의 정도, 거래의 동기 및 결과 등에 따라 법원이 합목적적이고 실용적으로 해석해야 한다. … 대표이사인 피고가 제3자 배정 방식으로 신주를 인수한 행위도 '매수'에 포함되고 그 차액을 반환해야 한다.

라. 차익이 발생한 경우

(1) 임·직원의 경우 매도 또는 매수 어느 한 시점에 임·직원인 자는 단기매매차익 반환대상이므로 퇴사 후에도 차익 반환 의무가 발생할 수 있다.

(2) 구 「증권거래법」은 이종증권 간에는 단기차익 반환 의무를 부과하지 않았으나, 「자본시장법」 시행으로 이종증권 간 단기매매(㉿ 보통주 매수 후 6개월 내 전환사채 매도)로 취득한 차익도 반환대상이다.

마. 적용 배제

주요 주주가 매도·수를 한 시기 중 어느 한 시기에 있어서 주요 주주가 아닌 경우 및 임원·직원 또는 주요 주주로서 행한 매도 또는 매수의 성격 기타 사정 등을 감안하여 대통령령이 정한 아래의 경우에는 내부 정보를 이용한 개연성이 아주 적다고 보아 적용 대상에서 제외된다(「자본시장법」 제172조 제6항).

적용을 배제하는 경우(「자본시장법 시행령」 제198조, 「단기차익 반환규정」 제5조)

① 법령에 따라 불가피하게 매수하거나 매도하는 경우.
② 정부의 허가·인가·승인 등이나 문서에 의한 지도·권고에 따라 매수하거나 매도하는 경우.
③ 안정조작이나 시장조성을 위하여 매수·매도 또는 매도·매수하는 경우.
④ 모집·사모·매출하는 특정 증권 등의 인수에 따라 취득하거나 인수한 특정 증권 등을

처분하는 경우.
⑤ 주식매수선택권의 행사에 따라 주식을 취득하는 경우.
⑥ 이미 소유하고 있는 지분증권, 신주인수권이 표시된 것, 전환사채권 또는 신주인수권 부사채권의 권리행사에 따라 주식을 취득하는 경우.
⑦ 증권예탁증권의 예탁 계약 해지에 따라 증권을 취득하는 경우.
⑧ 교환사채권의 권리행사에 따라 증권을 취득하는 경우.
⑨ 모집·매출하는 특정 증권 등의 청약에 따라 취득하는 경우.
⑩ 「근로복지기본법」 제36조~제39조까지 또는 제44조에 따라 우리사주조합원이 우리사주조합을 통하여 회사의 주식을 취득하는 경우(그 취득한 주식을 동법 제43조에 따라 수탁기관에 예탁하는 경우만 해당).
⑪ 주식매수청구권의 행사에 따라 주식을 처분하는 경우.
⑫ 공개매수에 응모함에 따라 주식 등을 처분하는 경우.
⑬ 그 밖에 미공개 중요 정보를 이용할 염려가 없는 경우로서 증권선물위원회가 인정하는 경우.
- 유상 신주발행 시 실권주 또는 단수주의 취득.
- 집합투자규약에 따라 집합투자업자가 행하는 매매.
- 공로금·장려금·퇴직금 등으로 지급받는 주식의 취득.
- 이미 소유하고 있는 특정 증권 등의 권리 행사로 인한 주식의 취득.
- 증권시장에서 허용되는 최소 단위 미만의 매매.

3. 미공개 내부 정보의 이용 유무

가. 「자본시장법」 제172조 자체는 합헌

「자본시장법」은 내부자가 미공개 내부 정보를 이용하였는지 여부는 단기매매차익 반환의 요건으로 하지 않고 있다. 따라서 종전에는 미공개 내부 정보를 이용하지 않은 경우까지 반환대상으로 삼는 것은 과도한 것이어서 위헌이라는 항변이 제기되었다. 이에 대하여 2002년 12월 18일 헌법재판소는 “미공개 내부 정보의 이용 유무를 적용의 적극 또는 소극 요건으로 할 경우 그 입증 및 인정이 실제상 극히 곤란하기 때문에 단기매매차익청구권의 신속하고 확실한 행사를 방해하고 일반 투자자들의 증권시장에 대한 신뢰의 제고라는 입법 목적을 고려한 불가피한 입법적 선택"이라고 하여 「자본시장법」 제188조(현 제172조) 제2항에 대하여 합헌 결정을 내려 위 조항 자체의 위헌 논란에 종지부를 찍었다.[17)]

나. '내부 정보를 이용할 가능성조차 없는 유형의 주식 거래'는 해석상 적용 배제

다만 헌법재판소는 "내부 정보를 이용할 가능성조차 없는 유형의 주식 거래"에 대하여는 해석상 위 조항이 적용되지 않는다고 하였고, 대법원도 내부 정보를 이용할 가능성이 없는 유형의 주식 거래는 해석상 위 조항이 적용되지 않는다고 판시하였다(대법원 2016. 3. 24. 선고 2013다210374 판결). 대법원은 "내부 정보에 대한 부당한 이용의 가능성이 전혀 없는 유형의 거래"의 판단 기준으로서 ① 비자발적인 유형의 거래인지 여부, ② 내부 정보에의 접근 가능성이라는 두 가지 기준을 제시하였기 때문에 향후 분쟁에서 위 두 가지 기준은 중요한 판단 기준으로 작용할 것으로 보인다.

대법원 2004. 5. 28. 선고 2003다60396 판결: 국영지앤앰 사건

사실관계

원고 회사는 의결권 있는 발행주식 총수 323만 1,800주인 협회등록법인이고, 피고는 2002년 1월 31일 기준으로 원고 회사의 주식 45만 7,500주(약 14.16%)를 소유한 원고의 주요주주이다. 피고는 원고의 주요 주주의 지위에서 2월 1일부터 3월 15일까지 합계 17만 8,931주를 매수한 후, 적대적 기업인수를 단념한 후 2002년 3월 19일 위 주식을 매도함으로써 매매수수료 등을 공제한 1억 4,385만 2,159원의 매매차익을 얻었다.

판결

• 적대적 기업인수를 시도하던 피고가 주요 주주가 된 후에 대상 회사 경영진의 저항에 부딪혀 인수를 단념하고 취득한 주식을 공개시장에서 처분하는 경우 피고가 대량 취득하였던 주식을 매도한 것은 비록 계속 보유할 경우의 경제적 손실을 회피하기 위한 동기에서 비롯된 것이었다 할지라도 피고 스스로 경제적 이해득실을 따져본 후 임의로 결정한 다음 공

---

17) 헌법재판소 2002. 12. 18. 99헌바105 결정.

개시장을 통하여 매도한 것으로 보일 뿐, 비자발적인 유형의 거래로 볼 수 없다.

• 뿐만 아니라 적대적 주식 대량 매수자와 회사 경영자가 서로 어느 정도 적대적인지는 개별 사안에 따라 다를 수 있고, 또한 같은 사안에 있어서도 시기별로 차이가 있을 수 있으므로 그 적대적 관계성은 결국 개별 사안에서 각 시기별로 구체적 사정을 살펴본 이후에야 판단할 수 있는 사항이어서 피고가 적대적 주식 대량 매수자의 지위에서 주식을 거래하였다는 그 외형 자체만으로 내부 정보에의 접근 가능성이 완전히 배제된다고 볼 수는 없다.

• 결국 (이 건의 거래는) '내부 정보에 대한 부당한 이용의 가능성이 전혀 없는 유형의 거래'에는 해당하지 않으므로, 「자본시장법」 제188조 제2항의 적용 대상인 매도에 해당하여 단기매매차익의 반환책임을 피할 수 없다.

대법원 2004. 2. 13. 선고 2001다36580 판결: 주리원 사건

사실관계

울산에 있는 구 주리원 백화점(현 현대백화점)을 운영하는 (주)주리원이 적대적 인수합병의 위험에 처하자 이모 대표이사는 경영권 방어와 주가 방어를 위하여 1997년 10월 23일부터 1998년 2월 16일까지 직원의 명의 등을 이용하여 회사 주식 36만여 주를 4천 원 대에 매수하였다. 그 후 백화점의 경영이 계속 악화되어 경영권을 양도하는 것이 회사의 부도를 막는 현실적인 대안으로 판단하여 이모 대표이사는 위 일시로부터 6개월이 경과하지 않은 시점에 금강개발산업 주식회사에 보유 주식 전량을 장외에서 주당 1만 원에 매도하였다. 이후 증권선물위원회에서 이모 대표이사가 16억 9천만 원의 단기매매차익을 낸 것이라고 하자 이모 대표이사는 주식의 단기매매로 인하여 취득한 이익이 아니라 경영권 양도에 따른 프리미엄이라고 반론을 제기하였다.

판결

• 지배주식의 매도 시 경영권 프리미엄이 가격 결정에 반영되어도 주식 양도대금은 주식 자체의 대가이므로 경영권 프리미엄 또한 「자본시장법」상의 단기매매차익으로서 반환할 이익에 포함된다.

• 단기매매차익 반환 제도의 입법 목적, 「동 시행령」 제83조의6에 정해진 예외 사유의 성격, 「헌법」 제23조가 정하는 재산권 보장의 취지를 고려하면 위 「시행령」 제83조의6에 정한 예외 사유에 해당하지 않더라도 객관적으로 볼 때 애당초 내부 정보의 이용 가능성이 전혀 없는 유형의 거래에 대하여는 법원이 해석상의 예외 사유로 보아 그 적용을 배제할 수 있다.

• 다만 피고의 주장과 같이 원고의 주가 하락 및 원고에 대한 적대적 인수합병에 대한 방어책으로서 주식을 매수하였다거나, 백화점의 경영 악화로 인하여 부득이 금강개발에 원고의 경영권을 양도하기 위한 수단으로 주식을 매도한 것이라 하여도 이는 객관적으로 볼 때, 애당초 내부 정보의 이용 가능성이 전혀 없는 유형의 거래에는 해당하지 않는다.

4. 반환 절차

가. 반환청구권자

(1) 단기매매차익의 반환을 청구할 수 있는 자는 원칙적으로 당해 법인이다(「자본시장법」 제172조 제1항). 증권선물위원회는 단기매매차익의 발생 사실을 알게 된 경우에는 해당 법인에 이를 통보해야 하고, 법인은 통보받은 내용을 인터넷 홈페이지 등을 이용하여 공시해야 한다(동조 제3항).

공시 내용(「자본시장법 시행령」 제197조)

1. 단기매매차익을 반환해야 할 자의 지위[임원(「상법」상 업무집행지시자 포함), 직원 또는 주요 주주].
2. 단기매매차익 금액(임원별·직원별 또는 주요 주주별로 합산한 금액).
3. 증권선물위원회로부터 단기매매차익 발생 사실을 통보받은 날.
4. 해당 법인의 단기매매차익 반환청구 계획.
5. 해당 법인의 주주(주권 외의 지분증권이나 증권예탁증권을 소유한 자를 포함)는 그 법인으로 하여금 단기매매차익을 얻은 자에게 단기매매차익의 반환청구를 하도록 요구할 수 있으며, 그 법인이 요구를 받은 날부터 2개월 이내에 그 청구를 하지 아니하는 경우에는 그 주주는 그 법인을 대위(代位)하여 청구를 할 수 있다는 뜻.

(2) 해당 법인의 주주(주권 외의 지분증권 또는 증권예탁증권을 소유한 자를 포함)는 그 법인으로 하여금 단기매매차익을 얻은 자에게 단기매매차익의 반환청구를 하도록 요구할 수 있으며, 그 법인이 그 요구를 받은 날부터 2개월 이내에 그 청구를 하지 아니하는

경우에는 그 주주는 그 법인을 대위하여 그 청구를 할 수 있다(동조 제2항). 이때 주주는 단 1주를 보유한 주주라도 대위하여 청구할 수 있고, 당해 매매가 있은 후에 주주가 된 자도 청구할 수 있다.[18] 이익은 당해 법인에게 반환해야 하고, 소를 제기한 주주가 승소한 경우에는 그 주주는 회사에 대하여 소송비용, 그 밖에 소송으로 인한 모든 비용의 지급을 청구할 수 있다(동조 제4항).

(3) 구 「증권거래법」은 증권선물위원회도 당해 법인을 대위하여 반환청구를 할 수 있도록 하고 있었으나, 「자본시장법」은 증권선물위원회의 대위청구권을 삭제하였다.

나. 청구 기간

당해 법인이나 주주의 단기매매차익 반환청구권은 이익을 취득한 날부터 2년 내에 행사하지 아니한 때에는 소멸한다(동조 제5항). 판례는 단기매매차익청구권의 행사 기간은 제척 기간으로서 재판상 또는 재판 외 권리행사 기간이지 재판상 청구를 위한 출소 기간은 아니라고 보고 있다.[19]

대법원 2012. 1. 12. 선고 2011다80203 판결

원고가 2008년 12월 8일 원고의 임원이었던 피고에게 내용증명우편을 통하여 단기매매차익금을 반환하라는 청구를 하고, 위 내용증명우편이 2008년 12월 9일 피고에게 도달하였다면, 위 청구일로부터 소급하여 2년이 되는 날인 2006년 12월 10일부터 2008년 12월 9일까지 사이에 이루어진 원고 주식의 단기매매로 피고가 취득한 1억 6,978만 1,463원에 대한 원고의 단기매매차익금 반환청구 부분은 제척 기간이 준수되어 적법하다.

---

18) 고창현, 〈자본시장법상 단기매매차익반환 의무〉, 《인권과 정의》 제277호(1999년 9월), 75쪽.
19) 대법원 2012. 1. 12. 선고 2011다80203 판결.

5. 반환 금액

가. 선입선출법

차익의 산정 방법으로는 가중평균법, 선입선출법, 매수 최저가·최고가 대비 방법 등이 있을 수 있다. 우리나라는 종래 가중평균법으로 차액을 산정하다가 2000년 9월 8일 이후의 거래분부터는 차액의 산정 방법을 선입선출법(first-in-first-out method)으로 변경하였다. 선입선출법이란 매수한 순서와 매도한 순서를 맞추어 순서대로 매도 가격에서 매수 가격을 공제하여 차액을 산정하는 방식이다.

「자본시장법 시행령」 제195조: 선입선출법

① 과거 6개월 이내에 1회 매수·매도한 경우: 매도 단가에서 매수 단가를 뺀 금액에 매수 수량과 매도 수량 중 적은 수량('매매일치수량'이라 한다)을 곱하여 산출한 금액에서 당해 매매일치수량분에 관한 매매 거래 수수료와 증권거래세액을 공제한 금액을 이익으로 산정. 이 경우 그 금액이 0원 이하인 경우에는 이익이 없는 것으로 본다.

② 과거 6개월 이내에 2회 이상 매수·매도한 경우: 가장 시기가 빠른 매수분과 가장 시기가 빠른 매도분을 대응하여 제1호의 방법으로 계산한 금액을 이익으로 산정하고, 그 다음의 매수분 및 매도분에 대하여는 대응할 매도분 또는 매수분이 없어질 때까지 같은 방법으로 대응하여 제1호의 방법으로 계산한 금액을 이익으로 산정. 이 경우 대응된 매수분 또는 매도분 중 매매일치수량을 초과하는 수량은 당해 매수 또는 매도와 별개의 매수 또는 매도로 보아 대응의 대상으로 함.

나. 가격 및 수량의 환산(「동 시행령」 제195조 제2항)

(1) 매수 및 매도 특정 증권 등이 종류는 같으나 종목이 다른 경우(이종종목. ㉔ 보통주를 매수하고 우선주를 매도하는 경우).

① 매수 후 매도: 매도한 날의 매수 특정 증권의 최종 가격을 매도 특정 증권 등의 매도 가격으로 간주.

② 매도 후 매수: 매수한 날의 매도 특정 증권 등의 최종 가격을 매수 특정 증권의 매수 가격으로 간주.

(2) 매수 및 매도 특정 증권 등의 종류가 다른 경우(이종증권. ㈎ 보통주를 매수하고 CB를 매도하는 경우).

① 매매일의 당해 특정 증권 등의 권리행사 대상이 되는 지분증권의 종가로 환산.

② 매매일에 당해 특정 증권 등의 권리행사가 이루어진다면 취득할 수 있는 것으로 환산되는 지분증권의 수량으로 환산.

다. 손해액은 고려하지 않음

문제가 되는 부분은 단기매매 과정에서 일부 손해를 입은 부분을 공제해야 하는가이다. 이에 대하여 「자본시장법 시행령」에서는 "그 금액이 0원 이하인 경우에는 이익이 없는 것으로 본다(제195조 제1항 제1호)"라고 규정하고 있고 평균 매수 단가를 산출하는 과정에서 손해액이 이미 반영되었기 때문에 선입선출법에 의한 단기매매차익의 계산에 있어서는 그 손해액은 고려하지 않는다.[20] 따라서 극단적인 경우 전체적으로는 손해를 보았더라도 이익이 발생한 부분이 있으면 이를 반환해야 한다.

대법원 2005. 3. 25. 선고 2004다30040 판결: 주식회사 벽산 사건

사실관계

2000년 8월경 벽산은 I 창업투자회사로부터 적대적 M&A의 위협에 직면함. 이에 벽산의 대주주이자 이사인 피고 김○○은 2000년 8월부터 한 달간 6개의 차명계좌로 이 회사 주식 31만여 주를 샀다가 이듬해 1월까지 모두 시장에서 팔았는데 그중 일부는 자신의 실명계좌로 되사들인 것임.

이에 당시 벽산의 2대 주주이자 벽산에 대하여 M&A를 진행하려 했던 위 I 창투사 대표인 한○○ 씨가 피고 김○○를 상대로 단기매매차익의 반환을 청구하는 소송을 제기.

판결

• 동일인이 차명계좌를 통하여 보유하고 있던 주식을 공개시장에서 실명계좌로 매도한 경우 비록 공개시장에서의 증권예탁에 혼합임치의 성격이 있어 매도 및 매수되는 주식을

---

20) 대법원 2005. 3. 25. 선고 2004다30040 판결. 이 판결에서는 이 규정이 「헌법」 제23조, 제75조에 위반되는 무효의 규정이라고 할 수 없다고 판시하였다.

특정할 수 없다 할지라도 매도 주문이 있었던 시점과 매수 주문이 있었던 시점이 실질적으로 동일하고 차명계좌 매도 가격과 실명계좌 매수 가격이 정확히 일치하는 부분이 있다면 이는 권리이전이 없는 형식적인 거래에 불과해 단기매매차익 반환 조항의 적용 대상인 매매에 해당하지 않는다고 보아야 한다.

• 이사가 차명계좌를 통하여 공개시장에서 주식을 매도한 후 같은 날 같은 가격으로 매도 수량 중 일부를 실명계좌로 다시 매수한 경우, 매도 일시 및 가격과 매수 일시 및 가격이 일치하는 부분을 제외한 나머지 부분에 대하여만 단기매매차익의 반환을 명해야 한다.

대법원 2016. 3. 24. 선고 2013다210374 판결

주식의 양도와 함께 경영권의 양도가 이루어지는 경우에 경영권의 양도는 주식의 양도에 따르는 부수적인 효과에 불과하고 그 양도대금은 경영권을 행사할 수 있는 정도의 수에 이르는 주식 자체에 대한 대가이므로, 내부자가 그 법인의 주식의 양도와 함께 경영권을 양도하면서 이른바 경영권 프리미엄을 취득한 후 6월 이내에 주식을 매수하여 이익을 얻은 경우에 그 단기매매차익을 산정할 때에 경영권 프리미엄을 제외하여야 한다고 볼 수 없다

제3절 시세조종행위

1. 개요

가. 시세조종행위는 증권이나 장내파생상품의 수요나 공급을 인위적으로 조작하여 가격을 조종함으로써 부단한 이익을 얻는 행위를 말하며, 흔히 주가 조작이라고 불린다.

시세조종행위의 구체적인 모습은 (1) 가장행위(거래가 성황리에 이루어지고 있는 것처럼 보이게 하여 일반인이 그릇된 투자 판단을 하도록 유도하기 위해 본인이 여러 개의 계좌를 만들거나 다른 사람과 공모하여 주식을 매매하는 거래 형태로서 가장매매·통정매매가 있음), (2) 고가 매수 주문, 저가 매도 주문(다른 사람보다 높은 가격으로 사는 주문을 계속적으로 내서 주

가를 의도적으로 상승시키거나, 낮은 가격으로 파는 주문을 지속적으로 제출하여 주가를 의도적으로 하락시켜 일반 투자자의 투자 판단에 영향을 주는 거래 형태), (3) 허수성 주문(실제로 매수나 매도할 의사 없이 다른 사람의 매수나 매도를 유인하기 위해 체결 가능성이 낮은 주문을 대량으로 제출하거나 주문을 낸 후 아주 짧은 시간에 정정 또는 취소를 반복하는 거래 형태) 등이 있다.

나. 종전 「자본시장법」에서는 시세조종의 유형을 가장·통정매매 등 위장 거래에 의한 시세조종(제176조 제1항), 현실 거래에 의한 시세조종(제2항 제1호), 표시에 의한 시세조종(제2호, 제3호), 불법한 시세의 고정이나 안정행위(제3항), 부실 표시에 의한 사기적 행위(제4호)로 분류한 후, 이에 대한 형사 처벌과 민사책임을 규정하였다. 그 후 개정 「자본시장법」에서는 시세조종의 한 유형인 부실 표시에 의한 사기적 행위(제4호)를 일반 사기금지 조항으로 별도로 분리한 후 행위 유형을 확대하였다.

현행 법에서는 시세조종을 크게 (1) 가장, 통정 등 위장 거래에 의한 시세조종(동법 제176조 제1항), (2) 현실 거래에 의한 시세조종(동조 제2항 제1호), (3) 표시에 의한 시세조종(동조 제2항 제2호, 제3호), (4) 불법한 시세고정이나 안정행위(동조 제3항), (5) 현선연계에 의한 시세조종(동조 제4항) 등 네 가지 유형으로 규율한다. 이러한 시세조종행위에 대해서 「자본시장법」은 형벌 처벌 조항을 두고 별도로 「민법」상 손해배상 규정의 특칙인 제177조를 두고 있다.

2. 유형

가. 가장, 통정 등 위장 거래에 의한 시세조종(「자본시장법」 제176조 제1항)

> ① 누구든지 상장증권 또는 장내파생상품의 매매에 관하여 그 매매가 성황을 이루고 있는 듯이 잘못 알게 하거나, 그 밖에 타인에게 그릇된 판단을 하게 할 목적으로 다음 각 호의 어느 하나에 해당하는 행위를 하여서는 아니 된다.
> 1. 자기가 매도하는 것과 같은 시기에 그와 같은 가격 또는 약정 수치로 타인이 그 증권 또는 장내파생상품을 매수할 것을 사전에 그 자와 서로 짠 후 매도하는 행위.
> 2. 자기가 매수하는 것과 같은 시기에 그와 같은 가격 또는 약정 수치로 타인이 그 증권

또는 장내파생상품을 매도할 것을 사전에 그 자와 서로 짠 후 매수하는 행위.
3. 그 증권 또는 장내파생상품의 매매를 함에 있어서 그 권리의 이전을 목적으로 하지 아니하는 거짓으로 꾸민 매매를 하는 행위.
4. 제1호부터 제3호까지의 행위를 위탁하거나 수탁하는 행위.

(1) 취지

제1항에서 통정매매와 가장매매를 금지하는 취지는 공개경쟁시장에서의 자연적인 수요·공급에 따른 거래가 아닌 통정매매 또는 가장매매로 인한 거래량 또는 가격의 변화가 자유로운 공개경쟁시장에서의 자율적인 수요·공급에 따른 정상적인 것인 양 타인을 오도하여 현실적인 시세조종을 용이하게 하는 위장 거래행위를 금지하기 위해서이다. 통상 시세조종을 위한 작전의 경우 상당한 자금이 필요하기 때문에 한편으로는 제2항에서의 현실 거래에 의한 시세조종을 하면서 다른 한편으로는 작전 세력들이 서로 짜고 제1항에서의 통정 및 가장매매에 의한 시세조종을 서로 혼용하는 경우가 많다.

(2) 유형

① **통정매매**(제1호, 제2호)

통정매매(matched orders)란 자기가 매도(수)하는 것과 같은 시기에 그와 같은 가격 또는 약정 수치로 타인이 그 증권 또는 장내파생상품을 매수(도)할 것을 사전에 그 자와 서로 짠 후 매도하는 행위를 말한다. 예컨대 타인의 위탁구좌를 관리하거나 일임받아 증권 매매를 하여오던 증권 브로커가 증권회사 지점의 차장 및 대리 등과 통모하여 증권회사 지점의 차장 및 대리 등에게 그들이 관리하는 그들의 고객 계좌에서 상장증권인 A상호신용금고의 주식을 서로 통모하여 정한 가격으로 매도 주문을 하게 하고, 피고인 자신이 관리하고 있던 자신의 고객 계좌를 이용하여 매수 주문을 위탁하여 매매 거래를 성립시킨 행위 등[21]이 여기 해당한다.

통정매매는 반드시 매도인과 매수인 사이에 직접적인 협의가 이루어져야 하는 것은 아니고 그 중간에 매도인과 매수인을 지배·장악하는 주체가 있어 그가 양자 사이의 거

21) 서울형사지법 1991. 7. 19. 선고 91고단1281 판결.

래가 체결되도록 주도적으로 기획·조종한 결과 실제 매매가 체결되는 경우도 포함한다.[22)]

② **가장매매(제3호)**

가장매매(wash sales)는 매도와 매수의 주문을 낸 실질적인 이해관계자가 동일인이거나 매매 후 바로 반대 매매를 하여 권리이전의 효과를 상쇄시키는 경우이다.[23)] 예컨대 어떤 증권회사에 설정된 자신의 차명계좌 또는 주 담보계좌를 이용하여 어느 차명계좌로는 직전 거래 가격보다 50원 높은 가격으로 주식의 매도 주문을 내고 다른 계좌로는 같은 가격으로 매수 주문을 내는 등의 방법으로 매매계약을 체결하여 주가를 끌어올린 경우 등이 여기에 해당한다.[24)]

(3) '거래가 성황을 이루고 있는 듯이 오인하게 하거나, 기타 타인으로 하여금 그릇된 판단을 하게 할 목적'이란

① 제176조 제1항 위반죄가 성립하기 위해서는 통정매매 또는 가장매매 사실 외에 주관적 요건으로 "거래가 성황을 이루고 있는 듯이 오인하게 하거나, 기타 타인으로 하여금 그릇된 판단을 하게 할 목적"이 있어야 한다. "거래가 성황을 이루고 있는 듯이 오인하게 하거나, 기타 타인으로 하여금 그릇된 판단을 하게 할 목적"이란 인위적인 통정매매에 의하여 거래가 일어났음에도 불구하고 투자자들에게는 증권시장에서 자연스러운 거래가 일어난 것처럼 오인하게 할 의사를 말한다. 이러한 목적은 다른 목적과의 공존 여부나 어느 목적이 주된 것인지는 문제되지 아니하고, 그 목적에 대한 인식의 정도는 적극적 의욕이나 확정적 인식까지 필요하지 않고 미필적 인식만 있으면 충분하다.[25)]

② 위와 같은 목적 요건을 둔 것은 위장 거래를 하더라도 그것이 투자자를 오인하게 하거나 잘못된 판단을 초래할 목적을 가진 경우만을 시세조종으로서 제한적으로 규제함으로써 시세조종의 범위가 지나치게 확대되는 것을 방지하기 위한 것이다.

③ 투자자의 오해를 실제로 유발하였는지 여부나 타인에게 손해가 발생하였는지 여

22) 대법원 2013. 9. 26. 선고 2013도5214 판결.
23) 김건식, 《자본시장법》, 280쪽.
24) 서울지법 2000. 7. 6. 선고 2000고단2425 판결.
25) 대법원 2005. 11. 10. 선고 2004도1164 판결.

부 등은 문제되지 않는다. 그리고 같은 조 제2항에서 요구되는 “매매 거래를 유인할 목적”이나 제3항이 요구하는 “시세를 고정시키거나 안정시킬 목적”, 그 밖에 “시세조종을 통하여 부당이득을 취득할 목적” 등이 요구되는 것도 아니다.

④ 이러한 유인 목적은 당사자가 이를 자백하지 않더라도 그 증권의 성격과 발행된 증권의 총수, 매매 거래의 동기와 태양(순차적 가격 상승 주문 또는 가장매매, 시장 관여율의 정도, 지속적인 종가 관여 등), 그 증권의 가격 및 거래량의 동향, 전후의 거래 상황, 거래의 경제적 합리성 및 공정성 등의 간접 사실을 종합적으로 고려하여 판단할 수 있다.[26)]

대법원 2001. 11. 27. 선고 2001도3567 판결: 삼익주택 사건

삼익주택의 자본금 규모와 그 발행주식의 총수, 피고인 1이 삼익주택의 주식을 매수한 경위, 이 사건 매매 거래의 동기와 태양, 피고인 1의 주식 보유량과 그 변동, 그의 시장 관여 정도, 그 주가의 추이, 종전 및 당시의 거래 상황, 피고인들이 서로 다른 증권회사에 수 개의 차명계좌를 개설·운영하면서 매수 및 매도 주문을 분산시킨 점, 이 사건 통정 및 가장매매에 있어 피고인들은 폐장 시각으로부터 불과 수분 전에 매도 및 매수 주문을 내는 이른바 종가 관여의 방법을 구사한 점, 이 사건 통정매매에서의 가격은 증권시장에서의 정상적인 거래에서 결정될 수 있는 주가보다 상당한 정도로 경제적 합리성과 공정성을 결하고 있는 점 등 제반 사정을 종합적으로 고려하여보면, … 당시 피고인들에게는 삼익주택 주식의 거래가 성황을 이루고 있는 듯이 잘못 알게 하거나 기타 타인으로 하여금 그릇된 판단을 하게 할 목적이 있었음을 인정할 여지가 있다 할 것이다.

나. 현실 거래 또는 표시에 의한 시세조종(제176조 제2항)

② 누구든지 상장증권 또는 장내파생상품의 매매를 유인할 목적으로 다음 각 호의 어느 하나에 해당하는 행위를 하여서는 아니 된다.

1. 그 증권 또는 장내파생상품의 매매가 성황을 이루고 있는 듯이 잘못 알게 하거나 그

---

26) 대법원 2001. 11. 27. 선고 2001도3567 판결(삼익주택 사건); 대법원 2004. 3. 26. 선고 2003도7112 판결(모디아 사건).

시세(증권시장 또는 파생상품시장에서 형성된 시세, 다자간매매체결회사가 상장주권의 매매를 중개함에 있어서 형성된 시세, 그 밖에 대통령령으로 정하는 시세를 말한다. 이하 같다)를 변동시키는 매매 또는 그 위탁이나 수탁을 하는 행위.

2. 그 증권 또는 장내파생상품의 시세가 자기 또는 타인의 시장 조작에 의하여 변동한다는 말을 유포하는 행위.
3. 그 증권 또는 장내파생상품의 매매를 함에 있어서 중요한 사실에 관하여 거짓의 표시 또는 오해를 유발시키는 표시를 하는 행위.

(1) 취지

제1호에서는 현실 거래에 의한 시세조종행위를, 제2호와 제3호에서는 허위 표시 등에 의한 시세조종행위를 규제하고 있다. 본 조항에 해당하는 시세조종행위로 처벌되는 사례가 가장 많고, 작전 세력들은 동 조항의 위반 행위를 하면서 제1항의 통정·가장매매 행위나 제3항의 안정조작 행위를 함께 사용하기도 한다. 만일 시세를 조정하려는 목적으로 통정매매 행위, 허위 매수 주문 행위, 고가 매수 주문 행위 등의 불공정거래행위를 반복한 경우, 판례는 포괄일죄로 보고 있다.[27)]

(2) 주관적 요건: '매매 거래를 유인할 목적'이란

① 제176조 제2항 위반죄가 성립하기 위해서는 "매매 거래를 유인할 목적"이 있어야 한다. "매매 거래를 유인할 목적"이란 인위적인 조작을 가하여 시세를 변동시킴에도 불구하고 투자자에게는 그 시세가 증권시장에서의 자연적인 수요·공급의 원칙에 의하여 형성된 것으로 오인시켜 증권의 매매 거래에 끌어들이려는 목적을 말한다. 이러한 목적이 있다면 별개의 목적이 동시에 존재하거나 어느 목적이 주된 것인지는 문제되지 아니한다. 또한 그 목적에 대한 인식의 정도도 적극적 의욕이나 확정적 인식임을 요하지 아니하고 미필적 인식이 있으면 족하다. 투자자의 오해를 실제로 유발하였는지 여부나 타인에게 손해가 발생하였는지 여부 등도 문제되지 않는다.

② 시세를 변동시키는 매매 거래로 인정되더라도 제3자를 매매 거래에 유인할 우려

27) 대법원 2002. 7. 26. 선고 2001도4947 판결.

가 없고 매매 거래에 영향을 주지 않으며, 행위자도 그러한 인식이 없는 경우에는 처벌 대상에서 제외된다.

③ 이러한 유인 목적은 행위자의 내재적 심리 요인으로 이를 입증하는 것은 상당히 어려운 일이며 행위자의 자백 외에는 실질적으로 입증하는 것이 불가능하므로, 유인 목적을 입증하기 위해서는 제반 정황 증거로부터 행위 목적을 추정해야 한다. 즉 당사자가 이를 자백하지 않더라도 그 증권의 성격과 발행된 증권의 총수, 매매 거래의 동기와 태양(순차적 가격 상승 주문 또는 가장매매, 시장 관여율의 정도, 지속적인 종가 관여 등), 그 증권의 가격 및 거래량의 동향, 전후의 거래 상황, 거래의 경제적 합리성 및 공정성 등의 간접 사실을 종합적으로 고려하여 판단할 수 있다.[28] 실무에서는 행위자의 시세조종으로 인하여 금전적인 이해관계가 있는가를 중심으로 행위자의 동기와 주관적인 상태를 판단한다.

(3) 행위 유형(1): 현실 거래에 의한 시세조종행위(제1호)

① 제1호의 “증권의 매매 거래가 성황을 이루고 있는 듯이 잘못 알게 하거나 그 시세를 변동시키는 매매 거래”라 함은, 본래 정상적인 수요·공급에 따라 자유경쟁시장에서 형성될 시세 및 거래량을 시장 요인에 의하지 아니한 다른 요인으로 인위적으로 변동시키는 거래를 말한다. 제1호 위반 행위를 ‘현실 거래에 의한 시세조종행위’라고 부르고, 이러한 매매 거래로 실제 시세가 변동될 필요까지는 없고, 일련의 행위가 이어진 경우에는 전체적으로 그 행위로 인하여 시세를 변동시킬 가능성이 있으면 충분하다.[29]

② 제1호는 (a) 매매 거래가 성황을 이루고 있는 듯이 오인하게 하는 매매 거래와 (b) 시세를 변동시키는 매매 거래로 구분할 수 있다. (a) “매매 거래가 성황을 이루고 있는 듯이 오인하게 하는 매매 거래”란, 예컨대 시세를 ‘변동’시키기 위하여 매매 거래가 성황을 이루고 있는 듯이 보이게 하는 ‘바람잡이 거래’를 들 수 있다. (b) “시세를 변동시키는 매매 거래”의 구체적인 방법으로는, 시초가 결정 시 전일 종가 대비 고가 매수, 직전가 또는 상대 호가 대비 고가 매수, 종가 결정 시 직전가 대비 고가 매수, 일부러 주문을 여러 차례 분할하여 내는 분할 호가 행위, 주문을 점차적으로 높은 가격으로 내는 행

28) 대법원 2006. 5. 11. 선고 2003도4320 판결.

29) 대법원 2006. 5. 11. 선고 2003도4320 판결.

위(순차적 고가 매수), 증권의 공급을 고갈시킴으로써 궁극적으로 주가를 끌어올리는 행위들이 있다.[30]

③ 매매계약의 체결에 이르지 아니한 매수 청약 또는 매수 주문이라 하더라도 그것이 증권의 가격을 상승 또는 하락시키는 효과를 가지고 제3자에 의한 증권의 매매 거래를 유인하는 성질을 가지는 이상 제1호의 위반 행위에 해당하는데, 예컨대 매수 주문량이 많은 것처럼 보이기 위하여 매수 의사 없이 하는 허수 매수 주문도 위 제1호의 위반 행위에 속한다.[31]

(4) 행위 유형(2): 허위 표시 등에 의한 시세조종행위(제2호, 제3호)

허위 표시 등에 의한 시세조종은 ① 조작 사실을 유포하는 행위(제2호)와 ② 금융투자상품 매매 시에 중요한 사실에 관하여 고의로 허위 표시를 하는 행위(제3호)로 구분된다.

(a) "자기 또는 타인의 시장 조작에 의하여 시세가 변동한다는 말의 유포" 행위란, 예컨대 작전 세력들이 투자자들의 관심을 끌기 위하여 소위 바람잡이들을 풀어서 시세조종에 관한 소문을 퍼트리는 행위를 말한다. '유포'란 불특정 다수인에게 전파하는 것을 말하고, 유포의 대상은 사실의 진위 여부와는 상관없이 증권의 시세가 조작에 의해 변동된다는 말 그 자체로 충분하다. 또한 어떠한 형식의 매매 거래를 요하는 것이 아니고 단지 시세조종이 있다는 점을 유포하는 행위 자체만 있으면 본 호의 구성요건에 해당한다. 즉 유포행위는 반드시 증권의 매매에 수반될 것을 요하지 않고 유포행위 후 그러한 시장 조작이 실행될 것을 요하지도 않는다.

(b) "중요한 사실에 관하여 고의로 허위 표시를 하는 행위"는 증권 또는 장내파생상품의 매매와 관련이 있어야 하며 표시의 대상이 중요한 사실에 한정된다.

'중요한 사실'에의 해당 여부는 구체적인 상황 속에서 합리적인 투자자의 투자 판단에 영향을 미칠 수 있는 정보인가에 따라 결정된다. 판례는 회사의 대주주가 주식 및 신주인수권부사채 취득 자금을 '차용금'이 아니라 '자기 자금'으로 공시하는 것은 시장에서 대규모 매도 물량에 대한 공포심을 해소하고 향후 주가가 안정적으로 유지될 것이

---

30) 김정수, 〈시세조종 규제의 이론과 실제〉, 《주식》 제395호, 2001.

31) 대법원 2002. 6. 14. 선고 2002도1256 판결.

라는 기대를 불러옴으로써 일반 투자자들의 투자 판단에 영향을 미친다는 것이 경험칙상 명백하므로 일반 투자자들의 투자 판단에 영향을 미치는 중요한 사항인 주식 취득 자금 조성 내역 등에 관하여 사실과 다른 내용을 공시한 것은 '오해를 유발하는 행위'에 해당한다고 판단하였다.[32)]

대법원 2003. 12. 12. 선고 2001도606 판결: 현대전자 주가 조작

사건의 성격

현대전자 주가 조작 사건의 특징으로는, 첫째로 사상 최대 규모의 주가 조작 사건이라는 점, 둘째로 증권회사 소속 임직원이 조직적으로 시세조종한 최초의 사건이라는 점, 셋째로 재벌 계열사의 자금력과 조직이 동원된 주가 조작 사건이라는 점, 넷째로 다양한 주가 조작 방법이 모두 동원되었다는 점 등을 들고 있다.[33)] 그리고 시세조종에 동원된 자금 규모만 2,134억 원이고 시세조종 기간이 약 6개월, 이로 인한 직접적 이익이 1,500억 원에 이르는 등 증권시장의 주가 조작 사건 중 최대 규모의 사건으로 평가받고 있다.[34)]

사실관계

현대증권 주식회사 대표이사이던 피고인 이○○는 같은 회사 상무이사이던 공동피고인과 공모하여, 현대증권이 보유하고 있던 현대전자 CB 2,500억 원 상당 및 현대전자 주식 300만 주의 처분을 추진하기 위하여 계열사인 현대중공업과 현대상선으로부터 자금을 받아 이를 이용하여 현대전자의 주식 시세를 올리기로 의도함.

1998년 5월 26일부터 같은 해 11월 12일까지 현대증권에 개설된 현대중공업과 현대상선 명의의 계좌에서 주식을 매매하는 과정에서 종가 결정을 위한 동시 호가 시간대에 53회에 걸쳐 합계 142만 5,680주의 고가 매수 주문을 내어 종가를 고가에 형성시키고, 1,023회에 걸쳐 합계 347만 2,180주에 대하여 직전 체결가 및 상대 호가 대비 고가 매수 주문을 내어 장중 시세를 인위적으로 상승시키는 시세 변동 거래행위를 하고, 567회에 걸쳐 합계 210만 3,290주에 대하여 장중 접속 매매 시 매매 체결 가능성이 없는 허위의 대량 매수 주문을 내어 매수세가 성황을 이루고 있는 듯이 보이게 하고, 60회에 걸쳐 합계 30만 2,070주에 대하여 시초가 형성을 위한 동시 호가 시 호가 잔량만 공개되는 점을 이용하여 매매 체결 가능성

32) 대법원 2010. 12. 9. 선고 2009도6411 판결.

33) 서울지방검찰청 보도자료, 〈현대전자 등 주가 조작 사건 수사 결과〉(1999년 9월 21일).

34) 김정수, 〈시세조종 규제의 이론과 실제〉.

이 없는 낮은 가격에 대량의 허위 매수 주문을 내, 유가증권의 매매 거래가 성황을 이루고 있는 듯이 잘못 알게 하였다.

판결

피고인 이○○ 등에 의한 현대전자 주식의 시세조종이 시작될 당시 현대전자 주식 분포상 유통 가능한 현대전자 주식의 최대 물량은 기관 및 개인 소유 주식 804만 3,416주(14.36%)였고 실제로 가능한 유통 물량은 이보다 현저히 줄어든다고 보이는 점, 피고인 이○○와 현대증권이 현대중공업과 현대상선과 함께 이 사건 현대전자 주식매수에 동원하기로 한 자금의 규모는 2,200억 원으로서 현대전자의 시세 관여 기간 전일(1998년 5월 25일) 종가인 주가 1만 4,800원으로 환산하면 1,486만 4,864주 상당이 되고 이는 위 최대 유통 가능 주식 물량의 1.84배에 이르는 물량인 점, 실제 현대중공업과 현대상선은 피고인 이○○와 현대증권을 통하여, 1차 주식 매집 기간인 1998년 5월 26일부터 같은 해 7월 2일까지는 총 519만 9,770주(매수 금액 1,169억 원 상당, 기간 중 거래량의 47.4% 매수, 일일 분할 매수 최대 149회, 일일 거래량 중 최대 88.9% 매수)를 매수하여 주가를 최저 1만 4,800원에서 최고 3만 2,000원까지 상승시키고, 1998년 7월 3일부터 11월 12일까지의 2차 매집 기간 중에는 총 374만 3,480주(매수 금액 965억 원 상당, 기간 중 주식 거래량의 16.4% 매수, 일일 분할 매수 최대 135회, 일일 거래량 중 최대 93.2% 매수)를 매수하여 주가를 최저 2만 4,200원에서 최대 3만 1,300원까지 상승시켜, 시세조종 기간 중 현대중공업과 현대상선의 주식매수를 위한 주문 규모는 1,404만 8,500주, 금액으로는 3,361억 원, 그 거래 과정에서의 주가 상승에 따라 실제 현대중공업과 현대상선이 사들인 현대전자 주식의 규모는 894만 3,250주, 금액으로는 2,134억 원 상당이 되는 점, 현대증권은 위 시세조종행위가 시작될 당시 영업용 순자본 비율의 제고를 통하여 회사의 대외적 신인도를 높일 필요성이 있었던 점, 실제 위 시세조종행위 시작 당시 현대증권이 자신의 자산으로서 보유 중이던 현대전자의 주식은 모두 64만 500주였는데 위 시세조종 기간 중의 매매를 통하여 현대전자의 주식수는 시세조종행위 종료 시점을 기준으로 77만 2,380주로 모두 13만 1,880주가 늘었고, 동 기간 중의 위 현대전자 주식의 매매 거래로 인한 수익은 실현 손실과 평가 손익을 감안하여 58억 5,962만 6,530원에 이르는 점, 또한 위 시세조종행위 시작 당시 현대증권이 자신의 자산으로서 가지고 있던 현대전자의 전환사채 2,500억 원 상당도 시세조종행위의 종료 시점을 기준으로 하여 현대전자의 주가를 감안하면 90억 3,741만 6,000원의 평가 이익이 있었고, 나중에 1998년 12월 28일 위 전환사채를 3,243억 3,694 만 2,270원에 모두 현대중공업과 현대상선에 매각하면서 827억 6,576만 7,695원의 매각 차익을 얻은 점, 현대증권은 자사의 상품계정 및 역외펀드 등에서 현대전자 주식의 거래를 통하여 상당한 수익을 거둔 점, 현대증권은 위와 같은 현대전자의 주가 상승으로 인한 이 익으로 인하여 영업용 순자본의 비율이 상당 부분 개선된 점 등 제반 정황이 인정된다.

위와 같은 간접 사실에 피고인 이○○ 등에 의한 이 사건 현대전자의 주식 매수에 동원한 구체적 매수 방법 등을 감안하면, 피고인 이○○에게는 위 「자본시장법」 소정의 유인 목적이 있었다고 봄이 상당하다.

대법원 2001. 6. 26. 선고 99도2282 판결: 동방아그로 사건

피고인이 1997년 6월 4일부터 1997년 9월 30일까지 사이에 대우증권 삼풍지점 등에 본인과 직원 등의 명의로 개설된 7개의 계좌로 동방아그로 주식회사 주식을 거래하면서 전·후장의 각 시가 결정을 위한 거래에서부터 전일의 종가 또는 직전가보다 고가의 매수 주문을 하고, 장중 거래에서도 직전가 또는 상대 호가에 비하여 고가의 매수 주문을 하며, 종가 결정을 위한 거래에서도 직전가보다 고가의 매수 주문을 하는 등으로 그 주가를 인위적으로 고가로 형성시킨 행위는 '증권의 매매 거래가 성황을 이루고 있는 듯이 잘못 알게 하거나 그 시세를 변동시키는 매매 거래'에 해당한다.

다. 불법한 시세고정이나 안정행위(제176조 제3항)

③ 누구든지 상장증권 또는 장내파생상품의 시세를 고정시키거나 안정시킬 목적으로 그 증권 또는 장내파생상품에 관한 일련의 매매 또는 그 위탁이나 수탁을 하는 행위를 하여서는 아니 된다. 다만, 다음 각 호의 어느 하나에 해당하는 경우에는 그러하지 아니하다.

1. 투자매매업자(모집 또는 매출되는 증권의 발행인 또는 소유자와 인수계약을 체결한 투자매매업자로서 대통령령으로 정하는 자에 한한다. 이하 이 조에서 같다)가 대통령령으로 정하는 방법에 따라 그 증권의 모집 또는 매출의 청약 기간의 종료일 전 30일의 범위에서 대통령령으로 정하는 날부터 그 청약 기간의 종료일까지의 기간 동안 증권의 가격을 안정시킴으로써 증권의 모집 또는 매출을 원활하도록 하기 위한 매매 거래(이하 이 항에서 "안정조작"이라 한다)를 하는 경우.
2. 투자매매업자가 대통령령으로 정하는 방법에 따라 모집 또는 매출한 증권의 수요·공

급을 그 증권이 상장된 날부터 6개월의 범위에서 대통령령으로 정하는 기간 동안 조성하는 매매 거래(이하 이 항에서 "시장조성"이라 한다)를 하는 경우.
3. 모집 또는 매출되는 증권발행인의 임원 등 대통령령으로 정하는 자가 투자매매업자에게 안정조작을 위탁하는 경우.
4. 투자매매업자가 제3호에 따라 안정조작을 수탁하는 경우.
5. 모집 또는 매출되는 증권의 인수인이 투자매매업자에게 시장조성을 위탁하는 경우.
6. 투자매매업자가 제5호에 따라 시장조성을 수탁하는 경우.

(1) 배경

2005년 헌법재판소가 "구「증권거래법」 제188조의4 제3항은 광의의 안정조작 행위 중 어떠한 행위가 대통령령에서 허용되고 금지될 것인지에 대하여 위임 기준을 두고 있지 않아 위임입법의 한계를 벗어나고, 명확성의 원칙에도 반한다(2005. 5. 26. 2003헌가17 결정)"고 하여 위헌 결정을 내렸기 때문에 새로이 개정된 조항이다.

안정조작(stabilization)이란 증권, 특히 주식을 이미 상장한 법인이 추가로 주식을 발행하는 경우에 구주의 가격이 하락하면 신주의 청약이 이루어지지 않게 되므로 일정 기간 동안 구주를 매입함으로써 구주와 신주의 가격 차이가 유지되도록 하여 모집·매출이 원활히 이루어지도록 지원하는 시세의 고정 행위이다. 시장조성(market making)이란 주식을 공모하는 경우 공모 주식이 시장에서 거래될 때에 당해 주식의 매도 규모가 매수 규모를 상당히 초과하여 가격 급락이 발생될 수 있으므로, 당해 주식의 시세가 공모가격을 지나치게 하회하지 않도록 일정 기간 동안 주식의 수급 균형을 유지하여 증권의 취득 위험을 감소시킴으로써 모집·매출을 원활하게 하는 제도이다.

안정조작이나 시장조성이 시세를 변동시키는 행위는 아니지만, 정상적인 수요와 공급에 의하여 형성되어야 할 시세에 영향을 주는 행위라는 점에서 시세조종행위의 일종으로 보고 있다.

다만 증권의 모집 또는 매출이 이루어질 때에는 대량의 증권이 시장에 출현되고 수요와 공급의 불균형이 발생하여 당해 증권의 가격이 실제 가격보다 하락하게 되어 모집 또는 매출을 곤란하게 하고 이로 인하여 기업이 필요한 자금을 증권시장에서 조달하는 데 어려움이 따르므로 기업공개, 유상증자 등 기업 자금 조달을 원활하게 하기 위하여 신주발행 시 구주 가격이 하락하거나 신주의 가격이 공모가에 미달하는 경우에는 미리 안정조작신고서 또는 시장조성신고서를 금융위에 제출하고 제한된 범위 내에서 시세고정 내지 안정행위를 하도록 제도적으로 허용하고 있다.

(2) 요건

① '증권 등의 시세를 고정시킬 목적'이란 본래 정상적인 수요·공급에 따라 자유경쟁시장에서 형성될 증권 등의 시세에 시장 요인에 의하지 아니한 다른 요인으로 인위적인 조작을 가하여 시세를 형성 및 고정시키거나 이미 형성된 시세를 고정시킬 목적을 말하는 것으로서, 다른 목적이 동시에 존재하는지, 그중 어느 목적이 주된 것인지는 문제되지 않고, 목적에 대한 인식은 미필적 인식으로 충분하며, 시세고정 목적이 있는지는 증권 등의 성격과 발행된 증권 등의 총수, 가격 및 거래량의 동향, 전후의 거래 상황, 거래의 경제적 합리성과 공정성, 시장 관여율의 정도, 지속적인 종가 관리 등 거래의 동기와 태양 등의 간접 사실을 종합적으로 고려하여 판단한다.[35)]

② 안정조작과 시장조성은 허용된 시세조작 행위로 그 절차와 방법을 엄격히 제한하고 있으므로, 법령상 공시와 절차를 거치지 않고 행하는 안정조작이나 시장조성, 기타의 시세고정·안정행위는 위법한 시세조종행위가 된다.

라. 현선연계 시세조종(「자본시장법」 제176조 제4항)

④ 누구든지 증권, 파생상품 또는 그 증권·파생상품의 기초자산 중 어느 하나가 거래소에 상장되거나 그 밖에 이에 준하는 경우로서 대통령령으로 정하는 경우에는 그 증권 또는 파생상품에 관한 매매, 그 밖의 거래(이하 이 항, 제177조 및 제443조 제1항 제7호에서 "매매 등"이라 한다)와 관련하여 다음 각 호의 어느 하나에 해당하는 행위를 하여서는 아니된다.

1. 파생상품의 매매 등에서 부당한 이익을 얻거나 제삼자에게 부당한 이익을 얻게 할 목적으로 그 파생상품의 기초자산의 시세를 변동 또는 고정시키는 행위.
2. 파생상품의 기초자산의 매매 등에서 부당한 이익을 얻거나 제삼자에게 부당한 이익

35) 대법원 2015. 6. 11. 선고 2014도11280 판결.

을 얻게 할 목적으로 그 파생상품의 시세를 변동 또는 고정시키는 행위.
3. 증권의 매매 등에서 부당한 이익을 얻거나 제삼자에게 부당한 이익을 얻게 할 목적으로 그 증권과 연계된 증권으로서 대통령령으로 정하는 증권 또는 그 증권의 기초자산의 시세를 변동 또는 고정시키는 행위.
4. 증권의 기초자산의 매매 등에서 부당한 이익을 얻거나 제삼자에게 부당한 이익을 얻게 할 목적으로 그 증권의 시세를 변동 또는 고정시키는 행위.
5. 파생상품의 매매 등에서 부당한 이익을 얻거나 제삼자에게 부당한 이익을 얻게 할 목적으로 그 파생상품과 기초자산이 동일하거나 유사한 파생상품의 시세를 변동 또는 고정시키는 행위.

(1) 취지

종전에는 증권시장에서의 불공정거래행위는 구 「증권거래법」에서, 선물시장에서의 불공정행위는 구 「선물거래법」에서 따로 규제하였고, 이러한 규제들은 증권·선물 양 시장이 연계된 상태에서의 불공정행위를 고려하지 않은 채 단일 시장에서의 불공정행위만을 염두에 두었다. 그러나 2009년 2월부터 시행된 「자본시장법」에서는 증권과 파생상품을 포괄하는 금융투자상품의 불공정거래를 규제하였고, 이에 따라 제176조 제4항에서는 장내파생상품의 기초자산(현물)과 장내파생상품(선물)의 순방향 및 역방향의 연계 시세조종행위를 금지하였다. 이를 '현선연계 시세조종'이라고 하는데, '현선연계 시세조종'의 대표적인 사례로는, KOSPI200옵션 만기일에 풋옵션 매수 이후 기초자산(주식)을 대량 방출하여 지수를 하락시킴으로써 부당이득을 취득하는 것 등이 있다.

(2) 내용

제1호는 현물을 이용하여 선물시장에서 이익을 취하는 헝위(현·선연계 시세조종)를, 제2호는 선물을 이용하여 현물시장에서 이익을 취하는 행위(선·현연계 시세조종)를, 제3호는 현물시장에서 거래되는 증권들 중 가격의 변동이 직접 연계된 증권들이 있어 특정 증권의 시세를 조작하여 다른 증권의 거래를 통해 이익을 취하는 행위(현·현연계 시세조종)를 각각 금지하고 있다.

그런데 종전에는 제3호에서 "누구든지 상장증권 또는 장내파생상품의 매매와 관련하여 증권의 매매에서 부당한 이익을 얻거나 제삼자에게 부당한 이익을 얻게 할 목적으로 그 증권과 연계된 증권으로서 대통령령으로 정하는 증권의 시세를 변동 또는 고정시키는 행위"를 금지한다고 규정하였다.

이에 따라 2009년에 발생한 ELS 종가 조작 사건(자세한 내용은 제3편 제3장 제4절 '2. 유형' 참조)에서 위 제3호가 적용될 수 있는지가 두 가지 점에서 논란이 되었다. 첫째는 종전에는 '상장증권' 및 '장내파생상품'이라고 규정하였기 때문에 ELS 등과 같은 비상장증권, 장외파생상품 등을 이용한 현·선연계 시세조종도 포함되는지가 논란이 되었다. 이에 2013년 개정 「자본시장법」에서는 '상장증권' 및 '장내파생상품'의 문구를 '증권', '파생상품'이라고 변경하여 ELS 등과 같은 비상장증권, 장외파생상품 등을 이용한 현·선연계 시세조종에도 적용될 수 있음을 명확히 하였다.

둘째는 종전에는 '매매'와 관련한 시세조종행위를 금지하였는데, ELS 종가 조작 사건의 경우 ELS라는 파생결합증권의 '매매'보다는 증권의 '상환'과 관련하여 이득을 얻게 되기 때문에 증권의 '매매'에 ELS '상환'이 포함되느냐가 논란이 되었다. 이에 2013년 개정 「자본시장법」은 종전의 "그 증권 또는 파생상품에 관한 매매, 그 밖의 거래(매매 등)"라는 구절에서 '매매'라는 문구를 개정하여 매매에 해당하지 않는 시세조종행위에 대해서도 규제할 수 있게 하였다.

한편 2013년 개정 「자본시장법」에서는 제4호에서 일반 상품 관련 현·현연계 시세조종행위에 대한 규제를 마련하고, 제5호에서 선·선연계 시세조종행위에 대한 규제를 마련하였다. 이에 따라 기초자산이 동일하거나 유사한 경우에는 파생상품과 파생상품 사이의 시세조종행위도 금지되었다.

3. 위반의 효과

가. 형사책임

(1) 규정

시세조종 등 불공정거래행위에 관한 「자본시장법」 제176조의 규정에 위반한 자는 1년 이상의 유기징역 또는 그 위반 행위로 얻은 이익 또는 회피한 손실액의 3배 이상,

5배 이하에 상당하는 벌금에 처한다. 다만, 그 위반 행위로 얻은 이익 또는 회피한 손실액의 5배에 해당하는 금액이 5억 원 이하인 경우에는 벌금의 상한액을 5억 원으로 한다(「자본시장법」 제443조 제1항). 전에는 벌금형의 하한선이 없었지만 현재는 벌금형의 하한선을 마련하였다.

만일 이익 또는 회피한 손해액이 5억 원 이상 50억 원 미만인 경우에는 3년 이상의 유기징역, 50억 원 이상인 경우에는 무기 또는 5년 이상의 징역으로 가중 처벌한다(동조 제2항). 그리고 징역과 벌금을 병과할 수 있다.

(2) 위반 행위로 얻은 이익의 산정

이와 같이 '위반 행위로 얻은 이익'에 따라 법정형이 달라지고 벌금형으로 행위자에게 경제적 이익이 귀속되는 것을 막기 때문에 실무상 '위반 행위로 얻은 이익'을 어떻게 산정하는가가 문제된다. 증권의 시장가격은 어느 특정 요인에 의해 형성되는 것이 아니고 매우 다양한 요인에 의해 영향을 받아서 설사 피고인이 증권의 시세를 인위적으로 조종하는 행위를 하여 이익을 얻었다고 하더라도 이를 모두 그 시세조종행위에 의한 것이라고 말할 수 없기 때문이다. 따라서 형사 사건의 경우 통상 피고인은 자신의 위반 행위와 직접적인 인과관계가 있는 이익만을 위 '위반 행위로 얻은 이익'으로 별도로 산정해야 한다고 항변한다.

이에 대하여 대법원은 '위반 행위로 얻은 이익'이란 위반 행위로 인하여 발생한 위험과 인과관계가 인정되는 이익을 의미하고, 여기에는 공범에게 귀속된 이익도 포함되며, 통상적인 경우에는 위반 행위와 관련된 거래로 인한 총수입에서 그 거래를 위한 총비용을 공제한 차액을 산정하는 방법으로 인과관계가 인정되는 이익을 산출할 수 있다고 보았다.

다만, 구체적인 사안에서 위반 행위로 얻은 이익의 가액을 위와 같은 방법으로 인정하는 것이 부당하다고 볼 만한 사정이 있는 경우에는 "사기적 부정거래행위를 근절하려는 입법 취지와 형사법의 대원칙인 책임주의를 염두에 두고 위반 행위의 동기, 경위, 태양, 기간, 제삼자의 개입 여부, 증권시장 상황 및 그 밖에 주가에 중대한 영향을 미칠 수 있는 제반 요소들을 전체적·종합적으로 고려하여 인과관계가 인정되는 이익을 산정해야 하고, 그에 관한 증명책임은 검사가 부담한다"[36]고 보고 있다.

구체적으로는 "'위반 행위로 얻은 이익'이란 그 시세조종행위와 관련된 증권거래의 총 매도 금액에서 총 매수 금액 외에 그 거래를 위한 매수 수수료, 매도 수수료, 증권거래세(증권거래소의 경우 농어촌특별세를 포함) 등의 거래 비용도 공제한 나머지 순매매 이익을 의미"[37)]한다고 하고, "그와 같은 이익의 산정은 시세조종행위 개시 후 종료 시점까지의 구체적 거래로 인한 이익 및 시세조종행위 종료 시점 당시 보유 중이던 시세조정 대상 주식의 평가 이익 등이 모두 포함되어야 한다"[38)]고 한다. 그리고 헌법재판소는 "위반 행위자가 받게 될 최종적인 형량은 법정형의 범위 내에서 구체적인 법관의 양형에 의하여 결정되기 때문에 '위반 행위로 얻은 이익'을 위반 행위가 개입된 거래에서 얻은 총수입에서 총비용을 공제한 시세 차익으로 파악하더라도 형벌체계의 균형을 상실하였거나 책임원칙에 반하는 과잉 처벌이라고 할 수 없다"라고 하여 관련 조항에 대하여 합헌 결정을 내렸다.[39)]

(3) 죄의 수

주식을 대량으로 매집하여 그 시세를 조종하려는 목적으로 여러 차례에 걸쳐 통정 및 가장매매 행위, 고가 매수 주문 및 허수 주문 행위 등의 불공정거래행위를 반복한 경우 판례는 위 각 행위는 포괄하여 불공정거래행위 위반의 일죄를 구성한다고 판시하였다.[40)]

다만 판례는 「자본시장법」 제178조의 부정거래행위와 제176조에 열거된 시세조종행위 위반 행위는 법조경합관계(특별관계)에 있다고 본다. 즉 ① 「자본시장법」 제178조 제1항 제1호는 제176조에 열거된 시세조종행위와는 다르게 규제 대상이 금융투자상품이므로 상장증권이나 장내파생상품으로 제한되지 않고, 거래장소도 거래소시장으로 제한되지 않으며, 매매 이외의 다양한 유형의 거래까지 규제 대상으로 하고 있는 점, ② 위 각 죄의 보호 법익은 모두 주식 등 거래의 공정성 및 유통의 원활성 확보라는 사회적 법익인 점 등을 고려하면 위 각 죄는 법조경합관계(특별관계)에 있다고 보아 "피고인의

36) 대법원 2010. 12. 9. 선고 2009도6411 판결.
37) 대법원 2003. 11. 14.선고 2003도686 판결에서는 양도소득세가 공제 대상인 거래 비용에 포함되지 않는다고 판시하였다.
38) 대법원 2003. 12. 12. 선고 2001도606 판결.
39) 헌법재판소 2003. 9. 25. 2002헌바69 결정.
40) 대법원 2005. 11. 10. 선고 2004도1164 판결.

범행이 「자본시장법」 제176조 제2항 제1호에서 규제하는 현실 거래에 의한 시세조종 행위에 해당한 이상 이로 인한 「자본시장법」 위반죄만 성립할 뿐이고, 이와 별도로 「자본시장법」 제178조 제1항 제1호에서 규제하는 부정거래행위로 인한 「자본시장법」 위반죄가 성립하지는 않는다"[41]고 판시하였다.

나. 손해배상책임

(1) 규정

시세조종행위를 한 자는 그 시세조종으로 인하여 형성된 가격에 의하여 매매 거래 또는 위탁을 한 자가 그 매매 거래 또는 위탁으로 인하여 입은 손해를 배상할 책임을 진다(「자본시장법」 제177조 제1항). 그런데 「자본시장법」에서는 위 손해배상액의 산정 방법에 대하여는 아무런 기준을 제시하지 않고 있기 때문에 과연 위 조항 위반으로 인한 손해배상액을 어떻게 산정할 것인가가 문제된다.

(2) 손해배상액 산정 방법

① 종전 사례

크게 (a) 시세조정 등 불공정거래행위로 인하여 피해자가 주식 거래로 입은 손해액은 그 불공정거래행위가 없었더라면 피해자가 매도 또는 매수하였으리라고 인정되는 정상 가격과의 차액 상당으로 보아야 하지만, 위 정상 가격을 추정하는 것이 불가능에 가까우므로, 「자본시장법」 제15조를 준용하여 원고들의 총 매수 가액에서 총 매도 가액을 공제하는 방법으로 구한 방법(부산고법 1998. 8. 27. 선고 98나574 판결, 피어리스 주가 조작 사건)과 (b) 실제 취득 가격과 정상 가격과의 차액을 손해액으로 보되, 정상 주가에 이를 산정하기가 불가함을 이유로 당해 주식에 대한 시세조종 시기를 전후한 6년 동안의 기간 중 최고 가격을 정상 주가로 추정하는 방법(서울고법 2000. 12. 5. 선고 2000나22456 판결, 대한방직 주가 조작 사건)이 시도된 바 있다.

41) 서울고법 2011. 6. 9. 선고 2010노3160 판결.

② 새로운 대법원 판례: 현대전자 주가 조작 사건

현대전자 주가 조작 사건에서 원고들은 손해액 산정 방법에 대하여는 실제 매입가에서 정상 주가를 공제한 금액으로 할 것을 주장하였고, 문제가 되는 정상 주가의 산정 방법은 감정을 통하여 산정할 것을 주장하였다. 원고들이 제시한 감정 방식은 이른바 '사건연구 방식'으로서 거래소종합주가지수, 업종주가지수, 동종업체주가 등 시장지표를 활용하여 대상 회사의 주가를 설명할 수 있는 회귀방정식을 도출하고, 시세조종행위가 시작된 때로부터 시세조종행위가 시장에 알려지기 전날까지의 기간 동안 위 회귀방정식에 의해 도출된 대상 회사의 정상 수익률과 같은 기간 동안 실제로 형성된 주가에 의한 실제 수익률을 각 산정한 다음, 유의성 검증 등을 통해 시세조종행위가 시장에 미친 영향 및 정상 주가를 추정하는 방식이다. 이에 대하여 최근 대법원은 위 '사건연구 방식'으로 도출한 감정 결과를 정상 주가를 산출하는 방식으로 채택하여, 향후 시세조종행위에 대한 손해배상책임에 관한 중요한 선례를 마련하였다.

대법원 2004. 5. 28. 선고 2003다69607, 69614 판결: 현대증권 주가 조작 사건

「자본시장법」 제188조의4 제2항 제1호의 시세조종행위로 인하여 형성된 가격에 의하여 유가증권시장 또는 코스닥시장에서 당해 유가증권의 매매 거래 또는 위탁을 한 투자자가 그 매매 거래 또는 위탁에 관하여 입은 손해를 산정함에 있어서는 그와 같은 시세조종행위가 없었더라면 매수 당시 형성되었으리라고 인정되는 주가(이하 '정상 주가'라 한다)와 시세조종행위로 인하여 형성된 주가로서 그 투자자가 실제로 매수한 주가(이하 '조작 주가'라 한다)와의 차액 상당(만약 정상 주가 이상의 가격으로 실제 매도한 경우에는 조작 주가와 그 매도 주가와의 차액 상당)을 손해로 볼 수 있고, 여기서 정상 주가의 산정 방법으로는, 전문가의 감정을 통하여 그와 같은 시세조종행위가 발생하여 그 영향을 받은 기간(이하 '사건 기간'이라 한다) 중의 주가 동향과 그 사건이 없었더라면 진행되었을 주가 동향을 비교한 다음 그 차이가 통계적으로 의미가 있는 경우 시세조종행위의 영향으로 주가가 변동되었다고 보고, 사건 기간 이전이나 이후의 일정 기간의 종합주가지수, 업종지수 및 동종업체의 주가 등 공개된 지표 중 가장 적절한 것을 바탕으로 도출한 회귀방정식을 이용하여 사건 기간 동안의 정상 수익률을 산출한 다음 이를 기초로 사건 기간 중의 정상 주가를 추정하는 금융경제학적 방식 등의 합리적인 방법에 의할 수 있다.

나아가 법원은 이러한 손해배상액 산정 방식은 허위 사실 유포 등의 행위로 인하여 형성된 가격으로 발행시장 또는 유통시장에서 주식을 취득한 투자자가 그러한 불법행위를 이유로 「민법」상 손해배상청구를 하는 경우에도 적용된다[42]고 보았다.

(3) 소멸시효

위 손해배상청구권은 청구권자가 제176조의 규정을 위반한 행위가 있었던 사실을 안 때부터 2년, 그 행위가 있었던 때부터 5년간 행사하지 아니하면 시효로 인하여 소멸된다(「자본시장법」 제177조 제2항). 증권거래에서 시세조종 등 불공정거래행위로 인한 손해배상청구권의 소멸시효 기간을 단기로 한 취지는 증권거래로 인한 분쟁을 빨리 끝냄으로써 증권시장의 안정을 도모하고자 함에 있다.

'위반 행위가 있었던 사실을 안 때'라 함은 문언 그대로 피해자가 같은 법 제176조 소정의 불공정거래행위가 있었다는 사실을 현실적으로 인식한 때라고 볼 것이고, 그 인식의 정도는 일반인이라면 불공정행위의 존재를 인식할 수 있는 정도면 족하고,[43] 위반자에 대한 유죄의 확정 판결이 선고되거나 확정된 때부터 기산되는 것은 아니다.[44]

시세조종행위의 매매가 모두 종결될 때에는 시세조종 등 불공정거래행위가 있었음을 알았다고 보아 그때부터 소멸시효가 진행된다고 보고 있다. 판례는 증권감독원(현 금융감독원)에 진정서를 제출한 것은 소멸시효의 중단인 청구에 해당하지 않는다[45]고 보았다.

(4) 과실상계

법원에서는 시세조정 등 불공정거래행위로 인한 손해배상책임을 규정하고 있는 「자본시장법」 조항이 과실상계를 금지하는 취지라고 해석되지 않는다고 하여 과실상계를 인정하고 있다.

---

42) 대법원 2015. 5. 14. 선고 2013다11621 판결.

43) 대법원 1993. 12. 21. 선고 93다30402 판결. 이 사건에서 법원은 원고가 검찰청에서 고소인으로 출석하여 피고소인들의 시세조종행위와 원고의 손해를 비교적 소상하게 진술하였다면 적어도 그 진술 당시에는 위 불공정거래행위가 있었다는 사실을 알았다고 판시하였다.

44) 대법원 2002. 12. 26. 선고 2000다23440, 23457 판결.

45) 대법원 2000. 3. 28. 선고 98다48934 판결.

(5) 적용 배제

만일 피용자의 불법행위가 외관상 사무집행의 범위 내에 속하는 것으로 보이더라도 그것이 사용자의 사무집행 행위에 해당하지 않음을 피해자가 알았거나 중대한 과실로 알지 못한 때에는 사용자에 대하여 그 책임을 묻지 못한다. 예컨대 고객이 증권회사 직원으로부터 특정 주식의 시세가 타 증권회사 직원의 시장 조작에 의하여 오를 것이니 매수하라는 권유를 받고 이를 매수하였다가 손해를 입은 경우, 증권회사 직원의 시세 조종 등 불공정거래행위가 증권회사의 사무집행 행위에 해당하지 않음을 알았다고 보아 증권회사의 사용자 책임이 부정된다.[46]

제4절 부정거래행위

1. 규정

제178조(부정거래행위 등의 금지) ① 누구든지 금융투자상품의 매매(증권의 경우 모집·사모·매출을 포함한다. 이하 이 조 및 제179조에서 같다), 그 밖의 거래와 관련하여 다음 각 호의 어느 하나에 해당하는 행위를 하여서는 아니 된다.

1. 부정한 수단, 계획 또는 기교를 사용하는 행위
2. 중요 사항에 관하여 거짓의 기재 또는 표시를 하거나 타인에게 오해를 유발시키지 아니하기 위하여 필요한 중요 사항의 기재 또는 표시가 누락된 문서, 그 밖의 기재 또는 표시를 사용하여 금전, 그 밖의 재산상의 이익을 얻고자 하는 행위.
3. 금융투자상품의 매매, 그 밖의 거래를 유인할 목적으로 거짓의 시세를 이용하는 행위.

② 누구든지 금융투자상품의 매매, 그 밖의 거래를 할 목적이나 그 시세의 변동을 도모할 목적으로 풍문의 유포, 위계(僞計)의 사용, 폭행 또는 협박을 하여서는 아니된다.

제179조(부정거래행위 등의 배상책임) ① 제178조를 위반한 자는 그 위반 행위로 인하여 금융투자상품의 매매, 그 밖의 거래를 한 자가 그 매매, 그 밖의 거래와 관련하여 입은 손해를 배상할 책임을 진다.

---

46) 대법원 2000. 3. 28. 선고 98다48934 판결.

② 제1항에 따른 손해배상청구권은 청구권자가 제178조를 위반한 행위가 있었던 사실을 안 때부터 2년간, 그 행위가 있었던 때부터 5년간 이를 행사하지 아니한 경우에는 시효로 인하여 소멸한다.

구 「증권거래법」에서는 제188조의4 제4항에서 '사기적 불공정거래행위'라고 하여 '증권의 매매 기타 거래'와 관련한 불공정행위를 포괄적으로 금지하는 일반규정을 두었지만[47] 간접적으로나마 목적성을 요구하고 있으며 행위 유형이 지나치게 제한적이어서 규제의 공백이라는 한계가 있다는 지적이 있었다.

또한 금융투자상품의 거래와 관련한 신종 사기 수법이 새롭게 등장하는 상황에서 불공정거래행위의 유형을 일일이 법률에서 열거하기 어렵다는 현실적인 필요에서 「자본시장법」에서는 다양한 유형의 부정거래행위를 규제할 수 있는 포괄적 사기금지조항을 일반 부정거래 행위조항으로 별도로 분리한 후 행위 유형을 확대하였다.

대표적으로 새롭게 추가된 일반 행위는 제1항 제1호의 '금융투자상품의 매매, 그 밖의 거래와 관련하여 부정한 수단, 계획 또는 기교를 사용하는 행위'이다.

부정거래행위는 시세조종행위와 달리 장외거래에도 적용되고, 시세조종행위에 해당하지 않더라도 일체의 사기적 행위에 보완적으로 적용된다. 판례는 "제178조에서 금지하고 있는 부정행위에 해당하는지 여부는 해당 금융투자상품의 구조와 거래 방식 및 거래 경위, 금융투자상품이 거래되는 시장의 특성, 금융투자상품으로부터 발생하는 투자자의 권리·의무 및 종료 시기, 투자자와 행위자의 관계, 행위 전후의 제반 사정 등을 종합적으로 고려하여 판단해야 한다"[48]고 보았다.

---

47) 구 「증권거래법」 제188조의4.

④ 누구든지 유가증권의 매매 기타 거래와 관련하여 다음 각 호의 1에 해당하는 행위를 하지 못한다.

1. 부당한 이득을 얻기 위하여 고의로 허위의 시세 또는 허위의 사실 기타 풍설을 유포하거나 위계를 쓰는 행위.
2. 중요한 사항에 관하여 허위의 표시를 하거나 필요한 사실의 표시가 누락된 문서를 이용하여 타인에게 오해를 유발하게 함으로써 금전 기타 재산상의 이익을 얻고자 하는 행위.

48) 대법원 2015. 4. 9. 선고 2013마1052, 1053 결정.

2. 유형

가. 부정한 수단, 계획 또는 기교를 사용하는 행위(제1항 제1호 위반 행위)

제1항에서는 부정거래행위의 유형으로 '부정한 수단, 계획 또는 기교'의 사용(제1호), 중요 사항에 관한 허위 표시의 사용(제2호), 거래를 유인할 목적의 허위 시세 이용(제3호) 등을 들고 있으며, 그중 제1호는 금융투자상품의 매매, 그 밖의 거래와 관련하여 사회통념상 부정하다고 인정되는 일체의 수단, 계획 또는 기교를 일반적, 포괄적으로 금지하고 있다.

'부정한 수단, 계획 또는 기교'란 사회통념상 부정하다고 인정되는 일체의 수단, 계획 또는 기교를 말한다.[49] 부정행위에 해당하는지는 해당 금융투자상품의 구조와 거래방식 및 거래 경위, 금융투자상품이 거래되는 시장의 특성, 금융투자상품으로부터 발생하는 투자자의 권리 의무 및 종료 시기, 투자자와 행위자의 관계, 행위 전후의 제반 사정 등을 종합적으로 고려하여 판단해야 한다.

대법원 2015. 4. 9. 선고 2013마1052 결정: ELS 종가 조작 사건

사실관계

2009년 한국거래소는 국내 대형 증권사와 외국계 은행 등이 ELS 만기일 장 막판에 기초자산을 대량 매도하여 종가 하락을 야기한 사실을 발견하였다. 이에 대하여 증권사 등은 상품 운용 과정에서의 정당한 델타 헷지(기초자산에 대한 헷지 거래를 했던 회사가 이를 보유한 뒤 주가가 떨어지면 주식을 매수, 오르면 매도하는 방식으로 수익을 추구하는 매매 기법)라고 주장한 반면, 투자자들은 주가를 떨어뜨리며 수익률을 조작하는 불법적인 시세조종의 일종이라고 주장하였다.

판결

특정 시점의 기초자산 가격 또는 그와 관련된 수치에 따라 권리행사 또는 조건 성취의 여부가 결정되거나 금전 등이 결제되는 구조로 되어 있는 금융투자상품의 경우에 사회통념상 부정하다고 인정되는 수단이나 기교 등을 사용하여 금융투자상품에서 정한 권리행사나 조

---

49) 대법원 2011. 10. 27. 선고 2011도8109 판결.

건 성취에 영향을 주는 행위를 하였다면, 이는 금융투자상품의 거래와 관련하여 부정행위를 한 것으로서 「자본시장법」 제178조 제1항 제1호를 위반한 행위에 해당하고, 위반 행위로 인하여 금융투자상품 투자자의 권리·의무의 내용이 변경되거나 결제되는 금액이 달라져 투자자가 손해를 입었다면 투자자는 부정거래행위자에 대하여 「자본시장법」 제179조 제1항에 따라 손해배상을 청구할 수 있다.

갑 주식회사의 보통주를 기초자산으로 하여 중간평가일의 종가인 평가 가격이 발행일의 종가인 기준 가격보다 높거나 같을 경우 중도상환금을 지급하는 주가연계증권을 발행하여 을 등 투자자에게 판매한 병 증권회사가 중간평가일의 장 종료 무렵 기준 가격에 미치지 못하는 가격으로 대량의 매도 주문을 함에 따라 장 종료 10분 전까지 기준 가격을 상회하던 갑 회사의 보통주 가격이 기준 가격 아래로 떨어져 중도상환 조건의 성취가 무산된 사안에서 병 회사의 행위가 을 등에 대한 투자자 보호 의무를 게을리한 것으로서 신의성실에 반하여 주가연계증권의 중도상환 조건 성취를 방해한 것이라고 볼 여지가 충분하다.

대법원 2014. 1. 16. 선고 2013도9933 판결: 스캘퍼 사건

사실관계

금융투자업자가 ELW(주식워런트증권)의 매매와 관련하여 스캘퍼에게 빠른 속도로 주문을 처리할 수 있도록 하는 서비스를 제공한 사건.

판단

금융투자업자 등이 특정 투자자에 대하여만 투자 기회 또는 거래 수단을 제공한 경우에는 그 금융거래시장의 특성과 거래 참여자의 종류와 규모, 거래의 구조와 방식, 특정 투자자에 대하여만 투자 기회 등을 제공하게 된 동기와 방법, 이로 인하여 다른 일반 투자자들의 투자 기회 등을 침해함으로써 다른 일반 투자자들에게 손해를 초래할 위험이 있는지 여부, 이와 같은 행위로 인하여 금융상품거래의 공정성에 대한 투자자들의 신뢰가 중대하게 훼손되었다고 볼 수 있는지 등의 사정을 「자본시장법」의 목적, 취지에 비추어 종합적으로 고려하여 부정한 수단 여부를 판단한다.

증권회사들은 거래가 빈번한 우량 고객들을 유치하기 위하여 홈트레이딩 시스템 속도 향상 등의 서비스를 제공하면서 이를 적극적으로 홍보하였고 외국인 투자자나 기관투자자들에게 DMA 서비스를 제공하고 있었으므로 일반 투자자들도 증권회사의 속도 관련 서비스로 인한 차별의 가능성을 예견할 수 있었던 점, 이미 투자자의 알고리즘 매매 프로그램을 증권회사의 서버에 탑재하여 주문 처리 속도를 높이는 등의 DMA 방식이 허용되었던 상황이었으므로 ELW 차익 거래를 위하여 이를 이용한 피고인들에게 다른 투자자들의 이익을 해하려는 목적이 있었다고 보기 어려운 점 등에 비추어볼 때, '부정한 수단, 계획 또는 기교'를 사용하는 행위에 해당한다고 보기 어렵다.

나. 중요 사항에 관한 허위 표시의 사용 행위(제1항 제2호 위반 행위)

본 호에 의하여 금지되는 행위는 ① 거짓의 기재 또는 표시 ② 기재 또는 표시의 누락으로 구분할 수 있다. 이 규정은 구 「증권거래법」 제188조의4 제4항 제2호의 내용 중 일부 자구만을 수정하여 그대로 가져온 것이기 때문에 해석과 적용에 있어서 기존의 학설과 판례의 태도를 그대로 참조해도 된다고 보인다.

(1) 제178조 제1항 제2호는 허위 표시에 의한 시세조종을 금지하는 제176조 제2항 제3호와 규제 방향은 동일하다. 그러나 제176조 제2항 제3호에서는 '상장증권 또는 장내파생상품의 매매를 유인할 목적으로'라고 규정한 반면, 제178조 제1항 제2호는 '매매 유인 목적'을 요구하지 않고 규제 대상 상품도 제한이 없다는 점에서 적용 범위가 넓다.

(2) '타인에게 오해를 유발하게 함으로써 금전 기타 재산상의 이익을 얻기 위하여' 중요한 사항에 관한 허위·부실 표시 문서를 이용한 이상 그로써 바로 제2호를 위반한 것이고, 문서 이용행위로 인하여 실제 '금전 기타 재산상의 이익을 얻을 것'이나 '투자자의 오해가 유발되었을 것'을 요하지 않는다.[50)]

(3) 구 「증권거래법」에서는 허위 기재나 기재 누락 모두 문서에만 한정하였으나 「자본시장법」에서는 그에 국한되지 않는다.

(4) 만일 대표이사가 허위의 재무 정보를 기재한 사업보고서를 거래소 등에 제출하는 등으로 주가를 상승시킨 후 보유 주식을 매도하여 이득을 얻었다면, 이는 허위 공시만이 아니라 위 제2호 위반 행위에도 해당한다.

---

50) 대법원 2006. 4. 14. 선고 2003다6759 판결.

대법원 2001. 1. 19. 선고 2000도4444 판결: 경기화학공업 사건

사실관계

경기화학의 대표이사인 A는 자회사인 K엔지니어링의 자금으로 사모CB 57억 4천만 원을 제3자 배정으로 전량 인수한 후, 1996년 사업연도 및 1997년 반기 사업연도의 영업 실적이 실제로 적자임에도 불구하고 재무제표를 조작하여 흑자가 발생한 것으로 사업보고서에 허위 기재하여 공시하였다. 또한 회사의 유통단지 건설사업 등 불확실한 사업 전망을 마치 그러한 계획이 확정되었거나 곧 공사에 착수할 것처럼 공표하고 그 내용을 신문보도나 회사설명회 등에서의 유인물을 통하여 다시 홍보하였다.

이후 회사의 주가가 상승하자 1997년 8월 11일 A는 위 인수한 경기화학의 CB 전량을 주식으로 전환하고, 전환 다음 날부터 11월 18일까지 자신이 보유하고 있던 기존 주식과 위 전환한 주식을 매도하여 상당한 경제적 이득을 취득하였다.

판단

피고인 A의 위 행위는 유가증권의 매매 등과 관련하여 부당한 이득을 얻기 위하여 허위의 사실을 유포하고, 중요한 사항에 관하여 허위의 표시를 한 문서를 이용하여 타인에게 오해를 유발함으로써 재산상의 이익을 얻었다고 할 것이고, 설사 피고인이 필요한 회사의 운영자금을 마련하기 위하여 자신이 보유하는 주식을 매도하였다고 하더라도 그와 같은 사정은 피고인에게 부당한 이득이나 재산상의 이익을 얻을 목적이 있었다고 인정하는 데에 아무런 장애가 되지 아니한다고 할 것이므로, 피고인의 행위는 「자본시장법」 제188조의4 제4항을 위반한 행위이다.

대법원 2003. 11. 14. 선고 2003도686 판결: (주)화승강업 사건

사실관계

피고인이 (주)화승강업을 인수한 후 A&D(인수 후 개발) 및 정보통신 관련 사업체의 주식에 대한 일반 투자자들의 높은 관심을 이용하여 마치 향후 위 회사를 정보통신 및 인터넷 관련 사업체로 발전시키기 위하여 지속적인 투자가 이루어질 것처럼 관련 호재성 재료를 허위 공시하는 등의 방법으로 주가를 상승시킨 후 인수한 주식을 처분하여 부당한 시세 차익을 취득하기로 마음먹고, 정보통신 관련 분야의 사업을 추진할 만한 능력은 물론 그러한 의사도 없었음에도 불구하고, 이사회 결의 사항으로 위 회사의 사업 목적에 '정보통신 관련 등' 사업 내용을 추가한다는 내용의 안건을 임시주총에 부의하여 의결로써 확정시킨 후 그 내용을 협회전산망에 공시하고 각 신문에 기사화시킴.

판결(파기 환송)

화승강업이 공시 내용과 같이 주주총회의 결의를 거쳐 회사의 사업 목적에 '정보통신 관련 등' 사업 내용을 추가하는 정관 변경을 하였으므로 공시 내용 자체가 허위라고 볼 수 없다. 따라서 설령 피고인이 처음부터 정보통신 관련 등 사업에 투자를 할 의사와 능력이 없었다거나 공시를 한 후 실제로 정보통신 관련 등 사업을 추진하지 아니하였다 하더라도 위 사실을 공시하거나 기사화한 것이 허위 사실을 유포하거나 허위의 표시를 한 것으로 볼 수는 없다.

기타

다만 피고인이 대량 보유 보고서에서 이 사건 주식 취득 자금 중 일부는 차입금인데도 자기 자금으로만 주식을 취득한 것으로 허위로 기재하여 정보통신 관련 분야의 사업을 추진할 만한 자금 능력이 있는 것으로 보이게 하여 투자자들의 관심을 끌려고 했던 점, 최대 주주가 보유 주식을 매도할 경우 주가에 부정적인 영향을 미치게 되므로 자신이 매수한 주식을 타인이 보유하는 것으로 허위로 기재한 점에 대하여는 화승강업의 신인도 제고라는 무형적 이득과 함께 주가의 상승이라는 유형적 이득을 얻기 위한 구 「증권거래법」 제188조의 4 제4항 위반 행위로 판시함.

다. 거짓의 시세를 이용하는 행위(제1항 제3호 위반 행위)

「자본시장법」 제178조 제1항 제3호는 금융투자상품의 매매, 그 밖의 거래를 유인할 목적으로 거짓의 시세임에도 불구하고 진실한 시세인 것처럼 투자자들을 오인시켜 거래에 끌어들이는 행위를 금지한다.

본 조에서의 유인 목적은 제176조 제2항에서 규정하고 있는 '매매를 유인할 목적'과 차이가 없어 보이지만, 제176조 제2항에서는 규제 대상이 상장증권 또는 장내파생상품이고 또한 '성황을 이루고 있는 듯이' 오인하게 하는 요건도 요구하고 있는 점에서 차이가 있다. 반면 본 조는 한국거래소에 상장되어 있지 않아 그 시세가 공지되고 있지 않은 장외금융투자상품의 경우에 거짓의 시세를 이용하는 행위에도 적용이 가능하다.

라. 풍문의 유포, 위계의 사용 등의 행위(제2항 위반 행위)

제178조 제2항의 기본적인 틀은 제1항 제1호와 유사하나, 풍문의 유포나 폭행 또는 협박까지 포함하고 있어 제1호를 보완하는 기능을 한다.

구 「증권거래법」은 '허위의 사실 기타 풍설을 유포하는 행위'를 금지 대상으로 규정한 반면 「자본시장법」은 '풍문의 유포'라는 표현을 사용하여 구 「증권거래법」과 같이 허위 내용을 요건으로 하지 않지만 풍문에는 허위의 사실이 포함되는 것이 대부분일 것이다.

'허위의 사실을 유포하였는지'는 공시 내용 자체가 허위인지 여부에 의하여 판단해야지, 실제로 공시 내용을 실현할 의사와 능력이 있었는지 여부에 의하여 판단할 것은 아니다.[51] '위계'란 거래 상대방이나 일반 투자자들을 기망하여 매매 기타 거래에 관한 일정한 행위를 유인할 목적의 수단이나 계획, 기교를 의미한다.[52]

대법원 2002. 7. 22. 선고 2002도1696 판결: 진승현 사건

사실관계

진승현은 한스종금에 대하여 사실상 경영권을 획득(경영권 획득 과정은 제2편 제3장 제3절 2. '라. 신규 보고 의무가 있는 경우' 참조).

이후 진승현은 스위스 민간은행 컨소시엄(SPBC)이라는 페이퍼컴퍼니를 만들어 "스위스 은행들로 구성된 컨소시엄이 한스종금의 대주주인 대한방직의 지분을 매수하기로 합의하였다. 스위스은행 컨소시엄은 석 달 안에 1차적으로 3천만 달러를 들여와 증자에 참여할 예정이다"라고 언론에 발표하였고 이후 한스종금의 주가는 2배 가까이 급등하였다.

판결

피고인은 그가 사실상 인수한 종금사의 주가 상승으로 인한 이익을 염두에 두고 처음부터 외국계 금융회사의 신용도를 이용하여 위 종금사의 신인도를 높이려고 복잡한 계약을 체결하게 되었다고 보이고, 따라서 이러한 허위 사실의 유포는 새로이 위 종금사의 경영권을 인수한 피고인이 주가의 상승이라는 유형적 이득 이외에 새로 인수한 회사의 신인도 제고라는 무형적 이득도 함께 도모하기 위한 것이다.

---

51) 대법원 2003. 11. 14. 선고 2003도686 판결.

52) 서울중앙지법 2006. 9. 29. 선고 2006고합115 판결(삼성물산 사건).

제5절 시장질서 교란행위

1. 규정

제178조의2(시장질서 교란행위의 금지) ① 제1호에 해당하는 자는 제2호에 해당하는 정보를 증권시장에 상장된 증권(제174조 제1항에 따른 상장 예정 법인 등이 발행한 증권을 포함한다)이나 장내파생상품 또는 이를 기초자산으로 하는 파생상품(이를 모두 포괄하여 이하 이 항에서 "지정 금융투자상품"이라 한다)의 매매, 그 밖의 거래(이하 이 조에서 "매매 등"이라 한다)에 이용하거나 타인에게 이용하게 하는 행위를 하여서는 아니 된다. 다만, 투자자 보호 및 건전한 시장질서를 해할 우려가 없는 행위로서 대통령령으로 정하는 경우 및 그 행위가 제173조의2 제2항, 제174조 또는 제178조에 해당하는 경우는 제외한다.
1. 다음 각 목의 어느 하나에 해당하는 자.
가. 제174조 각 항 각 호의 어느 하나에 해당하는 자로부터 나온 미공개 중요 정보 또는 미공개 정보인 정을 알면서 이를 받거나 전득한 자.
나. 자신의 직무와 관련하여 제2호에 해당하는 정보(이하 이 호에서 "정보"라 한다)를 생산하거나 알게 된 자.
다. 해킹, 절취, 기망, 협박, 그 밖의 부정한 방법으로 정보를 알게 된 자.
라. 나목 또는 다목의 어느 하나에 해당하는 자로부터 나온 정보인 정을 알면서 이를 받거나 전득한 자.
2. 다음 각 목의 모두에 해당하는 정보.
가. 그 정보가 지정 금융투자상품의 매매 등 여부 또는 매매 등의 조건에 중대한 영향을 줄 가능성이 있을 것.
나. 그 정보가 투자자들이 알지 못하는 사실에 관한 정보로서 불특정 다수인이 알 수 있도록 공개되기 전일 것.

② 누구든지 상장증권 또는 장내파생상품에 관한 매매 등과 관련하여 다음 각 호의 어느 하나에 해당하는 행위를 하여서는 아니 된다. 다만, 그 행위가 제176조 또는 제178조에 해당하는 경우는 제외한다.
1. 거래 성립 가능성이 희박한 호가를 대량으로 제출하거나 호가를 제출한 후 해당 호가를 반복적으로 정정·취소하여 시세에 부당한 영향을 주거나 줄 우려가 있는 행위.
2. 권리의 이전을 목적으로 하지 아니함에도 불구하고 거짓으로 꾸민 매매를 하여 시세

에 부당한 영향을 주거나 줄 우려가 있는 행위.
3. 손익이전 또는 조세회피 목적으로 자기가 매매하는 것과 같은 시기에 그와 같은 가격 또는 약정 수치로 타인이 그 상장증권 또는 장내파생상품을 매수할 것을 사전에 그 자와 서로 짠 후 매매를 하여 시세에 부당한 영향을 주거나 영향을 줄 우려가 있는 행위.
4. 풍문을 유포하거나 거짓으로 계책을 꾸미는 등으로 상장증권 또는 장내파생상품의 수요·공급 상황이나 그 가격에 대하여 타인에게 잘못된 판단이나 오해를 유발하거나 상장증권 또는 장내파생상품의 가격을 왜곡할 우려가 있는 행위.

2. 규정의 취지

2015년 이전에는 「자본시장법」은 불공정거래행위를 (1) 미공개 중요 정보 이용행위(제174조) (2) 시세조종행위(제176조) (3) 부정거래행위(제178조)의 세 가지로 분류하면서 형사범으로 처벌하여왔다. 그러나 금융·IT기술이 신속·복잡하게 발전하고 이에 따른 불공정거래행위 기법도 점점 더 지능화되어가고 있는데, 기존의 죄형법정주의 원칙에 의한 형사법 체계로는 이러한 새로운 투자자 기망행위나 시장질서파괴행위를 처벌하거나 제재하기 어려웠다. 2014년 12월 30일 개정 「자본시장법」은 '시장질서 교란행위'에 대한 제재규정을 신설하여 첫째, 지금까지의 '불공정거래행위'의 범주에 해당하지 않는 행위들을 '시장질서 교란행위'로 포섭하고 둘째, 이러한 '시장질서 교란행위'에 대해서는 형사 처벌을 하는 것이 아니라 그 잘못된 행위를 통하여 얻은 이익을 추징하는 '과징금'을 부과하도록 하였다.

3. 적용 대상

「자본시장법」 제178조의2의 '시장질서 교란행위'로 규제되는 행위는 정보 이용 교란행위와 시세 관여 교란행위가 있다.

가. 정보 이용 교란행위

다음의 자가 상장증권, 장내파생상품 또는 이를 기초자산으로 하는 파생상품의 매매, 그 밖의 거래에 미공개 정보를 이용하거나 타인에게 이용하는 행위

① 내부자 등으로부터 나온 미공개 (중요) 정보인 정을 알면서 이를 받거나 전득한 자
② 직무와 관련하여 미공개 정보를 생산하거나 알게 된 자
③ 해킹, 절취, 기망, 협박 등 부정한 방법으로 정보를 알게 된 자
④ ②, ③의 자들로부터 나온 정보인 정을 알면서 이를 받거나 전득한 자

현재의 미공개 중요 정보 이용행위는 내부자, 준내부자, 제1차 정보수령자만 처벌 대상자이지만, '시장질서 교란행위'에서는 제2, 3차 이상 정보수령자도 규제 대상자로 포함시켰다. 또한 회사 내부 정보 이외에 '회사 외부 정보 이용행위(「자본시장법」 제178조의2 제1항 제2호)'도 규제행위로 포함시켰다.

나. 시세 관여 교란행위

상장증권 또는 장내파생상품에 관한 매매 등과 관련하여 다음 중 어느 하나에 해당하는 행위(1, 2, 3의 경우는 시세에 부당한 영향을 주거나 줄 우려가 있어야 한다)

① 거래 성립 가능성이 희박한 호가를 대량으로 제출하거나 호가를 제출한 후 해당 호가를 반복적으로 정정·취소하는 행위
② 권리이전을 목적으로 하지 않고 거짓으로 꾸민 매매
③ 손익이전 또는 조세회피 목적으로 타인과 서로 짜고 하는 매매
④ 풍문을 유포하거나 거짓으로 계책을 꾸며 상장증권 등의 수급상황이나 가격에 대하여 오해를 유발하거나 가격을 왜곡할 우려가 있는 행위

현재의 시세조종행위는 목적성을 가지고 시세에 영향을 미치는 행위(① 타인이 거래상황을 오인하게 할 목적 ② 타인을 거래에 끌어들일 목적 ③ 시세를 고정할 목적 ④ 부당한 이익을 얻을 목적)를 규제하였으나 '시장질서 교란행위'에서는 '목적성 없는 시세조종행위(「자본시장법」 제178조의2 제2항 제2호)'도 규제행위로 포함시켰다.

4. 제재

「자본시장법」 제178조의2 시장질서 교란행위에 대해서는 5억 원 이하의 과징금을 부과할 수 있으며, 위반 행위로 얻은 이익(또는 회피한 손실)의 1.5배가 5억 원을 넘는 경우에는 그 금액의 이하를 과징금으로 부과할 수 있다(「자본시장법」 제429조의2).

5. 공매도 제한 위반에 대한 제재

가. 공매도 제한 규정

공매도(short sale)란 매도 당시 소유하지 않은 상장증권을 매도하거나 차입한 상장증권으로 결제하고자 하는 매도를 말한다. 공매도는 주가가 하락할 것으로 예상하고 주식을 빌려 매도한 후, 실제로 주가가 하락했을 때 주식을 사들여 공매도분을 결제함으로써 시세 차익을 얻는 것을 주목적으로 하지만 불공정행위가 될 수 있기 때문에 「자본시장법」은 원칙적으로 공매도를 금지하고, 예외적으로 차입공매도에 한해서 증권시장의 안정성 및 공정한 가격 형성을 위해서 허용하고 있다(제180조).

공매도가 예외적으로 허용되고 있지만 증권시장의 안정성 및 공정한 가격 형성을 저해하는 경우 금융위원회는 차입공매도도 제한할 수 있으며, 시장 상황에 따라 과거 공매도 금지조치가 몇차례 이루어졌다(2008. 10. 1.~2009. 5. 31., 2011. 8. 10.~11. 9., 2020. 3. 16.~2021. 3. 15.).

나. 공매도 제한 위반에 대한 벌칙

공매도 제한을 위반한 행위에 대해서는 2020년까지는 과태료에 그쳤지만, 위법한 공매도는 시장질서 교란행위의 한 유형으로 인정되어 2021년 4월 6일부터 불법공매도는 형사 처벌 대상이 된다(「자본시장법」 제443조 제1항 제10호, 1년 이상의 유기징역 또는 부당이득액의 3배 이상 5배 이하의 벌금).

또한 위법한 공매도에 대해서는 공매도 주문금액을 초과하지 않는 범위 내에서 금융위원회는 과징금을 부과할 수 있다(제429조의3, 2021. 4. 6. 시행, 이전 과태료 규정은 삭제).

제4장

상장회사의 특수한 제도

제1절 증권집단소송

1. 증권집단소송의 개관

가. 집단소송이란

집단소송제란 소액, 불특정 다수의 피해자가 있는 집단적 분쟁 사건에 있어서 각자의 소송비용이 커서 피해자들이 적극적으로 소송에 참여하지 않더라도 피해자 집단 중 일부가 다른 피해자의 개별적 의사를 묻지 않고 피해자 전체의 손해배상을 일괄하여 소송을 제기하면 그 효력이 피해자 전원에게 미치도록 하는 제도이다. 피해액이 소액인 경우 피해자가 직접 소송을 제기하기가 어렵기 때문에 지금까지 일반소송만으로는 소액, 불특정 다수의 피해자가 있는 집단적 분쟁 사건을 제대로 처리하기가 어려웠다. 현재 미국이나 캐나다 등지에서는 집단소송제가 증권 분야뿐만 아니라 소비자, 환경, 인권 등의 영역에서 광범위하게 이루어지지만, 우리나라는 2003년에 「증권관련 집단소송법」을 제정하여 증권 분야에만 한정하여 집단소송제도를 도입하였다(2005년부터 시행).

나. 「증권관련 집단소송법」의 적용 범위

「증권관련 집단소송법」은 증권의 매매 과정에서 발생하는 모든 불법행위에 적용되지는 않는다. 「증권관련 집단소송법」이 적용되는 사건은 ① 증권신고서와 사업설명서의 허위 기재 또는 기재 누락(「자본시장법」 제125조), ② 사업보고서·반기보고서·분기보고서의 허위 기재 또는 기재 누락(동법 제162조), ③ 내부자 거래(동법 제175조), ④ 시세조종(동법 제177조 또는 제179조), ⑤ 감사보고서의 부실 기재(동법 제170조) 사건에 한정된다(「증권관련 집단소송법」 제3조 제1항). 따라서 주요사항보고서의 허위 기재, 공개매수설명서의 허위 기재 등의 사건은 현재의 「증권관련 집단소송법」이 적용되지 않는다.

다. 증권관련 집단소송의 사례 및 현황

법 시행 이후 제기된 증권관련 집단소송은 2020년 12월 31일 현재 총 13건(병합사건 포함)이며, 이들 집단소송의 진행사항은 대법원 홈페이지의 공고 중 증권관련집단소송 페이지에 자세히 공시되어 있다(www.scourt.go.kr/portal/notice/securities/securities.jsp).

2. 소의 제기 절차

가. 소장 및 소송허가신청서 제출

증권집단소송의 대표당사자가 되려는 자는 소장과 소송허가신청서를 제출해야 한다(「증권관련 집단소송법」 제7조 1항).

「증권관련 집단소송법」에서는 원고 측이 반드시 변호사를 선임하도록 강제하고 있으므로(제5조 제1항), 대표당사자가 되려는 자는 적정한 소송대리인을 선임한 후 소장과 소송허가신청서를 제출해야 한다.

나. 소장의 작성

소장에는 (1) 소를 제기하는 자와 그 법정대리인, (2) 원고 측 소송대리인, (3) 피고, (4) 청구의 취지와 원인, (5) 총원의 범위를 기재해야 한다(제8조). 인지액은 「민사소송 등 인지법」 제2조 제1항의 규정에 의하여 산출된 금액의 2분의 1에 동조 제2항의 규정을 적용한 금액으로 하되, 인지액의 상한은 5천만 원으로 한다(「증권관련 집단소송법」 제7조 제2항).

다. 소송허가신청서의 작성

소송허가신청서에는 (1) 소를 제기하는 자와 그 법정대리인, (2) 원고 측 소송대리인, (3) 피고, (4) 총원의 범위, (5) 소를 제기하는 자와 원고 측 소송대리인의 경력, (6) 허가신청의 취지와 원인, (7) 변호사 보수에 관한 약정을 기재해야 한다(「증권관련 집단소송법」 제9조 제1항).

소를 제기하는 자는 (1) 당해 집단소송을 수행하기 위하여 또는 소송대리인의 지시에 따라 당해 집단소송과 관련한 증권을 취득하지 아니하였다는 사실, (2) 최근 3년간 대표당사자로 관여한 증권관련 집단소송의 내역을 진술한 문서를, 소송대리인은 (1) 최근 3년간 소송대리인으로 관여한 증권관련 집단소송의 내역, (2) 증권관련 집단소송의 대상이 되는 증권을 소유하거나 그 증권과 관련된 직접적인 금전적 이해관계가 있는 등의 사유로 인하여 소송대리인의 업무를 수행하기에 부적절하다고 판단될 정도로 총원과 이해관계가 충돌되지 않는다는 사실을 진술한 문서를 소송허가신청서의 첨부 서류로서 각각 첨부해야 한다(제9조 제3항).

라. 법원의 조치

법원은 소장 및 소송허가신청서가 제출된 사실을 금융위원회가 지정하는 거래소에 즉시 통보해야 하고, 거래소는 그 사실을 일반인이 알 수 있도록 공시해야 한다(「증권관련 집단소송법」 제7조 제4항). 그리고 법원은 소장 및 소송허가신청서를 접수한 날로부터 10일 이내에 (1) 증권관련 집단소송의 소가 제기되었다는 사실, (2) 총원의 범위, (3) 청구의 취지 및 원인의 요지, (4) 대표당사자가 되기를 원하는 구성원은 공고가 있은 날로부터 30일 이내에 법원에 신청서를 제출하여야 한다는 사실을 공고해야 한다(제10조 제1항). 위 공고는 전국을 보급 지역으로 하는 일간신문에 게재하는 방법으로 하고, 소를 제기하는 자는 위 공고에 필요한 비용을 예납해야 한다(제10조 제3항, 제16조).

3. 소송허가 절차

가. 대표당사자와 소송대리인의 선임 결정

증권집단소송의 접수가 공고된 후, 그 소송에서 대표당사자가 되기를 원하는 구성원은 경력과 신청의 취지를 기재한 신청서에 「증권관련 집단소송법」 제9조 제2항의 문서를 첨부하여 법원에 제출해야 한다. 법원은 위 공고를 한 날로부터 50일 이내에 소장을 제출한 자와 위 신청서를 제출한 자 중에서 총원의 이익을 대표하기에 가장 적합한 자를 결정으로 대표당사자로 선임한다(제10조 제4항).

최근 3년간 3건 이상의 증권관련 집단소송에 대표당사자로 관여하였던 자는 원칙적으로 대표당사자가 될 수 없지만 다만 제반 사정에 비추어보아 총원의 이익을 공정하고 적절히 대표할 수 있다고 법원이 인정하면 그러하지 아니하다. 원고 측 대리인은 총원의 이익을 공정하고 적절히 대리할 수 있는 자여야 하고, 최근 3년간 3건 이상의 증권관련 집단소송에 대표당사자의 소송대리인으로 관여하였던 자는 원칙적으로 원고 측 소송대리인이 될 수 없지만,[1] 다만 제반 사정에 비추어보아 총원의 이익을 공정하고 적절히 대리할 수 있다고 법원이 인정하면 그러하지 아니하다(제11조).

동일한 분쟁에 관하여 수개의 소송허가신청서가 제출된 경우에는 법원이 이를 병합심리하여 증권관련 집단소송을 수행하기에 가장 적합한 대표당사자와 소송대리인을 정하고, 법원의 위 결정에 대하여는 불복할 수 없다(제14조). 대표당사자로 선임된 자는 소를 제기한 자 중 대표당사자로 선임되지 아니한 자가 납부한 인지의 액면 금액을 그에게 지급해야 한다.

대법원 2018. 7. 5. 선고 2017마5883 결정

「증권관련 집단소송법」 제10조 제4항에 따라 법원이 대표당사자로 선임한 자가 대표당사자로서 요건을 갖추지 못한 사실이 밝혀지거나, 소송허가 절차에서 대표당사자들

---

1) 대부분의 증권 집단소송 사건이 복잡하고 장기간 소송을 수행해야 하므로, 증권 집단소송의 경우에는 증권소송에 경험이 있는 여러 변호사가 회계사 등 회계전문가의 도움을 받아 사건을 진행해야 한다. 따라서 증권 집단소송을 전문적으로 수행하는 전문 로펌의 출현이 필수적인데, 3년간 3건 이상의 증권관련 집단소송을 수행할 수 없다는 것은 전문 로펌의 출현을 막는 독소 조항으로 평가된다.

이 총원 범위 변경 신청을 하였고 대표당사자들 가운데 일부가 변경 신청된 총원 범위에 포함되지 않게 된 경우, 법원은 대표당사자의 요건을 갖추지 못한 자를 제외하고 증권관련 집단소송의 소를 제기한 자 및 대표당사자가 되기를 원하여 신청서를 제출한 구성원 중 법에 정한 요건을 갖춘 자로서 대표당사자를 구성할 수 있는지 여부 및 증권관련 집단소송의 소송허가 신청이 법 제3조(적용 범위)와 제12조(소송허가 요건)의 요건을 갖추었는지 여부를 심리하여, 소송허가신청이 위와 같은 요건을 갖추었다면 증권관련 집단소송을 허가하여야 한다.

나. 소송의 허가 결정

증권관련 집단소송 사건은 다음 각 호의 요건을 구비해야 한다(「증권관련 집단소송법」 제12조).

(1) 구성원이 50인 이상[2]이고, 청구의 원인이 된 행위 당시를 기준으로 구성원의 보유 증권의 합계가 피고 회사[3]의 발행 증권 총수의 0.01% 이상일 것. 단, 소 제기 이후 위 요건을 충족하지 못한 경우에도 제소의 효력에는 영향이 없다.

(2) 증권관련 집단소송을 제기할 수 있는 손해배상청구로서 법률상 또는 사실상의 중요한 쟁점이 모든 구성원에게 공통될 것.

(3) 증권관련 집단소송이 총원의 권리 실현이나 이익 보호에 적합하고 효율적인 수단일 것.

(4) 소송허가신청서의 기재 사항 및 첨부 서류에 흠결이 없을 것.

대표당사자와 원고 측 소송대리인은 왜 자신의 청구가 일반소송 절차가 아닌 증권집단소송 절차로 진행되어야 하는지를 소명해야 하고, 법원은 대표당사자와 피고를 심문하여 허가 여부를 결정한다. 법원은 허가 여부를 결정함에 있어서 손해배상청구의 원인이 되는 행위를 감독·검사하는 감독기관으로부터 손해배상청구 원인에 대한 기초

2) "50인 이상의 구성원"은 제소 당시에 이들을 특정하여야 하는 것이 아니고, 소송허가 결정 이전까지 법원에 소명하면 족하다.

3) 「증권관련 집단소송법」 제12조 제1항 제1호에서 말하는 '피고 회사'는 문언에도 불구하고 '구성원이 보유하고 있는 증권을 발행한 회사'라고 해석함이 타당하다(대법원 2016. 11. 4. 선고 2015마4027 결정).

조사 자료를 제출받는 등 직권으로 필요한 조사를 할 수 있다(제13조).[4)]

법원은 소송허가신청 사건이 제3조(적용 범위), 제11조(대표당사자 및 소송대리인의 요건), 제12조(소송허가 요건)의 규정에 적합한 경우에 한하여 결정으로 증권관련 집단소송을 허가한다(제15조). 소송허가 결정이 확정된 때에는 법원은 확정된 날로부터 상당한 기간 내에 고지, 공고, 감정 등에 필요한 소송비용의 예납을 명해야 하고, 대표당사자가 예납명령을 이행하지 아니한 때에는 법원은 소송허가 결정을 취소하고 소송불허가 결정을 할 수 있다(「증권관련집단소송규칙」 제13조). 법원은 허가 결정 후 지체 없이 대표당사자와 원고 측 소송대리인, 총원의 범위, 청구의 취지 및 원인의 요지, 제외신고 관련 사항 등을 구성원들에게 고지해야 하고, 동시에 지정거래소에 통보해야 한다(동법 제18조, 제19조).

대법원 2016. 11. 4. 선고 2015마4027 결정 [소송허가 사건]

소송허가 절차에서 대표당사자가 소명할 대상은 소송허가 요건이고,본안 소송 절차에서 다루어질 손해배상책임의 성립 여부 등은 원칙적으로 소송허가 절차에서 심리할 대상이 아니다.다만 법원은 「증권관련 집단소송법」 제12조 제1항 제2호에 정한 '제3조 제1항 각 호의 손해배상청구로서 법률상 또는 사실상의 중요한 쟁점이 모든 구성원에게 공통될 것'이라는 소송허가 요건이 충족되는지를 판단하는 데에 필요한 한도 내에서 손해배상청구의 원인이 되는 행위 등에 대하여 심리를 할 수 있다.

주요 증권관련 집단소송[5)]

사건	내용	경과
진성티이씨	진성티이씨는 환율 변동에 따른 위험을 회피할 목적으로 은행과 통화옵션 계약(키코)을 맺고 있었으나, 대량 손실을 입었음. 그러나 해당 내용을 숨기고 실적 발표를 하였으며, 주주들은 진성티이씨의 허위 공시로 인해 손해를 입었다고 집단소송을 진행함.	원고와 피고 화해로 종결 (서울중앙지법 2009가합 8829)

4) 분식회계나 주가 조작 등의 사건에서 피고의 구체적인 위법행위를 특정하기 위해서는 금감원 등의 내부 조사 자료를 입수하는 것이 핵심이므로, 법원이 이를 위하여 얼마나 적극적으로 직권조사를 수행할지가 실무상 매우 중요하다.

5) 대법원 증권관련 집단소송 공고(www.scourt.go.kr/portal/notice/securities/securities.jsp)

사건	내용	경과
ELS 종가 조작 사건 (로얄뱅크캐나다)	한화증권은 SK 보통주를 기초자산으로 하는 파생상품(ELS)을 투자자에게 판매하였으며, 리스크헷징은 로얄뱅크캐나다(RBC)가 담당하고 있었음. 그런데 파생상품의 상환 의무를 가지고 있는 로얄뱅크캐나다가 해당 상품의 만기일에 기초자산인 SK 보통주를 대량 매도함으로써 주가를 기준 가격보다 낮게 형성해 당시 투자하고 있던 투자자들의 상환이 불가하였음. 이에 투자자들이 한화증권과 로얄뱅크캐나다를 상대로 증권관련 집단소송을 제기함.	대법원이 집단소송허가 후 서울중앙지법에서 당사자 간 화해결정 (266명에게 186억 원 지급, 서울중앙지법 2010가합 1604 결정)
ELS 종가 조작 사건 (도이치방크AG)	한국투자증권은 KB금융 보통주를 기초자산으로 하는 파생상품(ELS)을 투자자에게 판매하였으며, 상품설계는 도이치방크AG가 담당함. 해당 상품의 만기일에 도이치방크AG가 기초자산인 KB금융 보통주를 평소보다 대량 매도하여 동 상품의 만기 상환에 악영향을 줌. 이에 투자자들이 투자 피해를 입었다며 한국투자증권과 도이치방크AG을 상대로 집단소송을 제기함.	1심 원고 승소 (서울중앙지법 2012가합 17061) 2심 피고 항소 후 항소취하 종결
씨모텍 (동부증권)	동부증권은 코스닥상장사 씨모텍의 유상증자를 주관하였으나, 유상증자 후 반년이 지나지 않아 씨모텍은 횡령, 배임, 분식 등의 사건이 발생하고 상장폐지로 이어짐. 당시 유상증자에 참여한 주주들은 주간사인 동부증권이 기업실사를 성실히 하였다면 씨모텍의 부실화를 알고 있었을 것이라는 취지로 집단소송을 제기함.	1심 원고 일부 승소 (청구액의 10%만 인정, 서울남부지법 2011가합 19387) 대법원 1심 판결 유지 (대법원 2019다223747)
GS건설	GS건설은 2013년 1분기에 영업손실 5,354억 원을 기록했다고 공시함. 투자자들과 애널리스트들은 2013년 1분기 500억 수준의 영업이익이 발생할 것으로 예상하였으나, 김태은 외 14명은 GS건설이 수년간 해외 플랜트 저가 수주 및 공사 관련 문제로 지속적인 손실을 기록하였고 그간 회계기준에 맞게 해당 내용을 회계에 반영하지 않았다며 집단소송을 제기함.	1심 원고 전부 패소 2심 화해허가신청

다. 구성원들의 제외신고

현재 법에 따르면 이른바 '옵트 아웃(opt-out)' 방식에 따라 피해 투자자들이 특별히 제외신고를 하지 않은 이상 그들이 입은 피해 역시 집단소송의 심리 대상이 된다. 즉 구성원은 법원이 고지한 제외신고 기간 내에 서면으로 법원에 제외신고를 할 수 있고, 만일 제외신고 기간이 만료되기 전에 증권관련 집단소송의 목적이 된 권리와 동일한 권리에 대하여 개별적으로 소를 제기하는 자는 제외신고를 한 것으로 본다(「증권관련 집단소송법」 제28조). 구성원 중 제외신고를 하지 아니한 구성원은 확정 판결의 효력을 받게 된다.

4. 소송 절차에서의 특칙

가. 직권증거조사

법원은 필요하다고 인정하는 때에는 직권으로 증거조사를 할 수 있다(「증권관련 집단소송법」 제30조).

나. 문서제출명령

법원은 필요하다고 인정하는 때에는 소송과 관련 있는 문서를 소지하고 있는 자에 대하여 그 문서의 제출을 명하거나 송부를 촉탁할 수 있고, 문서제출명령이나 문서송부촉탁을 받은 자는 다음 각 호의 1에 해당하는 경우가 아닌 한, 정당한 이유 없이 그 제출이나 송부를 거부할 수 없다(제32조).

(1) 「공공기관의 정보공개에 관한 법률」 제4조 제3항 및 동법 제7조 제1항 각 호의 사유가 있는 문서.

(2) 「민사소송법」의 규정에 의하여 제출을 거부할 수 있는 문서.

다. 증거보전

「민사소송법」에 따르면 법원은 미리 증거조사를 하지 아니하면 그 증거를 사용하기 곤란한 사정이 있는 경우에만 당사자의 신청으로 증거조사를 할 수 있다. 그러나 「증권관련 집단소송법」에서는 미리 증거조사를 하지 아니하면 그 증거를 사용하기 곤란한 사정이 있지 아니한 경우에도 필요하다고 인정하는 때에는 당사자의 신청에 따라 증거조사를 할 수 있다(제33조).

라. 손해배상액의 산정

손해배상액의 산정에 관하여 「자본시장법」, 그 밖에 다른 법률에 규정이 있는 경우에는 그에 따른다. 만일 정확한 손해액의 산정이 곤란한 경우에는 제반 사정을 참작하여 표본적 평균적·통계적 방법, 그 밖의 합리적 방법으로 이를 정할 수 있다(제34조 제2항).

마. 소 취하 등

증권관련 집단소송의 취하, 소송상의 화해 또는 청구의 포기는 법원의 허가를 받아야만 효력이 발생한다. 소송상의 화해 등에 대한 허가를 받고자 하는 당사자는 법원에 일체의 합의 내용 등이 기재된 허가신청서를 제출해야 한다. 법원은 위 결정을 하기 전에 미리 구성원들에게 이를 고지하고 의견을 진술할 기회를 부여해야 한다(제35조). 법원은 화해 등의 허가 여부를 결정하기 위하여 당사자를 심문해야 하고, 구성원은 심문기일에 출석하여 의견을 진술하거나 서면으로 의견을 제출할 수 있다(「증권관련집단소송규칙」 제24조).

5. 분배 절차

가. 법원의 분배관리인의 선임

소송 절차가 종료되면 제1심 수소법원은 직권 또는 당사자의 신청에 의하여 피고로부터 취득한 금전 등의 분배업무를 담당할 분배관리인을 선임해야 한다(「증권관련 집단소송법」 제41조). 분배에 관한 법원의 처분·감독 등은 제1심 수소법원의 전속관할이다. 대표당사자가 권리 실행으로 금전을 취득한 경우에는 금전을 개인계좌에 보관할 수 없고「법원보관금취급규칙」이 정하는 바에 따라 보관해야 한다.

나. 분배관리인의 분배계획안 작성

분배관리인은 법원이 정한 기간 이내에 분배의 기준과 방법, 권리 확인 방법 등이 기재된 분배계획안을 작성하여 법원에 제출해야 한다(제42조). 분배의 기준은 판결 이유 중의 판단이나 화해조서 또는 인락조서의 기재 내용에 의한다. 분배관리인은 권리 실행으로 취득한 금액에서 '소송비용 및 변호사 보수, 권리 실행 비용, 분배 비용(분배관리인에 대한 보수 포함)'을 공제할 수 있다. 법원은 소송의 소요 기간 및 사안의 난이도, 소송대리인의 변론 내용 및 투입 시간 등을 참작하여 분배계획서에서 변호사 보수를 감액할 수 있다(「증권관련집단소송규칙」 제36조).

다. 법원의 분배계획안 인가 및 고지

법원은 분배계획안이 공정하고 형평에 맞다고 인정하는 때에는 결정으로 이를 인가해야 하고, 상당하다고 인정하는 때에는 직권으로 분배계획안을 수정하여 인가할 수 있다. 법원은 분배계획을 인가한 때에는 상당한 방법으로 분배관리인의 인적 사항과 분배계획의 요지를 구성원에게 고지해야 한다(제47조).

라. 구성원의 권리신고

구성원은 분배관리인에 대하여 분배계획이 정하는 바에 따라 권리신고 기간 내에 권리를 신고해야 하고, 분배관리인은 신고된 권리를 확인한 후 그 결과를 권리신고를 한 자와 피고에 대하여 통지해야 한다(제49조). 권리신고를 한 자 또는 피고는 분배관리인의 권리 확인에 이의가 있는 때에는 위 통지를 받은 날로부터 2주 이내에 법원에 그 권리 확인을 구하는 신청을 할 수 있고, 법원은 그 신청에 대하여 결정으로 재판한다(제50조).

마. 분배 및 잔여금 처분

분배관리인은 권리가 확인된 구성원들에 대하여 권리 실행한 금액을 분배해야 한다. 분배관리인은 분배 수령 기간 경과 후에는 분배보고서를, 분배가 종료된 경우에는 분배종료보고서를 법원에 제출해야 한다. 분배종료보고서가 제출된 경우 잔여금이 있는 경우에는 직권 또는 피고의 출급 청구에 의하여 이를 피고에게 지급한다(제55조).

제2절 상장폐지

1. 개요

가. 상장폐지의 의미

'상장폐지'란 유가증권시장 또는 코스닥시장에서 거래되는 상장증권이 시장에서의 매매 거래 대상으로서 적격성을 상실하여 상장증권으로서의 자격을 잃고 거래 대상에서 배제되는 것을 말한다.

상장폐지는 크게 (1) 거래소가 유가증권시장 또는 코스닥시장의 상장 요건을 유지하지 못하는 기업에 대하여 직권으로 관련 규정에 근거하여 시장에서 퇴출시키는 경우 (2) 기업 스스로 신청에 의하여 상장을 폐지한 후 비공개기업으로 전환하는 경우로 나눌 수 있다. 상장폐지는 주식의 환금성을 박탈하여 주주들의 자본 회수 기회를 중대하게 제한하는 조치이다. 따라서 거래소가 직권에 의해 상장을 폐지하는 경우에는 예고, 정리매매 기간 등의 제한을 두고, 기업의 신청에 의해 상장을 폐지하는 경우에는 소액주주 보호 절차를 거치도록 하고 있다.

나. 상장폐지를 규율하는 규정의 형태

「자본시장법」 제390조 제1항에서는 "거래소는 증권시장에 상장할 증권의 심사 및 상장증권의 관리를 위하여 증권상장규정을 정해야 한다"고 규정한 후, 제2항에서 위 상장규정에 '증권의 상장폐지 기준 및 상장폐지에 관한 사항'을 포함하도록 정하고 있을 뿐이다. 따라서 상장폐지의 요건, 절차 등은 모두 거래소 규정에 일임되어 있다.

상장폐지는 해당 주주의 재산권에 매우 큰 영향을 주기 때문에 상장폐지 시 해당 주주들이 상장폐지를 저지하기 위해 상장폐지 규정 자체가 무효라는 소송을 제기하는 경우가 많다. 이에 대해서 법원은 법률이 상장폐지 내용을 거래소에 모두 위임한 것은 포괄적 위임입법을 금지하는 「헌법」에 위반되는 것은 아니며[6], 다만 상장폐지 규정이 법적 성질은 약관이지만 법률에 근거를 두고 상장법인에 당연히 적용되는 규정으로서 규범적인 성격을 가지고 있기 때문에 비례의 원칙이나 형평의 원칙에 현저히 어긋나서 정의관념에 반한다거나 다른 법률이 보장하는 상장법인의 권리를 지나치게 제약함으로써 그 법률의 입법 목적이나 취지에 반하는 내용을 담고 있다면 그 조항은 위법하여 무효로 될 수 있다고 본다.[7]

현행 상장폐지에 관한 규정은 「자본시장법」 제390조에 근거하여 한국거래소가 정한 「유가증권시장 상장규정」과 「코스닥시장 상장규정」상의 관련 규정으로 나누어져 있다. 「유가증권시장 상장규정」에는 유가증권시장에서의 상장폐지에 관한 규정을, 「코스닥시장 상장규정」에는 코스닥시장에서의 상장폐지에 관한 규정을 두고 있으며, 각각 (1) 신청에 의한 상장폐지와 (2) 신청에 의하지 아니한 상장폐지 관련 규정으로 구분하고 있다.

2. 신청에 의한 상장폐지(자진상장폐지)

가. 자진상장폐지의 개관

자진상장폐지는 대부분 국내 기업을 인수한 외국 기업이 자사의 시장 확대 목적으로 토착기업을 인수한 후 소수 주주의 관여나 상장회사에 대한 규제를 받지 않고 독자적으로 피인수 기업을 운영하기 위한 목적으로, 또는 피인수 회사의 잠재적 성장력을 독점할 목적으로 이루어지는 경우가 많다. 즉 주식의 유통성, 환금성이 자본 회수의 가장 중요한 수단인 소액주주와 달리 대주주는 경영권 지배, 배당이익 등을 통해서도 주주로서의 이익을 향유할 수 있으므로 자진상장폐지를 진행하는 것이다. 따라서 자진상장폐지의 경우 대주주와 소액주주의 이해관계가 대립되는 경우가 많으므로, 이를 조절하기 위한 소액주주 보호 절차가 중요하다. 그러나 관련 규정에는 상장폐지 신청을 위한

6) 대법원 2004. 1. 16. 선고 2003마1499 판결.
7) 대법원 2019. 12. 12. 선고 2016다243405 판결.

형식적인 요건만을 두고 있을 뿐, 실질적 요건은 명시적으로 정하고 있지 않아 실무상 관행에 주로 의존하여 처리하고 있다. 상장폐지가 주주와 이해관계자들에게 중대한 영향을 미친다는 점을 고려할 때, 관행에 의존하여 상장폐지 신청 요건을 처리하는 것은 문제이다.

나. 신청에 의한 상장폐지의 요건과 절차

(1) 유가증권시장

유가주권시장 상장법인이 당해 증권을 폐지하고자 할 때에는 ① 유가증권상장폐지 신청서, ② 특별결의(출석한 주주의 의결권의 3분의 2 이상의 수와 발행주식 총수의 3분의 1 이상의 수를 말한다)의 방법으로 상장폐지를 결의한 주주총회의사록 사본을 제출해야 한다.

상장법인의 상장폐지 신청에 대하여 거래소는 유가증권시장 상장공시위원회의 심의를 거쳐 상장폐지 여부를 결정한다. 이때 상장공시위원회는 세칙으로 정하는 투자자 보호 사항의 이행 여부 등을 고려하여 상장폐지 신청을 심의한다.

신청에 의한 상장폐지에서 가장 중요한 요건은 투자자 보호 사항이며 구체적인 내용은 다음과 같다(「유가증권시장 상장규정」 제7조, 「동 시행세칙」 제6조 제2항).

① 최대 주주 등(「자본시장법 시행령」 제141조 제1항의 공동 보유자를 포함)이 해당 주권(외국주식예탁증권을 포함)에 대하여 공개매수(그에 준하는 방법을 포함)나 장내매수를 하였을 것(해당 회사는 공개매수 주체에서 제외).

② 상장폐지 신청일 현재 해당 상장법인의 최대 주주 등이 해당 종목의 발행주식 총수의 100분의 95 이상을 보유하고 있을 것(최대 주주 등에 자기주식은 제외).

③ 해당 상장법인의 최대 주주 등이 상장폐지 이후 일정 기간 동안 투자자(해당 상장법인의 최대 주주 등은 제외한다)에게 보유 주식의 매각 기회를 부여하기로 확약하였을 것.

④ 그 밖에 공개매수의 조건 등 공익 실현과 투자자 보호를 위하여 필요한 사항이 충족되었을 것.

통상적인 자진상장폐지 절차는 다음과 같다.

1) 이사회 결의 및 공시
2) 주주총회 결의
3) 소액주주 보호 절차 이행: 장내매수(공개매수)
4) 상장폐지 신청
5) 매매 거래 정지
6) 한국거래소의 상장폐지 승인
7) 상장폐지 후 소액주주 보호조치: 장외매수

(2) 코스닥시장

코스닥시장 상장법인이 당해 법인의 상장을 폐지하고자 하는 경우에는 ① 상장폐지 신청서 ② 주주총회 특별결의 의사록 ③ 상장주선인의 상장폐지동의서를 제출해야 한다(「코스닥시장 상장규정」 제45조,「동 시행세칙」 제34조). 코스닥시장 상장은 상장주선인을 통하여 하도록 되어 있으므로 상장폐지에도 상장주선인의 상장폐지동의서를 제출하도록 하고 있다.

거래소는 상장폐지 신청이 있는 경우 신청일로부터 15일 이내에 기업심사위원회를 개최하여 1) 최대 주주 등(당해 회사 제외)의 상장폐지 신청 전후 주식매수 절차의 이행, 2) 최대 주주 등의 지분율(발행주식 총수에서 자기주식을 제외한 주식수를 기준으로 산정한 것) 및 공개매수 조건 등 공익 실현과 투자자 보호를 위하여 필요한 사항이 충족된 경우에 한하여 당해 법인의 상장을 폐지한다(「동 시행세칙」 제34조).

다. 자진상장폐지에 있어서 소액주주의 보호 문제

(1) 소액주주의 축출과 주식분산요건

상장회사 중 주식분산요건 미달이 매년 계속되어 관리종목에 지정되는 회사들이 있는데 인위적으로 주식분산요건을 맞추는 것보다 상장폐지가 낫다고 판단하여 자진상장폐지를 하는 경우도 있다.

반면 소액주주들의 간섭에서 벗어나고, 공시 의무 등의 상장부담을 덜고, 기업 경영 전략 등을 위해 소액주주들을 축출할 목적으로 자진상장폐지를 하는 상장회사들도 있다.

상장폐지를 신청하는 회사에 맞서 상장을 유지하고 싶어하는 소액주주들이 있다.

그러나 유가증권시장의 상장회사가 주식 매집을 하는 경우 최소지분보유요건(95% 이상)에 이르거나 최소지분요건을 맞추지 못한다하더라도 주식분산기준(10% 이상 소액주주로 구성될 것)에 미달하여 관리종목 지정이 되는 경우에는 소액주주들의 경우 상장폐지를 받아들일 수밖에 없는 상황이 될 수 있다.

거래소는 소액주주들의 보호 절차를 두고 있지만 소액주주들이 상장을 유지하거나 상장폐지에 대한 보상이 충분치 않을 수 있다.

거래소는 소액주주의 보호를 위해 최소지분보유요건 95%의 기준에서 회사의 자기주식은 제외하였고, 상장폐지를 위한 소액주주 지분매입 시 매수 주체에서 회사를 제외하여 대주주나 회사가 쉽게 소액주주를 축출하지 못하도록 하였다(「유가증권시장 상장규정 시행세칙」 제6조 제2항).

코스닥시장의 경우에도 최대 주주 등의 최소지분요건(95% 이상)에 자기주식은 제외하고, 소액주주의 주식매입 주체도 회사를 제외하였다(「코스닥시장 상장규정 시행세칙」 제34조 제3항). 또한 자진상장폐지 시 최대 주주 등이 공개매수를 한 경우 소액주주의 지분이 주식분산기준인 20%에 미달해도 3년 동안은 관리종목으로 지정하지 않는다(「동 시행세칙」 제26조 제22항).

(2) 주식매수 가격의 결정문제

유가증권시장 및 코스닥시장의 상장폐지 요건으로서 소액주주 보호 절차의 이행에서 가장 중요한 점은 상장폐지 전 장내매수, 상장폐지 후 장외매수라는 소액주주 주식매입 절차이다.

그런데 거래소는 주식매입 시 주식매입가격에 대한 규정을 두고 있지 않아 주주 등이 소액주주의 주식매수를 할 경우 주식매수 가격 산정이 문제된다. 특히 소액주주의 경우 상장폐지의 원인을 최대 주주와 경영진에게 찾고, 청산가치보다 못한 시가기준으로 하는 주식매수 가격 때문에 상장폐지 시 최대 주주와 회사의 주식매수 가격제안에 반발이 많다.

상장폐지 신청 전 장내매수는 보통 1개월 전후의 기간을 둔다. 장내매수 가격에 대한 규정은 없으나 보통 「자본시장법」상 주식매수청구 가격 산정 방법을 준용하거나 이에

주식 가격 산정 사례

회사명	일자	매수 가격	프리미엄	기준 주가
알보젠 코리아	2017년 11월 3일	29,000원	3.83 ~ 4.74%	공개매수공고일 전일 종가 공개매수공고일 이전 1주일 가중평균종가 공개매수공고일 이전 1개월 가중평균종가
동일제지	2015년 9월 14일	3,600원	14.27 ~ 41.63%	공개매수공고일 전일 종가 공개매수공고일 이전 1개월 가중평균종가 공개매수공고일 이전 3개월 가중평균종가 공개매수공고일 이전 12개월 가중평균종가
도레이 케미칼	2015년 5월 22일	20,000원	0.3 ~ 8.8%	공개매수공고일 전일 종가 공개매수공고일 이전 1개월 가중평균종가 공개매수공고일 이전 2개월 가중평균종가 공개매수공고일 이전 3개월 가중평균종가
경남에너지	2015년 2월 2일	7,400원	2.6 ~ 20.8%	공개매수공고일 전일 종가 공개매수공고일 이전 1개월 가중평균종가 공개매수공고일 이전 2개월 가중평균종가 공개매수공고일 이전 3개월 가중평균종가
Js전선	2014년 4월 10일	6,200원	29.6 ~ 49.2%	공개매수공고일 전일 종가 공개매수공고일 이전 1개월 가중평균종가 공개매수공고일 이전 2개월 가중평균종가 공개매수공고일 이전 3개월 가중평균종가
한미은행	2004년 7월 13일	15,500원	6.7%	공개매수공시일 전 1개월 평균 가격, 6개월 평균 가격, 1년 평균 가격 중 높은 가격.
극동건설	2003년 10월 15일	5,700원	11%	「자본시장법」상 주식매수 가격.
송원칼라	2001년 12월 5일	3만 6,400원	5%	「자본시장법」상 주식매수 가격.
대한알루미늄 공업	2001년 3월 30일	4,600원	11.65%	주당 자산 가치, 「자본시장법」상 주식매수 가격, 이사회 결의일 종가 중 높은 가격.
한국 안전유리	2000년 5월 4일	8,027원	12.1%	「자본시장법」상 주식매수 가격.
쌍용제지	1999년 6월 16일	2만 1,300원	0%	「자본시장법」상 주식매수 가격.

출처 : 한국거래소 KIND 시스템, kind.krx.co.kr

일정 비율을 할증한다. 상장폐지 후 매수 가격은 신청 전 장내매수 가격과 동일한 것이 일반적이다. 다만 상장폐지 후 주식 매도자는 증권거래세 외 상장주식의 거래에서는 면제되는 양도소득세를 납부해야 한다.

자진상장폐지를 위한 사전 공개매수 가격은 후일 소액주주 보호 절차의 주식매수 가격과 반드시 연관을 가질 필요는 없다. 과거에는 사전 공개매수 가격이 소액주주 보호 절차의 주식매수 가격보다 높은 사례도 있었으나, 최근에는 위 매수 가격을 동일하게 정하는 경우도 많다.

사례: (주)옥션 상장폐지

(주)옥션은 2000년 6월 코스닥시장에 등록된 인터넷 경매 기업으로서 미국 eBay가 최대 주주의 지분을 인수하고 완전 자회사로 만들기 위해 자진상장폐지를 신청하였다.

미국 eBay는 자진상장폐지를 위해 2003년 11월 21일 공개매수를 하였고, 당시 공개매수 가격은 7만 원이었다(공개매수신고일 직전 종가는 55,900원으로 25.22%가 할증된 가격).

그러나 18.05%의 지분을 소유한 일부 외국인 주주들은 미국 eBay의 공개매수 가격은 공개매수 4개월 전에 형성되었던 최고 주가인 9만 8천 원대에 비해 너무 낮아 공개매수자인 eBay 측에 공개매수 가격을 10만 원으로 상향 조정할 것을 요구하였다.

2003년 12월 10일까지 진행된 공개매수 결과 미국 eBay는 12.08%의 지분을 늘리는데 그치게 되어 상장폐지를 못하게 될 가능성이 높아졌다.

결국 미국 eBay는 2004년 9월 모든 잔여주식에 대해 주당 12만 5천 원의 동일한 가격에 공개매수를 실시한 후 장내매수와 장외매수의 소액주주 보호 절차를 거쳐 옥션을 상장폐지하였다.

(3) 상장폐지의 불복

자진상장폐지의 경우 직권상장폐지와는 달리 신청에 의해 주주 보호 절차 등을 심사하기 때문에 거래소의 결정에 대한 이의 절차를 두고 있지 않다. 자진상장폐지를 결의한 주주총회가 그 결의 요건을 갖추지 못한 경우에는 주주총회의 하자를 다투는 소송이 가능할 것이다. 또 거래소를 상대로 한 상장폐지금지가처분이나 상장폐지무효소송도 형식상 가능할 것이나 자진상장폐지를 위한 실질적 요건을 규정하고 있지 아니하므로 그 하자 사유는 형식적 흠결 등으로 제한될 가능성이 크다.

3. 신청에 의하지 아니한 상장폐지(직권상장폐지)

가. 유가증권상장기업의 상장폐지

(1) 상장폐지의 요건

상장폐지 요건은 크게 관리종목 지정 후 상장폐지, 즉시상장폐지 요건, 상장적격성 실질심사요건으로 나눌 수 있으며, 「유가증권시장 상장규정」상 주권의 관리종목 지정 기준(제47조 제1항) 및 상장폐지 기준(제48조)의 규정에 따른다.

상장 유가증권이 상장폐지 기준에 해당되면 원칙적으로 바로 상장폐지를 해야 하나 한국거래소에서는 상장주권의 경우 일부 상장폐지 사유에 대해서는 투자자들의 재산적 손실을 고려하여 즉시 상장폐지를 하지 않고 일정 기간 상장폐지를 유예하여 투자자에게는 투자유의를 환기시키고 당해 상장법인에게는 상장폐지 사유를 해소할 시간적 기회를 주는 관리종목 지정 제도를 운용하고 있다. 대부분 관리종목 지정 이후 이러한 사유가 일정 기간 해소되지 않거나 추가로 동 사유가 발생한 경우 상장폐지 기준에 해당된다.

관리종목 지정이나 유예기간 없이 즉시 퇴출요건도 있다. ① 감사보고서상 감사 의견이 부적정 또는 의견거절인 경우 ② 발행어음 또는 수표가 부도로 처리되거나 은행과의 거래가 정지된 사실이 확인된 경우 ③ 최근 사업보고서상 자본금 전액이 잠식된 경우 ④ 회사정리 절차(화의 포함) 개시를 신청하는 법인의 경우 ⑤ 법률의 규정에 의한 해산사유에 해당하였을 경우 ⑥ 주식의 양도에 제한을 받는 경우(단 다른 법령에 의해 제한을 받는 경우로서 그 제한이 유가증권시장에서의 매매 거래를 제한하지 않는다고 인정되는 경우는 제외) ⑦ 상장법인이 지주회사의 완전 자회사가 되고 당해 지주회사가 신규 상장하는 경우 완전 자회사가 되는 법인의 경우에는 관리종목 지정 절차를 거치지 않고 바로 상장폐지된다.

또한 형식적인 상장폐지 기준에 해당되지 않지만 횡령, 배임, 분식회계 등 불건전행위가 계속 발생하는 부적격 기업을 퇴출하는 제도가 상장적격성 실질심사제도가 있다. 실질심사기준에 해당하는 상장기업을 거래소가 조사하여 상장폐지를 결정할 수 있다.

관리종목 지정 기준 및 상장폐지 기준[8)]

구분	관리종목 지정 (「유가증권시장 상장규정」 제47조)	상장폐지 (「유가증권시장 상장규정」 제48조)
정기보고서 미제출	• 법정제출기한(사업연도 경과 후 90일) 내 사업보고서 미제출 • 법정제출기한(분·반기 경과 후 45일 이내) 내 반기·분기보고서 미제출	• 사업보고서 미제출로 관리종목 지정 후 법정제출기한부터 10일 이내 사업보고서 미제출 • 반기·분기보고서 미제출로 관리종목 지정 후 사업·반기·분기보고서 미제출
감사인 의견 미달	• 감사보고서상 감사 의견이 감사 범위 제한한정인 경우(연결감사보고서 포함) • 반기 검토보고서상 검토 의견이 부적정 또는 의견거절인 경우	• 최근사업연도 감사보고서상 감사 의견이 부적정 또는 의견거절인 경우(연결감사보고서 포함) • 2년 연속 감사보고서상 감사 의견이 감사 범위 제한한정인 경우
자본잠식	최근 사업연도 사업보고서상 자본금 50% 이상 잠식	• 최근 사업연도 사업보고서상 자본금 전액 잠식 • 자본금 50% 이상 잠식 2년 연속
주식분산 미달	• 최근 사업연도 사업보고서상 일반 주주수 200명 미만 또는 최근 사업연도 사업보고서상 일반 주주 지분율 5% 미만 • 다만, 200만주 이상인 경우 해당되지 않는 것으로 간주	• 일반 주주수 200명 미만 2년 연속 • 지분율 5% 미만 2년 연속 • 다만, 200만 주 이상인 경우 해당되지 않는 것으로 간주
거래량 미달	반기 월평균 거래량이 반기말 현재 유동주식수의 1% 미만	2반기 연속 반기 월평균 거래량이 유동주식수의 1% 미만
지배구조 미달	• 사외이사수가 이사 총수의 1/4 미만 등(자산총액 2조 원 이상 법인의 경우 사외이사 3인 이상, 이사 총수의 과반수 미충족) • 감사위원회 미설치 또는 사외이사수가 감사위원의 2/3 미만 등(자산총액 2조 원 이상 법인만 해당)	2년 연속 사외이사수 미달 또는 감사위원회 미설치 등
공시 의무 위반	최근 1년간 공시 의무 위반 누계벌점 15점 이상	• 관리종목 지정 후 최근 1년간 누계벌점이 15점 이상 추가(상장적격성 실질심사) • 관리종목 지정 후 고의, 중과실로 공시 의무 위반(상장적격성 실질심사)
매출액 미달	최근 사업연도 50억 원 미만(지주회사의 경우 연결매출액 기준)	2년 연속 매출액 50억 원 미만

8) 한국거래소 사이트(www.krx.co.kr) 중 상장폐지 제도 안내 화면.

구분	관리종목 지정 (「유가증권시장 상장규정」 제47조)	상장폐지 (「유가증권시장 상장규정」 제48조)
주가/시가 총액 미달	• 주가가 액면가의 20% 미달 30일간 지속 • 시총 50억원 미달 30일간 지속	관리종목 지정 후 90일 이내 관리 지정 사유 미해소
회생절차	회생절차 개시 신청	• 회생절차 기각, 취소, 불인가 등(상장적격성 실질심사) • 기업의 계속성 등 상장법인으로서의 적격성이 인정되지 않는 경우(상장적격성 실질심사)
파산 신청	파산 신청	법원의 파산선고 결정
기타 즉시 퇴출 사유		• 최종 부도 또는 은행 거래 정지 • 법률에 따른 해산사유 발생 • 주식 양도에 제한을 두는 경우 • 당해법인이 지주회사의 완전 자회사가 되고 지주회사의 주권이 신규 상장되는 경우 • 우회상장 시 우회상장 기준 위반
상장적격성 실질심사		• 주된 영업이 정지된 경우(분기 매출액 5억 원 미달) • 주권의 상장 또는 상장폐지와 관련한 제출서류의 내용 중 중요한 사항의 허위 기재 또는 누락 내용이 투자자 보호를 위하여 중요하다고 판단되는 경우 • 기업의 계속성, 경영의 투명성, 기타 공익과 투자자 보호 등을 종합적으로 고려하여 상장폐지가 필요하다고 인정되는 경우 – 유상증자나 분할 등이 상장폐지 요건을 회피하기 위한 것으로 인정되는 경우 – 당해 법인에게 상당한 규모의 재무적 손실을 가져올 것으로 인정되는 횡령·배임 등과 관련된 공시가 있거나 사실 등이 확인된 경우 – 국내회계기준을 중대하게 위반하여 재무제표를 작성한 사실이 확인되는 경우 – 주된 영업이 정지된 경우 – 자본잠식에 따른 상장폐지 기준에 해당된 법인이 자구감사보고서를 제출하여 상장폐지 사유를 해소한 경우 – 거래소가 투자자 보호를 위해 상장폐지가 필요하다고 인정하는 경우

(2) 우선주에 대한 상장폐지의 요건

2012년 4월 18일 종류주식에 대한 별도의 진입·퇴출 제도가 마련되었고, 2013년 7월 1일부터는 기존에 상장되어 있는 우선주에 대해 퇴출 제도가 적용되었다.[9] 우선주는 유통 가능성이 부족한 경우가 많기 때문에 2013년 우선주에 대해 퇴출 제도가 적용된 이후 많은 우선주 주식들이 상장폐지되었다. 우선주가 상장폐지 기준에서 벗어나기 위해서는 회사가 우선주 추가 발행이나 액면분할 등을 통해 우선주의 유동성을 제고할 필요가 있고, 투자자도 저유동성 우선주의 환금성이 더 떨어질 수 있으므로 우선주 투자 시 신중한 접근이 필요하다.

우선주 관리종목 지정 기준 및 상장폐지 기준

구분	관리종목 지정	상장폐지
형식 요건	① 보통주 관리종목 지정. ② 사업보고서상 주주수 100명 미만. ③ 반기말 상장주식수 5만 주 미만. ④ 반기 월평균 거래량 1만 주 미만. ⑤ 30일 연속 시가총액 5억 원 미달.	① 보통주 상장폐지. ② 2년 연속 주주수 100명 미만. ③ 2반기 연속 상장주식수 5만 주 미만. ④ 2반기 연속 월평균 거래량 1만 주 미만. ⑤ 시가총액 미달 후 일정 요건 미충족. ⑥ 양도 제한을 받는 경우.
질적 요건		⑦ 공익과 투자자 보호를 위하여 상장폐지가 필요한 경우.

(3) 상장폐지 절차

거래소는 유가증권 상장기업에 관리종목 지정 사유(「유가증권시장 상장규정」 제47조 제1항)가 발생하면 동 기업의 주권을 관리종목으로 지정한다. 당해 주권을 관리종목으로 지정하는 경우 거래소는 해당 증권의 매매 거래를 정지할 수 있고(제153조), 해당 주권이 상장폐지 기준에 해당할 우려가 있다는 사실을 예고할 수 있다(제155조). 거래소는 주권이 부실 사유 확대 등으로 상장폐지 기준에 해당하는 경우에는 상장폐지 사실을 공시하고 상장을 폐지한다. 거래소는 상장폐지를 하는 경우 일정 기간 매매 거래(정리매매)를 허용할 수 있다(제9조).

9) 한국거래소 보도자료, 〈우선주 상장폐지 제도 시행 관련 투자자 주의 안내〉(2013년 2월 5일).

(4) 불복 절차

거래소는 주권의 상장을 폐지하고자 하는 경우로서 거래소가 필요하다고 인정하는 때에는 의견 청취 등을 실시할 수 있으며 ① 감사 의견의 부적정 또는 의견거절 ② 영업 활동의 정지 ③ 주가 ④ 상장시가총액 ⑤ 기타 사유 등을 사유로 상장폐지 기준에 해당하는 경우에는 그 사실을 당해 주권상장법인에게 서면으로 통지해야 한다. 주권의 상장폐지에 대하여 이의가 있는 당해 주권상장법인은 그 통지를 받은 날로부터 7일 이내에 이의 신청서의 제출로 이의를 신청해야 하며 거래소는 이의 신청이 있는 경우 특별한 사유가 없는 한, 그 신청을 받은 날부터 15일 이내에 유가증권시장 상장위원회를 개최하여 당해 주권의 상장폐지 여부를 심의하여야 하고 이 경우 당해 주권상장법인의 대표자에게 의견 진술 기회를 부여해야 한다. 거래소는 유가증권시장 상장위원회의 심의일부터 3일 이내에 주권의 상장폐지 여부를 결정해야 하며 위 결정에 대하여 다시 이의를 신청할 수 없다.

해당 기업이나 주주는 거래소를 상대로 상장폐지금지가처분이나 상장폐지이행금지 소송 등 민사소송을 제기할 수 있고, 다만 증권선물거래소와 상장법인 간의 관계는 상장 계약이라는 사법상의 계약이고 상장폐지 결정 자체는 공권력의 행사가 아니므로 행정소송이나 헌법소원의 대상이 되지 않는다.[10)]

서울고법 2007. 4. 27. 선고 2005나108997 판결(상장폐지 등 금지): 국제상사 사건

주문

피고의 원고에 대한 상장폐지 절차를 이행하여서는 아니 된다.

피고가 ○○년 ○월 ○일 원고 발행의 주권에 관하여 내린 매매 거래 정지 처분은 무효임을 확인한다.

이유

이 사건 상장폐지 조항은 비례의 원칙과 형평의 원칙에 현저히 어긋나고, 「회사정리법」에서 보장된 권리를 지나치게 제약하는 것이어서 신의성실에 반하는 공정한 조항으로서 무

10) 헌법재판소 2005. 2. 24. 2004헌마442.

효이고, 따라서 피고는 무효인 이 사건 상장폐지 조항을 근거로 원고 발행의 주권에 대한 상장폐지 절차를 이행하여서는 아니 된다.

나. 코스닥상장기업의 상장폐지

(1) 상장폐지 기준

「코스닥시장 상장규정」상 상장폐지 기준은 다음의 표와 같다. ① 최종 부도 발생 또는 은행 거래 정지 ② 흡수 합병 ③ 회사정리(화의 포함) 개시 신청 ④ 자본 전액 잠식 ⑤ 감사 의견 부적정 등 ⑥ 2년간 3회 이상 사업보고서를 제출하지 않거나 법정제출기한으로부터 10일 이내에 사업보고서를 제출하지 않는 경우 ⑦ 주식 양도가 제한되는 경우 ⑧ 규정을 위반한 합병 등의 경우에는 투자유의종목 지정 혹은 관리종목 지정 절차를 거치지 않고 바로 상장폐지된다.

(2) 상장폐지 절차

거래소는 코스닥상장법인이 상장폐지 기준에 해당하는 경우 상장위원회의 심의를 거쳐 당해 기업의 상장폐지를 한다. 다만 ① 최종 부도 또는 거래 정지되거나 ② 매출액 기준 미달 ② 경상손실의 자기자본 50% 초과 ③ 피흡수 합병 ④ 거래량 기준 미달 ⑤ 자본잠식 ⑥ 감사 의견의 부적정 ⑦ 경상손실 발생 혹은 시가총액 기준 미달 ⑧ 정기공시 서류 미제출 등의 사유를 이유로 상장폐지를 하는 경우에는 심의를 거치지 않을 수 있다. 또한 코스닥상장법인도 상장적격성 실질심사에 의해 상장이 폐지될 수 있다.

거래소는 상장폐지되는 주권에 대하여 상장폐지 승인일로부터 7일을 초과하지 아니하는 범위 내에서 당해 주권의 매매 거래를 허용할 수 있다.

관리종목·투자유의종목 지정 및 상장폐지 기준

구분	관리종목·투자유의종목 지정	상장폐지
매출액	최근년 30억 원 미만(지주회사는 연결기준) ※ 기술 성장 기업, 이익 미실현 기업은 각각 상장 후 5년간 미적용	2년 연속 [실질심사] 이익 미실현 기업 관련, 관리종목 지정 유예기간 중 최근 3사업연도 연속으로 매출액이 5억 원 미만이면서 전년 대비 100분의 50 이상의 매출액 감소가 공시 등을 통해 확인되는 경우
법인세 비용 차감 전 계속 사업손실	자기자본 50% 이상(그리고 10억 원 이상)의 법인세 비용 차감 전 계속 사업손실이 최근 3년간 2회 이상(그리고 최근 연도 계속 사업손실) ※ 기술 성장 기업 상장 후 3년간 미적용, 이익 미실현 기업 상장 후 5년 미적용	관리종목 지정 후 자기자본 50% 이상(그리고 10억 원 이상)의 법인세 비용 차감 전 계속 사업손실 발생 [실질심사] 이익 디실현 기업 관련, 관리종목 지정 유예기간 중 최근 3사업연도 연속으로 매출액이 5억 원 미만이면서 전년 대비 100분의 50 이상의 매출액 감소가 공시 등을 통해 확인되는 경우
장기영업손실	최근 4사업연도 영업손실(지주회사는 연결기준) ※ 기술 성장 기업(기술 성장 기업부)은 미적용	[실질심사] 관리종목 지정 후 최근 사업연도 영업손실
자본잠식/자기자본	(A) 사업연도(반기)말 자본잠식률 50% 이상 (B) 사업연도(반기)말 자기자본 10억 원 미만 (C) 반기보고서 제출기한 경과 후 10일 내 반기검토(감사)보고서 미제출 또는 검토(감사) 의견 부적정·의견거절·범위 제한한정 ※ 자본잠식율 = (자본금 - 자기자본) / 자본금 X 100	• 최근년말 완전 자본잠식 • A 또는 C 후 사업연도(반기)말 자본잠식률 50% 이상 • B 또는 C 후 사업연도(반기)말 자기자본 10억 원 미만 • A 또는 B 또는 C 후 반기말 반기보고서 기한 경과 후 10일 내 미제출 또는 감사 의견 부적정·의견거절·범위 제한한정 [실질심사] 사업보고서 또는 반기보고서의 법정 제출기한까지 당해 상장폐지 기준 해당 사실을 해소하였음을 입증하는 재무제표 및 이에 대한 감사인(정기재무제표에 대한 감사인과 동일한 감사인에 한함)의 감사보고서를 제출하는 경우
감사 의견	반기보고서 부적정, 의견거절, 감사범위 제한으로 인한 한정	감사보고서 부적정, 의견거절, 범위 제한한정

구분	관리종목·투자유의종목 지정	상장폐지
시가총액	보통주 시가총액 40억 원 미만 30일간 지속	관리종목 지정 후 90일간 "연속 10일 그리고 누적 30일간 40억 원 이상"의 조건을 미충족
거래량	분기 월평균 거래량이 유동주식수의 1%에 미달 ※ 월간 거래량 1만주, 소액주주 300인 이상이 20% 이상 지분보유 등은 적용 배제	2분기 연속
지분분산	소액주주 200인 미만 또는 소액주주 지분 20% 미만 ※ 300인 이상의 소액주주가 유동주식수의 10% 이상으로서 100만 주 이상을 소유하는 경우는 적용 배제	2년 연속
불성실공시	-	[실질심사] 1년간 불성실공시 벌점 15점 이상
공시 서류	분기, 반기, 사업보고서 법정제출기한 내 미제출	• 2년간 3회 분기, 반기, 사업보고서 법정제출기한 내 미제출 • 사업보고서 제출기한 후 10일 내 미제출 • 분기, 반기, 사업보고서 미제출 상태 유지 후 다음 회차에 미제출
사외이사 등	사외이사/감사위원회 요건 미충족	2년 연속
회생절차/ 파산 신청	회생절차 개시 신청 파산 신청	[실질심사] 개시 신청 기각, 결정취소, 회생계획 불인가 등
기타 (즉시퇴출)	기타 상장폐지 사유 발생	• 최종 부도 또는 은행 거래 정지 • 해산사유(피흡수합병, 파산선고) • 최근 사업연도 말 자본전액잠식 • 감사보고서상 부적정, 의견거절, 범위 제한 한정 • 2년간 3회 분기, 반기, 사업보고서 미제출 • 사업보고서 제출기한 후 10일내 미제출 • 정관 등에 주식 양도제한 두는 경우 • 유가증권시장 상장의 경우 • 우회상장 시 우회상장 관련 규정 위반 시 (심사 종료 전 기업결합 완료 및 보호 예수 위반 등)

상장폐지 실질심사 주요기준

<table>
<tr><th>분류</th><th>심사항목</th><th>주요 심사기준</th></tr>
<tr><td rowspan="2">개별적 요건</td><td>시가총액</td><td>회생절차 개시 신청 기각 등의 사유
해당 법인의 계속기업 가능성 유무</td></tr>
<tr><td>상장관련 허위 서류 제출</td><td>허위신고 내용이 상장심사에 미치는 중요성
허위신고 내용이 투자 판단에 미치는 영향
당해 기업의 고의, 중과실 여부 등</td></tr>
<tr><td rowspan="6">종합적 요건</td><td rowspan="2">(1) 영업,
재무 상황 등
기업 경영의
계속성</td><td>가. 영업의 지속성
- 매출의 지속 가능성
- 수익성 회복 가능성</td></tr>
<tr><td>나. 재무 상태 건전성 여부
재무 상태 취약 여부
경영진의 불법행위에 의한 재무 상태 악화여부
우발채무의 실현으로 재무 상태 악화 여부</td></tr>
<tr><td rowspan="3">(2) 지배구조, 내부 통제제도,
공시체제 등 경영투명성</td><td>가. 지배구조의 중대한 훼손 여부
최대 주주 및 경영진의 불법행위 여부
경영의 안전성 위협</td></tr>
<tr><td>나. 내부 통제제도의 중대한 훼손 여부 검토</td></tr>
<tr><td>다. 공시체계의 중대한 훼손 여부
회계처리 불투명성
공시위반 행위의 악의·상습성 여부</td></tr>
<tr><td>(3) 기타</td><td>투자자 보호 및 증권시장 건전한 발전 저해</td></tr>
</table>

(3) 불복 절차

상장폐지가 결정된 법인은 상장폐지 결정을 통보받은 날로부터 7일 이내에 상장폐지 결정에 대한 이의 신청을 할 수 있고 거래소는 이의 신청이 있는 경우 5일 이내에 청문 절차를 개최하여 이의 신청 법인의 대표자에게 1회 이상 의견 진술의 기회를 부여해야 한다. 거래소는 청문 절차가 종료된 날로부터 5일 이내에 이의 신청에 대한 결정을 하고 그 결정을 당해 법인에 통지하고 시장에 공시해야 한다.

유가증권상장의 경우와 마찬가지로 당해 법인 혹은 주주는 법원에 대하여 거래소의 상장폐지 결정의 하자를 이유로 상장폐지금지가처분 혹은 상장폐지무효소송을 청구할 수 있을 것이다.

찾아보기

ㄱ

가장매매 561, 564
가처분 62, 190, 201, 208, 211~212, 396, 420, 422
간이 합병 338
감사보고서 161, 478, 481
감사위원회 150, 152~162, 198~199, 501, 504, 506, 517
개입권 78~79
거래인과 관계 482
검사인 선임청구권 215
검사인의 선임청구 217
결의취소 57~61, 422, 446
결의취소의 소 58
경남에너지(주) 사건 193
경쟁 제한성 234~235
공개매수 425, 544~545
공개매수신고서 469
공동 보유자 404, 427
공매도(short sale) 592
공시대상기업집단 224, 227, 230
공익법인 226
공정공시 470, 538
교부금 합병 340
교환사채 408, 492
관련 시장 233~234
금산분리 원칙 230
금융회사 226
금융지주회사 228~229
기아자동차 사건 109
기업결합 (심사기준) 231, 233~237
기업분할 363
기업지배구조 242
기업형벤처캐피털(CVC) 230

ㄴ

내부자 거래 530
냉각기간 416~418

ㄷ

단기매매차익 반환 550, 552~554, 556, 558
대규모 내부거래 227
대우 분식회계 사건 126
대표소송 202
덕산그룹 사건 114
동아 122

ㅁ

만도기계 사건 129
무증자 합병 342
무학 vs. 대선주조 188
미공개 내부 정보 543, 550, 554
미공개 정보 254, 256, 589
미공개 중요 정보 530~531, 533, 543~545, 551, 589~590
미도파 사건 309

ㅂ

발행시장공시 469
별도매수금지 433
배당가능이익 255, 257
백기사 396, 457~458
벤처지주회사 228~229
「벤처투자 촉진에 관한 법률」 230
보험회사 226
부정거래행위 530, 577~578, 590
분식회계 507, 525, 539, 547

ㅅ

사건연구(event study) 487, 579
사기적 부정거래행위 576
사기적 불공정거래행위 582
사보이호텔 426
사업 기회 227~228
사업 기회 유용 금지 84
사업보고서 502, 506, 509
사업지주회사 228
삼각 합병 340
삼각 분할 합병 341
삼각 주식교환 363
삼미종합특수강 사건 351
삼성SDS 신주인수권행사금지가처분 사건 291
삼성SDS의 신주인수권부사채의 발행 318
삼성전자 대표소송 119, 173
삼성전자의 전환사채발행 316
상임대리인 40, 220
상장폐지 603, 605
상호 보유 주식 44, 409
상호 속용자 책임 353~355
상호주 44
상호출자 금지 224
상호출자제한기업집단 224~226
서면투표 40~42
선관의무 205
선관주의의무 199
선량한 관리자의 주의의무 200
선입선출법 524, 559
선·현연계 시세조종 574
설명청구권 55
소규모 합병 338, 403
소버린 v. SK(주) 194
손자회사 229~230
손해배상공동기금 529
수시공시 470, 490~491
수직결합 231
수평결합 231
순수 지주회사 228
순환출자 47, 225
시세조종행위 530, 567~568, 577~578, 590
시장의 획정 233
시장조성 572
시장질서 교란행위 530, 589, 591
시차임기제 397~398
신기술사업금융전문회사 230
신세기통신 사건 339~340, 382~383
신우리사주제도(ESOP) 243~244, 459
신정제지 사건 521
신주발행금지가처분 293
신주인수권 257, 450
신한사건 103
실권주 478
실질주주증명서 166

ㅇ

안정조작 571~572
업무집행 관여자 474
업무집행지시자 349, 532, 550
에버랜드의 전환사채발행 314

「여신전문금융업법」 230
역삼각 합병 342
연합철강 사건 24, 191, 193
예측 정보 489, 494
엔트 사건 513
외국인 주주 39~40
「외국인투자 촉진법」 230
외부감사제 499
우리사주매수선택권 244~245
우리사주제도 241~242, 245~246, 248
우리사주조합(원) 242~247, 249~254
우선주 410, 613
우회상장 388~394
위법행위유지가처분 199, 202
위법행위유지청구(권) 198~199
위임장 대결 37, 446
유상부 전 포스코 회장 사건 93
유지청구가처분 202
유통시장공시 469
은평방송 사건 381~382, 384
은행지주회사 238
의결권 396, 442, 219
의결권 대리행사 36~37, 45, 51, 219, 442
의결권 대리행사 권유 252, 439, 469
의안상정가처분 34
이낙영 SPP그룹 사건 102
이사직무집행정지 208
이사직무집행정지가처분 207, 209~210
이사 해임의 소 203~209, 217
이사회 의사록 열람 217~218
일감 몰아주기 228
일반 지주회사 228~230
임시주총 소집 청구 203, 206

ㅈ

자기주식 47, 254~257, 261
자진상장폐지 604
재량기각 57, 61~62
재무제표 499~502, 505, 513
적대적 M&A 45, 53, 206, 395, 402, 432
적대적 인수·합병 217
전자통신매체 141
전자투표 40~42, 44
정기공시 469, 490
정기주주총회 소집 34
정보수령자 543
정보접근권 135
제일은행 사건 169, 177
조회공시 470
종류주주총회 31
주식매수선택권 244, 258~261, 554
주식매수청구권 255, 257, 554
주요사항보고서 469, 491
주요 주주 551, 553, 555, 557
주주 간 협약서 461
주주권 22~26, 33, 55, 217, 219
주주명부 열람 218~220
주주명부의 열람 219, 221
주주명부 폐쇄 기간 30
주주제안 32~35, 203, 417
주주제안권(자) 32~33
주주제안서 32
주주총회 결의의 취소 58
주주총회 결의취소 58, 62
주주총회 결의취소의 소 58, 254
주주총회 결의 효력정지 가처분 62
주주총회 소집 29, 40, 51, 58~59
주주총회의 소집 49, 216
주주평등의 원칙 23, 253, 257, 379, 455
중복 위임장 39
중소기업창업투자회사 230
증거보전신청 62
증권신고서 474~476, 479~480, 482, 484, 509,

513
증권집단소송 593
증손회사 230
지배관계 232
지배주식의 매수 373~375
지분공시 469
지주회사 228~229
직무집행정지 212
직무집행정지가처분 199, 209~212
진승현 사건 412~413, 588
질문권 23, 55
집중투표제 25, 64~65

ㅊ

차입형 우리사주제 244~246
채무보증 226
최태원 사건 97, 101
충실 의무 25, 205

ㅌ

통정매매 561, 563
특별(한)이해관계인 46~47, 141, 143
특수공시 469, 490

ㅍ

평화은행 사건 265
폐회 52~53
포휴먼 사건 523
표현대표이사 147~148
푸르밀 신준호 회장 사건 104
프로칩스 사건 519

ㅎ

한국강관 (사건) 520, 528
한국오므론 사건 352
한국 채택 국제회계기준(K-IFRS) 499~500
한일합성 사건 104
한진칼 292
합병 비율 326~330, 337
허핀달-허쉬만 지수(HHI) 235
현대엘리베이터 사건 295, 399, 419, 448
현선연계 시세조종 572~574
현·현연계 시세조종 574
혼합결합 231
회계부정 506~508
회계장부열람 220
회계장부열람가처분 신청 192
회생이 불가능한 회사 236
효율성 증대 효과 236

기타

3%룰 154, 252
5%룰 251, 400
CVC → 기업형벤처캐피털
ESOP → 신우리사주제도
HHI → 허핀달-허쉬만 지수
KCC 192, 364, 414, 419
KCGI 292
K-IFRS → 한국 채택 국제회계기준
LG대표소송 121
M&A → 기업결합
shadow voting 251
SKM CP 사건 278

지은이

이상훈

변호사, 금융경제연구소 소장
국민연금 수탁자책임위원회 위원
상장회사, 비상장회사 사외이사 및 다수의 비영리법인 외부이사 역임
서울대학교 경제학과
서울대학교 대학원 법학과(상법, 법학석사 수료)

채이배

공인회계사, 투자자산운용사
제20대 국회의원(정무위, 법제사법위)
前 바른미래당 정책위원회의장
前 경제개혁연구소, 좋은기업지배구조연구소 연구위원
고려대학교 행정학과
한국방송통신대학교 법학과

김선웅

법무법인 지암 변호사, 재무설계사
前 좋은기업지배구조연구소 소장
前 국민연금의결권행사위원회 위원
前 공정거래위원회 공정경제자문위원회 위원
연세대학교 법학과

전영준

법무법인 양헌 변호사, 미국 뉴욕주 변호사
금융위원회, 공정거래위원회 등 외부 자문 위원
상장회사, 비상장회사 사외이사 및 다수의 비영리법인 이사 역임
서울시립대학교 법학과
미국 산타클라라대 로스쿨(LLM)

김도희

변호사
아주대학교 법학과
충북대학교 법학전문대학원(법학석사)

전우석

법무법인 린 변호사
한양대학교 법학과
한양대학교 법학전문대학원(상법, 전문박사 수료)

이총희

공인회계사, 바름회계법인 이사
고려대학교 경영학과
고려대학교 대학원 법학과(상법, 법학박사)